COLEÇÃO CBAr

ARBITRAGEM APLICADA - VOLUME 1

COLEÇÃO CBAr

ARBITRAGEM APLICADA - VOLUME 1

Agronegócio
CISG
Direito Societário
Diversidade
Família e Sucessões
Propriedade Intelectual
Seguros e Resseguros
Setor Elétrico

Organizadores

Guilherme Carneiro Monteiro Nitschke
Lucas de Medeiros Diniz
Isabel Cantidiano
Felipe Moraes

Ana Carolina Weber
Bernard Potsch M.
Fabiana Almeida
Fabiana de Cerqueira Leite
Fernando René Graeff
Francisco José Cahali
Gustavo Kulesza
Henrique Barbosa
Hugo Tubone Yamashita
Juliana Botini Hargreaves Vieira
Karin Klempp Franco
Karina Goldberg
Larissa Guedes Teodoro de Souza
Lígia Espolaor Veronese
Manoel J. Pereira dos Santos
Marcos Hokumura Reis
Mariana Martins-Costa Ferreira
Orlando José Guterres Costa Júnior
Oswaldo Peregrina Rodrigues
Rafael Bitencourt
Thiago Marinho Nunes
Viviane Rosolia Teodoro

ALMEDINA

Arbitragem Aplicada Volume 1

ISBN: 978-85-8493-8810

Impresso no Brasil – 1ª Edição, 2025 – Edição revisada conforme o Acordo Ortográfico da Língua Portuguesa de 2009.

Dados Internacionais de Catalogação na Publicação (CIP)

N684

Arbitragem Aplicada Volume 1. Organização: Guilherme Carneiro Monteiro Nitschke, Lucas de Medeiros Diniz, Isabel Cantidiano, Felipe Moraes. 1. ed. – Rio de Janeiro: Almedina Brasil, 2025.

432 p; 16 x 23 cm.

ISBN 978-85-8493-8810

1. Arbitragem. 2. Direito societário. 3. Contratos. 4. Direito de família. 5. Propriedade intelectual. 6. Agronegócio. I. Nitschke, Guilherme Carneiro Monteiro. II. Diniz, Lucas de Medeiros. III. Cantidiano, Isabel. IV. Moraes, Felipe. V. Título.

CDU 347.918(81)

Índice para catálogo sistemático:
1. Brasil : Brasil : Arbitragem : Direito societário : Contratos : Propriedade intelectual

Grupo Editorial Alta Books

Produção Editorial: Grupo Editorial Alta Books
Diretor Editorial: Anderson Vieira
Editora-Chefe: Manuella Santos de Castro
Assistente Editorial: Francielle Regina
Vendas Governamentais: Cristiane Mutüs
Diagramação: Cumbuca Studio

ALTA BOOKS
GRUPO EDITORIAL

Rua Viúva Cláudio, 291 – Bairro Industrial do Jacaré
CEP: 20.970-031 – Rio de Janeiro (RJ)
Tels.: (21) 3278-8069 / 3278-8419
www.altabooks.com.br – altabooks@altabooks.com.br
Ouvidoria: ouvidoria@altabooks.com.br

Editora
afiliada à:

ASSOCIADO

APRESENTAÇÃO

Conta-se que, em meio à Segunda Guerra Mundial, duas pessoas passaram uma noite juntas em vigília no telhado da antiga capela do King's College em Cambridge. Elas tomaram essa decisão para proteger o prédio, cuja construção levara mais de cem anos para ser concluída, de bombas inimigas lançadas por aviões alemães, usando pás para empurrar alguma que caísse no telhado. Essa dupla intrépida era composta por John Maynard Keynes e Friedrich Hayek, dois dos mais famosos economistas do século XX, de pensamentos econômicos radicalmente diversos[1].

Nada une melhor mentes e ideias divergentes do que objetivos maiores ou mais nobres. E são incríveis os resultados que essa união pode produzir. O Comitê Brasileiro de Arbitragem (CBAr) tem como uma de suas principais vocações fomentar e catalisar os múltiplos aportes dos estudiosos e profissionais da área em prol do desenvolvimento da arbitragem no Brasil. E entre as inúmeras atividades do CBAr voltadas à consecução desse fim, os grupos de estudos é aquela que promove o mais intenso, estruturado e duradouro debate e intercâmbio de ideias entre os atores da arbitragem.

Em cada grupo temático, os coordenadores têm a oportunidade de organizar e executar com os integrantes, ao longo do ano, um programa de reuniões e ações variadas, voltadas ao estudo e à reflexão sobre questões predefinidas envolvendo a arbitragem ou a mediação e um outro ramo do Direito, setor da indústria ou do campo do conhecimento. Difícil pensar em um segmento em que a arbitragem se faça presente ou seja desafiada e não esteja contemplado em um grupo de estudos. Atualmente, são dezoito grupos em funcionamento, mais o CBAr Jovem, congregando centenas de associados[2].

Diante de tamanha mobilização para fins acadêmicos, com poucos paralelos em associações congêneres, sempre me pareceu uma grande oportunidade a reunião em um livro de artigos que ecoassem o trabalho desenvolvido no âmbito dos grupos de estudos do CBAr, publicado no seio da parceria com a Editora Almedina. Uma primeira iniciativa nessa direção foi o livro *Direito contratual e Convenção de Viena (CISG)*, produzido pelo grupo sobre arbitragem e a CISG, mas faltava uma publicação que coligisse o conhecimento gerado e refletisse a variedade existente nos múltiplos grupos de estudos. Essa obra verdadeiramente coletiva permite não apenas que o público em geral conheça um pouco mais do trabalho dos grupos de estudos

---

1 KISHTAINY, Niall. *A little history of economics*. New Haven: Yale University, 2017. p 121.

2 A lista dos grupos de estudos, com mais informações sobre escopo, composição e funcionamento, está disponível em https://cbar.org.br/site/grupos-de-estudos/.

do CBAr, como também que os seus frutos sejam documentados e perenizados e – quem sabe – deitem sementes de futuros novos estudos e pesquisas.

Para viabilizar a consecução dessa ideia, era preciso tempo para que os grupos se dedicassem à pesquisa, discussão e elaboração dos seus artigos. "O cientista pensa como um poeta e trabalha como um contador", dizia o biólogo e professor emérito de Harvard Edward Wilson. Após dois anos de profícuo trabalho empreendido pelos organizadores, os artigos são agora apresentados à comunidade jurídica. Espera-se que esse volume inaugure uma série de outras coletâneas de artigos gerados pelos nossos grupos de estudos. A julgar pela vitalidade das discussões havidas nas reuniões, bem como pelos sempre novos desafios científicos impostos pelo constante desenvolvimento da arbitragem no Brasil, há poucas dúvidas de que isso se tornará realidade.

André de Albuquerque Cavalcanti Abbud
Presidente do CBAr (07/2021-06/2024)

PREFÁCIO

A presente obra representa a consecução de um dos principais propósitos do Comitê Brasileiro de Arbitragem (CBAr)[1]: "*o fomento aos estudos jurídicos e interdisciplinares pertinentes à arbitragem e aos outros métodos extrajudiciais de resolução de controvérsias, sua divulgação e aprimoramento*"[2].

A primeira iniciativa do CBAr para fomentar a arbitragem foi a criação de um grupo de discussões, no qual os seus associados debatiam temas e novidades sobre arbitragem no Brasil. Com a evolução do CBAr, foram criados diversos grupos temáticos de estudos que visam o debate acadêmico e técnico de diversos temas relacionados à arbitragem e aos métodos extrajudiciais de solução de litígios. Nesse sentido, o CBAr conta com 18 grupos de estudos: "Arbitragem e Setor Elétrico", "Arbitragem, Mediação e Administração Pública", "Mediação Empresarial Privada – GEMEP | CBAr", "Arbitragem de Investimento", "Propriedade Intelectual, Arbitragem e Mediação", "Convenção sobre Compra e Venda Internacional de Mercadorias (CISG)", "Arbitragem e Direito Societário", "Arbitragem e Direito Tributário", "Arbitragem no Agronegócio", "Arbitragem e Construção", "Arbitragem nos Contratos de Seguro e Resseguro", "Arbitragem e Diversidade", "Perícias de Engenharia em Arbitragens", "Tecnologia, Direito Digital e Privacidade nas ADRs", "Arbitragem Internacional", "Dispute Boards", "Família e Sucessões" e "Arbitragem e Contratos Empresariais".

Estes grupos de estudos se reúnem periodicamente ou de maneira contínua para promover debates, discussões e aprofundar os temas relacionados de cada grupo. A presente obra representa parte do resultado destes trabalhos. Além dos trabalhos dos grupos de estudos, este livro também traz também artigos do CBAr Jovem, importante iniciativa do CBAr para que os jovens arbitralistas possam iniciar e desenvolver projetos acadêmicos relacionados a temas de arbitragem e outros meios privados de solução de controvérsias.

A obra é dividida por capítulos dedicados a cada um dos grupos de estudos. Cada capítulo se inicia com uma apresentação do perfil do grupo, no qual indicam os seus coordenadores, o seu objeto ou escopo e as atividades desenvolvidas e em desenvolvimento. É uma excelente oportunidade para conhecer melhor os trabalhos já realizados e os projetos em curso de cada grupo.

---

1 Sobre este tema ver Eduardo Damião Gonçalves e João Bosco Lee, "CBAr e seu propósito", *in Comitê Brasileiro de Arbitragem e a Arbitragem no Brasil – Obra Comemorativa ao 20º Aniversário do CBAr*, sob a coordenação de Giovanni Ettore Nanni, Karina Riccio e Lucas de Medeiros Diniz, São Paulo, Almedina, 2022, p. 37.

2 Art. 2 do Estatuto do Comitê Brasileiro de Arbitragem.

Os trabalhos publicados nesta obra se concentram essencialmente sobre a arbitragem e a matéria objeto do respectivo grupo, o que nos permite ter acesso a estudos de reflexão produzidos por especialistas da área.

A publicação desta obra é mais uma prova que o CBAr tem atingido os objetivos que foram concebidos pelos seus idealizadores, contribuindo para o debate do conhecimento jurídico arbitral no Brasil.

João Bosco Lee

NOTA DOS ORGANIZADORES

A primeira das Academias, a de Platão, começou em "uma pequena área e um edifício", provavelmente congregando poucos interessados que se dispunham a "contribuir para o financiamento das despesas ordinárias"[1]. Também um dos mais influentes movimentos da história jurídica brasileira principiou enquanto singelo agrupamento de estudiosos: a "Escola do Recife", no início tão somente "um grupo constituído pelos diletos de Tobias Barreto"[2]. Nada diverso se processou no campo arbitral, tendo a influente "École de Dijon", por exemplo, surgido com Berthold Goldmann e sua tríade de orientandos (Jean Stoufflet, Philippe Kahn e Philippe Fouchard), para depois se expandir com a realização de "vários congressos" e a criação, em 1972, de um "grupo de pesquisas"[3]; ou, ainda no campo arbitral, com a "Operação Arbiter", impulsionada por Petrônio Muniz, mas tendo por debaixo o sustentáculo de três juristas e professores que vieram a redigir o Projeto de Lei de Arbitragem, e que, muito antes disso, já atuavam no estudo e na disseminação da arbitragem em reduzidos grupos de pesquisa[4].

Se há uma constante na história das ideias, portanto, esta é a dos inícios discretos, circunscritos a grupos fechados, para, daí, transbordarem e provocarem tremores, deslocamentos tectônicos, alterações duradouras no relevo jurídico.

Os dezoito Grupos de Estudo oferecidos pelo CBAr a seus associados, a que se soma o CBAr Jovem, têm assim atuado: como "incubadoras" de ideias, territórios do livre pensar, e que, lá e cá, prolongam os seus diálogos para seminários e congressos, ecoam em espargidas publicações e pautam grande parte dos debates travados ano após ano. São dezoito seus temas de concentração: "Arbitragem e Setor Elétrico", "Arbitragem, Mediação e Administração Pública", "Mediação Empresarial Privada – GEMEP | CBAr", "Arbitragem de Investimento", "Propriedade Intelectual, Arbitragem e Mediação", "Convenção sobre Compra e Venda Internacional de Mercadorias (CISG)", "Arbitragem e Direito Societário", "Arbitragem e Direito Tributário", "Arbitragem no Agronegócio", "Arbitragem e Construção", "Arbitragem nos Contratos de Seguro e Resseguro", "Arbitragem e Diversidade", "Perícias de Engenharia em Arbitragens", "Tecnologia, Direito Digital e Privacidade nas ADRs",

---

1 REALE, Giovanni. **História da filosofia grega e romana**. Filosofias helenísticas e epicurismo. Tradução: Marcelo Perine. São Paulo: Loyola, v. V, 2017. p. 75-76.

2 VERÍSSIMO, José. **História da literatura brasileira**. 4. ed. Brasília: UnB, 1963. p. 255-256. Sobre a "Escola do Recife", consulte-se, também, para um apanhado das três fases do movimento: BEVILÁQUA, Clóvis. **História da Faculdade de Direito do Recife**. 2. ed. Brasília: INL, 1977. p. 348-380; e VENÂNCIO FILHO, Alberto. **Das arcadas ao bacharelismo**. 150 anos de ensino jurídico no Brasil. São Paulo: Perspectiva, 2005. p. 95-112.

3 *I.e.*, o "Centre de Recherche sur le Droit des Marchés et des Investissements Internationaux". Para essa narrativa, confira-se SCHINAZI, Mikaël. **The Three Ages of International Commercial Arbitration**. Cambridge: Cambridge University Press, 2022. p. 215-219.

4 Confira-se MUNIZ, Petrônio R. G. **Operação Arbiter**. A história da Lei nº 9.307/1996 sobre a arbitragem comercial no Brasil. Recife: Instituto Tancredo Neves, 2005. *passim*.

"Arbitragem Internacional", "*Dispute Boards*", "Família e Sucessões" e "Arbitragem e Contratos Empresariais"; mais o "CBAr Jovem", voltado a "preparar os jovens para lidar com situações próprias do cotidiano de advogados" e "garantir que seus membros tenham o devido amparo para que desenvolvam projetos acadêmicos relacionados aos métodos não judiciais de solução de controvérsias"[5].

Em preservação ao livre pensar, os encontros dos grupos não são gravados ou registrados por escrito; e, em retribuição aos associados do CBAr, eles são de acesso exclusivo a seus membros. Para que não se repita o lamento sobre Sócrates, de que "nada escreveu"[6], ou quanto a Tobias Barreto, de que teria sido necessário, "constantemente, um estenógrafo, para apanhar e transmitir, a um círculo mais vasto, as riquezas prodigamente derramadas nas suas palestras diárias"[7], é que se decidiu organizar esta publicação como um aperitivo do tanto que, naqueles esteios, se discute e se produz. "*Verba volant, scripta manent*" – o dito esvanece, o escrito permanece. O que aqui permanecerá, ao ensejo deste livro, é um pouco do tanto discutido, e que merece frutificar para além dos círculos restritos, pela qualidade de seu conteúdo e o potencial de contribuir à prática jurídica e ao desenvolvimento da arbitragem.

O material aqui apresentado é composto por trabalhos advindos dos Grupos de Estudo, mais o CBAr Jovem, durante os anos de 2021 e 2022, a exemplificar a exuberância do quanto se discute e se produz em cada um desses círculos. Os trabalhos estão organizados por áreas temáticas, e cada agrupamento de textos vem epigrafado por uma Introdução, produzida pelos coordenadores de cada grupo, explicitando suas diretrizes e suas atividades regulares. Os Organizadores desta obra, em nome de toda a Diretoria do CBAr, muito agradecem aos autores que, com dedicação e eficiência, permitiram que esta publicação viesse a público com tamanha qualidade.

Finalize-se por dizer que esta não é a primeira publicação dos Grupos de Estudo do CBAr. Em 2021, a "Coleção CBAr-Almedina" – que tem sido tão profícua e rica na disseminação de dissertações e teses nos temas relacionados a arbitragem, mediação e *dispute boards* – publicou o livro "Direito Contratual e Convenção de Viena (CISG)", consolidando algumas contribuições advindas do Grupo de Estudos "Convenção sobre Compra e Venda Internacional de Mercadorias (CISG)". Contudo, a obra atual é a primeira publicação efetivamente *coletiva*, no sentido de abranger contribuições não de um, mas de vários Grupos de Estudo; e que – oxalá – se pretende seja a primeira de várias.

Guilherme Carneiro Monteiro Nitschke
Lucas de Medeiros Diniz
Isabel Cantidiano
Felipe Moraes

5 Assim sua descrição em: https://cbar.org.br/site/cbar-jovem/.

6 REALE, Giovanni. **História da filosofia grega e romana**. Sofistas, Sócrates e Socráticos Menores. Tradução: Marcelo Perine. São Paulo: Loyola, v. II, 2017. p. 82.

7 BEVILÁQUA, Clóvis. **História da Faculdade de Direito do Recife**. 2. ed. Brasília: INL, 1977. p. 348-350.

SUMÁRIO

CONVENÇÃO SOBRE COMPRA E VENDA INTERNACIONAL DE MERCADORIAS (CISG)

ARBITRAGEM NOS CONTRATOS DE SEGUROS E RESSEGUROS

ARBITRAGEM E DIREITO DE FAMÍLIA E SUCESSÕES

ARBITRAGEM E DIREITO SOCIETÁRIO

Coordenadores do grupo de estudo: Guilherme Setoguti e Juliana Botini Hargreaves Vieira. **Coordenadores na data de publicação desta obra:** Juliana Botini Hargreaves Vieira e Fabiana Almeida".

Objeto: O grupo foi idealizado com o escopo de funcionar como fórum de discussão e aprofundamento de temas relacionados à solução de disputas societárias por meio da arbitragem, em vista, especialmente, do alto volume de litígios societários submetidos à arbitragem no Brasil e da necessidade de aprofundamento da comunidade arbitral em temas societários mais frequentemente levados à arbitragem. Assim, o objetivo do grupo de estudos é realizar encontros periódicos para discussão de temas de intersecção entre Arbitragem e Direito Societário, produzir publicações específicas derivadas dessas discussões e propiciar material para painéis em Congressos e eventos organizados pelo CBAr e/ou por outras instituições. Por fim, pretende-se dialogar com entidades interessadas no tema, como as Câmaras de Arbitragem locais e estrangeiras, as Universidades e os Centros de Estudo, as Entidades e as Associações de setores da economia, bem como o Poder Judiciário, com o objetivo de fomentar o intercâmbio de informações.

Atividades já desenvolvidas: Desde a criação do grupo em 2015, originalmente sob a coordenação de Mariana Conti Craveiro, o grupo vem realizando regularmente reuniões que contam com a presença de diferentes especialistas convidados(as) para debater temas relacionados à Arbitragem e ao Direito Societário. Essas reuniões, que no início eram realizadas exclusivamente de modo presencial, passaram a ser feitas em formato virtual a partir da pandemia e, atualmente, costumam ter, em média, 70 (setenta) a 80 (oitenta) associados(as) do CBAr como participantes nos encontros. Em abril de 2023, o grupo constituiu uma *task force* com o objetivo de participar da Consulta Pública anunciada pelo Centro de Arbitragem e

Mediação da Câmara de Comércio Brasil-Canadá ("CAM-CCBC") relativa à proposta de edição de um Regulamento de Arbitragem Societária ("*Task Force 1*")[1]. O Regulamento de Arbitragem Societária do CAM-CCBC, que veio a ser aprovado por meio da Norma Complementar nº 2/2023, editada pela câmara, contemplou várias das sugestões enviadas pela *Task Force 1* em nome do grupo de estudos. Em julho de 2023, o grupo constituiu nova *task force*, desta vez em conjunto com a Comissão de Assuntos Legislativos do CBAr, destinada a analisar os aspectos do Projeto de Lei nº 2.925/2023 ("PL") que envolvem ou podem impactar o instituto da arbitragem ("*Task Force 2*")[2]. O PL foi apresentado em junho de 2023 pelo Poder Executivo com o objetivo de alterar a Lei nº 6.385/1976 e a Lei nº 6.404/1976, para dispor sobre a transparência em procedimentos arbitrais e o sistema de tutela privada de direitos de investidores do mercado de valores mobiliários. Os trabalhos desenvolvidos pela *Task Force 2* resultaram na publicação pelo CBAr, em setembro de 2023, de uma Nota Técnica relativa ao PL.

---

1 Além dos coordenadores do Grupo de Estudos, integraram a *Task Force 1*: Fabiana M. Martins de Almeida, Gustavo Santos Kulesza, Isabel Cantidiano, Karina Goldberg, Mariana Martins-Costa Ferreira e Renato Berger.

2 Além dos coordenadores do Grupo de Estudos e da coordenadora da Comissão de Assuntos Legislativos, Silvia Pachikoski, integraram a *Task Force 2*: Ana Carolina Weber, Carlos Eduardo Stefen Elias, Carolina Cavalcante Assumpção, Fabiana M. Martins de Almeida, Giovana Benetti, Gustavo Santos Kulesza, Henrique Cunha Barbosa, Isabel Cantidiano, José Victor Palazzi Zakia, Julia Guimarães Rossetto, Karina Goldberg, Mariana Conti Craveiro, Mariana Martins-Costa Ferreira e Renato Berger.

1. ALGUMAS NOTAS SOBRE O ESTADO ATUAL DAS COISAS NA ARBITRAGEM SOCIETÁRIA NO MERCADO DE CAPITAIS BRASILEIRO

Henrique Barbosa
Doutor em Direito Comercial pela USP.
Professor da Pós-Graduação do Insper, do IBMEC, da FGV/RS e da PUC/RS.
Vice-Presidente do IBRADEMP.
Árbitro das listas da CAMARB e ARBITAC.
Sócio do Barbosa & Barbosa Advogados.

Juliana Botini Hargreaves Vieira
Mestre (LL.M.) pela Columbia Law School.
Co-coordenadora do Grupo de Estudos de Arbitragem e Direito Societário do CBAr.
Sócia de Eizirik Advogados.

1. A IMPORTÂNCIA DO SISTEMA DE ENFORCEMENT E AS DEFICIÊNCIAS MACRO DO MODELO BRASILEIRO

Como há muito diagnosticado, a eficácia dos sistemas de *enforcement* desempenha um papel fundamental no desenvolvimento dos mercados de capitais e economias nacionais[1].

---

1 LA PORTA, Rafael; LOPEZ-DE-SILANES, Florencio; SHLEIFER, Andrei; VISHNY, Robert. Legal determinants of external finance. **The Journal of Finance**, v. 52, p. 1131-1150, 1997; MUNHOZ, Eduardo Secchi. A importância do sistema de solução de conflitos para o direito societário: limites do instituto da arbitragem. *In*: YARSHELL, Flávio Luiz; PEREIRA, Guilherme

Aliado a regras bem delineadas de governança e transparência informacional (*disclosure*), um regime de *enforcement* societário robusto atua como relevante instrumento de confiança dos investidores ao sinalizar que as fraudes e os abusos serão reprimidos a tempo e modo. Em contrapartida, fomenta a redução do custo de capital das companhias que pretendam colocar os seus títulos em mercado, fruto da disposição dos aportadores em aceitar taxas remuneratórias potencialmente menores, em face da mitigação do risco de malversação de seus recursos.

Essa lógica não passou despercebida ao legislador brasileiro. Ao contrário, desde as exposições de motivos da Lei nº 6.385/1976 ("Lei nº 6.385" ou "Lei do Mercado de Capitais") e da Lei nº 6.404/1976 ("Lei nº 6.404" ou "Lei das S.A.") já se destacava a importância das balizas de comportamento de controladores e administradores e a relevância do sistema sancionatório como trincheira de defesa das minorias.

Mas se essa arquitetura disciplinar fora cautelosa e conscientemente construída, o fato é que, às vésperas do cinquentenário daqueles diplomas, ao menos sob a ótica do *enforcement* privado, o modelo brasileiro ainda não se mostrou capaz de implementar de modo eficiente aquele arcabouço repressivo-punitivo.

Os fatores envoltos a essa ineficácia são variados, abrangendo desde questões histórico-sociológicas a incentivos econômicos inadequados[2], passando por uma jurisprudência errante e incongruências normativas de ordem material ou processual nada desprezíveis[3]. Nesse sentido, a título exemplificativo pode-se elencar: *(i)* o problema da quitação aos administradores e a necessidade de se anular as assembleias que aprovem contas e demonstrações, mediante prova de erro ou fraude deliberativos, para que se permita, então, a propositura das potenciais ações de responsabilidade (artigo 134, § 3º, da Lei das S.A.); *(ii)* a exigência de autorização assemblear ou quórum participativo mínimo (5%) para propositura das respectivas ações de responsabilidade contra os administradores (artigo 159, *caput* e § 4º, da Lei das S.A.); *(iii)* a necessidade de quórum com percentual mínimo (5%) ou a prestação de caução para a propositura da ação de responsabilidade em face dos controladores (artigo 246, § 1º, da Lei das S.A.); *(iv)* os diminutos incentivos financeiros ao investidor minoritário para propositura das ações de responsabilidade por substituição processual,

---

Setoguti (coord.). **Processo societário**. São Paulo: Quartier Latin, 2012; PEREIRA, Guilherme Setoguti. ***Enforcement* e tutela indenizatória no direito societário e no mercado de capitais**. São Paulo: Quartier Latin, 2018.

2 MUNHOZ, Eduardo Secchi. Influência do patrimonialismo na sociedade anônima. Importância dos mecanismos privados de efetivação dos deveres do acionista controlador e dos administradores. *In*: VENANCIO FILHO, Alberto; LOBO, Carlos Augusto da Silveira; ROSMAN, Luiz Alberto Colonna (org.). **Lei das S/A em seus 40 anos**. Rio de Janeiro: Forense, 2017. p. 129.

3 BARBOSA, Henrique. Arbitragem societária. *In*: LEVY, Daniel; SETOGUTI, Guilherme (coord.). **Curso de arbitragem**. 2. ed. São Paulo: RT, 2020; BARBOSA, Henrique; CANTIDIANO, Isabel. Jurisprudência estatal comentada. **Revista Brasileira de Arbitragem**, CBAr/Kluwer Law, v. 66, 2020.

seja em face da reversão da indenização à companhia e do mero reembolso de suas despesas no caso das ações contra os administradores (artigo 159, § 5º, da Lei das S.A.), seja pelo baixo prêmio de êxito (5% da condenação) em prol daquele acionista autor-substituto no caso das demandas contra os controladores (artigo 246, § 2º, da Lei das S.A.); *(v)* a equivocada interpretação do Superior Tribunal de Justiça (STJ) quanto à aplicação procedimental supletiva da regra do artigo 159 também aos casos do artigo 246, exigindo autorização assemblear prévia para que o acionista minoritário possa ingressar com a ação em nome da companhia para processar a controladora[4]; *(vi)* o entendimento recém-firmado pelo STJ no sentido de que a ação de responsabilidade movida pela companhia, *a posteriori* da ação em substituição processual, suplanta e se sobrepõe a esta última[5]; *(vii)* a incerteza quanto ao que seria dano direto ou indireto ao acionista e a interpretação restritiva do STJ para fins de propositura da ação individual do artigo 159, § 7º[6]; *(viii)* a celeuma quanto à posição da companhia – se autora ou vítima dos danos –, dentro do ordenamento jurídico brasileiro, mormente diante da modelagem orgânica de deveres fiduciários outorgados a controladores e administradores e a ausência de uma "teoria da fraude ao mercado" ou congênere no Brasil; *(ix)* a incapacidade da Comissão de Valores Mobiliários (CVM) de decretar a invalidade dos atos irregulares praticados por controladores ou administradores; *(x)* o incongruente e insuficiente *mix* normativo das ações coletivas, distribuído entre as várias regras do artigo 5º, XXI, da Constituição e da disciplina apartada da Lei nº 7.347/1985, da Lei nº 7.913/1989 e da Lei nº 8.078/1990, fruto ainda de interpretações não necessariamente harmônicas postas no Tema STJ nº 948 e nos Temas STF nº 82 e nº 499; *(xi)* a ausência de regras claras no que concerne à legitimação ativa, à consolidação e aos efeitos da coisa julgada de ações ou arbitragens envolvendo direitos coletivos ou individuais homogêneos de acionistas e/ou investidores.

E foi diante desse complexo panorama que, acreditando ser possível superar ao menos parte desses problemas, pouco mais de vinte anos atrás, legislador e autorreguladores adotaram a opção de priorizar a jurisdição arbitral como meio de solução das disputas societárias, inclusive no seio do mercado de capitais. Contudo, não obstante as inegáveis vantagens da arbitragem para solucionar questões societárias[7],

---

4 *Vide, v.g.*: STJ. Recurso Especial nº 1.214.497/RJ. 4ª Turma. J. 23.09.2014; STJ. Conflito de Competência nº 185.702/DF. 2ª Seção. J. 10.06.2022.

5 *Vide*: STJ. Conflito de Competência nº 185.702/DF. 2ª Seção. J. 10.06.2022.

6 *Vide, v.g.*: STJ. Recurso Especial nº 1.014.496/SC. 3ª Turma. J. 04.03.2008; STJ. Recurso Especial nº 1.002.055/SC. 4ª Turma. J. 09.12.2008; e STJ. Recurso Especial nº 1.214.497/RJ. 4ª Turma. J. 23.09.2014.

7 CANTIDIANO, Isabel; VIEIRA, Juliana Botini Hargreaves. Arbitragem e direito societário. *In*: WEBER, Ana Carolina; LEITE, Fabiana de Cerqueira (coord.). **Lei de Arbitragem comentada**: Lei nº 9.307/1996. São Paulo: Thomson Reuters, 2023. p. 31.

o tempo se encarregou de frustrar boa parte das expectativas quanto à solução pela via arbitral de litígios de natureza coletiva no âmbito do mercado de capitais. Para além de seus próprios desafios procedimentais, o desenvolvimento da arbitragem no ambiente do mercado de capitais se digladia ainda com todo um leque de imperfeições sistêmicas mal resolvidas *a priori*, tornando muito mais tormentosa a sua sedimentação bem-sucedida naquela senda.

Não por acaso, inclusive, os eventos recentes têm motivado novos debates e iniciativas regulatórias na busca da superação daqueles entraves, seja por parte do Estado, seja das próprias instituições arbitrais. E é sobre esse cenário que este texto pretende brevemente incursionar, buscando mais um apontamento do estado atual das coisas do que se arvorando ilusoriamente em pretensas – e possivelmente errôneas – respostas definitivas.

2. ENTRE A PANACEIA E A QUADRATURA DO CÍRCULO: O DESENVOLVIMENTO DA ARBITRAGEM SOCIETÁRIA E A NECESSIDADE DE SE CONTORNAR OS VÁRIOS GARGALOS DO REGIME DE ENFORCEMENT ARBITRAL NO MERCADO DE CAPITAIS

Embora a arbitragem societária não fosse novidade em terras nacionais, o fato é que somente a partir da reforma materializada na Lei nº 10.303/2001 é que a via arbitral ganhou concretude na solução dos dissídios acionários. Na esteira do movimento de fortalecimento da governança corporativa iniciado na virada do milênio, a perspectiva era que, dado o maior tecnicismo e a celeridade que lhe são inerentes, a adoção da arbitragem indicaria ao mercado a busca por uma via capaz de superar a morosidade e pouca especialização típicas da jurisdição estatal.

Nessa linha, fosse para espancar dúvidas que ainda pairavam quanto à própria constitucionalidade e vinculação das convenções arbitrais estatutárias, fosse como clara política de incentivo mercadológico, inseriu-se no § 3º do artigo 109 da Lei das S.A. a autorização expressa para que os estatutos sociais elegessem a arbitragem como foro de solução das contendas entre acionistas, companhias e/ou seus administradores[8].

Esse movimento era consentâneo com as iniciativas autorregulatórias da época, como a criação do "Novo Mercado" pela então "Bovespa", cuja adesão passou a exigir das companhias listadas naquele segmento a inserção compulsória de convenção

---

8 Anos depois, por meio da Lei nº 13.129/2015, introduziu-se também o artigo 136-A na Lei das S.A., com o objetivo de solucionar discussão a respeito da vinculação de todos os acionistas à cláusula compromissória estatutária.

arbitral estatutária, elegendo a atual "CAM/B3" como câmara responsável pela administração dos procedimentos correlatos. De modo contemporâneo a isso, também o Instituto Brasileiro de Governança Corporativa (IBGC) publicava a 2ª edição de seu "Código de Melhores Práticas de Governança Corporativa", onde apontava a escolha da arbitragem como melhor exercício de governança, ao evitar o recurso à esfera judicial para solução dos litígios societários.

Esse movimento pró-arbitragem no mercado de capitais brasileiro foi motivado principalmente pelas vantagens que a jurisdição privada poderia acarretar frente à morosidade e falta de especialidade em assuntos societários do Poder Judiciário. No entanto, não havia qualquer precedente mundial que permitisse uma análise comparativa dos modelos, tendo o Brasil sido pioneiro no semeio da arbitragem como via preferencial ao contencioso no mercado de capitais – e aqui não vai nenhuma crítica à opção em si, mas simplesmente o reconhecimento de que essa decisão trazia a reboque riscos operacionais de difícil dimensionamento à época.

Com efeito, se induvidosamente a arbitragem se consolidou com êxito no ambiente das disputas societárias envolvendo sociedades limitadas e anônimas fechadas e ao dito mercado de M&A[9], no que tange às demandas coletivas societárias envolvendo companhias de capital aberto, aquelas ameaças não antevistas foram paulatinamente se apresentando. Primeiro, com um enorme vácuo de arbitragens dessa natureza, ao menos nos primeiros dez anos daquelas reformas, o que indicava tanto que aqueles problemas sistêmicos macro possivelmente não afetavam apenas a esfera judicial quanto que a própria arbitragem poderia padecer de suas próprias agruras no âmbito do mercado de capitais. Depois, com uma última década alvissareira em disputas, mas que viria curiosamente a comprovar ambas as hipóteses anteriores, especialmente após a conhecida leva de escândalos corporativos e de *compliance* ter provocado uma maior movimentação do mercado investidor na busca de reparação dos prejuízos alegadamente sofridos.

Com efeito, ainda que os tempos recentes tenham conferido inegável maior volume às arbitragens travadas no mercado de capitais, o fato é que, em um indesejável paradoxo, a enorme maioria delas padece justamente de males que a via arbitral pretendia superar. Basta ver, por exemplo, que, transcorrido o interregno aproximado de 4 a 7 anos do início de algumas das mais emblemáticas disputas, nenhuma daquelas arbitragens conseguiu chegar a termo. E isso tanto em função das deficiências extra-arbitrais macro dantes mencionadas quanto pelas questões

9 Conforme comprovam estatísticas e estudos no sentido de que as disputas societárias representam a maior quantidade de arbitragens instauradas ou em andamento nas principais instituições arbitrais do Brasil. *Vide*, a propósito, LEMES, Selma (coord.). **Arbitragem em números**. Pesquisa 2021/2022. Canal Arbitragem, 2023.

puramente procedimentais inerentes à jurisdição privada para lidar com conflitos de natureza coletiva.

De se destacar que parte desses dilemas não é exclusiva da arbitragem societária, mas inerente à própria tutela coletiva desses direitos no âmbito do mercado de capitais, seja ela posta à solução arbitral ou judicial. Isso fruto não apenas das peculiaridades próprias à proteção dos direitos coletivos ou individuais homogêneos, mas especialmente daquele inconveniente regime regulatório plural das ações respectivas que, como apontado no capítulo anterior, vai de diretrizes constitucionais a regras procedimentais postas no código consumerista, passando por diplomas esparsos de ações civis públicas não necessariamente adequados, quando não incongruentes entre si.

Nesse sentido, inobstante não se ponha em dúvida a viabilidade das arbitragens coletivas, vale lembrar que, em sua essência, a própria via arbitral não fora concebida com essa finalidade, tendo por objeto primeiro muito mais os litígios clássicos entre os polos unitários presumidamente mais sofisticados. Os litígios societários, por sua vez, especialmente no âmbito do mercado de capitais, são de caráter coletivo, eis que derivam de relações jurídicas incindíveis cujas decisões afetam de maneira uniforme uma coletividade de sujeitos que não necessariamente são partes processuais[10]. Mais que isso – e talvez até por isso –, mesmo nos foros estrangeiros onde a arbitragem coletiva se sedimentou, tal ocorreu eminentemente em discussões de natureza não societária (*v.g.*, disputas consumeristas e/ou ambientais), o que torna ainda mais

10 "Em razão de sua gênese contratual, a arbitragem apresenta limites intrínsecos para servir como um meio adequado de solução de tais controvérsias. É por isso que já se disse que a tendência da Suprema Corte norte-americana de adotá-la mais amplamente em litígios pulverizados (litígios de consumo, mercado de capitais etc.) representa uma nuvem negra no sistema de *class actions* daquele país." (PEREIRA, Guilherme Setoguti. *Quo vadis*? Quatro questões fundamentais sobre arbitragem coletiva societária no Brasil. *In*: PITTA, André Grunspun; PEREIRA, Guilherme Setoguti (coord.). **Direito societário e outros temas de direito empresarial aplicado**. São Paulo: Quartier Latin, 2022. p. 371)
"A arbitragem foi concebida como método de solução de conflitos entre dois polos de interesse (demandante e demandado) vinculados à mesma relação contratual. Daí porque a Lei de Arbitragem não trata, por exemplo, de litisconsórcio, intervenção de terceiro e efeitos da sentença, institutos que, em tese, não têm espaço em discussões contratuais bilaterais. Já o processo societário, longe de ser binário, é marcado quase sempre pela presença de vários centros de interesses (sócios, administradores e sociedade). É dizer: enquanto a arbitragem foi pensada para uma dimensão contratual, o processo societário e, por conseguinte, a arbitragem societária, possui dimensão institucional, o que cria um terreno fértil para o surgimento de questionamentos que vão desde o interesse de terceiros no litígio até os efeitos da sentença em relação a quem dele não participou." (BENTO, Daniel; FERRAZ, Cláudia. Arbitragem societária – Sobrevoo de drone sobre os regramentos específicos. *In*: MARTINS, Julia Girão Baptista; POTSCH, Bernard; TOLENTINO, Augusto (coord.). Arbitragem e outros temas. Homenagem a Pedro A. Batista Martins. São Paulo: Quartier Latin, 2023. p. 177)

complexa a pavimentação dos caminhos da arbitragem coletiva no mercado de capitais, ante a ausência de referências comparativas minimamente concretas.

Ademais disso, a não aplicação automática das regras de processo civil ao procedimento arbitral tem um efeito potencialmente dúplice nesses casos, pois, ao mesmo tempo em que evita a importação no atacado de regramentos não necessariamente aderentes, exige não raro uma proatividade das instituições arbitrais no melhor endereçamento de certos temas, sob pena de um vazio normativo redundar seja na aplicação analógica daqueles mesmos dispositivos processuais dos quais se pretendia afastar, seja na formação de uma "jurisprudência" multiforme pelos vários tribunais arbitrais, que pode acabar semeando muito mais incerteza do que segurança jurídica.

Nesse cenário, no que tange especificamente às arbitragens coletivas societárias, várias são as questões de ordem procedimental a clamar por melhores – e, tanto quanto possível, homogêneas – respostas e (autor)regulação, entre as quais se pode citar especialmente: *(i)* os critérios de comunicação das arbitragens às potenciais partes interessadas; *(ii)* as formas e os prazos de adesão e/ou intervenção de acionistas e/ou terceiros; *(iii)* a sistemática de indicação de árbitros; *(iv)* o tratamento e os critérios de consolidação dos procedimentos conexos; *(v)* a partilha de custos e/ou eventuais prêmios, honorários ou reembolsos entre o polo multiparte; *(vi)* os efeitos da decisão.

Para além disso, há ainda toda a celeuma envolta à atuação de associações civis como legitimadas para propositura das ações civis públicas no âmbito do mercado de capitais, com questionamentos acerca da representação adequada dos investidores lesados, seja nos casos de legitimação extraordinária para a defesa dos interesses homogêneos da categoria acionária (em *substituição* processual), seja em nome de seus associados diretos (*representação* processual), trazendo a lume novas polêmicas com a transposição do tema para as arbitragens[11], mormente no que se refere *(i)* à disponibilidade do direito em disputa – e, portanto, a sua arbitrabilidade ou não –; *(ii)* a vinculação ou não da associação representante à convenção arbitral estatutária; e *(iii)* os requisitos de alocação dos eventuais resultados positivos da demanda entre os substituídos ou representados.

Ademais disso, há ainda outros temas que ainda afetam desde a origem à arbitragem societária, em especial no que se refere a custos e confidencialidade dos procedimentos, embora em ambos tenha havido notória evolução positiva em tempos recentes.

No que se refere à confidencialidade, aliás, o sentimento é que, ao menos em face das arbitragens acionárias e com investidores de companhias abertas, o sigilo

---

11 PRADO, Viviane Muller; DECCACHE, Antônio. Arbitragem coletiva e companhias abertas. **Revista de Arbitragem e Mediação**, São Paulo, v. 52, p. 99-122, 2017.

absoluto já tenha sido efetivamente superado, sendo hoje voz corrente a necessidade de se conferir maior publicidade aos procedimentos que afetem os interesses do colegiado de acionistas em sede de disputas *interna corporis*. Afinal, se a confidencialidade é vista como um dos atributos qualitativos do processo arbitral, ao menos no âmbito do mercado de capitais tal predicado deve ser harmonizado ao regime de *disclosure* informacional que o inspira. Ao mesmo passo que o sigilo protege a sociedade das externalidades associadas ao excesso de exposição e revelação de fatos estratégicos – ou mesmo da própria existência de dissídios que possam dar margem à especulação negativa –, o hiato comunicativo redunda em flagrante prejuízo sistêmico, fruto de uma assimetria informacional que compromete sobremaneira a transparência orientada pela regulação. Considerando que as informações disponíveis pautam direta e permanentemente a análise de risco e direcionamento de capital dos investidores, a supressão de notícias acerca de um processo arbitral cujo resultado possa impactar o valor da companhia gera inequívoca disfuncionalidade ao sistema de formação de preços, induzindo o mercado em erro quanto à correção valorativa dos ativos negociados. Mais que isso, o desconhecimento do conteúdo ou da própria existência das arbitragens societárias envolvendo as companhias abertas serve de reforço também às barreiras de *enforcement* típicas do sistema brasileiro, cerceando aos investidores a possibilidade de eventual adesão ou intervenção nos procedimentos instaurados.

Nessa linha, andou bem a CVM ao estabelecer, por meio do "Anexo I" à Resolução CVM nº 80, de 2022, normas de divulgação das demandas societárias, sejam elas judiciais ou arbitrais. Inserem-se nessa obrigação as demandas iniciadas a partir de 2 de maio de 2022, cujos pedidos estejam baseados em legislação societária ou do mercado de valores mobiliários, em que o emissor, os seus acionistas ou administradores figurem como parte e *(i)* envolvam direitos ou interesses difusos, coletivos ou individuais homogêneos; ou *(ii)* nas quais possa ser proferida decisão cujos efeitos atinjam a esfera jurídica da companhia ou de outros titulares de valores mobiliários. Neste contexto, ainda que a arbitragem em questão esteja sujeita à confidencialidade, as companhias estarão obrigadas a divulgar no mínimo as principais informações do caso, mesmo que resguardando o conteúdo dos documentos ou das peças apresentados no curso do procedimento. No caso das arbitragens, essa divulgação deve ocorrer no prazo de sete dias úteis, contados da apresentação do requerimento de arbitragem ou do conhecimento pela companhia dos eventos respectivos, a partir do que devem, então, informar ao mercado: *(i)* as partes envolvidas no processo; *(ii)* os valores, bens ou direitos envolvidos; *(iii)* os principais fatos da disputa; *(iv)* o pedido ou provimento pleiteado; *(v)* a apresentação da resposta ao requerimento de arbitragem; *(vi)* a celebração de termo de arbitragem ou de documento que estabilizem a demanda; *(vii)* as eventuais decisões sobre medidas cautelares ou de urgência, jurisdição dos árbitros, inclusão ou exclusão de partes; *(viii)* os acordos celebrados e as suas bases; e *(ix)* as sentenças arbitrais, sejam elas parciais ou finais.

Lado outro, se a maior sofisticação do mercado investidor e o desenvolvimento de figuras, como o financiamento por terceiros (*thirdy party funding*) e o alargamento de portfólio das chamadas casas de *special situations*, fomentaram relevante nova fonte de recursos à instauração e condução das arbitragens, em alguns casos o custo do procedimento ainda figura como obstáculo a impedir o seu pleno desenvolvimento no mercado de capitais. Se é fato que, sopesados os custos de transação típicos (*v.g.*, lentidão, instabilidade e menor qualidade das decisões), os aspectos negativos da via judiciária não são nada desprezíveis, não é menos verdadeiro que, tomando-se por referência as despesas financeiras diretas – os ditos *custos de partida* –, o preço da opção pela via privada ainda é bastante elevado, mormente ao minoritário não sofisticado ou que já tenha sido vítima de perda do seu investimento. Fora daquelas soluções típicas de mercado, o remédio institucional-regulatório aqui passa igualmente pelo aprimoramento das regras atinentes à tutela coletiva, em especial no que se refere à partilha de custos pelos eventuais litisconsortes ou multiaderentes.

Em todo caso, por salutar que seja evoluir nas questões procedimentais apontadas *supra*, o não saneamento concomitante daquelas ditas outras imperfeições macro do sistema de *enforcement* acionário pode deixar a arbitragem societária a apenas meio caminho da consolidação no âmbito do mercado de capitais.

Com efeito, senão imprescindível, soa no mínimo prudente que melhor sejam resolvidos outros temas, tais como, *v.g.* *(i)* os critérios de legitimação ativa; *(ii)* a responsabilização ou não da própria companhia e em quais hipóteses; *(iii)* os incentivos econômicos atribuíveis aos autores ou colegitimados; e *(iv)* os efeitos não apenas decisórios, mas especialmente da coisa julgada.

Quanto a este último ponto, inclusive, chama atenção o fato de ainda viger no sistema brasileiro das tutelas coletivas o modelo de coisa julgada *secundum eventum litis*, com transporte decisório unicamente *in utilibus* das Leis nº 7.347/1985 e nº 8.078/1990, quando, em prol da segurança jurídica, mais sensato parece ser um regramento uniforme de efeitos da coisa julgada, em quaisquer dos cenários de procedência ou improcedência do pleito, adotando-se eventualmente um regime de *opt-out* àqueles que pretendam apartar-se de tais reflexos.

Portanto, se a história recente nos ensinou alguma coisa acerca do tema é que olhar isoladamente para os gargalos procedimentais privados, visando garantir a consolidação da arbitragem como panaceia aos dilemas do *enforcement* no mercado de capitais, parece verdadeiramente uma busca pela quadratura do círculo, munida tão somente de régua e compasso.

Nesse sentido, não deixa de ser curioso que ainda se busque simplesmente afirmar a viabilidade da arbitragem coletiva no mercado de capitais, sem que se atente para as peculiaridades inatas a esse próprio microssistema material, alicerçando-se não raro em uma simples menção a modelos estrangeiros que, pasme, embora admitam sim a arbitragem coletiva, a contemplam via de regra para fins consumeristas ou ambientais, e não para as contendas acionárias. Destarte, se é absolutamente natural que as arbitragens coletivas no mercado de capitais estejam sujeitas a imbróglios operacionais um tanto inéditos, tal não pode implicar em fechar os olhos para a natureza desses problemas, tampouco na busca de meras soluções homeopáticas ou transitórias.

Felizmente, contudo, o movimento temporalmente coordenado – ainda que de modo involuntário –, de edição do Regulamento de Arbitragem Societária do CAM/CCB e propositura do Projeto de Lei (PL) nº 2.925/2023[12], indica um saudável alinhamento com essa necessária análise holística do regime de *enforcement* acionário brasileiro. Essa concatenação temática parece no mínimo capaz de pavimentar terreno menos arenoso para o efetivo desenvolvimento da arbitragem coletiva societária em terras nacionais.

3. O RELATÓRIO "OCDE-CVM", O REGULAMENTO DE ARBITRAGEM SOCIETÁRIA CAM/CCBC E O RECÉM-PROPOSTO PROJETO DE LEI Nº 2.925/2023

Na esteira do que se descreveu *supra*, em março de 2018 o Ministério da Economia e a CVM lançaram conjuntamente um projeto com o intuito de aprimorar a proteção de investidores no mercado de capitais do Brasil, por meio do desenvolvimento de mecanismos relacionados à tutela privada dos direitos dos acionistas e à efetividade da reparação de danos. O desenvolvimento do projeto contou com o apoio financeiro do Prosperity Fund da Grã-Bretanha e o apoio técnico da Organização para a Cooperação e Desenvolvimento Econômico ("OCDE"), e resultou na elaboração de um estudo preliminar em outubro de 2019[13] e, ao final, na publicação, pela OCDE, em novembro de 2020, de substancioso relatório no qual, a partir da análise comparativa de uma dezena de jurisdições internacionais, foram sugeridas potenciais melhorias no regime de proteção de acionistas e investidores brasileiros, tanto no que tange à responsabilização de administradores e controladores quando no que se refere à modelagem das arbitragens e tutelas coletivas em geral[14].

---

12 Projeto de Lei nº 2.925/2023. Disponível em: https://www.camara.leg.br/proposicoesWeb/fichadetramitacao?idProposicao=2367421. Acesso em: 13 nov. 2023.

13 CVM, OCDE, SPE/MF. Fortalecimento dos meios de tutela reparatória dos direitos dos acionistas no mercado de capitais brasileiro – Relatório Preliminar. Disponível em: https://abrir.link/jkwRy Acesso em: 20 nov. 2023.

14 OECD. **Private enforcement of shareholder rights**: A comparison of selected jurisdictions and policy alternatives for Brazil. Disponível em: http://www.oecd.org/corporate/shareholder-rights-brazil.htm. Acesso em: 20 nov. 2023.

O material compilou, de modo minudente, as feridas sistêmicas apontadas no capítulo antecedente, tendo contribuído fortemente para o atual movimento de rediscussão e ajuste regulatório, não apenas do modelo formal da arbitragem coletiva societária, mas de toda a arquitetura do *enforcement* correlato.

Os exemplos mais contundentes e modernos disso, para além do já citado "Anexo I" da Resolução CVM nº 80/2022, são o "Regulamento de Arbitragem Societária", editado em abril de 2023 pelo Centro de Arbitragem da Câmara de Comércio Brasil-Canadá ("CAM/CCBC"), e o "Projeto de Lei nº 2.925/2023", apresentado em junho de 2023 pelo Governo Federal à Câmara dos Deputados.

(I) REGULAMENTO DE ARBITRAGEM SOCIETÁRIA DO CAM/CCBC

Há algum tempo a doutrina vem ressaltando a necessidade de revisão dos regulamentos das instituições arbitrais no intuito de equacionar as questões procedimentais relacionadas às arbitragens coletivas societárias, para garantir segurança jurídica e efetividade à solução dos litígios correlatos[15].

O CAM-CCBC, de maneira pioneira, editou um regulamento específico dispondo sobre as arbitragens societárias relativas a "interesses pluri-individuais uniformes" ("Regulamento de Arbitragem Societária" ou simplesmente "Regulamento")[16]. Tem por objeto basicamente a disciplina procedimental das arbitragens societárias multiparte, visando equacionar as principais querelas ritualísticas afetas às disputas que envolvam interesses do colegiado de investidores da companhia que possua convenção arbitral estatutária elegendo aquela câmara como instituição administradora. Não abrange, portanto, as arbitragens coletivas por substituição ou representação processual, via associações de investidores. Da mesma maneira, não deve acolher volume relevante de disputas em companhias abertas, haja vista que, seja por determinação expressa do regramento do "Novo Mercado" e respectivos níveis especiais de governança, seja por uma tendência natural de mercado, aquelas tenham por praxe eleger a "CAM/B3" como instituição sede de suas eventuais arbitragens. De qualquer modo, trata-se de importante iniciativa de autorregulação, que, para além dos casos que eventualmente venham a ser julgados no âmbito do CAM-CCBC, certamente deverá inspirar outras instituições arbitrais a adotarem medidas similares.

15 MUNHOZ, 2012, *op. cit.*; COELHO, Eleonora. A necessidade de criação de regulamentos adaptados para arbitragens coletivas no mercado de capitais. *In*: YARSHELL, Flávio; SETOGUTI, Guilherme (coord.). **Processo societário III**. São Paulo: Quartier Latin, 2018.

16 As referências ao regulamento geral de arbitragem do CAM-CCBC serão feitas exclusivamente por meio da expressão "Regulamento de Arbitragem do CAM-CCBC", que se aplica às arbitragens societárias naquilo que não contrariar as disposições específicas do Regulamento de Arbitragem Societária.

Aplica-se o Regulamento de Arbitragem Societária do CAM-CCBC sempre que, cumulativamente, estejam preenchidas as seguintes condições: *(i)* a sentença arbitral deve ser capaz de afetar não apenas aqueles que são partes da arbitragem (no polo requerente ou requerido), mas também a esfera jurídica da pessoa jurídica (sociedade anônima, sociedade limitada ou associação) e, simultaneamente, de seus sócios, associados ou acionistas e/ou aos administradores, os quais são denominados no Regulamento como "Terceiros Afetados"; *(ii)* a natureza da relação jurídica controvertida objeto da arbitragem deve exigir decisão uniforme para todos os terceiros afetados; e *(iii)* o estatuto ou o contrato social da pessoa jurídica deve incluir cláusula compromissória convencionando que a arbitragem deve ser administrada pelo CAM-CCBC e regida pelo Regulamento de Arbitragem do CAM-CCBC (artigo 1º).

Por meio do Regulamento de Arbitragem Societária, buscou-se solucionar as seguintes questões: *(i)* como levar ao conhecimento dos terceiros afetados a existência da arbitragem, regulando-se como deve se dar a sua participação no procedimento; *(ii)* a publicidade dos atos processuais; *(iii)* a competência e forma de consolidação dos procedimentos; e *(iv)* os efeitos da sentença arbitral de mérito para todos os terceiros afetados.

(I.1) NOTIFICAÇÃO DOS TERCEIROS AFETADOS E SUA INTERVENÇÃO NO PROCEDIMENTO ARBITRAL

Nas demandas societárias de natureza coletiva, é de extrema importância que sejam criadas ferramentas que viabilizem que todos os que possuem vínculo com a sociedade e possam ser afetados pela decisão saibam da existência da demanda, para que possam, se for de seu interesse, intervir no procedimento e exercer o seu direito ao contraditório.

Nesse sentido, segundo o artigo 4º do Regulamento de Arbitragem Societária, a Presidência do CAM-CCBC deve determinar a notificação de todos os terceiros afetados, para que participem da arbitragem, caso queiram. Tal notificação deve ser realizada pela parte que tenha apresentado o requerimento de arbitragem, com base em minuta previamente preparada e instruída pela Secretaria do CAM-CCBC, contendo informações sobre as partes da arbitragem; valores, bens ou direitos envolvidos; e pedido ou provimento pleiteado no requerimento de arbitragem[17].

---

17 Caso venha a ser apresentado novo pedido na arbitragem que se subsuma à hipótese de aplicação do Regulamento, caberá à Presidência do CAM-CCBC suspender o procedimento e determinar novamente a realização de notificação dos terceiros afetados, especificamente em relação a esse novo pedido, cabendo à parte que o apresentou realizá-la (artigo 12, *caput* e § 1º, do Regulamento).

Adicionalmente, o artigo 5º do Regulamento estabelece que, no caso das companhias abertas, as notificações aos terceiros afetados devem ser divulgadas conforme regulamentação editada pela CVM (observando-se, portanto, a forma do comunicado sobre demandas societárias previsto no Anexo I da Resolução CVM nº 80/2022). No caso das demais pessoas jurídicas, as referidas notificações devem ser divulgadas conforme o procedimento de convocação dos sócios ou associados para suas assembleias ou reuniões, nos termos dos respectivos atos constitutivos ou, em sua omissão, da lei de regência da pessoa jurídica.

No que concerne à forma de participação dos terceiros afetados no procedimento arbitral, o Regulamento determina, no artigo 7º, que todos os notificados terão o prazo de 30 (trinta) dias corridos para se manifestarem, podendo requerer a sua integração à arbitragem *(i)* sustentando a pretensão do(s) requerente(s); *(ii)* indicando que pretendem compor o polo do(s) requerido(s) original(is); ou *(iii)* meramente acompanhando a arbitragem. Somente após esse prazo as partes integrantes do polo requerido serão certificadas para que apresentem resposta ao requerimento de arbitragem.

Como se nota, a constituição do tribunal arbitral só será feita depois da adoção das medidas relacionadas à notificação dos terceiros afetados e após o transcurso do prazo regulamentar para que os notificados se manifestem na arbitragem. Com isso, busca-se garantir que todos os que quiserem participar do procedimento como parte, em algum dos polos, também participem da nomeação dos árbitros que julgarão a causa, aspecto do exercício da autonomia da vontade considerado fundamental na arbitragem.

Vale ressaltar, contudo, que o requerimento de arbitragem, em caso de concordância das partes, pode já conter a indicação de árbitro, nos termos do artigo 7º do Regulamento de Arbitragem do CAM-CCBC[18]. Essa disposição que consta do Regulamento Geral deve ser compatibilizada com a previsão do Regulamento de Arbitragem Societária de que os terceiros afetados, após serem notificados, podem requerer a sua integração à arbitragem sustentando a pretensão do polo requerente. Nesse caso, aos terceiros afetados que desejarem integrar o polo requerente deve ser conferida a oportunidade de participarem no processo de nomeação dos árbitros, ainda que o requerimento de arbitragem já tenha previamente apresentado alguma indicação.

A nomeação dos membros do tribunal arbitral pode ser complexa quando se trata de arbitragens multipartes em geral. As principais instituições arbitrais brasileiras preveem que, em arbitragens multipartes, se não houver consenso na indicação

---

18 "7.1. A parte que desejar iniciar arbitragem submeterá ao CAM-CCBC requerimento de arbitragem contendo: [...] (g) propostas ou outras informações relevantes quanto ao número e escolha dos árbitros ou, caso acordado pelas partes, a sua indicação; e [...]."

de árbitro pelos múltiplos requerentes ou pelos múltiplos requeridos, a instituição nomeará todos os árbitros[19]. Trata-se de procedimento adequado que, por um lado, prestigia a autonomia de vontade das partes, dando-lhes chance de alcançarem um consenso sobre a indicação dos árbitros. Por outro lado, dada a complexidade do processo de escolha conjunta em procedimentos que envolvem inúmeras partes, prestigia-se, quando o consenso não é alcançado, o tratamento igualitário das partes, mediante a previsão de que a própria instituição deve efetuar a nomeação de todos os árbitros[20].

Complementarmente, o artigo 10 do Regulamento de Arbitragem Societária preceitua que os terceiros afetados poderão ingressar na arbitragem a qualquer momento, hipótese em que deverão integrar o procedimento no estado em que se encontrar quando do pedido de ingresso, submetendo-se à escolha dos árbitros, caso já realizada, assim como aos atos já praticados.

Tal previsão é relevante e parte da premissa de que o terceiro afetado, ao não ter ingressado como parte dentro do prazo inicial de 30 (trinta) dias, renunciou ao seu direito de participar da constituição do tribunal arbitral e apresentar objeção com relação a eventos passados.

Todos os terceiros afetados que decidirem integrar a arbitragem devem ser considerados partes do procedimento arbitral para todos os efeitos, inclusive para o pagamento de custas, conforme estabelece o artigo 8º do Regulamento.

(I.2) PUBLICIDADE DOS ATOS PROCESSUAIS

Como mencionado, a necessidade de se mitigar as regras de sigilo das arbitragens societárias coletivas já vem sendo amplamente reconhecida. Sob a perspectiva processual, é necessário que os acionistas e as outras partes afetadas tenham acesso à informação sobre a existência da arbitragem, conferindo-lhes a oportunidade de participarem do processo, exercendo o seu direito de contraditório.

Nos termos do Regulamento, a existência da arbitragem, bem como as informações básicas do procedimento (nome das partes, objeto do litígio e valores envolvidos) devem ser levadas ao conhecimento de todos os terceiros afetados por meio da notificação anteriormente mencionada. Em se tratando de companhias abertas, tendo em vista a necessidade de a notificação ser feita nos termos da Resolução

---

19 Nesse sentido, o artigo 12.1 do Regulamento de Arbitragem do CAM-CCBC determina que "[n]o caso de arbitragem com múltiplas partes, como requerentes e/ou requeridas, não havendo consenso sobre a forma de indicação de árbitro pelas partes, a Presidência do CAM-CCBC, considerados os interesses perseguidos pelas partes na arbitragem, poderá nomear todos os membros do tribunal arbitral, indicando um deles para atuar como presidente".

20 Ver, a propósito, COELHO, *op. cit.*, p. 138-139.

CVM nº 80/2022, as informações básicas acerca da arbitragem terão ampla publicidade para todos os participantes do mercado de capitais. Para outras sociedades, a publicidade acerca das informações do processo será, a princípio, restrita aos terceiros afetados.

A propósito, mesmo os terceiros afetados que não integrarem o procedimento arbitral como partes podem acessar os autos do procedimento. Nesse sentido, o artigo 11 do Regulamento estabelece que, a qualquer momento, esses poderão requisitar à Secretaria do CAM-CCBC que lhes seja fornecido *link* pessoal e intransferível para acesso à integra de todos os atos até o término da arbitragem, ficando obrigados à confidencialidade, nas hipóteses em que esta for aplicável nos termos acordados pelas partes.

(I.3) CONSOLIDAÇÃO DOS PROCEDIMENTOS

Em sede de demandas coletivas, que possuem diferentes legitimados, é preciso haver soluções caso sejam ajuizados processos diversos acerca do mesmo tema, de modo a evitar decisões contraditórias.

O artigo 6º do Regulamento de Arbitragem Societária atribui à Presidência do CAM-CCBC a competência para analisar e proceder à consolidação da arbitragem com outra eventualmente preexistente, ouvidas as partes de ambos os processos.

Na hipótese de nova arbitragem promovida por qualquer terceiro afetado para discutir pedidos submetidos à primeira arbitragem, aplica-se a regra geral sobre consolidação de arbitragens prevista no artigo 19 do Regulamento de Arbitragem do CAM-CCBC[21], prevalecendo, nesse caso, a competência do tribunal arbitral já instituído.

---

21 "Artigo 19 – Consolidação de Arbitragens
19.1 A Presidência do CAM-CCBC poderá, diante do requerimento de uma parte apresentado antes da constituição do tribunal arbitral do segundo processo, considerado o estágio do primeiro, consolidar, em uma única arbitragem, duas ou mais arbitragens pendentes, submetidas ao Regulamento, quando: (a) as partes tenham concordado com a consolidação; ou (b) todas as demandas nas arbitragens sejam formuladas com base na mesma convenção de arbitragem; ou (c) as demandas nas arbitragens não sejam formuladas com base na mesma convenção de arbitragem, mas (i) as arbitragens envolvam as mesmas partes, (ii) as disputas nas arbitragens estejam relacionadas com a mesma relação jurídica, e (iii) a Presidência do CAM-CCBC entenda que as convenções de arbitragem são compatíveis.
19.2 Ao decidir sobre a consolidação, a Presidência do CAM-CCBC poderá consultar os árbitros já investidos.
19.3 Os processos arbitrais deverão ser consolidados na arbitragem iniciada em primeiro lugar, salvo acordo das partes em sentido contrário."

(I.4) EXTENSÃO DOS EFEITOS DA SENTENÇA ARBITRAL

A parte final do artigo 4º do Regulamento determina que todos os notificados acerca da existência da arbitragem submetem-se aos efeitos das decisões arbitrais, independentemente da sua efetiva participação como parte no procedimento. Em complementação, o artigo 9º estabelece que **a** falta de apresentação de resposta dos terceiros afetados notificados não prejudicará a aplicação da aludida regra, quanto ao alcance dos efeitos da sentença arbitral de mérito.

Como se nota, o Regulamento de Arbitragem Societária buscou criar um sistema pelo qual a notificação acerca da existência da demanda é suficiente para gerar vinculação de todos os terceiros afetados aos efeitos da decisão arbitral, tanto aqueles que intervieram como partes quanto aqueles que poderiam tê-lo feito e não o fizeram. Dessa forma, o direito à intervenção no processo se contrapõe à sujeição aos efeitos da decisão.

O sistema brasileiro de tutelas coletivas distingue os efeitos da sentença de mérito da eficácia da coisa julgada. Por um lado, a extensão dos efeitos da sentença decorre da própria relação jurídica de direito material, que é incindível. Não há, por exemplo, como uma deliberação assemblear ser válida para alguns acionistas e inválida para outros. Por outro lado, o sistema jurídico processual contém um regramento próprio acerca da autoridade da coisa julgada. Como mencionado, vigora em nosso ordenamento a eficácia *erga omnes* da coisa julgada, *secundum eventum litis* e *in utilibus*. Segundo esse sistema, a coisa julgada da ação coletiva tem eficácia *erga omnes*, mas somente para beneficiar os titulares dos direitos individuais no caso de procedência do pedido. Se a ação coletiva for julgada improcedente, os integrantes da coletividade afetada pela decisão podem propor livremente as suas demandas indenizatórias ou prosseguir com aquelas já em curso.

Diante desse regramento, ainda não se sabe qual será a efetividade de aplicação dos dispositivos do Regulamento de Arbitragem Societária do CAM-CCBC que tratam da vinculação dos efeitos da sentença arbitral a todos os terceiros afetados, incluindo aqueles que não tenham integrado a arbitragem como partes.

(II) PROJETO DE LEI Nº 2.925/2023

O Projeto de Lei nº 2.925/2023 ("PL 2.925" ou simplesmente "PL") foi apresentado pelo Poder Executivo por iniciativa da Secretaria de Reformas Econômicas do Ministério da Fazenda. O ponto de partida para as discussões que culminaram na elaboração do PL foi justamente o estudo anteriormente aludido, apresentado pela OCDE em parceria institucional com a CVM e o Ministério da Fazenda.

O objetivo do PL 2.925 é o aperfeiçoamento dos mecanismos de tutela privada de direitos de acionistas minoritários contra prejuízos causados por atos ilícitos de acionistas controladores e administradores de companhias abertas[22], sob a premissa de que o aparato disponível no País para a tutela pública das normas aplicáveis às companhias abertas não é considerado suficiente para lidar com a responsabilidade civil de controladores e administradores de sociedades anônimas. Dessa forma, propõe-se fortalecer o *enforcement* privado, pelo qual os próprios investidores utilizam-se das ferramentas disponíveis para impor o cumprimento de seus direitos e obter reparação de danos. O PL espera que, com isso, para além de se resguardar o interesse dos próprios investidores, haja o incremento da confiança no mercado de capitais brasileiro, ampliando as possibilidades de obtenção de crédito pelas empresas e contribuindo para o crescimento da economia nacional.

Evidentemente, os objetivos do PL são louváveis e oportunos. Por outro lado, é importante que o aperfeiçoamento dos mecanismos de *enforcement* privado busque um ponto de equilíbrio entre os incentivos outorgados aos investidores para propositura de ações de ressarcimento, por alegadas violações a seus direitos, e os riscos de haver um aumento no ajuizamento de ações oportunistas e temerárias, sob pena de acabarmos nos deparando com novas distorções ao regime de responsabilidade civil dos administradores e controladores. Sob essa perspectiva de cautela, vislumbramos aspectos do PL que mereceriam ser revistos ou aprimorados.

O PL 2.925 propõe toda uma reforma no regime de responsabilidades e esquema repressivo-punitivo societário, por meio da introdução de modificações na Lei nº 6.385 e na Lei nº 6.404, que tratam tanto de questões eminentemente materiais do regime de responsabilidades societárias (*v.g.*, a flexibilização da regra da quitação aos administradores e a tentativa de melhor delimitação das hipóteses em que a companhia responderia ou não pelos danos ao mercado investidor) quanto, em grande parte, da reformulação do sistema de tutela coletiva dos investidores, fazendo remissões pontuais quanto aos reflexos desse potencial novo regime ao sistema arbitral. Considerando o escopo deste artigo, algumas das questões tratadas pelo PL serão especificamente abordadas a seguir.

(II.1) REGULAÇÃO DA RESPONSABILIDADE CIVIL POR DANOS DIRETOS CAUSADOS AOS INVESTIDORES PELA VIOLAÇÃO DAS NORMAS DO MERCADO DE CAPITAIS

Atualmente, há enorme controvérsia acerca da responsabilidade civil por danos causados diretamente aos investidores em decorrência de violação às normas do mercado de capitais, especialmente no caso de falhas informacionais, que ocorrem

22 Exposição de Motivos nº 45/2023/MF. Disponível em: https://abrir.link/LNgQa Acesso em: 13 nov. 2023.

quando a companhia divulga informações incompletas ou falsas que afetam as decisões de investimento. A doutrina se divide entre *(i)* os que entendem que, segundo o atual regime da Lei das S.A., a companhia não deve ser responsabilizada pelos referidos danos, quando oriundos de atos ilícitos imputados aos administradores, tratando-a, nesse caso, como vítima titular da indenização a ser cobrada dos administradores; e *(ii)* aqueles que consideram que o regime geral de responsabilidade previsto no Código Civil permitiria a responsabilização da companhia por prejuízo informacional causado aos investidores.

Para tratar da questão, o PL 2.925 propõe a inclusão do artigo 27-G na Lei nº 6.385, que prevê a responsabilidade civil dos administradores de emissores de valores mobiliários por danos causados a investidores em decorrência de ação ou omissão dos emissores, em infração à legislação e à regulamentação do mercado de valores mobiliários. Em complementação, o dispositivo estende a responsabilidade civil aos acionistas controladores do emissor "quando a legislação ou a regulamentação impuser a eles diretamente o dever de cumprir a norma infringida, ou quando concorrerem para a prática do ilícito pelos administradores, hipótese em que responderão solidariamente com estes".

Segundo Nota Informativa divulgada pelo Poder Executivo ("Nota Informativa")[23], o PL fez duas escolhas: a primeira teria sido reconhecer que o principal responsável pelos danos diretos causados aos investidores é o administrador da companhia; a segunda teria sido admitir que os controladores também são responsáveis se participarem da infração ou deixarem de cumprir dever legalmente exigido[24].

A companhia, por sua vez, nos termos do artigo 27-G, § 2º, proposto para a Lei nº 6.385, seria responsável somente nos casos em que figurar como ofertante em oferta pública de distribuição ou aquisição de valores mobiliários, pois, nessas hipóteses, haveria fundamento econômico para responsabilizá-la por dano informacional, decorrente do benefício direto com a compra ou venda de valores mobiliários de sua emissão.

Se o objetivo do PL é efetivamente afastar a responsabilidade civil da companhia por dano informacional no mercado secundário, é essencial que a redação seja mais clara nesse sentido e expressamente preveja a ausência dessa responsabilidade. O texto atual do projeto é dúbio e pode vir a manter a insegurança jurídica atualmente existente quanto ao assunto.

---

23 Nota Informativa da Secretaria de Reformas Econômicas do Ministério da Fazenda sobre o Projeto de Lei nº 2.925/2023. Disponível em: https://abrir.link/FCSOA. Acesso em: 13 nov. 2023.

24 A figura do intermediário e do coordenador de ofertas públicas de distribuição e de aquisição de valores mobiliários foi também objeto de atenção do PL, que prevê a sua responsabilização nos termos do artigo 27-G, § 2º, proposto para a Lei nº 6.385.

(II.2) MECANISMOS DE TUTELA COLETIVA PARA INVESTIDORES DO MERCADO DE CAPITAIS

O PL 2.925 busca ampliar os mecanismos destinados à reparação de danos sofridos por investidores no mercado de capitais, mediante a criação de uma ação civil coletiva de responsabilidade, regulada no artigo 27-H proposto para a Lei nº 6.385[25], tendo como legitimados acionistas e investidores agindo no interesse de todos os titulares de valores mobiliários da mesma espécie e classe afetada.

Segundo informado pelo Governo Federal na Nota Informativa, o PL inspirou-se nas normas do ordenamento jurídico que constituem o microssistema de tutela coletiva de direitos, adaptadas para a dinâmica do direito societário, com o objetivo de se evitar, por um lado, o ajuizamento de vários processos sobre a mesma causa e, por outro, aumentar a quantidade de casos com decisões de mérito, sem os obstáculos processuais que impedem atualmente que se chegue a tais decisões, tornando a reparação mais eficiente.

Em se tratando de ações coletivas, a fixação de critérios apropriados de legitimidade ativa é fundamental para assegurar que a classe de acionistas ou investidores prejudicada seja representada de maneira adequada nessas demandas, evitando-se, dessa forma, o ajuizamento de ações oportunistas.

Segundo exposto pelo Poder Executivo na Exposição de Motivos e Nota Informativa, a elaboração do PL teria se preocupado com o risco de ajuizamento de ações frívolas, ao estabelecer determinados limites mínimos de participação societária ou financeira a serem preenchidos pelo autor da demanda coletiva, para que ela possa ser proposta.

Nesse sentido, conforme a redação proposta pelo PL 2.925 (§ 1º do artigo 27-H), serão legitimados para propor a ação civil coletiva os investidores titulares de valores mobiliários que atendam a, no mínimo, um dos seguintes requisitos: *(i)* representar percentual igual ou superior a 2,5% dos valores mobiliários da mesma espécie ou classe atingida; ou *(ii)* cujo investimento tenha valor igual ou superior a R$ 50.000.000,00 (cinquenta milhões de reais), atualizados anualmente pelo Índice Nacional de Preços ao Consumidor Amplo (IPCA). Tais critérios de legitimação podem, ainda, ser modificados pela CVM, mediante a fixação de escala em função do valor do capital social ou o uso de outros parâmetros que vierem a ser estabelecidos em regulamentação (artigo 27-H, § 4º).

---

25 Nesse sentido, assim dispõe o *caput* do artigo 27-H proposto para a Lei nº 6.385: "Artigo 27-H. Os investidores legitimados poderão propor, em nome próprio e no interesse de todos os titulares de valores mobiliários da mesma espécie e classe, ação civil coletiva de responsabilidade pelos danos decorrentes de infrações à legislação ou à regulamentação do mercado de valores mobiliários. [...]".

Outro aspecto que, segundo o Poder Executivo, reduziria a chance de serem ajuizadas ações frívolas consiste na previsão de que a legitimidade para propositura deve ter por base a titularidade dos valores mobiliários no momento imediatamente anterior em que os danos alegadamente se materializaram (artigo 27-H, § 2º). Por outro lado, o PL optou por estabelecer que a manutenção da condição de acionista posteriormente é irrelevante para se aferir a legitimidade para a propositura da ação (artigo 27-H, § 3º).

Aspecto de extrema relevância relacionado à legitimidade ativa para propositura das ações civis coletivas refere-se à situação das associações civis que afirmam representar os interesses de investidores lesados. Ao que aparenta, o objetivo do PL é restringir a legitimidade ativa aos investidores que atendam aos critérios previstos na norma, ressalvando-se apenas a legitimidade conferida ao Ministério Público e à CVM para ajuizar a ação civil pública da Lei nº 7.913/1989. Novamente, se essa é a finalidade do PL, é importante que a redação da lei resultante preveja expressamente que a legitimidade é restrita aos investidores que perfaçam os requisitos da norma, excluindo-se a atuação das associações civis e evitando, com isso, eventuais discussões futuras similares àquelas que já ocorreram no âmbito da ação civil pública de que trata a Lei nº 7.913/1989[26].

Além dos critérios para a aferição da legitimidade ativa da ação civil coletiva, o PL também procura disciplinar a alocação dos riscos e benefícios para o acionista ou investidor propor a demanda. Parte-se do pressuposto de que, na atualidade, os riscos e custos para o ajuizamento de demandas individuais para ressarcimento de danos no mercado de capitais são muito elevados, o que acaba desincentivando a propositura das ações e fazendo com que acionistas e investidores prefiram absorver seus prejuízos.

Segundo a proposta do PL, em caso de procedência da ação coletiva, os réus deverão pagar aos autores da ação um prêmio de 20% (vinte por cento) sobre o valor da indenização, descontados os honorários de sucumbência (artigo 27-H, § 11, inciso III). O prêmio funciona como um incentivo para que determinado acionista ou investidor assuma os riscos de demandar em benefício de outros.

Por outro lado, em caso de improcedência do pedido formulado, os autores da ação civil coletiva, para além dos custos com honorários advocatícios contratuais e outras despesas do processo, serão condenados ao pagamento de honorários de sucumbência estabelecidos sobre o valor do prêmio pleiteado (artigo 27-H, § 10).

---

26 Aliás, outra reflexão a ser feita, com vistas a um funcionamento adequado do sistema de tutela coletiva no âmbito do mercado de capitais, refere-se à própria conveniência na manutenção ou não em vigor da referida lei que trata da ação civil pública, em convívio com a ação civil coletiva que se pretende criar.

O PL regula, adicionalmente, como deve ser garantida a publicidade na propositura das ações civis coletivas e a maneira pela qual outros investidores podem intervir no processo.

Nos termos do PL, uma vez proposta a ação, os autores deverão comunicar o emissor dos valores mobiliários para que este divulgue o fato ao mercado, na forma estabelecida na regulamentação editada pela CVM. A partir disso, o investidor prejudicado que atenda aos requisitos de legitimidade previstos na norma poderá intervir no processo como litisconsorte, desde que o faça no prazo de 30 (trinta) dias, contado da data de divulgação da propositura da ação ao mercado.

Uma crítica que tem sido feita ao modelo proposto pelo PL, que autoriza o ingresso de qualquer legitimado no processo como litisconsorte, refere-se à eficiência processual. Tal modelo possibilita que venham a integrar o polo ativo da demanda uma quantidade significativa de autores que não necessariamente estarão alinhados em questões relacionadas à forma de condução do processo, como as provas a serem produzidas[27]. O problema assume proporções ainda maiores quando se trata da repartição do prêmio entre os diferentes litisconsortes, na hipótese de procedência da demanda. O PL limita-se a estabelecer que, na hipótese de haver mais de um autor ou litisconsorte na ação civil coletiva, o prêmio deve ser repartido pelo juiz de acordo com a contribuição de cada um para o resultado do processo, sem estabelecer quaisquer critérios mais claros e objetivos para a distribuição do valor.

No que se refere aos efeitos da coisa julgada, o PL dispõe que, em caso de procedência do pedido formulado na demanda, a sentença fará coisa julgada *erga omnes*, exceto quanto aos investidores que tiverem optado pela propositura de ações individuais (artigo 27-H, § 11, inciso II). De modo complementar, outro dispositivo do PL afirma que "a propositura da ação coletiva não impede os demais interessados de propor ação de indenização a título individual, desde que não tenham intervindo no processo como litisconsortes".

Como se nota, a proposta é de que a decisão de provimento da ação civil coletiva beneficie todos os detentores dos mesmos valores mobiliários, excetuando-se somente aqueles que tenham proposto ações individuais. Assim, o objetivo é adotar regra similar ao sistema de *opt-out*, pelo qual todos os investidores são considerados como representados pelo autor da ação coletiva se eles não se pronunciarem de modo diferente dentro do prazo concedido no início da tramitação do processo. No entanto, ao que aparenta, a regra limita-se aos casos de procedência da demanda,

---

27 Eventualmente, poderia se pensar na adoção no Brasil de algo semelhante ao sistema de certificação existente no ordenamento norte-americano ("*certification*"), pelo qual é necessário determinar a parte que tenha melhores condições de representar adequadamente a coletividade, defendendo os direitos de toda a classe e não somente os seus próprios interesses.

quando, em benefício da segurança jurídica, melhor seria que os efeitos da coisa julgada fossem uniformes em qualquer resultado de julgamento.

(II.3) PREVISÃO DA ARBITRAGEM COLETIVA NO MERCADO DE CAPITAIS

O PL também prevê expressamente que a ação civil coletiva para reparação de danos no mercado de capitais pode ser decidida por meio de arbitragem, afastando qualquer dúvida que ainda pudesse existir quanto à possibilidade de litígios dessa natureza submeterem-se à solução pela via arbitral[28]. No entanto, no que concerne às regras aplicáveis para o processamento das arbitragens coletivas, o PL limitou-se a determinar que estas devem: *(i)* se sujeitar às regras processuais previstas na lei para as ações civis coletivas "no que for compatível com os procedimentos arbitrais"; *(ii)* assegurar que outros investidores possam intervir no processo como litisconsortes; e *(iii)* ser públicos, podendo a regulamentação a ser editada pela CVM dispor sobre os limites do caráter público das arbitragens, inclusive sobre as hipóteses em que a confidencialidade será admitida.

A solução do PL de que as arbitragens coletivas obedeçam ao mesmo regramento do microssistema judicial de tutela coletiva, "no que for compatível", não resolve os diversos obstáculos atualmente existentes para que as demandas coletivas se desenvolvam de maneira adequada no âmbito da arbitragem. Com efeito, as jurisdições estatal e arbitral apresentam características próprias, o que exige que a criação de um regime arbitral de tutela coletiva tenha regras próprias ou, ao menos, que haja adaptações completas e detalhadas à legislação que rege a jurisdição estatal[29].

(II.4) ALTERAÇÕES NAS REGRAS SOBRE AS AÇÕES SOCIAIS CONTRA ADMINISTRADORES E ACIONISTAS CONTROLADORES PREVISTAS NA LEI DAS S.A.

Além da criação da ação civil coletiva para responsabilização de danos no mercado de capitais (por meio de alterações na Lei nº 6.385), o PL 2.925 também propõe modificações nos dispositivos da Lei nº 6.404 que disciplinam as denominadas

---

28 Nesse sentido, o artigo 27-I proposto para a Lei nº 6.385 estabelece que os estatutos, os regulamentos, as escrituras e os instrumentos de emissão de valores mobiliários podem prever que a ação civil coletiva de responsabilidade seja decidida por arbitragem.

29 Este foi, inclusive, o entendimento manifestado pelo Comitê Brasileiro de Arbitragem ("CBAr") em Nota Técnica divulgada sobre o PL. Disponível em: https://abrir.link/EhVAY. Acesso em: 13 nov. 2023.

ações sociais de responsabilidade civil contra os administradores e controladores (artigos 159 e 246 da Lei das S.A.), que são aquelas ajuizadas para o ressarcimento de danos causados ao patrimônio da própria companhia (e não danos diretos sofridos pelos acionistas). Tais ações podem ser propostas pela própria companhia, na qualidade de legitimada ordinária, ou, em determinadas circunstâncias, por seus acionistas, em situação de legitimação extraordinária, sob a forma de substituição processual. O objetivo do PL, no tocante às ações sociais, é basicamente aumentar os incentivos para que os acionistas minoritários ingressem com tais ações reparatórias em nome da companhia, bem como destravar barreiras processuais que dificultam o julgamento de mérito dessas demandas.

Sobre os critérios de legitimação para a propositura das ações sociais por acionistas, a Lei das S.A. atualmente prevê, no caso das demandas em face dos administradores (artigo 159), que: *(i)* qualquer acionista pode promover a ação, caso ela não tenha sido proposta pela própria companhia no prazo de três meses após deliberação da assembleia geral que aprove a propositura; e *(ii)* por acionistas que representem 5% ou mais do capital social, caso a assembleia delibere não promover a ação. Nos casos de demandas contra os acionistas controladores (artigo 246 da Lei Societária), a norma em vigor autoriza o seu ajuizamento *(i)* por acionistas que representem 5% ou mais do capital social; ou *(ii)* por qualquer acionista, desde que preste caução pelas custas e pelos honorários de advogado devidos no caso de vir a ação ser julgada improcedente[30].

O PL 2.925 propõe modificar a redação do artigo 159 da Lei das S.A. de forma a prever que, quando a assembleia geral deliberar pelo não ajuizamento da ação social pela própria companhia, esta poderá ser promovida, no caso de companhias fechadas, por acionistas que representem ao menos 5% do capital social ou, no caso das companhias abertas, por titulares de ações representativas de, no mínimo, 2,5% do capital social ou cujo valor seja igual ou superior a R$ 50.000.000,00 (cinquenta milhões de reais), atualizados anualmente pelo IPCA. O percentual aplicável às companhias abertas pode ser reduzido ainda mais pela CVM, conforme autoriza o artigo 291 da Lei Societária.

No caso das ações contra acionistas controladores, o PL propõe que se apliquem os mesmos parâmetros das ações contra os administradores referidos *supra*, para fins de se determinar a legitimidade dos acionistas para o ajuizamento das demandas em companhias fechadas e abertas. Dessa forma, exclui a possibilidade atualmente existente de qualquer acionista propor a ação mediante prestação de caução. Adicionalmente, propõe a inclusão de regra expressamente prevendo

30 O artigo 291 da Lei das S.A. autoriza a CVM a reduzir o percentual de legitimidade para o ajuizamento das ações sociais previstas nos artigos 159 e 246 da Lei Societária. A CVM, então, editou a Resolução CVM nº 70/2022 prevendo escala que reduz referido percentual, com base no capital social da companhia.

que o acionista legitimado pode ajuizar a demanda contra o acionista controlador independentemente de deliberação da assembleia geral sobre a matéria. Com isso, objetiva-se deixar claro (e afastar o equivocado entendimento do STJ sobre o tema) que, ao contrário do que dispõe o artigo 159 da Lei Societária para as ações contra os administradores, as demandas em face de controladores podem ser movidas por acionistas legitimados sem prévia deliberação da companhia em assembleia geral.

Tanto na ação contra os administradores quanto naquela em face dos controladores, o PL determina que a participação societária para os acionistas legitimados proporem a demanda como substitutos processuais deve ser aferida no momento da propositura da ação e que a alienação de tal participação em momento posterior não acarreta perda de legitimidade para a causa.

Trata-se de critério diverso daquele previsto no PL para as ações civis coletivas. Para tais ações, que visam à reparação de danos diretos sofridos pelos investidores no mercado de capitais, o PL propõe que a participação societária dos acionistas legitimados seja aferida no momento imediatamente anterior à materialização do dano, ao passo que, para as ações sociais (que buscam a reparação dos danos sofridos ao patrimônio da companhia), o PL não exige contemporaneidade na titularidade das ações pelos acionistas legitimados com o momento de materialização do dano. Esse é um aspecto do PL que tem sofrido críticas por parte de alguns participantes do mercado, sob o argumento de que o critério pode aumentar as chances de ajuizamento de ações oportunistas e temerárias.

O PL também propõe uma readequação dos riscos e benefícios existentes atualmente para o ajuizamento das ações sociais, sob a premissa de que os incentivos de hoje são reduzidos para os acionistas minoritários ingressarem com ações reparatórias em nome da companhia, frente ao alto custo dos litígios.

Visando a equilibrar os incentivos de ajuizamento de ações sociais, o PL propõe regras similares àquelas formuladas para a ação civil coletiva. Nesse sentido, em caso de procedência da ação contra administradores ou controladores, propõe-se atribuir ao autor da demanda um prêmio de 20% (vinte por cento) calculado sobre o valor total da indenização, do qual devem ser descontados os honorários de sucumbência. Havendo mais de um autor, o prêmio deve ser repartido de acordo com a contribuição de cada um para o resultado do processo. Ademais, caso a ação seja encerrada por meio de transação, o PL estabelece que o prêmio também seja pago. Por outro lado, na hipótese de a ação social ser julgada improcedente, os autores das ações sociais devem ser condenados ao pagamento de honorários de sucumbência, fixados com base no valor do prêmio pleiteado.

No tocante à publicidade das ações sociais, o PL determina que a propositura das demandas seja informada pelo acionista à companhia para que esta, em se tratando de uma companhia fechada, comunique o fato aos demais acionistas (no caso de companhias fechadas), e, no caso de companhia aberta, divulgue-o ao mercado, na forma estabelecida na regulamentação editada pela CVM. Ou seja, para as ações sociais, a orientação do PL é de que ampla publicidade para o mercado de capitais seja exigida exclusivamente nas demandas envolvendo companhias abertas. Para as companhias fechadas, a publicidade pode ser restrita aos demais acionistas, basicamente para que possam decidir se querem intervir na ação que poderá afetar a sua esfera jurídica.

Quanto à intervenção nas ações sociais, o PL dispõe que tanto a companhia quanto os outros acionistas que detenham a participação societária mínima para legitimação extraordinária podem, no prazo de 30 (trinta) dias contados da comunicação ou divulgação do fato, intervir no processo como litisconsortes. Além disso, o texto proposto expressamente dispõe que, uma vez ajuizada a demanda por acionista na qualidade de substituto processual, a companhia fica impedida de promover ação independente (podendo apenas intervir no processo como litisconsorte). Segundo a Nota Informativa divulgada pelo Poder Executivo, esse dispositivo tem por objetivo resguardar o direito do acionista que teve a iniciativa de entrar com a ação, assumindo o risco e, ao mesmo tempo, prevenir eventual conflito de interesse com a companhia que teve a oportunidade de ingressar previamente com a ação e optou por não o fazer. Trata-se de regra que claramente visa a afastar o recém-entendimento do STJ de que a ação de responsabilidade movida pela companhia depois da ação do acionista em substituição processual suplanta e se sobrepõe a esta última[31].

Quanto ao tipo de intervenção processual da companhia, cabe registrar que o PL propõe regra distinta daquela atualmente existente no Código de Processo Civil. Enquanto o PL autoriza a intervenção da companhia como litisconsorte, o artigo 18 do Código de Processo Civil estabelece que, nos casos de demanda proposta por substituto processual, o substituído pode ingressar no processo na qualidade de assistente litisconsorcial. Diante disso, cabe ponderar se a previsão do PL é adequada ou se não seria mais apropriada a solução de que, já tendo sido proposta a demanda pelo substituto processual, a companhia só possa intervir como assistente litisconsorcial.

Para os demais acionistas que sejam colegitimados para o ajuizamento da ação, devem ser feitas as mesmas ponderações anteriores quanto às ações civis coletivas, de que a possibilidade de haver muitos autores no polo ativo da demanda pode comprometer a eficiência processual.

Para evitar decisões contraditórias, o PL expressamente determina que, no caso de mais de uma ação social ser proposta por acionistas diferentes com fundamento nos mesmos fatos, sejam aplicadas as regras do Código de Processo Civil sobre conexão e continência. Para as arbitragens, tendo em vista ser controversa a aplicação das regras processuais acerca de conexão, continência e litispendência, o ideal seria que o PL

31 *Vide*: STJ. Conflito de Competência nº 185.702/DF. 2ª Seção. J. 10.06.2022.

expressamente ressalvasse que sejam aplicadas as regras dos regulamentos das instituições de arbitragem sobre consolidação de procedimentos e intervenção de terceiros.

(II.5) ALTERAÇÕES NA DISCIPLINA DAS ARBITRAGENS SOCIETÁRIAS

O PL 2.925 também propõe alterações no artigo 109 da Lei das S.A., no tocante às arbitragens societárias. Atualmente, o § 3º do artigo 109 prevê que "[o] estatuto da sociedade pode estabelecer que as divergências entre os acionistas e a companhia, ou entre os acionistas controladores e os acionistas minoritários, poderão ser solucionadas mediante arbitragem, nos termos em que especificar". A redação tem dado margem a diversas discussões relacionadas às partes e aos tipos de litígio que podem ser submetidos à arbitragem com base em cláusula compromissória estatutária. O PL propõe modificar a atual redação do § 3º do artigo 109 por texto que expressamente autoriza que quaisquer divergências envolvendo "a companhia, seus acionistas e administradores" possam ser solucionadas por arbitragem.

Além disso, propõe-se, por meio do PL, a inclusão de três novos parágrafos ao artigo 109 da Lei das S.A., que preveem: *(i)* a publicidade dos procedimentos arbitrais que envolverem companhias abertas (artigo 109, § 4º)[32]; *(ii)* a publicação de "precedentes" relativos a demandas envolvendo companhias abertas pelas instituições arbitrais (artigo 109, § 5º); e *(iii)* a possibilidade de a CVM regular procedimentos arbitrais envolvendo companhias abertas (artigo 109, § 6º).

O § 4º proposto para o artigo 109 da Lei das S.A. dispõe que "[o]s procedimentos arbitrais relativos a companhias abertas serão públicos, nos limites estabelecidos na regulamentação a ser editada pela Comissão de Valores Mobiliários". Trata-se de disposição muito ampla, que exige publicidade para qualquer demanda envolvendo companhia aberta, independentemente da natureza e do objeto do litígio, o que não está em conformidade com o próprio objetivo do PL manifestado tanto na Exposição de Motivos[33] quando na Nota Informativa[34], de limitar a publicidade às demandas societárias que apresentam uma dimensão

---

32 Segundo o artigo 3º do PL, tal alteração deve se aplicar somente às arbitragens instauradas após decorrido o prazo de noventa dias, contado da data de entrada em vigor da Lei.

33 "O projeto prevê, também, a publicidade em processos arbitrais para que haja transparência nos casos que tratem de direito societário. Tal medida justifica-se pois os conflitos societários entre acionistas minoritários e administradores ou acionistas controladores envolvem uma dimensão flagrantemente coletiva, sobretudo quanto aos direitos individuais homogêneos da comunidade de acionistas da companhia mas que, em sentido mais amplo, pode afetar os interesses de todos os participantes do mercado de valores mobiliários."

34 "Outra medida de grande importância consiste na ampliação da publicidade em procedimentos arbitrais de direito societário que tenham caráter coletivo, o que favorece o ingresso de outros

coletiva. Caso mantida a atual redação do PL, todos os litígios que tenham uma companhia aberta como parte deverão ser públicos, ainda que não haja qualquer interesse coletivo de acionistas ou investidores. Não se justifica que, nessas hipóteses, a eventual escolha legítima das partes quanto ao sigilo do procedimento arbitral seja afastada, até mesmo porque, na hipótese de a demanda configurar ato ou fato relevante, a sua divulgação já é atualmente exigida pela própria Lei das S.A. e pela regulamentação da CVM.

O ideal é que a publicidade dos procedimentos arbitrais relativos a companhias abertas restrinja-se às demandas coletivas ou que versem sobre relações jurídicas incindíveis, que possam afetar diretamente a esfera jurídica dos titulares de valores mobiliários de emissão da companhia, o que, inclusive, está em consonância com a redação do Anexo I à Resolução CVM nº 80/2022[35].

O PL propõe, ademais, a inclusão do § 5º ao artigo 109 da Lei das S.A., estipulando que "as instituições arbitrais darão publicidade a seus precedentes relativos a demandas que envolvam companhias abertas e os divulgarão em seus sítios eletrônicos, organizados por questão jurídica decidida". É importante que essa redação seja revista especialmente para: *(i)* não adotar o termo "precedentes", que não se adequa à realidade dos procedimentos arbitrais[36]; e *(ii)* em linha com o que já se comentou acerca do § 4º, limitar que os casos a serem divulgados nos sítios eletrônicos das instituições arbitrais refiram-se a demandas coletivas ou que tratem de relações jurídicas incindíveis.

Finalmente, no § 6º do artigo 109 da Lei das S.A., o PL 2.925 dispõe que a CVM poderá regulamentar "os requisitos adicionais às instituições arbitrais nas ações que envolvam companhias abertas, inclusive quanto à necessidade de explicitar, em seus regulamentos, o procedimento para a reunião dos processos arbitrais nas hipóteses de conexão e continência". No entanto, as instituições arbitrais são entidades que não estão, em princípio, sujeitas à competência normativa da CVM. Além disso, também parece não estar dentro do espectro de competência da autarquia dispor sobre regras procedimentais das arbitragens, ainda mais relativas a quaisquer demandas envolvendo companhias abertas, além daquelas previstas na Lei das S.A. e na Lei do Mercado de Capitais.

---

investidores prejudicados no procedimento arbitral, conferindo maior uniformidade no tratamento das causas."

35 *Vide*, a respeito, a Nota Técnica do CBAr divulgada sobre o PL, *op. cit.*

36 As sentenças arbitrais, apesar de servirem como referência, não vinculam os árbitros no julgamento de casos semelhantes envolvendo outras partes, razão pela qual não é tecnicamente correto fazer referência a elas como "precedentes". O mais adequado é que essa expressão seja substituída por "sentenças", o que, adicionalmente, também afasta eventual entendimento de que qualquer decisão arbitral tenha que ser objeto de divulgação pela instituição arbitral, para além das sentenças parciais e finais.

Alternativamente, a exigência de que as câmaras arbitrais prevejam em seus regulamentos regras próprias para a reunião de procedimentos e intervenção de terceiros deveria ser objeto de determinação legal específica, sem delegação da matéria ao poder disciplinar da CVM.

(II.6) ELIMINAÇÃO DA EXONERAÇÃO AUTOMÁTICA DE RESPONSABILIDADE DOS ADMINISTRADORES

O atual artigo 134, § 3º, da Lei das S.A. determina que a aprovação sem reserva das demonstrações financeiras e das contas dos administradores os exonera automaticamente de responsabilidade, bem como aos membros do conselho fiscal, salvo erro, dolo, fraude ou simulação. Essa exoneração, também denominada de *quitus*, parte da premissa de que os acionistas, ao aprovarem as demonstrações financeiras e contas sem reserva, concordaram com a atuação dos administradores e integrantes do conselho fiscal no respectivo exercício social, liberando-os de responsabilidade por eventuais prejuízos a que tenham dado causa. Consequentemente, o ajuizamento da ação de responsabilidade civil contra os administradores depende de prévia anulação da deliberação assemblear que tenha aprovado as contas, caso comprovada hipótese de erro, dolo, fraude ou simulação.

A Exposição de Motivos ao PL expressamente considera que, entre os problemas enfrentados por acionistas na busca de seus direitos contra abusos de administradores e integrantes do conselho fiscal, inclui-se a exigência de que o acionista minoritário ingresse previamente com uma ação de anulação da aprovação das contas para, somente então, buscar a responsabilização por danos causados à companhia. Isso porque o tempo necessário para a tramitação dessa ação prévia acaba, na maioria dos casos, por inviabilizar a própria propositura da ação de responsabilidade civil em face dos administradores e conselheiros fiscais, diante do risco de prescrição.

Dessa forma, o PL propõe alteração na redação do artigo 134, § 3º, da Lei das S.A., para prever expressamente que a aprovação das demonstrações financeiras e das contas não acarreta exoneração automática da responsabilidade dos administradores e fiscais. Em complementação, propõe a inclusão de novo dispositivo que autoriza a assembleia geral a conceder o *quitus* a administradores e membros do conselho fiscal, por meio de deliberação própria que conste por expresso da ordem do dia, exclusivamente com relação a fatos, devidamente especificados, ocorridos durante o exercício de sua gestão e o prazo de seu mandato. Ou seja, a exoneração de responsabilidade não será mais automática, passando a depender de deliberação específica da assembleia geral, com escopo limitado.

CONSIDERAÇÕES FINAIS

À guisa de conclusão, parece latente que, se é inegável que a arbitragem societária resta consolidada como prática eficiente no País, no que concerne àquelas travadas no âmbito das companhias abertas e do mercado de capitais ainda há de fato relevantes barreiras a se superar.

Esses gargalos, contudo, embora derivem também de aspectos procedimentais inerentes à própria natureza da via arbitral, a eles não se cingem, decorrendo em medida nada desprezível de falhas sistêmico-regulatórias macro, seja de natureza formal, seja também material.

Nesse sentido, se a evolução exitosa da arbitragem no seio do mercado de capitais demanda uma releitura holística do modelo de *enforcement* acionário privado brasileiro, o movimento cronologicamente concatenado – ainda que de modo involuntário –, de reguladores (PL 2.925/2023) e instituições arbitrais (*v.g.*, Regulamento de Arbitragem Societária CAM/CCBC), em prol da reforma do regime procedimental-substantivo societário, sinaliza um futuro bastante mais promissor nessa via.

Inobstante essas iniciativas estejam certamente sujeitas a aprimoramentos e ao sempre duro teste do tempo, o olhar para a história recente como raiz fundante desse movimento de ajuste regulatório parece no mínimo capaz de pavimentar terreno menos arenoso para o desenvolvimento e a consolidação da arbitragem no mercado de capitais brasileiro. A ver o que os anos vindouros nos trarão.

REFERÊNCIAS

BARBOSA, Henrique. Arbitragem societária. *In*: LEVY, Daniel; SETOGUTI, Guilherme (coord.). **Curso de arbitragem**. 2. ed. São Paulo: RT, 2020.

BARBOSA, Henrique; CANTIDIANO, Isabel. Jurisprudência estatal comentada. **Revista Brasileira de Arbitragem**, CBAr/Kluwer Law, v. 66, 2020.

BRASIL. Projeto de Lei nº 2.925/2023. Disponível em: https://abrir.link/ZUJUN. Acesso em: 13 nov. 2023.

BENTO, Daniel; FERRAZ, Cláudia. Arbitragem societária – Sobrevoo de drone sobre os regramentos específicos. *In*: MARTINS, Julia Girão Baptista; POTSCH, Bernard; TOLENTINO, Augusto (coord.) **Arbitragem e outros temas**. Homenagem a Pedro A. Batista Martins. São Paulo: Quartier Latin, 2023. p. 177.

CANTIDIANO, Isabel; VIEIRA, Juliana Botini Hargreaves. Arbitragem e direito societário. *In*: WEBER, Ana Carolina; LEITE, Fabiana de Cerqueira (coord.). **Lei de Arbitragem comentada**: Lei nº 9.307/1996. São Paulo: Thomson Reuters, 2023.

CBAr. Nota Técnica sobre o Projeto de Lei nº 2.925/2023. Disponível em: https://abrir.link/EhVAY. Acesso em: 13 nov. 2023.

COELHO, Eleonora. A necessidade de criação de regulamentos adaptados para arbitragens coletivas no mercado de capitais. *In*: YARSHELL, Flávio; SETOGUTI, Guilherme (coord.). **Processo societário III**. São Paulo: Quartier Latin, 2018.

CVM, OCDE, SPE/MF. Fortalecimento dos meios de tutela reparatória dos direitos dos acionistas no mercado de capitais brasileiro – Relatório Preliminar. Disponível em: https://abrir.link/jkwRy. Acesso em: 20 nov. 2023.

Exposição de Motivos nº 45/2023/MF. Disponível em: https://abrir.link/LNgQa. Acesso em: 13 nov. 2023.

LA PORTA, Rafael; LOPEZ-DE-SILANES, Florencio; SHLEIFER, Andrei; VISHNY, Robert. Legal determinants of external finance. **The Journal of Finance**, v. 52, p. 1131-1150, 1997.

LEMES, Selma (coord.). **Arbitragem em números**. Pesquisa 2021/2022. Canal Arbitragem, 2023.

Ministério da Fazenda. Nota Informativa da Secretaria de Reformas Econômicas sobre o Projeto de Lei nº 2.925/2023. Disponível em: https://abrir.link/wgklu. Acesso em: 13 nov. 2023.

MUNHOZ, Eduardo Secchi. A importância do sistema de solução de conflitos para o direito societário: limites do instituto da arbitragem. *In*: YARSHELL, Flávio Luiz; PEREIRA, Guilherme Setoguti (coord.). **Processo societário**. São Paulo: Quartier Latin, 2012.

MUNHOZ, Eduardo Secchi. Influência do patrimonialismo na sociedade anônima. Importância dos mecanismos privados de efetivação dos deveres do acionista controlador e dos administradores. *In*: VENANCIO FILHO, Alberto; LOBO, Carlos Augusto da Silveira; OECD. **Private enforcement of shareholder rights**: A comparison of selected jurisdictions and policy alternatives for Brazil. Disponível em: www.oecd.org/corporate/shareholder-rights-brazil.htm. Acesso em: 20 nov. 2023.

PEREIRA, Guilherme Setoguti. ***Enforcement* e tutela indenizatória no direito societário e no mercado de capitais**. São Paulo: Quartier Latin, 2018.

PEREIRA, Guilherme Setoguti. *Quo vadis*? Quatro questões fundamentais sobre arbitragem coletiva societária no Brasil. *In*: PITTA, André Grunspun; PEREIRA, Guilherme Setoguti (coord.). **Direito societário e outros temas de direito empresarial aplicado**. São Paulo: Quartier Latin, 2022. p. 371.

PRADO, Viviane Muller; DECCACHE, Antônio. Arbitragem coletiva e companhias abertas. **Revista de Arbitragem e Mediação**, São Paulo, v. 52, p. 99-122, 2017.

ROSMAN, Luiz Alberto Colonna (org.). **Lei das S/A em seus 40 anos**. Rio de Janeiro: Forense, 2017.

STJ. Recurso Especial nº 1.014.496/SC. 3ª Turma. J. 04.03.2008.

STJ. Recurso Especial nº 1.002.055/SC. 4ª Turma. J. 09.12.2008.

STJ. Recurso Especial nº 1.214.497/RJ. 4ª Turma. J. 23.09.2014.

STJ. Conflito de Competência nº 185.702/DF. 2ª Seção. J. 10.06.2022.

2. PRODUÇÃO DE PROVA NAS AÇÕES SOCIAIS EM ARBITRAGEM

Karina Goldberg
Mestre em Direito Privado Europeu pela Universidade de Utrecht, Holanda.
Sócia de Ferro, Castro Neves, Daltro e Gomide Advogados.

Mariana Martins-Costa Ferreira
Mestre e Doutora em Direito Comercial pela Faculdade de Direito da USP.
Professora da Graduação e da Pós-Graduação do Insper e da FGV/SP.
Associada de Ferro, Castro Neves, Daltro e Gomide Advogados.

INTRODUÇÃO

Nos últimos anos houve um aumento relevante do número de arbitragens societárias nas mais variadas instituições de arbitragem brasileiras[1]. Parte significativa das arbitragens societárias são aquelas que têm por objeto ações sociais de responsabilidade de administradores e acionistas controladores por danos causados às companhias. Esse tipo de arbitragem vem sendo instaurado por acionistas com percentual reduzido de participação no capital social das companhias, estando, no mais das vezes, alijados da gestão social da companhia.

Neste contexto, a produção da prova torna-se um dos elementos centrais dessas demandas, na medida em que os acionistas – que não fazem parte da gestão social – possuem reduzido acesso a informações sobre o modo de condução e orientação dos negócios sociais. Consequentemente, a própria decisão de iniciar a arbitragem

1 LEMES, Selma. **Arbitragem em números** – Pesquisa 2020/2021. Disponível em: https://abrir.link/qJrGv. Acesso em: 6 nov. 2023.

é eivada de riscos e incertezas, que devem ser sopesados com os meios de acesso a informações, documentos e outros tipos de prova cabíveis.

Como em qualquer litígio de natureza societária, o momento da instauração da arbitragem ou do pedido de produção de provas poderá ser determinante no desfecho do caso. Da mesma forma, a determinação de quais informações, documentos ou outros meios de prova poderão ser demandados dentro ou fora da arbitragem balizará as chances de êxito da ação social.

O objetivo do presente estudo é, portanto, propor algumas linhas interpretativas sobre a produção de prova nas ações sociais realizadas em arbitragem. O tema parte do pressuposto de que é necessário compreender a legitimação extraordinária do acionista nas ações sociais como instrumento de proteção dos interesses da companhia, e não como direito individual do acionista. Sob essa perspectiva, o estudo tem o seu ponto de partida na definição da abrangência e dos limites do direito à informação do acionista, como meio de preparação da ação social de iniciativa do acionista (Capítulo 1).

Em seguida, serão analisados os meios de produção de prova previamente à instauração da arbitragem (Capítulo 2). Nesse ponto, serão tratadas algumas distinções entre a jurisdição estatal e arbitral e a função dos instrumentos processuais autônomos de produção de prova.

Por fim, serão traçados os principais pontos de atenção na produção de prova em arbitragem das ações sociais previstas nos artigos 159 e 246 da Lei nº 6.404/1976 ("Lei das S/A") (Capítulo 3). Nesse último capítulo, pretende-se indicar as normas aplicáveis à produção de prova em arbitragem, bem como o momento e o tipo de prova a ser produzida nas ações indenizatórias dessa natureza, a fim de propor balizas interpretativas à luz da Lei das S/A.

1. DIREITO À INFORMAÇÃO NAS SOCIEDADES ANÔNIMAS

É direito essencial dos acionistas a fiscalização, na forma da lei, da gestão dos negócios sociais (artigo 109, III, Lei nº 6.404/1976 ["Lei das S/A"]). Trata-se, em verdade, de um direito inerente ao *status socii*, encontrado em todos os tipos societários[2],

2 Veja-se, por exemplo, a previsão de direito à fiscalização nas sociedades em conta de participação (artigo 993, parágrafo único, do Código Civil), nas sociedades simples e, subsidiariamente, nas sociedades em comum, nas sociedades em nome coletivo (artigo 1.021 do Código Civil), nas sociedades em comandita simples (artigo 1.047 do Código Civil), nas sociedades limitadas (artigos 1.065, 1.069, 1.078, I, do Código Civil), nas sociedades em comandita por ações (artigo 1.009 do Código Civil c/c o artigo 109, III, da Lei das S/A) e nas sociedades cooperativas (artigos 44, I, 56 da Lei nº 5.764/1971).

em maior ou menor medida, justamente pela necessidade de regular os conflitos de agência[3] existentes nas relações societárias[4].

Em outras palavras, o fato de alguns acionistas não exercerem cargos na administração da sociedade ou não deterem participação majoritária no capital social os coloca em uma posição de representados em relação a administradores e controladores que têm o poder e a função de ditar os rumos da gestão social. Neste contexto, o direito à fiscalização possui uma função típica – em qualquer relação societária –, que se define pela redução dos custos inerentes aos conflitos de agência.

Em especial, no Direito pátrio, o direito à fiscalização visa municiar os acionistas minoritários enquanto classe[5] em contraposição ao poder de controle do acionista controlador[6]. Muito embora o direito à fiscalização – em determinados casos – seja qualificado como direito individual, e não direito de minoria, a sua amplitude se justifica pelo reconhecimento do legislador da realidade das estruturas de capital das companhias brasileiras[7]. Assim, o direito à fiscalização é meio de contrabalancear o poder de controle nas sociedades anônimas brasileiras.

---

3 "*For readers unfamiliar with the jargon of economists, an 'agency problem' – in the most general sense of the term – arises whenever one party, termed the 'principal', relies upon actions taken by another party, termed the 'agent', which will affect the principal's welfare. The problem lies in motivating the agent to act in the principal's interest rather than simply in the agent's own interest. Viewed in these broad terms, agency problems arise in a broad range of contexts that go well beyond those that would formally be classified as agency relationships by lawyers.*" (KRAAKMAN, Reinier; ARMOUR, John; DAVIES, Paul; ENRIQYES, Luca; HANSMANN, Henry; HERTIG, Gerard; HOPT, Klaus; KANDA, Hideki; PARGENDLER, Mariana; RINGE, Wolfe-George; ROCK, Edward. **The Anatomy of Corporate Law**: A Comparative and Functional Approach. 3. ed. Oxford: Oxford University Press, 2017. p. 141)

4 Como observa Nelson Eizirik, "a previsão legal dos direitos essenciais do acionista frente à companhia visa garanti-los, mantendo intocável o seu 'status' de acionista e possibilitando-lhe a defesa de seus interesses individuais frente ao grupo controlador ou aos administradores" (EIZIRIK, Nelson. **A Lei das S/A comentada**. 3. ed. São Paulo: Quartier Latin, v. II, 2021. p. 155)

5 BENCKE, Carlos Alberto. **Acionista minoritário na sociedade anônima** – Direito de fiscalização. Porto Alegre: Livraria do Advogado, 2003. p. 34.

6 KRAAKMAN, Reinier; ARMOUR, John; DAVIES, Paul; ENRIQYES, Luca; HANSMANN, Henry; HERTIG, Gerard; HOPT, Klaus; KANDA, Hideki; PARGENDLER, Mariana; RINGE, Wolfe-George; ROCK, Edward. **The Anatomy of Corporate Law**: A Comparative and Functional Approach. 3. ed. Oxford: Oxford University Press, 2017. p. 263-264.

7 SALOMÃO FILHO, Calixto. Análise estruturalista do direito societário. *In*: **O novo direito societário** – Eficácia e sustentabilidade. 5. ed. São Paulo: Saraiva, 2019. p. 91.

O direito à informação dos acionistas[8] deriva do direito essencial à fiscalização[9], previsto no artigo 109, III, da Lei das S/A. Consequentemente, o direito à informação atende a uma função no ordenamento das sociedades anônimas, que consiste na fiscalização dos agentes – sejam eles administradores ou controladores –, para que atendam ao interesse social, no exercício das suas funções. Nessa medida, o direito à informação do acionista é meio de proteção do interesse da sociedade[10] e somente indiretamente instrumento de tutela do próprio acionista[11].

Não serve, portanto, o direito à informação a um interesse extrassocietário particular do acionista. Tampouco deve ser reconhecido para que o acionista minoritário pressione controladores e administradores apenas para fins emulativos, buscando vantagem indevida. Nesse sentido, Marcelo Adamek ressalta que o exercício do direito à informação nas sociedades deve respeitar as finalidades próprias, sob pena de prejuízo à própria companhia:

> Para além do uso desviado de informações privilegiadas em detrimento da sociedade, dos sócios ou de investidores, o abuso pode se positivar através de repetitivos e infundados pedidos de informações à administração social, turbando a normal condição da empresa ou exigindo gastos desarrazoados no atendimento de solicitações desprovidas de utilidade ou de escassa utilidade para o solicitante [...].[12]

Torna-se evidente, portanto, que o direito à informação dos acionistas não é irrestrito[13]. Ao contrário, a Lei das S/A previu limites claros à sua constituição e balizas valorativas que restringem o seu uso. Em contraposição ao regramento previsto às sociedades de pessoas, na sociedade anônima, o acionista somente pode ter acesso

---

8 Não confundir o direito à informação do acionista com o dever de divulgação de informações das companhias abertas no mercado de valores mobiliários, o qual é dirigido a público indeterminado e atende a funções diversas daquelas previstas ao direito à informação do acionista. A esse respeito, *vide* FERREIRA, Mariana Martins-Costa. **Responsabilidade civil pela falha informacional no mercado de valores mobiliários**: pressupostos e análise crítica. Tese de Doutorado. Faculdade de Direito, Universidade de São Paulo. São Paulo, 2022. p. 35 e ss.

9 EIZIRIK, Nelson. **A Lei das S/A comentada**. 3. ed. São Paulo: Quartier Latin, v. II, 2021. p. 163.

10 MARTINS, Fran. **Comentários à Lei das Sociedades Anônimas** – Artigo por artigo. 4. ed. Rio de Janeiro: Forense, 2010. p. 368.

11 Como bem observa Marcelo Vieira von Adamek, o direito individual à informação serve ao direito social: "[...] até mesmo pelo seu caráter instrumental, esse direito é concedido na indissociável suposição de que as informações disponibilizadas são necessárias ao correto exercício dos direitos sociais e, mais do que isso, serão usadas em harmonia com o dever societário de lealdade e o interesse social" (ADAMEK, Marcelo Vieira von. **Abuso de minoria em direito societário**. São Paulo: Malheiros, 2014. p. 297).

12 ADAMEK, Marcelo Vieira von. **Abuso de minoria em direito societário**. São Paulo: Malheiros, 2014. p. 300.

13 EIZIRIK, Nelson. **A Lei das S/A comentada**. 3. ed. São Paulo: Quartier Latin, v. II, 2021. p. 162.

a informações previamente determinadas pela lei acionária[14]. Não pode o acionista ter acesso a toda e qualquer informação atinente à gestão social – tais como documentos, contratos ou estado do caixa da sociedade, como o revogado artigo 290 do Código Comercial previa para as sociedades de pessoas[15].

Em verdade, a Lei das S/A elegeu algumas informações e meios de fiscalização ao acionista. Não à toa, o artigo 109, III, é claro ao limitar o direito essencial à fiscalização dos negócios sociais à forma prevista na própria Lei das S/A. Isso porque as sociedades anônimas se caracterizam pela circulação das ações e, consequentemente, pela ampla possibilidade de entrada e saída de novos acionistas. Dessa forma, mesmo nas companhias fechadas, é plenamente possível a aquisição de pequena quantidade de ações por qualquer terceiro – ainda que concorrente direto da sociedade –, motivo pelo qual o regime do anonimato restringiu a "indesejada intromissão de pessoas menos escrupulosas no recinto mais velado da empresa"[16], preservando-se, com isso, os segredos comerciais da companhia.

Diante disso, o direito à informação do acionista está pautado em alguns pilares, todos voltados a preservar esses pressupostos constitutivos do direito à fiscalização, enquanto instrumento de tutela imediata do interesse social e apenas de tutela mediata dos interesses dos acionistas.

O primeiro desses pilares é a participação em assembleias de acionistas[17]. Em especial, a participação na assembleia geral ordinária, momento solene do calendário social, no qual é concedido ao acionista o direito à prestação de contas da administração, à análise das demonstrações financeiras[18]-[19], bem como a pedir esclarecimentos aos administradores, aos auditores independentes[20], se houver, e aos membros do Conselho Fiscal, se instalado ou permanente. Além disso, os acionistas detentores de ao menos meio por cento do capital social poderão solicitar a relação de

14 TEIXEIRA, Egberto Lacerda; GUERREIRO, José Alexandre Tavares. **Das sociedades anônimas no Direito brasileiro**. São Paulo: Bushatsky, v. I, 1979. p. 283.

15 TEIXEIRA, Egberto Lacerda; GUERREIRO, José Alexandre Tavares. **Das sociedades anônimas no Direito brasileiro**. São Paulo: Bushatsky, v. I, 1979. p. 283; BULGARELLI, Waldirio. **A proteção às minorias na sociedade anônima**. São Paulo: Livraria Pioneira, 1977. p. 55; MARTINS, Fran. **Comentários à Lei das Sociedades Anônimas** - Artigo por artigo. 4. ed. Rio de Janeiro: Forense, 2010. p. 368.

16 TEIXEIRA, Egberto Lacerda; GUERREIRO, José Alexandre Tavares. **Das sociedades anônimas no Direito brasileiro**. São Paulo: Bushatsky, v. I, 1979. p. 283.

17 Artigos 123, 124 e 125 da Lei das S/A.

18 Artigo 132, I, da Lei das S/A.

19 As demonstrações financeiras são documento de acesso das principais informações financeiras da companhia, em especial do balanço patrimonial, da demonstração dos lucros ou prejuízos acumulados, da demonstração do resultado do exercício e da demonstração dos fluxos de caixa, conforme o artigo 176 da Lei das S/A.

20 Artigo 134, §§ 1º e 2º, da Lei das S/A.

endereços dos acionistas para o fim de pedir procuração para representação conjunta em assembleia – o que assegura relevante poder político à minoria.

Nas companhias abertas, os acionistas detentores de percentual mínimo[21] de participação têm o direito de pedir, na assembleia geral ordinária, determinadas informações aos administradores[22], entre elas informações sobre quaisquer atos ou fatos relevantes nas atividades da companhia[23]. Ainda assim – tal qual ocorre nos casos de divulgação de fato relevante –, deterá a administração da companhia a prerrogativa de negar acesso à informação solicitada, caso a sua revelação coloque em risco interesse legítimo da companhia, nos termos do artigo 157, § 5º, Lei das S/A[24].

O segundo pilar do direito à informação dos acionistas está no Conselho Fiscal[25]. O Conselho Fiscal é órgão obrigatório da sociedade anônima – embora a sua instalação seja facultativa – que tem como principal função a fiscalização dos atos dos administradores e a verificação do cumprimento dos seus deveres legais. Em função disso, o Conselho Fiscal foi instituído como o filtro de acesso a informações confidenciais da gestão social, preservando o direito à fiscalização dos acionistas, de um lado, sem colocar em risco, por outro lado, a privacidade da própria companhia. Sob essa perspectiva, o Conselho Fiscal terá a competência de acessar documentos e contratos sigilosos da companhia, assistir às deliberações tomadas pelos órgãos administrativos, opinar sobre os temas de sua competência, bem como prestar esclarecimentos sobre matérias de sua competência a acionistas detentores de percentual mínimo de participação no capital social[26]. Assim, o direito à instalação do Conselho Fiscal é um meio de fiscalização dos acionistas[27], que, se fosse bem usado, atingiria de forma mais eficiente as finalidades do direito essencial à fiscalização outorgado aos acionistas minoritários.

O terceiro pilar do direito à informação dos acionistas é a exibição dos livros sociais, regulada no artigo 105 da Lei das S/A. A exibição por inteiro dos livros sociais foi autorizada exclusivamente aos acionistas detentores de participação

---

21 Conforme disposto na Resolução CVM nº 70/2022, a depender do capital social da companhia aberta, o percentual mínimo para os fins do artigo 157, § 1º, da Lei das S/A pode variar de 5% a 1%.

22 Artigo 157, § 1º, da Lei das S/A.

23 Não confundir o direito à informação sobre atos ou fatos relevantes, previsto no artigo 157, § 1º, *e*, da Lei das S/A, com o dever de divulgar fato relevante previsto no artigo 157, § 4º, da Lei das S/A e na Resolução CVM nº 44/2021. A esse respeito, *vide* TEIXEIRA, Egberto Lacerda; GUERREIRO, José Alexandre Tavares. **Das sociedades anônimas no Direito brasileiro**. São Paulo: Bushatsky, v. II, 1979. p. 476-478.

24 TEIXEIRA, Egberto Lacerda; GUERREIRO, José Alexandre Tavares. **Das sociedades anônimas no Direito brasileiro**. São Paulo: Bushatsky, v. II, 1979. p. 477.

25 BULGARELLI, Waldirio. **A proteção às minorias na sociedade anônima**. São Paulo: Livraria Pioneira, 1977. p. 57.

26 Artigo 163, I, II, III, IV, VI e VII, §§ 1º, 2º e 3º, da Lei das S/A.

27 Artigo 161, § 2º, da Lei das S/A.

mínima[28], desde que haja fundada suspeita de graves irregularidades praticadas por qualquer dos órgãos da companhia. Em outras palavras, em nenhum cenário poderá ser utilizada a ação de exibição integral de livros como mera forma de conhecimento de informações sigilosas constantes nos livros sociais, sem que seja demonstrada a necessidade de investigação de irregularidades cometidas por membros de órgãos sociais. Além disso, o direito à exibição integral de livros foi incluído no sistema da Lei das S/A como instrumento ao acionista para obter provas sobre desvios que podem eventualmente ser objeto de ações sociais de responsabilidade. Nessa medida, a ação prevista no artigo 105 da Lei das S/A deve servir a duas finalidades. De um lado, é um amplo direito de acesso a informações sensíveis e sigilosas da companhia, assegurado ao acionista para que o utilize em proteção aos interesses da companhia. De outro lado, porém, o artigo 105 da Lei das S/A deve servir como baliza ao direito à informação do acionista nas ações sociais de responsabilidade contra administradores e controladores.

Além dos três pilares centrais analisados *supra*, os acionistas também têm direito de acesso a informações específicas das sociedades que pertençam a grupos de fato ou grupos de direito de sociedades[29], bem como às operações de reorganização societárias[30].

Em função disso, em qualquer demanda, seja ela arbitral ou judicial, a primeira questão a ser avaliada pelo julgador é se o acionista efetivamente detém direito à informação, o qual jamais pode ser prescindido pelo simples fato de o acionista ser parte processualmente legítima a iniciar a demanda.

Como visto, mesmo nas ações sociais, voltadas à tutela do direito à indenização das companhias por danos causados por controladores e administradores, o direito à informação do acionista minoritário não é irrestrito. Ao contrário, também nessas demandas o acesso à informação é balizado por um norte valorativo, impedindo o acesso a toda e qualquer informação ou documento confidencial da companhia pelo acionista minoritário. Até mesmo porque, também nas ações sociais, é concedida a acionistas com percentuais de participação reduzidos a legitimação extraordinária.

Com efeito, na qualidade de substituto processual da companhia, nas ações sociais, o acionista está, acima de tudo, prestando um serviço à companhia. A única função da legitimidade extraordinária, prevista nos artigos 159, §§ 3º e 4º, e 246, § 1º, da Lei das S/A, é permitir a substituição da companhia em um cenário no qual os órgãos sociais competentes não agem, para tutela (presumivelmente) de interesses

28 Para as companhias fechadas, o percentual mínimo é de 5% de participação no capital social, para que o acionista demande a exibição por inteiro dos livros sociais. Já, para as companhias abertas, o percentual mínimo será de 5% a 1%, a depender do capita social da companhia, nos termos da Resolução CVM nº 70/2022.

29 Artigos 247 a 250 da Lei das S/A; artigos 269 e 271 da Lei das S/A.

30 Artigos 224 a 226 da Lei das S/A.

próprios ou de terceiros. Nesse sentido, boa parte do direito à informação previsto na Lei das S/A, como visto, é voltada a instrumentalizar o acionista com algumas informações ou documentos imprescindíveis para que possa fiscalizar a gestão social e agir em tutela da companhia, se e quando necessário. É fundamental, portanto, que a produção de prova em arbitragens, baseadas nas ações sociais dos artigos 159 e 246 da Lei das S/A, respeitem o mesmo norte valorativo que constitui e restringe a amplitude do direito à informação dos acionistas.

2. PRODUÇÃO DE PROVA ANTES DA INSTAURAÇÃO DA ARBITRAGEM

No contexto das ações sociais, tem se tornado muito comum a utilização de instrumentos processuais de acesso a informações e documentos previamente ao início da arbitragem. Isso porque muitas vezes o acionista minoritário entende não deter todos os meios de prova disponíveis para comprovar as irregularidades que ensejaram danos à companhia.

Em determinados casos, o acionista possui urgência para obter a prova, o que lhe leva a iniciar procedimento arbitral de emergência ou cautelar pré-arbitral. Em certos casos, porém, não há um risco de perecimento da prova, o que torna os procedimentos cautelares ou de urgência desnecessários ou inadequados. No entanto, ainda assim, tem se tornado usual a utilização da ação de produção antecipada de provas previamente à instauração de arbitragem de natureza societária.

Em todos esses casos, o procedimento arbitral ou judicial tem por fim dar acesso ao acionista a informações e documentos que não são públicos e dos quais o acionista não tinha acesso até então.

Uma primeira questão a ser avaliada é se o acionista tem direito de acesso às informações e aos documentos que busca no procedimento prévio à arbitragem. Esse é um juízo que normalmente seria feito pelo árbitro que julga o mérito da ação social, munido de mais elementos para avaliação de quais provas aquele acionista – enquanto substituto processual da companhia – pode demandar para exercer plenamente o contraditório. Tratando-se de um procedimento arbitral de emergência, de uma cautelar pré-arbitral ou mesmo de ação de produção antecipada de prova, o árbitro ou juiz destinatário do pedido de produção da prova não terá todos os elementos para fazer o mesmo juízo de valor que o árbitro teria.

Uma segunda questão a ser avaliada é qual procedimento – arbitral ou judicial – seria cabível e em quais casos.

A ação de produção antecipada de provas é cabível nos casos em que a parte tenha a intenção de assegurar prova que pode servir (ou não) a outro procedimento futuro, o qual, por sua vez, será decidido por outro julgador. Em função disso, entende-se que a produção antecipada de provas é meio de garantir a produção de prova que eventualmente virá a ser admitida e analisada em outro procedimento futuro[31]. Nesse sentido, Luiz Guilherme Marinoni e Sérgio Arenhart destacam que,

> por meio desta medida, então, consegue-se apenas documentar algum fato, que pode desaparecer no futuro, de modo que se possa utilizar desse elemento em processo subsequente, razão pela qual se costuma designar a prova aí obtida de prova *ad perpetuam rei memoriam*. Com a asseguração de prova, logra-se obter o registro de um fato, de modo que se possa, no futuro, requerer a incorporação desse registro em outro processo e, em sendo admitido, produzir a prova desse fato nessa outra demanda.[32]

O atual Código de Processo Civil veio a instituir uma função autônoma ao procedimento de produção antecipada de provas, seja por prever competência diversa daquela do juízo da demanda principal, seja por estar desvinculado de prazo para o ajuizamento de demanda futura. Ampliou-se, com isso, a utilidade do procedimento, à luz do que já tinha sido sustentado pela doutrina nacional[33].

Nesse sentido, a ação autônoma de produção antecipada de provas não foi prevista apenas para medidas de natureza cautelar. À exceção da primeira hipótese estabelecida no inciso I do artigo 381 do CPC, que diz respeito à hipótese típica de ação de natureza cautelar, nas demais hipóteses não estão previstos os pressupostos da ação cautelar. A produção antecipada de provas serve também para viabilizar a autocomposição entre as partes (artigo 381, II, do CPC) e o prévio conhecimento de fatos preparatórios à demanda futura (artigo 381, III, do CPC), medidas cabíveis independentemente da urgência pelo perigo de dano ou de risco ao resultado útil do processo.

Já a ação cautelar para tutela de urgência depende da demonstração da probabilidade do direito e do perigo de dano ou risco ao resultado útil do processo (artigo 300 do CPC). Esse tipo de medida é bastante utilizado previamente à propositura de arbitragem, quando a parte tem necessidade de alguma tutela judicial, que não possa aguardar a instituição da arbitragem com a constituição do tribunal arbitral (artigo 19 da Lei nº 9.307/1996 ["Lei de Arbitragem"]). A tutela de urgência serve, inclusive, para obtenção de provas, previamente à instituição da arbitragem, quando haja fundado receio de perecimento ou impossibilidade de produção da prova em momento futuro.

---

31 MARINONI, Luiz Guilherme; ARENHART, Sérgio Cruz. **Comentários ao Código de Processo Civil**. São Paulo: RT, v. VII, 2016. p. 36.

32 *Ibidem*, p. 37.

33 *Vide*, a respeito, YARSHELL, Flávio Luiz. **Antecipação da prova sem o requisito da urgência e direito autônomo à prova**. São Paulo: Malheiros, 2009.

Ocorre que, segundo o artigo 22-A da Lei de Arbitragem, se as partes tiverem acordado submeter o litígio à arbitragem, somente antes de instituída a arbitragem, poderão se socorrer do Poder Judiciário para medidas de urgência ou cautelares. Em reforço a essa interpretação, o parágrafo único do artigo 22-B da Lei de Arbitragem estabelece que, caso a arbitragem já esteja instituída, medidas cautelares ou de urgência devem ser pleiteadas diretamente aos árbitros.

Diante disso, a utilização da produção antecipada de prova como instrumento preparatório à arbitragem passou a ensejar discussão sobre a necessidade de cumulação dos requisitos da ação cautelar para que a parte possa buscar no Poder Judiciário a produção da prova. Isso porque, inexistindo urgência na produção da prova, como regra, a parte deveria produzi-la em arbitragem, no curso natural do procedimento.

A utilização da produção antecipada de prova – sem o requisito da urgência e com intuito de buscar a composição entre as partes ou evitar o ajuizamento da demanda – seria, em verdade, outra demanda, desvinculada da arbitragem, que enseja, portanto, a identificação da sua arbitrabilidade objetiva. Em outras palavras, inexistindo urgência, volta-se à regra geral, em que a competência ou jurisdição arbitral estará definida pelos limites da cláusula compromissória.

Recentemente, inclusive, o STJ decidiu no REsp 2.023.615/SP[34] que a produção antecipada de prova somente pode ser promovida perante a jurisdição estatal, se presentes os requisitos de urgência da ação cautelar. Caso contrário, a competência para decisão da produção antecipada de provas é da jurisdição arbitral:

> [...]. 4. Afigurando-se indiscutível o caráter jurisdicional da atividade desenvolvida pela arbitragem ao julgar ações probatórias autônomas, as quais guardam, em si, efetivos conflitos de interesses em torno da própria prova, cujo direito à produção é que constitui a própria causa de pedir deduzida – e resistida pela parte adversa – a estipulação de compromisso arbitral atrai inarredavelmente a competência do tribunal arbitral para conhecer a ação de produção antecipada de provas. A urgência, "que dita impossibilidade prática de a pretensão aguardar a constituição da arbitragem", é a única exceção legal à competência dos árbitros. Doutrina especializada.
>
> 4.1 Esta compreensão apresenta-se mais consentânea com a articulação – e mesmo com a divisão de competências legais – existente entre as jurisdições arbitral e estatal, reservando-se a esta última, em cooperação àquela, enquanto não instaurada a arbitragem, preservar o direito à prova da parte postulante que se encontra em situação de risco, com o escopo único de assegurar o resultado útil de futura arbitragem. Ausente esta situação de urgência, única capaz de autorizar a atuação provisória da Justiça estatal em cooperação, nos termos do artigo 22-A da Lei de

34 STJ, REsp nº 2.023.615/SP, 3ª Turma, Rel. Min. Marco Aurélio Bellizze, J. 14.03.2023.

> Arbitragem, toda e qualquer pretensão – até mesmo a relacionada ao direito autônomo à prova, instrumentalizada pela ação de produção antecipada de provas, fundada nos incisos II e II do artigo 381 do CPC/2015 – deve ser submetida ao tribunal arbitral, segundo a vontade externada pelas partes contratantes.
> 4.2 Em sendo a pretensão afeta ao direito à prova indiscutivelmente relacionada à relação jurídica contratual estabelecida entre as partes, cujos litígios e controvérsias dela advindos foram, sem exceção, voluntariamente atribuídos à arbitragem para solvê-los, dúvidas não remanescem a respeito da competência exclusiva dos árbitros para conhecer a correlata ação probatória desvinculada de urgência. Não cabe, pois, ao intérprete restringi-la, se as partes contratantes não o fizeram expressamente. [...].[35]

Ainda que a referida decisão do STJ não consista em precedente vinculante, deve ser compreendida como um primeiro passo no debate existente sobre os limites da utilização da ação de produção antecipada de provas previamente à instituição de arbitragens, inclusive aquelas envolvendo ações sociais, nos termos dos artigos 159 e 246 da Lei das S/A.

Caso esse entendimento de fato venha a prevalecer, a parte somente poderá se socorrer de ação judicial prévia à instituição da arbitragem, em casos de urgência (artigos 300 e 381, I, do CPC). Havendo interesse de produção antecipada de prova para tentativa de composição ou para evitar uma futura arbitragem, a parte terá que iniciar um procedimento arbitral exclusivamente para essa finalidade. Neste contexto, como estarão perdidas algumas das vantagens do acesso ao Poder Judiciário para essa finalidade (*i.e.*, custo mais baixo e celeridade para obtenção da medida pleiteada), é possível que em certos casos a parte perca o interesse em iniciar procedimento autônomo para obtenção de provas.

Justamente para atender à demanda por uma solução mais expedita em arbitragem, algumas instituições de arbitragem criaram regras específicas para regulamentar um procedimento autônomo, anterior à instituição da arbitragem principal, com prazos para nomeação de árbitros mais expeditos. Tratam-se dos procedimentos de emergência ou do árbitro de emergência. Em linhas gerais, tais procedimentos visam simplificar o procedimento arbitral para torná-lo célere o suficiente para atender às medidas de urgência, que até então eram resolvidas no Poder Judiciário.

A utilização do procedimento de emergência ou do árbitro de emergência pressupõe precisamente que a parte necessita de uma tutela de urgência que não pode aguardar a constituição do tribunal arbitral da futura arbitragem de mérito[36]. Dessa

35 STJ, REsp nº 2.023.615/SP, 3ª Turma, Rel. Min. Marco Aurélio Bellizze, J. 14.03.2023.

36 Veja, por exemplo, o artigo 29, 1, Regulamento de Arbitragem CCI e o artigo 21 do Regulamento do CAM-CCBC.

forma, os casos de direito autônomo à prova que ensejariam uma ação de produção antecipada de provas sem o requisito da urgência – como regra – não poderiam se socorrer em arbitragem do procedimento expedito do árbitro de emergência.

Uma questão que ensejou discussões é em relação aos limites da competência jurisdicional do árbitro em se tratando de medidas de urgência. Alguns regulamentos de instituições de arbitragem previram regras que demandam expresso consentimento na cláusula compromissória com as regras de arbitragem de emergência, considerando a praxe de se socorrer da jurisdição estatal para tutelas de urgência anteriores à instituição da arbitragem. Esse é o caso da Câmara de Arbitragem do Mercado (CAM) – onde a maior parte das arbitragens societárias atualmente estão sendo administradas[37] –, conforme disposto no item 5.1.3 do seu Regulamento:

> 5.1.3 O Árbitro de Apoio somente poderá ser acionado se a convenção de arbitragem contiver previsão expressa quanto à sua atuação. Caso contrário, a parte deverá requerer diretamente ao Poder Judiciário as medidas conservatórias necessárias à prevenção de dano irreparável ou de difícil reparação, e tal proceder não será considerado renúncia à arbitragem.[38]

Outros regulamentos, por outro lado, previram uma faculdade às partes de se utilizar do procedimento arbitral de emergência, caso o litígio esteja submetido à arbitragem naquela instituição arbitral. Esse é o caso do Centro de Arbitragem e Mediação da Câmara de Comércio Brasil Canadá (CAM-CCBC), conforme disposto no item 21.4 do seu Regulamento: "A instituição de procedimento de árbitro de emergência não implica a renúncia, pelas partes, de outras medidas de urgência perante a autoridade judicial competente". Além disso, o item 22.2 do Regulamento do CAM-CCBC previu expressamente o direito das partes de buscar tutela judicial de emergência antes da instituição da arbitragem[39].

Há ainda o caso do Regulamento de Arbitragem da Câmara de Comércio Internacional (CCI) que adotou o sistema de *opt out* das regras de árbitro de emergência, já que estipula que as partes devem expressamente afastar a jurisdição do árbitro de emergência, caso não queiram se utilizar desse procedimento arbitral para medidas de urgência. Assim, segundo o artigo 29.6 do Regulamento CCI, não são

---

37 LEMES, Selma. **Arbitragem em números** – Pesquisa 2020/2021. Disponível em: https://abrir.link/qJrGv. Acesso em: 6 nov. 2023.

38 Regulamento da CAM. Disponível em: https://www.camaradomercado.com.br/pt-br/arbitragem.html.

39 "22.2 Havendo urgência, quando ainda não constituído o tribunal arbitral, as partes poderão requerer medidas cautelares, coercitivas e antecipatórias à autoridade judicial competente, se outra forma não houver sido expressamente estipulada por elas." (Regulamento do CAM-CCBC. Disponível em: https://ccbc.org.br/cam-ccbc-centro-arbitragem-mediacao/resolucao-de-disputas/arbitragem/regulamento-de-arbitragem-2022/)

aplicáveis as regras sobre árbitro de emergência se as partes tiverem convencionado excluir a aplicação das disposições sobre o árbitro de emergência, mas também (i) se a convenção de arbitragem que preveja a aplicação do Regulamento foi concluída antes de 1º de janeiro de 2012; e (ii) se a convenção de arbitragem em que se baseie o requerimento tiver por fonte um tratado.

Em qualquer caso, o uso de um procedimento arbitral expedito para resolver medidas de urgência antes da instituição de arbitragem pode ter a vantagem de preservar a confidencialidade do procedimento e da prova produzida – o que vem sendo afastado em alguns tribunais[40]. Por outro lado, a celebridade do procedimento arbitral de emergência – ainda que significativa em relação ao procedimento arbitral regular – nem sempre se equivale ou supera a rapidez do Poder Judiciário na apreciação de pedidos de tutela de urgência.

É imprescindível, portanto, que a escolha da arbitragem para a resolução de litígios societários também pondere os desafios e as complexidades da produção de prova antecipada à arbitragem.

3. PRODUÇÃO DE PROVA NO CURSO DA ARBITRAGEM

Como se viu nos capítulos anteriores, as ações sociais ajuizadas por acionista minoritário, na qualidade de substituto processual da companhia, na forma dos artigos 159 e 246 da Lei das S/A, geralmente são instruídas com documentos públicos disponibilizados pela companhia, tais como as atas de assembleias gerais e de reuniões de Conselho de Administração, os relatórios da administração e as demonstrações financeiras anualmente disponibilizadas pela companhia. No caso das companhias abertas, ainda, o acionista terá acesso à ampla gama de informações públicas disponibilizadas a todo o mercado de valores mobiliários.

---

40 "AGRAVO DE INSTRUMENTO – TUTELA CAUTELAR PRÉ-ARBITRAL – DECISÃO QUE DEFERIU ARRESTO DE 12.251.000 AÇÕES DAS REQUERIDAS E INDEFERIU O PEDIDO DE SEGREDO DE JUSTIÇA – REFORMA PARCIAL – **INDEFERIMENTO DO SEGREDO DE JUSTIÇA MANTIDO – HIPÓTESE EM QUE NÃO SE VISLUMBRA RISCO À INTIMIDADE DAS PARTES OU AO INTERESSE SOCIAL** – RECURSO PARCIALMENTE PROVIDO, PORÉM, PARA REVOGAR O ARRESTO, DETERMINANDO-SE QUE QUALQUER VALOR DECORRENTE DA ALIENAÇÃO DAS 12.251.000 AÇÕES SEJA DEPOSITADO EM JUÍZO PELAS AGRAVANTES. MEDIDA QUE SE REVELA RAZOÁVEL PARA GARANTIR A SATISFAÇÃO DE EVENTUAL CRÉDITO DA AGRAVADA, A SER DISCUTIDO EM SEDE DE ARBITRAGEM, SEM PREJUÍZO DO DIREITO DAS RECORRENTES DE NÃO PERMANECEREM COMO ACIONISTAS DA COMPANHIA – AGRAVO PARCIALMENTE PROVIDO." (grifou-se) (TJSP, Agravo de Instrumento nº 2193571-67.2021.8.26.0000, 1ª Câmara Reservada de Direito Empresarial, Rel. Des. Alexandre Lazzarini, J. 09.03.2022)

O acesso a esses documentos, assim como aos livros sociais, é conferido ao acionista para que exerça o seu direito de fiscalizar a companhia na forma do artigo 109, III, da Lei das S/A[41], observadas as condições do artigo 105 da Lei das S/A[42]. Em regra geral, tal como ocorre nas ações sociais movidas perante o Poder Judiciário, nas arbitragens societárias o acionista minoritário deverá apresentar os documentos que embasam seus pedidos no decorrer das rodadas de submissões de mérito, para desincumbir-se do ônus probatório quanto à existência de ato ilícito do acionista controlador ou do administrador (violação aos artigos 115, 116, 117, 153 a 157 da Lei das S/A), nexo de causalidade e danos causados à companhia.

O legislador foi conciso ao tratar da instrução probatória nos procedimentos arbitrais, reservando a matéria, exclusivamente, para a sintética redação do artigo 22 da Lei de Arbitragem, cujo *caput* dispõe tão somente que "[p]oderá o árbitro ou o tribunal arbitral tomar o depoimento das partes, ouvir testemunhas e determinar a realização de perícias ou outras provas que julgar necessárias, mediante requerimento das partes ou de ofício". Ao assim o fazer, a lei garantiu ampla liberdade ao árbitro e às partes para a condução das atividades instrutórias[43] e desvinculou o procedimento de produção de provas disposto no Código de Processo Civil (CPC) da prática arbitral[44], a fim de que seja feita a colheita da melhor evidência ao caso concreto, no menor espaço de tempo possível[45].

A única exigência, contudo, é o respeito aos princípios do contraditório e da eficiência, que representam alicerces apreciados pelas partes que procuram a arbitragem. É o que determina o artigo 2.1 das Regras da IBA (*Internacional Bar Association*) sobre produção de provas em arbitragem internacional ("*IBA Rules on the Taking of Evidence in International Arbitration*") ao dispor que o tribunal arbitral deve convidar as partes a chegar a um consenso eficiente, econômico e justo na produção de provas[46]. Respeitados esses princípios, o árbitro e as partes podem, juntos,

---

41 "Artigo 109. Nem o estatuto social nem a assembléia-geral poderão privar o acionista dos direitos de: [...] III – fiscalizar, na forma prevista nesta Lei, a gestão dos negócios sociais; [...]"

42 "Artigo 105. A exibição por inteiro dos livros da companhia pode ser ordenada judicialmente sempre que, a requerimento de acionistas que representem, pelo menos, 5% (cinco por cento) do capital social, sejam apontados atos violadores da lei ou do estatuto, ou haja fundada suspeita de graves irregularidades praticadas por qualquer dos órgãos da companhia."

43 DINAMARCO, Cândido Rangel. **O processo arbitral**. 2. ed.– Curitiba/PR: Direito Contemporâneo, 2022.

44 FICHTNER, José Antônio; MANNHEIMER, Sérgio Nelson; MONTEIRO, André Luís. **Teoria geral da arbitragem**. Rio de Janeiro: Forense, 2019. p. 58-60.

45 NANNI, Giovanni Ettore; GUILHARDI, Pedro. reflexões sobre a produção de provas na arbitragem: notas acerca da prova oral. **Revista de Arbitragem e Mediação**, v. 78, p. 81-112, jul./set. 2023, DTR\2023\7478.

46 "*The Arbitral Tribunal shall consult the Parties at the earliest appropriate time in the proceedings and invite them to consult each other with a view to agreeing on an efficient, economical and fair process for the taking of evidence.*"

estabelecer o momento, o tipo, a ordem, a técnica, o meio e o modo sob o qual a prova será produzida – o que o il. Ministro Marco Aurélio Bellizze caracterizou como "contraditório participativo"[47]. Caso não haja consenso entre as partes, o árbitro terá discricionariedade para decidir sobre o momento da produção da prova, os tipos de prova – inclusive a exibição de documentos que se encontram sob o controle exclusivo da parte contrária[48] – e a extensão da produção da prova durante o curso de ações sociais dirimidas por arbitragem.

A doutrina pouco se debruçou sobre o momento no qual a prova será produzida. Parece certo que o árbitro só pode decidir a respeito dos fatos alegados e provados (*iudex iudicare debet secundum iuxta allegata et probata*), o que implica o natural início da fase instrutória para inquirição de testemunhas e exibição de documentos sob o controle da contraparte *após* a apresentação das alegações iniciais e da respectiva resposta. Nesse sentido é o comentário às Regras da IBA sobre produção de provas em arbitragem internacional:

> *At what time should (disputed) document production take place? The answer depends on the specific case: "Neither too early nor too late, is the general answer which is necessarily subject to the specifications of a given case".*
> *The general view is that disputed document production should take place between the first and the second exchange of (full) written briefs (i.e. after the submission of both the statement of claim and the statement of defence). This timing is seen as best practice, although it is clear that the specific circumstances of a case may require a different approach.*[49]

No capítulo anterior, vimos que as partes podem se socorrer do Poder Judiciário ou do árbitro de emergência para a produção antecipada de provas antes da constituição do tribunal arbitral, na forma do artigo 22-A da Lei de Arbitragem[50], **desde que atendido o requisito da urgência**, geralmente associado ao risco de destruição

---

47 STJ, REsp nº 1.903.359/RJ, 3ª Turma, Rel. Min. Marco Aurélio Bellizze, J. 11.05.2021, DJe 14.05.2021.

48 OHLROGGE, Leonardo; BORCHARDT, Bernardo. Aspectos práticos sobre pedidos de exibição de documentos em Arbitragens internacionais à luz das regras da IBA. **Revista Brasileira de Arbitragem**, v. XVIII, ed. 70, p. 51-52, 2021.

49 ZUBERBÜHLER, Tobias; HOFMANN, Dieter; OETIKER, Christian; ROHNER, Thomas. **IBA Rules of Evidence**: Commentary on the IBA Rules on the Taking of Evidence in International Arbitration. 2. ed. Publisher: Schulthess Juristische Medien AG, 2022. p. 54-55.

50 "Artigo 22-A. Antes de instituída a arbitragem, as partes poderão recorrer ao Poder Judiciário para a concessão de medida cautelar ou de urgência.
Parágrafo único. Cessa a eficácia da medida cautelar ou de urgência se a parte interessada não requerer a instituição da arbitragem no prazo de 30 (trinta) dias, contado da data de efetivação da respectiva decisão."

de documentos ou, na letra do artigo 381, I, do CPC, caso possa se tornar "impossível ou muito difícil a verificação de certos fatos na pendência da [arbitragem]".

Constituído o tribunal arbitral, nada impede que os árbitros também possam determinar a produção antecipada de provas *antes* do início da fase postulatória de mérito, a fim de evitar riscos quanto ao perecimento da evidência, melhor orientar o debate processual desde o início do procedimento ou, inclusive, fomentar a autocomposição das partes, se entenderem que a produção antecipada das provas contribui para tanto[51].

Nos termos do artigo 22-B, parágrafo único, da Lei Brasileira de Arbitragem, "estando já instituída a arbitragem, a medida cautelar ou de urgência será requerida diretamente aos árbitros"[52].

O STJ tem ampla jurisprudência no sentido de que, uma vez constituído o tribunal arbitral,

> toda e qualquer pretensão – até mesmo a relacionada ao direito autônomo à prova, instrumentalizada pela ação de produção antecipada de provas, fundada nos incisos I e II do artigo 381 do Código de Processo Civil – deve ser submetida ao tribunal arbitral, segundo a vontade externada pelas partes contratantes.[53]

O STJ também tem entendimento no sentido de que a produção de documentos, nos termos do artigo 381, pode ser requerida independentemente de urgência (incisos II e III) e de forma autônoma (o que significa dizer que os documentos não precisam necessariamente ser utilizados em processos ou etapas futuras do mesmo processo)[54].

Embora o Código de Processo Civil brasileiro não se aplique à arbitragem (exceto se as partes pactuarem de forma diversa), os conceitos consagrados no Código orientam quanto aos princípios gerais do direito processual brasileiro e servem como padrão instrutivo para quando esses tipos de medidas são admissíveis em procedimentos arbitrais regidos pelo Direito brasileiro[55].

Os Regulamentos das Câmaras de Arbitragem também comportam a produção antecipada de prova e exibição de documentos (*early document production*) em

---

51 ARAUJO, Yuri Maciel. Os poderes do árbitro na instrução probatória. *In*: LESSA NETO, João Luiz; GUANDALINI, Bruno (org.). **Provas e arbitragem**: teoria, cultura, dogmática e prática. Organização: São Paulo: Thomson Reuters Brasil, 2023. p. 92.

52 Lei Brasileira de Arbitragem, artigo 22-B.

53 STJ, REsp 2.023.615/SP, 3ª Turma, Rel. Min. Marco Aurélio Bellizze, J. 14.03.2023.

54 STJ, REsp 1.803.251/SC, 3ª Turma, Rel. Min. Marco Aurélio Bellizze, J. 22.10.2019. Ver Enunciado nº 129 da II Jornada de Direito Processual Civil: "É admitida a exibição de documentos como objeto de produção antecipada de prova, nos termos do artigo 381 do CPC".

55 APRIGLIANO, Ricardo de Carvalho. **Fundamentos processuais da arbitragem**. São Paulo: Direito Contemporâneo, 2023.

atenção ao dever do Tribunal de prestar às partes um provimento jurisdicional eficiente e célere, como autoriza expressamente o Regulamento da CCI em seus artigos 25(1) e 25(4) e o Regulamento da LCIA em seu artigo 22:

> 25(1) O tribunal arbitral deverá proceder à instrução da causa **com a maior brevidade possível**, recorrendo a todos os meios apropriados.
> [...]
> 25(4) **A qualquer momento no decorrer do procedimento**, o tribunal arbitral poderá determinar a qualquer das partes que forneça provas adicionais.
> *22.1 The Arbitral Tribunal shall have the power, upon the application of any party or (save for sub-paragraph (x) below) upon its own initiative, but in either case only after giving the parties a reasonable opportunity to state their views and upon such terms (as to costs and otherwise) as the Arbitral Tribunal may decide:*
> *[...]*
> *(iv) to order any party to make any documents, goods, samples, property, site or thing under its control available for inspection by the Arbitral Tribunal, any other party, any expert to such party and any expert to the Tribunal;*
> *(v) to order any party to produce to the Arbitral Tribunal and to other parties documents or copies of documents in their possession, custody or power which the Arbitral Tribunal decides to be relevant;*
> *(vi) to decide whether or not to apply any strict rules of evidence (or any other rules) as to the admissibility, relevance or weight of any material tendered by a party on any issue of fact or expert opinion;* ***and to decide the time, manner and form in which such material should be exchanged between the parties and presented to the Arbitral Tribunal;***
> *[...].*[56]

No mesmo sentido são as Regras da Uncitral, de acordo com as quais os tribunais têm poderes para ordenar a produção de documentos ou provas "a qualquer momento durante o procedimento arbitral": "27(3). A qualquer momento durante o procedimento arbitral, o tribunal arbitral pode exigir que as partes apresentem documentos, exposições ou outras provas dentro do prazo que o tribunal arbitral determinar"[57].

---

56 .Regulamento de Arbitragem, CCI. Disponível em: https://abrir.link/aiFDF. Acesso em: 6 nov. 2023.

57 Lei Modelo da UNCITRAL sobre Arbitragem Comercial Internacional, 1985. Disponível em: https://www.conjur.com.br/dl/lei-modelo-arbitragem-elaborada.pdf. Acesso em: 6 nov. 2023, 19:08/Regulamento do LCIA, 1998. Disponível em: https://www.cbar.org.br/PDF/portuguese_rules%20-%20LCIA.pdf. Acesso em: 6 nov. 2023.

Por outro lado, os árbitros não devem permitir que a parte construa o seu caso à medida que a prova é produzida, o que representaria grave lesão ao princípio do contraditório[58]. Se os árbitros não tiverem condições de aferir, em sede de cognição sumária e antes da fase postulatória, a pertinência da exibição de documentos, notadamente diante da complexidade da matéria discutida em arbitragens societárias, o pedido deverá ser indeferido. Soma-se a isso o fato de que o deferimento de pedidos de produção de prova prematuros pode fazer com que as diligências já realizadas tenham que ser repetidas ou, pior, pode trazer a constatação de que elas sequer eram necessárias[59]. Portanto, salvo em circunstâncias específicas de *periculum in mora* ou de maior eficiência para a arbitragem com a produção antecipada da prova, a exibição de documentos da contraparte deverá ocorrer ao longo da fase postulatória (antes da apresentação da réplica e da tréplica) ou após a sua conclusão. Ambas as alternativas são válidas e igualmente comuns na prática arbitral.

A produção de provas no decorrer da fase postulatória, de um lado, revela maior importância que tais evidências possuem ao desenrolar da lide, na medida em que a sua apreciação já será tratada quando da apresentação da réplica e da tréplica, não ficando reservada às alegações finais. Por outro lado, o colhimento das evidências ao final da fase postulatória indica a necessidade de uma melhor compreensão fática para que o Tribunal possa decidir, posteriormente, acerca da pertinência ou não da produção de determinada prova. Nesses casos, é comum que o Tribunal determine a realização de audiência voltada à apresentação do caso e à análise da conveniência das provas requeridas por cada parte ou, ao menos, de eventual pedido de produção de prova pericial – que é, via de regra, mais custosa e duradoura.

É o que aconteceu, por exemplo, na arbitragem movida pela Tuscany Rig Leasing S.A. e pela Tuscany Perfurações Brasil Ltda. em face da HRT O&G Exploração e Produção de Petróleo Ltda., na qual restou estabelecido que a pertinência da prova pericial solicitada pelas requerentes seria reanalisada em audiência, após a oitiva de testemunhas técnicas. Nesse cenário, após a produção da prova oral, as interessadas na perícia manifestaram, em audiência, o seu contentamento com as provas até então produzidas, reputadas suficientes para averiguação dos fatos que almejavam, com elas, comprovar. Prolatada a sentença arbitral e julgados parcialmente procedentes os pedidos das requerentes, a requerida acionou o Tribunal de Justiça do Rio de Janeiro pleiteando a anulação da sentença arbitral, sob o fundamento que o tribunal arbitral teria cerceado o seu direito de defesa ao julgar procedentes parte dos pleitos das requerentes e improcedentes seus pedidos sob o fundamento de que

---

58 VERÇOSA, Fabiane. A produção de provas. *In*: LEVY, Daniel; PEREIRA, Guilherme Setoguti J. (coord.). **Curso de arbitragem**. São Paulo: Thomson Reuters Brasil, 2018. p. 225-227.

59 CAHALI, Francisco José. **Curso de arbitragem**: mediação: conciliação: tribunal multiportas. 7. ed. rev., atual. e ampl. São Paulo: Thomson Reuters Brasil, 2018. p. 286.

a HRT não teria se desincumbido do ônus de provar os fatos constitutivos do seu pedido, nem os fatos impeditivos, modificativos ou extintivos do direito da Tuscany. Após o TJRJ reconhecer a suposta ocorrência de cerceamento de defesa no âmbito do procedimento arbitral para anular a sentença ali proferida, o STJ[60] entendeu que a não produção de outras provas, sobretudo a pericial, refletiu a compreensão das partes acerca da sua desnecessidade, o que descaracteriza o cenário de cerceamento do direito de defesa das requeridas.

Portanto, o momento no qual as provas serão produzidas em sede de procedimento arbitral respeita duas de suas mais marcantes características: a eficiência e a flexibilidade, que possibilitam às partes e ao árbitro optarem pelo momento mais apropriado para a produção de determinada evidência e para a averiguação da sua pertinência, sempre respeitado o contraditório. Em qualquer circunstância, o acesso a documentos deverá estar delimitado à materialidade do que está sob discussão na arbitragem e, no caso das ações sociais, ao próprio direito material do acionista de ter acesso a informações e fiscalizar a companhia.

Para além do momento da produção de prova, muito se discute sobre que tipo de prova pode ser produzida. Tratando-se das ações sociais, é inevitável voltar-se novamente à discussão a respeito do equilíbrio entre o direito do acionista à informação e o próprio interesse social da companhia, o qual envolve o sigilo dos negócios sociais e dos documentos confidenciais da companhia. Não por acaso, essa tensão explorada neste artigo se faz especialmente presente nos pedidos de produção de prova documental aduzidos em ações sociais.

Com efeito, a adequação da prova ao binômio *direito dos sócios/interesse da companhia* deve já ser demonstrada no requerimento de exibição de documento ou inquirição de testemunha pela parte interessada. Conquanto a Lei de Arbitragem não disponha sobre esse particular, conferindo amplos poderes ao árbitro para determinar "a realização de quaisquer provas que julgar necessárias", algumas normas dão subsídios relevantes aos referidos requerimentos.

O artigo 3.3 das Regras da IBA sobre produção de provas em arbitragem internacional estabelece quatro requisitos essenciais para o pedido de produção de provas documentais: (i) uma descrição suficiente para identificação do documento requisitado ou ainda de uma categoria limitada e específica de documentos que a requerente tem razoável expectativa de existência; (ii) a justificativa da relevância dos documentos para o procedimento em si e para o seu resultado; (iii) a justificativa pela qual o documento não está em poder da requerente ou porque lhe seria excessivamente onerosa a produção de tal prova pela requerente; e (iv) uma exposição das

60 STJ, REsp 1.903.359/RJ, 3ª Turma, Rel. Min. Marco Aurélio Bellizze, J. 11.05.2021, DJe 14.05.2021.

razões pelas quais a parte requerente pode assumir que os documentos estejam em poder da parte requerida[61].

É relevante ressaltar que os parâmetros das Diretrizes da IBA para o requerimento de provas são bem mais detalhados do que o disposto no Código de Processo Civil, que apenas dispõe em seu artigo 370, parágrafo único, que "o juiz indeferirá, em decisão fundamentada, as diligências inúteis ou meramente protelatórias".

Mesmo considerando a discrepância entre as duas normas subsidiárias *supra*, vê-se que qualquer pedido de produção de provas deve estar fundamentado. Nesse sentido, os fatos que se desejem provar devem ser controvertidos, pertinentes ao litígio e relevantes. Conforme ensina a doutrina "relevante é o fato que, uma vez demonstrado, pode ser útil para convencer o juiz sobre uma hipótese ou para dar credibilidade a uma prova"[62].

Tratando-se das ações sociais, deve-se demonstrar que o pedido de produção probatória foi aduzido no melhor interesse da companhia, devem ser observados os limites estabelecidos na Lei das S/A ao direito de acesso às informações e ao direito à fiscalização, atentando-se, ainda, para a necessidade e utilidade das informações a que a parte requerente deseja ter acesso. Como visto no Capítulo 1, o acionista, como substituto processual, não tem direito de realizar ampla expedição documental, devendo-se observar os limites funcionais do direito à fiscalização e o acesso à informação do acionista.

Tem-se como exemplo prático situação recorrente no direito societário: a parte que, buscando anular uma deliberação social ou demonstrar abuso de controle no exercício de voto, requer a exibição de toda e qualquer correspondência interna sobre a matéria objeto da assembleia. Nesses casos, Jorge Lobo propõe que a pertinência da exibição de tais documentos só abrange as informações essenciais ao subsídio do voto do acionista[63], entendimento que pode ser aplicado para abarcar somente

61 "*Article 3.3: A Request to Produce shall contain: (a) (i) a description of each requested Document sufficient to identify it, or (ii) a description in sufficient detail (including subject matter) of a narrow and specific requested category of Documents that are reasonably believed to exist; in the case of Documents maintained in electronic form, the requesting Party may, or the Arbitral Tribunal may order that it shall be required to, identify specific files, search terms, individuals or other means of searching for such Documents in an efficient and economical manner; (b) a statement as to how the Documents requested are relevant to the case and material to its outcome; and (c) (i) a statement that the Documents requested are not in the possession, custody or control of the requesting Party or a statement of the reasons why it would be unreasonably burdensome for the requesting Party to produce such Documents, and (ii) a statement of the reasons why the requesting Party assumes the Documents requested are in the possession, custody or control of another Party.*"

62 MARINONI, Luiz Guilherme; ARENDHART, Sérgio Cruz. **Prova**. 1. ed. São Paulo: Revista dos Tribunais, 2009. p. 261.

63 "**O direito de informação tem por finalidades munir o acionista dos elementos indispensáveis à tomada de decisões de interesse social e de cunho pessoal e patrimonial e ao exercício esclarecido de um eficiente controle externo da companhia** [...] O direito de informação pode

os documentos apresentados em assembleia geral. No mesmo sentido já decidiu o TJSP, ressaltando que "[a parte] não estaria obrigada a divulgar documentos aos acionistas quando estes não fossem utilizados no planejamento, promoção e execução da operação de reestruturação societária"[64].

Apesar da demonstração de relevância e pertinência de a prova demandar análise caso a caso, é necessária cautela com os requerimentos dirigidos às sociedades anônimas, particularmente às companhias abertas. Isso porque, como visto no Capítulo 1, as barreiras de entrada ao quadro societário são bastante diminutas nesses casos – não é raro, por exemplo, empresas que se aproximam ao modelo norte-americano da *Corporation* contarem centenas ou até mesmo milhares de acionistas em seus quadros. Muitos desses acionistas são, inclusive, fundos de investimento que detêm participações em diversas outras companhias, tendo interesse em angariar informações sigilosas sobre a condução dos detalhes e das operações da companhia[65]. Busca-se, no fim do dia, evitar a *Fishing Expedition*, ou seja, a prática de produção indiscriminada de provas na perspectiva de "encontrar" algum ato ilícito ou outra informação que ofereça vantagem ao requerente.

As preocupações descritas *supra* também são aplicáveis à prova testemunhal, devendo também esse tipo de prova ser requerida em atenção ao princípio de adequação da prova à alegação da parte. Não obstante, tratando-se de prova testemunhal, é relevante estabelecer quem pode ser inquirido, bem como trazer algumas distinções da prática das ações sociais sujeitas à jurisdição estatal e arbitral.

Analogamente ao disposto no artigo 457, §§ 1º e 2º, do CPC[66], é bastante comum que o tribunal arbitral e as partes concordem em tomar o depoimento de

---

ser exercido, judicial e extrajudicialmente, pelo próprio acionista, ou por quem o represente por força de lei ou de mandato, ou por quem detenha, ainda que temporariamente, o direito de uso da ação, ou, indiretamente, através do conselho fiscal, sempre, anote-se, no interesse social e no interesse comum dos acionistas, jamais para satisfação de direitos ou interesses pessoais e extra sociais, sob pena de incorrer em abuso de direito e responder pelos danos causados à companhia e aos demais acionistas." (LOBO, Jorge. Direito de informação do acionista. *In*: CASTRO, Rodrigo Rocha Monteiro de *et al.* (coord.). **Direito societário, mercado de capitais, arbitragem e outros temas**: homenagem a Nelson Eizirik. 1. ed. São Paulo: Quartier Latin, v. 1, p. 558/559 – grifou-se)

64 TJSP, Apelação Cível nº 0156920-86.2006.8.26.0100, 10ª Câmara de Direito Privado, Foro Central Cível - 14ª Vara Cível, Rel. Coelho Mendes, Data do Julgamento: 14.12.2021, Data de Registro: 11.04.2022.

65 "O regime jurídico do direito à informação varia conforme os tipos legais de sociedades. Há uma tendência de variação que se descortina facilmente na lei: a transparência é maior nas sociedades de pessoas e menor nas sociedades de capitais; é maior na sociedade em nome coletivo, menor na sociedade por quotas e ainda mais reduzida na sociedade anônima. [...]. Esta variação e graduação do direito à informação são indissociáveis do diferente grau de autonomia societária." (VASCONCELOS, Pedro Pais de. **A participação social nas sociedades comerciais**. 2. ed. Coimbra: Almeida, 2006. p. 205-206)

66 "Artigo 457. Antes de depor, a testemunha será qualificada, declarará ou confirmará seus dados e informará se tem relações de parentesco com a parte ou interesse no objeto do processo. § 1º É

funcionários/administradores das companhias como informantes, cujo depoimento poderá ser oportunamente valorado pelo tribunal. Ressalte-se que a inquirição de testemunhas, meio de produção probatória que é muitas vezes preterido do processo brasileiro, ganha cada vez mais espaço com a arbitragem. Isso porque os complexos temas, fatos e transações que permeiam os procedimentos arbitrais envolvem, na maioria das vezes, um número seleto de pessoas.

Esse raciocínio pode também ser estendido às arbitragens envolvendo as ações sociais da Lei das S/A, que frequentemente abarcam, à título de exemplo, condutas de administradores praticadas no âmbito de delicadas operações sigilosas. Assim, a oitiva de partes "suspeitas" passa a ter valor para o resultado do procedimento, especialmente se estabelecida uma narrativa coesa entre os informantes de ambas as partes. Neste contexto, considerar automaticamente inverídicos os depoimentos daqueles que têm relação direta com o processo pode até mesmo prejudicar o direito de defesa de parte[67].

Por fim, de nada importará o momento ou os tipos de provas que poderão ser produzidas se o tribunal arbitral não possui jurisdição para demandar que uma companhia cumpra com o quanto disposto nas suas decisões. Nessa seara, há interessante debate acerca dos poderes do Juízo Arbitral em sede de arbitragem societária perante companhia que não participa do procedimento ou figura tão somente como interveniente passiva. Pode o árbitro demandar que a companhia que não participa da arbitragem cumpra as suas determinações? Pode o árbitro determinar a exibição de determinado documento em posse de companhia que figura como mera interveniente? É o que se passa a responder.

Em primeiro lugar, é certo que "[o] poder de cautela do juiz não vai ao ponto de autorizá-lo a determinadas medidas não requeridas contra quem não é parte no processo"[68], como a jurisprudência dos Tribunais brasileiros, há muito, pacificou[69]. Afinal, salvo nas hipóteses de apreciação de medida liminar *inaudita altera parte*, os magistrados não podem decidir sem que tenha oferecido à parte contrária

---

lícito à parte contraditar a testemunha, arguindo-lhe a incapacidade, o impedimento ou a suspeição, bem como, caso a testemunha negue os fatos que lhe são imputados, provar a contradita com documentos ou com testemunhas, até 3 (três), apresentadas no ato e inquiridas em separado. § 2º Sendo provados ou confessados os fatos a que se refere o § 1º, o juiz dispensará a testemunha ou lhe tomará o depoimento como informante."

67 CARRETEIRO, Mateus Aimoré; SOUZA, Barbara Gaudencio Tavares de. Prova oral na arbitragem: aspectos práticos. *In*: **Provas e arbitragem**: teoria, cultura, dogmática e prática. 1. ed. São Paulo: Revista dos Tribunais, 2023. p. 296.

68 TRF, Ag 51.109/RS, 1ª Turma, Rel. Min. Dias Trindade, v.u., Adcoas 1987, n. 112.233.

69 Nesse mesmo sentido: TJSP, Agravo de Instrumento nº 2168017-96.2022.8.26.0000, 2ª Câmara Reservada de Direito Empresarial, Foro Central Cível – 2ª Vara de Falências e Recuperações Judiciais, Rel. Maurício Pessoa, Data do Julgamento: 02.02.2023, Data de Registro: 02.02.2023.

oportunidade de se manifestar. Naturalmente, a parte que não integra o feito não terá prazo de resposta e, por consequência, não lhe será assegurado o princípio do contraditório.

Esse entendimento aplica-se igualmente à arbitragem, de modo que uma determinação emanada pelo Juízo Arbitral não vincula aqueles que não anuíram com o compromisso arbitral – não apenas porque tal decisão representaria violação ao contraditório, mas também porque o árbitro não tem jurisdição para decidir sobre questões relacionadas a um terceiro que não é parte da arbitragem[70].

Cabe, assim, ao Tribunal Arbitral – valendo-se do disposto nos artigos 3.9[71] e 3.10[72] das Regras da IBA sobre produção de provas em arbitragem internacional – empreender todos os esforços lícitos para possibilitar a obtenção das provas que se encontram em posse de terceiros. Nesse ponto, é comum que os árbitros contêm com o apoio voluntário dos terceiros não signatários da cláusula compromissória ou, se necessário, solicitem o apoio do Poder Judiciário para efetivação das suas ordens[73].

Portanto, que fique claro: o tribunal arbitral não é competente para decidir sobre questões relacionadas a terceiro não signatário da cláusula compromissória

---

70 "*As a matter of principle, an arbitral tribunal does not have the competence to decide on issues relating to a third party that is not a party to the arbitration since the arbitral tribunal's competence is based on the arbitration agreement. If the requesting party requests the production of documents that are in the control of a third party and if this party does not produce these documents voluntarily, the arbitral tribunal is not in a position to issue a procedural order against the third party since it does not have any corresponding jurisdiction.*" (ZUBERBÜHLER, Tobias; HOFMANN, Dieter; OETIKER, Christian. ROHNER, Thomas. **IBA Rules of Evidence**: Commentary on the IBA Rules on the Taking of Evidence in International Arbitration. 2. ed. Publisher: Schulthess Juristische Medien AG, 2022. p. 89)

71 "*If a Party wishes to obtain the production of Documents from a person or organisation who is not a Party to the arbitration and from whom the Party cannot obtain the Documents on its own, the Party may, within the time ordered by the Arbitral Tribunal, ask it to take whatever steps are legally available to obtain the requested Documents, or seek leave from the Arbitral Tribunal to take such steps itself. The Party shall submit such request to the Arbitral Tribunal and to the other Parties in writing, and the request shall contain the particulars set forth in Article 3.3, as applicable. The Arbitral Tribunal shall decide on this request and shall take, authorize the requesting Party to take, or order any other Party to take, such steps as the Arbitral Tribunal considers appropriate if, in its discretion, it determines that (i) the Documents would be relevant to the case and material to its outcome, (ii) the requirements of Article 3.3, as applicable, have been satisfied and (iii) none of the reasons for objection set forth in Articles 9.2 or 9.3 applies.*"

72 "*At any time before the arbitration is concluded, the Arbitral Tribunal may (i) request any Party to produce Documents, (ii) request any Party to use its best efforts to take or (iii) itself take, any step that it considers appropriate to obtain Documents from any person or organisation. Any Party may object to the request for any of the reasons set forth in Articles 9.2 or 9.3. In such cases, Article 3.4 to Article 3.8 shall apply correspondingly.*"

73 BRADSHAW, Robert. How to Obtain Evidence from Third Parties: A Comparative View. Editor: Maxi Scherer. **Journal of International Arbitration**, Kluwer Law International/Kluwer Law International, v. 36, Issue 5, p. 637, 2019.

ou a terceiro interveniente que não figura como parte na arbitragem e, assim, não pode demandar a exibição de uma prova em sua posse. Por outro lado, os árbitros podem realizar as medidas legais para obter as provas solicitadas pela parte, sem que isso implique na determinação para que terceiro estranho ao procedimento arbitral receba ordem de exibição de determinada prova.

O mesmo acontece se o terceiro figura como "interveniente" no procedimento arbitral – posto esse que, muitas vezes, é ocupado por companhia em arbitragens movidas por acionistas contra outros acionistas ou administradores. Isso ocorre porque a companhia, na qualidade de "interveniente", não participa do processo de escolha dos árbitros, da delimitação do escopo e da definição de regras do Termo de Arbitragem, entre muitos outros procedimentos reservados, exclusivamente, às partes.

Tal entendimento é corroborado, ainda, se a parte que formula requerimento ao tribunal arbitral que impacta "interveniente" da arbitragem figura como requerente. Afinal, via de regra, é o próprio requerente que instaura a arbitragem e opta por incluir a companhia como interveniente do procedimento. Com efeito, se assim optou quando da instauração da arbitragem e o cenário foi estabilizado por meio da assinatura do Termo de Arbitragem, não pode o árbitro demandar que o interveniente cumpra, de forma voluntária e automática, as suas ordens.

Em suma, as ações sociais submetidas à jurisdição arbitral envolvem uma série de particularidades que merecem atenção, como a impossibilidade de exibição de documento de empresa em procedimento do qual ela não é parte, as maiores exigências na requisição e justificativa da produção de provas em si – notadamente em razão dos limites impostos pela lei material ao direito de acesso à informação e ao direito à fiscalização, limites que deverão ser sempre observados – e o cuidado ao decidir o momento em que a prova será produzida. Não obstante, a flexibilidade da arbitragem na produção probatória, cumulada com o rigor com que as provas são colhidas e valoradas, torna a produção de provas uma das mais notáveis distinções entre a ação social dirimida pelo Poder Judiciário e pela arbitragem.

CONCLUSÃO

Ao longo desse estudo foram propostas algumas linhas interpretativas sobre a produção de prova nas ações sociais realizadas em arbitragem. Identificou-se, no primeiro capítulo, que a legitimação extraordinária do acionista para pleitear ações sociais em defesa dos interesses da companhia não é suficiente para determinação do direito à informação sobre os negócios sociais. Embora o direito material pleiteado na ação social pertença à companhia, o direito de ação é do acionista. Consequentemente, a parte processual da arbitragem será o acionista, a quem o ônus probatório será imputado. Nessa medida, caberá ao acionista demonstrar o direito à produção de determinada prova necessária à resolução de litígio em que se busca a tutela do direito material da companhia.

Em seguida, foram analisados os meios de produção de prova previamente à instauração da arbitragem. Identificaram-se as nuances em diferentes tipos de procedimentos arbitrais e estatais, pontuando-se as vantagens e desvantagens de cada tipo à luz da necessidade de produção de prova prévia à arbitragem de ações sociais.

Por fim, foram analisados os principais pontos de atenção na produção de prova em arbitragem das ações sociais previstas nos artigos 159 e 246 da Lei das S/A. Nesse último capítulo, foram abordadas as normas aplicáveis à produção de prova em arbitragem, assim como o momento e o tipo de prova a ser produzida nas ações indenizatórias dessa natureza, a fim de propor balizas interpretativas à luz da Lei das S/A.

REFERÊNCIAS

ADAMEK, Marcelo Vieira von. **Abuso de minoria em direito societário**. São Paulo: Malheiros, 2014.

APRIGLIANO, Ricardo de Carvalho. **Fundamentos processuais da arbitragem**. São Paulo: Direito Contemporâneo, 2023.

ARAUJO, Yuri Maciel. Os poderes do árbitro na instrução probatória. *In*: LESSA NETO, João Luiz; GUANDALINI, Bruno (org.). **Provas e arbitragem**: teoria, cultura, dogmática e prática. São Paulo: Thomson Reuters Brasil, 2023. p. 92.

BENCKE, Carlos Alberto. **Acionista minoritário na sociedade anônima** – Direito de fiscalização. Porto Alegre: Livraria do Advogado, 2003.

BRADSHAW, Robert. How to Obtain Evidence from Third Parties: A Comparative View. Editor: Maxi Scherer. **Journal of International Arbitration**, Kluwer Law International/Kluwer Law International, v. 36, Issue 5, p. 637, 2019.

BULGARELLI, Waldirio. **A proteção às minorias na sociedade anônima**. São Paulo: Livraria Pioneira, 1977.

CAHALI, Francisco José. **Curso de arbitragem**: mediação: conciliação: tribunal multiportas. 7. ed. rev., atual. e ampl. São Paulo: Thomson Reuters Brasil, 2018.

CARRETEIRO, Mateus Aimoré; SOUZA, Barbara Gaudencio Tavares de. Prova oral na arbitragem: aspectos práticos. *In*: **Provas e arbitragem**: teoria, cultura, dogmática e prática. 1. ed. São Paulo: Revista dos Tribunais, 2023. p. 296.

DINAMARCO. Cândido Rangel. **O processo arbitral**. 2. ed. Curitiba/PR: Direito Contemporâneo, 2022.

EIZIRIK, Nelson. **A Lei das S/A comentada**. 3. ed. São Paulo: Quartier Latin, v. II, 2021.

FERREIRA, Mariana Martins-Costa. **Responsabilidade civil pela falha informacional no mercado de valores mobiliários**: pressupostos e análise crítica. Tese de Doutorado. Faculdade de Direito, Universidade de São Paulo. São Paulo, 2022. p. 35 e ss.

FICHTNER, José Antônio; MANNHEIMER, Sérgio Nelson; MONTEIRO, André Luís. **Teoria geral da arbitragem**. Rio de Janeiro: Forense. 2019.

KRAAKMAN, Reinier; ARMOUR, John; DAVIES, Paul; ENRIQYES, Luca; HANSMANN, Henry; HERTIG, Gerard; HOPT, Klaus; KANDA, Hideki; PARGENDLER, Mariana; RINGE, Wolfe-George; ROCK, Edward. **The Anatomy of Corporate Law**: A Comparative and Functional Approach. 3. ed. Oxford: Oxford University Press, 2017.

Lei Modelo da Uncitral sobre Arbitragem Comercial Internacional, 1985. Disponível em: https://www.conjur.com.br/dl/lei-modelo-arbitragem-elaborada.pdf. Acesso em: 6 nov. 2023, 19:08.

LEMES, Selma. **Arbitragem em números** – Pesquisa 2020/2021. Disponível em: https://abrir.link/kmIvh. Acesso em: 6 nov. 2023.

LOBO, Jorge. Direito de informação do acionista. *In*: CASTRO, Rodrigo Rocha Monteiro de *et al.* (coord.). **Direito societário, mercado de capitais, arbitragem e outros temas**: homenagem a Nelson Eizirik. 1. ed. São Paulo: Quartier Latin, v. 1.

MARINONI, Luiz Guilherme; ARENDHART, Sérgio Cruz. **Prova**. São Paulo: Revista dos Tribunais, 2009.

MARINONI, Luiz Guilherme; ARENHART, Sérgio Cruz. **Comentários ao Código de Processo Civil**. São Paulo: RT, v. VII, 2016.

MARTINS, Fran. **Comentários à Lei das Sociedades Anônimas** – Artigo por Artigo. 4. ed. Rio de Janeiro: Forense, 2010.

NANNI, Giovanni Ettore; GUILHARDI, Pedro. Reflexões sobre a produção de provas na arbitragem: notas acerca da prova oral. **Revista de Arbitragem e Mediação**, v. 78, p. 81-112, jul./set. 2023, DTR\2023\7478.

OHLROGGE, Leonardo; BORCHARDT, Bernardo. Aspectos práticos sobre pedidos de exibição de documentos em arbitragens internacionais à luz das regras da IBA. **Revista Brasileira de Arbitragem**, v. XVIII, ed. 70, p. 51-52, 2021.

Regulamento de Arbitragem, CCI. Disponível em: https://cbar.org.br/site/wp-content/uploads/2012/05/ICC-865-1-POR-Arbitragem-Mediacao.pdf. Acesso em: 6 nov. 2023.

Regulamento do LCIA, 1998. Disponível em: https://abrir.link/CEnVu. Acesso em: 6 nov. 2023.

SALOMÃO FILHO, Calixto. Análise estruturalista do direito societário. *In*: **O novo direito societário** – Eficácia e sustentabilidade. 5. ed. São Paulo: Saraiva, 2019. p. 91.

STJ. REsp 1.803.251/SC. 3ª Turma. Relator Ministro Marco Aurélio Bellizze. Julgado em 22.10.2019.

STJ. REsp 1.903.359/RJ. 3ª Turma. Relator Ministro Marco Aurélio Bellizze. Julgado em 11.05.2021. DJe de 14.05.2021.

STJ. REsp 2.023.615/SP. 3ª Turma. Relator Ministro Marco Aurélio Bellizze. Julgado em 14.03.2023.

TEIXEIRA, Egberto Lacerda; GUERREIRO, José Alexandre Tavares. **Das sociedades anônimas no Direito brasileiro**. São Paulo: Bushatsky, v. I, 1979.

TJSP. Agravo de Instrumento nº 2168017-96.2022.8.26.0000. 2ª Câmara Reservada de Direito Empresarial. Foro Central Cível – 2ª Vara de Falências e Recuperações Judiciais. Relator Maurício Pessoa. Data do Julgamento: 02.02.2023. Data de Registro: 02.02.2023.

TJSP. Apelação Cível nº 0156920-86.2006.8.26.0100. 10ª Câmara de Direito Privado. Foro Central Cível – 14ª Vara Cível. Relator Coelho Mendes. Data do Julgamento: 14.12.2021. Data de Registro: 11.04.2022.

TRF. Ag 51.109/RS. 1ª Turma. Relator Ministro Dias Trindade. v.u. Adcoas, n. 112.233, 1987.

VASCONCELOS, Pedro Pais de. **A participação social nas sociedades comerciais**. 2. ed. Coimbra: Almeida, 2006.

VERÇOSA, Fabiane. A produção de provas. *In*: LEVY, Daniel; PEREIRA, Guilherme Setoguti J. (coord.). **Curso de arbitragem**. São Paulo: Thomson Reuters Brasil, 2018. p. 225-227.

YARSHELL, Flávio Luiz. **Antecipação da prova sem o requisito da urgência e direito autônomo à prova**. São Paulo: Malheiros, 2009.

ZUBERBÜHLER, Tobias; HOFMANN, Dieter; OETIKER, Christian; ROHNER, Thomas. **IBA Rules of Evidence**: Commentary on the IBA Rules on the Taking of Evidence in International Arbitration. 2. ed. Publisher: Schulthess Juristische Medien AG, 2022.

3. PRODUÇÃO ANTECIPADA DE PROVAS E DIREITO DO SÓCIO DE FISCALIZAR OS NEGÓCIOS SOCIAIS

Gustavo Kulesza
Sócio de BMA Advogados.
Bacharel, Mestre em Direito Internacional e Doutor em Direito Civil pela Faculdade de Direito da Universidade de São Paulo (USP).

Hugo Tubone Yamashita
Sócio de Sacramone, Orleans e Bragança Advogados.
Bacharel, Mestre e Doutor em Direito Civil pela Faculdade de Direito da Universidade de São Paulo (USP).

INTRODUÇÃO

O presente artigo versará sobre o uso do procedimento da produção antecipada de provas (PAP) em disputas societárias no ambiente nacional, com foco no direito do sócio de fiscalizar os negócios sociais nos dois tipos societários mais comumente encontrados na prática contenciosa: sociedades limitadas e anônimas. Na primeira parte do artigo (I), fixaremos as principais premissas teóricas sobre os dois eixos centrais do artigo: a produção antecipada de provas (I.A) e o direito de fiscalização societária (I.B). A ideia não é esgotar as várias discussões em torno desses temas, o que sequer seria possível neste breve ensaio, mas apenas expor o estado da arte do debate doutrinário e fixar os pressupostos para melhor permitir o estudo da jurisprudência. Na segunda parte (II), examinamos a jurisprudência atual sobre a matéria, com enfoque na inter-relação entre a produção antecipada de provas e a arbitragem

(II.A); e a produção antecipada de provas e a fiscalização societária (II.B). Ao final, apresentamos nossas principais conclusões.

I – PREMISSAS TEÓRICAS

I. A PRODUÇÃO ANTECIPADA DE PROVAS

A despeito de o procedimento específico da PAP ter sido incluído no texto do CPC vigente (*i.e.*, com vigência a partir de 2016), muito já foi escrito sobre o tema. Não é objeto deste breve ensaio retomar todas as discussões em torno do tema, inclusive pelas limitações de espaço. Este singelo sobrevoo em torno do procedimento visa à compreensão do posicionamento mais atual em torno de questões que nos parecem mais sensíveis quanto à aplicação cotidiana do instituto na práxis contenciosa.

O tema da produção da prova em caráter autônomo é bastante antigo e não surgiu exatamente com a edição do CPC vigente. Desde as Ordenações Afonsinas, já havia regramento para a produção de provas *ad perpetuam rei memoriam.* No âmbito dos inquéritos civis iniciados pelo Ministério Público, há o exercício, embora extrajudicial, de prerrogativa investigativa prévia ao ajuizamento de ação judicial (ação civil pública – Lei nº 7347/1985, artigos 8º e 9º). Especificamente no âmbito do direito societário, já está há muito consagrado o direito material do sócio de acesso à informação (Código Comercial, artigo 290 (revogado); CC, artigo 1.021; LSA, artigos 100, § 1º, e 105), conforme discutiremos no item II.B, *infra.*

O caráter autônomo da prova, com a ideia de criação de um procedimento específico, ganha força a partir da década de 1970 no Direito Continental, em especial nas jurisdições italiana e francesa. Curiosamente, esse avanço na tradição romano-germânica dá-se *pari passu* com as iniciativas para limitação do instituto do *discovery* no ambiente da *common law*[1].

Apenas a título de esclarecimentos sobre o tema, vale registrar que o instituto do *discovery* é relativamente recente na *common law* (século XX)[2] e é estudado no

1 Lessa, João. **Produção autônoma de provas e processo comparado**: Brasil, Estados Unidos e Inglaterra. São Paulo: Torth, 2021 (versão eletrônica).

2 O *discovery*, no entanto, não pertence historicamente à tradição do Direito anglo-americano. Originalmente, os litigantes que, no âmbito da *common law*, desejassem obter determinada prova deveriam recorrer, em *equity*, ao *bill of discovery*. Por meio deste, era possível preservar determinada prova cautelarmente. Foi apenas no século XIX, com a fusão das cortes de *Common Law* e as de *Equity*, que o *discovery* surgiu (Lessa, João. **Produção autônoma de provas e processo comparado**: Brasil, Estados Unidos e Inglaterra. São Paulo: Torth, 2021 [versão eletrônica]).

âmbito da cátedra autônoma da *Evidence law*. Trata-se de fase de investigação (*pretrial*) que sucede a postulação (*pleading*) e antecede o julgamento (*trial*) – momento em que serão efetivamente apresentados os meios de prova para exame da causa de pedir e pedido. Esse modelo (menos rígido e fundado na construção de uma solução consensuada para o litígio) diverge substancialmente do brasileiro (mais rígido), que exige a apresentação de causa de pedir e pedido na inicial e exceções em contestação, sob pena de preclusão[3].

A despeito de semelhanças, a configuração do *discovery* no Direito norte-americano é bem diversa da existente no âmbito inglês. Neste, o espectro investigatório é bem mais restrito do que no do ambiente americano. Inclusive, o Direito inglês vem se aproximando do modelo praticado no direito continental europeu. Evidentemente, em nenhum deles admite-se o *fishing expedition*, prática de mera especulação e sem fundamento claro em uma pretensão específica de direito material[4].

Apesar de algum paralelismo[5], não há que se comparar o *discovery* com o procedimento especial dos artigos 381 e seguintes do Código de Processo Civil. Até mesmo porque, enquanto a PAP é ação autônoma voltada ao acesso à informação e/ou constituição de prova, o *discovery* está inserido no processo judicial, caracterizando-se uma de suas fases. Conforme João Lessa, "são situações agudamente distintas"[6].

A introdução do procedimento da PAP no CPC vigente visa a "permitir [às partes] a avaliação de seus ônus e de suas chances em juízo e, nessa medida, contribuir para soluções de autocomposição"[7]. Conforme Daniela Ifuki, a iniciativa está alinhada com o espírito do legislador em incentivar a autocomposição (CPC,

3 Lessa, João. **Produção autônoma de provas e processo comparado**: Brasil, Estados Unidos e Inglaterra. São Paulo: Torth, 2021 (versão eletrônica).

4 *Id.*, *ibid.* No âmbito do Direito norte-americano, o *discovery* tem papel fundamental. O instituto é parte da fase de *pretrial* e destina-se à investigação, descoberta e coleta da prova. Neste ato preparatório ao *trial*, há a obrigação da parte de revelar ao polo adversário todos os fatos que possam ajudá-lo na formação de seu caso. Tal obrigação permite, de um lado, que a parte "teste" os elementos de que a contraparte dispõe, bem como também descubra novas evidências para sua defesa. O instituto, porém, é marcadamente distinto no Estados Unidos, em que prevalece ampla liberdade de investigação privada - inclusive, com a possibilidade de oitiva de testemunha em escritório de advocacia (*deposition*) –, em relação à Inglaterra – jurisdição em que há menor liberdade de atuação das partes.

5 Alexandre Freitas Câmara assinala a inspiração dos incisos II e III nos institutos do *discovery* e *disclosure* (Câmara, Alexandre Freitas. **O novo processo civil brasileiro**. 4. ed. rev. e atual. São Paulo: Atlas, 2018. p. 236).

6 Lessa, João. *Op. cit.*

7 Yarshell, Flávio Luiz. **Antecipação da prova sem o requisito da urgência e direito autônomo à prova**. São Paulo: Malheiros, 2009. p. 340.

artigo 3º, §§ 2º e 3º[8]), o que se verifica especialmente nos incisos II e III do artigo 381 do CPC[9]. Trata-se, como indica Bárbara Raupp, do modelo multiportas de dimensionamento de conflitos[10].

Como é evidente, o direito autônomo à prova – e, portanto, o uso do procedimento da PAP – exige que a parte demonstre a ligação da prova a uma determinada situação de direito material que seja, ao menos potencialmente, controvertida[11]. Não se exige que o requerente seja efetivamente parte no processo principal hipotético, mas que titule interesse jurídico na relação material que pode estar *sub judice*. Assim, por exemplo, o segurador que visa a resguardar provas para um eventual regresso contra o causador do dano[12]. Eduardo Talamini vai além e defende que o rol do artigo 381 do CPC é meramente exemplificativo: a PAP seria admitida sempre que se demonstrasse o interesse jurídico para a sua concessão[13].

A PAP pode ser utilizada, ainda, tanto para a simples documentação de bens (arrolamento – CPC, artigo 381, § 1º) quanto, também, para o registro de determinada situação fática (justificação – CPC, artigo 381, § 5º). Nesses casos, tratar-se-á de procedimento de jurisdição voluntária[14], que, a toda evidência, não se confunde com a ação declaratória de relação jurídica, que tem escopo mais abrangente e conta com a segurança da coisa julgada[15].

Todos os interessados também devem participar do polo passivo da PAP, mesmo aqueles que eventualmente não figurem na relação de direito material a ser debatida na causa principal[16]. É ônus do requerente identificá-los, sob pena de comprometer

---

8 "Artigo 3º Não se excluirá da apreciação jurisdicional ameaça ou lesão a direito.

[...]

§ 2º O Estado promoverá, sempre que possível, a solução consensual dos conflitos.

§ 3º A conciliação, a mediação e outros métodos de solução consensual de conflitos deverão ser estimulados por juízes, advogados, defensores públicos e membros do Ministério Público, inclusive no curso do processo judicial."

9 Ifuki, Daniela Akemi. **A produção antecipada de provas com fundamento em contratos com convenção de arbitragem**. Monografia de Especialização (Especialização em Direito Contratual) – Faculdade de Direito da Pontifícia Universidade Católica de São Paulo. São Paulo, 2023. p. 5 (Disponível em: https://repositorio.pucsp.br/jspui/handle/handle/39850). Em mesmo sentido: Bueno, Cassio Scarpinella. **Novo Código de Processo Civil anotado**. 3. ed. São Paulo: Saraiva, 2017. p. 400.

10 Raupp, Bárbara. Monografia de conclusão de Graduação – Faculdade de Direito da Universidade Federal do Rio Grande do Sul. Porto Alegre, 2018. p. 24.

11 Yarshell, Flávio Luiz. *Op. cit.*, p. 211-212.

12 Assis, Araken de. **Processo civil brasileiro**. São Paulo: Revista dos Tribunais, v. 2, t. II, 2015. p. 312.

13 Talamini, Eduardo. Produção antecipada de prova no Código de Processo Civil de 2015. **Revista de Processo**, São Paulo, v. 260, p. 75-101, out. 2016, p. 4.

14 Didier Jr., Fredie; Braga, Paula Sarno. Ações probatórias autônomas: produção antecipada de provas e justificação. **Revista de Processo**, São Paulo, v. 218, p. 13-45, abr. 2013, p. 3.

15 Marinoni, Luiz Guilherme; Arenhart, Sérgio Cruz. **Comentários ao Código de Processo Civil**: artigos 381 ao 484. São Paulo: Revista dos Tribunais, v. 7, 2016. p. 46.

16 Lessa, João. *Op. cit.*

a utilidade da prova em processo futuro em face da ausência de contraditório[17]. Trata-se, assim, de hipótese de litisconsórcio passivo necessário. A ausência de participação de uma das partes na produção da prova comprometerá a sua utilização em procedimento futuro[18]. Também por essa razão se admite que os interessados igualmente requeiram a produção probatória, ampliando ou alterando o objeto do processo (CPC, artigo 382, § 3º[19]). É o contraditório que garante a eficácia da prova, inclusive para que seja utilizada por terceiro que não atuou na PAP (em face de partes do processo principal que tenham participado da produção da prova)[20].

A repetição da prova na causa principal somente seria autorizada de modo justificado[21]. Para Eduardo Talamini, a repetição seria possível apenas se existir outro objeto probatório ou seja necessário o desenvolvimento de outros meios de prova[22]. Araken de Assis defende a possibilidade de complementação da prova oral, "sempre que houver lacunas e fatos novos a serem esclarecidos"[23]. Já, no que toca à prova pericial, a repetição seria cabível quando houver fatos supervenientes ou antigos que não tenham sido examinados ou seja demonstrada a inidoneidade do trabalho anterior[24].

A produção da prova em si deverá respeitar, no que couber, as regras do procedimento probatório comum[25]. Algumas nuances a respeito da produção da prova de modo antecipado merecem comentários, a se iniciar sobre os meios de prova tipificados no CPC (ata notarial, depoimento pessoal, confissão, exibição de documentos ou coisa, documentos, testemunhas, perícia, inspeção judicial).

Parte da doutrina defende a inviabilidade de aplicação da pena de confesso na recusa em depor (CPC, artigo 385, § 1º) no âmbito da PAP relativamente ao objeto da ação principal. Isso porque, ao tempo da PAP, ainda não houve a definição do objeto litigioso da ação futura, que poderá ou não vir a ser ajuizada[26]. A confis-

---

17 Talamini, Eduardo. Comentários aos artigos 381 a 383 do Código de Processo Civil. *In*: Cabral, Antonio do Passo; Cramer, Ronaldo (coord.). **Comentários ao novo Código de Processo Civil**. 2. ed. rev., atual. e ampl. Rio de Janeiro: Forense, 2016. p. 594.

18 Yarshell, Flávio Luiz. Comentários aos artigos 381 a 383 do Código de Processo Civil. *In*: WAMBIER, Teresa Arruda Alvim *et al.* (coord.). **Breves comentários ao novo Código de Processo Civil**. 3. ed., rev. e atual. São Paulo: Revista dos Tribunais, p. 1159.

19 "§ 3º Os interessados poderão requerer a produção de qualquer prova no mesmo procedimento, desde que relacionada ao mesmo fato, salvo se a sua produção conjunta acarretar excessiva demora."

20 Talamini, Eduardo. Comentários aos artigos 381..., p. 598.

21 Yarshell, Flávio Luiz. Comentários aos artigos 381..., p. 1151.

22 Talamini, Eduardo. Comentários aos artigos 381..., p. 597.

23 Assis, Araken de. *Op. cit.*, p. 328.

24 Oliveira, Carlos Alberto Alvaro de; LACERDA, Galeno. **Comentários ao Código de Processo Civil**: Lei nº 5.869, de 11 de janeiro de 1973. Rio de Janeiro: Forense, v. 8, t. II, 2007. p. 258; ASSIS, Araken de. **Processo civil brasileiro**. São Paulo: Revista dos Tribunais, v. 2, t. II, 2015. p. 328.

25 Assis, Araken de. **Processo civil brasileiro**. São Paulo: Revista dos Tribunais, v. 2, t. II, 2015. p. 319.

26 Lessa, João. *Op. cit.*

são ficta, nesses termos, estaria em desconformidade ao previsto no § 2º do artigo 382 do CPC[27]. O posicionamento, no entanto, não é unânime. Aos defensores do oposto, a inaplicação da confissão ficta poderia não gerar o incentivo necessário para que haja o depoimento pessoal em PAP, esvaziando a produção de tal prova em caráter antecipado[28].

Em se tratando de exibição de documentos, José Rogério Tucci defende a autonomia de medidas judiciais – antecedente ou incidental – relativas a tal meio de prova, sem a possibilidade de produção da prova via PAP[29]. Não obstante esse posicionamento, parte da doutrina[30] e tanto a 3ª quanto a 4ª Turmas do STJ já têm entendimentos no sentido que, para além da utilização do procedimento comum, é também cabível a exibição de documentos via PAP[31].

Em um dos julgados do STJ (REsp 180.325-1/SC), é afirmada

> a coexistência harmônica entre a ação autônoma de exibição de documentos pelo rito comum e os "novos" institutos processuais afetos à "produção antecipada de provas" (artigos 381 e seguintes) e à "exibição incidental de documentos e coisa" (artigos 496 e seguintes).

Mesmo no procedimento comum – ao qual se aplicariam os artigos 318, 396, 397, 399, 401 a 404, todos do CPC –, não se exigiria a "urgência, tampouco o caráter preparatório a uma ação dita principal, possuindo caráter exclusivamente

---

27 ASSIS, Araken de. *Op. cit.*, p. 320.

28 Didier Jr., Fredie; Braga, Paula Sarno. *Op. cit.*, p. 8. No mesmo sentido, Raupp, Bárbara. *Op. cit.*, p. 53.

29 Tucci, José Rogério. **Arbitragem e produção antecipada de prova sem urgência**. Disponível em: https://www.conjur.com.br/2023-jun-16/paradoxo-corte-arbitragem-producao-antecipada-prova-urgencia2. Acesso em: 28 jan. 2023. No mesmo sentido: Wambier, Teresa Arruda Alvim; Conceição, Maria Lúcia Lins; Ribeiro, Leonardo Ferres da Silva; Mello, Rogerio Liscastro Torres de. **Primeiros comentários ao novo Código de Processo Civil artigo por artigo**. 2. ed. São Paulo: Revista dos Tribunais, 2015. p. 756; Imhof, Cristiano. **Novo Código de Processo Civil comentado**. 2. ed. São Paulo: BookLaw, 2016. p. 607.

30 "Embora não haja previsão expressa, no CPC/2015, de ação autônoma de exibição de documento ou coisa, nada obsta a que referida exibição seja requerida autonomamente, por meio de tutela provisória antecipada que, quando já pendente o processo principal, dizendo-se, então, que é incidente, ou antes do processo principal. Por igual, é possível que seja requerida em sede de produção antecipada de provas." (Alvim, Arruda. **Manual de direito processual civil**: teoria geral do processo, processo de conhecimento, recursos, precedentes. 18. ed. São Paulo: Thomson Reuters Brasil, 2019. p. 979-980)

31 STJ, REsp 177.498-7/SP, 4ª T., Relª Min. Maria Isabel Galotti, J. 08.11.2018; STJ, REsp 180.325-1/SC, 3ª T., Min. Marco Aurélio Bellizze, J. 22.10.2019.

satisfativo". Ratificando a posição, há, inclusive, os Enunciados nºs 119[32] e 129[33] da II Jornada de Direito Processual Civil.

No que toca à prova testemunhal em PAP, fala-se no descabimento da contradita (CPC, artigo 457, § 1º)[34] e também da acareação de testemunha (CPC, artigo 461, inciso II)[35], dado que ambas seriam atos privativos do juiz da causa principal.

João Lessa defende a impossibilidade de realização de inspeção judicial em PAP, exceto se ocorrer para fins de resolução de mérito da própria ação probatória. Afinal, considerando a inexistência de decisão sobre o mérito da demanda principal, não haveria razão para se utilizar um meio de prova que se destinaria a permitir o contato do juiz com determinada coisa ou pessoa envolvida na disputa[36]. Carlos Alberto Alvaro de Oliveira, Galeno Lacerda e Daniel Amorim Assumpção Neves têm entendimento contrário. Para eles, a inspeção seria cabível nos casos em que não for possível se aguardar a realização de exame pericial[37] e desde que o juiz da PAP não faça qualquer carga valorativa no auto circunstanciado (CPC, artigo 484)[38].

Quanto à possibilidade de defesa em PAP, a doutrina já flexibilizou a disposição contida no § 4º do artigo 382 do CPC. Embora não seja permitido se debater o direito a ser amparado pela prova a ser produzida, é possível a defesa quanto à produção da prova em si: defeitos processuais, ausência dos pressupostos da PAP, admissibilidade e viabilidade da prova[39], competência, legitimidade, interesse, modo de produção da prova[40], limites decorrentes de sigilo/privacidade – e tudo mais que o juiz tiver que se pronunciar de ofício[41]. A apresentação de defesa, nesse sentido, estaria protegida pelas garantias constitucionais do contraditório, da ampla defesa e

---

32 "É admissível o ajuizamento de ação de exibição de documentos, de forma autônoma, inclusive pelo procedimento comum do CPC (artigos 318 e seguintes)."

33 "É admitida a exibição de documentos como objeto de produção antecipada de prova, nos termos do artigo 381 do CPC."

34 Oliveira, Carlos Alberto Alvaro de; Lacerda, Galeno. *Op. cit.*, p. 249; Marinoni, Luiz Guilherme; ARENHART, Sérgio Cruz. *Op. cit.*, p. 40.

35 Assis, Araken. *Op. cit.*, p. 321; Oliveira, Carlos Alberto Alvaro de; Lacerda, Galeno. *Op. cit.*, p. 249.

36 Lessa, João. *Op. cit.*

37 Oliveira, Carlos Alberto Alvaro de; Lacerda, Galeno. *Op. cit.*

38 Neves, Daniel Amorim Assumpção. **Ações probatórias autônomas**. São Paulo: Saraiva, 2008. p. 190-192.

39 Talamini, Eduardo; Wambier, Teresa Arruda Alvim. **Curso avançado de processo civil**: cognição jurisdicional (processo comum de conhecimento e tutela provisória). 20. ed. São Paulo: Thomson Reuters Brasil, v. 2, 2021. p. 390.

40 Didier Jr., Fredie; Braga, Paula Sarno; De oliveira, Rafael Alexandria. *Op. cit.*, p. 186.

41 Bueno, Cássio Scarpinella Bueno. **Curso sistematizado de direito processual civil**: procedimento comum, processos nos tribunais e recursos. 9. ed. São Paulo: Saraiva, v. 2, 2020. p. 237.

do devido processo legal[42]. Corroborando essa posição, há ainda o Enunciado nº 32 das Jornadas de Direito Processual Civil do Conselho da Justiça Federal[43].

Essa posição também já foi albergada pelo STJ[44]. Em acórdão relatado pelo Ministro Marcos Belizze, já se definiu que as PAPs "não consubstanciam um procedimento simplificado e meramente administrativo presidido pelo Poder Judiciário"; "em verdade, guardam, em si, efetivos conflitos de interesses em torno da própria prova". Ainda nos termos do voto, o "direito à produção é que constitui a própria causa de pedir deduzida e, naturalmente, passível de ser resistida pela parte adversa por meio de todas as defesas e recursos admitidas em nosso sistema processual". Assim, ficou declarado que o

> artigo 382, § 4º, do Código de Processo Civil não comporta interpretação meramente literal, como se no referido procedimento não houvesse espaço algum para o exercício do contraditório, sob pena de se incorrer em grave ofensa ao correlato princípio processual (e até de inconstitucionalidade – *ut* artigo 5º, XXXVI, LIV e LV).

Outro tema que merece atenção nas PAPs é no que se refere às despesas processuais. De um lado, há os que defendem que o custeio deve ser integralmente do requerente[45]. De outro, há quem argumente pelo rateio de despesas entre as partes e a responsabilidade de cada qual pela verba honorária de seus respectivos patronos[46]. Independentemente do posicionamento, parece haver certo consenso no sentido de que, com a resistência do requerido, este, a depender do caso concreto, deve arcar não somente com as despesas do processo, como também com os honorários advocatícios sucumbenciais[47].

O STJ, com base nos princípios da sucumbência e da causalidade, tem entendido pelo cabimento da condenação em honorários advocatícios sucumbenciais, quando houver resistência do requerido[48]. Nesse sentido, já se entendeu que, caso

---

42 Dinamarco, Cândido Rangel. **Instituições de direito processual civil**. 8. ed. São Paulo: Malheiros, v. III, 2019. p. 118.

43 "A vedação à apresentação de defesa prevista no artigo 382, § 4º, do CPC, não impede a alegação pelo réu de matérias defensivas conhecíveis de ofício."

44 STJ, REsp 2037088/SP, 3ª T., Rel. Min. Marcos Aurélio Belizze, J. 06.09.2022. Ver, também, TJSP, AC 1114322-46.2019.8.26.0100, 1ª CRDE, Rel. Des. Cesar Ciampolini, J. 08.09.2021: "Não seria razoável impedir o réu, ocorra o que ocorrer, de discutir questões processuais – como, por exemplo, as atinentes à composição da relação processual, tal como se tem nestes autos –, ou mesmo aquelas relacionadas ao próprio cabimento do pedido, à luz da situação concreta".

45 Didier Jr., Fredie; Braga, Paula Sarno; Oliveira, Rafael Alexandria. *Op. cit.*, p. 148.

46 Yarshell, Flávio Luiz. Comentários aos artigos 381..., p. 1166-1167.

47 Talamini, Eduardo. Comentários aos artigos 381..., p. 597. No mesmo sentido: Theodoro Jr., Humberto. **Curso de direito processual civil**. 58. ed. rev., atual. e ampl. Rio de Janeiro: Forense, v. 1, 2017. p. 946; Neves, Daniel Amorim Assumpção. *Op. cit.*, p. 1475.

48 STJ, AgInt-AgInt-AREsp 119.356-0/SP, 4ª T., Rel. Min. Luis Felipe Salomão, J. 23.08.2018.

o processo seja extinto pela perda superveniente de objeto, as custas processuais e a verba honorária devem ser arcadas pela parte que deu causa à instauração da demanda[49]. O STJ também já entendeu que os honorários periciais devem ser adiantados pelo requerente e, se for o caso, devem ser ressarcidos pelo vencido[50]. O Enunciado nº 118 das Jornadas de Processo Civil do CNJ firmou-se no sentido do cabimento de honorários sucumbenciais na PAP resistida[51].

O § 3º do artigo 381 dispõe expressamente que "a produção antecipada de prova não previne a competência do juízo para a ação que venha a ser proposta" – regra que, segundo a jurisprudência, "não comporta exceções"[52]. Nada obstante, Daniel Amorim Assumpção Neves defende a prevenção do juízo da PAP em relação à ação principal em quando houver identidade de foros, especialmente se não houver mudança de juiz. A prevenção, nesse aspecto, estaria fundada no princípio da imediatidade. De outro lado, se os processos forem de competência territorial diversa, não haveria prevenção[53].

A esse respeito, vale destacar julgado da 2ª Câmara Reservada de Direito Empresarial do TJSP que já reconheceu a conexão entre ação de dissolução parcial de sociedade e PAP voltada à produção de provas relativa à responsabilização de sócio de referida entidade cuja gestão visaria a prejudicar o pagamento de haveres. No julgamento, reconheceu-se haver conexão entre as demandas, dado que envolveriam as mesmas partes e causas de pedir remota[54].

Ainda no que toca à competência, é válido notar que não parece haver restrições para o ajuizamento de PAP voltada à produção de prova a ser utilizada em ação principal ajuizada no estrangeiro. Inclusive, é possível que a prova produzida até mesmo evite o ajuizamento da causa principal (CPC, artigo 381, inciso III). De acordo com João Lessa, o cenário seria diverso na produção de prova voltada à instrução de processo pendente em jurisdição estrangeira. Para esses casos, haveria a necessidade de produção da prova com a participação da autoridade central brasileira, via pedido de auxílio direto, na forma do artigo 30 do CPC. A exceção à regra residiria nos casos de risco de perecimento da prova, em que não seria possível se

---

49 STJ, REsp 144.801-9/SP, 2ª T., Rel. Min. Humberto Martins, J. 22.05.2014.

50 STJ, AgInt-REsp 1590794/MG, 4ª T., Rel. Min. Luis Felipe Salomão, J. 01.09.2016.

51 "É cabível a fixação de honorários advocatícios na ação de produção antecipada de provas na hipótese de resistência da parte requerida na produção da prova."

52 TJSP, CC 0024851-79.2018.8.26.0000, Câmara Especial, Rel. Des. Fernando Torres Garcia, J. 23.08.2019. No mesmo sentido: TJSP, CC 0007548-18.2019.8.26.0000, Câmara Especial, Rel. Des. Renato Genzani Filho, J. 09.04.2019; TJSP, CC 0014482-89.2019.8.26.0000, Câmara Especial, Rel. Des. Issa Ahmed, J. 31.07.2019.

53 Neves, Daniel Amorim Assumpção. *Op. cit.*, p. 1477.

54 TJSP, AI 2162657-54.2020.8.26.0000, 2ª CRDE, Rel. Des. Ricardo Negrão, J. 02.06.2021.

aguardar a tramitação do pedido de cooperação. Para uma tal situação, seria possível se valer da PAP na forma do artigo 381, inciso I, do CPC[55].

Esses são, em resumo e a nosso ver, os principais aspectos da produção antecipada de provas em discussão na doutrina brasileira. A seguir, trataremos da discussão doutrinária sobre o direito do sócio de acesso a informações sociais.

I.B DIREITO DO SÓCIO DE FISCALIZAR OS NEGÓCIOS SOCIAIS

Assim como no tema da PAP, muito já foi escrito sobre o direito do quotista ou acionista de acessar informação e fiscalizar a gestão da empresa. Igualmente, não se pretende aqui esgotar todo o debate teórico sobre o assunto, mas apenas fixar algumas premissas, para permitir a melhor compreensão da posição atual dos tribunais sobre a matéria (objeto do item III, *infra*).

De início, é preciso compreender que o tema merece tratamento necessariamente distinto, a depender do tipo societário sob análise, não só pelas diferentes normas que regem cada tipo de sociedade, mas também por sua própria natureza[56]. Neste artigo, iremos nos concentrar nos dois tipos societários mais frequentemente encontrados na prática contenciosa: as sociedades limitadas (Ltda.) e as sociedades anônimas (S.A.).

No âmbito das sociedades limitadas, prevalece o entendimento de que o direito do sócio (não gestor)[57] de "a qualquer tempo, examinar os livros e documentos, e o estado do caixa [a situação financeira da empresa, com foco nas receitas e despesas] e da carteira [relação dos investimentos e aplicações financeiras realizadas] da sociedade"[58]

---

55 Lessa, João. *Op. cit.*

56 Frans Martins chama atenção para o distinto tratamento do direito de fiscalização dos livros e demais documentos da sociedade a depender do tipo societário em exame (*Comentários à Lei das Sociedades Anônimas*: artigo por artigo. 4. ed. Rio de Janeiro: Forense, 2010. p. 368). Ver, também, Marcelo Barbosa *apud* Lamy Filho, Alfredo; Bulhões Pedreira, José Luiz (coord.). **Direito das companhias**. Rio de Janeiro: Forense, 2017. p. 235-236.

57 A doutrina costuma diferenciar os sócios gestores e não gestores ao tratar deste tema, dado que os segundos "em regra não têm um bom conhecimento dos negócios da sociedade, das suas perspectivas, planos de negócios futuros, devendo ter acesso aos documentos que espelhem a situação econômica e financeira da empresa" (Wald, Arnoldo. **Comentários ao novo Código Civil**. Coordenação: Sálvio de Figueiredo Teixeira. 2. ed. Rio de Janeiro: Forense, v. 14, 2010. p. 185-186). Ver, também, Gonçalves Neto, Alfredo de Assis. **Direito de empresa**: comentários aos artigos 966 a 1.195 do Código Civil. 7. ed. São Paulo: RT, 2017. p. 279-280.

58 Pereira Calças afirma que os documentos mencionados nesse dispositivo normalmente não fornecem informações suficientes sobre a real situação da sociedade, já que podem ter consistência formal, mas esconder a prática de ilegalidades (por exemplo, desvio de dinheiro, sonegação de receitas, etc.). Assim, sugere a inclusão no contrato social do direito do quotista de também acessar informações sobre o fluxo da caixa, cópias dos extratos bancários, dos contratos de financiamento, folha de pagamento dos empregados, comprovantes do recolhimento dos tributos e contribuições previdenciárias, etc. (**Sociedade limitada no novo Código Civil**. São Paulo: Atlas, 2003. p. 115-116).

(CC, artigo 1.021), representa direito essencial à informação[59]. A inspiração da norma está no revogado artigo 290 do Código Comercial[60].

Entende-se que se trata de norma *cogente*: não se pode limitar ou excluir esse direito, sob pena de nulidade[61]. Assim, qualquer sócio, independentemente de sua participação[62], tem direito a exigir a apresentação dos livros e documentos pela administração[63]. Alfredo de Assis defende, inclusive, que o quotista nem sequer precisaria "indicar os motivos pelos quais quer vê-los", por se tratar de direito potestativo[64]. Permite-se apenas[65] que o contrato social preveja época específica para que os administradores disponibilizem informações aos sócios, desde que o façam ao menos uma vez por ano (ou em períodos menores, se assim convencionado)[66].

A despeito do caráter cogente da norma, Wald defende que o direito do sócio à informação não é absoluto. Poderia ser negado quando exercido em detrimento do interesse da sociedade. O autor exemplifica a hipótese citando a tentativa de obtenção de informações por um dos sócios para concorrer com a empresa. Nesse caso, os gestores poderiam se recusar a prestar informações sobre os negócios sociais aos sócios já concorrentes (ou, a nosso ver, aos potencialmente concorrentes) em prol do interesse social[67].

Ainda no âmbito da Ltda., a doutrina igualmente se refere ao direito dos quotistas de exigirem a exibição *judicial* dos livros ou de outros documentos da

---

59 Tepedino, Gustavo; Barboza, Heloisa Helena; Bodin de Moraes, Maria Celina. **Código Civil interpretado**: conforme a Constituição da República. Rio de Janeiro: Renovar, v. 3, 2011. p. 106-107.

60 "Art. 290. Em nenhuma associação mercantil se pode recusar aos sócios o exame de todos os livros, documentos, escrituração e correspondência, e do estado da caixa na companhia ou sociedade, sempre que o requerer; salvo tendo-se estabelecido no contrato ou outro qualquer título da instituição da companhia ou sociedade, as épocas em que o mesmo exame unicamente poderá ter lugar."

61 Tepedino, Gustavo; Barboza, Heloisa Helena; Bodin de Moraes, Maria Celina. **Código Civil interpretado**..., p. 106-107; Gonçalves Neto, Alfredo de Assis. **Direito de empresa**..., p. 279-280.

62 Gonçalves Neto, Alfredo de Assis. **Tratado de direito empresarial**. Coordenação: Modesto Carvalhosa. São Paulo: RT, v. 2, 2016. p. 472-473.

63 O direito dos sócios de exigir a prestação de informações pressupõe o cumprimento, pelos administradores, de seu dever de elaborar os documentos contábeis da sociedade e apresentar aos sócios (CC, artigo 1.020). Nesse sentido, Corrêa da Fonseca, Priscila M. P.; Sztajn, Rachel. **Código Civil comentado**. Coordenação: Álvaro Villaça Azevedo. São Paulo: Atlas, v. 11, 2008. p. 323-325.

64 Gonçalves Neto, Alfredo de Assis. **Direito de empresa**..., p. 821-3.

65 Em oposição à maioria da doutrina, Pereira Calças afirma que o contrato social poderia estabelecer regra similar à prevista no artigo 105 da Lei das S.A. e estipular percentual mínimo de participação no capital social (por exemplo, 5%) para que o quotista possa ter acesso aos livros e documentos da sociedade (**Sociedade limitada no novo Código Civil**..., p. 115-116). Campinho também admite a possibilidade de se restringir o direito do sócio quotista com base na Lei das S.A. desde que haja previsão da aplicação supletiva dessa norma no contrato social (**O direito de empresa**. 5. ed. Rio de Janeiro: Renovar, 2011. p. 259).

66 Wald, Arnoldo. **Comentários ao novo Código Civil**..., p. 185-186.

67 *Id., ibid.*

sociedade quando houver recusa injustificada da administração em fornecê-las ou fundadas suspeitas de irregularidades nos atos dos administradores[68]. A exibição judicial vem expressamente prevista no artigo 1.191 do Código Civil (igualmente inspirado no Código Comercial, artigos 18 e 19)[69]. Entende-se que a exibição pode ocorrer tanto de forma autônoma e preventiva[70] – inclusive, parece-nos, via PAP – quanto incidentalmente no bojo de ação já proposta[71]. Contudo, não pode implicar uma devassa: deve se restringir o acesso aos livros e documentos apenas das sociedades litigantes[72], e se limitar somente àquilo que for relevante para esclarecer as questões específicas em discussão entre as partes[73].

Passemos agora às sociedades anônimas. No âmbito das S.A., o direito do acionista[74] de exigir a exibição integral dos livros societários com uma[75] das formas de fiscalizar a gestão social (LSA, artigo 109, III)[76] está previsto no artigo 105 da LSA[77]. Conforme prevê o dispositivo, acionistas que representam ao menos 5% do capital social (ou percentual inferior definido pela CVM para as companhias

---

68 Fortes Barbosa Filho, Marcelo. **Código Civil comentado**: doutrina e jurisprudência. 8. ed. Coordenação: Cezar Peluso. São Paulo: Manoeli, 2014. p. 956-957.

69 "Art. 1.191. O juiz só poderá autorizar a exibição integral dos livros e papéis de escrituração quando necessária para resolver questões relativas a sucessão, comunhão ou sociedade, administração ou gestão à conta de outrem, ou em caso de falência."

70 Cf. Súmula nº 390/STF: "A exibição judicial de livros comerciais pode ser requerida como medida preventiva".

71 Tepedino, Gustavo; Barboza, Heloisa Helena, Bodin de Moraes, Maria Celina. **Código Civil interpretado**..., p. 106-107 e 432-433.

72 Cf. Súmula nº 260/STF: "O exame de livros comerciais em ação judicial fica limitado às transações entre os litigantes".

73 Gonçalves Neto, Alfredo de Assis. **Direito de empresa**..., p. 821-3.

74 Este artigo está concentrado apenas no direito do acionista de individualmente fiscalizar os negócios sociais e exigir a apresentação dos livros. Assim, não discutiremos aqui, por exemplo, o direito do Conselho Fiscal de fiscalizar a administração e exigir a prestação de informações e esclarecimentos em geral (LSA, artigo 163), ou de outras pessoas (não acionistas) de exigirem certidões dos assentamentos dos livros (LSA, artigo 100, § 1º).

75 Os instrumentos de fiscalização no âmbito das S.As. são específicos e previstos de modo taxativo (*numerus clausus*) na LSA: (i) participação na assembleia geral (artigo 121); (ii) recebimento de informações financeiras (artigos 133 e 135, § 3º); (iii) funcionamento do Conselho Fiscal (artigo 161); (iv) acesso aos livros da companhia (artigos 100, § 1º, e 105); (v) auditoria independente (artigo 177, § 3º); e (vi) acesso às informações referentes a fatos relevantes e operações realizadas pelos administradores (artigo 157, §§ 1º e 4º). Cf. Eizirik, Nelson. **A Lei das S/A comentada**. 3. ed. São Paulo: Quartier Latin, v. 2, 2021. p. 133; Coelho, Fábio Ulhoa. **Curso de direito comercial**. 19. ed. São Paulo: Saraiva, v. II, 2015. p. 322.

76 "Art. 109. Nem o estatuto social nem a assembleia-geral poderão privar o acionista dos direitos de: [...] III – fiscalizar, na forma prevista nesta Lei, a gestão dos negócios sociais."

77 "Art. 105. A exibição por inteiro dos livros da companhia pode ser ordenada judicialmente sempre que, a requerimento de acionistas que representem, pelo menos, 5% (cinco por cento) do capital social, sejam apontados atos violadores da lei ou do estatuto, ou haja fundada suspeita de graves irregularidades praticadas por qualquer dos órgãos da companhia."

abertas[78], conforme o artigo 291 da LSA[79]), votante ou não votante, podem exigir a exibição *judicial* da integralidade dos livros da companhia (e dos documentos relativos à escrituração da companhia), desde que sejam apontados atos violadores da lei ou do estatuto *ou* exista fundada suspeita de graves irregularidades praticadas por órgãos da companhia.

Entende-se que a exibição dos livros (e demais informações previstas em lei) ao acionista é medida *excepcional*, dada a regra geral de proteção do sigilo negocial[80], comumente referenciada como "esfera de segredo" das informações estratégicas da companhia[81]. O caráter excepcional da medida nesse tipo societário decorre da natureza das S.As., "modelo jurídico concebido para um grande número de sócios", especialmente no caso das companhias abertas, em que prevalece a livre transferibilidade das ações (inclusive para concorrentes)[82]. A própria fixação de um percentual mínimo para o exercício desse direito visa a minimizar o risco de ações *ad terrorem* de acionistas minoritários[83].

Caso qualquer acionista pudesse, a qualquer momento, fiscalizar os negócios sociais e exigir a apresentação dos livros e demais documentos previstos em lei (como ocorre, em princípio, nas Ltdas.), haveria risco de graves perturbações na gestão, em detrimento do fim social[84]. Pela mesma razão, entende-se que o acionista não pode exigir a prestação de *qualquer informação* pela administração, esse direito está restrito

---

78 Ver Instrução CVM nº 70, que fixa escala reduzindo, em função do capital social, o percentual mínimo de participação acionária necessário ao exercício de direitos previstos na Lei nº 6.404.

79 "Art. 291. A Comissão de Valores Mobiliários poderá reduzir, mediante fixação de escala em função do valor do capital social, a porcentagem mínima aplicável às companhias abertas, estabelecida no artigo 105; na alínea *c* do parágrafo único do artigo 123; no *caput* do artigo 141; no § 1º do artigo 157; no § 4º do artigo 159; no § 2º do artigo 161; no § 6º do artigo 163; na alínea *a* do § 1º do artigo 246; e no artigo 277."

80 Eizirik, Nelson. **A Lei das S/A comentada**..., p. 133-134.

81 Coelho, Fábio Ulhoa. **Curso de direito comercial**..., p. 326; Leães, Luiz Gastão Paes de Barros. **Comentários à Lei das Sociedades Anônimas**. São Paulo: Saraiva, 1980. p. 220-222; Leães, Luiz Gastão Paes de Barros. Sociedade por ações – Exibição de livros – Prova cabal de prejuízo – Necessidade de apenas se justificar o receio – Inteligência e aplicação do artigo 50 do Decreto-Lei nº 2.627, de 1940. **Revista de Direito Mercantil, Industrial, Econômico e Financeiro**, ano X, n. 2, p. 71, 1971.

82 Eizirik, Nelson. **A Lei das S/A comentada**..., p. 163. Ver, também, Spinelli, Luis Felipe. Direito de fiscalização. *In*: Coelho, Fábio Ulhoa (coord.). **Tratado de direito comercial**. São Paulo: Saraiva, v. 3, 2015. p. 125; Pitta, André Grunsprun. O direito do acionista à informação. *In*: Coelho, Fábio Ulhoa (coord.). **Tratado de direito comercial**. São Paulo: Saraiva, v. 3, 2015. p. 199-203.

83 Típica medida de abuso da minoria, assim definida por Eizirik: "O abuso da minoria caracteriza-se nas hipóteses em que os acionistas minoritários se opõem injustificadamente a medidas úteis ou vantajosas para a companhia ou causam entraves ao seu regular funcionamento, buscando vantagens a que não fazem jus e de que resultam ou possam resultar prejuízos para a sociedade ou para os demais acionistas" (**A Lei das S/A comentada**..., p. 178-180). Ver, também, Von Adamek, Marcelo Vieira. **Abuso de minoria em direito societário**. São Paulo: Malheiros, 2014. p. 297-300.

84 Eizirik, Nelson. **A Lei das S/A comentada**..., p. 178-180; Marcelo Barbosa *apud* Lamy Filho, Alfredo; Bulhões Pedreira, José Luiz (coord.). **Direito das companhias**..., p. 235-236.

apenas às hipóteses legais[85] – por exemplo, além dos livros, das informações pertinentes às assembleias-gerais (LSA, artigos 133 e 135, § 3º) ou dos esclarecimentos exigidos dos administradores quando da tomada de posse (LSA, artigo 157, § 1º). Daí porque o artigo 109, inciso III, da LSA prevê o direito de o acionista fiscalizar a gestão social "na forma prevista em lei"[86]. Se o pedido de informação, ainda que abrangido pela lei, puder colocar em risco o interesse social[87], a administração poderá legitimamente rejeitá-lo – cabendo à CVM decidir a respeito se assim instada[88].

Especificamente quanto ao pedido judicial de exibição integral dos livros, afirma-se que a imposição dos requisitos previstos no artigo 105, para além da mínima participação acionária – nomeadamente, violação à lei ou ao estatuto ou graves irregularidades da administração –, tem o objetivo de equilibrar o interesse do minoritário e o interesse social[89]. A doutrina afirma não ser exigível que o acionista prove o ato ilícito de modo cabal, para ter acesso aos livros, sob pena de se frustrar o seu direito de fiscalização – sobretudo quando a prova da ilicitude residir nas informações constantes dos próprios livros[90]. Contudo, "o acionista já deve estar em condições de apontar os contornos elementares da potencial conduta ou omissão danosa aos interesses da companhia, em nome de cuja demonstração, pleiteia a tutela judicial"[91], para evitar a banalização do remédio ou o seu uso para fins escusos.

---

85 Coelho, Fábio Ulhoa. **Curso de direito comercial**..., p. 322: "Assim, o acionista não pode a pretexto de exercer seu direito essencial de fiscalização, pretender assistir às reuniões de diretoria, ser informado das balizas das negociações em que está envolvida a sociedade, inspecionar o estabelecimento empresarial, fazer o controle físico do estoque, ou outras ações que, mesmo reputadas relevantes por ele, não estão especificamente mencionadas na lei como instrumento ao seu alcance". Ver, também, Coelho, Fábio Ulhoa. Seção II: direitos essenciais. *In*: Coelho, Fábio Ulhoa (coord.). **Lei das Sociedades Anônimas comentada**. 2. ed. Rio de Janeiro: Forense, 2022. p. 400-406 (acionista não pode fazer *fishing expedition* na companhia).

86 Requião, Rubens. **Curso de direito comercial**. 29. ed. São Paulo: Saraiva, v. 2, 2012. p. 195-195; Barbosa, Marcelo. O direito essencial de fiscalização da gestão dos negócios sociais. *In*: Couto Silva, Alexandre (coord.). **Direito societário**: estudos sobre a lei de sociedades por ações. São Paulo: Saraiva, 2013. p. 184-185.

87 Por exemplo, referente a novos negócios ainda não concretizados, cuja relevação, acirrando a concorrência, poderia tornar a operação mais onerosa ou frustrá-la por completo (cf. Lucena, José Waldecy. **Das sociedades anônimas**. Rio de Janeiro: Renovar, v. 2, 2009. p. 179).

88 Bencke, Carlos Alberto. **Acionista minoritário na sociedade anônima**: direito de fiscalização. Porto Alegre: Livraria do Advogado, 2003. p. 51-52.

89 Pitta, André Grunsprun. O direito do acionista à informação..., p. 199.

90 Marcelo Barbosa *apud* Lamy Filho, Alfredo; Bulhões Pedreira, José Luiz (coord.). **Direito das companhias**..., p. 239-240; Eizirik, Nelson. **A Lei das S/A comentada**..., p. 133-134.

91 Vio, Daniel de Avila. Prova difícil e inadimplemento da obrigação de contratar em condições equitativas nos termos da Lei das S.A. **Revista de Direito Privado**, São Paulo: RT, v. 55, p. 227-262, jul./set. 2013. Ver, também, Carvalhosa, Modesto. **Comentários à Lei de Sociedades Anônimas**. 5. ed. São Paulo: Saraiva, v. 2, 2011. p. 287-288: "É, ainda, necessário que o pedido venha nitidamente justificado, para que possa ser deferida medida de tal gravidade"; TJSP, AC 275233-4/0-00, 3ª CDPriv., Rel. Des. Jesus Lofrano, J. 15.12.2009: "Fora das assembleias não podem, em princípio, os acionistas

A exibição dos livros pode ser obtida de duas formas pelo acionista: (a) por meio da exibição *incidental*, determinada no curso do processo, como medida de instrução (CPC, artigos 396 e ss.); ou (b) em ação cautelar – no regime atual, via PAP (CPC, artigos 381 e ss.) – proposta como medida preparatória de eventual ação principal, com o objeto de obter e comprovar fatos que poderão instruir dita ação principal[92]. Em qualquer dos casos, embora a lei se refira à exibição "por inteiro", deve se limitar apenas ao estritamente necessário, devendo ser parcial e limitada a informação que se pretende obter para demonstrar a alegada ilicitude[93]. Mais: as informações obtidas por meio de ordem judicial devem ser tratadas pelo acionista em atenção ao dever de *lealdade ao interesse social*, evitando-se a divulgação das informações a terceiros (sobretudo, concorrentes) em detrimento da própria companhia[94].

Essas são as principais características do direito do sócio de fiscalizar a gestão dos negócios sociais e exigir a prestação de informações. Como se viu, em razão das diferentes características das Ltdas. e S.As., o direito de fiscalização encontra maior ou menor amplitude em cada tipo societário. Fixadas essas premissas teóricas, avancemos ao estudo da jurisprudência, com enfoque no uso da PAP para o exercício desse direito.

II – JURISPRUDÊNCIA DAS CORTES ESTATAIS

II. A PAP E ARBITRAGEM

Antes de abordar o uso da PAP como ferramenta para o exercício do direito dos sócios de fiscalizar os negócios sociais, pareceu-nos relevante tratar de questão anterior: a inter-relação entre a PAP e a arbitragem. Como se sabe, é bastante

individualmente estar a exigir exibição escrita e documentos da companhia por simples capricho"; TJSC, AC 2003029087-7, 3ª C., Rel. Des. Hilton Cunha Júnior, J. 28.08.2008: "A requerente não logrou apontar atos violadores da lei ou do estatuto, tampouco demonstrar fundada suspeita de graves irregularidades praticadas por qualquer dos órgãos da companhia".

92 Carvalhosa, Modesto (coord.); Kuyven, Fernando. **Tratado de direito empresarial**. São Paulo: RT, v. 3, 2016. p. 339-342. Ver, também, Pitta, André Grunsprun. O direito do acionista à informação..., p. 203; TJSP, AI 219.801-4/2, 7ª C., Rel. Des. Sousa Lima, J. 20.02.2002: "Não é amplo e irrestrito o direito à exibição por inteiro de livros da companhia, ou seja, 'a exibição dos livros e documentos, em princípio, deverá ser parcial, isto é, referir-se apenas a uma questão determinada'".

93 Carvalhosa, Modesto; Kuyven, Fernando. **Tratado de direito empresarial**, p. 339-342; Lazzareschi Neto, Alfredo Sérgio. **Lei das S.A. comentada e anotada**. 6. ed. São Paulo: Quartier Latin, 2020. p. 248-256, nota 1m ao artigo 105 da LSA.

94 Von Adamek, Marcelo Vieira. **Abuso de minoria em direito societário**..., p. 297-300. Nesse sentido, Lazzareschi opina que as demandas que objetiva a obtenção de livros e documentos societários devem transcorrer em segredo de justiça (**Lei das S.A. comentada e anotada**..., nota 1f ao artigo 105 da LSA).

comum a inclusão de cláusulas compromissórias nos contratos e estatutos sociais[95] – no âmbito das S.As. abertas, trata-se, inclusive, de requisito para que as companhias acessem o Novo Mercado da B3[96]. Nesse cenário, não raro, sócios interessados em buscar a exibição forçada de livros e demais documentos societários precisam, antes, decidir o foro adequado para formular a sua pretensão: Judiciário ou arbitragem.

A doutrina, há algum tempo, vem debatendo a competência do Judiciário para processar PAPs nos casos em que a ação principal deva ser debatida via procedimento arbitral em face da existência de cláusula compromissória no instrumento que regule a relação de direito material. Entre as principais linhas de pensamento, há os que argumentam:

- pela competência do tribunal arbitral para a PAP, excepcionados os casos de urgência – *i.e.*, hipótese do artigo 381, inciso I, CPC e do artigo 22-A da Lei de Arbitragem[97];
- pela competência do tribunal arbitral para a PAP, excepcionados, para além dos casos de urgência, outros que se verifiquem no caso concreto (necessidade da prova para definir se determinada pretensão está ou não abarcada pela cláusula compromissória; necessidade de medidas coercitivas, diante de resistência da contraparte conhecida de antemão; singeleza da prova a ser produzida, a não justificar a instauração de um custoso procedimento arbitral)[98];
- pela competência do Judiciário, nos casos em que a cláusula compromissória tiver redação restritiva – *i.e.*, transferir ao tribunal arbitral a jurisdição para dirimir "conflitos" entre as partes; competência do tribunal arbitral, nos casos de redação genérica – *i.e.*, tribunal arbitral competente para arbitrar "quaisquer questões atinentes à relação jurídica existente entre as partes"[99];

---

95 Conforme edição de 2021/22 da pesquisa "Arbitragem em Números", elaborada por Selma Lemes, "A matéria líder em número de arbitragens novas entrantes em 2022 continua sendo a societária", p. 25 (Disponível em: https://canalarbitragem.com.br/wp-content/uploads/2023/10/Arbitragem-em-Numeros-2023-VF.pdf).

96 Regulamento do Novo Mercado da B3, artigo 39.

97 Tucci, José Rogério. **Arbitragem e produção antecipada de prova sem urgência**. Disponível em: https://www.conjur.com.br/2023-jun-16/paradoxo-corte-arbitragem-producao-antecipada-prova-urgencia2. No mesmo sentido: Yarshell, Flávio Luiz; Mejias, Lucas Britto. Tutelas de urgência e produção antecipada da prova à luz da Lei nº 13.129/2015. *In*: Cahali, Francisco José; RODOVALHO, Thiago; FREIRE, Alexandre (coord.). **Arbitragem**: estudos sobre a Lei nº 13.129, de 26.05.2015. São Paulo: Saraiva, 2016. p. 88-90; Lessa, João. *Op. cit.*

98 Talamini, Eduardo. *Op. cit.*

99 Alvim, Arruda; Guedes, Clarissa Diniz. Produção antecipada de prova e juízo arbitral. ***Revista dos Tribunais***, v. 1008, p. 23-40, out. 2019.

- pela competência do Judiciário para as hipóteses de PAP (regra geral), ficando reservada ao tribunal arbitral apenas a jurisdição para o julgamento da causa principal; a arbitragem, nesse aspecto, seria uma exceção à regra geral de que os conflitos são solucionados pelo Poder Judiciário[100].

Na jurisprudência estatal, houve intensas divergências acerca do tema no âmbito dos tribunais estaduais[101]. Os partidários de uma competência ampliada do Poder Judiciário para julgar PAPs envolvendo relações regidas por instrumentos com cláusula compromissória argumentam, essencialmente, pela economia e eficiência processuais. Em outros termos, não seria racional que se instaurasse um custoso procedimento arbitral para a tramitação de um procedimento de natureza, em regra, simplificado.

O cenário, no entanto, parece, ao menos por ora, caminhar em direção a uma pacificação na linha de uma atuação mais restritiva do Poder Judiciário (competência apenas nos casos em que houver urgência). Em março de 2023, foi julgado pela 3ª Turma do STJ recurso especial, que, reformando acórdão do Tribunal de Justiça de São Paulo[102], afastou a competência do Poder Judiciário para processar PAP que não envolvia hipótese voltada à asseguração da produção de prova em contexto de urgência[103].

---

100 Arsuffi, Arthur Ferrari. **Produção antecipada da prova:** eficiência e organização do processo. Dissertação (Mestrado) – Faculdade de Direito da Pontifícia Universidade Católica de São Paulo. São Paulo, 2018. p. 165.

101 No âmbito do Tribunal de Justiça de São Paulo, encontram-se tanto julgados que apontam para a competência do Poder Judiciário apenas nos casos em que estiver presente o requisito de urgência quanto para todas as demais situações. Em relação ao primeiro posicionamento: TJSP, Apelação nº 1008523-70.2020.8.26.0361, 2ª Câm. Res. de Dir. Empresarial, Des. Rel. Sérgio Shimura, J. 11.08.2022, votação unânime; TJSP, Apelação nº 1099195-97.2021.8.26.0100, 34ª CDPriv., Des. Rel. Gomes Varjão, J. 12.01.2022, votação unânime; TJSP, Apelação nº 1125900-0.2018.8.26.0100, 1ª Câm. Res. de Dir. Empresarial, Des. Rel. Alexandre Lazzarini, J. 21.08.2019, votação por maioria; TJSP, Apelação nº 1004160-81.2019.8.26.0100, 1ª Câm. Res. de Dir. Empresarial, Des. Rel. Gilson Delgado Miranda, J. 11.12.2019, votação por maioria. Em favor de competência ampla do Poder Judiciário para julgar PAPs: TJSP, Apelação nº 1064959-90.2019.8.26.0100, 1ª Câm. Res. de Dir. Empresarial, Des. Rel. Azuma Nishi, J. 30.06.2021, votação unânime (fundamento: economia e eficiência processuais); TJSP, Apelação nº 1093560-14.2016.8.26.0100, 1ª Câm. Res. de Dir. Empresarial, Des. Rel. Fortes Barbosa, J. 20.04.2017, votação unânime (fundamento: autorização na cl. comp para "medidas preparatórias"); TJSP, Apelação nº 1086219-29.2019.8.26.0100, 1ª Câm. Res. de Dir. Empresarial, Des. Rel. Cesar Ciampolini, J. 28.07.2021, votação unânime (fundamento: economia e eficiência processuais).

102 TJSP, Apelação nº 1086219-29.2019.8.26.0100, 1ª Câm. Res. de Dir. Empresarial, Des. Rel. Cesar Ciampolini, J. 28.07.2021.

103 STJ, REsp 2.023.615/SP, 3ª T., Rel. Min. Marco Aurélio Bellizze, J. 14.03.2023.

De modo sintético, minoritários da Renova Energia S/A – Em Recuperação Judicial – ajuizaram PAP, com fundamento nos incisos II e III do artigo 381 do CPC, buscando a exibição de documentos e produção de prova pericial para apurar alegada prática criminosa na gestão da requerida e eventuais prejuízos causados a esta. A companhia negou-se a apresentar a documentação solicitada pelos minoritários, por esses não atingirem o requisito previsto no artigo 105 da Lei nº 6.404/1976 (5% do capital social), a justificar a necessidade de ajuizamento da PAP. A despeito de, em primeiro grau de jurisdição, a PAP ter sido extinta em face da oposição de exceção de jurisdição arbitral, a sentença foi reformada, no segundo grau, com o acolhimento parcial dos pleitos formulados pelos minoritários.

O STJ, ao cabo, reformou o acórdão do TJSP, visando à preservação da competência do tribunal arbitral. Seria, na visão da Corte, "na exclusiva hipótese de a arbitragem, por algum motivo, ainda não tenha sido instaurada, eventual medida de urgência deverá ser intentada perante o Poder Judiciário". Afinal, seria "indiscutível o caráter jurisdicional da atividade desenvolvida pela arbitragem ao julgar ações probatórias autônomas, as quais guardam, em si, efetivos conflitos de interesses em torno da própria prova, cujo direito à produção é que constitui a própria causa de pedir deduzida (resistida pela parte adversa)", de modo que "a estipulação de compromisso arbitral atrai inarredavelmente a competência do tribunal arbitral para conhecer a ação de produção antecipada de provas".

Do que consta do sistema eletrônico do STJ[104], ainda não houve o trânsito em julgado de referida decisão. Após o julgamento, foram opostos embargos de divergência, negados monocraticamente e também pelo colegiado via exame de agravo interno. A última decisão data de 15.12.2023 e parece-nos que a tendência é que a discussão seja encerrada nesses termos. A despeito de não vinculativo, o precedente é bastante relevante e deve guiar situações similares, ao menos em curto e médio prazos.

No âmbito internacional, a maior parte da doutrina também entende pela impossibilidade de atuação do Poder Judiciário nos casos em que as partes houverem firmado convenção arbitral. Essa é a realidade dos EUA e também do Reino Unido. De modo surpreendente (dada a consolidação da prática arbitral naquela jurisdição), na França, há posicionamento doutrinário em sentido contrário, fundado em especial no caso Societé Eurodisney de 1995, em que se permitiu a produção da prova, a despeito da existência de cláusula compromissória[105].

A toda evidência, em especial considerando o aspecto convencional da cláusula compromissória, a solução mais adequada é que as próprias partes desenhem, em

104 Consulta em 04.02.2024.
105 Lessa, João. *Op. cit.*

conjunto, o procedimento voltado à produção autônoma de provas – seja via Poder Judiciário, seja por meio de procedimento arbitral[106].

A esse propósito, merece destaque a iniciativa do Centro de Arbitragem e Mediação da *American Chamber of Commerce*, que, em agosto de 2023, publicou o Resolução nº 3/2023, regulando procedimentos arbitrais voltados à produção antecipada de prova desvinculada do requisito da urgência. Referida resolução apoia-se no procedimento de árbitro de emergência da Câmara (artigo 1.1)[107] e, entre outras disposições, impede que o árbitro único nomeado para a produção da prova atue também como árbitro no procedimento principal (artigo 1.5)[108]. A iniciativa parece endereçar, ao menos em partes, a preocupação com custo e eficiência processuais dos que advogam em favor da competência judicial para PAPs em litígios regidos por cláusula compromissória.

II.B PAP E DIREITO DE FISCALIZAÇÃO DOS NEGÓCIOS SOCIAIS

Assim como a análise doutrinária, parece-nos necessário também empreender o exame da jurisprudência de modo segregado entre os dois tipos societários aqui examinados (Ltda. e S.A.), dadas as particularidades expostas *supra* quanto à amplitude do poder de fiscalização dos sócios em cada regime (v. *supra*, item I.B). Naturalmente, não se pretende aqui elencar todos os julgados já proferidos sobre a matéria, mas apenas citar algumas decisões que exploram a inter-relação entre a PAP e o direito de fiscalização societária. Ainda, dada a concentração dos litígios societários no Tribunal de Justiça de São Paulo, nossa pesquisa também se limitou a decisões dessa corte.

No âmbito das sociedades limitadas, a maioria dos julgados sobre PAP e fiscalização decorre de *dissoluções parciais* – parece-nos fazer sentido que seja assim, dada a litigiosidade que costuma se instaurar entre os sócios por ocasião da retirada (especialmente forçada) de um deles.

Neste contexto, o TJSP já reconheceu o direito do quotista (potencialmente) retirante/excluído de produzir prova antecipadamente (por exemplo, exibição de documentos contábeis e financeiros, prova pericial para avaliação do patrimônio

---

106 Também nesse sentido: YARSHELL, Flávio Luiz; MEJIAS, Lucas Britto. *Op. cit.*, p. 88/90.

107 "Artigo 1.1. A parte interessada que necessitar produzir antecipadamente prova(s), como por exemplo, provas documentais, periciais ou testemunhais, quando a prova a ser produzida for suscetível de viabilizar a autocomposição ou outro meio de solução de conflito e/ou o prévio conhecimento dos fatos possa justificar ou evitar ajuizamento de ação judicial poderá valer-se do Procedimento de Árbitro(a) de Emergência, previsto no artigo 21 do Regulamento de Arbitragem em vigor desde 1º de janeiro de 2023."

108 "Artigo 1.5. Competirá ao(à) Árbitro(a) Único(a) o deferimento da produção antecipada de prova e a decisão que proferir será vinculante entre as Partes e à eventual arbitragem."

da sociedade, etc.) para fins de *apuração de haveres* que lhe seriam eventualmente devidos[109]. Ver, por exemplo:

- Em apelação oriunda de PAP julgada procedente, o Tribunal manteve a sentença para reconhecer direito da sócia à obtenção de documentos em sede de PAP para proteger os seus interesses, especialmente em futura apuração de seus haveres. Nos termos da decisão, "constitui direito da autora, que é sócia minoritária da sociedade ré, em ter acesso aos documentos da empresa, retidos pelo seu marido, administrador da sociedade, objetivando preservar seus interesses e a devida apuração de haveres"[110].
- O Tribunal acolheu agravo de instrumento interposto por ex-quotistas contra decisão que negara pedido liminar para produção antecipada de prova pericial quanto à situação patrimonial da sociedade-agravada. A Corte entendeu que haveria risco de perecimento das provas quanto à dilapidação patrimonial da sociedade, o que poderia afetar negativamente os haveres das quotistas retirantes[111].
- O Tribunal acolheu agravo de instrumento interposto contra decisão que negara pedido liminar no bojo de PAP ajuizada por ex-quotista. No caso, o sócio-agravante retirou-se voluntariamente da sociedade, mas teve alegada divergência com os demais sócios-agravados quanto ao valor das suas quotas. Ajuizou a PAP para obtenção de documentos (arquivos contábeis e informações do servidor das sociedades) suscitando fortes indícios de esvaziamento patrimonial, o que poderia afetar a apuração dos haveres a que faria jus. O Tribunal entendeu que o pedido liminar deveria ser acolhido, porque "o exercício do direito de retirada por parte do agravante não afasta a possibilidade da produção antecipada de provas, uma vez que o sócio retirante possui interesse de agir para investigar possíveis irregularidades cometidas pelos sócios remanescentes, que possam afetar a apuração de seus haveres ou a fim de ser indenizado por eventuais prejuízos sofridos"[112].

---

109 O TJSP também já proferiu decisão similar envolvendo sociedade anônima de capital fechado. Em agravo de instrumento interposto contra decisão que autorizara a PAP para fins de potencial apuração de haveres, Tribunal rejeitou o recurso por entender cabível o manejo da PAP nessa hipótese. Segundo o acórdão, "embora não haja prova de risco concreto de perecimento da prova ou de alteração dos elementos contábeis da sociedade, com o fito de esvaziar o pagamento de haveres dos sócios que pretendem retirantes, admissível" a PAP "como medida para [os retirantes] aferirem, à vista de dados e de fatos, a viabilidade ou a conveniência do ajuizamento de demanda futura". Cf. TJSP, AI 2058081-20.2014.8.26.0000, 6ª CDPriv., Rel. Des. Francisco Loureiro, J. 11.06.2014.

110 TJSP, AC 1028812-08.2017.8.26.0562, 2ª CRDE, Rel. Des. Sérgio Shimura, J. 28.06.2019.

111 TJSP, AI 2079749-13.2015.8.26.0000, 2ª CRDE, Rel. Des. Carlos Alberto Garbi, J. 18.05.2015.

112 TJSP, AI 2094748-63.2018.8.26.0000, 2ª CRDE, Rel. Des. Azuma Nishi, J. 20.06.2018.

- Em apelação interposta por Ltda. contra sentença de procedência de PAP movida por ex-sócia, o TJSP manteve a sentença por entender que o CPC permite "que a ex-sócia verifique se tinha, ou não, haveres receber quando de sua retirada da requerida, que, à época, declarou ser negativo seu patrimônio líquido". No caso, a ex-quotista (antiga titular de 40% do capital) requereu acesso aos documentos societários (livros), contábeis (balanços patrimoniais e balancetes) e financeiros (declarações de IRPJ, extratos bancários, etc.) que embasaram o cálculo do valor negativo de suas quotas, para decidir se ajuizaria ou não demanda judicial contra a sociedade e os seus administradores. O Tribunal entendeu que a apelada tinha direito a acessar os documentos, porque (i) referentes aos exercícios em que era sócia e poderia fiscalizar a gestão social; e (ii) necessários à elaboração do balanço de determinação para fins de apuração dos haveres[113].

Ainda no âmbito da dissolução de limitadas, o TJSP reconheceu a *ausência de continência* entre dita ação e a PAP, dada a distinção entre os seus objetos. É dizer: enquanto *pendente* a apreciação do pedido dissolução quanto ao sócio, este seguiria apto a exercer o seu direito de fiscalizar os negócios sociais. A título de exemplo:

> Em apelação oriunda de PAP, o Tribunal manteve a sentença reconhecendo o direito do quotista-apelado de acessar os documentos da sociedade a despeito da propositura de ação de dissolução para excluí-lo da sociedade pelos demais quotistas-apelantes. Nos termos da decisão, não haveria continência entre as demandas (PAP e ação de dissolução), porque seus objetos são diferentes. Na PAP, o sócio visaria à "exibição de documentos para fins do exercício do direito de fiscalização das atividades da sociedade e da administração, inerente à condição de sócio, para viabilizar autocomposição (artigo 381, II) ou justificar ajuizamento de ação civil de responsabilização dos sócios administradores pelos desvios (artigo 381, III)". Na dissolutória, a apuração de haveres estaria limitada a avaliar a situação patrimonial em data específica. Ademais, a ação de dissolução poderia ser julgada improcedente por falta de justa causa para exclusão do sócio, não avançando à apuração de haveres. Em qualquer caso, como frisou o acórdão: "Eventual apuração de haveres não se confunde com o direito de fiscalização do sócio!"[114]

113 TJSP, AC 1114322-46.2019.8.26.0100, 1ª CRDE, Rel. Des. Cesar Ciampolini, J. 08.09.2021.
114 TJSP, AC 1033555-50.2021.8.26.0100, 1ª CRDE, Rel. Des. J. B. Franco de Godoi, J. 29.04.2022. No mesmo sentido: TJSP, Ap. com Rev. 9100371-77.2004.8.26.0000, 4ª CDPriv., Rel. Des. Francisco Loureiro; TJSP, AC 1028812-08.2017.8.26.0562, 2ª CRDE, Rel. Des. Sérgio Shimura, J. 28.06.2019; TJSP, AI 2162657-54.2020.8.26.0000, 2ª CRDE, Rel. Des. Ricardo Negrão, J. 02.06.2021.

Por outro lado, o TJSP já entendeu que, uma vez sentenciada a ação de dissolução da sociedade para remoção de sócio quotista, a PAP por ele ajuizada deveria ser extinta dada a superveniente falta de interesse de agir e os riscos inerentes à divulgação de informações sensíveis a ex-minoritário:

> Em mandado de segurança impetrado contra sentença que deferira PAP para exibição de todos os livros e documentos societários e financeiros (extratos bancários e de investimentos etc.) da sociedade, o Tribunal concedeu a segurança para suspender os efeitos da sentença. No caso, a quotista-interessada detinha 0,01% das quotas da sociedade impetrante quando da propositura da PAP, mas fora removida do quadro social em razão do julgamento de procedência de ação dissolução parcial, ajuizada em paralelo. Diante disso, entendeu-se que a quotista não mais teria interesse jurídico na produção da prova para fins de prestação de contas (fundamento jurídico do pedido na PAP), e que a exibição dos documentos, dado seu caráter sigiloso, poderia sujeitar a sociedade a graves riscos, inclusive de concorrência desleal.[115]

Igualmente, o TJSP já rejeitou pedido de produção antecipada de provas de quotista minoritária por entender que esta exercera abusivamente o seu direito de fiscalização dos negócios sociais e desvirtuara os objetivos previstos pelo legislador para a PAP:

> O Tribunal rejeitou apelação interposta contra sentença que julgara improcedente PAP ajuizada por quotista para obtenção de "extensa lista de documentos" e produção de prova pericial. O acórdão registra que "o direito autônomo à prova, assim como qualquer outro direito, não é absoluto e deve ser analisado de forma conjunta com o ordenamento jurídico pátrio, a fim de se evitar abusos". Nesse sentido, afirma que a pretendida produção antecipada de prova naquele caso não se adequaria aos fins almejados pela lei. Isso porque "ao que parece, a apelante pretende se valer da condição de sócia minoritária para exercer o alegado direito de fiscalização e de exigir contas através de um procedimento judicial que não se mostra adequado para tanto, assim como para acessar informações e documentos que não apresentam pertinência com a justificativa apresentada para o ajuizamento" da PAP – *i.e.*, verificar conveniência da saída a partir da apuração de haveres.[116]

No âmbito das *sociedades anônimas*, quiçá em decorrência do caráter mais restrito do direito de fiscalização nesse tipo de societário (ou da frequente atribuição

---

115 TJSP, MSC 2124276-11.2019.8.26.0000, 1ª CRDE, Rel. Des. Azuma Nishi, J. 23.04.2020.
116 TJSP, AC 1126794-79.2019.8.26.0100, 2ª CRDE, Rel. Des. Grava Brazil, J. 29.03.2022.

de segredo de justiça às demandas dessa natureza, inclusive em atenção às recomendações da doutrina, conforme *supra*, I.B), a jurisprudência sobre o tema é menos extensa. Os julgados encontrados se concentram na obtenção de provas para futura responsabilização dos administradores (LSA, artigo 159) e/ou dos controladores (LSA, artigos 117 c/c 246)[117]. A título de exemplo:

> O Tribunal rejeitou agravo de instrumento interposto contra decisão que autorizou a produção antecipada de provas para exibição de livros contábeis e fiscais e outros documentos da companhia a um de seus acionistas. Nos termos do acórdão, a exibição seria legítima porque (i) a PAP não depende de urgência, pode servir aos demais propósitos previstos no artigo 381 do CPC; (ii) a exibição dos documentos não causaria transtornos às atividades da companhia, porque devidamente delimitada ao exercício social relevante; e (iii) pautada em fundada suspeita de violação à lei (diluição injustificada de 50% para 2,5%), não se caracterizando "*fishing expedition* ou *document hunting*".[118]

Por outro lado, o TJSP já se pronunciou contra o manejo da PAP para o exercício do direito de fiscalização previsto no artigo 105 da LSA, a despeito de o acionista ser titular de mais de 5% do capital social, por considerar que os demais requisitos do dispositivo (violação à lei ou ao estatuto ou graves irregularidades da administração) não estavam presentes:

> O Tribunal negou provimento a apelação interposta por minoritária contra sentença que julgara improcedente seu pedido de obtenção de documentos. O acórdão acolheu as razões da sentença, que negara o pedido de PAP por entender que (i) o rol de documentos cuja exibição era pretendida pelo autor não guardaria relação com aqueles exigidos da administração por ocasião das assembleias-gerais ordinárias (LSA, artigo 133); e (ii) embora o acionista-autor detivesse participação societária suficiente para exigir a apresentação dos livros e demais documentos, a mera alegação de suspeita de "graves irregularidades" (no caso, engorda de gado pertencente a outros acionistas nas dependências da cia.), não bastaria para preencher os requisitos do artigo 105 da LSA.[119]

---

117 A exemplo do supracitado acórdão: TJSP, AC 1086219-29.2019.8.26.0100, 1ª CRDE, Rel. Des. Cesar Ciampolini, J. 28.07.2021.

118 TJSP, AI 2219993-79.2021.8.26.0000, 7ª CDPriv., Rel. Des. Miguel Brandi, J. 01.12.2021.

119 TJSP, Apelação nº 1002097-29.2021.8.26.0451, Rel. Des. Sérgio Shimura, J. 29.11.2023 No mesmo sentido: TJSP, Apelação nº 0020438-97.2012.8.26.0011, Rel. Des. Fortes Barbosa, J. 10.06.2015.

Igualmente, o TJSP já impediu a realização de perícia no âmbito de PAP ajuizada por acionista minoritário por considerar que haveria outros meios menos gravosos para exercício do direito de fiscalização:

> O Tribunal deu provimento a agravo de instrumento interposto contra decisão que autorizara realização de prova pericial antecipada. Nos termos do acórdão, a prova pericial requerida seria excessiva quando cotejada com outras providências cabíveis e disponíveis aos acionistas minoritários-agravados – p. ex., o estatuto social da companhia-agravante autorizava a instalação de conselho fiscal e realização de auditoria independente. O Tribunal reconheceu a possibilidade de realização de perícia como um dos potenciais meios para exercício do direito de fiscalização, mas afirmou ser preferível privilegiar medidas de menos disruptivas à companhia. Assim, arrematou: "Cabendo o direito de fiscalização a ser exercido por outros meios menos danosos ao desempenho normal das atividades da empresa, entende-se inadequada a medida buscada pelos agravados".[120]

CONCLUSÕES

O tema do direito autônomo à produção de provas não é novo – nem no ordenamento pátrio, tampouco no direito comparado. Muito já se escreveu sobre o tema. Porém, os debates, no âmbito nacional, acirraram-se a partir da inclusão de regras específicas sobre a PAP no CPC vigente. Mais recentemente, houve novo impulso para que se reacendessem as discussões, com o julgamento do REsp 2.023.615/SP, fixando, ao menos por ora, a orientação de que a produção da prova deve se dar no âmbito arbitral quando houver cláusula compromissória no pacto regente da relação entre as partes.

A temática da produção autônoma da prova é de relevo aos litígios societários, pois é poderoso instrumento que reduz a assimetria informacional entre os sócios e a gestão da sociedade. Perfaz meio necessário – e quiçá mais utilizado – para, diante da recusa da administração, exercer-se pretensão voltada à fiscalização do empreendimento comum em que foi aplicado o investimento dos sócios.

O direito de fiscalização dos negócios sociais é expressamente reconhecido nos dois tipos societários estudados neste artigo. Contudo, tem contornos bem distintos em cada regime. Nas limitadas, o direito de o sócio exigir a exibição dos livros e documentos da sociedade (CC, artigo 1.021) é tido como *essencial*, impassível de limitação, exceto pela fixação de época própria para apresentação das informações

---

120 TJSP, AI 2247858-19.2017.8.26.0000, Rel. Des. Claudio Godoy, J. 23.04.2018.

pela administração. Já, nas sociedades anônimas, o direito de fiscalização do acionista é reconhecidamente *excepcional*, somente exercível "na forma prevista n[a] Lei" das S.A. (LSA, artigo 109, III).

A jurisprudência parece refletir essa dicotomia. Nas Ltdas., há extensa jurisprudência reconhecendo o direito de os quotistas ajuizarem PAP para fiscalizar os negócios sociais, sobretudo em casos de dissolução parcial. Já, no âmbito das S.A., a jurisprudência é mais restrita, talvez em reflexo do caráter também limitado do direito de fiscalização nesse tipo societário (ou da tramitação dos feitos dessa natureza em segredo de justiça). Os julgados encontrados no âmbito das S.A. relacionam-se especialmente ao ajuizamento da PAP com o fito de obter provas para futura ação de responsabilização de administradores e/ou controladores.

REFERÊNCIAS

ALVIM, Arruda; GUEDES, Clarissa Diniz. Produção antecipada de prova e juízo arbitral. ***Revista dos Tribunais***, v. 1008, 2019.

ARSUFFI, Arthur Ferrari. **Produção antecipada da prova**: eficiência e organização do processo. Dissertação (Mestrado) – Faculdade de Direito da Pontifícia Universidade Católica de São Paulo. São Paulo, 2018.

ASSIS, Araken de. **Processo civil brasileiro**. São Paulo: Revista dos Tribunais, v. 2, t. II, 2015.

BARBOSA, Marcelo. O direito essencial de fiscalização da gestão dos negócios sociais. *In*: COUTO SILVA, Alexandre (coord.). **Direito societário**: estudos sobre a lei de sociedades por ações. São Paulo: Saraiva, 2013.

BARBOSA FILHO, Marcelo Fortes. **Código Civil comentado**: doutrina e jurisprudência. 8. ed. Coordenação: Cezar Peluso. São Paulo: Manole, 2014.

BENCKE, Carlos Alberto. **Acionista minoritário na sociedade anônima**: direito de fiscalização. Porto Alegre: Livraria do Advogado, 2003.

BUENO, Cássio Scarpinella. **Curso sistematizado de direito processual civil**: procedimento comum, processos nos Tribunais e recursos. 9. ed. São Paulo: Saraiva, v. 2, 2020.

CÂMARA, Alexandre Freitas. **O novo processo civil brasileiro**. 4. ed. rev. e atual. São Paulo: Atlas, 2018.

CARVALHOSA, Modesto. **Comentários à Lei de Sociedades Anônimas**. 5. ed. São Paulo: Saraiva, v. 2, 2011.

CARVALHOSA, Modesto (coord.); KUYVEN, Fernando. **Tratado de direito empresarial**. São Paulo: RT, v. 3, 2016.

CAMPINHO, Sérgio. **O direito de empresa**. 5. ed. Rio de Janeiro: Renovar, 2011.

COELHO, Fábio Ulhoa. **Curso de direito comercial**. 19. ed. São Paulo: Saraiva, v. II, 2015.

COELHO, Fábio Ulhoa. Seção II: direitos essenciais. *In*: COELHO, Fábio Ulhoa (coord.). **Lei das Sociedades Anônimas comentada**. 2. ed. Rio de Janeiro: Forense, 2022.

CORRÊA DA FONSECA, Priscila M. P.; SZTAJN, Rachel. **Código Civil comentado**. Coordenação: Álvaro Villaça Azevedo. São Paulo: Atlas, v. 11, 2008.

DIDIER JR., Fredie; BRAGA, Paula Sarno. Ações probatórias autônomas: produção antecipada de provas e justificação. **Revista de Processo**, São Paulo, v. 218, p. 13-45, abr. 2013.

EIZIRIK, Nelson. **A Lei das S/A comentada**. 3. ed. São Paulo: Quartier Latin, v. 2, 2021.

GONÇALVES NETO, Alfredo de Assis. **Direito de empresa**: comentários aos artigos 966 a 1.195 do Código Civil. 7. ed. São Paulo: RT, 2017.

IFUKI, Daniela Akemi. **A produção antecipada de provas com fundamento em contratos com convenção de arbitragem**. Monografia de Especialização (Especialização em Direito Contratual) – Faculdade de Direito da Pontifícia Universidade Católica de São Paulo. São Paulo, 2023.

IMHOF, Cristiano. **Novo Código de Processo Civil comentado**. 2. ed. São Paulo: BookLaw, 2016.

LAMY FILHO, Alfredo; BULHÕES PEDREIRA, José Luiz (coord.). **Direito das companhias**. Rio de Janeiro: Forense, 2017.

LAZZARESCHI NETO, Alfredo Sérgio. **Lei das S.A. comentada e anotada**. 6. ed. São Paulo: Quartier Latin, 2020.

LEÃES, Luiz Gastão Paes de Barros. **Comentários à Lei das Sociedades Anônimas**. São Paulo: Saraiva, 1980.

LEÃES, Luiz Gastão Paes de Barros. Sociedade por ações – Exibição de livros – Prova cabal de prejuízo – Necessidade de apenas se justificar o receio – Inteligência e aplicação do artigo 50 do Decreto-Lei nº 2.627, de 1940. **Revista de Direito Mercantil, Industrial, Econômico e Financeiro**, ano X, n. 2, 1971.

LESSA, João. **Produção autônoma de provas e processo comparado**: Brasil, Estados Unidos e Inglaterra. São Paulo: Torth, 2021 (versão eletrônica).

LUCENA, José Waldecy. **Das sociedades anônimas**. Rio de Janeiro: Renovar, v. 2, 2009.

MARINONI, Luiz Guilherme; ARENHART, Sérgio Cruz. **Comentários ao Código de Processo Civil**: artigos 381 ao 484. São Paulo: Revista dos Tribunais, v. 7, 2016.

MARTINS, Frans. **Comentários à Lei das Sociedades Anônimas**: artigo por artigo. 4. ed. Rio de Janeiro: Forense, 2010.

NEVES, Daniel Amorim Assumpção. **Ações probatórias autônomas**. São Paulo: Saraiva, 2008.

OLIVEIRA, Carlos Alberto Alvaro de; LACERDA, Galeno. **Comentários ao Código de Processo Civil**: Lei nº 5.869, de 11 de janeiro de 1973. Rio de Janeiro: Forense, v. 8, t. II, 2007.

PITTA, André Grunsprun. O direito do acionista à informação. *In*: COELHO, Fábio Ulhoa (coord.). **Tratado de direito comercial**. São Paulo: Saraiva, v. 3, 2015.

PEREIRA CALÇAS, Manoel de Queiroz. **Sociedade limitada no novo Código Civil**. São Paulo: Atlas, 2003.

REQUIÃO, Rubens. **Curso de direito comercial**. 29. ed. São Paulo: Saraiva, v. 2, 2012.

RAUPP, Bárbara. Monografia de conclusão de Graduação – Faculdade de Direito da Universidade Federal do Rio Grande do Sul. Porto Alegre, 2018.

SPINELLI, Luis Felipe. Direito de fiscalização. *In*: COELHO, Fábio Ulhoa (coord.). **Tratado de direito comercial**. São Paulo: Saraiva, v. 3, 2015.

TALAMINI, Eduardo. Comentários aos artigos 381 a 383 do Código de Processo Civil. *In*: CABRAL, Antonio do Passo; CRAMER, Ronaldo (coord.). **Comentários ao novo Código de Processo Civil**. 2. ed. rev., atual. e ampl. Rio de Janeiro: Forense, 2016.

TALAMINI, Eduardo. Produção antecipada de prova no Código de Processo Civil de 2015. **Revista de Processo**, São Paulo, v. 260, p. 75-101, out. 2016, p. 4.

TALAMINI, Eduardo; WAMBIER, Teresa Arruda Alvim. **Curso avançado de processo civil**: cognição jurisdicional (processo comum de conhecimento e tutela provisória). 20. ed. São Paulo: Thomson Reuters Brasil, v. 2, 2021.

TEPEDINO, Gustavo; BARBOZA, Heloisa Helena; BODIN DE MORAES, Maria Celina. **Código Civil interpretado**: conforme a Constituição da República. Rio de Janeiro: Renovar, v. 3, 2011.

THEODORO JR., Humberto. **Curso de direito processual civil**. 58. ed. rev., atual. e ampl. Rio de Janeiro: Forense, v. 1, 2017.

TUCCI, José Rogério. **Arbitragem e produção antecipada de prova sem urgência**. Disponível em: https://www.conjur.com.br/2023-jun-16/paradoxo-corte-arbitragem-producao-antecipada-prova-urgencia2. Acesso em: 28 jan. 2023.

VIO, Daniel de Avila. Prova difícil e inadimplemento da obrigação de contratar em condições equitativas nos termos da Lei das S.A. **Revista de Direito Privado**, São Paulo: RT, v. 55, jul./set. 2013.

VON ADAMEK, Marcelo Vieira. **Abuso de minoria em direito societário**. São Paulo: Malheiros, 2014.

WAMBIER, Teresa Arruda Alvim; CONCEIÇÃO, Maria Lúcia Lins; RIBEIRO, Leonardo Ferres da Silva; MELLO, Rogerio Liscastro Torres de. **Primeiros**

comentários ao novo Código de Processo Civil artigo por artigo. 2. ed. São Paulo: Revista dos Tribunais, 2015.

WALD, Arnoldo. **Comentários ao novo Código Civil**. 2. ed. Coordenação: Sálvio de Figueiredo Teixeira. Rio de Janeiro: Forense, v. 14, 2010.

YARSHELL, Flávio Luiz. **Antecipação da prova sem o requisito da urgência e direito autônomo à prova**. São Paulo: Malheiros, 2009.

YARSHELL, Flávio Luiz. Comentários aos artigos 381 a 383 do Código de Processo Civil. *In*: WAMBIER, Teresa Arruda Alvim *et al.* (coord.). **Breves comentários ao novo Código de Processo Civil**. 3. ed. rev. e atual. São Paulo: Revista dos Tribunais.

YARSHELL, Flávio Luiz; MEJIAS, Lucas Britto. Tutelas de urgência e produção antecipada da prova à luz da Lei nº 13.129/2015. *In*: CAHALI, Francisco José; RODOVALHO, Thiago; FREIRE, Alexandre (coord.). **Arbitragem**: estudos sobre a Lei nº 13.129, de 26.05.2015. São Paulo: Saraiva, 2016.

4. FUNDOS DE INVESTIMENTO E ARBITRAGEM: DUAS INTERSECÇÕES

Fabiana Almeida
Mestre e Doutoranda em Direito Comercial pela USP.
Professora de Cursos de Pós-Graduação e Educação Executiva.
Advogada.

INTRODUÇÃO

Nos últimos anos, no Brasil, houve multiplicação de estudos e discussões em torno da tutela privada (*private enforcement*) de direitos de acionistas, com foco especialmente nos conflitos societários travados nas companhias abertas, campo em que se popularizou o uso da arbitragem. Entretanto, outro campo importante do mercado de capitais não recebeu a mesma atenção: aquele dos fundos de investimento, em que a arbitragem também vem sendo utilizada para a resolução de conflitos. O universo dos fundos de investimento se destaca não apenas pelo tamanho – segundo estimativas da Comissão de Valores Mobiliários ("CVM"), havia 30.436 fundos de investimento, compondo um mercado regulado de R$ 8,21 trilhões em setembro de 2023[1] –, como também pelos recentes esforços normativos e a diversidade de questões que pululam na esfera jurídica.

1 Cf. CVM. **Boletim Econômico**, ano 11, v. 99, 3º trimestre 2023. Disponível em: https://www.gov.br/cvm/pt-br/centrais-de-conteudo/publicacoes/boletins/boletim-economico. Acesso em: 14 nov. 2023. Esses números representam a soma daqueles apresentados no boletim para os chamados "Fundos 555" e "Fundos Estruturados". Em contraste, o boletim aponta 738 companhias abertas, estrangeiras e incentivadas com registro ativo, e um mercado de renda variável de R$ 4.28 trilhões (ações – capitalização de mercado), no mesmo período.

Este artigo visa a contribuir para o estudo da matéria, oferecendo, em seguida, a esta introdução, um breve panorama em torno (I) da disciplina jurídica dos fundos de investimento e de sua intersecção com a arbitragem, tanto em relação (II) à submissão de conflitos envolvendo fundos de investimento a arbitragem, quanto (III) ao investimento em (ou "financiamento" de) arbitragem por veículos desse tipo. A partir do exame dessas intersecções, duas principais questões são aqui destacadas, por sua importância para o aprofundamento da matéria: aquela da natureza do regulamento dos fundos, e a sua conciliação com as teorias em torno do consentimento em arbitragem, e aquela da ponderação de vetores da disciplina dos fundos de investimento ao tratar-se do investimento em (ou "financiamento" de) arbitragem, como registram as considerações finais.

I - DISCIPLINA DOS FUNDOS DE INVESTIMENTO

Regulados pela CVM com base na competência que lhe é outorgada pela Lei nº 6.385/1976, sob diferentes categorias conforme os ativos investidos, os fundos de investimento se multiplicaram e cresceram com considerável constância nas últimas décadas no Brasil. Em paralelo, na esfera jurídica, muito se discutiu acerca de sua natureza – se societária ou condominial (ou outra) – e as consequências daí decorrentes, na ausência de lei geral que pormenorizasse esse regime[2].

Assim sendo, os recentes marcos regulatórios – com destaque para a Lei de Liberdade Econômica (Lei nº 13.874/2019) e a Resolução CVM nº 175/2022, examinadas adiante – inauguraram regime que em diversos pontos inova e confere novos contornos a antigas discussões envolvendo fundos de investimento.

I.A) LEI DE LIBERDADE ECONÔMICA (LEI Nº 13.874/2019)

Com o advento da Lei nº 13.874/2019 – a chamada "Lei de Liberdade Econômica", resultante de conversão da Medida Provisória nº 881/2019 –, os fundos de

2 Sem pretensão de percorrer aqui o histórico legislativo completo sobre fundos de investimento, nota-se apenas que – até a recente promulgação da Lei nº 13.874/2019 – a matéria fora tratada de maneira pontual em diplomas legais anteriores. Notadamente, a Lei nº 4.728/1965 tratara do tema, ao se referir aos "fundos em condomínio" (artigo 50). Também a Lei nº 8.668/1993 instituíra os "Fundos de Investimento Imobiliário, sem personalidade jurídica, caracterizados pela comunhão de recursos captados por meio do Sistema de Distribuição de Valores Mobiliários, na forma da Lei nº 6.385, de 7 de dezembro de 1976, destinados a aplicação em empreendimentos imobiliários" (artigo 1º). Para além disso, leis sobre matéria tributária e normas regulamentares avançaram no tema, com destaque para aquelas expedidas pela CVM, que concentrou competência sobre a matéria a partir da Lei nº 10.303/2001. A jurisprudência do Colegiado da CVM sobre fundos de investimento é também importante fonte para o estudo da matéria, que, contudo, devido às restrições de escopo deste artigo, não será aqui abordada.

investimento receberam tratamento legislativo específico, com a inserção dos artigos 1.368-C a 1.368-F no Código Civil (Lei nº 10.406/2002).

A Exposição de Motivos da respectiva Medida Provisória comunica objetivo de prover maior segurança a essa modalidade de investimento, com o reconhecimento da legalidade da limitação de responsabilidade nesse campo[3]. Contudo, se, por um lado, o diploma trouxe novidades importantes, por outro, parece ter surtido efeito reverso, de multiplicação de incertezas sobre esse regime e sobre como ele virá a ser aplicado, mesmo após a sua recente regulamentação pela CVM.

Em síntese, passou-se a definir o fundo de investimento como "uma comunhão de recursos, constituído sob a forma de condomínio de natureza especial, destinado à aplicação em ativos financeiros, bens e direitos de qualquer natureza" (artigo 1.368-C). Em função da especialidade dessa forma de condomínio, afastou-se a aplicação das regras gerais sobre condomínios do Código Civil (artigos 1.314 a 1.358-A). Ao mesmo tempo, reconheceu-se que "[o]s fundos de investimento respondem diretamente pelas obrigações legais e contratuais por eles assumidas" (artigo 1.368-E). De resto, delegou-se à CVM a regulamentação da matéria, sem maior detalhamento acerca dessa natureza de condomínio *sui generis*.

Em relação a outras matérias intricadas, a lei tão somente apontou a possibilidade de o regulamento de cada fundo sobre elas dispor, observada a regulamentação da CVM, e estabeleceu balizas sobre o regime de responsabilidade aplicável. É o caso das seguintes matérias (retomadas adiante, no item II deste artigo): "a limitação da responsabilidade de cada investidor ao valor de suas cotas"; "a limitação da responsabilidade, bem como parâmetros de sua aferição, dos prestadores de serviços do fundo de investimento, perante o condomínio e entre si, ao cumprimento dos deveres particulares de cada um, sem solidariedade"; e "classes de cotas com direitos e obrigações distintos, com possibilidade de constituir patrimônio segregado para cada classe" (artigo 1.368-D). Ou seja, também aqui houve ampla delegação ao poder regulamentar da CVM.

Assim sendo, apesar do inegável mérito do objetivo de garantir maior segurança jurídica com a previsão de limitação de responsabilidade e do efeito pedagógico da norma legal, de afastar dúvida sobre a possibilidade de se dispor sobre tais matérias no regulamento do fundo de investimento, restaram incertezas a respeito do tratamento que lhes seria dado – e daquele que lhes foi dado – em sede regulamentar[4].

---

3 Cf. EMI 00083/2019 ME AGU MJSP, de 11 abr. 2019.

4 Em doutrina são diversas as críticas ao tratamento conferido ao tema pela Lei de Liberdade Econômica. Segundo Milena Donato e Pablo Renteria, "[e]mbora festejada como passo importante em direção à segurança jurídica, a reforma legislativa frustrou os anseios por um marco legal robusto do ponto de vista técnico. Além das dúvidas interpretativas suscitadas por certos dispositivos, o novo texto legal concede amplo espaço à regulamentação da CVM, que, portanto, continua a ter a palavra final sobre quase todos os aspectos atinentes à constituição e ao funcionamento dos fundos de investimento"

I.B) RESOLUÇÃO CVM Nº 175/2022

Em dezembro de 2022, foi editada a Resolução CVM nº 175, que passou a reger a constituição, o funcionamento e a divulgação de informações por fundos de investimento, bem como a prestação de serviços para tais veículos[5]. O diploma nasceu de um amplo esforço de modernização, incluindo a regulamentação das novidades trazidas pela Lei de Liberdade Econômica e a consequente ampliação das possibilidades de estruturação de fundos.

Como explica o edital da audiência pública que antecedeu a edição do diploma, "optou-se por, desde já, iniciar a construção de um arcabouço geral, que se aplica a todas as categorias de fundos de investimento, com Anexos Normativos que tratam das especificidades de cada categoria"[6]. Ou seja, o diploma inclui um corpo de normas gerais e diversos anexos, cada qual dedicado à regulamentação de categoria específica de fundo de investimento[7], tais como aquela dos Fundos de Investimento em Direitos Creditórios ("FIDC") (Anexo Normativo II) e aquela dos Fundos de Investimento em Participações ("FIP") (Anexo Normativo IV). As normas da parte geral são aplicáveis a todas as categorias de fundos disciplinadas pelo diploma e são complementadas pelas regras específicas aplicáveis a cada categoria dispostas nos Anexos Normativos (e demais normas regulamentares porventura aplicáveis), sendo que, em caso de conflito, prevalece a regra específica sobre a regra geral (artigo 2º).

(RENTERIA, Pablo; OLIVA, Milena Donato. Notas sobre o regime jurídico dos fundos de investimento. *In*: HANSZMANN, Felipe; HERMETO, Lucas (org.). **Atualidades em direito societário e mercado de capitais**. Rio de Janeiro: Lumen Juris, v. V, 2021. p. 15). Para Carlos Portugal Gouvêa, "ao ter criado a estranha figura da responsabilidade limitada opcional, [a Lei de Liberdade Econômica] em verdade apenas protelou o debate, pois existe uma razoável dúvida de como o judiciário reagirá a tal invenção". Na visão do autor, "a definição dos fundos como condomínios é unicamente fruto de uma falta de reflexão e do que chamamos de *path dependency*" (GOUVÊA, Carlos Portugal. Comentários aos artigos 1.368-C a 1.368-F do Código Civil: fundos de investimento na Lei de Liberdade Econômica. *In*: MARTINS-COSTA, Judith; NITSCHKE, Guilherme Carneiro Monteiro (coord.). **Direito privado na Lei da Liberdade Econômica**: comentários. São Paulo: Almeida, 2022. p. 594/601). *Vide*, também, entre outros, MARTINS NETO, Carlos. Natureza jurídica dos fundos de investimento e responsabilidade de seus cotistas à luz da Lei de Liberdade Econômica: como ficou e como poderia ter ficado. *In*: HANSZMANN, Felipe; HERMETO, Lucas (org.). **Atualidades em direito societário e mercado de capitais**. Rio de Janeiro: Lumen Juris, v. V, 2021. p. 55-72.

5 Posteriormente alterada pelas Resoluções CVM nºs 181/2023, 184/2023 e 187/2023. As referências deste artigo a dispositivos da Resolução CVM nº 175/2022 levam em conta tais alterações.

6 Cf. CVM. Edital de Audiência Pública SDM nº 8/20, p. 2.

7 Cf. artigo 3º, inciso VIII, da Resolução CVM nº 175/2022: "Artigo 3º Para os efeitos desta Resolução, entende-se por: [...] VIII – categoria (do fundo): classificação decorrente da política de investimentos do fundo, conforme previstas nos Anexos Normativos, observado que cada Anexo Normativo disciplina uma única categoria; [...]".

O diploma se estende por centenas de páginas e regula os elementos centrais à constituição e ao funcionamento dos fundos de investimento. A parte geral, organizada em dezessete capítulos, trata, por exemplo, das quotas do fundo de investimento, que, com a possibilidade de segregação em diferentes classes, "correspondem a frações do patrimônio da classe de cotas, conferindo direitos e obrigações aos cotistas, conforme previstos no regulamento" (artigo 14); do regulamento, da divulgação de informações, da assembleia de quotistas e dos prestadores de serviços, especialmente daqueles considerados essenciais: o administrador e o gestor do fundo de investimento[8]. Nesse ponto, a norma explica que "[o] funcionamento do fundo de investimento se materializa por meio da atuação dos prestadores de serviços essenciais e terceiros por eles contratados, por escrito, em nome do fundo" (artigo 80).

Na sequência, a área técnica da CVM editou uma série de ofícios circulares, que reúnem orientações e interpretações acerca de dispositivos específicos da Resolução CVM nº 175/2022[9]. O diploma entrou em vigor em outubro de 2023, excetuadas determinadas disposições, mas atualmente segue em curso o prazo para adaptação dos fundos em funcionamento (artigos 134 e 140).

II – ARBITRAGEM ENVOLVENDO A DISCIPLINA DOS FUNDOS DE INVESTIMENTO

Nos últimos anos, notícias e estudos dão conta com maior recorrência de procedimentos arbitrais envolvendo fundos de investimento, seja no tocante a demandas externas ou internas, envolvendo quotistas e prestadores de serviços; seja ainda envolvendo sociedades investidas por categoria específica de fundo de investimento.

---

8 O edital da audiência pública justifica essa opção: "Considerando que norma vigente não reflete a dinâmica que muitas vezes se observa na prática e buscando dar maior efetividade às mudanças trazidas pela LLE, a Minuta propõe que o protagonismo do fundo passe a ser dividido entre o administrador fiduciário e o gestor da carteira de ativos, que passam a ser denominados, em conjunto, como prestadores de serviços essenciais (artigo 2º, XXVIII). A Minuta propõe que a constituição do fundo e a elaboração de seu regulamento sejam atribuições conjuntas dos prestadores de serviços essenciais (artigo 6º). Além disso, a contratação de serviços em nome do fundo passará a fazer parte do mandato de mais de um prestador de serviço, migrando para a competência do gestor a contratação dos serviços mais diretamente relacionados às suas atribuições (artigo 80, III)" (cf. CVM. Edital de Audiência Pública SDM nº 8/20, p. 6).

9 Cf. Ofício-Circular-Conjunto nº 1/2023/CVM/SIN/SSE, de 11 abr. 2023; Ofício-Circular nº 2/2023/CVM/SIN, de 3 maio 2023; Ofício-Circular-Conjunto nº 2/2023/CVM/SIN/SSE, de 27 set. 2023; Ofício-Circular nº 6/2023/CVM/SIM, de 27 set. 2023; Ofício-Circular nº 8/2023/CVM/SSE, de 27 set. 2023; Ofício-Circular-Conjunto nº 3/2023/CVM/SIN/SSE, de 2 out. 2023; Ofício-Circular nº 7/2023/CVM/SIN, de 6 out. 2023; Ofício-Circular nº 8/2023/CVM/SIN, de 13 out. 2023.

II.A) NATUREZA E RESPONSABILIDADE DOS FUNDOS DE INVESTIMENTO

O fundo de investimento é ente desprovido de personalidade jurídica, em decorrência de sua natureza de comunhão de recursos sob a forma de condomínio especial, consagrada pela Lei de Liberdade Econômica. A despeito disso, "[o]s fundos de investimento respondem diretamente pelas obrigações legais e contratuais por eles assumidas" (artigo 1.368-E), como passou a prever o Código Civil.

No tocante à natureza e à responsabilidade dos fundos de investimento, diversas são as controvérsias que remanescem[10]. Aliás, vemos reflexos disso nas questões envolvendo o regulamento dos fundos e a arbitragem, nas quais se centrará nossa análise, a seguir. Além disso, as novidades introduzidas pelo novo marco normativo acrescentam outras camadas de complexidade ao exame da matéria. Destaca-se aqui a possibilidade de o regulamento do fundo dispor sobre "a limitação da responsabilidade de cada investidor ao valor de suas cotas"[11] (artigo 1.368-D, inciso I) e a previsão de que, "[s]e o fundo de investimento com limitação de responsabilidade não possuir patrimônio suficiente para responder por suas dívidas, aplicam-se as regras de insolvência previstas nos artigos 955 a 965 deste Código" (artigo 1.368-E, § 1º), assim como o desafio de conjugação desses elementos com a autorização para instituição de diferentes classes de quotas, cada qual com patrimônio segregado responsável apenas pelas obrigações referentes à respectiva classe[12].

---

10 Poder-se-ia mencionar aqui, como exemplo, a aplicação de desconsideração (inversa) de personalidade jurídica a fundo de investimento – malgrado se tratar de ente despersonalizado – no âmbito de recente acórdão proferido pela 3ª Turma do Superior Tribunal de Justiça ("STJ"). Não obstante, devem ser ponderadas as particularidades do caso concreto, que levaram a decisão a autorizar o atingimento do patrimônio do fundo (notadamente, a "comprovação inequívoca de que a própria constituição do fundo de investimento se deu de forma fraudulenta, como forma de encobrir ilegalidades e ocultar o patrimônio de empresas pertencentes a um mesmo grupo econômico", conforme consta de sua ementa). Como regra geral, ressalta o acórdão que "[o] patrimônio gerido pelo Fundo de Investimento em Participações (FIP) pertence, em condomínio, a todos os investidores (cotistas), a impedir a responsabilização do fundo por dívida de um único cotista, de modo que, em tese, não poderia a constrição judicial recair sobre todo o patrimônio comum do fundo de investimento por dívidas de um só cotista, ressalvada a penhora da sua cota-parte" (cf. STJ. Recurso Especial nº 1.965.982, Rel. Min. Ricardo Villas Bôas Cueva, J. 05.04.2022).

11 Com a ressalva de que "[a] adoção da responsabilidade limitada por fundo de investimento constituído sem a limitação de responsabilidade somente abrangerá fatos ocorridos após a respectiva mudança em seu regulamento" (artigo 1.368-D, § 1º).

12 Cf. artigo 1.368-D, inciso III e § 3º, do Código Civil e artigo 5º da Resolução CVM nº 175/2022: "Artigo 5º O regulamento do fundo de investimento pode prever a existência de diferentes classes de cotas, com direitos e obrigações distintos, devendo o administrador constituir um patrimônio segregado para cada classe de cotas. [...] § 2º Cada patrimônio segregado responde somente por obrigações referentes à respectiva classe de cotas". Em audiência pública, a CVM apreciou sugestões de participantes no sentido de que a insolvência de uma classe de quotas não deveria afetar o patrimônio e o

II.B) REGULAMENTO E CLÁUSULA COMPROMISSÓRIA

O regulamento, por definição da própria Resolução CVM nº 175/2022, "é o documento que rege a constituição e o funcionamento do fundo de investimento", cujo conteúdo mínimo obrigatório é determinado naquele diploma (artigo 3º, inciso XXXI)[13]. Trata-se de documento fundamental, que regula matérias-chave da vida de cada fundo de investimento e que repercute em suas relações internas e externas[14].

Vale notar que o ingresso em um fundo de investimento fica sujeito à assinatura, pelo quotista, de termo de adesão, atestando que "teve acesso ao inteiro teor do regulamento e, se for o caso, ao anexo da classe investida e ao apêndice da subclasse investida", e tem ciência de riscos inerentes ao investimento[15]. Isso porque o fundo de investimento é "constituído por deliberação conjunta dos prestadores de serviços essenciais, a quem incumbe aprovar, no mesmo ato, o seu regulamento" (artigo 7º). Não obstante, a posterior alteração do regulamento depende de aprovação em assembleia de quotistas, exceto em situações excepcionais[16].

---

funcionamento de outras classes ou do fundo como um todo: "Considerando o requisito de separação patrimonial entre as classes de cotas, foram acatadas as sugestões dos participantes, de forma que, a despeito do texto literal da lei, a regulamentação expressamente faz menção à insolvência da classe de cotas, em linha com a interpretação mais aderente à materialidade, tendo em vista que a classe de cotas se trata do efetivo titular da carteira de ativos" (cf. CVM. Relatório da Audiência Pública SDM nº 8/20, p. 49).

13 No novo regime, "[o] fundo de investimento é regido pelo regulamento e, se for o caso, suas classes de cotas são complementarmente regidas por anexos ao regulamento" (artigo 48, *caput*). O diploma lista as matérias que devem ser tratadas no regulamento, tanto na parte geral quanto nos anexos descritivos de cada classe, conforme o caso (artigo 48, §§ 1º e 2º). Mais ainda, "[n]a classe de cotas que possua subclasses, os apêndices das subclasses, cada qual relativo a uma subclasse em específico, devem dispor sobre as particularidades das respectivas subclasses, conforme previstas nesta Resolução e seus Anexos Normativos" (artigo 48, § 3º).

14 A lei passou a prever que "[o] registro dos regulamentos dos fundos de investimentos na Comissão de Valores Mobiliários é condição suficiente para garantir a sua publicidade e a oponibilidade de efeitos em relação a terceiros" (artigo 1.368-C, § 3º, do Código Civil).

15 Cf. artigo 29 da Resolução CVM nº 175/2022: "Artigo 29. Por meio de um termo de adesão e ciência de risco, ao ingressar no fundo todo cotista deve atestar que: I – teve acesso ao inteiro teor do regulamento e, se for o caso, ao anexo da classe investida e ao apêndice da subclasse investida; e II – tem ciência: a) dos fatores de risco relativos à classe e, se for o caso, subclasse de cotas; b) de que não há qualquer garantia contra eventuais perdas patrimoniais que possam ser incorridas pela classe de cotas; c) de que a concessão do registro de funcionamento não implica, por parte da CVM, garantia de veracidade das informações prestadas ou de adequação do regulamento à legislação vigente ou julgamento sobre a qualidade do fundo ou de seus prestadores de serviços; d) se for o caso, de que a integralização de cotas ocorrerá por meio de chamadas de capital, nos termos do artigo 30, parágrafo único; e e) quando aplicável, de que as estratégias de investimento podem resultar em perdas superiores ao capital aplicado e, caso a responsabilidade do cotista não esteja limitada ao valor por ele subscrito, a consequente possibilidade de o cotista ter que aportar recursos adicionais para cobrir o patrimônio líquido negativo. [...]".

16 Cf. artigos 50, 51 e 70, inciso V, da Resolução CVM nº 175/2022. A regra comporta as exceções listadas no artigo 52 do mesmo diploma, entre elas a alteração do regulamento independentemente de

A natureza do regulamento é questão importante, que parece não ter ainda recebido a devida atenção em doutrina, e intimamente relacionada com a questão da natureza do fundo de investimento em si. Assim sendo, o estudo do tema conduz à reflexão em torno dos limites do recurso ao regime societário para interpretação da disciplina dos fundos de investimento.

A disciplina dos fundos de investimento apresenta particularidades, notadamente quanto à formação desse contrato (regulamento) e à sua posterior modificação, que a distinguem da disciplina societária no tocante aos contratos de sociedade[17].

---

assembleia de cotistas quando "decorrer exclusivamente da necessidade de atendimento a normas legais ou regulamentares, exigências expressas da CVM, de entidade administradora de mercados organizados em que as cotas do fundo sejam admitidas à negociação ou de entidade autorreguladora, nos termos da legislação aplicável e de convênio com a CVM". *Vide*, também, artigo 135, que autoriza os prestadores de serviços essenciais a alterarem o regulamento para fins de adaptação à Resolução nº 175/2022. Nesse ponto, Marcelo Adamek observa que "[e]mbora seja um poder limitado a situações específicas, esse é mais um traço diferencial entre os administradores de sociedades e o administrador fiduciário de um fundo de investimento, pois, naquelas, o administrador sempre estará à mercê dos acionistas/sócios para que o estatuto/contrato social seja alterado (CC, artigos 999 e 1.071, V; e LSA, artigo 122, I), mesmo quando se tratar de companhia de capital autorizado" (ADAMEK, Marcelo Vieira von. Abuso de poder de controle e os fundos de investimento em participações (FIPs). *In*: KUYVEN, Fernando (coord.). **Direito dos fundos de investimento**. São Paulo: Thomson Reuters Brasil, 2023. p. 396).

17 Para Fernando Kuyven e João Luis Matias Filho, "[o]s cotistas de fundos de investimento, portanto, não assumem relação contratual entre si, com obrigações recíprocas, tal como ocorre no fenômeno associativo. A relação será direta com os prestadores de serviços essenciais. Ao contrário do que ocorre no direito das associações (*Vereinsrecht*), os cotistas não congregam esforços em prol de um fim comum, mas reúnem recursos, entregues a um gestor profissional, em prol de objetivos iguais e paralelos" (KUYVEN, Fernando; MATIAS FILHO, João Luis Nogueira. Vinculação de administradores e gestores ao acordo de cotistas e à cláusula arbitral nele inserida. *In*: KUYVEN, Fernando (coord.). **Direito dos fundos de investimento**. São Paulo: Thomson Reuters Brasil, 2023. p. 444-445). Herbert Kugler observa que a constituição do fundo de investimento se dá por ato isolado do administrador. Para o autor, "[j]ustamente por ser um negócio jurídico unilateral é que o fundo de investimento não se constitui mediante um contrato firmado pelos cotistas, na medida em que um contrato corresponde a um negócio jurídico bilateral ou plurilateral. Assim, o fundo de investimento não deriva de uma decisão dos cotistas, mas apenas do administrador, elemento que o afasta da dinâmica observada na sociedade, associação e até mesmo da fundação e do condomínio voluntário do Código Civil. Outro corolário dessa faceta especial do condomínio aplicável ao fundo de investimento é a ausência de relação contratual entre os cotistas do fundo, de tal forma que não há que se falar em contrato plurilateral entre cotistas, como ocorre, em especial, nas sociedades" (KUGLER, Herbert Morgenstern. **O poder de controle no fundo de investimento**. São Paulo: Quartier Latin, 2022. p. 86). Para Francisco Satiro, "se por um lado têm elementos similares aos da sociedade – concentração de recursos para investimento comum – dela também os fundos de investimento afastam-se porque sua estrutura não admite qualquer tipo de relação contratual entre quotistas. Falta-lhes o caráter de contrato plurilateral, uma vez que por presunção absoluta não há entre os investidores qualquer relação interpessoal subjetiva – *affectio*. [...] Uma simples leitura da Instrução CVM nº 409 (e das normas que a sucedem) e do Código de Fundos da Anbima é suficiente para demonstrar que a estrutura de poder nos Fundos é completamente diferente daquela na sociedade, e de que não se pode aplicar indistintamente as regras de um a outro" (SATIRO, Francisco. Constrição judicial sobre ativos de fundos de investimento em participações. *In*:

Consequentemente, a analogia entre o regulamento dos fundos de investimento, de um lado, e o estatuto social das sociedades anônimas, de outro, exige cuidado e atenção ao regime específico a que os fundos de investimentos se sujeitam, ainda que haja semelhanças a justificar a comparação.

A natureza do regulamento e o alcance de seus efeitos é matéria que merece cuidadosa consideração, especialmente no contexto de procedimentos arbitrais. Isso porque, a despeito da ausência de regra genérica autorizando o uso da arbitragem neste contexto, tornou-se prática frequente a inclusão de cláusulas compromissórias nos regulamentos de fundos de investimento. Com isso não queremos dizer que, para tanto, seria necessária autorização legislativa expressa, e sim que não se encontra paralelo nesse universo aos dispositivos sobre cláusulas compromissórias estatutárias da Lei das S.A. (Lei nº 6.404/1976)[18], o que leva determinados regulamentos a

---

SZTAJN, Rachel *et al.* (coord.). **Direito empresarial** – Estudos em homenagem ao Professor Haroldo Malheiros Duclerc Verçosa. São Paulo: IASP, 2015. p. 566). Nelson Eizirik e outros ressaltam que "[o]s fundos de investimento, ao contrário do que ocorre com as companhias de investimento, apresentam uma feição contratual e não societária, uma vez que não há entre eles os investidores relação interpessoal associativa – a *affectio*. Ao contrário, a relação dos investidores entre si é irrelevante para a constituição e funcionamento de um fundo, uma vez que, ao aderirem ao fundo, estes vinculam-se ao administrador, que lhes presta serviços de administração e de gestão de seus recursos" (EIZIRIK, Nelson *et al.* **Mercado de capitais** – Regime jurídico. 4. ed. São Paulo: Quartier Latin, 2019. p. 123-124). Já Paulo Vieira ressalta que o fundo de investimento "é o objeto (a comunhão de recursos, nas palavras da nova Lei) de um complexo de relações jurídicas contratuais, notadamente, de diversos contratos de prestação de serviço, altamente regulados. Isso significa que, na grande maioria das vezes, os mecanismos que a Lei das S.A. oferece para resolver questões societárias são impróprios para o universo dos fundos de investimento" (VIEIRA, Paulo. Arbitragem de fundos de investimento: um novo nicho e seus desafios. *In*: HANSZMANN, Felipe; HERMETO, Lucas (org.). **Atualidades em direito societário e mercado de capitais**. Rio de Janeiro: Lumen Juris, v. V, 2021. p. 588).

18 Ressalva-se a seguinte novidade – não ainda vigente, e sujeita à modificação no curso do respectivo processo legislativo –, proposta no âmbito do Projeto de Lei nº 2.925/2023, que "[a]ltera a Lei nº 6.385, de 7 de dezembro de 1976, e a Lei nº 6.404, de 15 de dezembro de 1976, para dispor sobre a transparência em processos arbitrais e o sistema de tutela privada de direitos de investidores do mercado de valores mobiliários". O projeto não se restringiu às companhias abertas, dirigindo-se, de maneira mais ampla, a investidores e emissores, ao dispor sobre o regime de responsabilidade civil por prejuízos sofridos em decorrência de infração à legislação e à regulamentação do mercado de valores mobiliários. Além de propor a adoção de regime específico de ação civil coletiva de responsabilidade para a reparação de danos tais (artigo 27-H), atribuindo legitimidade ativa aos próprios investidores, o Projeto de Lei nº 2.925/2023 propôs a inserção, na Lei nº 6.385/1976, de norma com o seguinte teor: "Artigo 27-I. Os estatutos, os regulamentos, as escrituras e os instrumentos de emissão de valores mobiliários poderão prever que a ação de responsabilidade de que trata o artigo 27-H seja decidida por arbitragem. § 1º Os procedimentos arbitrais: I – estarão sujeitos às regras previstas no artigo 27-H, no que for compatível com os procedimentos arbitrais; II – assegurarão que outros investidores possam intervir no processo como litisconsortes, na forma prevista no § 6º do artigo 27-H; e III – serão públicos. [...]". Contudo, a medida recebeu crítica por sua abordagem homogênea: "Entretanto, há um grande número de questões que emergem – e ficam sem resposta – da leitura do PL 2.925. Faz sentido equiparar todos os emissores de valores mobiliários (companhias abertas, fundos e clubes de

detalharem as condições que confirmam a anuência das partes com a cláusula compromissória e o seu consequente alcance.

Mais ainda, é importante observar que, diante das especificidades do regime dos regulamentos de fundos de investimento, há visões que os aproximam dos contratos de adesão[19], para os quais a lei demanda cuidados específicos no tocante à escolha pela via arbitral[20]. As repercussões de um tal enquadramento são relevantes e se estendem para além da questão da arbitragem, podendo impactar também as regras de interpretação aplicáveis[21] e outros aspectos mais. Não obstante, referências recentes em doutrina sobre o tema da vinculação à cláusula compromissória contida

---

investimento, entre outros) para fins de responsabilidade própria e de seus administradores? É o caso de se equiparar todos os investidores em valores mobiliários (acionistas, debenturistas, quotistas de fundos de investimento, entre outros) para efeitos de sua legitimação ativa em ações individuais ou de classe?" (EIZIRIK, Nelson. PL 2.925 merece uma audiência pública para repensá-lo. **Capital Aberto**, 24 ago. 2023. Disponível emhttps://abrir.link/VaSqq. Acesso em: 14 nov. 2023.

19 Por exemplo: para Nicholas di Biase, o regulamento é contrato entre os quotistas e os prestadores de serviços essenciais, típico, bilateral (sinalagmático) e, "em regra, de adesão", com destaque para a seguinte peculiaridade: "Com efeito, não há dúvidas de que a formação das relações contratuais entre cotistas, de um lado, e administrador e gestor, de outro, como regra geral, decorrem da concordância e adesão dos primeiros a instrumento de conteúdo pré-constituído pelos segundos (no caso, o regulamento). Não à toa a regulamentação da CVM denominar 'termo de adesão' o documento por meio do qual cada investidor ingressa no fundo, tornando-se cotista e passando a fazer parte das relações contratuais com os prestadores essenciais. [...] a partir do momento em que o fundo passa a ter cotistas, o administrador e o gestor perdem a prerrogativa de alterar seu regulamento. Tal prerrogativa se transfere à coletividade de cotistas, reunida em assembleia, ou ao eventual cotista único, se for o caso. Disso decorre característica muito particular dos vínculos entre cotistas e prestadores essenciais, que consiste na possibilidade de os primeiros alterarem o instrumento contratual que rege a relação entre eles. O administrador e o gestor, a seu turno, não podem se opor à alteração do regulamento pela coletividade de cotistas. Essa possibilidade de alteração unilateral por um dos polos das relações contratuais consiste em peculiaridade do regulamento quando comparado aos contratos de adesão em geral" (BIASE, Nicholas Furlan di. **A responsabilidade civil do administrador e do gestor por danos ao fundo de investimento**. São Paulo: Quartier Latin, 2023. p. 253-255/257-258). Para Gustavo Tavares Borba e Luiza Coelho da Rocha, o regulamento possui "uma natureza híbrida, tanto que, por um lado, envolve um contrato de adesão entre cada um dos cotistas e o administrador do fundo de investimento e, por outro, contém regras de natureza institucional estatutária que regulam a relação entre os cotistas que venham a se vincular em condomínio ao fundo de investimento" (BORBA, Gustavo Tavares; ROCHA, Luiza Coelho da. Administrador de fundo de investimento: posição jurídica, responsabilidades e vinculação à cláusula compromissória arbitral. *In*: HANSZMANN, Felipe; HERMETO, Lucas (org.). **Atualidades em direito societário e mercado de capitais**. Rio de Janeiro: Lumen Juris, v. V, 2021. p. 218).

20 Cf. artigo 4º, § 2º, da Lei nº 9.307/1996: "Artigo 4º [...] § 2º Nos contratos de adesão, a cláusula compromissória só terá eficácia se o aderente tomar a iniciativa de instituir a arbitragem ou concordar, expressamente, com a sua instituição, desde que por escrito em documento anexo ou em negrito, com a assinatura ou visto especialmente para essa cláusula".

21 Cf. artigo 423 do Código Civil: "Artigo 423. Quando houver no contrato de adesão cláusulas ambíguas ou contraditórias, dever-se-á adotar a interpretação mais favorável ao aderente".

em regulamento de fundo de investimento aludem a esse caráter de "adesão", ou a potencial hipossuficiência, no tocante aos quotistas.

Nesse sentido, ao examinar e concluir pela vinculação do administrador à cláusula compromissória do regulamento do fundo – sob o pressuposto de se tratar de cláusula originária (e não, por hipótese, inserida por reforma posterior do regulamento) –, ressalvam Gustavo Tavares Borba e Luiza Coelho da Rocha que "a cláusula compromissória é de vinculação absoluta para o administrador, que foi quem redigiu e assinou o documento, enquanto de natureza relativa para os cotistas". Quanto aos quotistas, justificam que,

> tratando-se de contrato de adesão, sem que normalmente exista expressa referência à cláusula compromissória arbitral no boletim de subscrição (termo de adesão), aplica-se aos cotistas o disposto no § 2º do artigo 3º da Lei nº 9.307/1996.[22]

Já, para Antonio Tiburcio e Lucas Hermeto, o consentimento do administrador e do gestor ao regulamento – e, consequentemente, à cláusula compromissória nele contida – "resulta de sua própria permanência no cargo, independentemente de manifestação por escrito"[23]. Mais ainda, defendem que "não há que se cogitar de contrato de adesão no âmbito de um fundo de investimento – o que poderia atrair a aplicação do artigo 4º, § 2º, da Lei de Arbitragem". Os autores justificam que, "apesar de o regulamento poder ser alterado pela vontade dos cotistas, gestores e administradores não são hipossuficientes em relação àqueles". Mais ainda, consideram

---

22 Cf. BORBA, Gustavo Tavares; ROCHA, Luiza Coelho da. *Op. cit.*, p. 224. Em sentido semelhante no tocante à vinculação de prestadores de serviços essenciais, ver KUYVEN, Fernando; MATIAS FILHO, João Luis. Vinculação de administradores e gestores ao acordo de cotistas e à cláusula arbitral nele inserida. *In*: KUYVEN, Fernando (coord.). **Direito dos fundos de investimento**. São Paulo: Thomson Reuters Brasil, 2023. p. 450-451. Para esses autores, "a vinculação decorre diretamente da participação dos prestadores de serviços essenciais na elaboração do regulamento. [...] Não bastasse isso, a investidura e o exercício do encargo de prestador de serviço essencial, implicam não apenas na sua concordância tácita com o inteiro teor do regulamento, no que se inclui a cláusula arbitral, como também em seu compromisso de cumprir e fazer cumprir todas as regras regulamentares" (p. 455-456).

23 Cf. TIBURCIO, Antonio Augusto; HERMETO, Lucas. Arbitragem e fundos de investimento: a vinculação do gestor e do administrador à cláusula compromissória constante do regulamento. *In*: HANSZMANN, Felipe (coord.). **Atualidades em direito societário e mercado de capitais**. Rio de Janeiro: Lumes Juris, v. III, 2018. P. 47. Os autores abordam a hipótese de inclusão posterior de cláusula compromissória no regulamento, ressalvando que a caracterização de consentimento do prestador de serviço pode ser afastada em caso de renúncia ao cargo em função de tal deliberação (p. 48). Para os autores, "a posição central que exercem no fundo de investimento, a sua expertise vis-à-vis o objeto do fundo e o seu porte econômico permitem que, no mínimo, gestores e administradores efetivamente participem das negociações para alteração das cláusulas e das regras regulamentares – o que afasta a possibilidade de se tratar de contrato de adesão. Diz-se 'no mínimo' porque, na prática comercial, não raro, as minutas de alteração do regulamento são preparadas pelo gestor e pelo administrador e apenas submetidas à assembleia geral para ratificação dos cotistas" (p. 51).

que "[n]ão raro, inclusive, serão os cotistas hipossuficientes em relação a eles – o que poderia, em relação a investidores não profissionais, justificar a sua proteção (e nunca o inverso) contra o gestor/administrador"[24].

Por outro lado, em jurisprudência encontram-se decisões rejeitando o enquadramento do regulamento como contrato de adesão e dando prevalência à cláusula compromissória nele contida, diante especialmente da particularidade de se tratar de fundo dirigido a investidores qualificados. Nesse sentido, destaca-se acórdão proferido pela 1ª Câmara de Direito Público do Tribunal de Justiça do Estado de São Paulo ("TJSP"), em que se concluiu que

> [n]ão se exige, portanto, para a eficácia da cláusula de arbitragem no caso concreto, a concordância expressa do quotista, nos termos do § 2º do artigo 4º da Lei nº 9.307/1996, já que o regulamento do fundo não pode ser considerado contrato de adesão.[25]

A nosso ver, o regime dos contratos de adesão não incide de maneira automática em se tratando de regulamento de fundo de investimento. Essa questão se relaciona, mas não se confunde, com a discussão mais ampla em torno da aplicação – ou,

---

24 *Idem*, p. 50-51.

25 "Agravo de Instrumento – Ação ordinária – Cláusula compromissória de arbitragem prevista em Regulamento de Fundo de Investimento em Participações LSH – Fundo destinado a investidores qualificados, de forma que não se aplica ao caso concreto as regras de proteção ao consumidor – Validade e eficácia da cláusula da arbitragem com relação à agravante – Recurso provido" (TJSP, Agravo de Instrumento nº 2125419-98.2020.8.26.0000, Relª Desª Aliende Ribeiro, J. 24.11.2020). Neste contexto, a decisão aborda a questão da inaplicabilidade do regime consumerista por se tratar de fundo de investimento destinado a investidores qualificados. Em sentido semelhante, destaca-se o seguinte acórdão do Tribunal de Justiça do Estado de Rio de Janeiro ("TJRJ"): "APELAÇÃO. AÇÃO INDENIZATÓRIA. FALHA DO SERVIÇO. COTISTA COBRANDO OS PREJUÍZOS PERCEBIDOS PELA MÁ-GESTÃO E ADMINISTRAÇÃO DOS RECURSOS POR ELE INVESTIDOS. CLÁUSULA COMPROMISSÓRIA DE ARBITRAGEM, PREVISTA EM REGULAMENTO DE FUNDO DE INVESTIMENTO, DE CUJO CONTEÚDO É POSSÍVEL EXTRAIR A MANIFESTAÇÃO DE VONTADE DAS PARTES DE SUBMETER À ARBITRAGEM TODO E QUALQUER LITÍGIO RELACIONADO AO FUNDO. CASO CONCRETO EM QUE NÃO SE VERIFICA SITUAÇÃO DE DESIGUALDADE E VULNERABILIDADE ENTRE OS CONTRAENTES, AFASTANDO-SE, POR ISSO, A APLICAÇÃO DA TEORIA FINALISTA MITIGADA, PORQUANTO O FUNDO SE DESTINA A INVESTIDORES QUALIFICADOS. INGRESSO DE COTISTA EM UM FUNDO DE INVESTIMENTO QUE NÃO EQUIVALE À CELEBRAÇÃO DE UM CONTRATO DE ADESÃO, POIS, AO INGRESSAR NO FUNDO, ENQUANTO INVESTIDOR QUALIFICADO, SUBMETE-SE, CIENTE E VOLUNTARIAMENTE, AOS TERMOS DO REGULAMENTO, NÃO HAVENDO QUE SE FALAR EM EXIGÊNCIA DE CONCORDÂNCIA EXPRESSA DO COTISTA, VISTO QUE A MANIFESTAÇÃO DE VONTADE JÁ FOI EXTERNALIZADA NO MOMENTO DO SEU INGRESSO NO FUNDO. [...]" (TJRJ, Apelação nº 0205897-85.2021.8.19.0001, 21ª Câmara de Direito Privado, Relª Desª Mafalda Lucchese, J. 11.07.2023).

melhor, da inadequação – do regime consumerista nesse campo[26], discussão essa também importante sob perspectiva da arbitragem[27]. E, ainda, essa questão parece refletir

---

26 Sobre o tema, ver EIZIRIK, Nelson. Fundos de investimento. Não aplicação do Código de Defesa do Consumidor aos quotistas. Fato do príncipe consistente na mudança das regras de contabilização dos títulos de sua carteira. *In*: **Temas de direito societário.** Rio de Janeiro: Renovar, 2005. p. 547-570; BIASE, Nicholas Furlan di. **A responsabilidade civil do administrador e do gestor por danos ao fundo de investimento.** São Paulo: Quartier Latin, 2023. Marcelo Adamek entende que "a Lei de Liberdade Econômica, ao introduzir no Código Civil uma disciplina geral para os fundos de investimento, trouxe para eles regras especiais que, como tais, se sobrepõem às regras gerais do CDC naquilo em que, em comum, por ambos porventura seja tratado. [...] É certo, outrossim, que as regras especiais aqui apontadas não esgotam a disciplina do CDC e, portanto, não afastam por completo a sua incidência. Logo, para os que o reputam aplicável o CDC às relações jurídicas verificadas no âmbito de fundo de investimentos (o que, frise-se novamente, demandaria uma análise mais criteriosa das particularidades do caso concreto, nem sempre a compreender instituições financeiras, e do tipo de fundo envolvido, nem sempre a congregar hipossuficientes), ainda haveria largo campo para aplicação das regras tutelares do CDC em áreas como práticas comerciais (oferta, publicidade e práticas abusivas) e proteção contratual (cláusulas abusivas). Mas, até mesmo nessas áreas, é de rigor que o exegeta considere a materialidade da relação jurídica subjacente e a necessidade de harmonizar e compatibilizar os interesses dos participantes da relação de consumo (CDC, artigo 4º, III), de modo a afastar regras absolutamente incompatíveis com a lógica dos investimentos coletivos" (ADAMEK, Marcelo Vieira von. Responsabilidade de cotistas e administradores nos fundos de investimento em participação. *In*: KUYVEN, Fernando (coord.). **Direito dos fundos de investimento.** São Paulo: Thomson Reuters Brasil, 2023. p. 384-386).

27 No Código de Defesa do Consumidor ("CDC"), o contrato de adesão é descrito como "aquele cujas cláusulas tenham sido aprovadas pela autoridade competente ou estabelecidas unilateralmente pelo fornecedor de produtos ou serviços, sem que o consumidor possa discutir ou modificar substancialmente seu conteúdo" (artigo 54). Adicionalmente, no CDC encontra-se regra específica, no sentido de que "[s]ão nulas de pleno direito, entre outras, as cláusulas contratuais relativas ao fornecimento de produtos e serviços que: [...] VII – determinem a utilização compulsória de arbitragem" (artigo 51). Ressaltando tratar-se de "regramentos de diferentes graus de especificidade", veja-se a ementa do seguinte acórdão: "DIREITO PROCESSUAL CIVIL E CONSUMIDOR. CONTRATO DE ADESÃO. CONVENÇÃO DE ARBITRAGEM. LIMITES E EXCEÇÕES. ARBITRAGEM EM CONTRATOS DE FINANCIAMENTO IMOBILIÁRIO. CABIMENTO. LIMITES. 1. Com a promulgação da Lei de Arbitragem, passaram a conviver, em harmonia, três regramentos de diferentes graus de especificidade: (i) a regra geral, que obriga a observância da arbitragem quando pactuada pelas partes, com derrogação da jurisdição estatal; (ii) a regra específica, contida no artigo 4º, § 2º, da Lei nº 9.307/1996 e aplicável a contratos de adesão genéricos, que restringe a eficácia da cláusula compromissória; e (iii) a regra ainda mais específica, contida no artigo 51, VII, do CDC, incidente sobre contratos derivados de relação de consumo, sejam eles de adesão ou não, impondo a nulidade de cláusula que determine a utilização compulsória da arbitragem, ainda que satisfeitos os requisitos do artigo 4º, § 2º, da Lei nº 9.307/1996. [...]" (STJ, Recurso Especial nº 1.169.841/RJ, Relª Min. Nancy Andrighi, J. 06.11.2012). Ainda sobre a distinção entre contratos de adesão sujeitos ou não ao regime consumerista: "RECURSO ESPECIAL. DIREITO CIVIL E PROCESSUAL CIVIL. CONTRATO DE FRANQUIA. CONTRATO DE ADESÃO. ARBITRAGEM. REQUISITO DE VALIDADE DO ARTIGO 4º, § 2º, DA LEI Nº 9.307/1996. DESCUMPRIMENTO. RECONHECIMENTO PRIMA FACIE DE CLÁUSULA COMPROMISSÓRIA 'PATOLÓGICA'. ATUAÇÃO DO PODER JUDICIÁRIO. POSSIBILIDADE. NULIDADE RECONHECIDA. RECURSO PROVIDO. [...] 3. Todos os contratos de adesão, mesmo aqueles que não consubstanciam relações de consumo, como os contratos de franquia, devem observar o disposto no artigo 4º, § 2º, da Lei nº 9.307/1996. [...]" (STJ, Recurso Especial nº 1.602.076/SP, Relª Min. Nancy Andrighi, J. 15.09.2016).

incertezas que remanescem em torno da natureza dos fundos de investimento, assim como das particularidades que tornam imperfeita a analogia com o regime societário quanto ao tema dos regulamentos em particular.

Trata-se, portanto, de questão que merece cuidada consideração na prática, à luz das circunstâncias do caso concreto[28], sendo certo que as nuances dessa análise variam conforme se trate da vinculação de quotistas ou prestadores de serviços essenciais. Ademais, fica aqui consignada como pauta para desenvolvimento futuro em doutrina, por sua importância para o estudo da intersecção entre arbitragem e fundos de investimento.

Por fim, outro cuidado importante diz respeito ao alinhamento entre os termos da cláusula compromissória do regulamento e daquelas de outros eventuais documentos do fundo, tais como acordos de governança ou contratos com prestadores de serviços[29], de modo a evitar futuras discussões a respeito dos limites de jurisdição para a apreciação de eventuais questões transversais.

---

28 Sob a égide da Instrução CVM nº 555, bem observaram Juliana Botini e Camila Tinoco: "Ainda que, na prática, os fundos sejam pensados e estruturados pelos cotistas e/ou gestores, cabe aos administradores, segundo a regulação, constituí-los e registrá-los perante a CVM, sendo ele o prestador responsável também pela redação do regulamento do fundo. Embora a realidade do contexto em que os fundos surgem possa parecer indiferente ao regulador, isso não significa que a participação dos cotistas e/ou dos gestores sejam irrelevantes para discussões no âmbito cível" (VIEIRA, Juliana Botini Hargreaves; TINOCO, Camila. A delimitação das atribuições dos administradores fiduciários e dos gestores de recursos à luz dos diferentes tipos de fundos de investimento. *In*: HANSZMANN, Felipe; HERMETO, Lucas (org.). **Atualidades em direito societário e mercado de capitais**. Rio de Janeiro: Lumen Juris, v. V, 2021. p. 174). Ademais, Nicholas di Biase observa que "há fundos de investimento que fogem a essa racionalidade e são constituídos a partir de uma iniciativa coordenada entre administrador, gestor e os investidores que serão os seus futuros quotistas", ressaltando se tratar de situação mais comum em classes ou fundos exclusivos ou restritos. Para o autor, "nos casos em que essa situação se verificar, por certo, não se estará diante de um contrato de adesão. Não se poderá afirmar que houve a mera adesão do cotista ao regulamento, ainda que, formalmente, este assine documento intitulado 'termo de adesão'" (BIASE, Nicholas Furlan di. *Op. cit.*, p. 259).

29 "APELAÇÃO CÍVEL. FUNDO DE INVESTIMENTO. COBRANÇA DE REMUNERAÇÃO POR PARTE DA EMPRESA GESTORA DO FUNDO, ORA APELADA. REGULAMENTO DO FUNDO QUE ESTABELECE CLÁUSULA ARBITRAL PARA DIRIMÊNCIA DOS LITÍGIOS A ELE REFERENTES. CONTRATO DE GESTÃO FEITO ENTRE A APELADA E ADMINISTRADORA DO FUNDO QUE ELEGE O FORO CENTRAL DO RIO DE JANEIRO. PREVALÊNCIA DA REGRA DO REGULAMENTO QUE É O INSTRUMENTO INSTITUIDOR E BASILAR DO FUNDO DO QUAL PARTICIPOU O GESTOR DA ELABORAÇÃO. OBRIGAÇÕES E REMUNERAÇÃO DO GESTOR QUE SÃO ALI DETALHADAMENTE ASSOALHADAS. FUNDO CUJA DENOMINAÇÃO INCLUI O NOME DA EMPRESA APELADA. CONTRATO DE GESTÃO QUE TEM CARÁTER COMPLEMENTAR, REPORTANDO-SE AO REGULAMENTO NO QUE TANGE ÀS NORMAS E LIMITES DE ATUAÇÃO DO GESTOR. DISPOSIÇÕES ATINENTES À REMUNERAÇÃO DO GESTOR QUE CONSTAM DO REGULAMENTO DE FORMA MAIS ABRANGENTE. ÂMBITO DO CONTRATO DE GESTÃO QUE SE RESTRINGE A ASPECTOS ESPECÍFICOS, COMO PERCENTUAIS DA TAXA DE ADMINISTRAÇÃO. APELADA QUE ESTÁ VINCULADA AO REGULAMENTO, NO

Nesse ponto, examinando o alcance de cláusula compromissória inserta em acordo de quotistas (ou, "pacto paracondominal") em relação aos prestadores de serviços essenciais, Fernando Kuyven e João Luis Matias Filho concluem que a vinculação "depende da notificação dos prestadores de serviços essenciais, ou sua interveniência/anuência no contrato, para que tenham conhecimento do negócio jurídico", invocando a teoria de arbitral estoppel. Para os autores, "[o] consentimento implícito é inegável, diante da conexão entre o condomínio especial e o negócio complementar"[30].

II.C) DIREITOS E RESPONSABILIDADE DOS QUOTISTAS

Como antes mencionado, a partir da promulgação da Lei de Liberdade Econômica, o Código Civil passou a sinalizar matérias que o regulamento de cada fundo de investimento poderá regular, observadas as normas editadas pela CVM (artigo 1.368-D), entre elas "a limitação da responsabilidade de cada investidor ao valor de suas cotas".

QUAL CRIOU VOLUNTARIAMENTE OBRIGAÇÕES PARA SI E AVENÇOU CRITÉRIOS DE REMUNERAÇÃO. AUSÊNCIA DE ASSINATURA DA APELADA NO REGULAMENTO QUE SE JUSTIFICA POR SE TRATAR DE ATO REGRA, PATENTEADA, TODAVIA, A EFETIVA AVENÇA QUANTO AOS SEUS TERMOS. CONFLITO EM QUESTÃO QUE DIZ RESPEITO À EXIGIBILIDADE DA REMUNERAÇÃO A QUAL É NEGADA PELA APELANTE ANTE ALEGAÇÃO DE NÃO CUMPRIMENTO DE SUAS OBRIGAÇÕES, ESTAS ASSENTADAS DE FORMA BASILAR NO REGULAMENTO DO FUNDO. APLICAÇÃO DA CLÁUSULA ARBITRAL ALI PREVISTA. FORO ESTABELECIDO NO CONTRATO DE GESTÃO QUE SERÁ ADOTADO PARA QUESTÕES ESPECÍFICAS REFERENTES À GESTÃO QUE FORAM PARA LÁ DESLOCADAS, BEM COMO MEDIDAS JUDICIAIS NÃO COMPORTADAS PELA ARBITRAGEM. PROVIMENTO DO RECURSO PARA, ACOLHENDO A PRELIMINAR, ANULAR A SENTENÇA, JULGANDO EXTINTO O FEITO SEM JULGAMENTO DO MÉRITO NA FORMA DO ARTIGO 485, VII DO CPC. AGRAVO INTERNO PREJUDICADO." (TJRJ, Processo nº 0059645-84.2019.8.19.0001, 20ª Câmara Cível, Relª Desª Maria da Gloria Oliveira Bandeira de Mello, J. 30.09.2020. Disponível em: https://abrir.link/DwvVG. Acesso em: 10 dez. 2023).

30 Cf. KUYVEN, Fernando; MATIAS FILHO, João Luis Nogueira. *Op. cit.*, p. 456. Defendem ainda os autores: "Diante de possível conflito entre a cláusula arbitral prevista no regulamento e a cláusula arbitral prevista no acordo de cotistas, a causa de pedir é o melhor critério para eleger qual será a cláusula aplicável. [...] Concretamente, caso apenas o acordo de cotistas contenha cláusula arbitral, somente poderá ser submetida à arbitragem questões abrangidas pelo escopo objetivo de tal cláusula, decorrentes ou relacionadas ao acordo, não podendo ser decidida pela via arbitral nenhuma questão que transcenda esse acordo e exija a aplicação do regulamento. Da mesma forma, a cláusula compromissória regulamentar aplica-se somente a controvérsias decorrentes ou relacionadas com o regulamento, a depender da sua redação. Se a questão indissoluvelmente envolver aspectos regulamentares e contratuais, deve todo o litígio ser submetido ao Judiciário, até porque ela poderá ter repercussão sobre o fundo – eventualmente não vinculado ao pacto paracondominial –, e cotistas não signatários do acordo paracondominial" (p. 456-457).

Nessa linha, a Resolução CVM nº 175/2022 confirma que "[o] regulamento pode prever que a responsabilidade do cotista é limitada ao valor por ele subscrito", com a ressalva de que,

> [c]aso o regulamento não limite a responsabilidade do cotista, os cotistas respondem por eventual patrimônio líquido negativo, sem prejuízo da responsabilidade do prestador de serviço pelos prejuízos que causar quando proceder com dolo ou má-fé. (artigo 18)

Em audiência pública, diversos temas polêmicos relacionados à limitação de responsabilidade dos quotistas foram debatidos, tais como a coexistência no mesmo fundo de classes de quotas com e sem responsabilidade limitada e a limitação de responsabilidade em fundo exclusivo[31]. Houve também debate acerca de direitos dos quotistas, tal como o direito de recesso de quotistas de fundos fechados, matéria que acabou por não ser encampada pelo diploma[32]. Por outro lado, o diploma aborda a delicada temática do conflito de interesses, notadamente ao prever que "[n]ão podem votar nas assembleias de cotistas: [...] o cotista que tenha interesse conflitante com o fundo, classe ou subclasse no que se refere à matéria em votação", e que cabe ao próprio quotista declarar à mesa o seu impedimento (artigo 78, inciso IV e § 2º)[33].

Há notícia de procedimentos arbitrais versando sobre a responsabilidade de quotistas – anteriores à Resolução CVM nº 175/2022, mas ainda assim ilustrativos

---

31 Em relação a ambos os temas, a CVM inicialmente propôs impedimentos, que, ao final da audiência pública, foram revertidos (CVM. Relatório da Audiência Pública SDM nº 8/20, p. 15-18).

32 Cf. CVM. Relatório da Audiência Pública SDM nº 8/20, p. 30. Pontua o relatório: "A operação de uma classe fechada pode em muito se assemelhar ao que faz uma companhia, especialmente no que diz respeito aos fundos estruturados. Isto posto, em certa medida é natural que a indústria de fundos de investimento lide com matérias e eventos que são típicos do ambiente corporativo, tais como – no caso concreto – o tratamento a ser dado a investidores discordantes das decisões da assembleia geral. A afirmação acima é reforçada pela existência de precedente na regulamentação, relacionado à dissidência de cotistas sênior de FIDC na hipótese de a assembleia de cotistas afastar a incidência de hipótese de liquidação antecipada prevista no regulamento". Porém, visto que a matéria não fora proposta na minuta submetida a audiência pública, dentre outros motivos, não foi acatada a sugestão formulada por participante de regulação na matéria, "sem prejuízo de a questão ser revisitada no futuro".

33 Mais uma vez, explica o relatório: "Em resposta ao conjunto de manifestações, a opção na regra geral foi no sentido de se fazer uma escolha pragmática, por meio da adoção de uma sistemática na qual o cotista que estiver conflitado fica impedido de votar sobre a matéria em conflito, observado que a assembleia é soberana para permitir o voto do cotista conflitado (artigo 78, § 1º, II); e o conflito é auto declaratório, cabendo ao cotista declara-lo à Mesa da assembleia (artigo 78, § 2º). Essa opção, alinhada a recente precedente julgado pelo Colegiado da CVM, tem em conta que, diversamente do que ocorre com as companhias, no que se refere aos fundos inexistem previsões legais expressas acerca do exercício abusivo do direito de voto e, ainda, de ressarcimento ao fundo das vantagens que um cotista auferir com seu voto em situação de conflito" (CVM. Relatório da Audiência Pública SDM nº 8/20, p. 31-32).

de temas que desbordam em procedimentos arbitrais, conforme ementas de sentenças arbitrais transcritas a seguir, extraídas do Ementário da Câmara do Mercado. Sob o novo marco regulatório, novas e diferentes demandas sobre o tema podem emergir, restando-nos acompanhar a aplicação das novas regras.

> CHAMADA EXTRAORDINÁRIA DE CAPITAL EM FUNDO DE INVESTIMENTO COM PATRIMÔNIO COM PATRIMONIO LÍQUIDO NEGATIVO. INADIMPLEMENTO. APLICÁVEL ARTIGO 15 DA INSTRUÇÃO CVM Nº 555/2014. AVALIAÇÃO DOS ATIVOS E ESTUDOS DOS PASSIVOS DO FUNDO VÁLIDOS. OBRIGATORIEDADE DE REALIZAÇÃO DE APORTE. DILUIÇÃO DA PARTICIPAÇÃO DO COTISTA DO FUNDO. IMPOSSIBILIDADE. O ARTIGO 1.316 DO CÓDIGO CIVIL É INAPLICÁVEL AO FUNDO DIANTE DE SUA RACIONALIDADE ECONÔMICA. COMPENSAÇÃO COM TAXAS DEVIDAS À REQUERIDA. IMPOSSIBILIDADE. AUSÊNCIA DE DOCUMENTOS E INFORMAÇÕES MÍNIMOS SOBRE A DÍVIDA. DÚVIDAS SOBRE A EXISTÊNCIA, A LIQUIDEZ E A EXIGILIDADE DO ALEGADO CRÉDITO. 1. O tribunal arbitral entendeu que a requerida estava obrigada a realizar aporte de recursos no Fundo, que contava com patrimônio público negativo, em atendimento a chamada de capital realizada pela Administradora. Nesse sentido, julgou que o artigo 15 da Instrução da CVM nº 555/2014 abrangeria a obrigação de cotistas realizarem aporte em fundos de investimentos por ocasião de PL negativo. Ademais, o Tribunal entendeu que a chamada de capital em questão encontrava-se respaldada por avaliações realizadas, válidas e que indicavam a necessidade de aporte de recursos pelos cotistas. 2. O Tribunal afastou as alegações da requerida com relação à suposta falta de credibilidade da avaliação dos imóveis detidos pelas SPEs investidas do Fundo. 3. O Tribunal afastou a pretensão da requerida de que sua participação fosse diluída entre os outros cotistas do Fundo, nos termos do artigo 1.316 do Código Civil. Isso porque o Tribunal entendeu que tal dispositivo é incompatível com a racionalidade econômica dos veículos de investimento coletivo. 4. Dos autos se extrai que são devidos à requerida valores relativos a taxas de gestão imobiliária e financeira das SPEs investidas ao Fundo. Contudo, o Tribunal rejeitou o pleito da requerida de compensação desses valores com a dívida pelo não atendimento da chamada de capital, porque julgou que, diante da insuficiência dos documentos e informações constantes dos autos, não é possível aferir se o alegado crédito está devidamente constituído e se é líquido e exigível.[34]

---

34 Cf. Ementa nº 35.3.2.2019, publicada na 2ª Edição do Ementário de Sentenças Arbitrais da Câmara do Mercado.

FUNDO DE INVESTIMENTO EM PARTICIPAÇÕES. CHAMADA DE CAPITAL EXTRAORDINÁRIA COM BASE NO ARTIGO 15 DA INSTRUÇÃO CVM Nº 555/2014, DECORRENTE DE REAVALIAÇÃO DE ATIVOS E PASSIVOS DE SOCIEDADES INVESTIDAS QUE RESULTOU EM PATRIMÔNIO LÍQUIDO NEGATIVO NO FUNDO. CHAMADA DE CAPITAL BASEADA EM DELIBERAÇÃO ASSEMBLEAR NÃO IMPUGNADA. PROCEDÊNCIA DO PEDIDO CONDENATÓRIO. PEDIDO DE RESTABELECIMENTO DE DIREITOS POLÍTICOS DO COTISTA INADIMPLENTE. HIPÓTESE NÃO PREVISTA NO REGULAMENTO DO FUNDO. IMPOSSIBILIDADE DE APLICAÇÃO DA SANÇÃO DE SUSPENSÃO DOS DIREITOS POLÍTICOS. PROCEDÊNCIA DO PEDIDO. 1. Aplica-se aos fundos de investimento em participações o disposto no artigo 15 da Instrução nº 555/2014, na hipótese de identificação de patrimônio líquido negativo pelo fundo. 2. A chamada de capital foi aprovada em assembleia geral de cotistas, com a concordância da Requerida, cuja validade não foi impugnada. Necessidade de realização do aporte determinado pela administradora em cumprimento à deliberação dos cotistas e ao artigo 15 da Instrução CVM nº 555/2014. 3. A reavaliação de ativos e passivos detidos pelas sociedades investidas do Fundo baseou ajuste de *impairment*, que resultou na apuração de patrimônio líquido negativo. Foram também reconhecidos passivos das sociedades investidas garantidos pelo próprio fundo. 4. Sendo a aprovação das contas do fundo matéria de competência exclusiva da assembleia geral de cotistas e inexistindo pedido de anulação da deliberação assemblear que as tenha aprovado, o tribunal arbitral não tem jurisdição para anular tal deliberação. Não foram apresentados, ainda, elementos que permitissem reconhecer, incidentalmente, erros na escrituração contábil do fundo. 5. O regulamento não prevê a suspensão dos direitos políticos do cotista no caso de não atendimento da chamada extraordinária de capital, mas apenas para os casos de inadimplência sobre valores constantes no boletim de subscrição. Assim, de rigor o restabelecimento dos direitos políticos do cotista suspensos em razão do não atendimento à chamada de capital extraordinária. 6. Procedência do pedido de condenação da requerida ao pagamento do valor da chamada de capital extraordinária e determinação de restabelecimento dos direitos políticos da requerida na qualidade de cotista do fundo.[35]

---

35 Cf. Ementa nº 36.3.2.2019, publicada na 2ª Edição do Ementário de Sentenças Arbitrais da Câmara do Mercado.

II.D) DEVERES E RESPONSABILIDADE DOS PRESTADORES DE SERVIÇOS

Em relação à responsabilidade dos prestadores de serviços, a lei passou a prever, como antes mencionado, que os regulamentos podem dispor sobre "a limitação da responsabilidade, bem como parâmetros de sua aferição, dos prestadores de serviços do fundo de investimento, perante o condomínio e entre si, ao cumprimento dos deveres particulares de cada um, sem solidariedade" (artigo 1.368-D, inciso II, do Código Civil)[36]. Além disso, esclarece que os prestadores de serviços não respondem pelas obrigações legais e contratuais assumidas pelos fundos de investimento, "mas respondem pelos prejuízos que causarem quando procederem com dolo ou má-fé" (artigo 1.368-E)[37]. Por fim, estabelece que

> [a] avaliação de responsabilidade dos prestadores de serviço deverá levar sempre em consideração os riscos inerentes às aplicações nos mercados de atuação do fundo de investimento e a natureza de obrigação de meio de seus serviços. (artigo 1.368-D, § 2º)[38]

Já a Resolução CVM nº 175/2022 reforça que "[o]s prestadores de serviços essenciais e demais prestadores de serviços do fundo respondem perante a CVM, nas suas respectivas esferas de atuação, por seus próprios atos e omissões contrários à lei, ao regulamento do fundo ou à regulamentação vigente", e elenca, ainda, como parâmetros para a aferição de responsabilidade dos prestadores de serviços "as obrigações previstas nesta Resolução e em regulamentações específicas, assim como aquelas previstas no regulamento e no respectivo contrato de prestação de serviços"

---

36 Sob a Resolução CVM nº 175/2022, "[a] parte geral do regulamento, comum a todas as classes de cotas, deve dispor sobre: [...] responsabilidade, bem como parâmetros de sua aferição, dos prestadores de serviços, perante o fundo e entre si" (artigo 48, § 1º, inciso II).

37 Em audiência pública, a CVM se manifestou sobre a interpretação desse dispositivo: "Já ao tratar da responsabilidade civil dos prestadores de serviços por prejuízos causados, o artigo 1.368-E do Código Civil faz referência à má-fé, mas não à culpa, em seu sentido civil (imperícia, imprudência e negligência). A propósito, é oportuno esclarecer que a melhor interpretação do dispositivo não é no sentido de que a atuação sem perícia, imprudente ou negligente afasta a responsabilidade civil dos agentes, mas apenas que erros operacionais ordinários, que eventualmente podem ocorrer, ainda que culposos, não seriam – por si só – suficientes para ensejá-la" (CVM. Relatório de Audiência Pública SDM nº 8/20, p. 34).

38 Sobre demandas de responsabilização de prestadores de serviço, escreve Paulo Vieira: "Uma vez que a obrigação de gestores e administradores é de meio e não de resultado – isto é, não respondem por eventual insucesso do fundo, pura e simplesmente –, é muito comum que as respectivas defesas em demandas de responsabilização girem em torno dessa máxima, que não destoa da conhecidíssima *business judgement rule*" (VIEIRA, Paulo. *Op. cit.*, p. 593).

(artigo 81). Ou seja, é possível que sejam responsabilizados na esfera administrativa, perante a CVM, "sem prejuízo da responsabilidade civil ou penal"[39].

Ademais, a Resolução CVM nº 175/2022 estabelece, para os prestadores de serviço ("nas suas respectivas esferas de atuação",) o dever de

> exercer suas atividades buscando sempre as melhores condições para o fundo e suas classes de cotas, empregando o cuidado e a diligência que todo homem ativo e probo costuma dispensar à administração de seus próprios negócios, atuando com lealdade em relação aos interesses dos cotistas, do fundo e de suas classes, evitando práticas que possam ferir a relação fiduciária com eles mantida, e respondendo por quaisquer infrações ou irregularidades que venham a ser cometidas no exercício de suas atribuições. (artigo 106, inciso I)

Além disso, cabe aos prestadores de serviços "empregar, na defesa dos direitos do cotista, a diligência exigida pelas circunstâncias, praticando todos os atos necessários para assegurá-los, e adotando as medidas judiciais, extrajudiciais e arbitrais cabíveis" (artigo 106, inciso III). Diversos outros dispositivos tratam de deveres dos prestadores de serviço, inclusive de seu dever de fiscalizar (artigos 81, 83, § 3º, inciso II, e 85, § 4º, inciso II).

Em audiência pública, foram debatidos temas sensíveis referentes à alocação de atribuições entre os prestadores de serviços essenciais e o regime de responsabilidade respectivo, inclusive quanto à contratação de outros prestadores de serviços. Propunha a CVM regime de responsabilidade solidária em hipóteses específicas, para a proteção de investidores de varejo e por se tratar de atividades-núcleo dos prestadores de serviços essenciais, que, a seu ver, demandariam cautela redobrada[40]. Ao final, o diploma trilhou outra direção, reforçando nesse ponto que o regime de responsabilidade será objeto de pactuação[41]. Ao mesmo tempo, a autarquia frisou

---

39 Cf. artigo 9º, inciso VI, da Lei nº 6.385/1976. Com efeito, é possível – e não é raro – que esforços de responsabilização nas esferas administrativa e civil corram em paralelo, concomitantemente. Ressaltando a independência entre as esferas administrativa e civil, ver ADAMEK, Marcelo Vieira von. Responsabilidade de cotistas e administradores nos fundos de investimento em participação. *In*: KUYVEN, Fernando (coord.). **Direito dos fundos de investimento**. São Paulo: Thomson Reuters Brasil, 2023. p. 387-389.

40 Cf. CVM. Edital de Audiência Pública SDM nº 8/20, p. 8-9.

41 Em audiência pública, pontuou a autarquia que "é fato que a solidariedade contratual entre os prestadores de serviços dos fundos de investimento tem servido de elemento para moderar a aplicação do direito do consumidor às lides entre cotistas e *servicers*, por meio da utilização subsidiária da regulamentação de mercado, que, por especializada, tende a ser mais eficiente para lidar com essas questões. Todavia, essa solução regulatória não se faz mais necessária, talvez sequer possível, em virtude da LLE, por meio da qual, seja administrativa ou judicialmente, a responsabilidade dos prestadores de serviços terá que ser analisada à luz de algum caso concreto, a partir de parâmetros estabelecidos livremente entre eles, inclusive no regulamento do fundo. Ademais, é razoável esperar que a doutrina e a jurisprudência sejam modernizadas a partir da LLE e dessa nova regulamentação de fundos" (CVM. Relatório de Audiência Pública SDM nº 8/20, p. 34).

que "a inexistência de solidariedade entre prestadores de serviços não prejudica o dever fiduciário de cada prestador de serviços regulado pela CVM para com a comunhão de cotistas, nas suas respectivas esferas de atuação"[42]. Resta agora acompanhar como a matéria será disciplinada e aplicada na prática.

Também sobre a responsabilidade de prestadores de serviços há notícia de procedimentos arbitrais, como ilustram as ementas a seguir transcritas – anteriores, contudo, à Resolução CVM nº 175/2022. Não obstante, com o advento do novo marco regulatório, que substitui o antigo regime de protagonismo do administrador e responsabilidade solidária entre prestadores de serviço, não parece improvável o surgimento de conflitos com novos contornos acerca dos limites da responsabilidade de cada um.

> RESPONSABILIDADE CIVIL POR IRREGULARIDADES E ATOS DE MALVERSAÇÃO PRATICADOS EM FUNDO DE INVESTIMENTO EM PARTICIPAÇÕES (FIP) POR SEU GESTOR. RESPONSABILIDADE SOLIDÁRIA CONTRATUAL DO ADMINISTRADOR PELOS ATOS PRATICADOS DURANTE O PERÍODO DA SUA ADMINISTRAÇÃO NO FIP. INOCORRÊNCIA DE PRESCRIÇÃO. NÃO INCIDÊNCIA DE EXCLUDENTE DE RESPONSABILIDADE CIVIL DO GESTOR E ADMINISTRADOR DIANTE DA APROVAÇÃO DAS CONTAS DO FIP OU APROVAÇÃO DOS INVESTIMENTOS POR COMITÊ DE INVESTIMENTO. ANÁLISE DA SITUAÇÃO DE CADA UMA DAS 28 SPES QUE REVELA DIFERENTES FALHAS NA INFORMAÇÃO, ACOMPANHAMENTO E FISCALIZAÇÃO DOS INVESTIMENTOS, CUMULADA COM CONTRATAÇÃO DE ADMINISTRAÇÃO IMOBILIÁRIA E FINANCEIRA EM CONDIÇÕES DIVERSAS DAQUELAS INFORMADAS AOS COTISTAS DO FUNDO. VIOLAÇÕES À CLÁUSULA 7.4 DO CONTRATO DE GESTÃO C/C OS ARTIGOS 9º, I, III, E § 2º, E 40, § 3º, DO REGULAMENTO DO FIP, ARTIGOS 9º, § 3º, E 10 DA INSTRUÇÃO CVM Nº 391/2003, E ARTIGOS 65, XV, 65-A, E 119-A DA INSTRUÇÃO CVM Nº 409/2004. PARÂMETROS PARA LIQUIDAÇÃO.[43]

> SENTENÇA PARCIAL. FUNDO DE INVESTIMENTO EM PARTICIPAÇÕES. PRETENSÃO DE DECLARAÇÃO DE DESCUMPRIMENTO DO REGULAMENTO DO FUNDO E DO DEVER DE DILIGÊNCIA PELO GESTOR. PARCIAL PROCEDÊNCIA. ANÁLISE DE CADA UMA DAS

42 Cf. CVM. Relatório de Audiência Pública SDM nº 8/20, p. 34.

43 Cf. Ementa nº 37.3.3.2020, publicada na 3ª Edição do Ementário de Sentenças Arbitrais da Câmara do Mercado.

DECISÕES DO GESTOR IMPUGNADAS QUE REVELA DESCUMPRIMENTO DO REGULAMENTO DO FUNDO E DO DEVER DE DILIGÊNCIA EM DUAS OCASIÕES. PLEITO INDENIZATÓRIO. PRELIMINARES DE ILEGITIMIDADE ATIVA E PRESCRIÇÃO AFASTADAS. PARCIAL PROCEDÊNCIA. PRESSUPOSTOS DA RESPONSABILIDADE CIVIL PRESENTES EM APENAS UM DOS CASOS. DIFERIMENTO DA LIQUIDAÇÃO PARA A PRÓXIMA FASE DA ARBITRAGEM.[44]

II.E) ARBITRAGEM NAS SOCIEDADES INVESTIDAS

Conforme antes mencionado, os fundos de investimento são regulados sob diferentes categorias, conforme os respectivos ativos investidos. No caso dos FIPs, regulados sob o Anexo Normativo IV da Resolução CVM nº 175/2022, o investimento é direcionado sobretudo a "ações, bônus de subscrição, debêntures simples, notas comerciais e outros títulos e valores mobiliários conversíveis ou permutáveis em ações de emissão de companhias, abertas ou fechadas", e "títulos, contratos e valores mobiliários representativos de crédito ou participação em sociedades limitadas" (artigo 5º, incisos I e II)[45]. A estratégia de investimento pressupõe, como regra geral, a participação no processo decisório das sociedades investidas, "com efetiva influência na definição de sua política estratégica e na sua gestão" (artigo 5º, § 1º).

Como condição para o investimento por FIPs em companhias fechadas, a Resolução CVM nº 175/2022 estabelece certas exigências em matéria de governança corporativa, entre elas a "adesão a câmara de arbitragem para resolução de conflitos societários" (artigo 8º, inciso IV)[46]. Na verdade, essa exigência constara já da Instrução CVM nº 391/2003, e foi preservada pelos diplomas que a substituíram. Assim sendo, é contemporânea à difusão da visão que propugnava pela adoção da arbitragem nas companhias abertas para a resolução de conflitos societários, como

44 Cf. Ementa nº 59.3.5.2022, publicada na 5ª Edição do Ementário de Sentenças Arbitrais da Câmara do Mercado.

45 Ademais, esclarece o dispositivo que "[a] classe de cotas pode realizar AFAC nas companhias que compõem a sua carteira" e "pode investir nas sociedades de que trata o caput por meio de instrumentos que lhe confiram o direito de adquirir participação societária, independente do momento do efetivo aporte dos recursos, tais como contratos de opção de compra ou subscrição de ações ou cotas, mútuos conversíveis em participação societária ou outros instrumentos ou arranjos contratuais que resultem em aporte de capital ou dívida, conversível ou não" (artigo 5º, §§ 2 e 7º).

46 Ver, também, artigos 14 a 17 do Anexo Normativo IV. Há semelhante exigência de "adesão à câmara de arbitragem para resolução de conflitos societários" para o investimento em companhia fechada por Fundos de Ações – Mercado de Acesso (artigo 56, § 4º, inciso II, *d*, do Anexo Normativo I da Resolução CVM nº 175/2022).

melhor prática de governança corporativa[47]. Não deixa de ser curioso, contudo, que o regulador que tradicionalmente se ocupa das companhias abertas tenha aqui, indiretamente, alcançado as companhias fechadas, mormente para interferir em matéria de arbitragem, que tem na autonomia da vontade seu pilar central.

A norma não especifica como se daria essa adesão à arbitragem institucional nas companhias fechadas investidas e nem detalha os seus limites subjetivos e objetivos. Entretanto, a prática caminhou no sentido da adoção de cláusulas compromissórias estatutárias, o que não elimina as controvérsias em torno do tema, notadamente quanto à vinculação, ou não, de quotistas do FIP. Em estudo dedicado ao tema, Ana Carolina Weber conclui que "o acionista da companhia investida é o FIP e, assim, é em relação a ele que a cláusula compromissória estatutária produzirá efeitos"[48].

III – INVESTIMENTO EM (OU "FINANCIAMENTO" DE) ARBITRAGEM POR FUNDOS

Outra intersecção entre o universo da arbitragem e aquele dos fundos de investimento, no Brasil, se dá no campo do financiamento de litígios (*litigation finance* ou *third party funding*). Ainda que no Brasil faltem levantamentos sobre o volume atual desse mercado, é notório o aumento do número de gestoras e fundos de investimentos dedicados a estratégias do tipo – incluindo o investimento em (ou, como se convencionou chamar, o "financiamento" de) demandas submetidas à arbitragem[49]. Também sintomática é a multiplicação de regras e orientações sobre o tema no campo da arbitragem, como reflexo da maior recorrência com que o tema passou

---

47 Também emblemática desse momento é a recomendação que constou de cartilha sobre governança corporativa editada pela CVM, em 2002, e depois descontinuada, no sentido de que "[o] estatuto da companhia deve estabelecer que as divergências entre acionistas e companhia ou entre acionistas controladores e acionistas minoritários serão solucionadas por arbitragem" (CVM. **Recomendações da CVM sobre Governança Corporativa**, 2002. Disponível em: https://conteudo.cvm.gov.br/export/sites/cvm/decisoes/anexos/0001/3935.pdf. Acesso em: 14 nov. 2023).

48 Cf. WEBER, Ana Carolina. Companhia investida e o fundo de investimento em participações: estudo sobre a produção de efeitos da cláusula compromissória estatutária em relação aos cotistas do FIP. *In*: HANSZMANN, Felipe; HERMETO, Lucas (org.). **Atualidades em direito societário e mercado de capitais**. Rio de Janeiro: Lumen Juris, v. V, 2021. p. 614. Sobre o tema, ver, também, LEPORACE, Guilherme; COELHO, Luisa. A vinculação (ou não) dos quotistas de FIPs a cláusulas de arbitragem contratadas pelo administrador. **Migalhas**, 18 jul. 2014. Disponível em: https://abrir.link/kjWcG. Acesso em: 14 nov. 2023.

49 Tive oportunidade de examinar o tema em ALMEIDA, Fabiana Mendonça Martins de. **Third-Party Litigation Funding**: análise à luz do Direito brasileiro. Trabalho de conclusão de curso (Graduação em Direito) – Pontifícia Universidade Católica do Rio de Janeiro. Rio de Janeiro, 2012. Vale observar, contudo, que o campo do financiamento de litígios não se restringe a operações envolvendo fundos de investimento ou mesmo ao investimento em demandas submetidas a arbitragem.

a ser enfrentado na prática. Como constata o relatório "*Private Enforcement of Shareholder Rights*", publicado pela Organização para Cooperação e Desenvolvimento Econômico ("OCDE") em 2020, "*[t]hird-party funding in Brazil is still quite recent but is increasingly becoming a known and adopted alternative in arbitrations*"[50].

III.A) DISCIPLINA DOS FUNDOS DE INVESTIMENTO EM DIREITOS CREDITÓRIOS LITIGIOSOS

Quando a recente tendência de institucionalização e consolidação de um mercado em torno do investimento em litígios (inclusive arbitrais) desembarcou no Brasil – ainda que aqui, é bem verdade, não fosse novidade o investimento em precatórios –, encontrou base normativa própria para a estruturação de veículos de investimento do tipo.

Isso sobretudo porque, no âmbito da CVM, instituíra-se regime voltado ao investimento em direitos creditórios litigiosos, com a edição da Instrução CVM nº 444/2006: aquele dos chamados fundos de investimento em direitos creditórios não padronizados ("FIDC-NP"), recentemente consolidado com o regime dos FIDCs[51]. Na audiência pública que antecedeu a edição da Instrução CVM nº 444/2006, a CVM explicou que

> [n]essa categoria [de "não padronizados"] incluem-se os direitos creditórios que, no entender da CVM, demandam do investidor uma análise mais aprofundada de aspectos jurídicos (como na hipótese em que a validade jurídica da cessão para o FIDC é considerada um fator preponderante de risco), bem como de aspectos operacionais (como no caso de créditos de existência futura e montante desconhecido).[52]

Antes da edição da Instrução CVM nº 444/2006, o Colegiado da CVM apreciara, em março de 2005, consulta acerca da possibilidade de utilização de créditos

---

50 Cf. OCDE. **Private Enforcement of Shareholder Rights**, nov. 2020, p. 138. Disponível em: https://www.oecd.org/corporate/shareholder-rights-brazil.htm. Acesso em: 14 nov. 2023. O relatório resulta de esforço de trabalho que envolveu também a CVM e o Ministério da Economia.

51 Como explica o Edital de Audiência Pública SDM nº 8/20, houve "eliminação da categoria dos fundos de investimento em direitos creditórios não-padronizados – FIDC-NP, mas não da possibilidade de aquisição de direitos creditórios não-padronizados (artigos 2º, XIV, 18 e 52)". *Vide*, também, Ofício-Circular nº 8/2023/CVM/SSE.

52 Prossegue o edital: "Com esta abordagem, pretende-se instituir tratamento diferenciado para os FIDC que apresentem riscos de natureza jurídica ou operacional relevantes que exijam do investidor mais do que a *expertise* financeira usualmente empregada na análise de modalidade de investimento já assimiladas pelo mercado" (CVM. Edital de Audiência Pública nº 4/2006, p. 12).

objeto de demandas judiciais para a constituição de FIDC, veículo esse regido à época pela Instrução CVM nº 356/2001. Tal norma enquadrava como "direitos creditórios", delimitando, assim, o universo de ativos investidos,

> os direitos e títulos representativos de crédito, originários de operações realizadas nos segmentos financeiro, comercial, industrial, imobiliário, de hipotecas, de arrendamento mercantil e de prestação de serviços, os contratos referidos no § 8º do artigo 40, desta Instrução, bem como direitos e títulos representativos de créditos de natureza diversa assim reconhecidos pela CVM.[53]

Por ocasião da apreciação da referida consulta, o Colegiado da CVM concluiu que o diploma em questão não admitia o enquadramento de "direito de ação" como direito creditório, ainda que sob a modalidade de "crédito de natureza diversa"[54]. Considerou-se que créditos oriundos de processos de conhecimento constituem mera expectativa de direito e que somente com o trânsito em julgado da sentença de mérito nos respectivos processos vir-se-ia a confirmar direito creditório. Ao final, a Diretora Relatora Norma Parente propôs a promoção de estudo, pela área técnica da CVM, "acerca da possibilidade de elaboração de uma Instrução que venha a regular modalidade de fundo de investimento que abrigue situações como a ora examinada, cujo objeto trate especificamente de direito de ação". Essa tendência foi revertida, portanto, com a edição da Instrução CVM nº 444/2006.

A Resolução CVM nº 175/2022 é o diploma que atualmente governa a matéria, revogando a antiga Instrução CVM nº 444/2006. O seu Anexo Normativo II, dedicado aos FIDCs, abrange, sob o conceito de "direitos creditórios não padronizados", aqueles que "resultem de ações judiciais ou procedimentos arbitrais em curso, constituam seu objeto de litígio, tenham sido judicialmente penhorados ou dados em garantia" (artigo 2º, inciso XIII, *c*)[55]. O conceito inclui também, por exemplo, direitos creditórios cuja "constituição ou validade jurídica da cessão para a classe de cotas seja considerada um fator preponderante de risco" e que "sejam de existência

53 Cf. artigo 2º, inciso I, da Instrução CVM nº 356/2001 (revogada pela Resolução CVM nº 175/2022), com redação dada pela Instrução CVM nº 393/2003 e depois alterada pela Instrução CVM nº 442/2006. Atualmente, o artigo 2º do Anexo Normativo II da Resolução CVM nº 175/2022 define como "direitos creditórios": "XII – direitos creditórios: a) direitos e títulos representativos de crédito; b) valores mobiliários representativos de crédito; c) certificados de recebíveis e outros valores mobiliários representativos de operações de securitização, que não sejam lastreados em direitos creditórios não-padronizados; e d) por equiparação, cotas de FIDC; [...]".

54 Cf. CVM. Processo Administrativo nº RJ2004/5178, Dir. Relª Norma Parente, J. 29.03.2005.

55 Observe-se que, sob o § 1º do artigo 2º do Anexo Normativo II da Resolução CVM nº 175/2022, "[n]ão são considerados direitos creditórios não-padronizados: [...] II – os precatórios federais, desde que cumulativamente atendam aos seguintes requisitos: a) não apresentem nenhuma impugnação, judicial ou não; e b) já tenham sido expedidos e remetidos ao Tribunal Regional Federal competente; [...]".

futura e montante desconhecido, desde que emergentes de relações já constituídas" (artigo 2º, inciso XIII, *d* e *g*). O diploma disciplina, entre outras matérias, a verificação de lastro dos direitos creditórios pelo gestor, como parte das diligências para a aquisição dos ativos (artigo 36).

O respaldo dado pelas normas da CVM para a constituição de fundos dedicados ao investimento em direitos creditórios litigiosos – em conjugação principalmente com o regime de alienação de coisa ou direito litigioso do Código de Processo Civil ("CPC")[56] – é fator que favorece a consolidação de um mercado em torno de ativos *sub judice* (ou, de maneira mais ampla, ativos decorrentes ou relacionados a demandas em curso)[57]. Dado que o tema tem crescentemente sido enfrentado em casos concretos e impulsionado esforços de regulação, como veremos adiante, parece-nos importante agregar ao estudo sobre o "financiamento de litígios" a perspectiva da disciplina que rege o funcionamento dos respectivos veículos investidores.

III.B) REFLEXOS NOS PROCEDIMENTOS ARBITRAIS

Com o crescimento do investimento em demandas submetidas à arbitragem, intensificou-se a atenção com relação a possíveis reflexos dessas operações, notadamente quanto a eventuais impactos que possam provocar no tocante ao dever de independência e imparcialidade dos árbitros[58]. Além disso, como alerta o relatório "*Private Enforcement of Shareholder Rights*", publicado pela OCDE em 2020, ao

56 Cf. artigo 109 do CPC: "Artigo 109. A alienação da coisa ou do direito litigioso por ato entre vivos, a título particular, não altera a legitimidade das partes. § 1º O adquirente ou cessionário não poderá ingressar em juízo, sucedendo o alienante ou cedente, sem que o consinta a parte contrária. § 2º O adquirente ou cessionário poderá intervir no processo como assistente litisconsorcial do alienante ou cedente. § 3º Estendem-se os efeitos da sentença proferida entre as partes originárias ao adquirente ou cessionário".

57 Sobre arranjos alternativos para a estruturação de operações de *litigation finance*, ver COSTA, Isac. Como comprar uma briga: variáveis econômicas e arranjos jurídicos para projetos de *litigation finance* no Brasil. *In*: PEREIRA, Guilherme Setoguti J. (coord.). **Litigation Finance e Special Situations**. São Paulo: Thomson Reuters Brasil, 2023. p. 77-90.

58 Como exemplos de abordagens iniciais sobre o tema, ver SCHERER, Maxi. Third-party funding in international arbitration: towards mandatory disclosure of funding agreements? *In*: CREMADES, Bernardo M.; DIMOLITSA, Antonia (org.). **Third-party Funding in International Arbitration**. Paris: International Chamber of Commerce, 2013. p. 95-100; FERRO, Marcelo Roberto. O financiamento de arbitragens por terceiro e a independência do árbitro. *In*: CASTRO, Rodrigo Monteiro de *et al.* (org.). **Direito empresarial e outros estudos de direito em homenagem ao Professor José Alexandre Tavares Guerreiro**. São Paulo: Quartier Latin, 2013. p. 619-639. Ainda sobre o tema, vale conferir o relatório divulgado pelo International Council for Commercial Arbitration ("ICCA") em 2018 (ICCA. **Report of the ICCA-Queen Mary Task Force on Third-Party Funding in International Arbitration**, abr. 2018. Disponível em: https://www.arbitration-icca.org/icca-reports-no-4-icca-queen-mary-task-force-report-third-party-funding. Acesso em: 14 nov. 2023).

mesmo tempo em que constata a difusão desse fenômeno no Brasil e defende sua admissibilidade,

> *[t]hird-party funding also brings with it some concerns, such as the possibility of judges or arbitrators being influenced by the prior assessment made by the potential investor and the possibility of the third-party funder exercising certain influence on the proceeding, even if indirectly, given its interest in the success of the funded party.*[59]

Nessa trilha, observa-se esforço regulatório, que, em um primeiro momento, levou à edição de orientações favoráveis à divulgação no âmbito do procedimento arbitral, pela parte financiada, da existência de financiamento do tipo, e, em um segundo momento, à incorporação dessas orientações aos regulamentos de instituições arbitrais. Contudo, mais sensível do que a divulgação da existência de financiamento é a determinação do conteúdo necessário dessa divulgação, como veremos adiante.

Como exemplos de regras e orientações sobre o tema, emblemáticos desses esforços, citam-se as Diretrizes sobre Conflitos de Interesses em Arbitragem Internacional da *International Bar Association* ("IBA"), de 2014[60]; as orientações da "Nota às Partes e aos Tribunais Arbitrais sobre a Condução da Arbitragem conforme o

---

59 Prossegue o relatório: "*These issues should be discussed and properly regulated. However, third-party funding should be allowed as a tool to overcome the hurdles to exercise the right of access to justice and to make possible disputes which would be extremely costly to the weakest party, to the point of discouraging it from filing the suit The arbitration centers should consider rules expressly accepting third party funding and establishing the terms and conditions for it, including for the disclosure and management of potential conflicts of interest. This would reduce the uncertainties involved in the third party funding as well as foster it.* [...]" (OCDE. **Private Enforcement of Shareholder Rights**, nov. 2020, p. 139. Disponível em: https://www.oecd.org/corporate/shareholder-rights-brazil.htm. Acesso em: 14 nov. 2023).

60 O Princípio Geral nº 6 das Diretrizes da IBA traz parâmetros para interpretação do dever de revelação do árbitro, entre eles (subitem (b)): "Se uma das partes for uma entidade jurídica, qualquer pessoa coletiva ou singular com influência de controlo sobre tal entidade jurídica, ou com um interesse económico direto em, ou que tenha o dever de indemnizar uma parte em consequência de, a sentença arbitral que venha a ser proferida, pode ser considerada equiparável a tal parte". Já as respectivas notas explicativas orientam: "Terceiros financiadores ou seguradores relativamente ao litígio podem ter um interesse económico direto na sentença arbitral, e assim podem ser considerados como equiparados a uma parte. Para estes efeitos 'terceiros financiadores' e 'seguradores' referem-se a qualquer pessoa ou entidade que contribua com financiamento, ou outro apoio material, para a prossecução do caso do demandante ou do demandado, e que tem um interesse económico direto em, ou um dever de indemnizar uma parte em consequência de, sentença arbitral que vier a ser proferida". Já o Princípio Geral nº 7 trata do dever de informar das partes, e a respectiva nota explicativa observa que "[o] dever de revelação das partes sobre qualquer relação, direta ou indireta, entre o árbitro e tal parte (ou outra empresa do mesmo grupo económico, ou outro indivíduo com influência de controle sobre a parte no litígio), foi alargado aos relacionamentos entre o árbitro e qualquer pessoa ou entidade com um interesse económico direto na sentença arbitral a ser proferida, como a entidade que financia a arbitragem, ou quem tenha um dever de indemnizar uma parte em face da sentença arbitral".

Regulamento de Arbitragem CCI", posteriormente incorporadas ao regulamento de arbitragem da Câmara de Comércio Internacional ("CCI"); e as orientações da Resolução Administrativa nº 18/2006 do Centro de Arbitragem e Mediação da Câmara de Comércio Brasil-Canadá ("CAM-CCBC"), posteriormente incorporadas ao regulamento de arbitragem daquela câmara.

Nesse sentido, a CCI incorporou exigência de divulgação de financiamento de terceiros ao seu Regulamento de Arbitragem, reformado em 2021, abrangendo notadamente a existência e a identidade "de qualquer terceiro que tenha celebrado acordo relativo ao financiamento de demandas ou defesas, nos quais essa parte tenha interesse econômico no resultado final da arbitragem"[61]. Já o Regulamento de Arbitragem do CAM-CCBC, reformado em 2022, não apenas obriga as partes a informar a existência de financiamento de terceiro na primeira oportunidade[62], como também veda a criação de fato superveniente pelas partes que gere impedimento dos árbitros, inclusive no tocante a financiamento[63]. A resolução administrativa do CAM-CCBC antes mencionada já recomendava a divulgação, destacando que "[n]a referida informação deverá constar a qualificação completa do financiador"[64].

A confidencialidade da maioria dos procedimentos arbitrais prejudica a visibilidade sobre esse quadro. A despeito disso, há notícia de conflitos em torno da extensão dessa divulgação, especialmente quanto ao teor do contrato de investimento (celebrado entre "financiador" e "parte financiada"). Veja-se, nesse sentido, a seguinte ementa de sentença arbitral divulgada no âmbito do Ementário da Câmara do Mercado:

> [PROCEDIMENTO PÚBLICO] AÇÃO SOCIAL DE RESPONSABILIDADE CONTRA CONTROLADOR – ARTIGO 246, LEI Nº 6.404/1976 – SENTENÇA ARBITRAL PARCIAL UNÂNIME – QUESTÕES PRELIMINARES – CLÁSULA ARBITRAL ESTATUTÁRIA VÁLIDA E EFICAZ – ARBITRABILIDADE OBJETIVA – ARBITRABILIDADE SUBJETIVA – LEGITIMIDADE DAS PARTES – AUSENCIA DE IDENTIDADE DA ARBITRAGEM COM AÇÃO JUDICIAL EM CURSO – AUSENCIA DE RENÚNCIA AO JUÍZO ARBITRAL – TRIBUNAL ARBITRAL COMPETENTE – AUSENCIA DE LITISPENDÊNCIA – MANTIDA REUNIÃO DE PROCEDIMENTOS ARBITRAIS CAM 85/17 E CAM 97/17 EM ARBITRAGEM ÚNICA

---

61 Cf. artigo 11 (7) do Regulamento de Arbitragem da CCI.

62 Cf. artigos 7.1, (h), 8.1, (g), e 9.6 do Regulamento de Arbitragem do CAM-CCBC.

63 Cf. artigo 9.7 do Regulamento de Arbitragem do CAM-CCBC: "9.7 É vedada às partes, no curso do processo, a criação de fato superveniente que caracterize impedimento a um ou mais árbitros, inclusive sob a alegação de alteração de sua respectiva representação, financiamento ou assistência, cabendo ao Tribunal Arbitral ou ao CAM-CCBC, se o caso, adotar as medidas adequadas".

64 Cf. Resolução Administrativa nº 18/2016 do CAM-CCBC.

> – DECLARAÇÃO DE AUSÊNCIA DE CONFLITO DE INTERESSE DOS ÁRBITROS COM RELAÇÃO AOS TERCEIROS FINANCIADORES E PARTES RELACIONADAS – DEFERIDO PEDIDO PARA CONFIRMAÇÃO DOS GESTORES DE UM DOS FUNDOS FINANCIADORES – DESENTRAMENTO DE CONTRATO DE FINANCIAMENTO DEFERIDO – INDEFERIDO PEDIDO DE JUNTADA DE CONTRATO DE FINANCIAMENTO – FIXADA CAUÇÃO DO ARTIGO 246, § 1º, *B*, LEI Nº 6.404/1976 – DIVISÃO DO PRÊMIO. [...] 9. Financiamento de terceiros. Declarada pelos árbitros ausência de conflito de interesses com relação aos terceiros financiadores e partes relacionadas. Árbitros reiteram declarações de imparcialidade, independência, diligência e descrição. Deferido pedido para que um dos requerentes confirme quem são os gestores do fundo financiador. Irrelevância dos termos do contrato de financiamento para a verificação do conflito de interesses, ausência argumento capaz de justificar uma excepcionalidade no caso concreto que justificasse a revelação do conteúdo do referido contrato de financiamento. Indeferido pedido de juntada de contrato de financiamento de um dos requerentes. Deferido pedido de desentranhamento de contrato de financiamento de outro requerente.[65]

É também referência sobre o tema, no Brasil, a decisão proferida em processo judicial em curso perante o TJSP, revertendo decisão de primeira instância que determinara a divulgação de contrato de investimento. Eis a ementa do acórdão:

> Agravo de instrumento. Ação de reparação de danos por abuso de poder de controle. Determinação de exibição dos contratos celebrados com os financiadores do litígio. Reforma. Prestação dos esclarecimentos solicitados pelo juízo *a quo*. Possibilidade de contratação de financiamento para custeio das despesas processuais. Mero financiamento da demanda por terceiros ou a qualidade de litigante profissional não infirmam a condição do agravante, que é acionista minoritário e prestou a caução exigida pelo artigo 246, § 1º, alínea *b*, da LSA. Suposto abuso no direito de ação deve ser comprovado pelas agravadas. Irrelevância da identidade dos financiadores das despesas processuais. Afastamento da determinação de apresentação dos contratos. Agravo provido.[66]

Em suma, a existência de "financiamento" por veículo constituído como fundo de investimento pode, no âmbito de procedimento arbitral, suscitar divergência

65 Cf. Ementa nº 42.1.3.2020, publicada na 3ª Edição do Ementário de Sentenças Arbitrais da Câmara do Mercado.

66 Cf. TJSP, Agravo de Instrumento nº 2.153.411-63.2022.8.26.0000, 2ª Câmara Reservada de Direito Empresarial, Rel. Des. Natan Zelinschi de Arruda, J. 20.09.2022.

sobre a extensão da divulgação necessária. As nuances dessa análise variam conforme o objeto da divergência se refira à divulgação do contrato de investimento ou da identidade de prestadores de serviço do fundo (ou outros elementos mais). De todo modo, a importância dessa questão decorre sobretudo da centralidade do dever de independência e imparcialidade dos árbitros[67], de modo que merece cuidadosa consideração.

Para a adequada apreciação da matéria, a depender das circunstâncias do caso concreto, pode ser importante levar em consideração elementos próprios à disciplina jurídica dos fundos de investimento, pertinentes à sua organização interna, notadamente quanto ao regime a que ficam sujeitos os quotistas e prestadores de serviço[68]. Portanto, fica também aqui consignada como pauta para o aprofundamento do estudo sobre as intersecções entre fundos de investimento e arbitragem a relevância de se agregar aos debates sobre "financiamento de litígios" a perspectiva da disciplina dos fundos de investimento.

CONSIDERAÇÕES FINAIS

A partir deste breve panorama, nota-se que a disciplina dos fundos de investimento oferece interessantes e intricadas questões para análise à luz do novo marco regulatório, que podem em breve desaguar em procedimentos arbitrais. O estudo pormenorizado dessas questões é importante para evitar interpretações incompatíveis com as particularidades dos fundos de investimento. Em especial, destaca-se como questões principais para o estudo das intersecções entre fundos de investimento e

---

67 Ainda que possa se relacionar também com outros aspectos, para além da verificação de conflitos e do dever de revelação – por exemplo, questões relacionadas à alocação de custos do procedimento.

68 Ao mesmo tempo, parece-nos que, nesse exercício, merece ser ponderado também o fato de que diversos fundos na prática não revestem a típica feição de veículo de investimento coletivo que inspira determinados vetores dessa disciplina. Como bem observam Luciana Dias e Rafael Andrade (em estudo dedicado aos FIPs, contudo), "[a]s regras a respeito dos fundos de investimento foram elaboradas pela CVM tendo em vista essa estrutura padrão que presume uma coletividade de investidores. Por esse motivo, as normas aplicáveis aos fundos de investimento presumem uma separação entre os proprietários e os gestores dos recursos dos fundos. [...] Ocorre que esse arranjo conceitual presumido pela regulamentação nem sempre é observado na prática e estruturas legítimas, mas diferentes daquelas que originalmente presumiu o regulador, acabam por se abrigar sob a regulamentação de fundos de investimento, desafiando certos aspectos do modelo conceitualmente concebido". Também sobre o tema BECKER, Bruno Bastos. **Fundos de investimento no Brasil**: anatomia funcional e análise crítica regulatória. Tese de Doutorado – Faculdade de Direito, Universidade de São Paulo. São Paulo, 2019; RENTERIA, Pablo; OLIVA, Milena Donato. Notas sobre o regime jurídico dos fundos de investimento. *In*: HANSZMANN, Felipe; HERMETO, Lucas (org.). **Atualidades em direito societário e mercado de capitais**. Rio de Janeiro: Lumen Juris, v. V, 2021. p. 13-30; ANDRADE, Rafael. Além da (quase) obsessão pela natureza jurídica: discussões atuais sobre o regime jurídico dos fundos de investimento. **Revista de Direito Bancário e do Mercado de Capitais**, v. 88, p. 179-204, abr./jun. 2020.

arbitragem (i) aquela da natureza – do fundo de investimento em si, ainda e sempre, e, consequentemente – do regulamento e a sua conciliação com as teorias em torno do consentimento em arbitragem, assim como (ii) aquela da ponderação de vetores da disciplina dos fundos de investimento ao tratar-se do investimento em (ou "financiamento" de) arbitragem por veículos desse tipo.

REFERÊNCIAS

ADAMEK, Marcelo Vieira von. Responsabilidade de cotistas e administradores nos fundos de investimento em participação. *In*: KUYVEN, Fernando (coord.). **Direito dos fundos de investimento**. São Paulo: Thomson Reuters Brasil, 2023. p. 349-389.

ADAMEK, Marcelo Vieira von. Abuso de poder de controle e os fundos de investimento em participações (FIPs). *In*: KUYVEN, Fernando (coord.). **Direito dos fundos de investimento**. São Paulo: Thomson Reuters Brasil, 2023. p. 391-420.

ALMEIDA, Fabiana Mendonça Martins de. ***Third-Party Litigation Funding***: análise à luz do Direito brasileiro. Trabalho de conclusão de curso (Graduação em Direito) – Pontifícia Universidade Católica do Rio de Janeiro. Rio de Janeiro, 2012.

ANDRADE, Rafael. Além da (quase) obsessão pela natureza jurídica: discussões atuais sobre o regime jurídico dos fundos de investimento. **Revista de Direito Bancário e do Mercado de Capitais**, v. 88, p. 179-204, abr./jun. 2020.

BIASE, Nicholas Furlan di. **A responsabilidade civil do administrador e do gestor por danos ao fundo de investimento**. São Paulo: Quartier Latin, 2023.

BECKER, Bruno Bastos. **Fundos de investimento no Brasil**: anatomia funcional e análise crítica regulatória. Tese de Doutorado – Faculdade de Direito, Universidade de São Paulo. São Paulo, 2019.

BORBA, Gustavo Tavares; ROCHA, Luiza Coelho da. Administrador de fundo de investimento: posição jurídica, responsabilidades e vinculação à cláusula compromissória arbitral. *In*: HANSZMANN, Felipe; HERMETO, Lucas (org.). **Atualidades em direito societário e mercado de capitais**. Rio de Janeiro: Lumen Juris, v. V, 2021. p. 213-230.

COSTA, Isac. Como comprar uma briga: variáveis econômicas e arranjos jurídicos para projetos de *litigation finance* no Brasil. *In*: PEREIRA, Guilherme Setoguti J. (coord.). **Litigation Finance e Special Situations**. São Paulo: Thomson Reuters Brasil, 2023. p. 77-90.

CVM. **Recomendações da CVM sobre Governança Corporativa**, 2002. Disponível em: https://abrir.link/IFnrJ. Acesso em: 14 nov. 2023.

DIAS, Luciana; ANDRADE, Rafael. Fundos de Investimento em Participações: o regime jurídico dos fundos exclusivos e reservados na regulamentação da CVM. *In*: HANSZMANN, Felipe; HERMETO, Lucas (org.). **Atualidades em direito societário e mercado de capitais**. Rio de Janeiro: Lumen Juris, v. V, 2021. p. 447-468.

EIZIRIK, Nelson. Fundos de investimento. Não aplicação do Código de Defesa do Consumidor aos quotistas. Fato do príncipe consistente na mudança das regras de contabilização dos títulos de sua carteira. *In*: **Temas de direito societário**. Rio de Janeiro: Renovar, 2005. p. 547-570.

EIZIRIK, Nelson. PL 2.925 merece uma audiência pública para repensá-lo. **Capital Aberto**, 24 ago. 2023. Disponível em: https://abrir.link/VaSqq. Acesso em: 14 nov. 2023.

EIZIRIK, Nelson; GAAL, Ariádna B.; PARENTE, Flávia; HENRIQUES, Marcus de Freiras. **Mercado de capitais** – Regime jurídico. 4. ed. São Paulo: Quartier Latin, 2019.

FERRO, Marcelo Roberto. O financiamento de arbitragens por terceiro e a independência do árbitro. *In*: CASTRO, Rodrigo Monteiro de *et al.* (org.). **Direito empresarial e outros estudos de direito em homenagem ao Professor José Alexandre Tavares Guerreiro**. São Paulo: Quartier Latin, 2013. p. 619-639.

FREITAS, Ricardo de Santos. **Natureza jurídica dos fundos de investimento**. São Paulo: Quartier Latin, 2006.

GOUVÊA, Carlos Portugal. Comentários aos artigos 1.368-C a 1.368-F do Código Civil: fundos de investimento na Lei de Liberdade Econômica. *In*: MARTINS-COSTA, Judith; NITSCHKE, Guilherme Carneiro Monteiro (coord.). **Direito privado na Lei da Liberdade Econômica**: comentários. São Paulo: Almeida, 2022. p. 583-622.

ICCA. **Report of the ICCA-Queen Mary Task Force on Third-Party Funding in International Arbitration**, abr. 2018. Disponível em: https://www.arbitration-icca.org/icca-reports-no-4-icca-queen-mary-task-force-report-third-party-funding. Acesso em: 14 nov. 2023.

KUGLER, Herbert Morgenstern. **O poder de controle no fundo de investimento**. São Paulo: Quartier Latin, 2022.

KUYVEN, Fernando; MATIAS FILHO, João Luis Nogueira. Vinculação de administradores e gestores ao acordo de cotistas e à cláusula arbitral nele inserida. *In*: KUYVEN, Fernando (coord.). **Direito dos fundos de investimento**. São Paulo: Thomson Reuters Brasil, 2023. p. 443-457.

LEPORACE, Guilherme; COELHO, Luisa. A vinculação (ou não) dos quotistas de FIPs a cláusulas de arbitragem contratadas pelo administrador. **Migalhas**, 18 jul. 2014. Disponível em: https://migalhas.uol.com.br/depeso/204474/a-vinculacao--ou-nao--dos-quotistas-de-fips-a-clausulas-de-arbitragem-contratadas-pelo-administrador. Acesso em: 14 nov. 2023.

MARTINS NETO, Carlos. Natureza jurídica dos fundos de investimento e responsabilidade de seus cotistas à luz da Lei de Liberdade Econômica: como ficou e como poderia ter ficado. *In*: HANSZMANN, Felipe; HERMETO, Lucas (org.). **Atualidades em direito societário e mercado de capitais**. Rio de Janeiro: Lumen Juris, v. V, 2021. p. 55-72.

OCDE. **Private Enforcement of Shareholder Rights**, nov. 2020. Disponível em: https://www.oecd.org/corporate/shareholder-rights-brazil.htm. Acesso em: 14 nov. 2023.

RENTERIA, Pablo; OLIVA, Milena Donato. Notas sobre o regime jurídico dos fundos de investimento. *In*: HANSZMANN, Felipe; HERMETO, Lucas (org.). **Atualidades em direito societário e mercado de capitais**. Rio de Janeiro: Lumen Juris, v. V, 2021. p. 13-30.

SATIRO, Francisco. Constrição judicial sobre ativos de fundos de investimento em participações. *In*: SZTAJN, Rachel *et al.* (coord.). **Direito empresarial** – Estudos em homenagem ao Professor Haroldo Malheiros Duclerc Verçosa. São Paulo: IASP, 2015. p. 561-586.

SCHERER, Maxi. Third-party funding in international arbitration: towards mandatory disclosure of funding agreements? *In*: CREMADES, Bernardo M.; DIMOLITSA, Antonia (org.). **Third-party Funding in International Arbitration**. Paris: International Chamber of Commerce, 2013. p. 95-100.

TIBURCIO, Antonio Augusto; HERMETO, Lucas. Arbitragem e fundos de investimento: a vinculação do gestor e do administrador à cláusula compromissória constante do regulamento. *In*: HANSZMANN, Felipe (coord.). **Atualidades em direito societário e mercado de capitais**. Rio de Janeiro: Lumes Juris, v. II, 2018. p. 41-54.

VIEIRA, Paulo. Arbitragem de fundos de investimento: um novo nicho e seus desafios. *In*: HANSZMANN, Felipe; HERMETO, Lucas (org.). **Atualidades em direito societário e mercado de capitais**. Rio de Janeiro: Lumen Juris, v. V, 2021. p. 585-595.

VIEIRA, Juliana Botini Hargreaves; TINOCO, Camila. A delimitação das atribuições dos administradores fiduciários e dos gestores de recursos à luz dos diferentes tipos de fundos de investimento. *In*: HANSZMANN, Felipe; HERMETO, Lucas (org.). **Atualidades em direito societário e mercado de capitais**. Rio de Janeiro: Lumen Juris, v. V, 2021. p. 169-211.

WEBER, Ana Carolina. Companhia investida e o fundo de investimento em participações: estudo sobre a produção de efeitos da cláusula compromissória estatutária em relação aos cotistas do FIP. *In*: HANSZMANN, Felipe; HERMETO, Lucas (org.). **Atualidades em direito societário e mercado de capitais**. Rio de Janeiro: Lumen Juris, v. V, 2021. p. 597-619.

CONVENÇÃO SOBRE COMPRA E VENDA INTERNACIONAL DE MERCADORIAS (CISG)

Coordenadores do grupo: Lígia Espolaor Veronese e Orlando José Guterres Costa Júnior.

Objeto: Promover o conhecimento, a interpretação e a aplicação da CISG no Brasil, especialmente no âmbito arbitral.

Atividades desenvolvidas e em desenvolvimento:

Atualização de jurisprudência judicial brasileira a respeito da CISG.

Elaboração de artigos sobre a aplicação da CISG no Brasil.

Participação em eventos relacionados com a CISG, como, por exemplo, a vinda do *CISG Council* ao Brasil.

Organização de grupo de tradução de casos judiciais brasileiros aplicando a CISG para envio à base Clout da Uncitral.

Organização de série de comunicações para breves debates sobre temas da CISG com advogados e acadêmicos que possuem a CISG como tema de pesquisa.

Organização de grupo de *network* com pesquisadores da CISG na América do Sul, a fim de trocar experiências e comparações sobre a aplicação da convenção em cada país, seja na esfera judicial, seja na esfera arbitral.

5. APLICAÇÃO DA CISG NO BRASIL: ATUALIZAÇÃO JURISPRUDENCIAL

Lígia Espolaor Veronese
Doutora em Direito Internacional pela USP.
Mestre em Direito Internacional pela USP.
Pesquisadora Bolsista no Max-Planck Institut für Ausländisches und Internationales Privatrecht - Hamburgo.
Pesquisadora bolsista no Instituto Internacional para a Unificação do Direito Privado (Unidroit) - Roma.
Advogada na área de arbitragem.

INTRODUÇÃO

A Convenção das Nações Unidas sobre Contratos de Compra e Venda Internacional de Mercadorias, aqui referida apenas como "CISG" ou "Convenção", já não é mais uma novidade para os juristas brasileiros. Caminhando para o décimo ano desde a sua entrada em vigor no País[1], a Convenção foi objeto de intensos debates, palestras, congressos exclusivos e, claro, de extensa literatura produzida por renomados autores que se dedicaram a estudar e disseminar as contribuições que este novo conjunto de regras internacionalmente aplicado teria sobre o Direito pátrio.

Tendo em vista o tempo de sua aplicação internacional, desde a década de 1980[2], a Convenção já era bastante conhecida dos brasileiros mais entusiastas, que, por vezes, consideraram a sua internalização tardia. Esperava-se que, com seu

1 A CISG entrou em vigor no Brasil com a promulgação do Decreto nº 8.327, de 16 de outubro de 2014.
2 A CISG entrou em vigor em 1988, quando foi submetido o décimo instrumento de ratificação, aceitação, aprovação ou acessão, conforme dispõe seu artigo 99. Informação disponível em: https://uncitral.un.org/en/texts/salegoods/conventions/sale_of_goods/cisg.

status atual de lei brasileira, a CISG passaria a ser interpretada e aplicada de forma cada vez mais recorrente, seja na prática comercial, seja no âmbito de disputas judiciais e arbitrais.

Porém, as pesquisas jurisprudenciais realizadas nos últimos anos demonstram que essa aplicação ainda continua lenta, limitada conceitualmente (poucos dispositivos explorados) e localizada geograficamente (maior parte de decisões proferidas nas regiões Sul e Sudeste do Brasil). Faz-se referência, em especial, aos estudos realizados no âmbito do Grupo de Estudos do CBAr sobre a CISG em 2016 ("Relatório CBAr")[3], e atualizado por meio de artigo científico publicado em 2021 e com data de corte de pesquisa em julho de 2020[4], os quais demonstraram que a principal contribuição da CISG tem sido a ampla aplicação do ônus mitigação de danos (*duty to mitigate the loss*), previsto no artigo 77 da Convenção[5], e a sua proximidade com o instituto já presente no Código Civil da concorrência da vítima para a ocorrência ou agravamento dos danos[6].

A dúvida que se coloca é se essa tendência se manteve nos últimos anos ou se novas contribuições e institutos da CISG têm sido aplicados à prática brasileira. Para responder a essa questão, o presente artigo se propõe a atualizar as pesquisas jurisprudenciais a partir de julho de 2020 (item 1), bem como com base em outras fontes (item 2), para, então, tecer algumas conclusões sobre os resultados da referida pesquisa.

1. ATUALIZAÇÃO JURISPRUDENCIAL

Como anunciado antes, neste item serão expostos os resultados da pesquisa jurisprudencial realizada a partir da data de corte de 1º de julho de 2020 até 30 de setembro de 2023. Antes desta data de corte, o Relatório CBAr havia identificado 81 decisões até outubro de 2015[7], enquanto a atualização realizada posteriormente havia apurado 49 decisões adicionais aplicando a CISG[8], e mais uma centena de

---

3 1ª Edição da Pesquisa e Jurisprudência "A CISG e o Judiciário brasileiro", 2016, sob coordenação de Gustavo Kulesza, Rafael Bittencourt e Rodrigo Moreira. Disponível em: https://abrir.link/rXhNk.

4 VERONESE, Lígia Espolaor. A contribuição da CISG para o direito contratual brasileiro: uma análise jurisprudencial. *In*: KULESZA, Gustavo; MOREIRA, Rodrigo (coord.). **Direito contratual e Convenção de Viena (CISG)**. 1. ed. São Paulo: Almedina, 2021.

5 Artigo 77 CISG: "A parte que invocar o inadimplemento do contrato deverá tomar as medidas que forem razoáveis, de acordo com as circunstâncias, para diminuir os prejuízos resultantes do descumprimento, incluídos os lucros cessantes. Caso não adote estas medidas, a outra parte poderá pedir redução na indenização das perdas e danos, no montante da perda que deveria ter sido mitigada".

6 *Vide*, a respeito, VERONESE, Lígia Espolaor. A contribuição (*op. cit.*), item 2.

7 Relatório CBAr, p. 12 e 14.

8 VERONESE, Lígia Espolaor. A contribuição (*op. cit.*), p. 63.

acórdãos repetitivos (para não dizer idênticos) sobre contratos de fornecimento de energia elétrica, os quais apenas mencionam a CISG de forma indireta em citações doutrinárias a respeito do tema da mitigação de danos prevista no artigo 77[9].

Cabe ressaltar que a atualização pretendida no presente artigo não é inédita, visto que o tema foi objeto de painel específico no 23º Congresso Internacional de Arbitragem promovido pelo CBAr, realizado no dia 13 de setembro de 2023, pelo ilustre Bernard POTSCH[10]. No referido painel, o palestrante apresentou o resultado das pesquisas jurisprudenciais realizadas anteriormente, atualizando a base de decisões até a data do evento de acordo com os mesmos critérios de pesquisa adotados pelos estudos anteriores. Ainda, foram discutidas algumas decisões específicas – a maior parte delas anteriores à data de corte do presente artigo – e tratadas as dificuldades e os desafios encontrados na aplicação da CISG pelos Tribunais brasileiros.

Em complemento a essa brilhante exposição, o presente artigo se propõe a filtrar e discutir apenas os julgados mais recentes e, quando possível, complementar as pesquisas e discussões realizadas tanto pelo expositor quanto pelos estudos anteriores. Inclusive, a mesma metodologia e os critérios de pesquisa aplicáveis aos referidos estudos foram incorporados à presente pesquisa, quais sejam, os critérios do Relatório CBAr[11] e a referência ao Decreto nº 8.327/2014.

Passemos, então, aos resultados propriamente ditos. Além do Supremo Tribunal Federal (STF), a CISG ainda não foi objeto de qualquer apreciação (direta ou indireta) pelos seguintes Tribunais: TJAP, TJES, TJMA, TJMS, TJPB, TJPI, TJRR, TJSE, TJTO e TJCE[12]. Entre os Tribunais que haviam retornado julgados nos estudos anteriores, TJAC, TJMT, TJPA, TJRN e TJRO não aplicaram a CISG a partir da nova data de corte de julho de 2020. No entanto, duas ressalvas sobre esses resultados são necessárias.

Primeiramente, as pesquisas realizadas na página do TJRN retornaram uma única, porém interessante decisão, ainda em primeira instância de pequena causa (Juizado Especial Cível), com aplicação direta do ônus de mitigação de danos

9 VERONESE, Lígia Espolaor. A contribuição (*op. cit.*), p. 72.

10 Apresentação intitulada "A CISG e o Brasil: primeiros 8 anos", 23º Congresso Internacional de Arbitragem – CBAr, Rio de Janeiro, 13 de setembro de 2023.

11 Conforme item 2.1.2 do Relatório CBAr, os termos de busca utilizados foram: 1. "Convenção das Nações Unidas sobre Contratos de Compra e Venda Internacional de Mercadorias"; 2. "Convenção de Viena sobre Compra e Venda Internacional de Mercadorias"; 3. "Compra e venda internacional"; 4. "Convenção da ONU sobre os Contratos de Compra e Venda"; 5. "Convenção das Nações Unidas sobre os Contratos de Compra e Venda"; 6. "Convenção de Viena"; 7. "CISG"; e 8. "CVIM".

12 Observa-se que, como indicado em estudo anterior, a pesquisa no TJCE retorna três julgados em que a CISG apenas consta de título de obra doutrinária, mas sem tratar da sua aplicação (TJCE, Agravo de Instrumento nº 0621637-23.2017.8.06.0000, Rel. Des. Teodoro Silva Santos, J. 28.03.2020; TJCE, Apelação Cível nº 0459663-81.2011.8.06.0001, Rel. Des. Teodoro Silva Santos, J. 04.10.2017; TJCE, Apelação nº 0214876-09.2015.8.06.0001, Rel. Des. Teodoro Silva Santos, J. 05.07.2017).

previsto no artigo 77 da Convenção em disputa indenizatória decorrente de alteração de hospedagem hoteleira. No referido caso, o juízo reduziu o valor pleiteado de indenização por não ter o autor atuado para mitigação de seu prejuízo. Veja-se alguns trechos da decisão:

> O dever de manter a boa-fé objetiva, além de ser o ponto inicial da própria boa-fé processual, **também presta embasamento teórico para o que a doutrina civilista convencionou em chamar de *duty to mitigate your own loss*** ou, em tradução livre, dever de mitigar sua própria perda.
> Trata-se de figura oriunda do direito anglo-saxão que gradativamente foi internalizada pelos países de tradição romano germânica. **Este dever tem por inspiração mais próxima o art. 77 da Convenção de Viena**, segundo o qual, "a parte que invoca a quebra do contrato deve tomar as medidas razoáveis, levando em consideração as circunstâncias, para limitar a perda, nela compreendido o prejuízo resultante da quebra. Se ela negligencia em tomar tais medidas, a parte faltosa pode pedir a redução das perdas e danos, em proporção igual ao montante da perda que poderia ter sido diminuída".
> [...]
> Outrossim, no que se refere ao valor dispendido no Pipa Lagoa hotel, em que o demandante deseja ser indenizado em R$ 5.230,00, deve-se considerar justamente que havia plena possibilidade de o autor utilizar acomodações em sua viagem de modo menos custoso, caso tivesse aceitado a oferta da requerida. Dessa forma, incide no caso o princípio do dever de mitigar as próprias perdas, no âmbito da boa-fé objetiva, ao que entendo indevido ressarcimento integral do valor pago, sob pena de caracterização de abuso de direito. (TJRN, JEC 0804331-51.2021.8.20.5101, Juiz Jose Vieira de Figueiredo Junior, J. 24.08.2022 – grifos não originais)

A despeito de ser uma sentença em primeira instância[13], trata-se de decisão recente em que o tema da mitigação de danos prevista na CISG foi efetivamente aplicada e sobre a qual não houve reforma até o momento.

A segunda ressalva se refere ao TJRO, na medida em que, a despeito de o Relatório CBAr[14] indicar a existência de um julgado, e a apresentação de Bernard POTSCH relacionar a existência de dois julgados em todo o período de aplicação da CISG[15], a presente pesquisa não encontrou um segundo julgado no referido Tribunal de Justiça (o que também já havia ocorrido na pesquisa anterior[16]). Portanto, ressalva-se que lap-

---

13 O que não é objeto da presente pesquisa realizada nos demais tribunais estaduais.
14 Relatório CBAr, p. 14.
15 Conforme *slides* 4 e 7.
16 VERONESE, Lígia Espolaor. A contribuição (*op. cit.*), p. 64.

sos possam ter ocorrido na presente pesquisa recentemente realizada, e, no que tange ao TJRO, o lapso não pôde ser solucionado até a submissão deste artigo.

Feitas as observações pertinentes, passa-se à análise dos resultados da pesquisa jurisprudencial no STJ e nos demais tribunais estaduais – relacionados em ordem alfabética –, que retornaram recentes julgados nos quais a CISG foi aplicada, seja de forma direta, seja de forma indireta (ainda a maioria dos julgados, como se verá), ou mesmo no âmbito de relações jurídicas distintas da compra e venda internacional de mercadorias, escopo por excelência da Convenção[17].

1.1 STJ

Após não retornar nenhum caso entre 2016 e 2020[18], a pesquisa jurisprudencial mais recente no Superior de Justiça retornou um único acórdão, de agosto de 2023[19], no qual a CISG foi mencionada como uma das bases para o reconhecimento do inadimplemento antecipado (*antecipatory breach of contract*) previsto no artigo 72 da Convenção[20].

É curioso notar que, apesar de recente, o acórdão cita a Convenção sem mencionar o Decreto nº 8.327/2014 e tampouco dispõe que esta regra prevista no artigo 72 agora faz parte do ordenamento jurídico brasileiro. Ao contrário, o texto do acórdão segue no sentido de que *não haveria previsão legal expressa a respeito do inadimplemento antecipado*, mesmo a disputa se tratando de um contrato de compra e venda (ainda que não seja internacional de mercadorias). Veja-se o trecho relevante a esse respeito:

> 19. O instituto da quebra antecipada foi desenvolvido pela jurisprudência inglesa, em meados do século XIX, quando se decidiu que se uma das partes da relação contratual manifesta a sua intenção de não cumprir o contrato, a outra pode aceitar tal declaração e resolver a avença (AZULAY, Fortunato. **Do inadimplemento antecipado**. Rio de Janeiro: Brasília/Rio, 1977, p. 101-102). **Ao depois,**

---

17 Conforme o artigo 1 da CISG: "Esta Convenção aplica-se aos contratos de compra e venda de mercadorias entre partes que tenham seus estabelecimentos em Estados distintos: (a) quando tais Estados forem Estados contratantes; ou (b) quando as regras de direito internacional privado levarem à aplicação da lei de um Estado contratante".

18 VERONESE, Lígia Espolaor. A contribuição (*op. cit.*), p. 64.

19 STJ, REsp 2.042.232/RN (2022/0382182-6), Relª Min. Nancy Andrighi, J. 22.08.2023.

20 Artigo 72 da CISG: "(1) Se antes da data do adimplemento tornar-se evidente que uma das partes incorrerá em violação essencial do contrato, poderá a outra parte declarar a rescisão deste. (2) Se dispuser do tempo necessário, a parte que pretender declarar a rescisão do contrato deverá comunicá-la à outra parte com antecedência razoável, para que esta possa oferecer garantias suficientes de que cumprirá suas obrigações. (3) Os requisitos do parágrafo anterior não serão aplicáveis quando a outra parte houver declarado que não cumprirá suas obrigações".

> **a Convenção de Viena de 1980 passou a prever expressamente essa espécie de inadimplemento em seu artigo 72, segundo o qual "se, antes da data do cumprimento, for manifesto que uma parte cometerá uma violação fundamental do contrato, a outra parte pode declarar a resolução deste".**
> 20. **No Direito brasileiro, não há previsão legal expressa consagrando o inadimplemento antecipado.** Nada obstante, ainda na vigência CC/16, havia doutrina e jurisprudência admitindo a sua aplicação, com amparo, sobretudo, no princípio da boa-fé objetiva. (MARTINS-COSTA, Judith. **Comentários ao novo Código Civil**. Rio de Janeiro: Forense, v. V, t. II, 2003. p. 157)

Julgados como esse demonstram que, mesmo com quase 10 anos de aplicação no Brasil, como lei nacional, a CISG por vezes é referenciada como um conjunto de regras *externo*, a complementar o Direito brasileiro. Ainda que o contrato em análise não fosse o objeto preciso da aplicação da CISG (contrato de compra e venda internacional de mercadorias), é fato que existe, sim, regra expressa de inadimplemento antecipado no Direito brasileiro desde outubro de 2014 – desde a internalização da Convenção.

Especialmente por se originar de Tribunais Superiores, casos como esse também demonstram que há, ainda, um caminho desafiador a ser percorrido para a disseminação do conhecimento e aplicação da CISG no Brasil.

1.2 TJAL

Até julho de 2020, a pesquisa no Tribunal de Justiça do Estado de Alagoas não havia retornado resultados desde o Relatório CBAr[21]. Na pesquisa mais recente, identificou-se um único acórdão de 2022 envolvendo a compra e venda de bem imóvel[22]. No referido acórdão, a CISG é citada de forma indireta, em transcrição doutrinária, para fundamentar a aplicação do *duty to mitigate the loss* em face da construtora que postergou a resolução do contrato solicitada pelo comprador, aumentando os prejuízos causados para ambas as partes[23].

---

21 VERONESE, Lígia Espolaor. A contribuição (*op. cit.*), p. 64.

22 TJAL, AC 0722730-76.2013.8.02.0001, Rel. Des. Ivan Vasconcelos Brito Júnior, J. 29.09.2022.

23 *Vide* passagens do acórdão: "43. Ademais, sabendo a construtora que a promitente compradora não tinha a intenção de continuar o contrato porque motivo não tomou outras providências para se desincumbir de tal relação. Ao contrário, aproveitou-se da negativa e procrastinou a resolução contratual, que sabia ser um negócio que iria desaguar em danos para si e para a contratante. 44 Flávio Tartuce, ao discriminar os deveres anexos da boa-fé objetiva, mais especificamente o duty to mitigate the loss, nos traz: [...]".

Ou seja, trata-se de caso em que o instituto previsto na CISG foi aplicado à luz da boa-fé objetiva (artigo 422 do Código Civil[24]), porém de forma inversa, visto que em face da parte causadora do dano (construtora) – e não da parte impactada (compradora), como determina o dispositivo da Convenção.

1.3 TJAM

A pesquisa recente no Tribunal de Justiça do Estado do Amazonas seguiu a mesma tendência da apuração anterior, visto que o único acórdão identificado excluiu a aplicação da Convenção. No julgado anterior, de 2018, a Convenção foi afastada por acordo expresso das partes contratantes[25]. Já, no julgado de 2023[26], a CISG foi afastada por dois motivos: primeiro, por ser a relação jurídica anterior à promulgação da Convenção no Brasil; e, segundo, por ter sido afastada a natureza de compra e venda internacional de mercadorias, configurando relação de parceria comercial e industrial, conforme se depreende do trecho a seguir transcrito:

> Isso ocorre, ressalto, a partir da análise da petição coligida às fls. 1204/1207 subscrita pela empresa TECNOWORLD, terceira havida como interessada no litígio, por meio da qual se infere que **a natureza da relação estabelecida entre as partes não trata verdadeiramente de compra e venda internacional de mercadorias, operação esta que, inclusive, teve o seu marco normativo (Convenção de Viena – CISG) ratificado pelo Brasil em 04.03.2013, portanto, posterior aos fatos narrados na inicial**. (grifo não original)

Portanto, referido Tribunal segue sem julgados quanto à aplicação da CISG.

1.4 TJBA

Diferentemente da pesquisa anterior[27], entre 2020 e 2023 o Tribunal de Justiça do Estado da Bahia proferiu apenas um único novo acórdão a respeito da CISG[28]. Nele, a Convenção é citada de forma indireta, por meio de transcrição de sentença

---

24 Artigo 422 do Código Civil: "Os contratantes são obrigados a guardar, assim na conclusão do contrato, como em sua execução, os princípios de probidade e boa-fé".

25 VERONESE, Lígia Espolaor. A contribuição (*op. cit.*), p. 66.

26 TJAM, AC 0253966-88.2009.8.04.0001, Rel. Des. Flávio Humberto Pascarelli Lopes, J. 30.01.2023.

27 Que havia retornado um total de 4 julgados (*vide* VERONESE, Lígia Espolaor. A contribuição (*op. cit.*), p. 66-67.

28 TJBA, RI 0009993-77.2018.8.05.0113, Rel. Des. Albênio Lima da Silva Honorio, DJE 20.07.2020.

em primeiro grau que aplicou o *duty to mitigate the loss* constante no artigo 77 da CISG e no Enunciado nº 169 da III Jornada de Direito Civil do CNJ para afastar o direito do credor a ser indenizado por danos morais[29]. O acórdão confirmou integralmente a sentença que aplicou a CISG.

1.5 TJDFT

A respeito do Tribunal de Justiça do Distrito Federal e dos Territórios, primeiramente, faz-se necessário apresentar uma correção à pesquisa anterior, que havia indicado, no período de 2016 a 2020, a existência de três julgados mencionando a CISG. Porém, após análise da apresentação de Bernard POTSCH, que havia identificado um julgado adicional no período, a pesquisa foi refeita, retornando a Apelação Cível nº 20150110823222APC, de relatoria do Desembargador Carlos Rodrigues[30].

No referido julgado, a CISG é citada de forma indireta, em citação jurisprudencial, a respeito da mitigação de danos prevista no artigo 77, tendo este sido afastado por não ter se configurado qualquer ofensa à boa-fé objetiva pelo autor da demanda envolvendo contrato de locação de imóvel[31].

Feita esta correção do lapso anterior, tem-se que a pesquisa mais recente no TJDFT retornou dois acórdãos de mesma relatoria, sendo um envolvendo contrato

---

29 Trecho da sentença confirmada pelo acórdão: "**A desídia por longo período de tempo, diante de pagamentos reiterados, por prazo superior a 01 ano, sem que tenha havido qualquer questionamento pela parte autora, demonstra não haver ofensa moral passível de ser indenizada. Ao versar sobre o dever de lealdade (emanação do princípio da boa-fé objetiva), a doutrina moderna, inspirada no dogma da eticidade que deve reinar nas relações jurídicas, acentua a existência do dever de o credor mitigar as próprias perdas em virtude do inadimplemento do devedor. É o chamado duty to mitigate the loss, originário de normas de direito internacional privado (artigo 77, da Convenção de Viena de 1980, que dispõe sobre venda internacional de mercadorias) e encampado expressamente pelo Enunciado nº 169, da III Jornada de Direito Civil, promovida pelo Centro de Estudos Judiciários do Conselho da Justiça Federal. O Enunciado está vazado nos seguintes termos: 'O princípio da boa-fé objetiva deve levar o credor a evitar o agravamento do próprio prejuízo'. Assim, entendo que não se encontram presentes os requisitos ensejadores para configuração do dano moral, em especial pelo fato da Autora não ter demonstrado que requereu cancelamento do serviço junto ao banco réu**" (grifos não originais).

30 TJDFT, AC 20150110823222APC (0024964-63.2015.8.07.0001), Rel. Des. Carlos Rodrigues, J. 15.03.2017.

31 "Outrossim, não se pode imputar ao autor o dever de renegociar as dívidas da locatária a qualquer tempo, como entende a recorrente. Em se tratando de relação entre particulares deve viger sempre a liberdade contratual. Assim também, não cabe à apelante invocar a aplicação do princípio duty to mitigate the loss, sob o argumento de que a conduta do autor feriu o princípio da boa fé."

de mútuo e outro contrato de honorários[32]. Em ambos os casos, a CISG é mencionada de forma indireta, em citação doutrinária, e, na mesma linha dos outros julgados, também para fins de respaldar a aplicação do *duty to mitigate the loss*.

Nos dois julgados, foi negada a indenização da integralidade do dano sofrido pelos autores, em razão de sua demora em ingressar com a ação. Especificamente, em ambos os casos, foi decidido o afastamento de juros e encargos desde a constituição da dívida (como era requerimento os autores), uma vez que estes demoraram 5 e 9 anos, respectivamente, para ingressar com as ações. Assim, decidiu-se, à luz do dever de mitigação de danos, aplicar tais encargos apenas após a citação da parte devedora[33].

1.6 TJGO

Ausente nas pesquisas realizadas no Relatório CBAr, na atualização de 2020, e mesmo na apresentação de setembro de 2023, o Tribunal de Justiça do Estado de Goiás participa do presente artigo com um inédito e recente julgado, no qual a CISG é citada a partir de sentença de primeiro grau integralmente confirmada pelo Tribunal de Justiça[34].

A despeito de se tratar de contrato bancário expressamente regido pelo Código de Defesa do Consumidor, o acórdão confirmou o disposto na sentença sobre a aplicação do *duty to mitigate the loss* previsto no artigo 77 da Convenção[35]. Portanto, mais um caso que demonstra a contribuição da CISG mesmo para contratos fora do seu âmbito de aplicação.

1.7 TJMG

A pesquisa atualizada no Tribunal de Justiça de Minas Gerais retornou três julgados recentes, todos envolvendo o tema da mitigação de danos pela parte credora.

32 TJDFT, AC 0724679-87.2019.8.07.0001, Rel. Des. Arquibaldo Carneiro, J. 18.02.2021; e TJDFT, AC 0709267-42.2021.8.07.0003, Rel. Des. Arquibaldo Carneiro, J. 18.02.2022.

33 "De tal sorte, considerando o pagamento de quase a totalidade da dívida objeto do contrato de honorários advocatícios e diante da conduta desproporcional e abusiva do credor, devem ser extirpados os juros que embasam a Ação de Execução nº 0702188-12.2021.8.07.0003, apurando-se o saldo devedor na data do inadimplemento (28.01.2016) e, a partir desse saldo, incidir juros de mora e correção monetária desde a citação (artigo 405 CC), à luz do princípio do *duty to mitigate the loss*." (TJDFT, AC 0709267-42.2021.8.07.0003, Rel. Des. Arquibaldo Carneiro, J. 18.02.2022)

34 TJGO, AC 5379580-38.2020.8.09.0051, Relª Des. Beatriz Figueiredo Franco, J. 10.12.2021.

35 "O denominado *duty to mitigate the own loss* é um preceito decorrente da boa-fé objetiva que representa muito bem o dever de colaboração entre os contratantes. Foi extraído do artigo 77 da Convenção de Viena de 1980, situado no capítulo 'Disposições relativas às obrigações do vendedor e do comprador...'"

Dois dos julgados são da mesma relatoria[36] e possuem discussões muito semelhantes em que a parte condenada por dívida em contratos de prestação de serviços educacionais pleiteia a redução da dívida com base no *duty to mitigate the loss*. Em ambos os casos, a alegação é de que a parte credora aguardou o limite do prazo de prescrição para ajuizar a ação, aumentando a incidência de encargos moratórios (e, portanto, dos seus prejuízos) e, em razão disso, pleiteia a redução desses encargos.

Diferentemente do que se verificou no TJDFT (*vide* item 1.5 *supra*), o entendimento do TJMG (e inclusive confirmado pelo terceiro julgado envolvendo contrato de locação[37]) foi no sentido de manter a condenação e decidir que a demora no ingresso da ação não enseja a aplicação do *duty to mitigate the loss* previsto na CISG. Nos exatos termos decididos (e reproduzidos de forma muito semelhante nos demais julgados), em que a Convenção é mencionada como inspiração ao Enunciado nº 169 da III Jornada de Direito Civil:

> O chamado princípio do "*Duty to mitigate the loss*" consiste no dever imposto ao credor de mitigar suas perdas, ou seja, o próprio prejuízo, tendo sido, sobre tal premissa aprovado o Enunciado nº 169 do CJF/STJ na III Jornada de Direito Civil, segundo o qual "o princípio da boa-fé objetiva deve levar o credor a evitar o agravamento do próprio prejuízo". **Tal Enunciado estaria inspirado no artigo 77 da Convenção de Viena de 1980, sobre a venda internacional de mercadorias (CISG)**, no sentido de que "a parte que invoca a quebra do contrato deve tomar as medidas razoáveis, levando em consideração as circunstâncias, para limitar a perda, nela compreendido o prejuízo resultante da quebra. Se ela negligencia em tomar tais medidas, a parte faltosa pode pedir a redução das perdas e danos, em proporção igual ao montante da perda que poderia ter sido diminuída".
> [...]
> **No caso, entretanto, entendo não ser cabível a incidência do referido princípio, já que o estado de inadimplência e o crescimento da dívida é de responsabilidade exclusiva do aluno devedor, e não, de um comportamento omissivo da Instituição credora**. (TJMG, AC 1.0000.23.087066-9/001, Rel. Des. João Cancio, J. 06.06.2023 – grifos não originais)

Referidos julgados refletem o entendimento já expressado *supra* de que os Tribunais brasileiros ainda entendem a CISG como um conjunto de regras "estrangeiras", que inspiram e contribuem para ordenamento pátrio, mas não como "lei brasileira" propriamente dita. Outro ponto de atenção é a falta de uniformidade na aplicação da CISG pelos Tribunais, uma vez que, diante de situações semelhantes

---

36 TJMG, AC 1.0000.21.274202-7/001, Rel. Des. João Cancio, J. 15.03.2022; e TJMG, AC 1.0000.23.087066-9/001, Rel. Des. João Cancio, J. 06.06.2023.

37 TJMG, AC 1.0000.22.104087-6/001, Rel. Des. Amorim Siqueira, J. 27.09.2022.

(demora no ajuizamento da ação), foram proferidas decisões contra e a favor da aplicação do ônus de mitigação de danos. Referida discrepância precisa ser avaliada, até mesmo para fins do cumprimento de um dos princípios de interpretação previstos no artigo 7 (1) da CISG – a aplicação uniforme[38].

1.8 TJMS

A pesquisa realizada na base de dados do Tribunal de Justiça do Estado do Mato Grosso do Sul revelou lapso cometido na análise de 2016 a 2020[39], na qual havia constado a ausência de julgados no período[40]. Após a análise ser refeita, foram identificados três julgados nos quais a CISG é citada de forma indireta sobre o tema da mitigação de danos.

No primeiro caso (relativo a contrato de correspondente bancário), o artigo 77 da Convenção consta de citação doutrinária a respaldar decisão no sentido de que não caberia redução dos danos pleiteados pela parte credora, visto não ter havido sua inércia com agravamento do dano[41]. Já, nos outros dois julgados (também relacionados a contratos bancários)[42], o dispositivo da CISG apenas é citado no bojo de sentenças de primeiro grau transcritas nos respectivos acórdãos, as quais aplicaram o *duty to mitigate the loss* em face das partes credoras que tardaram a ajuizar a ação, agravando os prejuízos com o aumento de encargos moratórios. Em ambos os casos, as sentenças foram confirmadas, em alinhamento ao entendido pelo TJDFT, mas de modo distinto ao decidido pelo TJMG, conforme visto antes.

1.9 TJPE

A CISG não havia sido objeto de julgamentos no âmbito do Tribunal de Justiça de Pernambuco até o ano de 2022, estando ausente, portanto, nas pesquisas anteriores.

---

38 Artigo 7 (1) da CISG: "Na interpretação desta Convenção ter-se-ão em conta seu caráter internacional e a necessidade de promover a uniformidade de sua aplicação, bem como de assegurar o respeito à boa fé no comércio internacional".

39 E que, acredita-se, possa ter induzido a apresentação de setembro de 2023 indicar a ausência de julgados deste tribunal estadual, pelo que desde logo se penitencia.

40 VERONESE, Lígia Espolaor. A contribuição (*op. cit.*), p. 63.

41 TJMS, AC 055926-70.2011.8.12.000, Relª Des. Tânia Garcia de Freitas Borges, J. 12.04.2016.

42 TJMS, AC 0814127-14.2011.8.12.0001, Rel. Des. Dorival Renato Pavan, J. 17.02.2016; e TJMS, AC 0808149-22.2012.8.12.0001, Rel. Des. Claudionor Miguel Abss Duarte, J. 17.05.2017.

O novo e único caso apurado na pesquisa atualizada[43] invoca o artigo 77 da CISG para respaldar a aplicação do dever de mitigação de danos em desfavor de instituição bancária que manteve conta-corrente ativa por anos, com incidência de encargos, para, então, informar a autora do encerramento da conta. O Tribunal manteve a decisão de primeira instância para reduzir a aplicação de encargos a apenas seis meses, tempo considerado razoável com a prática e as regras bancárias, sendo os demais encargos excluídos por força do *duty to mitigate the loss*.

1.10 TJPR

A pesquisa atualizada na base do Tribunal de Justiça do Paraná retornou três acórdãos recentes, sendo que, em dois casos proferidos por turma recursão de Juizados Especiais[44], a CISG apenas é mencionada em citação doutrinária em nota de rodapé, mas cujo objeto é a aplicação dos institutos da *suppressio* e *surrectio* decorrentes da boa-fé objetiva. Portanto, não se pode considerar que a CISG ou qualquer de seus dispositivos foi aplicado nesses acórdãos.

Já o terceiro acórdão trata de resolução contratual por inadimplemento absoluto, no qual foi aplicado o artigo 47 da CISG, que dispõe sobre o prazo suplementar concedido ao vendedor para que cumpra a sua obrigação[45]. No caso em tela, o Tribunal entendeu que tal prazo foi concedido, admitindo-se o direito à resolução do contrato:

> Nesse sentido, o que se tem no caso em tela é que a parte autora seguiu preceito de boa-fé segundo o qual é razoável suportar atraso no adimplemento das obrigações da outra parte, **conhecido pela expressão alemã "Nachfrist", cuja referência originalmente advém do artigo 47 do CISG, consistindo em um prazo complementar concedido ao vendedor pelo comprador para o cumprimento de suas obrigações**, no âmbito do qual não se pode exercer qualquer ação por descumprimento. De toda sorte, justamente para que não se verifica um abuso de direito da parte inadimplente, o atraso não pode ser perpétuo ou

---

43 TJPE, AC 0004143-39.2016.8.17.2001, Rel. Des. Francisco Manoel Tenorio dos Santos, J. 24.01.2022.

44 TJPR, RI 0010267-07.2020.8.16.0035, Relª Juíza Vanessa Bassani, J. 23.07.2021; e TJPR, RI 0013485-26.2022.8.16.0018, Relª Juíza Vanessa Bassani, J. 28.07.2021.

45 Artigo 47 da CISG: "(1) O comprador poderá conceder ao vendedor prazo suplementar razoável para o cumprimento de suas obrigações. (2) Salvo se tiver recebido a comunicação do vendedor de que não cumprirá suas obrigações no prazo fixado conforme o parágrafo anterior, o comprador não poderá exercer qualquer ação por descumprimento do contrato, durante o prazo suplementar. Todavia, o comprador não perderá, por este fato, o direito de exigir indenização das perdas e danos decorrentes do atraso no cumprimento do contrato".

excessivo, motivo pelo qual a manutenção do funcionamento dos estabelecimentos da parte autora por um ano, mesmo irregulares, não afasta a boa-fé simplesmente por ter, ao final desse intervalo, optado por retirá-los dos supermercados. (TJPR, AC 0062170-81.2019.8.16.0014, Rel. Des. Marcelo Gobbo Dalla Dea, J. 17.03.2023 – grifo não original)

1.11 TJRJ

Após anos sem aplicação da CISG[46], a pesquisa mais recente retornou acórdão proferido pelo Tribunal de Justiça do Estado do Rio de Janeiro muito próximo à data de corte do presente estudo (23.09.2023). Neste julgado, envolvendo contratação de plano de saúde, o artigo 77 foi aplicado, expressamente por analogia, para fundamentar o afastamento de astreintes em razão da não mitigação de prejuízos por parte dos autores da demanda[47].

1.12 TJRS

O Tribunal de Justiça do Estado do Rio Grande do Sul já foi anunciado nas pesquisas anteriores como aquele que mais tem referenciado a CISG em seus acórdãos, direta e indiretamente. No tocante às citações indiretas à CISG, ressaltou-se o expressivo número de casos (na verdade, mais de cem julgados) em que o *duty to mitigate the loss* foi aplicado (e fundamentado, entre outros, na Convenção) em disputas envolvendo a falta de fornecimento de energia e prejuízo a plantações[48]. Na recente atualização, a pesquisa retornou seis novos julgados, todos muito semelhantes, seja na citação da CISG, seja no seu resultado. Em todos os seis casos, a CISG é mencionada de forma indireta, constante de citação jurisprudencial em que o artigo 77 é explicado para a aplicação do ônus da mitigação de danos.

Quatro dos acórdãos encontrados são da mesma relatoria e tratam de ação indenizatória em razão de danos sofridos a plantações de fumo em virtude da

46 Os últimos acórdãos haviam sido os identificados no Relatório CBAr, p. 14.

47 "Neste contexto, verifica-se que não demonstraram os apelantes a conduta de boa-fé objetiva que se espera de quem necessita cuidar de seu parente enfermo e não está recebendo o tratamento devido pelo plano de saúde, sendo injustificada a inação dos principais interessados. Aqui vale a aplicação da teoria derivada da cláusula geral de boa-fé (artigo 113 c/c 422 CC), *duty to mitigate the loss*, que impõe aos contratantes que diante de potencial dano, adotem todas as medidas que estiverem ao seu alcance para minorar o próprio prejuízo. Nesse sentido, aplica-se, por analogia, o artigo 77 da Convenção de Viena (Decreto nº 8.327, de 16.10.2014), sobre contratos de compra e venda internacional, a saber: [...]" (TJRJ, AC 0356763-18.2015.8.19.0001, Relª Desª Cristina Tereza Gaulia, 26.09.2023)

48 VERONESE, Lígia Espolaor. A contribuição (*op. cit.*), item 1.8.

interrupção de energia elétrica[49]. Em todos esses casos, o TJRS aplicou o dever/ônus de mitigação de danos, reduzindo a indenização devida pela companhia de energica elétrica a 1/3 (um terço) do pleiteado, pois os autores das ações não tomaram medidas para mitigar os seus prejuízos – no caso, cientes de que a energia elétrica é essencial para sua atividade e que pode haver interrupções por uma série de fatores, o Tribunal entendeu que os autores tinham o dever de possuir gerador para fazer frente a possíveis (e comuns) falhas de fornecimento de energia elétrica em período inferior a 24 (vinte e quatro) horas.

Nos outros dois casos[50], que versam sobre o mesmo tema e sobre fatos muito semelhantes (e que foram julgados na mesma data), os votos da Desembargadora Relatora foram no sentido de afastar o dever de mitigação de danos, visto que os autores seriam hipossuficientes e não poderiam adquirir o gerador de energia elétrica para evitar os seus prejuízos. No entanto, esses votos da Relatora foram vencidos com a maioria de votos divergentes, os quais foram no mesmo sentido dos quatro julgados mencionados antes, em atendimento à jurisprudência mais pacificada do TJRS (de que os agricultores deveriam possuir gerador simples, no formato *no break*, para mitigar danos em razão de interrupções de energia elétrica por período de até 24 horas).

1.13 TJSC

Semelhante ao TJRS, o Tribunal de Justiça do Estado de Santa Catarina é um dos que mais possui julgados com menção e aplicação da CISG no Brasil. Na pesquisa recente, essa tendência se confirmou com o retorno de dezenove novos acórdãos envolvendo a CISG direta e indiretamente, sendo a grande maioria relacionados com a aplicação (ou não) do *duty to mitigate the loss*.

Inicialmente, é interessante notar que três julgados trataram de fatos muito semelhantes aos decididos pelo TJRS, de modo que a jurisprudência deste último foi aplicada pelo Tribunal catarinense[51]. Nos três casos, envolvendo prejuízos ao cultivo

---

49 TJRS, AC 70083964312 (0034790-05.2020.8.21.7000), Relª Desª Thais Coutinho de Oliveira, J. 25.06.2020; TJRS, AC 70084067479 (0045106-77.2020.8.21.7000), Relª Desª Thais Coutinho de Oliveira, J. 25.06.2020; TJRS, AC 70085100089 (0023561-14.2021.8.21.7000), Relª Desª Thais Coutinho de Oliveira, J. 27.09.2021; TJRS, AC 70085219335 (0035486-07.2021.8.21.7000), Relª Desª Thais Coutinho de Oliveira, J. 27.10.2022.

50 TJRS, AC 70082352154 (0207124-79.2019.8.21.7000), Relª Desª Marlene Marlei de Souza, J. 05.08.2020; TJRS, AC 70081991937 (0171102-22.2019.8.21.7000), Relª Desª Marlene Marlei de Souza, J. 05.08.2020.

51 TJSC, AC 5003651-46.2020.8.24.0054, Rel. Des. Carlos Roberto da Silva, J. 15.09.2022; TJSC, AC 5001374-57.2020.8.24.0054, Rel. Des. Carlos Roberto da Silva, J. 15.09.2022; e TJSC, AC 5009650-14.2019.8.24.0054, Rel. Des. Carlos Roberto da Silva, J. 29.09.2022.

de fumo por interrupção no fornecimento de energia elétrica, o artigo 77 da CISG é mencionado em jurisprudência do TJRS constante nos julgados e restou decidido que aos agricultores caberia o ônus de mitigar seus próprios prejuízos e dispor de gerador de energia simples (*no break*) para fazer frente a interrupções com duração de até 24 horas, reduzindo a indenização devida pela companhia fornecedora de energia elétrica a 1/3 (um terço) do pleiteado.

Na mesma tendência de reconhecimento da necessidade de o credor (ou da parte prejudicada pelo inadimplemento) mitigar seus próprios prejuízos, podem ser citados outros três acórdãos recentes em que o artigo 77 da CISG consta de citação doutrinária para respaldar a aplicação do instituto[52]. Em um desses casos, inclusive, foi confirmada integralmente a sentença de primeiro grau, a qual decidiu pelo afastamento dos encargos moratórios reivindicados, uma vez que o credor permaneceu mais de três anos inerte antes de tomar qualquer medida contra o devedor, para, em ação judicial, pleitear os encargos desde a data do inadimplemento, o que foi considerado uma conduta que se afasta do preceito da boa-fé objetiva:

> Feitas essas digressões, anoto que tais institutos têm perfeita aplicação no caso dos autos. Ainda que a redação do contrato preveja a incidência de juros – ou correção monetária (a denominação não altera a conclusão aqui adotada) –, é certo que o requerente, maior interessado, não exigiu o cumprimento de tal disposição ao longo da execução do negócio.
> [...]
> Ainda, tinha o requerente o dever de exigir o saldo devedor o quanto antes, mitigando as próprias perdas e evitando o agravamento do débito. Tampouco o fez, **aguardando mais de três anos após o pagamento de todas as parcelas para ajuizar esta ação monitória.**
> A conduta do requerente durante a execução da confissão de dívida deixa claro que não tinha o interesse em cobrar os encargos da mora, **não podendo, agora, querer exigir a contrapartida do devedor, sem que se afronte à boa-fé objetiva.** (TJSC, AC 5000195-46.2019.8.24.0144, Rel. Des. Tulio Pinheiro, J. 13.09.2022 – grifos não originais)

Em sentido oposto, todavia, foram as decisões constantes em onze julgados recentes do TJSC, nos quais as partes inadimplentes tiveram afastada a aplicação do dever de mitigação de danos invocado, a fim de reduzir a sua condenação. Com exceção de um caso[53], em que a menção à CISG advém de citação constante das

---

52 TJSC, AC 0300340-83.2015.8.24.0135, Rel. Des. Vilson Fontana, J. 02.08.2022; TJSC, AC 0302198-52.2015.8.24.0135, Rel. Des. Vilson Fontana, J. 02.08.2022; e TJSC, AC 5000195-46.2019.8.24.0144, Rel. Des. Tulio Pinheiro, J. 13.09.2022.

53 TJSC, AC 0003823-83.2013.8.24.0033, Rel. Des. Torres Marques, J. 30.11.2021.

razões da apelante, os demais julgados possuem citação da CISG de forma indireta (citação doutrinária direta ou constante de citação jurisprudencial ou de sentença de primeiro grau incluída no acórdão)[54].

Em todos os casos, de diferentes relatorias (e muitos relacionados com o não pagamento de contas de água ou energia elétrica), o racional foi muito semelhante: entendeu-se que é direito da parte credora a cobrança da dívida dentro do prazo prescricional e com encargos previstos contratualmente, de modo que tal conduta não poderia ser considerada como violação da boa-fé:

> *In casu*, da análise da documentação juntada aos autos (fls. 9-26) se observa que a empresa demandada utilizou o serviço de energia elétrica da concessionária sem efetuar o pagamento das faturas; por consequência, não cumpriu com os deveres da boa-fé objetiva, **de forma que a parte autora, ao ingressar com o pleito de cobrança, agiu no exercício regular de um direito**. (TJSC, AC 5070053-09.2022.8.24.0000, Rel. Des. Pedro Manoel Abreu, J. 08.08.2023)

Segundo os julgados, entender de modo diverso seria afastar as regras de prescrição ou, nos casos relacionados com o fornecimento de energia e água, permitir que uma parte possa usufruir de tais fornecimentos de modo gratuito. Ainda, nos casos específicos sobre o fornecimento de energia e água, o TJSC entendeu que caberia à parte devedora pedir a interrupção do fornecimento, sendo violadora a conduta de permanecer inadimplente e inerte diante da falta de cobrança ou suspensão do fornecimento:

> Registre-se, ainda, que considerando as faturas inadimplidas e a impossibilidade de arcar com as vincendas, cabia à empresa ré solicitar a interrupção do abastecimento de energia elétrica em sua unidade consumidora, de forma que a sua inércia, por desrespeitar o dever acessório de colaboração, representou abuso de direito. (TJSC, AC 5070053- 09.2022.8.24.0000, Rel. Des. Pedro Manoel Abreu, J. 08.08.2023)

---

54 TJSC, AC 0022053-18.2013.8.24.0020, Rel. Des. Pedro Manoel Abreu, J. 23.02.2021; TJSC, AC 0314027-07.2017.8.24.0023, Relª Desª Cláudia Lambert de Faria, J. 09.03.2021; TJSC, AC 0313164-60.2017.8.24.0020, Rel. Des. Luiz Cézar Medeiros, J. 06.07.2021; TJSC, AC 0021696-72.2012.8.24.0020, Rel. Des. Paulo Henrique Moritz Martins da Silva, J. 29.08.2021; TJSC, AC 5008263-57.2019.8.24.0023, Relª Desª Bettina Maria Maresch de Moura, J. 09.11.2021; TJSC, AC 0308906-92.2018.8.24.0045, Rel. Des. Luiz Cézar Medeiros, J. 22.02.2022; TJSC, AC 0313785-48.2017.8.24.0023, Relª Desª Bettina Maria Maresch de Moura, J. 22.03.2022; TJSC, AC 5074021-46.2020.8.24.0023, Relª Desª Bettina Maria Maresch de Moura, J. 14.06.2022; TJSC, AC 0313477-12.2017.8.24.0023, Rel. Des. Pedro Manoel Abreu, J. 14.06.2022; TJSC, AC 5070053-09.2022.8.24.0000, Rel. Des. Pedro Manoel Abreu, J. 08.08.2023.

Referidos julgados demonstram uma falta de uniformidade dentro do próprio Tribunal, que ora se alinha ao entendimento do TJDFT e do TJMS, ora se alinha à jurisprudência do TJMG. O TJSC também se destaca por ser um dos poucos Tribunais nacionais que aplicaram outros dispositivos da Convenção para além do artigo 77. É o caso de dois julgados de 2023. No primeiro deles, foi discutida uma relação de compra e venda internacional e o artigo 11 da CISG[55] é aplicado para respaldar a decisão de que um contrato independe de forma e pode ser provado por qualquer meio. No caso concreto, o Tribunal decidiu que não foram produzidas provas suficientes para comprovar a existência de um contrato, pois havia apenas documentos unilaterais e depoimento testemunhal de apenas uma parte negando a existência do vínculo[56].

Já o último e mais recente julgado do TJSC possui citação doutrinária do artigo 47 da CISG (já transcrito antes), na medida em que a parte recorrente pleiteou a aplicação de prazo suplementar para cumprimento da obrigação (*Nachfrist*). No caso, o Tribunal entendeu que o prazo suplementar não poderia ser concedido, pois, conforme se infere do texto da própria CISG, a concessão de prazo deve possuir a concordância das partes (em especial do credor, de quem deve partir a concessão de prazo) e não pode ser decidida em momento posterior em julgamento judicial:

> Consoante se denota da lição supramencionada, eventual concessão de prazo adicional para o cumprimento da obrigação depende transação entre as partes no âmbito privado. Inexistindo acordo de vontade entre as partes, não cabe a este juízo alterar as disposições postas no título que se executa, porquanto ausente previsão legal para tanto. (TJSC, AI 5010223-78.2023.8.24.0000, Rel. Des. Jaime Machado Junior, J. 14.09.2023)

Não obstante o avanço da referida decisão ao interpretar um conceito previsto na CISG, percebe-se, assim como em outros casos, que a Convenção ainda é mencionada de forma indireta e como um conjunto de normas supostamente alheio ao ordenamento pátrio.

---

55 Artigo 11 da CISG: "O contrato de compra e venda não requer instrumento escrito nem está sujeito a qualquer requisito de forma. Poderá ele ser provado por qualquer meio, inclusive por testemunhas".

56 "As notas fiscais e demais documentos acostados pela acionante/apelante são insuficientes a demonstrar a ultimação das tratativas, mesmo porque emitidos de forma unilateral, sem qualquer anuência exarada pela suposta devedora. Igualmente carece o processado de comprovação do recebimento das mercadorias que ensejaram a cobrança perquirida. Convém destacar que a prova colhida em audiência é inconclusiva em relação aos termos do que restou convencionado entre as partes, inclusive quanto à efetiva entrega dos produtos transacionados. Em audiência de instrução e julgamento, foram dispensados os depoimentos pessoais dos representantes legais das partes e ouvida apenas 1 (uma) testemunha arrolada pela ré." (TJSC, AC 0003329-82.2014.8.24.0067, Rel. Des. Robson Luz Varella, J. 15.08.2023)

1.14 TJSP

O último Tribunal a retornar julgados envolvendo a CISG, o Tribunal de Justiça do Estado de São Paulo é também um dos que mais tem aplicado a Convenção nos últimos anos. A despeito do pouco volume durante o período de 2015 a 2020[57], a última atualização retornou um total de dezoito julgados envolvendo a CISG de forma direta ou indireta, sendo que, em doze deles, é referenciado o artigo 77 e o tema da mitigação de danos.

Nesse grupo, seis acórdãos de diferentes relatorias[58] são muito semelhantes ao trazer o artigo 77 de forma indireta, em mesma citação de jurisprudência utilizada para fundamentar a resolução do contrato como medida de mitigação de prejuízos pela parte credora em contratos imobiliários[59]. Ainda sobre o artigo 77, outros quatro acórdãos[60] o mencionam indiretamente em citação doutrinária a respeito do *duty to mitigate the loss*, nos quais o instituto foi aplicado a fim de reduzir a indenização pleiteada em virtude da demora da parte autora em ingressar com a ação judicial (agravando os seus prejuízos).

Os últimos dois julgados que mencionam o artigo 77 divergem dos mencionados *supra*. Em um deles, o dever de mitigação de danos, é invocado pela apelante, mas afastado pelo Tribunal por não se tratar de contrato de compra e venda internacional[61], e, mesmo que usado como padrão de conduta, não restou caracterizado

---

57 A pesquisa anterior havia retornado três julgados (*vide* VERONESE, Lígia Espolaor. A contribuição (*op. cit.*), item 1.10.

58 TJSP, AC 1105054-65.2019.8.26.0100, Rel. Marcus Vinicius Rios Gonçalves, J. 29.06.2020; TJSP, AC 1003885-15.2018.8.26.0506, Rel. Des. Rebello Pinho, J. 31.08.2020; TJSP, AC 1040650-48.2019.8.26.0506, Rel. Des. Marcus Vinicius Rios Gonçalves, J. 01.09.2020; TJSP, AC 1019001-92.2018.8.26.0625, Rel. Des. Marcus Vinicius Rios Gonçalves, J. 27.01.2021; TJSP, AC 1014199-21.2018.8.26.0344, Rel. Des. Itamar Gaino, J. 29.04.2021; TJSP, ED 1014199-21.2018.8.26.0344, Rel. Des. Itamar Gaino, J. 29.06.2021.

59 Citação jurisprudencial comum a estes acórdãos: "14. A presente decisão, portanto, é proferida em louvor ao princípio da boa-fé objetiva e ao espírito do duty to mitigate the loss, ou dever de mitigação do prejuízo, inspirado no artigo 77 da Convenção de Viena de 1980 [...]" (TJSP, AC 1005272-11.2016.8.26.0482, Rel. Des. José Carlos Ferreira Alves, J. 18.09.2017).

60 TJSP, AC 1001411-86.2021.8.26.0564, Rel. Des. Almeida Sampaio, J. 05.11.2021; TJSP, AC 1000080-59.2018.8.26.0472, Rel. Des. Neto Barbosa Ferreira, J. 30.05.2022; TJSP, AC 1029408-66.2021.8.26.0007, Rel. Des. Almeida Sampaio, J. 18.08.2022; TJSP, AC 1005821-81.2021.8.26.0664, Rel. Des. Almeida Sampaio, J. 31.03.2023.

61 "Igualmente as regras da Convenção das Nações Unidas sobre Contratos de Compra e Venda Internacional de Mercadorias não se aplicam ao presente caso. Referido documento internacional, promulgado no Estado brasileiro por força do Decreto nº 8.327 de 16 de outubro de 2014, aplica-se somente 'aos contratos de compra e venda de mercadorias entre partes que tenham seus estabelecimentos em Estados distintos', conforme seu art. 1º, item 1. Ao retratar 'estabelecimentos em Estados distintos', a convenção se refere às transações celebradas como pessoas físicas ou jurídicas de países distintos." (TJSP, AC 1001057-28.2020.8.26.0554, Rel. Des. Fernando Reverendo Vidal Akaoui, J. 15.03.2023)

que a parte contrária havia agravado os seus prejuízos. No segundo caso, o artigo 77 é aplicado diretamente pelo Relator para reduzir o montante de indenização pleiteado, visto que a parte credora não tomou as medidas necessárias para mitigar as suas perdas em uma relação extremamente volátil como a de compra e venda de ações:

> Nesse contexto, era de se esperar que o apelante zerasse sua posição e recomprasse as opções negociadas indevidamente tão logo tomasse ciência da venda equivocada delas, o que, segundo ele mesmo afirmou, ocorrera no próprio dia 26.02.2020 (*vide* fls. 128) **e num momento que o prejuízo era estimado em aproximadamente R$ 6.000,00**. Tivesse assumido o prejuízo e resgatado sua posição, seria devido o ressarcimento do que comprovadamente desembolsaria, ou seja, a diferença entre o que auferiu com a venda desautorizada e o que efetivamente desembolsou para resgate de sua posição.
> [...].
> **Ora, na espécie, resta evidente que a conduta do apelante não foi minimamente razoável, pois agravou de forma desnecessária seu próprio dano [de R$ 6.000,00 para, aproximadamente, R$ 300.000,00 (fls. 130)], desatendendo, assim, ao postulado da boa-fé objetiva.** (TJSP, AC 1003085-36.2021.8.26.0100, Rel. Des. Gilson Delgado Miranda, J. 08.08.2022 – grifos não originais)

Em três julgados do TJSP a CISG é mencionada de forma genérica, sem citar qualquer artigo, sendo que, em um caso[62], foi invocada nas razões de apelação, mas sequer endereçada ou interpretada no acórdão e, em outros dois casos de mesma relatoria[63], a Convenção é mencionada para respaldar a obrigação do vendedor de expedir mercadorias mediante o pagamento.

Ainda, foi proferido acórdão sobre um contrato de compra e venda internacional em que vários artigos da CISG foram mencionados ao serem invocados pela parte apelante, como os artigos 30, 34 e 36[64], a fim de fundamentar as suas alegações

---

62 TJSP, AC 1001401-02.2019.8.26.0115, Rel. Des. Rodolfo Cesar Milano, J. 09.12.2021.

63 *Vide* citação "Lembre-se que o BL, nos termos da Convenção de Viena de 1980 (adotada pelo Brasil através do Decreto nº 8.327/2014), confere ao seu titular a propriedade da carga, pelo que, de regra, o vendedor deve expedir as mercadorias (e os documentos) apenas se o pagamento for efetuado, anotada sua natureza de título de crédito representativo de mercadoria (artigo 894 do Código Civil" (TJSP, AC 1076373-17.2021.8.26.0100, Rel. Des. Henrique Rodriguero Clavisio, J. 21.11.2022; e TJSP, ED 1076373-17.2021.8.26.0100/50000, Rel. Des. Henrique Rodriguero Clavisio, J. 06.02.2023).

64 Artigo 30 da CISG: "O vendedor estará obrigado, nas condições previstas no contrato e na presente Convenção, a entregar as mercadorias, a transmitir a propriedade sobre elas e, sendo o caso, a remeter os respectivos documentos". Artigo 34: "Se o vendedor estiver obrigado a remeter os documentos relativos às mercadorias, deverá entregá-los no momento, no lugar e na forma previstos no contrato. Em caso de remessa antecipada de documentos o vendedor poderá, até o momento fixado para a remessa das mercadorias, sanar qualquer desconformidade nos documentos, desde que não ocasione ao comprador inconvenientes ou despesas excessivas. Não obstante, o comprador mantém o

de inadimplemento do vendedor. Porém, o Tribunal não aplicou a CISG expressamente ao considerar que não houve inadimplemento a partir das provas dos autos (documentação de exportação estava conforme)[65]. Em um outro acórdão também envolvendo um contrato internacional, o artigo 7 da CISG (já transcrito anteriormente) foi mencionado por voto vencido para fundamentar a aplicação do princípio da boa-fé na interpretação dos contratos (reconhecendo a promulgação e vigência da Convenção como lei brasileira)[66].

Por último, faz-se referência ao acórdão de relatoria do Desembargador Rodolfo Cesar Milano envolvendo uma relação de compra e venda internacional de mercadorias (no caso, uma remessa de kiwis)[67]. Como a relação se originou em 2013, a CISG foi aplicada como instrumento de *soft law* e costume aplicável "ao tipo de negócio" com base no artigo 113 do Código Civil[68]. Para tanto, o julgado cita acórdão do TJRS que tratou da aplicação da CISG como *soft law* e fez parte da análise jurisprudencial anterior[69].

No caso decidido pelo TJSP, a controvérsia envolvia a comprovação da existência ou não de contrato internacional de compra e venda de mercadorias diante da ausência de contrato escrito. O Tribunal aplicou o artigo 11 da CISG, a fim de respaldar a comprovação da existência de contrato por qualquer meio (no caso específico, a partir do *bill of lading* e dos documentos de entrega), e invocou, além de um julgado do TJSC também analisado na pesquisa anterior[70], uma série de entendimentos constantes em casos internacionais previstos no Digesto da Uncitral[71].

---

direito do exigir indenização por perdas e danos, de acordo com a presente Convenção"; e Artigo 36: "(1) O vendedor será responsável, de acordo com o contrato e com a presente Convenção, por qualquer desconformidade que existir no momento da transferência do risco ao comprador, ainda que esta desconformidade só venha a se evidenciar posteriormente. (2) O vendedor será igualmente responsável por qualquer desconformidade que ocorrer após o momento referido no parágrafo anterior, que seja imputável ao descumprimento de qualquer de suas obrigações, inclusive quanto à garantia de que, durante certo período, as mercadorias permanecerão adequadas a seu uso normal ou a determinado uso especial, ou que conservarão as qualidades ou características especificadas".

65 TJSP, AC 1079869-25.2019.8.26.0100, Relª Desª Angela Lopes, J. 27.04.2021.

66 TJSP, AI 2230587-55.2021.8.26.0000, Relª Desª Maria de Lourdes Lopez Gil, J. 09.06.2022, com voto vencido do Desembargador Antonio Benedito do Nascimento.

67 TJSP, AC 1017219-07.2017.8.26.0004, Rel. Des. Rodolfo Cesar Milano, J. 09.12.2021.

68 Art. 113 do Código Civil: "Os negócios jurídicos devem ser interpretados conforme a boa-fé e os usos do lugar de sua celebração. § 1º A interpretação do negócio jurídico deve lhe atribuir o sentido que: [...] II – corresponder aos usos, costumes e práticas do mercado relativas ao tipo de negócio".

69 TJRS, AC 0000409-73.2017.8.21.7000, Rel. Des. Umberto Guaspari Sudbrack, J. 14.02.2017 (*vide* VERONESE, Lígia Espolaor. A contribuição (*op. cit.*), p. 76).

70 TJSC, AC 0305428-39.2014.8.24.0038, Rel. Des. Luiz Zanelato, J. 09.05.2019 (*vide* VERONESE, Lígia Espolaor. A contribuição (*op. cit.*), p. 80).

71 Organização das Nações Unidas. **Digest of Case Law on the United Nations Convention on Contracts for the International Sale of Goods.** Viena, Secretariado da Uncitral, 2016.

Ainda, aplica o artigo 18(3) da CISG[72] indicando a sua semelhança ao artigo 432 do Código Civil[73] ao entender que as condutas como a remessa e o recebimento de mercadorias dispensam aceitação e contratação formal. Vê-se, portanto, uma clara evolução no conhecimento e na aplicação da CISG por um dos principais (e maiores em número de casos) Tribunais brasileiros.

2. OUTRAS FONTES

O presente artigo também se propôs a buscar outras fontes de aplicação da CISG no Brasil a fim de atualizar as pesquisas anteriores. Uma dessas fontes foi o *Case Law on Uncitral Texts* ("CLOUT"), que é a base mantida pela Uncitral com resumo de casos de todos os países signatários que aplicaram a Convenção. No caso do Brasil, porém, a base está desatualizada, com indicação de apenas 26 casos, sendo que o julgado mais recente data de 2012[74].

Outra possível fonte de pesquisa relevante seriam as arbitragens nacionais. No entanto, essa pesquisa enfrenta, ainda, muitas dificuldades no cenário brasileiro. Primeiro, porque a imensa maioria das arbitragens são confidenciais. Segundo, porque as iniciativas das câmaras arbitrais brasileiras de publicar emendas de sentenças arbitrais ainda está em fase muito inicial. Terceiro, porque, mesmo diante dessa iniciativa, é comum que as partes recusem a possibilidade de disponibilização de ementas de arbitragens, ainda que omitidas todas as informações confidenciais (como nome das partes, advogados, detalhes da contratação, entre outros).

A instituição arbitral mais avançada neste sentido é a Câmara de Comércio Internacional ("CCI"), que apresenta lista de sentença com informações sobre as partes (quando é possível revelar), a data, a sede da arbitragem, a composição do tribunal arbitral e a lei aplicável[75]. Quando a CISG é aplicável, esta é informada no campo "lei aplicável". Porém, o caso com sede e lei brasileira constante na última atualização da referida lista não aplicou a CISG[76].

---

72 Artigo 18 (3) da CISG: "(3) Se, todavia, em decorrência da proposta, ou de práticas estabelecidas entre as partes, ou ainda dos usos e costumes, o destinatário da proposta puder manifestar seu consentimento através da prática de ato relacionado, por exemplo, com a remessa das mercadorias ou com o pagamento do preço, ainda que sem comunicação ao proponente, a aceitação produzirá efeitos no momento em que esse ato for praticado, desde que observados os prazos previstos no parágrafo anterior".

73 Artigo 432 do Código Civil: "Se o negócio for daqueles em que não seja costume a aceitação expressa, ou o proponente a tiver dispensado, reputar-se-á concluído o contrato, não chegando a tempo a recusa".

74 Disponível em: https://abrir.link/DNPTu.

75 Lista de casos disponível em: https://jusmundi.com/fr/partnership/icc/awards.

76 *Vide* ICC Case nº 22947/JPA/GSS/PFF. Disponível em: Claimant v. Respondent, Final Arbitral Award, 29 Jan 2021 (jusmundi.com).

As demais instituições mais atuantes no Brasil, como o Centro de Arbitragem e Mediação da Câmara de Comércio Brasil Canadá ("CAM-CCBC"), a Câmara de Conciliação, Mediação e Arbitragem da FIESP ("CIESP-FIESP") e a Câmara de Mediação e Arbitragem Empresarial ("CAMARB") apenas apresentam informações de arbitragens envolvendo entes da Administração Pública[77], as quais devem respeitar o princípio da publicidade[78], sendo que o CAM-CCBC e a CAMARB possuem uma lista de divulgação de tribunais arbitrais com informações, como o nome do árbitro, a nacionalidade, a data do termo de arbitragem, a situação da arbitragem, a posição assumida no tribunal arbitral e o responsável pela sua indicação (se as partes ou os coárbitros, no caso de presidentes)[79].

Desse modo, referidas bases de dados não auxiliam na identificação da aplicação da CISG em arbitragens brasileiras, já que a Convenção não é aplicável, em regra, aos contratos com a Administração Pública[80] e tampouco é mencionada nos bancos de dados relacionados com as composições dos tribunais arbitrais. Essa ausência de dados dificulta obter a real dimensão sobre a aplicação da CISG no Brasil, de modo que os resultados obtidos pela pesquisa jurisprudencial em tribunais estatais podem não refletir a realidade de como os julgadores têm interpretado os dispositivos da Convenção e nem mesmo quais seriam os dispositivos mais aplicados. Trata-se de um desafio que se espera superar no futuro, com o avanço das iniciativas recentes de instituições arbitrais para a publicidade de arbitragens domésticas.

CONCLUSÕES

A despeito de considerar um período de tempo mais curto que a pesquisa anterior de 2020 (cerca de três anos contra cinco anos), a atualização da pesquisa jurisprudencial retornou um número maior de julgados aplicando a CISG[81]. Enquanto em 2020 foram identificados cerca de quarenta e nove julgados; na presente

77 CAM-CCBC (https://abrir.link/kRHrm), CIESP-FIESP (https://www.camaradearbitragemsp.com.br/pt/arbitragem/arbitragens-administracao-publica.html) e CAMARB (https://camarb.com.br/arbitragem/arbitragens-com-a-administracao-publica/).

78 Conforme artigo 2º, § 3º, da Lei nº 9.307/1996: "A arbitragem que envolva a administração pública será sempre de direito e respeitará o princípio da publicidade".

79 CAM-CCBC (https://abrir.link/QWUpS) e CAMARB (https://camarb.com.br/divulgacao-dos-tribunais-arbitrais/).

80 Sobre a possível aplicação da CISG em contratos administrativos, *vide* PEREIRA, Cesar A. Guimarães. Aplicação da CISG a licitações e contratos administrativos de compra internacional de mercadorias. *In*: SCHWENZER, Ingeborg; PEREIRA, Cesar A. Guimarães; TRIPODI, Leandro. *A CISG e o Brasil* – Convenção das Nações Unidas para os Contratos de Compra e Venda Internacional de Mercadorias. 1. ed. São Paulo: Marcial Pons, 2015. p. 161-176.

81 Se forem desconsideradas as centenas de casos repetidos do TJRS em que a CISG é trazida em mesma citação doutrinária sobre o artigo 77, conforme indicado antes e na pesquisa anterior.

atualização, sessenta e dois julgados foram verificados (incluindo os poucos lapsos relativos a casos mais antigos e que não haviam aparecido na pesquisa anterior). Não apenas em volume de casos, houve também um aumento na quantidade de Tribunais que aplicaram (direta ou indiretamente) a CISG: foram quatorze Tribunais contra dez Tribunais constantes da pesquisa anterior, havendo alguns "novatos" na referência à Convenção, como é o caso, por exemplo, do TJGO e do TJPE.

Esses dados demonstram que há, de fato, um avanço progressivo na aplicação e disseminação da CISG no Brasil. Porém, no que tange ao conteúdo dos julgados, pouco se avançou. Conforme se percebe das descrições constantes neste artigo, a maior parte das menções à CISG ainda é indireta (especialmente doutrinárias) e limitada à discussão do artigo 77 e do tema da mitigação de danos.

Se, por um lado, esse resultado demonstra a total recepção do tema pelo ordenamento pátrio, sendo esse instituto ampliado para todos os tipos de contratação (e não apenas à compra e venda internacional); por outro, o aumento de número de casos também tem demonstrado interpretações divergentes entre os Tribunais. Como visto, há uma divergência no entendimento sobre a demora no ajuizamento de ações pela parte credora, acarretando o aumento dos prejuízos (principalmente encargos) devidos pela parte inadimplente e devedora.

Para a maior parte dos tribunais (TJSP, TJDFT, TJMS e, em parte, TJSC), a demora no ajuizamento (no limite da prescrição) pode ser interpretada como violação à boa-fé objetiva e implicar a redução da indenização pleiteada ou até mesmo o afastamento de boa parcela dos encargos moratórios. Para outros, como o TJMG e parte do TJSC, a prescrição deve ser privilegiada, de modo que os prejuízos são causados apenas pela parte inadimplente, sendo direito da parte afetada o ajuizamento de ação dentro do prazo prescricional. Esse tipo de divergência precisar ser avaliado com atenção pelos Tribunais, a fim de evitar que a CISG seja aplicada de maneira não uniforme, em violação ao previsto em seu artigo 7 (1).

Ademais, chama a atenção o fato de a CISG ainda ser tratada, pela maioria dos julgados (e até mesmo pelo STJ), como sendo um conjunto de leis "externo", aplicável como relacionado e/ou complementar a outros institutos do direito civil, havendo poucas referências ao Decreto nº 8.327/2014, que tornou a Convenção parte do ordenamento jurídico brasileiro. Mesmo com quase dez anos de aplicação interna, a CISG ainda é vista como algo alheio ao Direito brasileiro, e isso precisa ser discutido.

Por fim, além da limitação de conteúdo (são raras as decisões envolvendo, por exemplo, os artigos 11 e 47 da CISG, para mencionar os mais recorrentes após o artigo 77), existe uma clara limitação regional na aplicação da CISG. Enquanto as regiões sul e sudeste concentram centenas de julgados envolvendo a Convenção, esta parece ser ainda desconhecida para a maior parte dos Estados das regiões norte, nordeste e centro-oeste. Desafios como esse somente poderão ser superados com maior disseminação dos institutos da CISG de forma mais descentralizada, com organização de eventos, contatos com Tribunais dessas regiões e por meio de trabalhos acadêmicos. Espera-se que estudos como o presente também possam contribuir para tal empreitada, por meio da demonstração de dados sempre atualizados sobre como os Tribunais mais atuantes têm aplicado a CISG, de modo a formar uma base de jurisprudência mais uniforme e descentralizada pelo Brasil.

REFERÊNCIAS

Organização das Nações Unidas. **Digest of Case Law on the United Nations Convention on Contracts for the International Sale of Goods**. Viena: Secretariado da Uncitral, 2016.

PEREIRA, Cesar A. Guimarães. Aplicação da CISG a licitações e contratos administrativos de compra internacional de mercadorias. *In*: SCHWENZER, Ingeborg; PEREIRA, Cesar A. Guimarães; TRIPODI, Leandro. **A CISG e o Brasil** – Convenção das Nações Unidas para os Contratos de Compra e Venda Internacional de Mercadorias. 1. ed. São Paulo: Marcial Pons, 2015. p. 161-176.

STJ. REsp 2.042.232/RN (2022/0382182-6). Relatora Ministra Nancy Andrighi. J. 22.08.2023.

TJAL. AC 0722730-76.2013.8.02.0001. Relator Desembargador Ivan Vasconcelos Brito Júnior. J. 29.09.2022.

TJAM. AC 0253966-88.2009.8.04.0001. Relator Desembargador Flávio Humberto Pascarelli Lopes. J. 30.01.2023.

TJBA. RI 0009993-77.2018.8.05.0113. Relator Desembargador Albênio Lima da Silva Honorio. DJE 20.07.2020.

TJDFT. AC 20150110823222APC (0024964-63.2015.8.07.0001). Relator Desembargador Carlos Rodrigues. J. 15.03.2017.

TJDFT. AC 0724679-87.2019.8.07.0001. Relator Desembargador Arquibaldo Carneiro. J. 18.02.2021.

TJDFT. AC 0709267-42.2021.8.07.0003. Relator Desembargador Arquibaldo Carneiro. J. 18.02.2022.

TJGO. AC 5379580-38.2020.8.09.0051. Relatora Desembargadora Beatriz Figueiredo Franco. J. 10.12.2021.

TJMG. AC 1.0000.21.274202-7/001. Relator Desembargador João Cancio. J. 15.03.2022.

TJMG. AC 1.0000.22.104087-6/001. Relator Desembargador Amorim Siqueira. J. 27.09.2022.

TJMG. AC 1.0000.23.087066-9/001. Relator Desembargador João Cancio. J. 06.06.2023.

TJMS. AC 055926-70.2011.8.12.000. Relatora Desembargadora Tânia Garcia de Freitas Borges. J. 12.04.2016.

TJMS. AC 0808149-22.2012.8.12.0001. Relator Desembargador Claudionor Miguel Abss Duarte. J. 17.05.2017.

TJPE. AC 0004143-39.2016.8.17.2001. Relator Desembargador Francisco Manoel Tenorio dos Santos. J. 24.01.2022.

TJPR. RI 0010267-07.2020.8.16.0035. Relatora Juíza Vanessa Bassani. J. 23.07.2021.

TJPR. RI 0013485-26.2022.8.16.0018. Relatora Juíza Vanessa Bassani. J. 28.07.2021.

TJPR. AC 0062170-81.2019.8.16.0014. Relator Desembargador Marcelo Gobbo Dalla Dea. J. 17.03.2023.

TJRJ. AC 0356763-18.2015.8.19.0001. Relatora Desembargadora Cristina Tereza Gaulia. 26.09.2023.

TJRN. JEC 0804331-51.2021.8.20.5101. Juiz Jose Vieira de Figueiredo Junior. J. 24.08.2022.

TJRS. AC 0000409-73.2017.8.21.7000. Relator Desembargador Umberto Guaspari Sudbrack. J. 14.02.2017.

TJRS. AC 70083964312 (0034790-05.2020.8.21.7000). Relatora Desembargadora Thais Coutinho de Oliveira. J. 25.06.2020.

TJRS. AC 70084067479 (0045106-77.2020.8.21.7000). Relatora Desembargadora Thais Coutinho de Oliveira. J. 25.06.2020.

TJRS. AC 70081991937 (0171102-22.2019.8.21.7000). Relatora Desembargadora Marlene Marlei de Souza. J. 05.08.2020.

TJRS. AC 70082352154 (0207124-79.2019.8.21.7000). Relatora Desembargadora Marlene Marlei de Souza. J. 05.08.2020.

TJRS. AC 70085100089 (0023561-14.2021.8.21.7000). Relatora Desembargadora Thais Coutinho de Oliveira. J. 27.09.2021.

TJRS. AC 70085219335 (0035486-07.2021.8.21.7000). Relatora Desembargadora Thais Coutinho de Oliveira. J. 27.10.2022.

TJSC. AC 0305428-39.2014.8.24.0038. Relator Desembargador Luiz Zanelato. J. 09.05.2019.

TJSC. AC 0022053-18.2013.8.24.0020. Relator Desembargador Pedro Manoel Abreu. J. 23.02.2021.

TJSC. AC 0314027-07.2017.8.24.0023. Relatora Desembargadora Cláudia Lambert de Faria. J. 09.03.2021.

TJSC. AC 0003823-83.2013.8.24.0033. Relator Desembargador Torres Marques. J. 30.11.2021.

TJSC. AC 0313164-60.2017.8.24.0020. Relator Desembargador Luiz Cézar Medeiros. J. 06.07.2021.

TJSC. AC 0021696-72.2012.8.24.0020, Relator Desembargador Paulo Henrique Moritz Martins da Silva. J. 29.08.2021.

TJSC. AC 5008263-57.2019.8.24.0023. Relatora Desembargadora Bettina Maria Maresch de Moura. J. 09.11.2021.

TJSC. AC 0308906-92.2018.8.24.0045. Relator Desembargador Luiz Cézar Medeiros. J. 22.02.2022.

TJSC. AC 0313785-48.2017.8.24.0023. Relatora Desembargadora Bettina Maria Maresch de Moura. J. 22.03.2022.

TJSC. AC 5074021-46.2020.8.24.0023. Relatora Desembargadora Bettina Maria Maresch de Moura. J. 14.06.2022.

TJSC. AC 0313477-12.2017.8.24.0023. Relator Desembargador Pedro Manoel Abreu. J. 14.06.2022.

TJSC. AC 0300340-83.2015.8.24.0135. Relator Desembargador Vilson Fontana. J. 02.08.2022.

TJSC. AC 0302198-52.2015.8.24.0135. Relator Desembargador Vilson Fontana. J. 02.08.2022.

TJSC. AC 5000195-46.2019.8.24.0144. Relator Desembargador Tulio Pinheiro. J. 13.09.2022.

TJSC. AC 5003651-46.2020.8.24.0054. Relator Desembargador Carlos Roberto da Silva. J. 15.09.2022.

TJSC. AC 5001374-57.2020.8.24.0054. Relator Desembargador Carlos Roberto da Silva. J. 15.09.2022.

TJSC. AC 5009650-14.2019.8.24.0054. Relator Desembargador Carlos Roberto da Silva. J. 29.09.2022.

TJSC. AC 5070053-09.2022.8.24.0000. Relator Desembargador Pedro Manoel Abreu. J. 08.08.2023.

TJSC. AC 0003329-82.2014.8.24.0067. Relator Desembargador Robson Luz Varella. J. 15.08.2023.

TJSP. AC 1105054-65.2019.8.26.0100. Relator Marcus Vinicius Rios Gonçalves. J. 29.06.2020.

TJSP. AC 1003885-15.2018.8.26.0506. Relator Desembargador Rebello Pinho. J. 31.08.2020.

TJSP. AC 1040650-48.2019.8.26.0506. Relator Desembargador Marcus Vinicius Rios Gonçalves. J. 01.09.2020.

TJSP. AC 1019001-92.2018.8.26.0625. Relator Desembargador Marcus Vinicius Rios Gonçalves. J. 27.01.2021.

TJSP. AC 1014199-21.2018.8.26.0344. Relator Desembargador Itamar Gaino. J. 29.04.2021.

TJSP. AC 1079869-25.2019.8.26.0100. Relatora Desembargadora Angela Lopes. J. 27.04.2021.

TJSP. ED 1014199-21.2018.8.26.0344. Relator Desembargador Itamar Gaino. J. 29.06.2021.

TJSP. AC 1001411-86.2021.8.26.0564. Relator Desembargador Almeida Sampaio. J. 05.11.2021.

TJSP. AC 1001401-02.2019.8.26.0115. Relator Desembargador Rodolfo Cesar Milano. J. 09.12.2021.

TJSP. AC 1017219-07.2017.8.26.0004. Relator Desembargador Rodolfo Cesar Milano. J. 09.12.2021.

TJSP. AC 1000080-59.2018.8.26.0472. Relator Desembargador Neto Barbosa Ferreira. J. 30.05.2022.

TJSP. AI 2230587-55.2021.8.26.0000. Relatora Desembargadora Maria de Lourdes Lopez Gil. J. 09.06.2022.

TJSP. AC 1003085-36.2021.8.26.0100. Relator Desembargador Gilson Delgado Miranda. J. 08.08.2022.

TJSP. AC 1029408-66.2021.8.26.0007. Relator Desembargador Almeida Sampaio. J. 18.08.2022.

TJSP. AC 1076373-17.2021.8.26.0100. Relator Desembargador Henrique Rodriguero Clavisio. J. 21.11.2022.

TJSP. ED 1076373-17.2021.8.26.0100.50000. Relator Desembargador Henrique Rodriguero Clavisio. J. 06.02.2023.

TJSP. AC 1005821-81.2021.8.26.0664. Relator Desembargador Almeida Sampaio. J. 31.03.2023.

TJSP. AC 1001057-28.2020.8.26.0554. Relator Desembargador Fernando Reverendo Vidal Akaoui. J. 15.03.2023.

VERONESE, Lígia Espolaor. A contribuição da CISG para o direito contratual brasileiro: uma análise jurisprudencial. *In*: KULESZA, Gustavo; MOREIRA, Rodrigo (coord.). **Direito contratual e Convenção de Viena (CISG)**. São Paulo: Almedina, 2021.

6. A CISG E OS PROCESSOS REGIONAIS DE UNIFORMIZAÇÃO DO DIREITO CONTRATUAL

Orlando José Guterres Costa Júnior
Doutorando em Direito Internacional pela USP.
LL.M em Comparative and International Dispute Resolution pela Queen Mary, University of London.
Mestre em Direito Internacional pela UERJ.
Advogado em São Paulo na área de arbitragem.

INTRODUÇÃO

A uniformização e/ou harmonização das normas de direito aplicado ao comércio internacional é um objetivo antigo, visado tanto por profissionais quanto por acadêmicos para reduzir custos de transação e atribuir maior certeza e previsibilidade ao comércio internacional[1].

Um direito uniforme representa a criação de um conjunto de regras idênticas, aplicadas e interpretadas da mesma forma por ao menos duas jurisdições diferentes[2], enquanto a harmonização visa à criação de normas jurídicas mais ou menos

---

1 FERRARI, Franco. **Contracts for the International Sales of Goods**: applicability and applications of the 1980 united nations sales convention. Leiden: Martinus Nijhoff Publishers, 2012. p. 1-3; PILTZ, Burghard. Saving Transaction Costs. *In*: SCHWENZER, Ingeborg (coord.). **35 Years CISG and Beyond**. The Hague: Eleven International Publishing, 2016. p. 3.

2 "*[...] a set of identically worded legal rules that are binding on a general level in at least two jurisdictions where they are supposed to be interpreted and applied in the same manner*" (*Id.* Uniform Law. *In*: BASEDOW, Jürgen; HOPT, Klaus J.; ZIMMERMANN Reinhard (ed.). **The Max Planck Encyclopedia of European Private Law**. Oxford: Oxford University Press, v. II, 2012. p. 1732)

semelhantes, ainda que particular a cada Estado ou jurisdição, sem chegar ao mesmo grau de uniformização[3].

Em muitos aspectos, harmonização e uniformização se aproximam. Harmonização pode ser um primeiro passo para uniformização[4], ou, diante de impossibilidades práticas de uniformização de regras jurídicas, os Estados podem se contentar com harmonização, na medida em que são criadas regras semelhantes por diferentes jurisdições, mas ainda mantendo algumas particularidades próprias de cada ordenamento[5].

Tanto uniformização quanto harmonização podem ser buscadas mediante mecanismos diversos, inclusive tratados internacionais. No caso, a Convenção das Nações Unidas sobre Contratos de Compra e Venda ("CISG" ou "Convenção") é reconhecida como o trabalho de maior sucesso no esforço de uniformização das regras aplicadas ao comércio internacional[6].

A CISG atualmente possui 97 partes signatárias[7], sendo um dos instrumentos mais relevantes para o comércio internacional. É um dos trabalhos mais exitosos da Comissão das Nações Unidas para o Direito do Comércio Internacional (*United Nations Commission on International Trade Law* – "Uncitral")[8], sendo reconhecida como a "lei global de vendas"[9] ou "o trabalho mais significativo de legislação contratual em vigor a nível internacional"[10], superando divergências que venham a

---

3 GEBAUER, Martin; BERNER, Felix. Unification and Harmonization of Laws. *In*: PETERS, Anne; WOLFRUM, Rüdiger (ed.). **Max Planck Encyclopedias of International Laws**. Oxford University Press, 2019. Disponível em: https://abrir.link/quFdU. Acesso em: 1º out. 2023.

4 ZELLER, Bruno. **CISG and the Unification of International Trade Law**. Oxford: Routledge-Cavendish, 2007. p. 12.

5 GOODE, Roy. Reflections on the Harmonisation of Commercial Law. **Uniform Law Review**, v. 19, n. 1, p. 54-74, jan. 1991, p. 54.

6 MENDES, Errol P. The U.N. Sales Convention & U.S. Canada Transactions; Enticing the World's Largest Trading Bloc to Do Business under a Global Sales Law. **Journal of Law and Commerce**, v. 8, p. 109-122, 1988, p. 112.

7 UNITED NATIONS COMISSION ON INTERNATIONAL TRADE LAW. **Status: United Nations Convention on Contracts for the International Sale of Goods (Vienna, 1980) (CISG)**. Disponível em: https://uncitral.un.org/en/texts/salegoods/conventions/sale_of_goods/cisg/status. Acesso em: 4 out. 2023.

8 SCHWENZER, Ingeborg; FOUNTOULAKIS, Christiana; DIMSEY, Mariel. **International Sales Law**: a guide to the CISG. 3. ed. Oxford: Hart Publishing, 2019. p. ii; SCHWENZER, Ingeborg. **Schlechtriem & Schwenzer**: Commentary on the UN Convention on the International Sale of Goods. 4. ed. Londres: Oxford University Press, 2015. p. 6.

9 "*Global sales law*", conforme definido por SCHWENZER, FOUNTOULAKIS, DIMSEY, *op. cit.*, p. ii.

10 LOOKOFSKY, The 1980 United Nations Convention on Contracts for the International Sale of Goods *apud* KRÖLL, Stefan; MISTELIS, Loukas; VISCASILLAS, Pilar Perales. **UN Convention on Contracts for the International Sale of Goods (CISG)**: a commentary. 2. ed. Munique: C.H. Beck, 2018. p. 1.

existir em diferentes ordenamentos jurídicos e que poderiam representar obstáculos ao crescente número de relações econômicas transfronteiriças[11].

Uma das razões para o sucesso da CISG é que ela consagra uma compreensão moderna dos principais elementos que permeiam um contrato internacional de compra e venda, ao mesmo tempo que disponibiliza um regime uniforme que proporciona um entendimento comum a compradores e vendedores no mundo todo, de modo que comerciantes localizados seja no Brasil, na China ou nos Estados Unidos da América possam usar os mesmos conceitos jurídicos para resolver conflitos que venham a surgir[12].

A Convenção regula a formação do contrato de compra e venda internacional de mercadorias, tratando da aceitação de oferta e da performance do contrato, e, igualmente, dispõe sobre os direitos e as obrigações de vendedores e compradores decorrentes do contrato, bem como os remédios legais a que uma parte tem direito caso o contrato venha a ser violado pela contraparte[13]. Sob esse aspecto, a CISG representa direito material aplicável diretamente ao contrato de compra e venda internacional de mercadoria, e não um mero sistema para resolução de conflitos normativos[14].

A CISG, entretanto, não aborda todas as matérias pertinentes a uma relação contratual. A CISG não representa uma lei geral sobre direito dos contratos, de modo que muitos temas não são regulados. Nesse sentido, a Convenção exclui expressamente do seu âmbito a aplicação de contratos de compra e venda em matérias que normalmente são consideradas como relações de consumo, como bens adquiridos para uso pessoal, familiar ou doméstico; assim como bens adquiridos em hasta pública, em execução judicial, valores mobiliários, títulos de crédito e moeda, navios, embarcações, aerobarcos e aeronaves, e eletricidade (artigo 2º).

A Convenção também não se aplica a contratos relativos a bens a serem fabricados se o comprador se comprometer a fornecer parte substancial dos materiais, ou se a parte preponderante da obrigação do fornecedor do bem for o fornecimento de mão de obra ou outros serviços (artigo 3º), a validade de contratos e os efeitos que a compra e venda possa ter sobre a propriedade dos bens (artigo 4º) e a responsabilidade do vendedor sobre morte ou lesões corporais causadas pelas mercadorias a qualquer pessoa (artigo 5º).

---

11 FERRARI, Franco. **Contracts for the International Sales of Goods**: applicability and applications of the 1980 united nations sales convention. Leiden: Martinus Nijhoff Publishers, 2012. p. 3; GOODE, Roy, 1991, *loc. cit.*

12 KRÖLL, Stefan; MISTELIS, Loukas; VISCASILLAS, Pilar Perales. **UN Convention on Contracts for the International Sale of Goods (CISG)**: a commentary. 2. ed. Munique: C.H. Beck, 2018. p. 1.

13 *Id.*, p. 4.

14 *Ibid.*

Naquilo que a CISG se aplica, essa deve ser aplicada de forma imediata, isso quer dizer que, após a sua entrada em vigor no ordenamento de um determinando Estado contratante, os tribunais nacionais são obrigados a aplicar a Convenção de ofício, desde que preenchido os requisitos de sua aplicação constantes dos artigos 1º ao 6º[15]. Isso não quer dizer que não há espaço para aplicação de regras de conflitos normativos para contratos de compra e venda internacional de mercadorias, mas isso é reduzido consideravelmente diante do caráter uniforme de suas regras.

A CISG também deve ser aplicada e interpretada de modo uniforme, afinal, uma vez que visa ser uma lei global de compra e venda internacional, ela não pode ser interpretada de forma diferente por cada Estado-parte; porém, essa não é uma tarefa fácil. E, no esforço de aplicação uniforme da Convenção, tem-se um outro resultado, ainda que não pretendido originalmente pelos redatores da CISG, que é o de incentivar e contribuir com esforços regionais de uniformização ou harmonização legislativa quanto a contratos internacionais[16]. Isso aconteceu na Europa, na África, na Ásia e, também, na América Latina.

Nesse sentido, considerando que a CISG já foi adotada por quase todos os países latino-americanos[17], este capítulo abordará como a Convenção tem servido de inspiração para os esforços regionais de uniformização ou harmonização do direito contratual, para, então, tratarmos da CISG como uma oportunidade para contribuir com o avanço do diálogo latino-americano sobre direito privado.

1. A INFLUÊNCIA DA CISG SOBRE TRABALHOS DE UNIFORMIZAÇÃO REGIONAL DE DIREITO CONTRATUAL

A CISG exerceu influência para reforma legislativa de diferentes ordenamentos, assim como é fonte de inspiração para diferentes esforços regionais de uniformização ou harmonização de direito contratual.

A nível nacional, a CISG foi um modelo para a reforma da Lei de Obrigações na Alemanha e na modernização de outros sistemas jurídicos nacionais, como, por exemplo, o Código Civil holandês (1992), o Código Civil russo (1994), o Código Civil chinês

15 SCHWENZER, Ingeborg. **Schlechtriem & Schwenzer**: Commentary on the UN Convention on the International Sale of Goods. 4. ed. Londres: Oxford University Press, 2015. p. 19.

16 KRÖLL, Stefan; MISTELIS, Loukas; VISCASILLAS, Pilar Perales. **UN Convention on Contracts for the International Sale of Goods (CISG)**: a commentary. 2. ed. Munique: C.H. Beck, 2018. p. 9-10.

17 Até o momento de redação deste artigo, outubro de 2023, ainda não são partes da CISG a Bolívia, a Nicarágua, o Panamá e a Venezuela (este último assinou a Convenção em 1991, mas nunca a ratificou).

(2002) e a Lei das Obrigações da Estônia (2002)[18], e, mais recentemente, o Código Civil e Comercial da Argentina (2014), a revisão do Código Civil do Japão (2017) e o novo Código Civil chinês (2020)[19]. No Direito brasileiro, apesar da adesão relativamente recente do Brasil à CISG, a Convenção já era inspiração para avanços jurisprudenciais no que diz respeito ao dever de mitigação do próprio dano, por exemplo[20].

Assim, a CISG representa não apenas um modelo de harmonização, mas também de transplante de disposições suas para outros textos normativos[21], o que se faz observar pela presença de trechos com clara inspiração na Convenção, inclusive em textos de uniformização regional.

Regionalmente, é facilmente observável a sua influência sobre a criação de normas de âmbito regionais para contratos internacionais.

A relação entre a CISG e os projetos regionais de uniformização não é necessariamente de competição ou oposição; ao contrário, é mais próxima a uma relação de complementariedade. Projetos de uniformização procuram avançar sobre temas que a CISG não regulou com profundidade, ou, então, visam identificar características legais peculiares àquela região que não se enquadrariam na CISG, de modo que um Estado pode ser tanto parte da CISG quanto igualmente participar de processos de uniformização ou harmonização legislativa a nível regional[22].

A própria CISG apresenta disposições que podem ser interpretadas como favoráveis à uniformização regional, conforme pode ser entendido de seus artigos 90, 92 e 94. Primeiramente, o artigo 90 menciona que a Convenção não prevalece sobre outros acordos internacionais já celebrados ou que venham a ser celebrados e que tratem sobre mesmo tema da CISG[23], ou seja, se sujeitos contratantes têm seus estabelecimentos em Estados que sejam signatários de acordos que abordem matéria tratada na CISG, tais acordos devem ser aplicados no lugar da CISG. Consequentemente, na existência de

---

18 KRÖLL, MISTELIS, VISCASILLAS, *op. cit.*, p. 10; BONELL, Michael Joachim. The CISG, European Contract Law and the Development of a World Contract Law. **The American Journal of Comparative Law**, v. 56, n. 1, p. 1-28, 2008, p. 6-7.

19 SCHWENZER, Ingeborg; WITTU, Patrick. The CISG and the European Private Law: When in Rome, do as the Romans Do. **European Review of Private Law**, v. 5, p. 835-870, 2022, p. 837.

20 VERONESE, Lígia Espolaor. A contribuição da CISG para o direito contratual brasileiro: uma análise jurisprudencial. *In*: KULESZA, Gustavo; MOREIRA, Rodrigo (coord.). **Direito contratual e Convenção de Viena (CISG)**. 1. ed. São Paulo: Almedina, 2021.

21 ZELLER, Bruno. **The Significance of the CISG for the harmonization and transplantation of international commercial law**. Disponível em: https://vuir.vu.edu.au/857/1/ZellerSigCISGHarmonisation.pdf. Acesso em: 13 out. 2023.

22 COETZEE, Juana. CISG and Regional Sales Law: friends or foes? **Journal of Law, Society and Development**, v. 2, n. 1, p. 34-35, 2015. Disponível em: https://unisapressjournals.co.za/index.php/JLSD/article/view/360. Acesso em: 10 out. 2023.

23 "Artigo 90. A presente Convenção não prevalece sobre qualquer acordo internacional já celebrado, ou que vier a sê-lo, que contenha disposições relativas às matérias regidas pela presente Convenção, desde que as partes tenham seus estabelecimentos comerciais em Estados Partes nesse acordo."

tratados ou legislação regional referente a temas já abordados na Convenção, ao menos implicitamente, a Convenção deixaria de ser aplicada em detrimento de um acordo internacional de aplicação territorial regional[24].

O artigo 92, por sua vez, menciona que qualquer Estado contratante pode declarar não se vincular às Partes II (formação dos contratos) e III (direitos e obrigações) da Convenção[25]. Essa disposição foi estabelecida em favor de países escandinavos (Dinamarca, Finlândia, Noruega e Suécia) que possuem normas quanto à formação dos contratos com base em um mesmo princípio jurídico diferentes daquele da CISG[26], e não querem que o seu direito fosse substituído por aquele da Convenção ao menos nesse aspecto, de modo que todos os países daquela região fizeram tal declaração em relação à Parte II da Convenção[27].

Já o seu artigo 94 trata expressamente da possibilidade de que um ou mais Estados signatários e que tiverem normas jurídicas idênticas ou semelhantes em matérias regidas também pela CISG possam declarar a não aplicação da Convenção a contratos de compra e venda para sujeitos que tenham seus estabelecimentos nesses Estados[28]. Esse artigo foi igualmente desenvolvido para atender a pedido dos países

---

24 FERRARI, Franco. Universal and Regional Sales Law: Can They Coexist? **Uniform Law Review**, v. 8, n. 1-2, p. 177-189, jan. 2003, p. 179.

25 "Artigo 92

(1) Qualquer Estado Contratante pode declarar, no momento da assinatura, ratificação, aceitação, aprovação ou acessão, que não adotará a Parte II ou a Parte III da presente Convenção.

(2) Qualquer Estado Contratante que tiver feito a declaração prevista no parágrafo anterior com relação à Parte II ou à Parte III da presente Convenção não se considerará Estado Contratante para os efeitos do parágrafo (1) do artigo 1 da presente Convenção, no que concerne às matérias que sejam regidas pela Parte a que se referir a declaração."

26 Ainda assim, os países escandinavos reformaram as suas legislações de compra e venda no final dos anos 1980 e começo dos anos 1990 para alinhá-las ao texto da CISG (BONELL, Michael Joachim. The CISG, European Contract Law and the Development of a World Contract Law. **The American Journal of Comparative Law**, v. 56, n. 1, p. 1-28, 2008, p. 6).

27 FERRARI, Franco. Universal and Regional Sales Law: Can They Coexist? **Uniform Law Review**, v. 8, n. 1-2, p. 177-189, jan. 2003, p. 182.

28 "Artigo 94. (1) Dois ou mais Estados Contratantes que tiverem normas jurídicas idênticas ou similares nas matérias que se regem na presente Convenção podem, a qualquer momento, declarar que a Convenção não se aplicará aos contratos de compra e venda, ou à respectiva formação, quando as partes tiverem seus estabelecimentos comerciais nesses Estados. Tais declarações podem ser feitas conjuntamente ou mediante declarações unilaterais recíprocas.

(2) Qualquer Estado Contratante que tiver normas jurídicas idênticas ou similares às de um ou de vários Estados não contratantes, nas matérias que se regem na presente Convenção, poderá a qualquer momento declarar que a Convenção não se aplicará aos contratos de compra e venda, ou à respectiva formação, quando as partes tiverem seus estabelecimentos comerciais nesses Estados.

(3) Se o Estado a respeito do qual tiver sido feita a declaração prevista no parágrafo anterior tornar-se ulteriormente Estado Contratante, a referida declaração produzirá os efeitos da declaração prevista no parágrafo (1), a partir da data em que a Convenção vigorar em relação ao novo Estado Contratante, desde que este subscreva essa declaração, ou faça uma declaração unilateral de caráter recíproco no mesmo sentido."

escandinavos, e o seu objetivo é o de tornar a CISG inaplicável quando houver algum direito uniforme para compra e venda, e tais Estados tenham assim declarado[29].

Ademais, convém observar que há uma série de temas pertinentes a uma relação contratual que não é tratada na CISG e que, consequentemente, é regida pelo direito doméstico aplicável, conforme as regras de direito internacional privado que vierem a ser adotadas (conforme definido pelo artigo 7(2) da Convenção). Podemos mencionar, por exemplo, uma série de bens que a CISG expressamente venda a sua aplicação, matérias de responsabilidade pré e pós-contratual, questões referentes à validade dos contratos, vícios de consentimento, transferência de propriedade, cessão de contratos e prescrição, questões de teoria geral dos contratos e que não são reguladas pela CISG[30]. Em tais temas, pode se entender a inexistência de conflitos entre uma regra uniforme de aplicação regional e os termos da Convenção, sem necessária aplicação dos artigos 90, 92 e 94[31].

Um processo de uniformização ou harmonização regional também pode avançar mais rápidos do que os projetos globais, uma vez que envolve menos países e que já possui alguma proximidade por serem vizinhos ou estarem na mesma região[32].

Na Europa[33], o processo de uniformização regional do direito contratual possui forte ligação com a CISG. Primeiramente, a maior parte das operações de compra e venda realizadas por agentes em diferentes Estados da União Europeia se enquadra no âmbito de aplicação da CISG, de modo que a Convenção desempenha um forte papel na regulação de vendas no interior do espaço comunitário europeu, ainda que nem todos os Estados-membros da União Europeia sejam partes da Convenção[34].

Claude Witz informa que há fácil aplicação da CISG a casos europeus, em decorrência da uniformização das regras de direito internacional privado no âmbito da União Europeia, conforme resultado do Regulamento Roma I[35] sobre direito aplicável a obrigações contratuais[36].

---

29 FERRARI, *op. cit.*, p. 183.

30 DIMATTEO, Larry. CISG as Basis of a Comprehensive International Sales Law. **Villanova Law Review**, v. 58, n. 4, p. 691-722, 2013, p. 696-697.

31 FERRARI, Franco. Universal and Regional Sales Law: Can They Coexist? **Uniform Law Review**, v. 8, n. 1-2, p. 177-189, jan. 2003, p. 179.

32 BASEDOW, Jürgen. Worldwide Harmonisation of Private Law and Regional Economic Integration – General Report. **Uniform Law Review**, v. 8, n. 1-2, p. 31-49, jan. 2003, p. 36.

33 Em outubro de 2023, Reino Unido (não mais membro da União Europeia), Irlanda e Malta ainda não tinham aderido à CISG.

34 WITZ, Claude. Harmonization in the European Union. *In*: SCHWENZER, Ingeborg (coord.). **35 Years CISG and Beyond**. The Hague: Eleven International Publishing, 2016. p. 235.

35 Regulamento (CE) nº 593/2008 do Parlamento Europeu e do Conselho, de 17 de junho de 2008, sobre a lei aplicável às obrigações contratuais (Roma I).

36 WITZ, *op. cit.*, p. 239.

A uniformização das regras de conflitos de jurisdição na União Europeia, como operado pelo Regulamento Bruxelas I (Regulamento 44/2001, de 20 de dezembro de 2000), substituído pelo Regulamento 1.215/2012, de 12 de dezembro de 2012 (Bruxelas I Bis), e a Convenção de Lugano, de 15 de outubro de 2007[37], também facilitou a determinação de jurisdição competente para casos envolvendo partes com residência nos Estados europeus, de modo que tanto demandantes quanto demandados podem facilmente prever onde podem ajuizar uma ação ou serem demandados, facilitando a aplicação da CISG em caso de litígio entre o vendedor e o comprador, sempre que o requerido esteja domiciliado na Europa[38].

É possível observar o sucesso da CISG no continente europeu mediante o crescente número de casos reportados daquela região, de modo que a Europa tem o maior número de casos divulgados com aplicação da CISG[39]. Não é por menos que a Comissão Europeia emitiu em 2001 um comunicado qualificando a CISG como o instrumento mais relevante de harmonização de direito material a nível internacional[40].

Além de ter influenciado reformas legislativas em diversos países europeus, a CISG também contribui para o desenvolvimento da legislação comunitária europeia dedicada ao direito do consumidor. De acordo com Ewoud Hondius, há diversas semelhanças entre a CISG e a antiga "Diretiva Europeia Relativa a Certos Aspectos da Venda de Bens de Consumo e das Garantias a ela Relativas" ("Diretiva")[41], havendo complementariedade entre os dois textos normativos, uma vez que a CISG exclui de sua aplicação contratos com consumidores finais[42].

A Diretiva adotou termos em uso na CISG, como o conceito de conformidade dos bens adquiridos constante em seu artigo 2º (que corresponde em larga

---

37 Convenção relativa à competência judiciária, ao reconhecimento e à execução de decisões em matéria civil e comercial.

38 WITZ, *op. cit.*, p. 240.

39 WITZ, Claude. Harmonization in the European Union. *In*: SCHWENZER, Ingeborg (coord.). **35 Years CISG and Beyond**. The Hague: Eleven International Publishing, 2016. p. 240.

40 EUROPEAN UNION. European Commission. **Communication from the Commission to the Council and the European Parliament on European contract law**, COM/2001/0398 final. Disponível em: chrome-extension://efaidnbmnnnibpcajpcglclefindmkaj/ https://abrir.link/CpgCB. Acesso em: 10 out. 2023.

41 *Id*. European Commission. **Diretiva 1999/44/CE do Parlamento Europeu e do Conselho de 25 de maio de 1999**, substituída posteriormente pela Diretiva (UE) 2019/771 do Parlamento Europeu e do Conselho, de 20 de maio de 2019, relativa a certos aspetos dos contratos de compra e venda de bens, em vigor desde 1º de janeiro de 2022.

42 HONDIUS, Ewoud. CISG and a European Civil Code. **The Rabel Journal of Comparative and International Private Law**, v. 71, n. 1, p. 99-114, jan 2007, p. 103; BONELL, Michael Joachim. The CISG, European Contract Law and the Development of a World Contract Law. **The American Journal of Comparative Law**, v. 56, n. 1, p. 1-28, 2008, p. 6-7.

medida aos elementos constantes do artigo 35 da CISG), e os remédios disponíveis na Diretiva em seu artigo 3º (que em muito reproduziu os mecanismos oferecidos nos artigos 36, 46, 49 e 50 da CISG)[43].

Discussões referentes ao desenvolvimento de um Código Civil europeu também levaram a CISG em consideração, em conjunto com outros textos, como os Princípios do Direito Europeu dos Contratos (*Principles of European Contract Law* – "PECL")[44]. O PECL é um conjunto de princípios gerais de direito dos contratos redigido por acadêmicos europeus e que, apesar de não conter regras específicas para compra e venda, em muito se assemelha à CISG, sendo clara a sua inspiração[45].

A Parte I do PECL trata de adimplemento e inadimplemento dos contratos, e suas consequências, enquanto a Parte II do PECL trata de formação dos contratos, validade, conteúdo dos contratos e interpretação contratual. A Parte III trata de pluralidade de devedores e credores, transferências de direitos e obrigações, compensação, ilegalidade e condições[46].

O PECL, por sua vez, influenciou o *Draft Common Frame of Reference* ("DCFR") da União Europeia. O DCFR representava um conjunto de regras modelo sobre contratos e obrigações, proposto por acadêmicos em 2008 e 2009, com o objetivo de compor a redação de um futuro código europeu de direito privado, mas nunca alcançou força de lei, sendo abandonado oficialmente pela União Europeia em 2014.

De acordo com Ole Lando, tanto o PECL quanto os Princípios Unidroit de Contratos Comerciais Internacionais ("Princípios Unidroit") foram elaborados praticamente ao mesmo tempo e pelas mesmas pessoas, de modo que não é fácil definir em que pontos o PECL influenciou os Princípios Unidroit, e vice-versa, visto tão semelhantes serem as suas regras[47]. Nos temas regulados pelo PECL e que já eram regidos pela CISG, os dois textos se aproximam consideravelmente, a ponto de a adoção da CISG por tantos Estados ajudou os advogados a aceitarem mais prontamente as regras tanto do PECL quanto dos Princípios Unidroit[48].

---

43 BONELL, *op. cit.*, p. 7.

44 HONDIUS, *op. cit.*, p. 107.

45 BONELL, *op. cit.*, p. 10.

46 LANDO, Ole. Have the PECL Been a Success or a Failure? **European Review of Private Law**, v. 3, p. 367-375, 2009, p. 368.

47 LANDO, Ole. Have the PECL Been a Success or a Failure? **European Review of Private Law**, v. 3, p, 367-375, 2009, p. 371.

48 *Ibid.*

A proposta de uma *Common European Sales Law* ("CESL") – que acabou não sendo aprovada e retirada de discussão pela Comissão Europeia[49] – também foi inspirada pelo PECL e, consequentemente, pela CISG[50].

Apesar de a CESL se apresentar como uma norma uniforme para compra e venda, tal documento ia além e expressava regras gerais de direito contratual[51]. A CESL tinha por objetivo criar uma legislação uniforme para contratos de consumo e contratos em que uma das partes fosse uma pequena ou média empresa, assim como também tratava de serviços e de conteúdo digital. A sua aplicação seria mediante um sistema *opt in*, ou seja, as partes tinham que definir expressamente a sua aplicação a um contrato.

Uma vez que os contratos de compra e venda, em que uma das partes seja uma micro ou pequena empresa, também poderiam estar sujeitos à CISG[52], havia preocupação de que, naquilo em que a CESL e a CISG fossem semelhantes, pudesse haver interpretações diferentes quanto à aplicação de seus textos, atrapalhando o objetivo da CISG de contribuir com uniformização do direito de compra e venda internacional[53].

Porém, como nota Ulrich Magnus, naquilo em que a CISG e a CESL fossem semelhantes, nada impede que interpretações e entendimentos jurisprudenciais e doutrinários pertinentes à CISG pudessem também ser usados para interpretar e aplicar a CESL, uma vez que tais disposições do documento europeu têm a sua origem na própria CISG, contribuindo para a aplicação uniforme de normas pertinentes ao comércio internacional, inclusive da própria CESL[54].

---

49 EUROPEAN UNION. European Parliament. **Proposal for a Regulation of the European Parliament and of the Council on a Common European Sales Law**, (COM 2011) 635 final (Oct. 11, 2011), apresentado em 2011 pela Comissão Europeia, mas revogado em 2014.

50 LANDO, Ole. CESL or CISG: Should the proposed EU Regulation on a Common European Sales Law (CESL) replace the United Nations Convention on International Sales (CISG). *In*: REMIEN, Oliver; HERRLER, Sebastian LIMMER, Peter (ed.). **Gemeinsames Europäisches Kaufrecht für die EU?** Analyse des Vorschlags der Europäischen Kommission für ein optionales Europäisches Vertragsrecht vom 11. Oktober 2011 – Wissenschaftliches Symposium am 20. Januar 2012 in Würzburg. Munique: C.H. Beck, 2012. p. 15.

51 DIMATTEO, Larry. CISG as Basis of a Comprehensive International Sales Law. **Villanova Law Review**, v. 58, n. 4, p. 691-722, 2013, p. 714.

52 Neste caso, a escolha expressa da CESL levaria ao entendimento de que a CISG não se aplicaria por decisão das partes contratantes.

53 O CESL, se aprovado, seria legislação comunitária e estaria sob jurisdição do Tribunal de Justiça da União Europeia, que seria responsável por uniformização da sua aplicação, o que não ocorre com a CISG, que seguiria metodologia diferente. A preocupação de diferentes interpretações de termos semelhantes foi expressamente pelo Advisory Council da CISG, na CISG Advisory Council Declaration nº 1: The CISG and Regional Harmonization.

54 "*This means further that as far as possible CESL should be interpreted in the same sense as the corresponding provision or term in the CISG (though not vice versa because CISG as a global instrument should not be interpreted in accordance with specific regional understandings). This is not only advisable because*

Ao final, a CESL não foi aprovada pela Comissão, em decorrência de críticas no sentido de que a criação de mais um mecanismo, ainda que *opt in*, poderia trazer complexidades adicionais às operações de compra e venda, em vez de simplicidade. Após oposição tanto de acadêmicos quanto de parlamentos nacionais, acabou sendo deixado de lado, ainda que disposições da CESL acabassem aparecendo em Diretivas futuras da União Europeia quanto a contratos virtuais e relações consumeristas[55].

O continente africano apresenta um contexto consideravelmente diferente, com outras razões se tentar uniformizar legislação contratual. Tais esforços são concentrados na Organização para Harmonização do Direito Empresarial na África (*Organisation pour l'Harmonisation du Droit des Affaires en Afrique* – "OHADA"), composta por 17 Estados-membros[56], dos quais apenas 5[57] ratificaram a CISG.

A OHADA adotou, em 2010, um ato normativo chamado *Uniform Act Relating To General Commercial Law* ("OHADA Uniform Act"), visando uniformizar normas gerais de direito contratual, além da compra e venda. O *OHADA Uniform Act* tem inspiração direta nos Princípios Unidroit; porém, o seu capítulo sobre compra e venda reproduz em larga medida os termos da CISG[58], inclusive no que diz respeito ao âmbito de aplicação. Entretanto, diferente da CISG, deixa de excluir contratos de fornecimento de produtos para produção de mercadorias quando o comprador se obriga a fornecer parte substancial dos materiais necessários à sua produção[59].

---

many CESL provisions at least as far as those on commercial sales are concerned have in substance or wording their original root in the CISG. Any exclusion of the CISG as a means for the interpretation of these CESL provisions would also disregard the rich experience, case law and doctrine on the CISG as a very helpful tool for CESL's interpretation. Th e recourse to settled CISG law could further promote uniformity and legal certainty in the interpretation and application of CESL. Artigo 4 (2) CESL should therefore be understood as directed against the recourse to national law and national interpretations but not against a broad international interpretation of CESL with particular regard to the CISG." (MAGNUS, Ulrich. CISG *vs.* CESL. *In*: MAGNUS, Ulrich (ed.). **CISG *vs.* Regional Sales Law Unification**: with a focus on the new common European sales law. Munique: Sellier European Law Publishers, 2012. p. 104-105)

55 ANAGNOSTOPOULOU, Despoina. The Withdrawal of the Common European Sales Law Proposal and the European Commission Proposal on Certain Aspects Concerning Contracts for the Online and Other Distance Sales of Goods: European and Comparative Perspectives. *In*: HEIDEMANN, Maren; LEE, Joseph (ed.). **The Future of the Commercial Contract in Scholarship and Law Reform**. Springer, Charm, 2018. p. 133.

56 A OHADA tem como Países-membros Benim, Burquina Fasso, Camarões, Comores, Costa do Marfim, Chade Gabão, Guiné, Guiné-Bissau, Guiné Equatorial, Mali, Niger, República Centro-Africana, República do Congo, República Democrática do Congo, Senegal e Togo.

57 Benim, Camarão, Gabão, Guiné e República do Congo.

58 FONTAINE, Marcel. Law harmonization and local specificities – A case study: OHADA and the law of contracts. **Uniform Law Review**, v. 18, n. 1, p. 50-64, june 2013, p. 55.

59 FERRARI, Franco. CISG and OHADA Sales Law. *In*: MAGNUS, Ulrich (ed.). **CISG *vs.* Regional Sales Law Unification**: with a focus on the new common European sales law. Munique: Sellier European Law Publishers, 2012. p. 81-82.

No continente asiático, os esforços de harmonização de direito contratual estão localizados principalmente na academia, decorrente de uma iniciativa de acadêmicos de jurisdições localizadas no sul e sudoeste asiático, e com inspiração no PECL, visando ao desenvolvimento dos Princípios de Direito Contratual Asiático (*Principles of Asian Contractual Law* – "PACL").

O PACL contou com a participação de representantes da China, da Coreia do Sul, de Singapura e do Japão, que, apesar de serem todos Estados contratantes da CISG, acreditavam que a região precisava de uma voz separada para atender aos seus interesses específicos[60]. O projeto iniciou-se em 2009, e pretende oferecer um conjunto de regras supranacionais concebidas de forma a atender especificidades da cultura jurídica asiática e que pudessem ser facilmente aplicáveis por partes e tribunais locais, referente a normas de direito contratual geral, como validade dos contratos[61].

Em 2010, foi publicado um projeto de artigos sobre inadimplemento contratual; porém, o PACL nunca teve apoio de autoridades formais, e desde então tem perdido parte de seu apoio acadêmico, ainda que o projeto continue sendo objeto de discussões[62].

2. ESFORÇOS DE HARMONIZAÇÃO DO DIREITO CONTRATUAL NA AMÉRICA LATINA

A América Latina também apresenta o seu próprio histórico de esforços de harmonização de sua legislação privada, tão antigo quanto o próprio processo de independência dos países da região; entretanto, ainda sem qualquer sucesso duradouro. De acordo com Diego Arroyo, os Estados da região sempre foram aversos a maior integração regional, uma vez que, desde o momento que tais nações se declaram independentes, há uma constante necessidade de reconhecimento de sua independência e soberania, e o direito nacional sempre foi observado como demonstrativo disso, o que contribuiu para a desarticulação política e individualização jurídica na região[63], e isso pode ser observado também no processo regional de harmonização do direito privado.

---

60 HAN, Shiyuan. Principles of Asian Contract Law: An Endeavor of Regional Harmonization of Contract Law in East Asia. **Villanova Law Review**, v. 58, n. 4, p. 589-600, 2013, p. 591.

61 LEE, Young June *et al.* **A Study on Draft Articles Principles of Asian Contract Law Performance and Non-Performance**. Research Institute for Asia Private Law, [s.l.], 2016. p. 3.

62 DUROVC, Mateja. Harmonization of Contract Law in Eastern and South-Eastern Asia: What Can Be Learned from the CISG and the ECL Experience? **Global Journal of Comparative Law**, v. 7, p. 207-231, 2018, p. 210.

63 ARROYO, Diego P. Fernández. Integración y Derecho em América Latina: Doscientos años de indiferencia mutua. *In*: GARCIA, Oropeza; ARTURO, Hector (coord.). **Latinoamérica frente al espejo de su integración (1810-2010)**. Ciudad de Mexico: Universidade Nacional Autonoma de Mexico, 2010. p. 248.

As normas de direito privado na América Latina passaram, em um primeiro momento, por um período de considerável diálogo e inspiração mútua. No decorrer do século XIX, após os Estados latino-americanos terem adotado legislações de direito civil muito semelhantes àquelas de suas metrópoles colonizadoras – com especial atenção ao Código Napoleônico[64] –, as nações então independentes passaram por um esforço de modernização de suas legislações civis, adotaram códigos considerados modernos e que inspiraram as legislações de seus países vizinhos, ocorrendo um processo de "harmonização espontânea" de suas legislações civis[65].

Após esse período de desenvolvimento no século XIX, o século XX presenciou um novo movimento de modernização das legislações privadas na região latino-americana; porém, consideravelmente diferente dos desenvolvimentos do século anterior, na medida em que as alterações legislativas ocorriam sem qualquer atenção ao que se passava nos países vizinhos, mas com inspiração principalmente de legislações europeias, como o *Codice Civile* italiano de 1942[66].

De acordo com Rodrigo Momberg, a harmonização formal do direito privado na América Latina tem sido tentada de duas maneiras: seja em decorrência da adoção de tratados internacionais com regras de direito internacional privado ou em decorrência de iniciativas de integração latino-americanas[67].

Quanto aos instrumentos de direito internacional privado adotados no continente americano, primeiro tentou-se um esforço de unificação das regras do direito internacional privado através de uma codificação comum, visando uniformizar o direito privado por meio da utilização de um único corpo de regras internacionais privadas, comum a todos os países latino-americanos[68].

O processo de codificação remonta ao século XIX, com o Congresso de Lima (1877-78), no qual um tratado sobre regras de conflito de leis foi assinado por sete países latino-americanos; entretanto, em decorrência da Guerra do Pacífico (1879-83) entre o Peru e a Bolívia contra o Chile, tal tratado foi ratificado apenas pelo Peru e nunca entrou em vigor. Na mesma linha, ocorreu uma conferência realizada em 1888 na cidade de Montevidéu, em que foram redigidos oito tratados de direito internacional privado e processual; porém, tais tratados foram ratificados apenas por Argentina, Bolívia, Colômbia e Peru[69].

---

64 MOMBERG, Rodrigo. Harmonization of Contract Law in Latin America: past and present initiatives. **Uniform Law Review**, v. 19, n. 3, p. 411-428, 2014, p. 413.

65 GARRO, Alejandro M. Contract Law in Latin America: Building of a "Latin American" Ius Commune on Contract Law. *In*: SCHWENZER, Ingeborg (coord.). **35 Years CISG and Beyond**. The Hague: Eleven International Publishing, 2016. p. 255-256; MOMBERG, *op. cit.*, p. 415.

66 GARRO, *op. cit.*, p. 256; MOMBERG, *op. cit.*, p. 416.

67 MOMBERG, *loc. cit.*

68 MOMBERG, Rodrigo. Harmonization of Contract Law in Latin America: past and present initiatives. **Uniform Law Review**, v. 19, n. 3, p. 411-428, 2014, p. 417.

69 *Ibid.*

Em 1928, teve-se a elaboração do principal expoente desse período, o Código Pan-Americano de Direito Internacional Privado, conhecido como o Código Bustamante; porém, o seu sucesso foi apenas aparente, uma vez que o texto fazia diversas concessões ao direito doméstico dos Estados contratantes, e deixou de ser assinado por diversos países, como Argentina, Colômbia, México, Paraguai, EUA e Uruguai, enquanto cinco países fizeram reservas no sentido de excluir a aplicação do Código quando este for contrário à legislação nacional. Consequentemente, a sua aplicação por tribunais locais ocorria de forma excepcional, deixando de ser, assim, mecanismo efetivo para harmonização legislativa[70].

Esforços de harmonização do direito privado latino-americano voltaram a ocorrer apenas na segunda metade do século XX, por meio de um processo oficial no âmbito da Organização dos Estados Americanos ("OEA") iniciado em 1970[71].

Entre 1975 e 2009, a Conferência Especializada Interamericana sobre Direito Internacional Privado (CIDIP, na sigla em espanhol), realizada no âmbito da OEA, foi responsabilizada pela adoção de cerca de 26 tratados multilaterais. Devido ao fracasso da uniformização ou harmonização do direito privado no continente americano, decidiu-se que os esforços ocorridos na CIDIPs seriam melhor aplicados em setores específicos, divididos em três categorias distintas: direito do comércio internacional, direito processual internacional e direito civil internacional.

Tratados elaborados nas primeiras CIDIPs tiveram alta adesão; porém, o número de adesões passou a diminuir com o decorrer do tempo, assim, por exemplo, a CIDIP I (1975) foi responsável pela elaboração da Convenção Interamericana sobre Arbitragem Comercial Internacional e da Convenção Interamericana sobre Cartas Rogatórias, que receberam, respectivamente, dezoito e dezessete ratificações; a Convenção Interamericana sobre Eficácia Extraterritorial das Sentenças e Laudos Arbitrais Estrangeiros, da CIDIP II, de 1979, teve dez ratificações; enquanto a Convenção Interamericana sobre Contrato de Transporte Internacional de Mercadorias por Estrada de Rodagem, da CIDIP IV, de 1989, não foi ratificada por nenhum Estado.

A Convenção Interamericana sobre Direito Aplicado a Contratos Internacionais, que pretendia expressamente uniformizar o direito material referente a contratos internacionais, fruto da CIDIP IV, de 1994, teve apenas duas ratificações.

Tem-se apontado como causas desse fracasso a ausência de uma estrutura institucional independente do CIDIP[72]. Além do mais, a maioria dos países lati-

---

70 *Ibid.*

71 GARRO, Alejandro M. Contract Law in Latin America: Building of a 'Latin American' Ius Commune on Contract Law. *In*: SCHWENZER, Ingeborg (coord.). **35 Years CISG and Beyond**. The Hague: Eleven International Publishing, 2016. p. 256.

72 MOMBERG, Rodrigo. Harmonization of Contract Law in Latin America: past and present initiatives. **Uniform Law Review**, v. 19, n. 3, p. 411-428, 2014, p. 419.

no-americanos também é membro de outras organizações globais voltadas para a harmonização ou unificação do direito privado, como a Conferência de Haia de Direito Internacional Privado ou a Unidroit. A CISG também foi ratificada por um número relevante de países latino-americanos, de modo que a alocação de recursos dos países da região à participação nesses foros globais poderia explicar o crescente desinteresse na continuidade das CIDIPs[73].

Outros esforços paralelos de harmonização também ocorreram em decorrência de processo de integração econômica, como o FTA (entre Canadá e Estados Unidos) e o Nafta (Canadá, Estados Unidos e México) na América do Norte e a *Asociación Latinoamericana de Integración* na América do Sul (Aladi), todas as quais incluem, pelo menos como objetivo indireto ou mediato, a harmonização de algumas regras de direito privado pertinentes ao desenvolvimento de um mercado comum[74].

Mais especificamente, alguns tratados sub-regionais celebrados com o objetivo de promover e facilitar o comércio intra-regional, como a Comunidade Andina e o Mercado Comum do Sul (Mercosul), elencam a harmonização do direito privado interno como um dos pilares sobre o qual será construída a integração econômica e política[75].

Além disso, o Parlamento do Mercosul (Parlasul), criado em 2006, também elenca como um dos seus propósitos a harmonização do direito a nível regional[76]. No entanto, cabe observar que não se tem no Mercosul uma legislação regional a nível da União Europeia, sendo que cada ordenamento jurídico permanece sob auspícios de seus parlamentos nacionais, e a legislação comunitária necessita de internalização de cada um dos Estados-membros do Mercosul para entrarem em vigor, o que contribui para uma ausência de uma maior harmonização legislativa na região[77].

Os esforços mais recentes de harmonização de direito privado no continente latino-americano, entretanto, não se encontram no foco de agências regionais, mas sim na academia, em projetos como os Princípios de Direito Contratual da América Latina ou *Principios Latinoamericanos de Derecho de los Contratos* ("PLDC"). O projeto possui inspiração em esforços semelhantes ocorridos no continente europeu, como o PECL e os Unidroit Principles, e conta com a participação de acadêmicos

---

73 RODRÍGUEZ, José Antonio Moreno. Contracts and Non-State Law in Latin America. **Uniform Law Review**, v. 16, n. 4, p. 877-890, 2011, p. 878.

74 GARRO, Alejandro M. Contract Law in Latin America: Building of a "Latin American" Ius Commune on Contract Law. *In*: SCHWENZER, Ingeborg (coord.). **35 Years CISG and Beyond**. The Hague: Eleven International Publishing, 2016. p. 258.

75 *Ibid.*

76 *Ibid.*

77 *Ibid.*, p. 259.

da Argentina, do Brasil, do Chile, da Colômbia, da Guatemala, do Paraguai, do Uruguai e da Venezuela[78].

O principal objetivo do PLDC é o de servir como fonte de inspiração para a reforma e modernização do direito contratual na América Latina, e, eventualmente, ser usado por juízes domésticos ou árbitros para interpretar e complementar o direito contratual na região, tornando o PLDC como uma *lex mercatoria* latino-americana[79].

A metodologia de desenvolvimento do PLDC envolveu a elaboração de questionários e o seu preenchimento por relatores nacionais (*national rapporteurs*) que forneceram descrições sobre a situação do direito contratual em seus países, referindo-se particularmente aos desenvolvimentos na doutrina e na jurisprudência. O questionário foi estruturado de forma a permitir incluir os assuntos mais relevantes da parte geral do direito contratual, como os princípios gerais (boa-fé, autonomia de vontade, força vinculante dos contratos, liberdade contratual) e todas as etapas do processo contratual, desde a fase pré-contratual até a resolução por inadimplemento do contrato[80]. Os relatórios foram publicados em uma obra intitulada "*El derecho de los contratos en Latinoamerica: Bases para unos principios de derecho de los contratos*", editada por Carlos Pizarro Wilson, em 2012.

Com base nos materiais fornecidos pelos relatórios nacionais, foram criadas comissões temáticas com a missão de analisar os temas atribuídos e redigir um relatório com um estudo sobre direito comparativo do tema, com comentários e proposta de artigos. Esses relatórios foram apresentados e discutidos nas sessões do grupo de redação – que foi organizado em comissões, onde foi aprovado o texto final de cada artigo. A versão final do PLDC foi aprovada em agosto de 2017[81].

O PLDC não é isento de críticas, primeiro, apesar de se identificar como um projeto "latino-americano", quase todos os acadêmicos envolvidos no projeto são da América do Sul, com a única exceção do representante da Guatemala, que aderiu nas últimas etapas do projeto. O México e o Panamá, jurisdições importantes fora da América do Sul, também não participaram da elaboração do PLDC, e países importantes da América do Sul também deixaram de participar, como o Peru, e o Brasil, que embora tenha participado inicialmente dos relatórios nacionais, nenhum representante compareceu às reuniões do grupo de redação, e o Paraguai

---

78 MOMBERG, Rodrigo. The Principles of Latin American Contract Law: Nature, Purposes and Projections. **Latin American Legal Studies**, v. 2, p. 209-223, 2018, p. 212.

79 *Id.* Harmonization of Contract Law in Latin America: past and present initiatives. **Uniform Law Review**, v. 19, n. 3, p. 411-428, 2014, p. 424.

80 MOMBERG, Rodrigo. The Principles of Latin American Contract Law: Nature, Purposes and Projections. **Latin American Legal Studies**, v 2, p. 209-223, 2018, p. 212.

81 MOMBERG, Rodrigo; VOGENAUER, Stefan. The Principles of Latin American Contract Law: text, translation, and introduction. **Uniform Law Review**, v. 23, n. 1, p. 144-170, mar. 2018, p. 145.

teve representação apenas ocasionalmente[82]. O PLDC, inclusive, é pouco discutido no Brasil[83].

Um dos objetivos da PDCL era demonstrar características que seriam próprias a um direito contratual latino-americano; porém, tem sido sustentado que uma comparação das regras contratuais em vigor nos ordenamentos jurídicos da região com aqueles existentes no continente europeu revelaria uma forte proximidade entre as duas regiões, não havendo propriamente qualquer diferença fundamental entre o que já é praticado nos diversos Estados latino-americanos com a Europa[84].

O texto final do PDCL sofre influência de outros instrumentos de uniformização ou harmonização contratual internacionais, como a CISG, os Princípios Unidroit e os PECL. Especialmente em relação à CISG, o conceito de descumprimento contratual do PDCL, assim como a necessidade de inadimplemento essencial para rescisão do contrato foram inspirados na CISG, e a redução proporcional do preço dos contratos, conforme exposto em seu artigo 96, adota metodologia semelhante à do artigo 50 da CISG, ainda que permita ao juiz adotar outra metodologia que achar adequada[85].

De toda forma, o PLDC não teve sucesso em superar o âmbito acadêmico e ser usado por profissionais e partes contratantes no comércio transfronteiriço latino-americano, permanecendo em larga medida um projeto acadêmico e sem apoio de agências oficiais[86]. Mas, ainda que o PLDC, apesar de consideráveis esforços acadêmicos, não se consolidou na prática – e muito menos nas discussões sobre legislação contratual na região –, necessário ter em mente que quase todos os Estados da América Latina agora são parte da CISG, e isso deve ser aproveitado para se dar um novo fôlego para se discutir e aproximar os diferentes direitos contratuais latino-americanos.

---

82 MOMBERG, *op. cit.*, p. 213.

83 ANDRADE, Daniel de Pádua. Princípios latino-americanos do direito dos contratos: uma primeira aproximação. **Civilistica.com**, v. 11, n. 2, p. 1-44, 7 out. 2022, p. 3.

84 SCHROETER, Ulrich G. Does the 1980 Vienna Sales Convention Reflect Universal Values? The use of CISG as a Model for Law Reform and Regional Specifities. **Loyola of Los Angeles International and Comparative Law Review**, v. 41, n. 1, p. 1-150, 2018, p. 7; GARRO, Alejandro M. Contract Law in Latin America: Building of a Latin American Ius Commune on Contract Law. *In*: SCHWENZER, Ingeborg (coord.). **35 Years CISG and Beyond**. The Hague: Eleven International Publishing, 2016. p. 261-265.

85 FERRANTE, Alfredo. An Approach to the Principles of Latin American Contract Law's Development and Their Contract Remedies. **International Journal of Private Law**, v. 9, n, 4, p. 259-271, 2020, p. 261-263.

86 MOMBERG, Rodrigo. Harmonization of Contract Law in Latin America: past and present initiatives. **Uniform Law Review**, v. 19, n. 3, p. 411-428, 2014, p. 427.

3. INTERPRETAÇÃO UNIFORME DA CISG COMO INCENTIVO AO DIÁLOGO ENTRE ORDENAMENTOS JURÍDICOS

Na medida em que quase todos os Estados da América Latina fazem parte da CISG, ainda que isso possa parecer contraditório, há uma característica da Convenção que pode contribuir com esforços de harmonização regional e até reforçar discussões de projetos como o PDCL, e isso decorre da necessidade de se atribuir interpretação uniforme à CISG, que força os agentes interessados em aplicá-la – advogados, juízes, árbitros e acadêmicos – a olharem para outros ordenamentos jurídicos, a examinarem como a Convenção tem sido aplicada em outros lugares, para, então, procurarem aplicá-la de forma ao menos coerente com outros ordenamentos.

Tal prática é exigida dos aplicadores da Convenção em decorrência de seu artigo 7º, que diz respeito à interpretação da CISG e ao preenchimento de lacunas:

> (1) Na interpretação desta Convenção ter-se-ão em conta seu caráter internacional e a necessidade de promover a uniformidade de sua aplicação, bem como de assegurar o respeito à boa fé no comércio internacional.
> (2) As questões referentes às matérias reguladas por esta Convenção que não forem por ela expressamente resolvidas serão dirimidas segundo os princípios gerais que a inspiram ou, à falta destes, de acordo com a lei aplicável segundo as regras de direito internacional privado.

Partindo do pressuposto de que a CISG busca atribuir segurança jurídica às relações comerciais internacionais, ao menos no que diz respeito à compra e venda internacional de mercadorias, a Convenção pretende criar uniformidade no que diz respeito ao conjunto de direitos e obrigações das partes então contratantes.

Por se apresentar como uma lei internacional de vendas, a uniformidade de aplicação da CISG está no cerne de seus objetivos[87], sendo inclusive mencionada expressamente em seu preâmbulo. Ou seja, a sua aplicação deve ocorrer da mesma forma, devendo ser interpretada de maneira similar, independentemente da localização e nacionalidade das partes de um contrato de compra e venda internacional de mercadorias, desde que a CISG seja aplicável ao contrato em questão.

Neste contexto, tem-se especial atenção quanto à interpretação das regras dispostas pela Convenção, na medida em que, para se ter certeza quanto aos direitos e às obrigações ali previstos, a sua aplicação deve ser uniforme, não havendo distinção

---

87 SCHWENZER, Ingeborg; FOUNTOULAKIS, Christiana; DIMSEY, Mariel. **International Sales Law**: a guide to the CISG. 3. ed. Oxford: Hart Publishing, 2019. p. ii.

das regras da CISG se as partes contratantes estiverem na América Latina ou em um país asiático, por exemplo.

Porém, a sua interpretação uniforme não exige constante esforço e atenção. O número de Estados contratantes da Convenção e o volume de jurisprudência que tem surgido revelam as dificuldades de se alcançar um consenso internacional sobre alguns de seus termos[88]. Isso porque os tribunais domésticos podem deixar de aplicar o direito uniforme oferecido pela Convenção em decorrência de seu desconhecimento; interpretar as disposições da CISG de acordo com o seu direito doméstico; e ainda recorrer a remédios existentes no direito nacional de forma alheia ao disposto pela CISG[89] ou até chegar a interpretações divergentes em decorrência da necessidade de preenchimentos de lacunas na Convenção[90].

Sempre há o risco de que os julgadores tentem aplicar a CISG sob uma ótica doméstica, tomando por pressuposto a aplicação da Convenção a partir de pressupostos dogmáticos que são lugar comum do ordenamento jurídico de origem do intérprete da Convenção. O intérprete, portanto, pode vir a errar ao adotar uma interpretação paroquial, contrariando os objetivos da própria CISG[91].

O artigo 7º visa evitar essa ameaça. O artigo aborda as regras de interpretação próprias à Convenção, sendo considerada um dos pilareis fundamentais da CISG[92]. Outros textos internacionais, com igual objetivo de aplicação uniforme, apresentam disposições semelhantes, como o artigo 1.6 (1) dos Princípios Unidroit e o artigo 1:106(1) do PECL.

Para evitar a adoção de interpretações paroquiais, o artigo 7 (1) da CISG determina justamente que se tenha em conta o seu "caráter internacional", visando a sua aplicação e interpretação de forma autônoma, diga-se, não vinculada a um direito nacional. Ao abordar o caráter internacional, o intérprete deve evitar interpretar a CISG a partir de seu direito local ou de práticas de interpretação originadas no direito doméstico, evitando, por exemplo, interpretar certos termos na CISG a partir de definições já presentes em seu próprio direito, ao que pode dar origem a diferentes entendimentos sobre o mesmo texto legal, e, em último caso, incentivar até

---

88 *Ibid.*

89 SCHWENZER, Ingeborg. The Application of the CISG in Light of National Law. **Internationales Handelsrecht**, v. 2, p. 45-88, abr. 2010, p. 47.

90 DI MATTEO, Larry *et al.* The Interpretative Turn in International Sales Law: An Analysis of Fifteen Year of CISG Jurisprudence. **Northwestern Journal International of International Law & Business**, v. 24, n. 2, p. 299-440, 2004, p. 302-303.

91 JANSSEN, André; MEYER, Olaf. Foreword. *In*: JANSSEN, André; MEYER, Olaf (ed.). **CISG Methodology**. Munich: European Law Publishers, 2009. p. v.

92 SANTOS, Mauricio Gomm; SANOJA, Katherine. Article 7: the interpretative tool of CISG. *In*: SCHWENZER, Ingeborg; SILVA, Paula Costa e; PEREIRA, Cesar (coord.). **CISG, Brasil e Portugal**: convenção das nações unidas para os contratos de compra e venda internacional de mercadorias. São Paulo: Almedina, 2022. p. 69.

a prática de *fórum shopping*, na medida em que a parte interessada poderá procurar a jurisdição que tenha a interpretação que mais lhe seja benéfica, entre aquelas que estejam disponíveis[93].

Uma das formas para que o intérprete venha a considerar o seu caráter internacional, buscando uniformização, é observar a prática de outras jurisdições, valer-se do repertório de jurisprudências estrangeiras que aplicaram a Convenção a partir de seu caráter persuasivo, e da doutrina internacional como balizadora da aplicação da CISG, para identificar os princípios que informam a Convenção e melhor aplicá-la[94]. O uso dos trabalhos preparatórios da CISG também é encorajado como forma de permitir a sua aplicação uniforme[95].

Para esse fim, foram criadas diversas iniciativas acadêmicas visando coletar decisões de diferentes jurisdições a respeito da CISG. São alguns exemplos os *sites* da *Case Law on Uncitral Text* (Clout), mantido pela Uncitral[96], e demais iniciativas privadas, como o site da *Pace University* nos Estados Unidos[97], a Unilex, sediado na Itália[98], a CISG-Online, mantido pela Faculdade de Direito da Universidade de Basel (Suíça)[99], e o *site* da Universidade Carlos III de Madrid, dedicado para casos da Espanha e América-Latina[100].

Todavia, cabe observar que considerar a prática internacional não representa uma posição de submissão à jurisprudência estrangeira. Não se tem tais julgados como precedentes vinculantes, mas sim como uma autoridade persuasiva, ao que se fortaleça os argumentos apresentados perante um juízo – ou tribunal arbitral, como for o caso[101].

---

93 FERRARI, Franco. **Contracts for the International Sales of Goods**: applicability and applications of the 1980 united nations sales convention. Leiden: Martinus Nijhoff Publishers, 2012. p. 12-16.

94 *Ibid*., p. 18-20; DI MATTEO, Larry *et al.* The Interpretative Turn in International Sales Law: An Analysis of Fifteen Year of CISG Jurisprudence. **Northwestern Journal International of International Law & Business**, v. 24, n. 2, p. 299-440, 2004, p. 303-304.

95 DI MATTEO, *op. cit.*, p. 305.

96 UNITED NATIONS. United Nations Commission on International Trade Law. **Case Law on UNCITRAL Texts (CLOUT)**. Disponível em: https://uncitral.un.org/en/case_law.

97 PACE UNIVERSITY. Institute of International Commercial Law. **Pace Law Albert H. Kritzer CISG Database**. Disponível em: https://iicl.law.pace.edu/cisg/search/cases.

98 UNILEX. **UNILEX on UNIDROIT Principles & CISG International Case Law & Bibliography**. Disponível em: https://www.unilex.info/.

99 FACULTY OF LAW, UNIVERSITY OF BASEL. **CISG-Online**. Disponível em: https://cisg-online.org/home.

100 UNIVERSIDAD CARLOS III DE MADRID. CNUCCIM: España y Latinoamerica. Disponível em: https://www.cisgspanish.com/.

101 KUYVEN Fernando; PIGNATTA, Francisco Augusto. **Comentários à Convenção de Viena**: compra e venda internacional de mercadorias. São Paulo: Saraiva, 2015. p. 43.

Não se considera viável que cerca de 97 Estados tenham exatamente a mesma interpretação sobre todos os preceitos da CISG. Tal objetivo é impossível na prática[102], não sendo de todo estranha a possibilidade de interpretações autônomas diferentes[103]; porém, o artigo 7º tem um efeito interessante, na medida em que exige que os intérpretes da Convenção sejam treinados a examinar o mesmo problema sob diferentes ângulos, não apenas a partir de seu ordenamento, mas considerando como outros ordenamentos resolveram uma mesma questão[104]. O juiz ou árbitro, ao decidir sobre um contrato regido pela CISG, deverá examinar a relevância e persuasão de julgados de outras cortes, e o que a doutrina tem dito sobre tais julgados, para chegar a uma conclusão sobre o caso[105].

Ou seja, o intérprete da CISG é forçado a ser um comparatista, ou, como menciona Ingeborg Schwenzer, "*there must be a quest for truly comparative research in the field of the law of sales in general*"[106]. Não é à toa que Edgardo Muñoz menciona a CISG como um excelente instrumento para estudo do direito contratual sob uma perspectiva comparatista, na medida em que o seu estudo força o exame de elementos do direito contratual originados em diferentes ordenamentos[107].

Aplicada a CISG a um contexto latino-americano, a Convenção pode contribuir para que advogados e juízes locais olhem para o ordenamento ao lado, discutir como os tribunais da região aplicam diversos preceitos de direito contratual, observar onde a prática contratual converge e onde ela se distancia, para compreensão dos caminhos disponíveis para o julgamento de um determinado caso.

Isso não significa que a CISG já seja aplicada uniformemente na América Latina, ou que não tenha aplicações paroquiais da Convenção, interpretando dispositivos da CISG a partir do direito local. Ernest Vargas Weill, ao pesquisar a aplicação da CISG por países latino-americanos, como Argentina, Brasil, Chile, Colômbia, Cuba, El Salvador e Peru, observa não ser comum o exercício de interpretação autônoma da CISG, havendo poucos casos isolados de um esforço em trabalhar a CISG com base em seu caráter internacional e autônomo:

---

102 DI MATTEO, Larry *et al.* The Interpretative Turn in International Sales Law: An Analysis of Fifteen Year of CISG Jurisprudence. **Northwestern Journal International of International Law & Business**, v. 24, n. 2, p. 299-440, 2004, p. 308-309.

103 *Ibid.*

104 LAZEROW, Herbert I. Uniform Interpretation of CISG. **The International Lawyer**, v. 52, n. 3, p. 369-392, 2019, p. 391.

105 *Ibid.*

106 SCHWENZER, Ingeborg. The Application of the CISG in Light of National Law. **Internationales Handelsrecht**, v. 2, p. 45-88, abr. 2010, p. 54.

107 MUÑOZ, Edgardo. Teaching Comparative Contract Law through the CISG. **Indonesian Journal of International & Comparative Law**, v. 4, n. 4, p. 725-760, oct. 2017, p. 730-731.

> *In general, Latin American holdings do not seem to make explicit efforts to reach an autonomous interpretation of the CISG. This is probably the result of a lack of awareness of being subject to this duty or, at least, of an insufficient theoretical understanding of what "autonomous interpretation" implies for the judge. However, this does not mean that Latin American courts necessary fail to reach an autonomous interpretation of the Convention in all cases. In many cases, courts apply the CISG in an autonomous manner without relying on an explicitly developed theoretical framework and, sometimes, courts even make explicit efforts to reach an autonomous application of the CISG. [...]. Nonetheless, the prevailing lack of explicit consideration of autonomous interpretation frequently leads Latin American courts to be a part of relevant homeward trends when applying the CISG. These homeward trends include (i) rulings addressing CISG cases under domestic law holding that the CISG leads to the same conclusion because its provisions are equivalent or the same as those of domestic law (i.e., as a matter of principle) and (ii) holdings understanding or applying directly the CISG to the facts at hand, but based on or with interference from domestic law.*[108]

Porém, alguns julgamentos proferidos em países como Argentina e México já apresentam algum empenho em realizar uma interpretação uniforme, o que exige pesquisa comparatista. Assim, no caso *Sanovo International S.A. v. Ovoprot International S.A.*, julgado pela *Cámara Nacional de Apelaciones en lo Comercial de Buenos Aires*, ao discutir "local de estabelecimento" para fins de aplicação da Convenção, assim como a aplicação do artigo 74 para fins de indenização, fez referência à doutrina de Alejandro Garro e Alberto Zuppi (ainda que tenham sido publicados na Argentina)[109].

Igualmente, no caso *Banks Hardwoods California L.L.P. v. Jorge Angel Kyriakidez García*, um tribunal de primeira instância no México deixou de aplicar o prazo de 30 dias para entrega da mercadoria, conforme estabelecido no Direito mexicano, para aplicar os artigos 58 e 59 da CISG[110], e o caso *Georgia Pacific Resins, Inc. v. Grupo Bajaplay, S.A. de C.V.*, em que um tribunal de segunda instância determinou

108 WEILS, Ernesto Vargas. The application of the CISG in Latin America Autonomous interpretation, uniform interpretation and gap filling. **Internationales Handelsrecht**, v. 6, p. 233-276, dec. 2015, p. 240.

109 ARGENTINA. Cámara Nacional de Apelaciones em lo Comercial de Buenos Aires, **Sanovo International S. A. *v.* Ovoprot International S.A**. Decisão de 24 de junho 2010. Disponível em: http://www.cisgspanish.com/jurisprudencia/argentina/camara-nacional-de-apelaciones-en-lo-comercial-de-buenos-aires-sala-f-24-de-junio-2010/. Acesso em: 1º nov. 2023.

110 MEXICO. Primera Instancia del Partido de Tijuana,Estado de Baja California. **Banks Hardwoods California LP *v.* Jorge Angel Kyriakidez Garcia**. Decisão de 30 de agosto de 2005. Disponível em: http://www.cisgspanish.com/jurisprudencia/mexico/juzgado-sexto-de-primera-instancia-del-partido-de-tijuana-estado-de-baja-california-30-agosto-2005/. Acesso em: 1º nov. 2023.

a aplicação da CISG em detrimento do direito doméstico, mesmo que as partes não tivessem arguido a sua aplicação[111].

Na medida em que os tribunais latinos decidam mais casos com base no caráter internacional da CISG, a sua prática pode contribuir para um caminho em que o exercício comparativo se torne algo mais facilmente aceitável, e, eventualmente, até contribuir para que mais sujeitos possam participar de discussões de direito comparado a nível regional.

A formação de um direito uniforme não ocorre de imediato, mas sim é fruto de um desenvolvimento que ocorre progressivamente, com especial atenção aos agentes responsáveis pela aplicação do direito[112].

Assim, a atenção à prática da Convenção pode contribuir para uma discussão maior a nível regional, de modo que projetos com o PLDC, ou outros que venham a surgir na região, não fiquem apenas no âmbito acadêmico.

CONCLUSÕES

A CISG é um dos instrumentos internacionais mais exitosos no que diz respeito à uniformização de regras de comércio internacional, com aspiração de que seja aplicada uniformemente a nível global. Entretanto, este objetivo não contrasta com projetos de uniformização do direito contratual a nível regional; mas, ao contrário, a CISG tem servido de inspiração direta para os projetos então existentes. Ademais, disposições expressas na CISG permitem evitar conflitos normativos com projetos regionais que venham a ser ratificados, ou, quando muito, tais projetos extrapolam o âmbito da CISG e procuram regulamentar temas não tratados na Convenção.

Porém, na medida em que a uniformização regional na Europa seja, até o momento, de certa forma o caso mais exitoso, em decorrência da existência de instituições supranacionais que acabam incentivando tais projetos, o mesmo não pode ser dito para a Ásia e América Latina, por exemplo, em que os esforços existentes são levados adiante principalmente pela academia.

---

111 MEXICO. Acuerdo del Pleno del Cuarto Tribunal Colegiado del Decimoquinto Circuito. **Georgia Pacific Resins, Inc. *v.* Grupo Bajaplay, S.A. de C.V**. Decisão de 9 de agosto de 2007. Disponível em: http://www.cisgspanish.com/jurisprudencia/mexico/mexicali-baja-california-acuerdo-del-pleno-del-cuarto-tribunal-colegiado-del-decimoquinto-circuito-de-9-de-agosto-de-2007/. Acesso em: 1º nov. 2023.

112 ZELLER, Bruno. **The significance of CISG for the harmonization and transplantation of international commercial law.**

E, diferente do contexto asiático, a América Latina se destaca pelo fato de que quase todos os países da região são signatários da CISG, o que pode contribuir para que discussões locais de uniformização ou harmonização legislativa tenham novo folego. Isso porque a CISG exige um empenho constante de pesquisa de direito contratual comparado, em decorrência da necessidade de intepretação autônoma e uniforme da Convenção.

Espera-se que, na medida em que a prática latino-americana da CISG se desenvolva, esta possa contribuir com diálogos regionais sobre direito contratual, uma vez que os aplicadores da Convenção devem olhar para outros ordenamentos além dos seus. Esse necessário olhar comparativo pode ser o que faltava para incentivar os juristas da região a discutirem com maior seriedade sobre regras contratuais no continente, e, quem sabe, haver uma discussão com real interesse dos Estados sobre a uniformização ou harmonização do direito contratual latino-americano.

REFERÊNCIAS

ANAGNOSTOPOULOU, Despoina. The Withdrawal of the Common European Sales Law Proposal and the European Commission Proposal on Certain Aspects Concerning Contracts for the Online and Other Distance Sales of Goods: European and Comparative Perspectives. *In*: HEIDEMANN, Maren; LEE, Joseph (ed.). **The Future of the Commercial Contract in Scholarship and Law Reform**. Springer, Charm, 2018.

ANDRADE, Daniel de Pádua. Princípios latino-americanos do direito dos contratos: uma primeira aproximação. **Civilistica.com**, v. 11, n. 2, p. 1-44, 7 out. 2022.

ARGENTINA. Cámara Nacional de Apelaciones em lo Comercial de Buenos Aires, **Sanovo International S. A. *v.* Ovoprot International S.A.** Decisão de 24 de junho 2010. Disponível em: http://www.cisgspanish.com/jurisprudencia/argentina/camara-nacional-de-apelaciones-en-lo-comercial-de-buenos-aires-sala-f-24-de-junio-2010/. Acesso em: 1º nov. 2023.

ARROYO, Diego P. Fernández. Integración y Derecho em América Latina: Doscientos años de indiferencia mutua. *In*: GARCIA, Oropeza; ARTURO, Hector (coord.). **Latinoamérica frente al espejo de su integración (1810-2010)**. Ciudad de Mexico: Universidade Nacional Autonoma de Mexico, 2010.

BASEDOW, Jürgen. Worldwide Harmonisation of Private Law and Regional Economic Integration – General Report. **Uniform Law Review**, v. 8, n. 1-2, p. 31-49, jan. 2003.

BONELL, Michael Joachim. The CISG, European Contract Law and the Development of a World Contract Law. **The American Journal of Comparative Law**, v. 56, n. 1, p. 1-28, 2008.

COETZEE, Juana. CISG and Regional Sales Law: friends or foes? **Journal of Law, Society and Development**, v. 2, n. 1, 2015, p. 34-35. Disponível em: https://unisapressjournals.co.za/index.php/JLSD/article/view/360. Acesso em: 10 out. 2023.

DIMATTEO, Larry. CISG as Basis of a Comprehensive International Sales Law. **Villanova Law Review**, v. 58, n. 4, p. 691-722, 2013.

DI MATTEO, Larry *et al.* The Interpretative Turn in International Sales Law: An Analysis of Fifteen Year of CISG Jurisprudence. **Northwestern Journal International of International Law & Business**, v. 24, n. 2, p. 299-440, 2004.

DUROVC, Mateja. Harmonization of Contract Law in Eastern and South-Eastern Asia: What Can Be Learned from the CISG and the ECL Experience? **Global Journal of Comparative Law**, v. 7, p. 207-231, 2018.

EUROPEAN UNION. European Commission. **Communication from the Commission to the Council and the European Parliament on European contract law**, COM/2001/0398 final. Disponível em: https://abrir.link/bqFaF Acesso em: 10 out. 2023.

EUROPEAN UNION. European Commission. **Diretiva 1999/44/CE do Parlamento Europeu e do Conselho de 25 de maio de 1999**, substituída posteriormente pela Diretiva (UE) 2019/771 do Parlamento Europeu e do Conselho, de 20 de maio de 2019, relativa a certos aspetos dos contratos de compra e venda de bens, em vigor desde 1º de janeiro de 2022.

EUROPEAN UNION. European Parliament. **Proposal for a Regulation of the European Parliament and of the Council on a Common European Sales Law**, (COM 2011) 635 final (Oct. 11, 2011).

FACULTY OF LAW, UNIVERSITY OF BASEL. **CISG-Online**. Disponível em: https://cisg-online.org/home.

FERRANTE, Alfredo. An Approach to the Principles of Latin American Contract Law's Development and Their Contract Remedies. **International Journal of Private Law**, v. 9, n, 4, p. 259-271, 2020.

FERRARI, Franco. CISG and OHADA Sales Law. *In*: MAGNUS, Ulrich (ed.). **CISG vs Regional Sales Law Unification**: with a focus on the new common European sales law. Munique: Sellier European Law Publishers, 2012.

FERRARI, Franco. **Contracts for the International Sales of Goods**: applicability and applications of the 1980 united nations sales convention. Leiden: Martinus Nijhoff Publishers, 2012.

FERRARI, Franco. Uniform Law. *In*: BASEDOW, Jürgen; HOPT, Klaus J.; ZIMMERMANN Reinhard (ed.). **The Max Planck Encyclopedia of European Private Law**. Oxford: Oxford University Press, v. II, 2012.

FERRARI, Franco. Universal and Regional Sales Law: Can They Coexist? **Uniform Law Review**, v. 8, n. 1-2, p. 177-189, jan. 2003.

FONTAINE, Marcel. Law harmonization and local specificities – A case study: OHADA and the law of contracts. **Uniform Law Review**, v. 18, n. 1, p. 50-64, june 2013.

GARRO, Alejandro M. Contract Law in Latin America: Building of a "Latin American" Ius Commune on Contract Law. *In*: SCHWENZER, Ingeborg (coord.). **35 Years CISG and Beyond.** The Hague: Eleven International Publishing, 2016.

GEBAUER, Martin; BERNER, Felix. Unification and Harmonization of Laws. *In*: PETERS, Anne; WOLFRUM, Rüdiger (ed.). **Max Planck Encyclopedias of International Laws.** Oxford University Press, 2019. Disponível em: https://abrir.link/quFdU. Acesso em: 1º out. 2023.

GOODE, Roy. Reflections on the Harmonisation of Commercial Law. **Uniform Law Review**, v. 19, n. 1, p. 54-74, jan. 1991.

HAN, Shiyuan. Principles of Asian Contract Law: An Endeavor of Regional Harmonization of Contract Law in East Asia. **Villanova Law Review**, v. 58, n. 4, p. 589-600, 2013.

HONDIUS, Ewoud. CISG and a European Civil Code. **The Rabel Journal of Comparative and International Private Law**, v. 71, n. 1, p. 99-114, jan. 2007.

JANSSEN, André; MEYER, Olaf. Foreword. *In*: JANSSEN, André; MEYER, Olaf (ed.). **CISG Methodology**. Munich: European Law Publishers, 2009.

KRÖLL, Stefan; MISTELIS, Loukas; VISCASILLAS, Pilar Perales. **UN Convention on Contracts for the International Sale of Goods (CISG)**: a commentary. 2. ed. Munique: C.H. Beck, 2018.

KUYVEN, Fernando; PIGNATTA, Francisco Augusto. **Comentários à Convenção de Viena**: compra e venda internacional de mercadorias. São Paulo: Saraiva, 2015.

LANDO, Ole. CESL or CISG: Should the proposed EU Regulation on a Common European Sales Law (CESL) replace the United Nations Convention on International Sales (CISG). *In*: REMIEN, Oliver; HERRLER, Sebastian LIMMER, Peter (ed.). **Gemeinsames Europäisches Kaufrecht für die EU?** Analyse des Vorschlags der Europäischen Kommission für ein optionales Europäisches Vertragsrecht vom 11. Oktober 2011 – Wissenschaftliches Symposium am 20. Januar 2012 in Würzburg. Munique: C.H. Beck, 2012.

LANDO, Ole. Have the PECL Been a Success or a Failure? **European Review of Private Law**, v. 3, p. 367-375, 2009.

LAZEROW, Herbert I. Uniform Interpretation of CISG. **The International Lawyer**, v. 52, n. 3, p. 369-392, 2019.

LEE, Young June *et al.* **A Study on Draft Articles Principles of Asian Contract Law Performance and Non-Performance**. Research Institute for Asia Private Law, [s.l.], 2016.

MAGNUS, Ulrich. CISG *vs.* CESL. *In*: MAGNUS, Ulrich (ed.). **CISG *vs.* Regional Sales Law Unification**: with a focus on the new common European sales law. Munique: Sellier European Law Publishers, 2012.

MENDES, Errol P. The U.N. Sales Convention & U.S. Canada Transactions; Enticing the World's Largest Trading Bloc to Do Business under a Global Sales Law. **Journal of Law and Commerce**, v. 8, p. 109-122, 1988.

MEXICO. Acuerdo del Pleno del Cuarto Tribunal Colegiado del Decimoquinto Circuito. **Georgia Pacific Resins, Inc. *v.* Grupo Bajaplay, S.A. de C.V**. Decisão de 9 de agosto de 2007. Disponível em: http://www.cisgspanish.com/jurisprudencia/mexico/mexicali-baja-california-acuerdo-del-pleno-del-cuarto-tribunal--colegiado-del-decimoquinto-circuito-de-9-de-agosto-de-2007/. Acesso em: 1º nov. 2023.

MEXICO. Primera Instancia del Partido de Tijuana, Estado de Baja California. **Banks Hardwoods California LP *v.* Jorge Angel Kyriakidez Garcia**. Decisão de 30 de agosto de 2005. Disponível em: http://www.cisgspanish.com/jurisprudencia/mexico/juzgado-sexto-de-primera-instancia-del-partido-de-tijuana-estado-de-baja-california-30-agosto-2005/. Acesso em: 1º nov. 2023.

MOMBERG, Rodrigo. Harmonization of Contract Law in Latin America: past and present initiatives. **Uniform Law Review**, v. 19, n. 3, p. 411-428, 2014.

MOMBERG, Rodrigo. The Principles of Latin American Contract Law: Nature, Purposes and Projections. **Latin American Legal Studies**, v. 2, p. 209-223, 2018.

MOMBERG, Rodrigo; VOGENAUER, Stefan. The Principles of Latin American Contract Law: text, translation, and introduction. **Uniform Law Review**, v. 23, n. 1, p. 144-170, mar. 2018.

MUÑOZ, Edgardo. Teaching Comparative Contract Law through the CISG. **Indonesian Journal of International & Comparative Law**, v. 4, n. 4, p. 725-760, oct. 2017.

PACE UNIVERSITY. Institute of International Commercial Law. **Pace Law Albert H. Kritzer CISG Database.** Disponível em: https://iicl.law.pace.edu/cisg/search/cases.

PILTZ, Burghard. Saving Transaction Costs. *In*: SCHWENZER, Ingeborg (coord.). **35 Years CISG and Beyond.** The Hague: Eleven International Publishing, 2016.

RODRÍGUEZ, José Antonio Moreno. Contracts and Non-State Law in Latin America. **Uniform Law Review**, v. 16, n. 4, p. 877-890, 2011.

SANTOS, Mauricio Gomm; SANOJA, Katherine. Article 7: the interpretative tool of CISG. *In*: SCHWENZER, Ingeborg; SILVA, Paula Costa e; PEREIRA, Cesar (coord.). **CISG, Brasil e Portugal**: convenção das nações unidas para os contratos de compra e venda internacional de mercadorias. São Paulo: Almedina, 2022.

SCHROETER, Ulrich G. Does the 1980 Vienna Sales Convention Reflect Universal Values? The use of CISG as a Model for Law Reform and Regional Specifities. **Loyola of Los Angeles International and Comparative Law Review**, v. 41, n. 1, p. 1-150, 2018.

SCHWENZER, Ingeborg. The Application of the CISG in Light of National Law. **Internationales Handelsrecht**, v. 2, p. 45-88, abr. 2010.

SCHWENZER, Ingeborg. **Schlechtriem & Schwenzer**: Commentary on the UN Convention on the International Sale of Goods. 4. ed. Londres: Oxford University Press, 2015.

SCHWENZER, Ingeborg; FOUNTOULAKIS, Christiana; DIMSEY, Mariel. **International Sales Law**: a guide to the CISG. 3. ed. Oxford: Hart Publishing, 2019.

SCHWENZER, Ingeborg; WITTU, Patrick. The CISG and the European Private Law: When in Rome, do as the Romans Do. **European Review of Private Law**, v. 5, p. 835-870, 2022.

UNILEX. **UNILEX on UNIDROIT Principles & CISG International Case Law & Bibliography**. Disponível em: https://www.unilex.info/.

UNITED NATIONS. United Nations Commission on International Trade Law. **Case Law on UNCITRAL Texts (CLOUT)**. Disponível em: https://uncitral.un.org/en/case_law.

UNITED NATIONS. United Nations Commission on International Trade Law. **Status: United Nations Convention on Contracts for the International Sale of Goods (Vienna, 1980) (CISG)**. Disponível em: https://abrir.link/Asqch. Acesso em: 4 out. 2023.

VERONESE, Lígia Espolaor. A contribuição da CISG para o direito contratual brasileiro: uma análise jurisprudencial. *In*: KULESZA, Gustavo; MOREIRA, Rodrigo (coord.). **Direito contratual e Convenção de Viena (CISG)**. 1. ed. São Paulo: Almedina, 2021.

WEILS, Ernesto Vargas. The application of the CISG in Latin America Autonomous interpretation, uniform interpretation and gap filling. **Internationales Handelsrecht**, v. 6, p. 233-276, dec. 2015.

WITZ, Claude. Harmonization in the European Union. *In*: SCHWENZER, Ingeborg (coord.). **35 Years CISG and Beyond**. The Hague: Eleven International Publishing, 2016.

ZELLER, Bruno. **CISG and the Unification of International Trade Law**. Oxford: Routledge-Cavendish, 2007.

ZELLER, Bruno. **The Significance of the CISG for the harmonization and transplantation of international commercial law**. Disponível em: https://vuir.vu.edu.au/857/1/ZellerSigCISGHarmonisation.pdf. Acesso em: 13 out. 2023.

ARBITRAGEM NOS CONTRATOS DE SEGUROS E RESSEGUROS

Coordenadores do grupo de estudo: Francisco José Cahali e Viviane Rosolia Teodoro. **Coordenadores na data de publicação desta obra:** Gustavo Haical e Daniel Chacur.

Objeto: O estudo da arbitragem em matéria de seguros e resseguros é tema de significativa importância, especialmente pelas vantagens da eleição desse meio de solução de conflitos.

O objetivo do grupo de arbitragem nos contratos de seguros e resseguros, criado em 2017 pelos atuais coordenadores, Francisco José Cahali e Viviane Rosolia Teodoro, é de aproximar os universos do seguro e resseguro ao da arbitragem, unindo para aprofundados debates os especialistas das duas áreas, fomentando discussões sobre os aspectos relevantes do tema.

Descrição das atividades desenvolvidas: No ano de 2022, o grupo desenvolveu uma pesquisa, tanto com profissionais da área quanto bibliográfica, a respeito do seguro de responsabilidade civil que contemplasse, além da atuação do advogado em procedimentos de mediação e arbitragem, a atividade de árbitro. O resultado dessa pesquisa, bem como dos debates realizados pelo grupo de estudos foram compilados por meio do artigo publicado nesta obra coletiva.

Nos anos anteriores (2018/2021), abordaram-se os mais diversos temas ligados ao universo do seguro e resseguro, entre eles: a importância do mais dedicado estudo da arbitragem nos contratos de seguro e resseguro e as suas principais polêmicas; a sub-rogação do segurador à cláusula arbitral firmada pelo segurado; o projeto de lei do seguro e os seus reflexos na arbitragem; a mediação aplicada aos conflitos securitários; o caso “Alstom” (SEC 14.930); o *centro de mediação e arbitragem em seguros – CIMPAS;* o seguro como contrato de adesão e seu reflexo na arbitragem, entre outros temas de grande relevância no universo da arbitragem e mediação nos contratos de seguros e resseguros.

7. O SEGURO DE RESPONSABILIDADE CIVIL PROFISSIONAL E A ATIVIDADE DE ÁRBITRO

Francisco José Cahali

Doutor (2001) e Mestre (1995) em Direito Civil pela Pontifícia Universidade Católica de São Paulo (PUC/SP), onde se graduou (1985) e atualmente leciona na Graduação e no Programa de Pós-Graduação.

Coordenador do Núcleo de Direito Civil do Programa de Pós-Graduação em Direito da PUC/SP.

Professor convidado da Universidade de Salamanca (USAL), para período de investigação como pós-doutor em arbitragem.

Professor e Palestrante convidado em diversas Universidades brasileiras e institutos nacionais.

Líder do Grupo de Pesquisa em Arbitragem junto ao Programa de Pós-Graduação da PUC/SP.

Coordenador, em conjunto com Viviane Rosolia Teodoro, do grupo de estudos de arbitragem nos contratos de seguros e resseguros do CBAr.

Membro do Conselho Consultivo do Departamento de Pesquisas Judiciárias (DPJ), junto ao CNJ, no biênio 2009-2011.

Integra a Lista de Árbitros de diversas instituições arbitrais.

Autor de vários artigos e livros.

Professor, Advogado e Consultor Jurídico, atuante em direito civil em geral, arbitragem, direito de família e sucessões, e para solução ou gestão estratégica de disputas.

Viviane Rosolia Teodoro
Doutora (2023) e Mestre (2017) em Direito Civil e Arbitragem pela PUC/SP, onde se graduou (2008).
Especialista em Direito Contratual pela PUC/SP – COGEAE (2011).
Advogada e Sócia do Escritório Sylvio S. Fernandes Advogados Associados, especializado em direito securitário.
Membro do Comitê Brasileiro de Arbitragem (CBAr) e da Associação Internacional do Direito do Seguro (AIDA).
Coordenadora, em conjunto com Francisco José Cahali, do grupo de estudos de arbitragem nos contratos de seguros e resseguros do CBAr.
Presidente do Grupo Nacional de Trabalhos (GNT) de Solução de Conflitos na AIDA Brasil.
Autora de livro e artigos nas áreas de direito civil, processo civil e arbitragem.

INTRODUÇÃO: PESQUISA SOBRE O SEGURO DE RESPONSABILIDADE CIVIL PROFISSIONAL PARA A ATIVIDADE DE ÁRBITRO REALIZADA PELO GRUPO DE ESTUDOS DE ARBITRAGEM NOS CONTRATOS DE SEGUROS E RESSEGUROS DO CBAR

O estudo da arbitragem em matéria de seguros e resseguros é tema de significativa importância, especialmente pelas vantagens da eleição desse meio de solução de conflitos.

O objetivo do grupo de arbitragem nos contratos de seguros e resseguros, criado em 2017 pelos atuais coordenadores, Francisco José Cahali e Viviane Rosolia Teodoro, é de aproximar os universos do seguro e resseguro ao da arbitragem, unindo para aprofundados debates os especialistas das duas áreas, fomentando, assim, as discussões sobre os aspectos relevantes do tema.

Em 2022, o grupo desenvolveu uma pesquisa, tanto com profissionais da área quanto bibliográfica, a respeito do seguro de responsabilidade civil que contemplasse, além da atuação do advogado em procedimentos de mediação e arbitragem, a atividade de árbitro. O resultado dessa pesquisa, bem como dos debates realizados pelo grupo de estudos foram compilados no presente estudo.

A relevância da pesquisa se dá em razão da multiplicação dos riscos inerentes ao exercício do árbitro e, particularmente, em face da judicialização da arbitragem que, infelizmente, tem se verificado em tempos mais recentes. Passa-se a considerar a importância, para o árbitro, diante da possível responsabilização civil decorrente de sua atuação como árbitro, de precaver-se por meio da contratação de seguros profissionais.

1. A RESPONSABILIDADE CIVIL DO ÁRBITRO

A arbitragem é uma sadia alternativa das partes ao Poder Judiciário e oferece decisões ágeis e técnicas para a solução de controvérsias.

Carlos Alberto Carmona[1] conceitua a arbitragem como uma alternativa à solução de controvérsias, por meio da intervenção de uma ou mais pessoas que recebem poderes de uma convenção privada, decidindo, com base nela, sem intervenção estatal. Tem por objeto direitos patrimoniais disponíveis. A decisão tomada pelo árbitro ou tribunal arbitral é destinada a assumir a mesma eficácia da sentença judicial.

Diversas fontes (leis, código de ética, regulamentos de entidades arbitrais, etc.) indicam os direitos e as obrigações dos árbitros.

Selma Lemes[2] indica que são direitos do árbitro: a remuneração e a colaboração das partes e da instituição arbitral. São obrigações do árbitro: administrar o procedimento arbitral diligentemente, observando o regulamento escolhido pelas partes, e, quando for o caso, o princípio da razoabilidade; observar absoluta imparcialidade e independência; aplicar os princípios do contraditório e da igualdade das partes; o dever de confidencialidade; obedecer rigorosamente o prazo convencional ou legal para proferimento da sentença arbitral e capacidade para emitir julgamento justo.

O árbitro, apesar de não ser um juiz estatal, a ele se equipara por força do disposto no artigo 17 da Lei nº 9.307/1996: "Os árbitros, quando no exercício de suas funções ou em razão delas, ficam equiparados aos funcionários públicos, para os efeitos da legislação penal".

O artigo 18 da Lei de Arbitragem dispõe, ainda, que "o árbitro é juiz de fato e de direito, e a sentença que proferir não fica sujeita a recurso ou a homologação pelo Poder Judiciário".

O árbitro, ao se equiparar a funcionário público no exercício de seu mister, tendo a sentença por ele proferida equiparação a decisão judicial, atrai o instituto da responsabilidade civil, extracontratual, subjetiva, com a apuração do dolo ou da culpa e o nexo causal[3].

Irineu Strenger[4], contudo, observa que o regime de responsabilidade prevalecente no Código de Processo Civil, endereçado ao juiz estatal, não é aplicável aos

---

1 CARMONA, Carlos Alberto. ***Arbitragem e processo***. Um comentário à Lei nº 9.307/1996. 4. ed. rev., atual. e ampl. São Paulo: Atlas, 2023. p. 29-32.

2 LEMES, Selma Maria Ferreira *et al.* **Dos árbitros**. Aspectos fundamentais da Lei de Arbitragem. 1. ed. Rio de Janeiro: Forense, 1999. p. 263 e ss.

3 "Artigo 143. O juiz responderá, civil e regressivamente, por perdas e danos quando: I – no exercício de suas funções, proceder com dolo ou fraude; II – recusar, omitir ou retardar, sem justo motivo, providência que deva ordenar de ofício ou a requerimento da parte. Parágrafo único. As hipóteses previstas no inciso II somente serão verificadas depois que a parte requerer ao juiz que determine a providência e o requerimento não for apreciado no prazo de 10 (dez) dias."

4 STRENGER, Irineu. **Comentários à Lei Brasileira de Arbitragem**. São Paulo: LTr, 1998. p. 116-117.

árbitros, porque a arbitragem é uma justiça privada. Entende que a equiparação dos árbitros aos funcionários públicos (para efeitos criminais) é descabida, porquanto não estão eles investidos de nenhuma função pública, não podendo, por isso, engajar-se na responsabilidade do Estado.

Logo, embora as semelhanças entre o juiz e o árbitro no exercício de suas funções são inegáveis, notam-se algumas diferenças entre eles, especialmente com relação à relevância dada ao princípio da autonomia privada na arbitragem e a natureza contratual inicial da relação entre parte e árbitro, mas que se mantem até o fim da arbitragem em relação a algumas obrigações, o que não se cogita quando se refere ao processo regulado pelo Poder Judiciário. Nesse sentido, impossível afastar a aplicação da teoria da responsabilidade civil da arbitragem, recaindo sobre o árbitro e as instituições arbitrais com ressalvas específicas[5].

A responsabilidade civil do árbitro, em breve apanhado, refere-se à possibilidade de esse ser responsabilizado judicialmente por danos causados às partes envolvidas em um procedimento arbitral em razão de suas decisões[6].

Marcus Vinicius Pereira Lucas[7] ressalta que, em decorrência do caráter híbrido da relação entre árbitro e partes (contratual e jurisdicional), adotou-se a classificação doutrinária de que a responsabilidade civil, decorrente dessa relação, pode seguir ambas as vertentes, a depender da violação incorrida pelo árbitro. E assim explica:

> Se o ato ilícito decorrer da realização de ato jurisdicional, eventual responsabilidade seguirá o rito da responsabilidade dos magistrados, de natureza extracontratual, e de acordo com as hipóteses do artigo 14 da Lei nº 9.307/1996 cumulada com o artigos 143 e seguintes do CPC, observadas as regras de imunidade e a necessidade de comprovação de dolo ou culpa grave pelo árbitro para fins de caracterização da sua responsabilidade. Nessa hipótese, o ônus probatório é inteiramente do autor da ação e as reparações são aquelas previstas pelo Código de Processo Civil. Por outro lado, considerando o aspecto contratual da relação, que traz ao árbitro a obrigação de cumprir a avença celebrada entre as partes, o não cumprimento dessas disposições sujeitará o árbitro a eventual responsabilidade de natureza contratual.

---

5 LUCAS, Marcus Vinicius Pereira. **Responsabilidade civil do árbitro**. Dissertação de Mestrado – Pontifícia Universidade Católica de São Paulo. São Paulo, 2018. p. 142.

6 O tema também foi tratado por Fernanda Levy, em "Da responsabilidade civil dos árbitros e das instituições arbitrais" (*In*: NERY, Rosa Maria de Andrade; DONNINI, Rogério (org.). **Responsabilidade civil** – Estudos em homenagem ao Professor Rui Geraldo Camargo Vianna. São Paulo: RT, 2009. p. 172/183).

7 LUCAS, Marcus Vinicius Pereira. Dissertação citada, p. 190/191.

A Lei de Arbitragem acompanhou o entendimento do então vigente Código de Processo Civil de 1973, confirmada pelo Código Civil de 2002, sendo as legislações nacionais que orientaram o legislador no momento de aplicar a teoria da responsabilidade civil subjetiva ao árbitro. Fernanda Levy destaca que,

> ancorada na seara da responsabilidade civil contratual dos árbitros, temos que sua responsabilidade é subjetiva, em razão do inadimplemento, por culpa ou dolo, das obrigações assumidas com as partes que lhes ocasionara danos. Não há presunção de culpa ou uma conduta de risco que inclua sua atividade no âmbito da responsabilidade objetiva.[8]

Quando um árbitro atua em um procedimento de arbitragem, ele tem a responsabilidade de conduzir o processo de maneira justa e imparcial, seguindo as regras acordadas pelas partes e respeitando os princípios básicos da arbitragem, como igualdade das partes e devido processo legal[9].

É obrigação do árbitro agir com imparcialidade, independência, competência, diligência e discrição, como dispõe o artigo 13, § 6º, da Lei de Arbitragem[10]. As causas de impedimento para o exercício da função de árbitro vêm descritas no artigo 14 da Lei nº 9.307/1996[11]. Em outras palavras, o artigo 13, § 6º, da Lei de Arbitragem

---

8 LEVY, Fernanda. Da responsabilidade civil dos árbitros e das instituições arbitrais. *Ob. cit.* **Também a respeito da responsabilidade civil do árbitro, o coautor deste estudo observa que "omite a lei quanto à responsabilidade civil do árbitro, embora faça uma superficial referência em seu artigo 14, do qual extraem alguns autores a sua previsão. [...] Em linhas gerais, há responsabilidade civil do árbitro sob duas perspectivas: uma enquanto 'juiz de fato e de direito' (artigo 18 da Lei nº 9.307/1996); outra enquanto prestador de serviço vinculado aos compromissos assumidos perante as partes. E, 'levando em conta os deveres atribuídos aos árbitros e que seu eventual descumprimento pode gerar danos às partes envolvidas, não resta dúvida que além do âmbito da responsabilidade criminal, ao qual os árbitros estão legalmente sujeitos (artigo 17 da Lei nº 9.307/1996), também respondem civilmente pelos danos que causarem em razão de sua má atuação'. Enquanto julgador, responde pelos *errores in procedendo*, ou seja, por vícios de procedimento capazes de acarretar a invalidação da sentença. Mas mesmo aqui, há necessidade de apuração de dolo ou culpa grave, tal qual se pode apurar em face de um juiz togado. [...] cabe registro, quanto a uma específica dentre eventuais outras distanciando as duas perspectivas inicialmente apontadas: se extinto o juízo arbitral por inércia do árbitro em proferir sentença no prazo (legal ou convencional), após ser provocado para tanto, evidencia-se a responsabilidade civil pelos danos causados" (CAHALI, Francisco José. *Curso de arbitragem*. 9. ed. São Paulo: RT, 2022. 7.8. Da Responsabilidade Civil do Árbitro).**

9 A esse respeito: LEMES, Selma Ferreira. **Árbitro**. O padrão de conduta ideal. Disponível em: http://selmalemes.adv.br/artigos/artigo_juri33.pdf. Acesso em: 8 out. 2023.

10 "Artigo 13. Pode ser árbitro qualquer pessoa capaz e que tenha a confiança das partes. [...] § 6º No desempenho de sua função, o árbitro deverá proceder com imparcialidade, independência, competência, diligência e discrição."

11 "Artigo 14. Estão impedidos de funcionar como árbitros as pessoas que tenham, com as partes ou com o litígio que lhes for submetido, algumas das relações que caracterizam os casos de impedimento

acabou por incorporar um verdadeiro "Código de Ética" dos árbitros na legislação brasileira. Selma Lemes[12] afirma que essa incorporação é a denominada moralidade legalizada ou positivada, que contrasta com a moralidade crítica, quando ainda não incorporada no direito positivo.

É inequívoco que arbitragem deve ser conduzida com imparcialidade, competência e de acordo com as normas e regras estabelecidas. Todavia, erros, negligência ou violação de deveres profissionais podem ocorrer, o que pode levar a alegações de responsabilidade civil contra o árbitro. Nos termos dos artigos 186, 187 e 927 do Código Civil[13], essa reparação visa à retomada ao *status quo*, ou seja, retornar à anterior situação, antes do dano.

As ações de responsabilidade civil contra árbitros vêm sendo baseadas em vários fundamentos, como, por exemplo, violação de deveres, parcialidade, erro grave, violação de prazos ou procedimentos e decisões contrárias à ordem pública.

Aceitar a responsabilidade do árbitro, assim como dos centros de arbitragem se impõe como a necessária consequência da liberdade e da vontade contratual, que são a base da arbitragem e o corolário inevitável da abertura do campo de árbitros potenciais[14]. Nesse sentido, Marcus Vinicius Pereira Lucas traz à reflexão que

> é evidente que o árbitro é responsável. Não é concebível que nunca respondesse por seus atos. Por quê? No mínimo, o árbitro é um sujeito que está adstrito a deveres. As partes, com a convenção de arbitragem deslocam a competência originariamente do Juiz, ao Tribunal arbitral. Disso decorre que o árbitro fica constituído de poderes e deveres, cuja inobservância pode levar à causação de

---

ou suspeição de juízes, aplicando-se lhes, no que couber, os mesmos deveres e responsabilidades, conforme previsto no Código de Processo Civil. § 1º As pessoas indicadas para funcionar como árbitro têm o dever de revelar, antes da aceitação da função, qualquer fato que denote dúvida justificada quanto à sua imparcialidade e independência. § 2º O árbitro somente poderá ser recusado por motivo ocorrido após sua nomeação. Poderá, entretanto, ser recusado por motivo anterior à sua nomeação, quando: a) não for nomeado, diretamente, pela parte; ou b) o motivo para a recusa do árbitro for conhecido posteriormente à sua nomeação."

12 LEMES, Selma Maria Ferreira. *Ob. cit.*, p. 245 e ss.

13 "Artigo 186. Aquele que, por ação ou omissão voluntária, negligência ou imprudência, violar direito e causar dano a outrem, ainda que exclusivamente moral, comete ato ilícito.

Artigo 187. Também comete ato ilícito o titular de direito que, ao exercê-lo, excede manifestamente os limites impostos pelo seu fim econômico ou social, pela boa-fé ou pelos bons costumes.

[...]

Artigo 927. Aquele que, por ato ilícito (artigos 186 e 187), causar dano a outrem, fica obrigado a repará-lo.

Parágrafo único. Haverá obrigação de reparar o dano, independentemente de culpa, nos casos especificados em lei, ou quando a atividade normalmente desenvolvida pelo autor do dano implicar, por sua natureza, risco para os direitos de outrem."

14 **La Responsabilité de l'Arbitre**. Rapport du Club des Juristes, Commission Ad Hoc, juin 2017, p. 91 e ss.

danos às partes ou a terceiros. Com efeito, a atividade jurisdicional é uma atividade de risco.[15]

O árbitro, tal qual o juiz, deve agir de forma independente e imparcial, proferindo decisão justa e exequível que não vise atender ao interesse econômico da parte que o nomeou ou até mesmo da outra parte ou de terceiros.

O árbitro tem o dever de revelar, antes e durante a arbitragem, qualquer fato que denote dúvida justificada quanto a sua parcialidade e independência. Deverá revelar o conflito de interesse sob a questão a ele apresentada, que já atuou em outra causa envolvendo matéria semelhante, que irá trabalhar em uma causa subsequente envolvendo matéria semelhante, que já proferiu sentença ou expressou sua opinião pessoal sobre matéria semelhante. Este é, aliás, um dos principais argumentos utilizados pelas partes ao intentarem a anulação de sentenças arbitrais[16].

Questiona-se, na doutrina, se a obrigação do árbitro seria de meio ou resultado.

Nas obrigações de resultado, a execução considera-se atingida quando o devedor cumpre o objetivo final. Nas obrigações de meio, a inexecução caracteriza-se pelo desvio de certa conduta ou omissão de certas precauções a que alguém se comprometeu, sem se cogitar do resultado[17].

José Emilio Nunes Pinto entende que a obrigação do árbitro seria de resultado. Ou seja, para alcançar o resultado, deverá seguir as regras do processo que as partes houverem acordado em convenção ou por termo de arbitragem, bem como decorrentes de regulamento que tiverem escolhido de um centro permanente de arbitragem ou por terem submetido a arbitragem à organização de uma dessas entidades[18].

Pedro Baptista Martins destaca que, no ofício de julgador, na aplicação do direito ao caso concreto, a obrigação do árbitro é de meio, assemelhando-se à do médico e à do advogado, donde propugna pela responsabilidade do árbitro somente

---

15 LUCAS, Marcus Vinicius Pereira. **Responsabilidade civil do árbitro**. *Ob. cit.*, p. 141.

16 "Em recente estudo realizado nas 1ª e 2ª Varas Empresariais da Justiça de São Paulo, os pedidos de anulação de procedimentos arbitrais representam 28% dos processos relacionados à arbitragem. Em outro estudo realizado pela consultoria Arbipedia em casos de segundo grau, no período de 2016 a 2020, das 292 sentenças arbitrais emanadas no Brasil, 19% foram anuladas (i.*e.*, em 236 casos a sentença foi mantida e em 56 anulada). Um dos pedidos mais recorrentes encontrados pelo estudo realizado nas varas e que, nos últimos anos, tem se mostrado cada vez mais preocupante perante os praticantes da arbitragem, é o pleito anulatório baseado na suspeição do árbitro (artigo 32, II, da Lei nº 9.307/1996)." (CATARUCCI, Douglas Depieri. O dever de revelação deve ser regulado pelas partes, não pelo Judiciário. *In*: GIUSTI, Gilberto *et al.* (coord.). **Arbitragem e Poder Judiciário**. Migalhas, 2023. p. 29)

17 PEREIRA, Caio Mário da Silva. **Instituições de direito civil**. Rio de Janeiro: Forense, v. I, 1978. p. 37.

18 PINTO, José Emílio Nunes. Artigo V (inc. 1 "C" e "D"). *In*: WALD, Arnoldo; LEMES, Selma Ferreira (coord.). **Arbitragem comercial internacional**: a convenção de Nova Iorque e o Direito brasileiro. São Paulo: Saraiva, 2012. p. 221-222.

por danos em caso de comprovado dolo ou culpa grave, afastando-se de todo a aplicação da teoria da responsabilidade objetiva, mantendo-se a tradição jurídica da responsabilidade com base no conceito de culpa[19].

O fim pretendido pelas partes, na arbitragem, é a solução da disputa, obrigação essa de responsabilidade do árbitro. Cabe ao árbitro da confiança das partes aplicar o direito ao caso concreto, resolvendo o litígio, no prazo legal ou contratualmente acordado. Nesse sentido é que os compromitentes tem o direito de exigir do árbitro o atingimento do resultado. No ofício de julgador, na valoração das provas, na verificação dos fatos, na análise das regras aplicáveis ao objeto da controvérsia, enfim, na aplicação do direito ao caso concreto, a obrigação do árbitro enquadra-se naquelas conhecidas como de meio[20].

Assim, a responsabilidade relativa a atos jurisdicionais (prolação de sentença) segue o regime da responsabilidade dos magistrados, sendo necessária a verificação do dolo ou da culpa grave, enquanto a responsabilidade por atos não jurisdicionais (decisão fora do prazo legal ou contratual) segue o regime da responsabilidade contratual, presumindo-se a culpa quando se tratar de obrigação de resultado ou comprovando-se a culpa pelo autor no caso de se tratar de obrigação de meio[21].

Outrossim, a tendência é de se ter a responsabilidade civil do árbitro buscada sob a ótica da responsabilidade subjetiva. Cabe à parte prejudicada provar que o árbitro agiu com dolo ou culpa, de modo intencional, sabedor de sua suspeiçao ou seu impedimento, que estava ciente do prejuízo que causou ou poderia causar.

Vale destacar que, com essa orientação, para que haja a responsabilização do árbitro, há necessidade de caracterização do dolo e/ou da culpa grave em prejudicar as partes ou terceiro de forma deliberada e intencional, de má-fé ou ausência de boa-fé (em seu sentido contratual previsto pelo artigo 422 do Código Civil[22]). O erro *in judicando* não levaria, em princípio, à responsabilidade civil.

---

19 MARTINS, Pedro A. Baptista *et al.* Normas e princípios aplicáveis aos árbitros. *In*: **Aspectos fundamentais da Lei de Arbitragem**. 1. ed. Rio de Janeiro: Forense, 1999. p. 289 e ss.

20 MARTINS, Pedro A. Baptista. *Ob. cit.*, p. 289 e ss.

21 LUCAS, Marcus Vinicius Pereira. **Responsabilidade civil do árbitro**. Dissertação de Mestrado – Pontifícia Universidade Católica de São Paulo. São Paulo, 2018. p. 141.

22 "Daí se pode depreender que o dano gerado à parte em decorrência de conduta de má-fé por parte do árbitro – conceito que, a princípio, comporta interpretação mais abrangente do que os conceitos de dolo ou fraude do artigo 133 do Código de Processo Civil – gera responsabilização no âmbito da responsabilidade civil contratual (artigo 389 do Código Civil). Haveria, nesses casos, quebra do dever contratual de agir com boa-fé, que é intrínseco e inerente à atividade do árbitro, tenha ou não tal dever sido assumido perante as partes de maneira expressa." (CORREIA, Marcelo dos Santos Barradas. A responsabilidade civil do árbitro. **Revista Brasileira de Arbitragem**, Comitê Brasileiro de Arbitragem CBAr & IOB, v. X, Issue 39, p. 19, 2013)

Quando se fala em árbitro, consequentemente se estende o entendimento a todo o painel arbitral quando formado por mais de um árbitro. Não é porque determinado árbitro assumiu a responsabilidade de assinar sozinho as decisões por mera conveniência burocrática que estará ele assumindo sozinho as responsabilidades do encargo. Ressalva-se, todavia, a hipótese de árbitro, em determinada decisão sobre a qual se discuta a responsabilidade civil dos árbitros, ter apresentado voto divergente justamente sobre o ponto em discussão[23].

No direito comparado, a legislação portuguesa (Lei nº 63/2011[24]) adota o regime da responsabilidade subjetiva. Os árbitros são responsáveis por suas decisões nos mesmos limites dos magistrados[25]. Em análise comparativa, José Miguel Judice nota que a maioria dos países, diferentemente de Portugal, não possui previsão específica em sua lei, cabendo a esses países, no seu entender, socorrer-se à interpretação análoga das regras aplicáveis aos magistrados judiciais[26].

---

23 VACCARELLA, Roberto. La convenzione di arbitrato: le obligazioni dele parti e la responsabilitá civile degli arbitri. *In*: **Arbitrato Profili di diritto sostanziale e di diritto processuale**. Wolters Kluwer Italia S.r.l, 2013. p. 626-627.

24 "Artigo 9.º Requisitos dos árbitros

[...]

4. Os árbitros não podem ser responsabilizados por danos decorrentes das decisões por eles proferidas, salvo nos casos em que os magistrados judiciais o possam ser."

"Artigo 12.º Aceitação do encargo

[...]

3. O árbitro que, tendo aceitado o encargo, se escusar injustificadamente ao exercício da sua função responde pelos danos a que der causa."

"Artigo 43.º Prazo para proferir sentença

[...]

4. Os árbitros que injustificadamente obstarem a que a decisão seja proferida dentro do prazo fixado respondem pelos danos causados."

25 "De modo a minimizar esses impactos, o legislador, sabidamente, criou parâmetros para a responsabilidade civil do árbitro, tendo por base a responsabilidade civil do Magistrado, como se extrai do texto do artigo 9º, n. 4, da Lei nº 63/2011, que dispõe: 'Os árbitros não podem ser responsabilizados por danos decorrentes das decisões por eles proferidas, salvo nos casos em que os magistrados judiciais o possam ser'." (CREMASCO, Suzana Santi. A responsabilidade pelo exercício da função jurisdicional do árbitro – Uma leitura do enunciado do artigo 9°, n. 4 e n. 5, da Nova Lei de Arbitragem Voluntária Portuguesa (Lei nº 63/2011, de 14 de dezembro) a partir dos preceitos da Lei nº 67/2007, de 31 de dezembro. **Revista Brasileira de Arbitragem**, Comitê Brasileiro de Arbitragem CBAr & IOB, v. IX, Issue 34, p. 37, 2012)

26 "[...] a maioria das leis ou normas reguladoras das arbitragens noutros países não contém um comando expresso neste sentido, embora a solução corresponda à doutrina e jurisprudência pacificamente aceites a nível internacional. Esta norma não parece suscitar, por isso, especiais dificuldades interpretativas, devendo o intérprete e o árbitro socorrer-se analogicamente, e com as naturais adaptações, da doutrina e jurisprudência relativas à responsabilidade dos magistrados judiciais." (JUDICE, José Miguel. **Lei da Arbitragem Voluntária anotada**. Coordenação: Dário Moura Vicente. Coimbra: Almedina, 2019. p. 51)

O artigo 756 do Código de Processo Civil e Comercial[27] argentino dispõe que os árbitros devem cumprir fielmente a sua missão, incorrendo em responsabilidade pelos danos e prejuízos causados por dolo ou culpa, caso não o façam.

Na Espanha, o árbitro também é responsável por danos e prejuízos causados por dolo ou culpa (artigo 16 da Lei nº 36/1988[28]). A esse respeito, Pilar Perales Viscasillas explica que[29]

> *un paso significativo en la legislación fue la aprobación de la LA (1988) que introdujo como una de las grandes novedades en nuestro ordenamiento el arbitraje institucional dedicando también un precepto a la responsabilidad de los árbitros y de las instituciones arbitrales. [...] La responsabilidad por daños y perjuicios se continúa con la normativa general, esto es, la responsabilidad por dolo o culpa: a) la norma sobre responsabilidad se extiende también a las instituciones arbitrales; b) se reconoce una acción directa del perjudicado frente a la institución de arbitraje y al mismo tiempo una acción de los centros arbitrales frente los árbitros. Sin embargo, la aprobación de la vigente Ley de Arbitraje se separo del clásico estándar de responsabilidad por "dolo o culpa" en su típica dicción acogido en las dos anteriores Leyes de arbitraje para aludir a "la mala fe, dolo o temeridad", aunque continúa reconociendo la acción directa del perjudicado frente a la institución arbitral, al tiempo que también la acción de resarcimiento de la institución frente al árbitro (art. 21. 1 LA).*[30]

Julian D. M. Lew realizou estudo em 1990, por meio do qual buscou resumir as tendências sobre a responsabilidade dos árbitros em doze países. Pela pesquisa do

---

27 "*Código Procesal Civil y Comercial Nacional. Artículo 756. Los árbitros que, sin causa justificada, no pronunciaren el laudo dentro del plazo, carecerán de derecho a honorarios. Serán asimismo responsables por los daños y perjuicios.*"

28 "*Artículo 16. 1. La aceptación obliga a los árbitros y, en su caso, a la Corporación o Asociación, a cumplir fielmente su encargo, incurriendo, si no lo hicieren, en responsabilidad por los daños y perjuicios que causaren por dolo o culpa. En los arbitrajes encomendados a una Corporación o Asociación el perjudicado tendrá acción directa contra la misma, con independencia de las acciones de resarcimiento que asistan a aquélla contra los árbitros.*"

29 VISCASILLAS, Pilar Perales. **El seguro de responsabilidad civil en el arbitraje**. (El seguro de responsabilidad civil de los árbitros y de las instituciones arbitrales). Fundación Mapfre, 2013. p. 69/70.

30 Tradução livre: "Um passo significativo na legislação foi a aprovação da Lei de Arbitragem (1988), que introduziu como uma das grandes novidades em nosso sistema legal a arbitragem institucional, também dedicando uma disposição à responsabilidade dos árbitros e das instituições arbitrais. [...] A responsabilidade por danos e prejuízos continua conforme a regulamentação geral, ou seja, a responsabilidade por dolo ou culpa: a) a norma de responsabilidade também se estende às instituições arbitrais; b) reconhece-se uma ação direta do prejudicado em relação à instituição de arbitragem e, ao mesmo tempo, uma ação dos centros arbitrais em relação aos árbitros. No entanto, a aprovação da atual Lei de Arbitragem afastou-se do padrão clássico de responsabilidade por 'dolo ou culpa' em sua redação típica, adotado nas duas Leis de Arbitragem anteriores, passando a se referir à 'má-fé, dolo ou temeridade', embora continue reconhecendo a ação direta do prejudicado em relação à instituição arbitral, assim como a ação de compensação da instituição em relação ao árbitro (artigo 21.1 da LA)."

autor, nenhum dos países analisados prevê a responsabilidade do árbitro ampla sobre quaisquer erros de julgamento ou de procedimento, cabendo a análise de caso a caso nos limites das responsabilidades assumidas pelos árbitros no caso concreto[31].

Pontua Carlos Alberto Carmona, em linha com as legislações destacadas *supra*, que a avaliação da responsabilidade civil do árbitro deve ser realizada com parcimônia, inclusive perante decisões que levem à anulação da sentença. Os árbitros devem ser livres para conduzir o procedimento, não devendo se preocupar se determinada decisão proferida de boa-fé, em seu melhor juízo, possa levá-lo à responsabilização civil. Assim, ainda que em avaliação judicial se entenda ter o julgamento incorrido em *error in procedendo* levando à anulação da sentença, não caberia a responsabilização do(s) árbitro(s), visto não ter(em) agido com dolo ou culpa grave[32].

Em adição a tal raciocínio, o autor italiano Antonio Oricchio indica que

> os árbitros, segundo a jurisprudência e a (quase unânime) doutrina, não têm uma verdadeira e própria obrigação de julgar e não respondem pelo erro inerente à valoração de circunstâncias resultantes da instrução processual e de disposições legislativas.[33]

Deve-se respeitar aquilo nomeado pelo *common law* de *right to error* (direito de errar) dos árbitros, para que esses possam proferir julgamentos sem a pressão daquilo que é considerado certo ou errado aos olhos de outro julgador[34].

Casos em grande debate atualmente são aqueles em que o árbitro, conhecedor de determinada informação que possa levar à suspeição quanto à sua imparcialidade e independência, a omite intencionalmente.

Nesses casos, tem-se debatido se não seria o caso de responsabilizar o árbitro pela omissão intencional de fato que, posteriormente, levou à sua impugnação e eventual anulação de sentença, com repetição de atos, pois causaria prejuízo às partes[35].

---

31 LEW, Julian. **The immunity of arbitrators.** London: lloyd's of Londo Press, 1990.

32 CARMONA, Carlos Alberto. ***Arbitragem e processo.*** Um comentário à Lei nº 9.307/1996. 4. ed. rev., atual. e ampl. São Paulo: Atlas, 2023. p. 271-272.

33 ORICCHIO, Antonio. **L'arbitrato.** Napoli: Edizioni Scientifiche Italiane, 1994. p. 49. Tradução livre.

34 "Da mesma maneira que o juiz estatal, o árbitro está protegido pelo princípio da imunidade quanto ao ato de julgar Ou seja, este princípio fundamenta-se pelo fato de que o texto legal está sujeito à interpretação e não existe um critério lógico para aferir o exato sentido de uma lei; além disso, um juiz deve ter serenidade e liberdade para exarar sua decisão. Por essa razão, nem o Estado, nem o juiz que o representa e tampouco o árbitro estão sujeitos à sanção no que tange à alegação de inconformidade de possíveis danos causados por uma sentença considerada errada." (COUTO, Jeanlise Velloso. **Árbitro e estado**: interesses divergentes. Coleção Atlas de Arbitragem. São Paulo, 2010. p. 41)

35 "Não há, porém, consequências diretas claras para a quebra do dever de revelação. Isto é, sanções que responsabilizem diretamente a parte, a instituição e o arbitro que intencional ou negligentemente, omitiram a informação que gerou a 'dúvida justificada'. E não se encontra o porquê de não se existir já que, afinal, o ato ilícito da parte, da instituição e/ou do árbitro no final das contas causará prejuízos

O tema é complexo, e sem dúvida com densidade que supera os restritos contornos deste artigo – voltado à questão do seguro, tanto é que já se encontram proveitosos trabalhos acadêmicos com análise profunda das questões relativas à responsabilidade civil do árbitro.

Apresenta-se apenas a certeza de que, com maior ou menor latitude, a responsabilidade civil do árbitro está posta em calorosos debates, e, como tal, justifica-se trazer para esse ambiente a pertinência da contratação de seguro.

2. NOÇÕES GERAIS SOBRE O SEGURO DE RESPONSABILIDADE CIVIL PROFISSIONAL

Indenizar significa tornar indene, sem dano ou sem prejuízo. Esse é um dos maiores cânones da responsabilidade civil. No âmbito da responsabilidade civil, causado um dano, surge para o ofensor a obrigação de repará-lo e de forma integral (CC, artigos 186, 187, 927 e 944).

Essa é a lição trazida por Carlos Roberto Gonçalves: "Indenizar significa reparar o dano causado à vítima, integralmente. Se possível, restaurando o *status quo ante*, isto é, devolvendo-a ao estado em que se encontrava antes da ocorrência do ato ilícito"[36].

O princípio de reparação integral, ou *restitutio in integro*, está presente na totalidade dos ordenamentos jurídicos, sendo pacificamente aceito na doutrina e na jurisprudência, segundo o qual deve-se estabelecer o patrimônio do danificado à situação em que se encontrava antes da ocorrência do evento danoso.

A respeito do montante indenizatório, o Código Civil traz, no *caput* do artigo 944[37], uma regra geral a ser considerada: para que seja determinado o valor do montante indenizatório, deve ser observada a extensão do dano.

O dever de reparação integral deriva do instituto *compensatio lucri cum dammo*, no sentido de que a reintegração do patrimônio do lesado corresponde à diferença entre o valor atual e o que existiria se não houvesse o cometimento do ato ilícito.

No contrato de seguro, todavia, o segurador está obrigado a indenizar os danos sofridos pelo segurado (ou pelo terceiro, no caso de seguro de responsabilidade

à parte inocente, não apenas patrimoniais, como também de tempo e de trabalho dispendido, assim como qualquer outro tipo de ato ilícito contratual ou extracontratual." (CATARUCCI, Douglas Depieri. O dever de revelação deve ser regulado pelas partes, não pelo Judiciário *In*: GIUSTI, Gilberto *et al.* (coord.). **Arbitragem e Poder Judiciário**. Migalhas, 2023. p. 40)

36 GONÇALVES, Carlos Roberto Gonçalves. **Responsabilidade civil**. São Paulo: Saraiva, 2006. p. 545.

37 "Artigo 944. A indenização mede-se pela extensão do dano. Parágrafo único. Se houver excessiva desproporção entre a gravidade da culpa e o dano, poderá o juiz reduzir, equitativamente, a indenização."

civil), pelos riscos contemplados no pacto e até os limites nele fixados, consoante determinam os artigos 757 e 760 do Código Civil[38].

O segurador não está obrigado a pagar todos os prejuízos oriundos do sinistro ocorrido, mas somente os danos decorrentes dos riscos previamente assumidos no contrato. Ou seja, o seguro não é a garantia de uma reparação integral.

Nesse sentido, pondera Teresa Ancona Lopez[39]:

> Nem sempre a garantia dada pela empresa seguradora a título de indenização é suficiente para a almejada "reparação integral". Nesses casos, os prejudicados poderão acionar os ofensores pedindo a diferença. Porém, como ensina Viney, a "reparação integral" é ilusória, pois nas grandes lesões à integridade corporal ou a certos atributos morais da personalidade é impossível haver um ressarcimento total.

Destaca-se que o segurado não poderá lucrar com a ocorrência do sinistro, de modo que o valor pago a título de indenização nunca poderá ser superior ao efetivo prejuízo sofrido[40]. O seguro é vinculado ao princípio indenitário[41], de forma que o segurado não poderá receber mais do que efetivamente perdeu, pois, caso contrário, tratar-se-ia de uma especulação.

---

38 "Artigo 757. Pelo contrato de seguro, o segurador se obriga, mediante o pagamento do prêmio, a garantir interesse legítimo do segurado, relativo a pessoa ou a coisa, contra riscos predeterminados.
[...]
Artigo 760. A apólice ou o bilhete de seguro serão nominativos, à ordem ou ao portador, e mencionarão os riscos assumidos, o início e o fim de sua validade, o limite da garantia e o prêmio devido, e, quando for o caso, o nome do segurado e o do beneficiário.
Parágrafo único. No seguro de pessoas, a apólice ou o bilhete não podem ser ao portador."

39 LOPES, Teresa Ancona. **Princípio da precaução e evolução da responsabilidade civil**. Quatier Latin, 2010.

40 Cláudio Luiz Bueno de Godoy, ao comentar sobre o princípio indenitário dos seguros de danos, assevera que "o ajuste serve para garantir tão somente a reparação do dano experimentado, limitado ao valor fixado no contrato, e este, por seu turno, adstrito ao importe do interesse segurado, no momento da contratação, tudo, frise-se, sem qualquer possibilidade de que venham o seguro e o sinistro a representar causa de lucro ao segurado" (**Código Civil comentado**. Coordenação: Ministro Cezar Pelluso. São Paulo: Manoel, 2007. p. 646/647).

41 "DIREITO CIVIL. RECURSO ESPECIAL. SEGURO DE DANO. INCÊNDIO. IMÓVEL. PERDA TOTAL. VALOR DA INDENIZAÇÃO. EFETIVO PREJUÍZO. MOMENTO DO SINISTRO. PRINCÍPIO INDENITÁRIO. RECURSO PROVIDO. 1. Em caso de perda total do bem segurado, a indenização securitária deve corresponder ao valor do efetivo prejuízo experimentado no momento do sinistro, observado, contudo, o valor máximo previsto na apólice do seguro de dano, nos termos dos artigos 778 e 781 do CC/2002. 2. Recurso especial provido para cassar a sentença e determinar o retorno dos autos ao Juízo de origem, para que seja apurado o prejuízo decorrente da perda total do bem imóvel no momento da ocorrência do sinistro, a fim de fixar o valor a ser pago a título de indenização securitária." (REsp 1.955.422/PR, 4ª Turma, Rel. Min. Antônio Carlos Ferreira, J. 14.06.2022, DJe 01.08.2022)

Afirma Pedro Alvim que

> o lucro é estranho ao seguro que visa apenas à previdência e não à especulação. Qualquer pagamento, além dos prejuízos, desvirtuaria o contrato, que se tornaria um estímulo à fraude do segurado pouco escrupuloso, razão porque interessa à ordem pública proibir o seguro excessivo.[42]

Em outras palavras, a responsabilidade da seguradora deve sempre ficar adstrita ao quanto estipulado no contrato, sendo que o valor da indenização jamais poderá superar o prejuízo acarretado com o sinistro.

João Manoel de Carvalho Santos conceituava os seguros de responsabilidade civil como sendo aqueles que tendem a reparar os prejuízos patrimoniais decorrentes da responsabilidade legal ou contratual por danos a pessoa ou a coisa de terceiros[43].

José de Aguiar Dias definia o seguro de responsabilidade civil como o contrato por meio do qual, mediante o prêmio estipulado, o segurador garante ao segurado o pagamento da indenização que porventura lhe seja imposta com base em fato que acarrete a sua obrigação de reparar o dano[44].

Orlando Gomes entendia que, pelo seguro de responsabilidade civil, o segurador assume o risco de indenizar o segurado pelo dano que venha a sofrer em consequência de falta praticada por terceiro ou de obrigação de reparar imposta na lei[45].

Caio Mário da Silva Pereira sustentava que o seguro de responsabilidade civil tem por objeto transferir para o segurador as consequências de danos causados a terceiros, pelos quais possa o segurado responder civilmente[46].

A função do seguro de responsabilidade civil é justamente evitar que o dever de indenizar faça do responsável uma outra vítima[47]. Visa à satisfação do responsável pela prática do ato ilícito e o do lesado, garantindo a este o recebimento da indenização.

O seguro de responsabilidade civil se trata, na verdade, de um ato prudente e previdente, não se confrontando com a ordem pública, mas sim indo ao encontro do interesse público, na medida em que se garante a reparação à vítima de ato culposo praticado pelo segurado[48].

---

42 ALVIM, Pedro. **O contrato de seguro**. Rio de Janeiro: Forense, 1986. p. 443.

43 SANTOS, João Manoel de Carvalho. **Código Civil brasileiro interpretado**. 6. ed. São Paulo: Livraria Freitas Bastos, v. XIX, 1955. p. 205.

44 DIAS, José de Aguiar. O seguro de responsabilidade civil. **RT**, 580/27.

45 GOMES, Orlando. **Contratos**. 25. ed. Rio de Janeiro: Forense, 2002. p. 415.

46 PEREIRA, Caio Mário da Silva Pereira. **Instituições de direito civil**. 12. ed. Rio de Janeiro: Forense, v. III, 2006. p. 470.

47 RODRIGUES, Sílvio Rodrigues. O seguro de responsabilidade civil. *RT*, 580/27.

48 PIMENTA, Melisa Cunha. **Seguro de responsabilidade civil**. São Paulo: Atlas, 2010.

O seguro de responsabilidade civil ainda é pouco difundido, além de ser facultativo. Há alguns casos de seguro obrigatório, como o que cobre mortes e ferimentos nos acidentes de veículos, nos contratos de transporte terrestre, aéreo e marítimo, na construção civil e nos condomínios de apartamentos[49].

Entretanto, o crescimento dos custos de sinistros de responsabilidade civil é uma fonte permanente de preocupação para as seguradoras do mundo todo. O custo das indenizações progride rapidamente nas principais economias mundiais[50].

O Código Civil de 1916 não continha disposição específica acerca do seguro de responsabilidade civil. Tal modalidade de seguro veio a ser expressamente tratada no Código Civil de 2002 que dedica dois artigos para tratar do tema. Cite-se o teor dos artigos 787 e 788:

> Artigo 787. No seguro de responsabilidade civil, o segurador garante o pagamento de perdas e danos devidos pelo segurado a terceiro.
> § 1º Tão logo saiba o segurado das consequências de ato seu, suscetível de lhe acarretar a responsabilidade incluída na garantia, comunicará o fato ao segurador.
> § 2º É defeso ao segurado reconhecer sua responsabilidade ou confessar a ação, bem como transigir com o terceiro prejudicado, ou indenizá-lo diretamente, sem anuência expressa do segurador.
> § 3º Intentada a ação contra o segurado, dará este ciência da lide ao segurador.
> § 4º Subsistirá a responsabilidade do segurado perante o terceiro, se o segurador for insolvente.
> Artigo 788. Nos seguros de responsabilidade legalmente obrigatórios, a indenização por sinistro será paga pelo segurador diretamente ao terceiro prejudicado.
> Parágrafo único. Demandado em ação direta pela vítima do dano, o segurador não poderá opor a exceção de contrato não cumprido pelo segurado, sem promover a citação deste para integrar o contraditório.

No âmbito regulatório, a Superintendência de Seguros Privados (Susep), em 27.07.2021, emitiu a Circular Susep nº 637, que dispõe sobre os seguros do grupo responsabilidades, objetivando a simplificação das regras vigentes até então e a unificação dos seguros de responsabilidade em uma única norma. Referida normativa, no artigo 3º, assim dispõe acerca do objeto do seguro de responsabilidade civil:

---

49 LOPEZ, Teresa Ancona. *Ob. cit.*

50 "Acrescente-se, ainda, que os novos riscos, aqueles da chamada 'sociedade de risco', representam o maior desafio à atividade de seguros, pois são impossíveis de prever. Esses riscos possíveis (o risco do risco) não podem ser avaliados segundo os métodos atuariais tradicionais. [...] Podemos conjecturar que as seguradoras ou não farão seguros para esses riscos de proporções muito arriscadas ou, se os fizerem, cobrarão tão altos prêmios que não valerá a pena para diversas atividades econômicas subscrever tais apólices." (LOPEZ, Teresa Ancona. *Ob. cit.*, p. 63)

> Artigo 3º No seguro de responsabilidade civil, a sociedade seguradora garante o interesse do segurado, quando este for responsabilizado por danos causados a terceiros e obrigado a indenizá-los, a título de reparação, por decisão judicial ou decisão em juízo arbitral, ou por acordo com os terceiros prejudicados, mediante a anuência da sociedade seguradora, desde que atendidas as disposições do contrato.
>
> § 1º A forma de garantir o interesse do segurado a que se refere o *caput* deve estar claramente expressa nas condições contratuais dos seguros de responsabilidade civil, seja por indenização direta ao segurado ou outra forma definida entre as partes.
>
> § 2º A sociedade seguradora poderá incluir, entre as hipóteses a que se refere o *caput*, a decisão administrativa do Poder Público que obrigue os segurados a indenizar os terceiros prejudicados.
>
> § 3º A sociedade seguradora poderá oferecer outras coberturas, além daquela descrita no *caput*, inclusive para os custos de defesa dos segurados, e a cobertura de multas e penalidades impostas aos segurados.
>
> § 4º Se a contratação de uma cobertura, por razões técnicas, exigir a contratação prévia de outra cobertura, deve haver menção detalhada sobre este fato na proposta, nas condições contratuais, na nota técnica atuarial, e em quaisquer peças publicitárias ou manuais que tratem do assunto.
>
> § 5º A garantia está condicionada a que tenham sido atendidas as disposições do contrato de seguro, em particular as datas de ocorrência dos danos, de apresentação das reclamações pelos terceiros, de apresentação das notificações pelo segurado ou do aviso de sinistro pelo segurado, conforme o tipo de contrato.
>
> § 6º O seguro de responsabilidade civil cobre, também, as despesas emergenciais efetuadas pelo segurado ao tentar evitar e/ou minorar os danos causados a terceiros, atendidas as disposições do contrato, até o seu LMG, independentemente da contratação de cobertura específica para tais situações.

Há diversas modalidades de seguros de responsabilidade civil, entre as quais o seguro de responsabilidade civil profissional, que garante o pagamento de indenização pelos prejuízos causados pelo segurado em razão de sua falha profissional.

Os médicos foram os primeiros a se preocupar com os riscos advindos de atividade profissional e consequente responsabilidade civil. Na sequência, o mercado foi se expandindo para cobrir os riscos dos mais diversos profissionais, com destaque para os advogados, sendo que, em alguns países, a contratação dos seguros de responsabilidade civil profissional é obrigatória, o que, destaque-se, não é a realidade do Brasil[51].

---

51 PARSONS, Chris. **From accident to liability**. A brief history of liability insurance. London: Chartered Insurance Institute, 2002. p. 30.

Essa modalidade de seguro pode trazer tranquilidade ao profissional e aos clientes, além de proteger a sua reputação e o seu patrimônio, em caso de litígios e alegações de má conduta profissional. O seguro de responsabilidade civil profissional oferece proteção financeira a profissionais em caso de reclamações de terceiros devido a erros, negligência, omissões ou má conduta profissional.

Quando esses profissionais cometem erros ou falhas no exercício de suas funções, podem enfrentar processos legais movidos por clientes insatisfeitos ou prejudicados.

O erro profissional e a responsabilidade variam para cada profissão, sendo inegável o infinito campo de incidência do seguro de responsabilidade civil profissional, nas mais diversas áreas. Além do mais, as profissões tem regras próprias acerca da sua responsabilização civil.

Walter Polido[52] observa que, no desempenho de qualquer atividade funcional, os profissionais, ainda que habilitados, estão sujeitos a cometer falhas e, por isso, podem causar perdas e danos de toda ordem aos seus clientes ou até mesmo a outras pessoas não diretamente relacionadas a eles. Os seguros de responsabilidade civil profissional (*professional indemnity insurance* [PI] ou *errors and omissions insurance* [E&O]) visam justamente à garantia de indenização dessas perdas e desses danos.

Esse seguro está cada vez mais em evidência em razão de sua abrangência nas mais diversas áreas. São oferecidos seguros de responsabilidade civil profissional para médicos, cirurgiões-dentistas, engenheiros, arquitetos, advogados, auditores, corretores de seguros e resseguros, farmacêuticos, notários ou tabeliões, contadores, peritos judiciais, tradutores, empresas certificadoras, laboratórios de análises e outros.

No Direito português há, inclusive, uma interessante discussão a respeito da comercialização de seguros de responsabilidade civil para magistrados, com fundamento na Lei nº 67/2007 (que dispõe a respeito da responsabilidade civil do Estado, alterada pela Lei nº 31/2008). Questiona-se se o seguro de responsabilidade civil destinado aos magistrados seria contrário à ordem pública (e, portanto, padeceria de nulidade). Nesse sentido é a reflexão de Margarida Lima Rego:

> **Lei n.º 67/2007**
>
> [...] põe-se a hipótese de celebração, por um ou mais magistrados, ou por outrem que atue por sua conta, de um contrato de seguro, individual ou coletivo, que cubra o risco de constituição, na sua esfera, de um dever de regresso em virtude da condenação do Estado no pagamento de uma indemnização a eventuais lesados, com fundamento em responsabilidade civil por danos decorrentes do exercício, por tais magistrados, da função jurisdicional. [...] Está em causa determinar se e em que medida um hipotético seguro de responsabilidade civil dos magistrados

52 POLIDO, Walter A. **Seguros de responsabilidade civil**. Manual prático e teórico. Curitiba: Juruá, 2013. p. 963.

> judiciais se compatibilizaria com a ordem pública. [...] Caso se entenda que a responsabilização civil dos magistrados pelas consequências dos atos ou omissões que pratiquem com dolo ou culpa grave constituiria um incentivo jurídico tendente a assegurar um mínimo de esforço e de diligência na atuação dos magistrados judiciais, necessário seria concluir, parece, que a contratação de um seguro que transferisse esse peso para a 15 Cfr. o nº 1 do artigo 6.º LRE[53]. Voltar ao índice Novos temas da responsabilidade civil extracontratual das entidades públicas 167 esfera do segurador, assim neutralizando os efeitos do incentivo, seria por esse motivo contrária à ordem pública. Assim sendo, um contrato de seguro que se arrogasse operar semelhante transferência de risco estaria ferido de nulidade. Em suma, embora não chegue a concluir que o instituto da responsabilidade civil dos magistrados desempenhe uma função preventiva, ou punitivo-preventiva, pois essa é matéria que deixo à doutrina de direito público, concluo que, caso seja essa a conclusão a que deva chegar-se, resulta necessariamente dessa conclusão a de que um seguro que se arrogue cobrir este risco estará ferido de nulidade, por contrariedade à ordem pública.[54]

O seguro de responsabilidade civil profissional pode ser contratado tanto pelos profissionais quanto pelos estabelecimentos. Normalmente, há cobertura para responsabilidade por erro ou omissão profissional (ações ou omissões culposas na prestação de serviços profissionais), responsabilidade dos subcontratados, custos de defesa, perdas financeiras, danos morais, entre outras garantias.

Feitas tais considerações acerca do seguro de responsabilidade civil profissional, passa-se a tecer algumas noções gerais acerca da responsabilidade civil do árbitro.

3. O SEGURO DE RESPONSABILIDADE CIVIL PARA A ATIVIDADE DO ÁRBITRO

O seguro de responsabilidade civil para árbitros é uma forma de proteção financeira que os garantem de reclamações ou ações legais em decorrência da atuação durante um processo de arbitragem. É um seguro projetado para ajudar a mitigar os riscos e as potenciais responsabilidades enfrentados pelos árbitros. O seguro de responsabilidade civil para árbitros pode cobrir uma variedade de situações, como

53 Lei nº 67/2007, de 31 de dezembro. Aprova o Regime da Responsabilidade Civil Extracontratual do Estado e Demais Entidades Públicas.

54 REGO, Margarida Lima. Um seguro de responsabilidade civil para os magistrados?, p. 159/167. *In*: GOMES, Carla Amado; RAIMUNDO, Miguel Assis (coord.). **Novos temas da responsabilidade civil extracontratual das entidades públicas**. Disponível em: https://www.icjp.pt/sites/default/files/publicacoes/files/respcivil_ebook_completo_rev2.pdf. Acesso em: 8 out. 2023.

reclamações de negligência profissional, erros ou omissões, conduta parcial, violação de confidencialidade, atrasos injustificados, entre outros. Pode incluir os custos de defesa legal, as indenizações por danos e outras despesas associadas às reclamações.

Tal modalidade de seguro profissional ainda é pouco difundida, especialmente no Brasil, mas tem ganhado relevância a judicialização da arbitragem. Mas a atenção ao tema está mais presente em outros países. Vejamos.

No Direito francês, não existe obrigação para o árbitro de contratar um seguro para a sua atividade. A contratação de seguro profissional é, inclusive, pouco comentada pela doutrina francesa[55].

Nicolas Ferrier, ao analisar a questão do seguro do árbitro, constata que os seguros profissionais não são claros sobre as coberturas, isto é, se integram as funções desempenhadas pelo árbitro em sede de tribunal arbitral. Ressalta que, na aplicação do artigo L. 113-1 do Código de Seguros francês, os seguros não cobrem danos causados por falta culposa ou dolosa do assegurado[56].

A jurisprudência francesa descarta a aplicação das cláusulas de exoneração de responsabilidade em razão da culpa do árbitro, levando a legítima questão da culpa e sua referência pelos seguros para descartar a cobertura do profissional[57].

Na Espanha, a situação é diferente. A responsabilidade civil do árbitro durante o processo de arbitragem requer proteção, pois pode ele ser responsabilizado civilmente caso não cumpra as suas obrigações e cause danos ou prejuízos.

O artigo 21º da Lei de Arbitragem espanhola (Lei nº 60/2003) estabelece que os árbitros e, quando aplicável, a instituição arbitral devem cumprir fielmente a sua função, sendo responsáveis pelos danos e prejuízos causados por má-fé, temeridade ou dolo caso não o façam. Determina, ainda, a legislação espanhola que, nas arbitragens confiadas a uma instituição, a parte prejudicada terá ação direta contra aquela, independentemente das ações de compensação que possam ser movidas contra os árbitros.

Vale destacar que, em 2011, houve uma modificação da Lei de Arbitragem espanhola (Lei nº 11/2011, de 20 de maio), a fim de tornar obrigatória a contratação de seguro de responsabilidade civil para a atividade do árbitro[58].

---

55 FREIRE, Sophie Salgueiro. Comentário ao acórdão da Corte de Apelação de Paris, proferido em 31 de março de 2015: Sentença apresentada findo o prazo legal = Responsabilidade do árbitro e questões inerentes à sua proteção profissional. **Revista de Arbitragem e Mediação**, v. 57, p. 433–453, abr./jun. 2018. DTR\2018\14503.

56 FERRIER, Nicolas. Le risque de responsabilité de l'arbitre et on assurance en droit interne. **Revue Générale du Droit des Assurances**, n. 2012-01, p. 205, 01/0/2012.

57 FREIRE, Sophie Salgueiro. *Ob. cit.*, p. 433-453.

58 "*Artículo 21. Responsabilidad de los árbitros y de las instituciones arbitrales. Provisión de fondos. 1. La aceptación obliga a los árbitros y, en su caso, a la institución arbitral, a cumplir fielmente el encargo, incurriendo, si no lo hicieren, en responsabilidad por los daños y perjuicios que causaren por mala fe, temeridad o dolo. En los arbitrajes encomendados a una institución, el perjudicado tendrá acción directa contra la misma, con independencia de las acciones de resarcimiento que asistan a aquélla contra los árbitros. Se*

O § 2º do artigo 21.1 da Lei nº 60/2003 determina a obrigatoriedade dos árbitros e das instituições arbitrais de contratarem um seguro de responsabilidade civil para cobrir as responsabilidades que possam advir das suas ações:

> *Se exigirá a los árbitros o a las instituciones arbitrales en su nombre la contratación de un seguro de responsabilidad civil o garantía equivalente, en la cuantía que reglamentariamente se establezca. Se exceptúan de la contratación de este seguro o garantía equivalente a las Entidades públicas y a los sistemas arbitrales integrados o dependientes de las Administraciones Públicas.*[59]

Com efeito, por disposição legal, os profissionais de arbitragem precisam contratar um seguro de responsabilidade civil ou, alternativamente, embora menos comum, ter uma garantia (depósito, apólice de fiança, garantia bancária ou aval) para lidar com possíveis reclamações.

A respeito do seguro de responsabilidade civil para árbitros, Pilar Perales Viscasillas[60] explica que a sua obrigatoriedade objetiva garantir aos árbitros, ou às instituições arbitrais, o risco patrimonial que poderiam assumir diante de um sinistro, proteger os usuários da arbitragem e evitar que os árbitros se recusem a realizar arbitragens, pelo medo de processos civis:

> *[...] la obligatoriedad legal del seguro tiene un fundamento dirigido non solo a garantizar a los árbitros o las instituciones arbitrales el riesgo patrimonial que podrían asumir ante el siniestro, sino que fundamentalmente se dirige a fortalecer la institución arbitral ante sus usuarios, garantizando que el riego patrimonial que se podría derivar de una actuación sancionada legal o contractualmente quedará cubierto. [...] La ratio de la obligatoriedad del seguro se halla, en nuestra opinión, entre otros, en la*

---

exigirá a los árbitros o a las instituciones arbitrales en su nombre la contratación de un seguro de responsabilidad civil o garantía equivalente, en la cuantía que reglamentariamente se establezca. Se exceptúan de la contratación de este seguro o garantía equivalente a las Entidades públicas y a los sistemas arbitrales integrados o dependientes de las Administraciones públicas. 2. Salvo pacto en contrario, tanto los árbitros como la institución arbitral podrán exigir a las partes las provisiones de fondos que estimen necesarias para atender a los honorarios y gastos de los árbitros y a los que puedan producirse en la administración del arbitraje. A falta de provisión de fondos por las partes, los árbitros podrán suspender o dar por concluidas las actuaciones arbitrales. Si dentro del plazo alguna de las partes no hubiere realizado su provisión, los árbitros, antes de acordar la conclusión o suspensión de las actuaciones, lo comunicarán a las demás partes, por si tuvieren interés en suplirla dentro del plazo que les fijaren. (Se añade el párrafo segundo al apartado 1 por el art. Único.7 de la Ley 11/2011, de 20 de mayo)"

59 Tradução livre: "Será exigido aos árbitros ou às instituições arbitrais em seu nome a contratação de um seguro de responsabilidade civil ou garantia equivalente, na quantia que for estabelecida de forma regulamentar. Ficam isentas da contratação deste seguro ou garantia equivalente as Entidades públicas e os sistemas arbitrais integrados ou dependentes das administrações públicas".

60 VISCASILLAS, Pilar Perales. *Ob. cit.*, p. 252/256.

> *protección de los perjudicados, esto es, los usuarios del arbitraje su mayoría, con la consiguiente extensión de responsabilidad de los árbitros y de las instituciones arbitrales. Ciertamente que se corre un riesgo: que los árbitros, sobre todo ellos en mayor medida, declinen la realización de tareas arbitrales ante el miedo de las demandas civiles, pues no existe todavía una práctica que avale cuáles puedan ser los límites razonable as en que se moverá la jurisprudencia.*[61]

O seguro de responsabilidade civil para advogados, na Espanha, garante o profissional que atua como árbitro, além das reclamações decorrentes do exercício da advocacia em funções como consultor jurídico, fiscal, trabalhista, agente imobiliário, mediador, administrador de propriedades, entre outras atividades. Encontra-se, ainda, a oferta de seguros específicos para entidades ou profissionais que se dedicam exclusivamente à arbitragem. No Brasil, o seguro de responsabilidade civil profissional também é uma opção para árbitros que desejam se proteger contra possíveis reclamações e processos judiciais decorrentes de suas atividades profissionais; contudo, não é um seguro comum.

Recorde-se que o seguro de responsabilidade civil garante o pagamento de perdas e danos devidos pelo segurado a terceiro, ou seja, tem como função indenizar o segurado, tutelando o seu patrimônio. O seguro de responsabilidade civil profissional garante o pagamento de indenização pelos prejuízos causados pelo segurado em razão de falha profissional.

A cobertura securitária abarca a responsabilidade por erro ou omissão profissional (ações ou omissões culposas na prestação de serviços profissionais), custos de defesa (honorários de advogados, despesas relacionadas com o processo e defesa do segurado), perdas financeiras resultantes de risco coberto, danos morais, etc.

Embora o seguro de responsabilidade civil profissional para advogados e escritórios de advocacia seja comum, nota-se, no Brasil, que as seguradoras não tem um "produto de prateleira" para a atividade de árbitro. A contratação é realizada de forma customizada e ainda é pouco difundida. No quanto pudemos observar das

61 Tradução livre: "[...] A obrigatoriedade legal do seguro tem um fundamento direcionado não apenas para garantir aos árbitros ou às instituições arbitrais o risco patrimonial que poderiam assumir diante do sinistro, mas fundamentalmente visa fortalecer a instituição arbitral perante seus usuários, assegurando que o risco patrimonial que poderia surgir de uma ação sancionada legal ou contratualmente seja coberto. [...] A razão para a obrigatoriedade do seguro, em nossa opinião, reside, entre outros fatores, na proteção dos prejudicados, ou seja, a maioria dos usuários da arbitragem, com a consequente ampliação da responsabilidade dos árbitros e das instituições arbitrais. Certamente, existe um risco: que os árbitros se recusem a realizar procedimentos arbitrais devido ao medo de ações civis, já que ainda não há uma prática que respalde quais podem ser os limites razoáveis nos quais a jurisprudência se desenvolverá".

pesquisas e discussões do Grupo, a contratação de um seguro de responsabilidade civil, que garanta a função do árbitro, é feita por meio de uma cláusula particular, na qual é indicada a prestação de serviços jurídicos do segurado, englobando a atuação do advogado como árbitro.

Isso é, normalmente é um seguro de responsabilidade civil profissional para sociedade de advogados, com uma cláusula particular abarcando a atividade de árbitro para os sócios ou integrantes do escritório de advocacia[62]. Não existe um produto específico para a atividade, como ocorre na Espanha.

As condições de contratação são as mesmas do seguro de responsabilidade civil profissional (E&O). Não há uma disposição específica em condições gerais a respeito da atividade de árbitro.

Caso o árbitro não seja advogado, pode ser contratada uma cobertura específica no seguro de responsabilidade civil do profissional, por exemplo, para um engenheiro. O corretor de seguros, quando da contratação, deve solicitar esclarecimentos à seguradora sobre o objeto contratual (por exemplo, o que seria considerado "falha profissional" do árbitro para a seguradora), a fim de evitar problemas de cobertura, quando da ocorrência do sinistro.

A subscrição do risco, nesses casos, não é simples. Há seguradoras que fazem a contratação apenas *via corporate*, ou seja, por pessoa jurídica e a aceitação dependerá do valor do faturamento do profissional.

A avaliação do risco pela seguradora é complexa e feita caso a caso. Há uma enorme dificuldade do subscritor em avaliar o que seria a falha profissional do árbitro ou caracterização do risco para um seguro profissional nesses moldes. Deve-se delimitar a contratação com cuidado, a fim de evitar negativas futuras. Nota-se que, no mercado, algumas seguradoras têm "restrição de apetite" à contratação dessa modalidade de seguro profissional e outras possuem restrição por conta do contrato de resseguro que as garante, o qual pode proibir a aceitação desse tipo de risco, ante as suas peculiaridades.

Assim, ao se adquirir um seguro de responsabilidade civil para árbitros, é importante verificar se a apólice oferece cobertura abrangente para os riscos específicos enfrentados pelos árbitros; se certificar que o limite de responsabilidade definido na apólice seja adequado às possíveis reclamações e aos danos que podem surgir no exercício da atividade de arbitragem, cujos valores costumam ser elevados e avaliar o custo do seguro em relação aos benefícios oferecidos, já que, por

62 Faz-se a seguinte sugestão de "cláusula particular", para a contratação do seguro de responsabilidade civil profissional, que abarque a atividade arbitral: "A apólice contempla a inclusão dos serviços profissionais prestados aos clientes em processos e procedimentos de resolução alternativa de conflitos, entre eles a mediação e arbitragem, **inclusive a atuação como árbitros**, em procedimentos conduzidos em território brasileiro ou no exterior e ainda, os trabalhos a respeito de assuntos do Direito brasileiro enviado, ou entregue, a cliente no exterior".

ser um seguro "customizado", o prêmio a ser pago costuma ser elevado. Deve-se, ainda, se atentar ao fato de que, alguns termos de arbitragem, podem exigir que o árbitro mantenha um seguro de responsabilidade civil, como parte das obrigações contratuais.

Com relação aos riscos no exterior, ou seja, processos arbitrais conduzidos fora do Brasil, deve-se, também, considerar, no momento da contratação do seguro, a questão da legislação aplicável, a fim de se evitar descasamentos de cobertura contratual. Na hipótese de aplicação da legislação estrangeira à discussão quanto à responsabilização do árbitro, se a apólice for regida pela legislação nacional, a seguradora pode considerar como exclusão de cobertura, na medida em que não pôde analisar o risco considerando uma legislação desconhecida.

4. DA DISCUSSÃO DO TEMA COM O GRUPO DE ESTUDOS DE ARBITRAGEM NOS CONTRATOS DE SEGURO E RESSEGURO (CBAR)

Em 03.08.2022, o tema foi levado ao grupo de estudos de arbitragem nos contratos de seguros e resseguros. Apresentaram-se os resultados da pesquisa, realizada nas doutrinas nacional e estrangeira, bem como em entrevistas com profissionais dos mercados nacional e internacional, isto é, corretores de seguros, integrantes de seguradoras, resseguradoras e advogados.

Durante a discussão com os participantes do grupo, composto por especialistas da área de seguros, resseguros e arbitragem, notou-se que a temática ainda é pouco explorada, causando surpresa e entusiasmo.

No quanto pudemos observar das discussões, não há no mercado um produto específico que se destine a assegurar a atividade do árbitro ("produto de prateleira"), sendo mais comum apenas que os seguros de responsabilidade civil profissionais garantam a atuação do advogado em arbitragens.

O debate também girou em torno da forma de contratação desse seguro, feita por meio de cláusulas particulares, de forma "customizada". Debateram-se, inclusive, os termos dessa cláusula, a figurar na proposta de seguro, e as consequências práticas da contratação nesses moldes.

Como indicaram os especialistas que compõem o grupo, nota-se o interesse da comunidade arbitral nesse inovador produto securitário, ainda pouco explorado pelas seguradoras, em especial diante da multiplicação dos riscos inerentes ao exercício do árbitro.

CONCLUSÕES

O seguro de responsabilidade civil garante o pagamento de perdas e danos devidos pelo segurado a terceiro. Tem como função indenizar o segurado, tutelando o seu patrimônio.

O seguro de responsabilidade civil profissional garante o pagamento de indenização pelos prejuízos causados pelo segurado, em razão de falha profissional.

A multiplicação dos riscos inerentes ao exercício do árbitro e, particularmente, em face da provocação de revisão ou discussão judicial sobre procedimentos arbitrais finalizados e até em curso leva a considerar a importância, para o árbitro, de se precaver por meio da contratação de seguros.

O seguro de responsabilidade civil profissional é uma opção para árbitros que desejam se proteger contra possíveis reclamações e processos judiciais decorrentes de suas atividades profissionais. Contudo, não se trata de seguro comum, ao contrário da Espanha, em que a sua contratação se tornou obrigatória pela legislação.

Segundo as pesquisas desenvolvidas pelo grupo, notou-se que, embora haja, no mercado brasileiro, seguro de responsabilidade civil profissional para advogados e escritórios de advocacia, as seguradoras não possuem um "produto de prateleira" para a atividade do árbitro.

A contratação é feita por meio de uma cláusula particular, na qual é indicada a prestação de serviços jurídicos do segurado, englobando a atuação do advogado como árbitro.

Em outras palavras, a contratação desse seguro é realizada de forma customizada e, ainda, pouco divulgada e comercializada. Não há, por enquanto, interesse do órgão regulador (Susep) na regulamentação desse seguro, diante do pequeno volume de contratações.

As seguradoras têm dificuldades em estabelecer, de forma exata, o que configura a falha profissional do árbitro. A avaliação do risco é complexa e feita caso a caso, dependendo da quantidade de procedimentos dos árbitros, dos valores, se as arbitragens são domésticas ou internacionais, etc.

Todavia, maior atenção deve ser dada ao tema. É um mercado ainda pouco explorado e merecedor de maior dedicação e cautela tanto por parte dos potenciais segurados (árbitros), em face de uma maior judicialização da arbitragem nos últimos anos, quanto por conta das seguradoras.

REFERÊNCIAS

ALVIM, Pedro. **O contrato de seguro**. Rio de Janeiro: Forense, 1986.

DIAS, José de Aguiar. O seguro de responsabilidade civil. **RT**, 580/27.

CARMONA, Carlos Alberto. ***Arbitragem e processo***. Um comentário à Lei nº 9.307/1996. 4. ed. São Paulo: Atlas, 2023.

CAHALI, Francisco José. ***Curso de arbitragem***. 9. ed. São Paulo: RT, 2022.

CATARUCCI, Douglas Depieri. O dever de revelação deve ser regulado pelas partes, não pelo Judiciário. *In*: GIUSTI, Gilberto *et al*. **Arbitragem e Poder Judiciário**. Migalhas, 2023.

CORREIA, Marcelo dos Santos Barradas. A responsabilidade civil do árbitro. **Revista Brasileira de Arbitragem**, Comitê Brasileiro de Arbitragem CBAr & IOB, v. X, Issue 39, 2013.

COUTO, Jeanlise Velloso. **Árbitro e Estado**: interesses divergentes. Coleção Atlas de Arbitragem. São Paulo, 2010.

CREMASCO, Suzana Santi. A responsabilidade pelo exercício da função jurisdicional do árbitro – Uma leitura do enunciado do artigo 9º, nº 4 e nº 5, da Nova Lei de Arbitragem Voluntária Portuguesa (Lei nº 63/2011, de 14 de dezembro) a partir dos preceitos da Lei nº 67/2007, de 31 de dezembro. **Revista Brasileira de Arbitragem**, Comitê Brasileiro de Arbitragem CBAr & IOB, v. IX, Issue 34, 2012.

FERRIER, Nicolas. Le risque de responsabilité de l'arbitre et on assurance en droit interne. **Revue Générale du Droit des Assurances**, n. 2012-01

FIGUEIRA JÚNIOR, Joel Dias. **A arbitragem, jurisdição e execução**. 2. ed. São Paulo: RT, 1999.

FREIRE, Sophie Salgueiro. Comentário ao acórdão da Corte de Apelação de Paris, proferido em 31 de março de 2015: sentença apresentada findo o prazo legal = Responsabilidade do árbitro e questões inerentes à sua proteção profissional. **Revista de Arbitragem e Mediação**, v. 57, p. 433-453, abr./jun. 2018. DTR\2018\14503.

Godoy, Cláudio Luiz Bueno de. **Código Civil comentado**. Coordenação: Ministro Cezar Pelluso. São Paulo: Manoel, 2007.

GOMES, Orlando. **Contratos**. 25. ed. Rio de Janeiro: Forense, 2002.

GONÇALVES, Carlos Roberto Gonçalves. **Responsabilidade civil.** São Paulo: Saraiva, 2006.

GONÇALVES NETO, Francisco. **Responsabilidade do árbitro**. Disponível em: https://abrir.link/MxCCd. Acesso em: 12 ago. 2023.

JUDICE, José Miguel. **Lei da Arbitragem Voluntária anotada**. Coordenação: Dário Moura Vicente. Coimbra: Almedina, 2019.

La Responsabilité de l'Arbitre. Rapport du Club des Juristes. Commission Ad Hoc, juin 2017.

LEMES, Selma Maria Ferreira *et al.* **Dos árbitros**. Aspectos fundamentais da Lei de Arbitragem. 1. ed. Rio de Janeiro: Forense, 1999.

LEMES, Selma Ferreira. **Árbitro**. O padrão de conduta ideal. Disponível em: http://selmalemes.adv.br/artigos/artigo_juri33.pdf. Acesso em: 8 out. 2023.

LEW, Julian. **The immunity of arbitrators**. London: lloyd's of Londo Press, 1990.

LOPES, Teresa Ancona. **Princípio da precaução e evolução da responsabilidade civil**. Quatier Latin, 2010.

LUCAS, Marcus Vinicius Pereira. **Responsabilidade civil do árbitro**. Dissertação de Mestrado – Pontifícia Universidade Católica de São Paulo. São Paulo, 2018.

MARTINS, Pedro A. Baptista *et al.* Normas e princípios aplicáveis aos árbitros. *In*: **Aspectos fundamentais da Lei de Arbitragem**. 1. ed. Rio de Janeiro: Forense, 1999.

NANNI, Giovanni Ettore. **A responsabilidade civil do juiz**. São Paulo: Max Limonard, 1999.

ORICCHIO, Antonio. **L'arbitrato**. Napoli: Edizioni Scientifiche Italiane, 1994.

PARSONS, Chris. **From accident to liability**. A brief history of liability insurance. London: Chartered Insurance Institute, 2002.

PEREIRA, Caio Mário da Silva Pereira. **Instituições de direito civil**. 12. ed. Rio de Janeiro: Forense, v. III, 2006.

PEREIRA, Caio Mário da Silva. **Instituições de direito civil**. Rio de Janeiro: Forense, v. I, 1978.

PIMENTA, Melisa Cunha. **Seguro de responsabilidade civil**. São Paulo: Atlas, 2010.

PINTO, José Emílio Nunes. Artigo V (inc. 1 "C" e "D"). *In*: WALD, Arnoldo; LEMES, Selma Ferreira (coord.). **Arbitragem comercial internacional**: a convenção de Nova Iorque e o Direito brasileiro. São Paulo: Saraiva, 2012. p. 221-222.

POLIDO, Walter A. **Seguros de responsabilidade civil** – Manual prático e teórico. Curitiba: Juruá, 2013.

REGO, Margarida Lima. Um seguro de responsabilidade civil para os magistrados?, p. 159/167. *In*: GOMES, Carla Amado; RAIMUNDO, Miguel Assis (coord.). **Novos temas da responsabilidade civil extracontratual das entidades públicas**. Disponível em: https://abrir.link/xpjUD. Acesso em: 8 out. 2023.

RODRIGUES, Sílvio Rodrigues. O seguro de responsabilidade civil. **RT**, 580/27.

SANTOS, João Manoel de Carvalho. **Código Civil brasileiro interpretado**. 6. ed. São Paulo: Livraria Freitas Bastos, v. XIX, 1955.

SOUZA, Bárbara Bassani de. **As polêmicas que permeiam o seguro de responsabilidade civil e a busca por uma solução**. São Paulo: Roncarati, 2019.

SOUZA, Bárbara Bassani de. Responsabilidade civil do segurador. **Revista da Faculdade de Direito** – USP, São Paulo, v. 109, p. 745-770, jan./dez. 2014.

STRENGER, Irineu. **Comentários à Lei Brasileira de Arbitragem**. São Paulo: LTr, 1998.

VACCARELLA, Roberto. La convenzione di arbitrato: le obligazioni dele parti e la responsabilitá civile degli arbitri. *In*: **Arbitrato Profili di diritto sostanziale e di diritto processuale**. Wolters Kluwer Italia S.r.l, 2013.

VISCASILLAS, Pilar Perales. **El seguro de responsabilidad civil en el arbitraje**. (El seguro de responsabilidad civil de los árbitros y de las instituciones arbitrales). Fundación Mapfre, 2013.

ARBITRAGEM E DIREITO DE FAMÍLIA E SUCESSÕES

Coordenadores do grupo: Paula de Magalhães Chisté e Maria Amélia Colaço Alves Araújo.

Objeto: O grupo foi idealizado com o escopo de funcionar como fórum de discussão e aprofundamento de temas relacionados à solução de conflitos do Direito de Família e de Sucessões por meio da arbitragem. O objetivo do grupo de estudos é realizar encontros, produzir publicações específicas derivadas dessas discussões e propiciar material para painéis em Congressos e eventos organizados pelo CBAr e/ou outras instituições. Por fim, pretende-se dialogar com entidades interessadas no tema, como as Câmaras de Arbitragem locais e estrangeiras, as universidades e os centros de estudo, as entidades e associações de setores da economia, bem como o Poder Judiciário, com o objetivo de fomentar o intercâmbio de informações.

Atividades já desenvolvidas: Desde a criação do grupo no segundo semestre de 2022, o grupo vem realizando regularmente reuniões que contam ou com a presença de diferentes especialistas convidados(as) para debater temas relacionados à Arbitragem e ao Direito de Família e Sucessões ou com a presença de membros do grupo para discussões e conversa sobre desenvolvimento de pesquisas. As reuniões se dão de forma virtual ou híbrida. O grupo também se reúne para coletânea de artigos e material bibliográfico, para discussões de temas específicos sugeridos pelos participantes, como, por exemplo: (i) a arbitrabilidade em procedimentos de jurisdição voluntária (especificamente quanto à partilha sucessória e ao divórcio consensuais); (ii) a arbitragem em Direito de Família e Sucessões no Direito Comparado; (iii) a interpretação da vontade para a sucessão hereditária legítima x arbitragem e a (in) disponibilidade da legítima e a arbitragem; (iv) a interpretação constitucional do artigo 852 do Código Civil e/ou de como a redação deste artigo não altera a premissa do artigo 1º da Lei de Arbitragem; (v) a autonomia privada no Direito de Família; e (vi) a arbitrabilidade das disputas sobre alimentos.

8. ARBITRAGEM EM DIREITO DE FAMÍLIA: A EXPERIÊNCIA DO SISTEMA INGLÊS SOB O ARBITRATION ACT 1996

Larissa Guedes Teodoro de Souza
Mestre em International Business Law pela London School of Economics (LSE). Advogada.

INTRODUÇÃO

O divórcio[1] é, provavelmente, o término mais penoso de um contrato. A despeito da escolha de regime de bens e de pacto antenupciais bem elaborados – em países que existem tais opções, cada um dos cônjuges[2] tem expectativas diferentes sobre o resultado financeiro e prático decorrente da dissolução matrimonial – e, ainda, do que é "justo" ou não[3]. Como consequência, em regra, as partes passam por um processo desgastante tanto emocional quanto financeiramente. Na tentativa

---

1 A palavra **divórcio** é aqui utilizada em sentido amplo, incluindo toda e qualquer dissolução de vínculo conjugal que acarreta necessariamente divisão patrimonial sob a legislação de família aplicável às partes envolvidas.

2 O termo **cônjuge** é utilizado ao longo do texto em sentido amplo, isto é, faz referência à união de pessoas do mesmo sexo, à união civil ou à união estável, conforme reconhecido o laço familiar, sob a legislação de família aplicável às partes envolvidas.

3 "*Divorce creates many problems. One question always arises. It concerns how the property of the husband and wife should be divided and whether one of them should continue to support the other. Stated in the most general terms [...] everyone would accept that the outcome on these matters, whether by agreement or court order, should be fair. More realistically [...] everyone's life is different. [...] And, sometimes, different minds can reach different conclusions on what fairness requires. Then fairness, like beauty, lies in the eye of the beholder.*" (UNITED KINGDOM HOUSE OF LORDS. Appellate Committee. ***White v. White* [2000] UKHL54**; 3 WLR 1571, J. 26.20.2000, para. 1.)

de amenizar essas consequências, mecanismos que propõe soluções alternativas ao Judiciário na resolução de disputas vêm ganhando espaço e relevância na prática legal de diversos países[4].

Neste contexto, ao redor do mundo, a arbitragem, ainda que não seja tão facilmente associada a disputas de direito de família, vem ganhando cada vez mais espaço[5]. Ao longo da história, a amplitude de aplicação da arbitragem evoluiu, mas a manutenção das características próprias que a distinguem dos outros métodos alternativos de resolução de conflito – tal como o caráter terminativo da sentença arbitral e flexibilidade do procedimento, por exemplo, foi imperativo para que a arbitragem se tornasse um dos modelos jurídicos processuais de mais ampla aplicação[6]. Com essa aplicação estendendo-se agora, em diversos países, ao direito de família, e o Brasil dando os primeiros passos nessa direção, torna-se relevante a investigação da simbiose entre os dois institutos.

Esse artigo tomará por base a arbitragem conforme definida por dois elementos que a constituem – os elementos judicial e contratual, respectivamente, a tarefa do árbitro de solucionar a disputa e o contrato como fonte do caráter jurisdicional da arbitragem[7] –, encontrada na grande maioria das leis modernas de arbitragem.

Sob o contexto social e jurídico ilustrado, a arbitragem no direito de família sob o sistema inglês[8] foi escolhida como objeto de análise deste artigo. A escolha

---

4 Nos Estados Unidos, Collaborative Law é bastante utilizada na área de direito de família. Ver; Dorczak, Anita. Beyond Judicial Intervention: Collaborative Law as a Novel Approach to Conflict Resolution. **European Scientific Journal**, ESJ, v. 1, p. 275-279, 2015, p. 277; Mosten, Forrest. Building a Successful Law Practice Without Even Going to Court. **Family Law Quarterly**, American Bar Association, v. 43, n. 3, p. 489-518, 2009, p. 492. Disponível em: https://eujournal.org/index.php/esj/article/view/5563. Acesso em: 12 out. 2023.

5 Na Escócia, a arbitragem de família encontra-se organizada sob o Family Law Arbitration Group Scotland (FLAGS) e o Scottish Arbitration Act 2010. Na Austrália, a prática é estabelecida sob o Australian Institute of Family Law Arbitrators and Mediators (AIFLAM) e Australian Family Law Regulations 1984. No Canadá, a prática na Columbia Britânica é prevista no Family Law Act Regulation 2012. Para uma visão global sobre a prática da arbitragem de direito de família em diversos países, ver: Kennett, Wendy. It's Arbitration, But Not As We Know it: Reflections on family Law Dispute Resolution. **International Journal of Law, Policy and The Family**, Oxford University Press, v. 30, Issue 1, p. 1-31, 2016, p. 6.

6 Baptista, Luiz Olavo. **Arbitragem comercial e internacional**. São Paulo: Lex Editora, 2011. p. 21.

7 "*In our view, arbitration should be defined by reference to two constituent elements which commentator and the courts almost unanimously recognize. First, the arbitrators' task is to resolve a dispute. Second, the source of this judicial role is a contract; the arbitrators' power to decide a dispute originates in the common intention of the parties. Thus, arbitration comprises both a judicial (§1) and a contractual element (§2).*" (Gailllard, Emmanuel; Savage, John (ed.). **Fouchard Gaillard Goldman on International Commercial Arbitration**. 1. ed. Kluwer Law International, 1999. p. 11).

8 O Reino Unido possui diferentes ordenamentos jurídicos e sistemas judiciários, o sistema inglês abrange a Inglaterra e o País de Gales. Para os sistemas políticos e legais do Reino Unido, ver: Jacob, Herbet *et al.* **Courts, law, and politics in comparative perspective**. New Haven and London: Yale University Press, 1996. p. 81.

se dá porque tal instituto é regido sob uma lei de arbitragem já bastante conhecida pelos praticantes e estudiosos de arbitragem internacional – Arbitration Act 1996 (AA 1996)[9], e, após dez anos do seu início, o novo instituto obteve grande aderência prática e escrutínio das cortes locais.

Este artigo, portanto, não se trata de um trabalho comparativo entre as jurisdições inglesa e brasileira, mas sim de um estudo que identifica a construção do pensamento jurídico e da estrutura prática implantada no sistema inglês, que tiraram a arbitragem de direito de família da teoria para posicioná-la em uma prática bem-sucedida[10]. Também não pode ser comparativo *per se* porque os dois sistemas jurídicos são fundamentalmente diferentes, tanto no direito material quando na operacionalidade da arbitragem, e uma análise comparativa adequada, considerando as possibilidades abstratas que o ordenamento jurídico brasileiro permitiria, excederia o limite de palavras de um artigo[11].

No entanto, a investigação analítica é pertinente justamente porque estamos nos primeiros passos da arbitragem de direito de família no Brasil, e a investigação de outros sistemas pode servir de base para um pensamento aberto, além do nosso sistema posto – até porque "arbitragem não existe para o simples propósito de se ter uma lei, mas como um meio de resolver disputas entre partes"[12].

---

9 O Arbitration Act 1996 é a Lei de Arbitragem da Inglaterra. Pesquisas conjuntas realizadas em 2018 e em 2021 entre a Queen Mary University de Londres e o escritório White & Case indicaram que a Inglaterra é o país com o maior número de sede de arbitragens, o que implica, direta ou indiretamente, a aplicação e escrutino pelas cortes locais do Arbitration Act 1996 (QUEEN MARY UNIVERSITY OF LONDON AND WHITE & CASE. **2018 International Arbitration Survey**: The Evolution of International Arbitration. Disponível em: https://abrir.link/FUUVe. Acesso em: 7 out. 2023; e QUEEN MARY UNIVERSITY OF LONDON AND WHITE & CASE. **2021 International Arbitration Survey**: Adapting arbitration to a changing world. Disponível em: https://www.whitecase.com/sites/default/files/2023-05/qmul-international-arbitration-survey-2021-web-single-final-v3.pdf. Acesso em: 7 out. 2023).

10 Zellerhoff, Saskia. Family Law Arbitration: A Comparative Analysis of German and English Law and Practice. *In*: BOELE-WOELKI, K.; MARTINY, D. (ed.). **Plurality and Diversity of Family Relations in Europe**. European Family Law: Intersentia, 2019. p. 313-340. p. 339.

11 Um exemplo sobre estudo comparativo amplo e detalhado sobre a arbitragem do direito de família sob sistemas jurídicos fundamentalmente diferentes – nesse caso, o sistema inglês e o Direito alemão, *vide* Zellerhoff, Saskia. **Die Familienschiedsrichtbarkeit in Recht und Praxis**: Eine Rechtsvergleichende Untersuchung des Deutschen und Englischen Rechts. Stämpfli Verlag, Intersentia, 2020. A autora agradece a Dra. Zellerhoff pelo envio da obra e pelo incentivo à pesquisa para este artigo, e Carolina Mafra Mendeleh, advogada, situada em Berlim/Alemanha, pela assistência e tradução livre dos principais trechos do livro. Para síntese da obra em língua inglesa, *vide* nota 10.

12 Tradução livre de: "*Arbitration, however, does not exist for the purpose of making law, but as a means of resolving disputes between parties*" (Lord Saville of Newdigate. The 1996 English Arbitration Act: A Ten Year Retrospective – Preface. Arbitration International. **Kluwer Law International**, v. 23, Issue 3, p. 431-432, 2007, p. 431).

O cenário atual no sistema inglês inclui a possibilidade de resolução por meio de arbitragem de direitos relacionados a crianças e jovens que não atingiram a maioridade legal; no entanto, visto que este cenário está bastante distante da realidade positivada no ordenamento jurídico brasileiro, este artigo faz referência somente à arbitragem, que versa sobre conflitos patrimoniais decorrentes do término do matrimônio.

Em seguida, pela peculiaridade do sistema, qualquer tentativa de valer-se do estudo e da investigação da resolução de disputas de família por meio da arbitragem deve abarcar, também, o direito material a ser aplicado ao litígio[13]. Dessa forma, juntamente ao processo[14], o artigo adentra na evolução do direito material de família sob o sistema inglês, que impacta relevantemente a resolução de disputa por arbitragem, sendo tal desenvolvimento construído por meio do sistema de *case law*, sem alterações legislativas.

Portanto, o artigo analisará o contexto histórico do direito de família nas cortes judiciais, começando com a matéria de ordem pública estabelecida em *Hyman v. Hyman* [1929] UKHL J0430-1, acerca da limitação da autonomia da vontade dos cônjuges em face do princípio do interesse público, e com a decisão da Suprema Corte do Reino Unido em *Radmacher v. Granatino* [2010] UKSC 247, que determinou maior amplitude para a aplicação da autonomia privada no âmbito do direito material de família e abriu as portas para a arbitragem.

O contexto atual, por sua vez, tem início no ano de 2012, com a criação do Institute of Family Arbitrators (IFLA), instituição arbitral especializada na administração de arbitragens de direito de família, passando pelo recebimento das sentenças arbitrais proferidas sob administração da IFLA pelas cortes sob o sistema inglês, de 2014 a 2021, analisando-se, particularmente, os casos *S v. S* [2014] EWHC 7(Fam), que recepcionou fortemente a cena arbitral desenhada pela IFLA, e *Haley v. Haley* [2020] EWCA Civ 1369, que tirou do conforto a arbitragem de direito de família que, até então, navegava sob águas calmas pelas cortes inglesas.

A conclusão que se chega é a de que a arbitragem deve ser um instrumento utilizado para resolução de disputas na área de família, ainda que dotada de peculiaridades que a fazem ter características próprias, características que não a afastam da definição de arbitragem, como conhecemos hoje.

---

13 "*Any full comparison of family law dispute resolution would have to extend into differences in substantive law.*" (Kennett, Wendy. It's Arbitration, But Not As We Know it. *Op. cit.*, p. 7)

14 "*Arbitration as a subject* is procedure." (ênfase no original) (Wetter, J. Willis. **The International arbitral Process IV**. Dobbs Ferry/N.Y.: Oceana, 1979. p. 288)

1. ARBITRAGEM DE DIREITO DE FAMÍLIA SOB O SISTEMA INGLÊS

1.1 Lei aplicável

A) AUTONOMIA PRIVADA E INTERESSE PÚBLICO: RADMACHER V. GRANATINO

A arbitragem, como método de resolução de disputa, é o resultado da expressão da autonomia de vontade dos contratantes, da liberdade de contratar e da manifestação da vontade individual[15].

A capacidade legal de uma pessoa de contratar para submeter uma disputa à arbitragem, denominada na doutrina de arbitrabilidade subjetiva[16], varia de acordo com a lei doméstica de cada país, não há harmonização internacional[17].

Portanto, antes de iniciar a discussão se o direito de família é ou não é matéria passível de solução mediante arbitragem (arbitrabilidade objetiva), para que as partes possam – na qualidade de cônjuges ou ex-cônjuges um do outro – submeter eventuais disputas à arbitragem de família, elas devem possuir capacidade legal para firmar um acordo privado sobre as consequências financeiras decorrentes do matrimônio ou do fim dele.

No sistema inglês, na ausência de previsão legislativa expressa, tal autonomia das partes vem sendo discutida e definida por meio de *case law* sob a ótica de interesse da ordem pública. Tal conjectura inicia-se em *Hyman v. Hyman* [1929], *leading case* estabelecido pelo Appellate Committee of the House of Lords[18].

Em *Hyman v. Hyman* [1929] a disputa entre o ex-casal emergiu em decorrência do contexto social[19] advindo da legislação de família de 1923, que passou a

---

15 "*The arbitration agreement is essentially a contract, even if its object is to set up a procedure. It comes before the procedure and does not constitute a part of it*" (Gailllard, Emmanuel; Savage, John (ed.). **Fouchard Gaillard Goldman on International Commercial Arbitration**. *Op. cit.*, p. 221). *Vide* Baptista, Luiz Olavo. Arbitragem comercial e internacional. *Op. cit.*, p. 93.

16 Gailllard, Emmanuel; Savage, John (ed.). **Fouchard Gaillard Goldman on International Commercial Arbitration**. *Op. cit.*, p. 313.

17 *Ibidem*, p. 234. *Vide, e.g.*, na Convenção de Nova York para reconhecimento e execução de sentenças arbitrais de 1958, o artigo V estipula que o reconhecimento e a execução de uma sentença poderão ser indeferidos caso reste demonstrado que uma das partes que firmou o acordo arbitral não tinha capacidade legal de fazê-lo conforme a lei a ela aplicável (Disponível em: https://www.newyorkconvention.org/. Acesso em: 10 out. 2023).

18 UNITED KINGDOM HOUSE OF LORDS. Appellate Committee. ***Hyman v. Hyman* [1929] UKHL J0430-1**, J. 30.04.2023.

19 "*Understanding precedent [...] requires an explanation of how past events and present actions come to be seen as connected.*" (Duxbury, N. **The Nature and Authority of Precedent**. CUP, Cambridge, 2008. p. 6)

permitir que a mulher (ainda que sob justificativa bastante limitada) peticionasse às cortes por divórcio[20].

Os fatos do caso recaiam sob um contrato realizado em 1919, durante o casamento, no qual os cônjuges estabeleceram o valor da pensão alimentícia a ser pago pelo marido à esposa, bem como a forma da partilha de bens em caso de divórcio, com renúncia expressa da esposa de processar o marido para obter melhores termos do que os acordados. Com o advento da lei, em 1923, a esposa iniciou os procedimentos frente à corte para pedido de divórcio e de pagamento de pensão em termos diferentes do acordado em 1919. O ex-marido argumentou que o caso deveria ser dispensado, pois seria de interesse público que os contratos fossem cumpridos.

O julgamento versou sobre a validade de contratos firmados entre os cônjuges (antes, durante ou após a dissolução matrimonial), com relação à disposição do patrimônio fruto da união e pensão, frente às cortes de família e em face da legislação, que dava aos juízes amplo poderes e discrição para definir sobre as matérias decorrentes da dissolução matrimonial.

Como resultado, a decisão do Appellate Committee of the House of Lords foi a de que a interpretação correta da legislação de família seria a de que os cônjuges não deveriam ter capacidade legal para dispor livremente dos seus bens quando se trata de matrimônio, pois o resultado de tais consequências é de interesse público e faz parte da ordem pública do país.

Restou definido que seria poder privativo das cortes de família decidir e instituir direitos e obrigações entre as partes no caso da divisão patrimonial e pagamento de pensão entre os cônjuges, que os acordos privados realizados entre os cônjuges com relação a quaisquer questões patrimoniais decorrentes do matrimônio seriam contra à ordem pública e, consequentemente, não possuiriam natureza contratual, o poder de criar obrigação entre as partes e, principalmente, não poderiam afastar o direito jurisdicional de qualquer das partes[21].

Dessa forma, com a *ratio* estabelecida em *Hyman*, tais acordos passaram a ser vistos pelas cortes de família como tentativa das partes de burlar a lei, e, se existentes, eram ignorados pelos magistrados na solução do litígio. Essa definição ficou conhecida como *Hyman Principle*, e, quarenta anos depois, esses poderes discricionários dos juízes foram mantidos pelo Parlamento Inglês no Matrimonial Causes Act 1973, ss 34(1) e 35(6)[22].

20 Matrimonial Causes Act 1923 deu as mulheres na Inglaterra o direito de peticionar às cortes por divórcio. *Vide* Miles, Joanna. Marriage and Divorce in the Supreme Court and the Law Commission. *Op. cit.*, p. 431.

21 Zellerhoff, Saskia. Family Law Arbitration: A Comparative Analysis of German and English Law and Practice. *Op. cit.*, p. 327.

22 Miles, Joanna. Marriage and Divorce in the Supreme Court and the Law Commission: For Love or Money? **The Modern Law Review**, v. 74, n. 3, p. 430-44, 2011, p. 431.

Diante desse cenário, um acordo para submeter qualquer questão matrimonial à arbitragem tornava-se impensável sob qualquer um dos dois aspectos da definição da última – jurisdicional (pela competência privativa das cortes) ou contratual (em decorrência da ausência de arbitrabilidade subjetiva das partes).

Ao longo dos anos, o movimento da comunidade jurídica em prol da autonomia privada foi ganhando força dentro e fora das cortes de família, em especial com aumento do número de pactos antenupciais e evolução social da entidade familiar[23]. Esse movimento foi reconhecido e refletido na decisão da Suprema Corte do Reino Unido[24] em 2010, no caso *Radmacher v. Granatino* [2010][25].

Naquela época, como apontado pela recém-constituída Suprema Corte do Reino Unido, a pressão da comunidade jurídica – até mesmo por reforma legislativa, em prol da autonomia da vontade – era grande em decorrência da insegurança jurídica causada pelo alto poder discricionário das cortes concedido sob o MCA 1973:

> *Under English law it is the court that is the arbiter of the financial arrangements between the parties when it brings a marriage to an end. [...] The uncertainty as to the weight that the court will attach to such agreements has led to calls for reform. [...] statistics that show that about 45% of marriages are likely to end in divorce. It comments on the strain and expense that are involved in disputes about ancillary relief, which are increased by the uncertainty of the outcome.*[26]

Sob este contexto, em *Radmacher v. Granatino* [2010] a Suprema Corte do Reino Unido analisou o peso – se algum houvesse, que deveria ser dado aos acordos realizados por cônjuges e ex-cônjuges com relação às questões financeiras decorrentes do matrimônio, e se a mera realização daqueles consistiam em violação à ordem pública.

Após profundas considerações do contexto social e da legislação posta, a *ratio* resultante de *Radmacher v. Granatino* [2010] foi o reconhecimento da relevância de

---

23 Cooke, Elizabeth; Spencer, Clarke. The Law Commission's Report on Matrimonial Property, Needs and Agreements. **Family Law Quarterly**, v. 48, n. 2, p. 359-372, 2014, p. 360.

24 A Suprema Corte do Reino Unido substituiu o Appellate Committee of the House of Lords como parte do movimento para fortalecer a separação dos poderes, removendo o Judiciário da alta posição do Poder Legislativo (*House of Lords*). Desde 2009 é mais alta hierarquia do Poder Judiciário no sistema inglês, as decisões cíveis e criminais são vinculantes a todas as cortes inferiores do sistema inglês. Para um resumo do contexto e do funcionamento da Suprema Corte do Reino Unido e do Constitutional Reform Act 2005, *vide* Cowie, Graeme. The UK Supreme Court. **Commons Library Research Briefing**, 27 jun. 2022. Disponível em: https://researchbriefings.files.parliament.uk/documents/CBP-9536/CBP-9536.pdf. Acesso em: 10 out. 2023. O *website* da Suprema Corte do Reino Unido tece breve histórico da função judicial do Appellate Committee of the House of Lords, que durou mais de seiscentos anos (Disponível em: https://www.supremecourt.uk/about/appellate-committee.html. Acesso em: 3 out. 2023).

25 UNITED KINGDOM SUPREME COURT. ***Radmacher v. Granatino* [2010] UKSC 247**, J. 2010.2010. On appeal from [2009] EWCA Civ 649.

26 *Ibidem*, para. 3.

acordos firmados entre os cônjuges e ex-cônjuges, realizados antes, durante ou após a dissolução do matrimônio, afastando a contrariedade à ordem pública que pairava sobre acordos desse tipo[27].

> *We wholeheartedly endorse the conclusion [...] that the old rule that agreements providing for future separation are contrary to public policy is obsolete and should be swept away [...]. But [...] this should not be restricted to post-nuptial agreements. If parties who have made such an agreement, whether ante-nuptial or post-nuptial, then decide to live apart, we can see no reason why they should not be entitled to enforce their agreement.*[28]

Radmacher v. Granatino [2010] não alterou a lei, mas, sim, deu nova leitura ao entendimento em *Hyman v. Hyman* [1929] acerca do interesse público e da autonomia das partes, isto é, "a gaiola aumentou de tamanho, mas continuou a existir"[29]. A nova *ratio* reduziu o alcance da discricionariedade atribuída aos juízes no poder decisório, os quais passaram a ter como ponto de partida o acordo realizado entre as partes[30].

> *The reason why the court should give weight to a nuptial agreement is that there should be respect for individual autonomy. The court should accord respect to the decision of a married couple as to the manner in which their financial affairs should be regulated. It would be paternalistic and patronising to override their agreement simply on the basis that the court knows best. This is particularly true where the parties' agreement addresses existing circumstances and not merely the contingencies of an uncertain future.*[31]

Ainda que tais acordos *per se* não constituam violação à ordem pública, a permissão para firmá-los não significou, no entanto, o afastamento da jurisdição estatal das cortes de família. O conteúdo dos acordos precisa passar pela aprovação das cortes, por meio de uma *consent order*, para ganhar eficácia, validade e executividade[32].

---

27 Miles, Joanna. Marriage and Divorce in the Supreme Court and the Law Commission. *Op. cit.*, p. 437.

28 *Radmacher v. Granatino* [2010] UKSC 247. *Op. cit.*, para. 78.

29 Carmona, Carlos Alberto. **Arbitragem e processo**: um comentário à Lei nº 9.307/1996. 3. ed. rev., atual e ampl. São Paulo: Atlas, 2009. p. 411.

30 O voto dissidente de Lady Hale discordou sobre o ponto de partida – para ela, o ponto de partida deveria ser o princípio de *fairness* que o próprio juiz teria chegado à conclusão do caso, e não o acordo feito entre as partes (*Radmacher v. Granatino* [2010] UKSC 247. *Op. cit.*, para.169).

31 *Ibidem*, para. 78.

32 No direito de família inglês, as *consent orders* consistem em requerimento para a corte de família, para aprovação das mais diversas situações, tal como de um acordo consensual de partilha de bens. O processo prático pode ser encontrado no próprio *website* do Governo do Reino Unido. *Vide* **Money and property when you divorce or separate**. Disponível em: https://www.gov.uk/money-property-when-relationship-ends/apply-for-consent-order. Acesso em: 10 out. 2023. Sob a legislação inglesa: *Rule 41.1 of the Family Procedure Rules 2010 and Practice Direction 41B – Proceeding by electronic means: procedure for an application for a consent order for a financial remedy in connection with matrimonial or civil partnership proceedings.*

Portanto, a partir de *Radmacher v. Granatino* [2010], cônjuges e ex-cônjuges passaram a ter a liberdade de contratar entre si acerca das disposições patrimoniais do matrimônio e/ou do fim dele. Para a comunidade jurídica, o cenário estruturado pela Suprema Corte do Reino Unido foi interpretado como suficiente autorização para que os ex-cônjuges pudessem valer-se do direito, e, também, de firmar um acordo para arbitrar as disputas decorrentes do fim do matrimônio.

Em meio a discussões para reforma legislativa, em 2012 a recém-constituída IFLA apresentou consulta a The Law Commission para constar na indicação e sugestão de reforma legislativa a ser apresentada ao Parlamento Inglês na área de direito de família[33], sobre a possibilidade da utilização de acordos nupciais para que as partes pudessem se comprometer a resolver futuras disputas com relação ao patrimônio por meio de arbitragem[34].

A opinião da Law Commission foi a de que a lógica por traz do argumento era forte; no entanto, seria o papel das cortes, e não do Parlamento, decidir sobre a aplicação do Arbitration Act 1996 no caso concreto[35]. A Comissão destacou, ainda, que naquela altura já havia decisões judiciais que se mostravam favoráveis ao uso da arbitragem como meio de resolução de conflito de família[36].

A alteração legislativa na área de família ocorreu em 2020, mas não abarcou mudanças para prever expressamente arbitragem na área[37]. Por fim, as decisões sub-

---

33 THE LAW COMMISSION. Report no 343, 2014. **Matrimonial Property, Needs and Agreements**, p. 150-152. Disponível em: https://www.lawcom.gov.uk/app/uploads/2015/03/lc343_matrimonial_property.pdf. Acesso em: 4 out. 2023. O Law Commissions Act 1965 criou a Law Commission como órgão independente para manter a legislação da Inglaterra e do País de Gales sempre sob revisão, recomendando reforma, onde necessário. O objetivo é assegurar que a lei esteja justa, moderna, simples e custo-eficiente (Disponível em: https://www.lawcom.gov.uk. Acesso em: 4 out. 2023).

34 Para discussão, neste ponto específico, da reforma de família sob Law Com no 343, *vide* Ferguson, Lucinda. Arbitral Awards: A Magnetic factor of Determinative Importance – Yet Not To Be Rubber-Stamped? **Journal of Social Welfare and Family Law**, n. 37, Issue 1, p. 99-101, 2015, p. 100.

35 O Parlamento inglês optou por não discriminar sob o Arbitration Act 1996 os assuntos que podem ou não podem ser arbitráveis. "*Nevertheless, under English law, the subject is confusing as arbitrability of disputes was not given a statutory character by the Arbitration Act 1996*" (Oliveira, Leonardo. The English Law Approach to arbitrability of Disputes. **International Arbitration Law Review**, v. 19, Issue 6, p. 155-167, 2016, p. 155).

36 A Comissão citou como exemplo de posição favorável das cortes à arbitrabilidade do direito de família: *W v. M* (TOLATA Proceedings; Anonymity) [2012] EWHC 1679 (Fam), [2013] 1 FLR 1513, para. 70: "*Recently arbitration has also become available in financial remedy proceedings by virtue of the much-to-be-welcomed scheme promoted by the Institute of Family Law Arbitrators*" (THE LAW COMMISSION. Report no 343, 2014. *Op. cit.*, p. 151).

37 Em 2020, o Parlamento inglês passou uma nova reforma na lei de divórcio, alterando o MCA 1976 por meio do Divorce, Dissolution and Separation Act 2020, que entrou em vigor em abril de 2022, e ficou conhecida como "*no-fault divorce act*". A principal mudança na legislação foi a permissão para que casais peticionem, em conjunto, por divórcio, sem que se indique um culpado (tal como adultério ou comportamento errático).

sequentes das cortes de família estenderam o direito estabelecido em *Radmacher v. Granatino* [2010], também para a esfera arbitral, possibilitando que cônjuges e ex-cônjuges submetam à arbitragem os litígios decorrentes do fim do matrimônio.

B) LEI APLICÁVEL À ARBITRAGEM

A lei aplicável à arbitragem é a lei que confere validade e eficácia ao processo arbitral[38]. Ela é também a lei que determina qual país terá a jurisdição para assistir, ouvir impugnações e executar a sentença arbitral.

Como vimos no capítulo *supra*, por muito tempo o principal empecilho para arbitrar assuntos decorrentes de direito de família não era a existência de uma lei de arbitragem para conferir validade e eficácia ao processo e à sentença, mas, sim, a lei material inglesa[39] e a *ratio* da própria jurisprudência[40] que limitava a autonomia privada dos cônjuges.

A arbitragem, como método de resolução definitiva de disputas, é amplamente utilizada na Inglaterra e no País de Gales sob o Arbitration Act 1996 (AA 1996)[41].

O AA 1996 não limita questões de direito material que podem ou não podem ser resolvidas por arbitragem[42]; em vez disso, a preocupação na lei inglesa foi a de sujeitar a autonomia da vontade das partes apenas às salvaguardas necessárias para manutenção da ordem pública, construindo uma base sobre o princípio da autonomia da liberdade das partes, o interesse público e a supervisão adequada dos tribunais[43].

---

38 "*[...] the* lex arbitrii *governs the validity of the arbitral process itself.*" (ênfase no original) (Park, W. William. The Lex Loci Arbitri and International Commercial Arbitration. **International and Comparative Law Quarterly**, v. 32, p. 21-51, 1983, p. 23).

39 Scherpe, Jens M. Pre-nups, Private Autonomy and Paternalism. **The Cambridge Law Journal**, v. 69, n. 1, p. 35-37, 2010, p. 36; Miles, Joanna. Marriage and Divorce in the Supreme Court and the Law Commission. *Op. cit.*, p. 431.

40 Zellerhoff, Saskia. Family Law Arbitration: A Comparative Analysis of German and English Law and Practice. *Op cit.*, p. 327.

41 Ao menos uma dezena de matérias que já são arbitráveis sob o Arbitration Act 1996, incluindo arbitragem de investimento (entre investidores e países), disputas desportivas, contratuais, comerciais, imobiliárias, seguros, sendo elas domésticas ou de caráter internacional, são elencadas no Report no 413 da The Law Commission para assuntos de reforma do Arbitration Act 1996 (THE LAW COMMISSION. Report no 413, 2023. **Review of the Arbitration Act 1996**: Final report and Bill. Disponível em: https://abrir.link/YAonX. Acesso em: 10 out. 2023).

42 *Vide* nota 35.

43 Arbitration act 1996, Part I – Arbitration pursuant to an arbitration agreement. *Introductory*. 1. General Principles: "*The provisions of this Part are founded on the following principles, and shall be construed accordingly: (a) the object of arbitration is to obtain the fair resolution of disputes by an impartial tribunal without unnecessary delay or expense; (b) the parties should be free to agree how their disputes are resolved, subject only to such safeguards as are necessary in the public interest; (c) in matters governed by this Part the court should not intervene except as provided by this Part*".

Portanto, cabe ao Poder Judiciário determinar o que é ou não arbitrável[44], e o histórico decisório das cortes inglesas no assunto demonstra que poucas matérias não são passíveis de decisão por meio de arbitragem sob o AA 1996, e que as cortes nunca excluíram expressamente (exceto pela decretação do divórcio) a possibilidade de arbitrar assuntos decorrentes do direito de família[45].

Ao contrário do direito comercial, que rege uma gama de direitos e obrigações entre as partes, as disputas sob direito de família recaem sob três grupos bem específicos. Primeiramente, estão as disputas relacionadas ao decreto do fim da relação conjugal; depois, as relacionadas à partilha de bens e pensão; e, por fim, os direitos e as obrigações sobre filhos menores.

Nesse sentido, a comunidade jurídica partiu da premissa de que a lei aplicável às disputas de família também seria o AA 1996, o que foi confirmado, posteriormente, pelas cortes[46]. Como resultado, o AA 1996 se estabeleceu como lei aplicável à arbitragem de direito de família sob o sistema inglês.

1.2 Arbitragem de direito de família na prática

A) IMPLEMENTAÇÃO: INSTITUTE OF FAMILY ARBITRATORS

No mesmo ano da decisão da Suprema Corte do Reino Unido em *Radmacher v. Granatino* [2010], que ampliou a aplicação da autonomia da vontade nas relações familiares e possibilitou a utilização da arbitragem como método definitivo de resolução de conflitos também no direito de família, o Parlamento inglês passou o Family Procedure Rules 2010 (FPR 2010), que incorpora aos deveres e poderes da corte de família o encorajamento e a facilitação do uso de resolução alternativa de disputas[47].

Foi neste contexto que as comunidades jurídicas arbitral e de família iniciaram esforços para implementação da arbitragem em direito de família na Inglaterra e no País de Gales, que resultou na criação do Institute of Family Arbitrators (IFLA)[48].

---

44 "*There is no legislative framework beyond the Arbitration Act 1996, so the question of arbitrability depends entirely on case law*" (Kennett, Wendy. It's Arbitration, But Not As We Know it. *Op. cit.*, p. 6). No próprio estatuo, as sessões 81(1)(a) e 103(3) do Arbitration Act 1996 expressam a ciência do legislador inglês de que podem existir questões passíveis de resolução por meio de arbitragem, e outras, não.

45 Zellerhoff, Saskia. Family Law Arbitration: A Comparative Analysis of German and English Law and Practice. *Op. cit.*, p. 327.

46 *Vide* sessão 1.3 a seguir deste artigo para identificação e análise dessas decisões judiciais.

47 Family Procedure Rules 2010: Part 3: Non Court Dispute Resolution: "*3.2. This Chapter contains the court's duty and powers to encourage and facilitate the use of non-court dispute resolution*".

48 "*This new respect for personal autonomy emboldened Family lawyers in England and Wales to proceed with establishment of the IFLA [...].*" (Kennett, Wendy. It's Arbitration, But Not As We Know it. *Op. cit.*, p. 6-7)

Em conjunto, quatro instituições juntaram-se para promoção da arbitragem de família, sendo elas a Resolution, Family Law Bar Association (FLBA), o Chartered Institute of Arbitratiors (CIArb) e o Center for Child and Family Law Reform, para criar e lançar, em 2012, o IFLA[49].

O Instituto nasceu com o objetivo de desenvolver um cenário e um conjunto de regras que permitisse que a arbitragem se tornasse um mecanismo em que as partes resolvessem disputas familiares de maneira mais rápida, econômica e em um ambiente mais flexível e menos formal do que uma sala de tribunal[50].

Na ausência de legislação doméstica específica, a IFLA foi responsável por estabelecer o desenho legal para que a arbitragem de família pudesse funcionar sob o Arbitration Act 1996[51]. Sob a preocupação da aceitação pela comunidade e pela executividade da sentença arbitral, a IFLA restringiu a lei material aplicável à lei material da Inglaterra e a arbitrabilidade a questões decorrentes de disputas de bens, deixando fora assuntos que envolvessem crianças[52]. A IFLA também se inspirou em procedimentos arbitrais bem-sucedidos na prática, tanto na área da arbitragem comercial quanto em arbitragem estatutárias de família na Austrália e províncias do Canadá[53].

A iniciativa recebeu suporte significativo dos membros do Poder Judiciário, suporte esse dado tanto na capacidade judicial quanto na extrajudicial[54].

O sucesso, aceitação prática do público, da comunidade jurídica e das cortes, foi tamanho que, em 2016, a IFLA lançou a IFLA *Children Scheme*, e passou a incluir a possibilidade de arbitrar assuntos decorrentes de direitos e deveres acerca de filhos menores.

Atualmente, as regras aplicáveis às arbitragens sob a IFLA são divididas entre a *The Financial Scheme*, que atende questões relacionadas à partilha de bens e pensão entre cônjuges, e a *Children Arbitration Scheme*, cujo escopo é dirimir questões relacionadas aos filhos menores dos casais. Cada uma dessas *Schemes* opera sob as próprias regras e a estrutura para atender às necessidades particulares de cada um desses cenários.

---

49 A **Resolution** é uma organização sem fins lucrativos estabelecida há quarenta anos, que tem o propósito de fazer a conexão entre advogados de direito de família e o público em geral. Atualmente, a organização conta com seis mil e quinhentos profissionais do direito de família. A **Family Law Bar Association** é uma associação de advogados atuando no sistema inglês sob a titulação de *Barristers*. Atualmente, a **CIArb** é um dos mais importantes institutos de formação e qualificação de profissionais para resolução alternativa de disputas, com mais de dezessete mil membros e atuação em 149 países. O **Center for Child and Family Law Reform** foi lançado em 1990 como objetivo de ser fórum independente para trabalhos relacionados a reformas legislativas na área de direito de família e de Direito Público.

50 Singer, Peter. Arbitration in Family financial proceedings: the IFLA Scheme. Part I. **Family Law**, Jordan Publishing, p. 1353-1360, november 2012, p. 1353.

51 Kennett, Wendy. It's Arbitration, But Not As We Know it. *Op. cit.*, p. 1

52 *Ibidem*, p. 7.

53 IFLA. **A Guide to the Family Law Arbitration Scheme**. 4th ed., p. 9. Disponível em: https://ifla.org.uk/wp-content/uploads/Arbitrators.pdf. Acesso em: 10 out. 2023.

54 Kennett, Wendy. It's Arbitration, But Not As We Know it. *Op. cit.*, p. 6.

Nenhuma das duas *Schemes* ocupa-se de casos referentes à liberdade das partes, estado civil, deveres parentais com relação à tutela e ao cuidado das crianças, falência, insolvência. Na questão processual, não é permitia a extensão da cláusula de arbitragem para terceiros[55].

A *Financial Scheme* foi lançada com vinte árbitros treinados sob a CIArb. O critério para seleção e treinamento para fazer parte da lista de árbitros da IFLA é bastante rigoroso[56]: os candidatos devem ter ao menos dez anos de prática na área, na Inglaterra ou no País de Gales, sujeitos a requisitos mínimos que variam de 400 a 600 horas de trabalho anual entre as áreas cobertas pela *Finantial Scheme* e/ou pela *Children Scheme*, devem passar por treinamento e serem aprovados como membro da Chartered Institute of Arbitrator (CIArb), sujeitando-se ao código de conduta da instituição.

C) ARBITRAGEM SOB AS IFLA SCHEMES

Para iniciar um processo arbitral administrado pela IFLA, as partes devem preencher e assinar o "*Form ARB1FS*", no caso de disputas financeiras, e "*Form ARB1CS*", para os casos de disputas envolvendo crianças, sob os quais as partes expressamente obrigam-se, sob o AA 1996, à decisão tomada pelo árbitro de família.

No final do formulário, em destaque e em negrito, antes do campo de assinatura, as partes são lembradas de que devem estar cientes de que as assinaturas implicam na realização de um contrato de arbitragem, nos termos da s.6 do Arbitration Act 1996; que, após a assinatura, nenhuma das partes (a não ser que ambas acordem) poderá desistir do processo arbitral, portanto, aquele termo arbitral pode ser utilizado por qualquer uma das partes para requerer a pausa do processo judicial, caso existente e em curso, e, ainda, que o processo de arbitragem é, em geral, final.

No item 6.4 do termo, as partes declaram, ainda, que entendem que somente poderiam recorrer da decisão arbitral sob os fundamentos da Parte 1 do AA 1996. Essa observação é especialmente relevante diante da análise das decisões da corte de família na sessão 2, a seguir.

Sob os termos de arbitragem da IFLA, as partes concordam que um árbitro único deve ser indicado e nomeado pela "Family Arbitration Financial Panel". A opção da IFLA para tal restrição foi a de otimizar a instauração do processo arbitral e de evitar custos desnecessários.

---

55 Singer, Sir Peter. Arbitration in Family financial proceedings: the IFLA Scheme. Part I. *Op. cit.*, p. 1354.

56 Seguindo o critério posto na arbitragem internacional: "*The task facing an arbitral tribunal must not be underestimated; and the need for arbitrators to be both trained and experienced is plain*" (Blackaby, Nigel; Partasides, Constantine, Redfern, Alan, Hunter, Martin. **Redfern and Hunter on International Arbitration**. 5. ed. Oxford/New York: Oxford University Press, 2009. p. 517).

2. ARBITRAGEM DE DIREITO DE FAMÍLIA NAS CORTES INGLESAS

A arbitragem no direito de família sob o sistema inglês é fortemente dependente da jurisprudência. O arcabouço legal para a arbitrabilidade subjetiva estabeleceu-se, respectivamente, sob a *ratio* de *Radmacher v. Granatino* [2010] e sob o Arbitration Act 1996, que, por sua vez, deixa para as cortes a decisão do que pode ou não ser objeto de solução por meio de arbitragem[57].

No sistema inglês, a legislação de família possui estatutos próprios (e longos) tanto para o direito material quanto para o direito processual, isto é, a legislação de família não está inserida nos estatutos gerais de direito e processo civil. Para a prática da arbitragem na área, isso implica sobreposição de vias recursais e de princípios relacionados à arbitragem e ao direito de família[58]. As decisões judiciais analisadas na sessão a seguir moldam o resultado prático dessa sobreposição, em especial na questão de violação à ordem pública sob as óticas do direito de família e do direito arbitral sob a prática comercial, e do âmbito da impugnação da sentença arbitral.

2.1 Reconhecimento da sentença arbitral de família na área patrimonial

Sob o Arbitration Act 1996, a sentença arbitral não é necessariamente terminativa de imediato (seja no mérito ou na questão dos fatos) e precisa ser levada às cortes para reconhecimento[59]. Processualmente, a questão implica maior complexidade na esfera recursal[60].

---

57 *Vide* nota 35.

58 Para exemplo detalhado dessa sobreposição, *vide* Singer, Peter. Arbitration in Family financial proceedings: the IFLA Scheme. Part I. *Op. cit.*, p. 1358.

59 Arbitration Act 1996, Section 66: "*Enforcement of the award. (1) An award made by the tribunal pursuant to an arbitration agreement may, by leave of the court, be enforced in the same manner as a judgment or order of the court to the same effect. (2) Where leave is so given, judgment may be entered in terms of the award*". Na prática, tal necessidade de reconhecimento não afetou de forma negativa o funcionamento e a popularidade da arbitragem sob o sistema inglês. *Vide* Veeder, V. V. The 1996 English Arbitration Act: A Ten Year Retrospective. **Arbitration International**, Kluwer Law International, v. 23, Issue 3, p. 433-436, 2007, p. 435; Harris, Bruce. Report on the Arbitration Act 1996. **Arbitration International**, Kluwer Law International, v. 23, Issue 3, p. 437-460, 2007, p. 440. Para a sistemática do funcionamento do Arbitration Act 1996, *vide* Born, Gary. **International Commercial Arbitration**. Kluwer Law International, 2009. p. 129 a 131.

60 A título de comparação processual no Brasil, a sentença arbitral tem natureza jurisdicional, equiparando-se à sentença judicial, e a ação anulatória é a única via processual, no contexto citado, aberta para as partes. *Vide* Kleinheisterkamp, Jan. **International Commercial Arbitration in Latin America**. Dobbs Ferry/New York: Oceana Publications, 2005. p. 433; Carmona, Carlos Alberto. **Arbitragem e processo**. *Op. cit.*, p. 272; Lemes, Selma Maria Ferreira. Princípios e origens da Lei de Arbitragem. **Revista do Advogado**, Associação dos Advogados de São Paulo, n. 51, out. 1997, p. 32.

As sentenças arbitrais em geral devem ser levadas para reconhecimento e execução das cortes sob a sessão 66 do Arbitration Act 1996 e a parte 62 do Civil Procedure Rules. Já os acordos e contratos sob direito de família (aos quais as sentenças arbitrais de família são comparadas, sob a *ratio* de *Radmarcher v. Granatino*), devem ser submetidos para reconhecimento sob o Family Procedure Rules, por meio das *consent order*[61].

O reconhecimento de sentenças arbitrais, em geral, tem longo histórico de escrutínio sob o Arbitration Act 1996; no entanto, até o início da operação da *IFLA Finantial Scheme*, questões enfrentadas pelo Judiciário inglês sobre arbitragem de direito de família eram pontuais[62].

A primeira decisão das cortes com relação à nova cena arbitral no direito de família veio com *S v. S* [2014], quando a High Court of Justice ficou frente a uma *consent order* que requeria o reconhecimento dos termos da sentença arbitral proferida sob a *IFLA Finantial Scheme*[63].

Com relação aos fatos do caso, Sir James Munby argumentou que as informações necessárias para o reconhecimento da sentença arbitral são simples, e optou, portanto, em não os detalhar em virtude da opção das partes pela confidencialidade do processo arbitral[64].

O reconhecimento da sentença arbitral de família pendia essencialmente de três pronunciamentos: (i) se o termo de arbitragem seria um contrato válido e vinculativo entre cônjuges e/ou ex-cônjuges (arbitrabilidade subjetiva); (ii) se o Arbitration Act 1996 poderia ser a lei aplicável à arbitragem de direito de família (arbitrabilidade objetiva); e (iii) a adequação da escolha da lei aplicável ao mérito do litígio.

Munby concluiu que, também dentro do direito de família, o contrato para arbitrar é válido e tem caráter vinculativo entre as partes. Em referência a *Radmacher v. Granatino* [2010], acrescentou que não haveria diferença conceitual entre, por um lado, as partes realizarem um acordo com relação às questões financeiras acerca do matrimônio, e, de outro, conferissem a árbitros o poder de tomar essas decisões por elas[65].

Sir James Munby ressaltou que uma sentença arbitral possuiria, certamente, natureza jurídica mais forte do que um simples acordo privado firmado entre as partes: "*Indeed, an arbitral award is surely of its nature stronger than a simple agreement*

61 *Vide* nota 32.

62 ENGLAND AND WALES HIGH COURT OF JUSTICE. Family Division. ***AI v. MT* [2013] EWHC 100 (Fam)**, J. 30.01.2013.

63 ENGLAND AND WALES HIGH COURT OF JUSTICE. Family Division. ***S v. S* [2014] EWHC 7 (Fam)**, J. 14.01.2014. Julgamento por Sir James Munby, President of the Family Division.

64 *Ibidem*, para. 22.

65 "*There is no conceptual difference between the parties making an agreement and agreeing to give an arbitrator the power to make the decision for them.*" (*Ibidem*, para. 12)

between the parties"[66], mas a *consent order* seria necessária para dar executividade aos termos de uma sentença arbitral na área de direito de família.

A segunda questão para reconhecimento da sentença arbitral versava sobre a adequação do Arbitration Act 1996 para conferir validade à arbitragem e ao procedimento arbitral. Nesse ponto, Sir James Munby foi direto: "*The mechanism for resolving a family financial dispute is arbitration conducted in accordance with the Arbitration Act 1996*"[67].

Munby não restringiu a análise a disputas familiares na área patrimonial, mas a disputas em gerais decorrentes da vida familiar ou do término do relacionamento: "*Indeed, there is nothing in the Arbitration Act 1996 which on the face of it would preclude arbitration as a permissible process for the resolution of disputes rooted in family life or relationship breakdown*"[68].

A adequação da lei aplicável ao mérito também foi confirmada em *S v. S* [2014]. Sir James Munby destacou que o fato de as Regras da IFLA determinarem como mandatário a escolha da lei da Inglaterra e do País de Gales para resolução do mérito do litígio era significativo para a aprovação da *consent order* dos termos da sentença arbitral[69], pois o juiz tem a garantia de que o litígio foi dirimido sem que houvesse qualquer discriminação financeira entre marido e mulher, conforme o princípio fundamental de *fairness* estabelecido pelo Appellate Committee of the House of Lords em *White v. White* [2001][70].

> *In White v White [2001] 1 AC 596 your Lordships' House sought to assist judges who have the difficult task of exercising the wide discretionary powers conferred on the court by Part II of the Matrimonial Causes Act 1973. In particular the House emphasised that in seeking a fair outcome there is no place for discrimination between a husband and wife and their respective roles. Discrimination is the antithesis of fairness. In assessing the parties' contributions to the family there should be no bias in favour of the money-earner and against the home- maker and the child-carer. This is a principle of universal application. It is applicable to all marriages.*[71]

66 *Ibidem*, para. 19.

67 Tradução livre: "O mecanismo para revolver uma disputa financeira na área de família é arbitragem conduzida de acordo com o Arbitration Act 1996" (*Ibidem*, para. 28).

68 Tradução livre: "Não há nada no Arbitration Act 1996 que, de face, impediria a arbitragem como processo de resolução de disputas que emanam da vida familiar ou da quebra do relacionamento" (*Ibidem*, para. 19).

69 "*The Rules contain a mandatory requirement [...] that the arbitrator will decide the substance of the dispute only in accordance with the law of England and Wales. [...] This last point is significant.*" (*Ibidem*, para. 02)

70 *Ibidem*, para. 27.

71 UNITED KINGDOM HOUSE OF LORDS. Appellate Committee. ***Miller v. Miller and McFarlane v. McFarlane* [2006] UKHL 24**, J. 24.05.2006. On appeal from: [2005] EWCA Civ 984 and [2004] EWCA Civ 872, para. 1.

A violação do princípio de *fairness* no direito de família inglês implica violação à ordem pública, e o resultado dos acordos financeiros entre cônjuges e ex-cônjuges, a despeito da abertura em *Radmarcher v. Granatino* [2010], continua sendo considerado sob o sistema inglês como de suma importância para a organização da vida em sociedade[72].

A decisão deixa claro que a possibilidade da arbitragem de direito de família não está restrita à IFLA[73], mas que as conclusões decorrentes de *S v. S* [2014] são restritas a arbitragens administradas sob as regras da IFLA e que, se o processo arbitral for baseado em um sistema de regras e/ou ordenamento jurídico diferente, as cortes podem chegar a outras considerações[74].

Por fim, em *S v. S* [2014], Sir James Munby concluiu que três fatores foram fundamentais para aprovação da *consent order*: (i) as partes concordaram em se vincular contratualmente à solução arbitral; (ii) o juiz estar à frente de uma sentença arbitral sob o AA 1996 (ainda que seja sobre direito de família, continua sendo uma sentença arbitral proferida sob o AA 1996); e (iii) o fato de as partes submeterem-se a *consent order* por consentimento mútuo, sem impugnação à decisão arbitral[75].

Nesse sentido, a *consent order* foi aprovada nos termos da sentença arbitral, com a observação de que, embora o juiz não atue, e não deva atuar como um mero carimbo da corte de família, com um processo tão sofisticado como o incorporado no IFLA *Finantial Scheme*, seria difícil contemplar um caso em que, analisado sob esses três fatores, uma *consent order* não deveria ser aprovada[76].

A importância de *S v. S* [2014] foi além do julgamento de uma *consent order* para reconhecer a sentença arbitral de família. Sir James Munby sugeriu, no próprio julgamento, o guia processual para a prática e indicou o nível probatório que uma parte, na tentativa de impugnar a sentença arbitral na área de família, deveria atingir (no caso, o mesmo estabelecido para a arbitragem comercial sob o AA 1996). Dessa forma, a decisão foi recebida pela comunidade jurídica como aprovação e anuência para o desenvolvimento da arbitragem de direito de família.

Desde o lançamento da IFLA não houve conflitos entre o papel das cortes inglesas e a resolução de questões por tribunais arbitrais administrados sob as Regras

---

72 Ferguson, Lucinda. Arbitration in Financial Dispute Resolution: The Final Step to Reconstructing the Default(s) and Exception(s)? *Journal of Social Welfare and Family Law*, n. 35, Issue 1, p. 115-138, 2013, p. 131.

73 No julgamento, quando Sir James Munby faz referência à IFLA, ele acrescenta: "*Or something similar*" (tradução livre: "Ao algo similar") (*S v. S* [2014] EWHC 7 (Fam). *Op. cit.*, para. 16 e 21, respectivamente).

74 *Ibidem*, para. 27.

75 *Ibidem*, para. 21.

76 *Ibidem*, para. 22. *Vide* Ferguson, Lucinda. Arbitral Awards: A Magnetic factor of Determinative Importance – Yet Not To Be Rubber- Stamped? *Op. cit.*, p. 100.

da IFLA, e a grande maioria das sentenças arbitrais proferidas sob a administração da IFLA foi incorporada em *consent orders.*

2.2 Vias impugnativas da sentença arbitral de família na área patrimonial

A) ARBITRATION ACT 1996

O julgamento em *S v. S* [2014] foi importante para recepção e instrumentalização da arbitragem de direito de família sob o sistema inglês. Sir James Munby posicionou a autonomia das partes como o fundamento teórico para a abordagem do direito material, formulou um guia processual para as cortes no caso do requerimento para aprovação de uma *consent order* (*Practice Guide*) e direcionou as cortes sobre o peso que deve ser dado à sessão 25 do Matrimonial Causes Act 1973 (isto é, a questão de *fairness*), quando frente a uma *consent order* ou a uma tentativa de impugnação da sentença arbitral[77].

Nesse sentido, a orientação em *S v. S* [2014] foi a de que contestações acerca da sentença arbitral precisariam atingir os critérios de impugnação já estabelecidos pelas cortes sob o AA 1996, para serem deferidos: "*In most such cases the focus is likely to be on whether the party seeking to resile is able to make good one of the limited grounds of challenge or appeal permitted by the Arbitration Act 1996. If they can, then so be it*"[78].

Sob o AA 1996, uma sentença arbitral somente pode ser contestada sob três fundamentos: (i) de que o tribunal arbitral não possui competência subjetiva (*substantive jurisdiction, s.67*); (ii) irregularidade séria recaindo sob o tribunal arbitral, o procedimento ou a sentença (*serious irregularity, s.68*); ou (iii) por uma questão de direito decorrente da própria sentença arbitral (*Appeal on point of law, s.69*), sendo que a apreciação judicial dos casos de impugnação da sentença arbitral é feita sob critérios rigorosos pelas cortes[79].

Sob tais critérios, o erro apontado pela parte deve ser óbvio (*obviously wrong*) ou tamanho, que chega a pular da página (*so blatent that it leaps of the page*), conforme análise e atenção estabelecidas sob estatuto anterior de 1979, nos parâmetros de *Geogas S.A v. Trammo Gas Ltd.* [1993]:

---

77 *Ibidem*, p. 99.

78 Ênfases no original, tradução livre: "Na maioria dos casos o foco recairá se a parte que estiver tentando impugnar [a sentença arbitral] é capaz de fazê-lo sob os fundamentos restritos do Arbitration Act 1996. Se elas conseguirem, então é isso" (*S v. S* [2014] EWHC 7 (Fam). *Op. cit.*, para. 26).

79 Singer, Peter. Arbitration in Family financial proceedings: the IFLA Scheme: Part II. **Family Law**, Jordan Publishing, p. 1596-1504, december 2012, p. 1499.

> *The arbitrators are the master of the facts. On an appeal the court must decide any question of law arising from an award on the basis of a full and unqualified acceptance of the findings of fact of the arbitrators. [...] This catalogue of challenges to arbitrator need for the court to be constantly vigilante to ensure that attempts to question or qualify the arbitrator's fin dings of fact, or to dress up question of fact as question of law, are carefully identified and firmly discouraged.*[80]

O mecanismo de impugnação da sentença arbitral de família sob o AA 1996 foi confirmado, conforme sugerido em *S v. S* [2014] e em *DB v. DLJ* [2016][81], mas com ressalvas adicionadas.

Em *DB v. DLJ* [2016], a discussão recaiu sob o valor atribuído pelo árbitro a uma propriedade do então casal. A esposa argumentou que o árbitro cometeu um erro ao determinar o preço da propriedade que, na divisão dos bens, ficou para ela, ou, alternativamente, que, em eventos posteriores, que não poderiam ter sido previstos pelas partes, impactaram no valor da propriedade.

Mr. Justice Mostyn fez uma análise compreensiva para investigar se havia diferenças na impugnação da sentença arbitral comercial e na de família, e entendeu que os critérios para impugnar uma sentença arbitral na área de família seriam muito próximos aos já aplicados pelas cortes sob o AA 1996, mas, em decorrência da natureza do novo escopo do direito material, estes deveriam incluir a possibilidade de a parte apresentar eventos supervenientes e erros:

> *My conclusion is this. If following an arbitral award evidence emerges which would [...] entitle the court to set aside its order on the grounds of mistake or supervening event, then the court is entitled to refuse to incorporate the arbitral award in its order and instead to make a different order reflecting the new evidence. Outside the heads of correction, challenge or appeal within the 1996 Act these are, in my judgment, the only realistically available grounds of resistance to an incorporating order. An assertion that the award was "wrong" or "unjust" will almost never get off the ground: in such a case the error must be so blatant and extreme that it leaps off the page.*[82]

---

80 Citado em: ENGLAND AND WALES COURT OF APPEAL. Civil Division. ***Haley v. Haley* [2020] EWCA Civ 1369**, J. 23.20.2020, on Appeal from High Court of Justice Family Division, Deputy High Court Judge Ambrose, para. 25, no seguinte contexto: "*Geogas S.A v. Trammo Gas Ltd. [1993] 1 Lloyds Rep 215, on appeal from [1991] 1 WLR. 776 (The Baleares), was a case decided under the earlier Arbitration Act 1979, but is still regarded as a classic statement of the proper approach to appeals on a point of law under the statutory arbitration regime*".

81 ENGLAND AND WALES HIGH COURT OF JUSTICE. Family Division. ***DB v. DLJ* [2016] EWHC 324 (Fam)**, J. 24.02.2016. Julgamento por Mr. Justice Mostyn.

82 *DB v. DLJ* [2016] EWHC 324 (Fam). *Op. cit.*, para. 28.

Decisões posteriores seguiram a linha da decisão. Em *BC v. BG* [2019][83], uma tentativa de impugnação da sentença arbitral contra uma *consent order* foi afastada, com uma análise compreensiva dos critérios estabelecidos em *DB v. DLJ* [2016], endossando a aplicação do AA 1996 como lei aplicável ao procedimento arbitral[84] e via recursal das sentenças arbitrais de família[85], corroborando, conforme *S v. S* [2014], a posição de que a resolução de assuntos decorrentes de direito de família por arbitragem não lesa a ordem pública: "*S v. S is significant in that it makes clear that the dispute about distributing finances after a divorce are arbitrable and there is nothing contrary to public policy about an agreement to arbitrate such disputes*"[86].

O caso foi recebido com entusiasmo pela comunidade arbitral de família, e o balanço em *BC v. BG* [2019] mostrou também que poucas sentenças arbitrais proferidas sob administração da IFLA foram objeto de impugnação, dando mérito à habilidade profissional dos árbitros e à cena arbitral instituída pela IFLA[87].

B) CRITÉRIO DE JUSTIÇA COMO OPORTUNIDADE DE IMPUGNAÇÃO DA SENTENÇA ARBITRAL DE FAMÍLIA NA ÁREA PATRIMONIAL

Até no *BC v. BG* [2019] as decisões judiciais eram uniformes. O AA 1996 deveria ser o instrumento para impugnação da sentença arbitral de família, adicionando-se apenas os critérios de erro e evento superveniente, conforme fundamentado em *DB v. DLJ* [2016]. No entanto, as impugnações das sentenças arbitrais de família apresentavam como fundamento alternativo ao AA 1996, o direito de recorrer da sentença arbitral sob o MCA 1976[88]. A discussão ganhou relevância

83 ENGLAND AND WALES FAMILY COURT. High Court Judges. ***BC v. BG* [2019] EWFC** 7, J. 28.01.2019. Julgamento por Ms. Clare Ambrose, Deputy High Court Judge.

84 "*The purpose of the 1996 Act was lay down a comprehensive code for all arbitrations with a seat in England and Wales.*" (*BC v. BG* [2019] EWFC 7. *Op. cit.*, para. 32)

85 "*Mostyn J gave a masterful and useful account of arbitration which is helpful resource for all family practitioners. His starting point was the Arbitration Act 1996 and the limited means od recourse under that Act [...].*" (*Ibidem*, para. 44)

86 *Ibidem*, para. 37.

87 "*This is an unusual case in which an arbitration award (the 'Award') had been made under the financial scheme and the wife effectively wanted to appeal. The fact that cases such as this are vanishingly rare is a tribute both to the design of the arbitration scheme and its supporting Rules, and to the skill and judgment of the arbitrators who operate under its auspices.*" (Stather, Julie. *BC v. BG* – Cementing the future of arbitration. **Family Law Week**, 2019. Disponível em: https://www.familylawweek.co.uk/articles/bc-v--bg-cementing-the-future-of-arbitration/. Acesso em: 9 jul. 2023).

88 ENGLAND AND WALES HIGH COURT. Family Division. ***R v. K* [2020] EWHC 841 (Fam)**, J. 28.01.2020, Julgamento por Ms. Clare Ambrose, Deputy High Court Judge, para. 4, 22-26.

com a decisão em *Haley v. Haley* [2000][89]. Nesse sentido, o argumento em *Haley v. Haley* [2010] era de que o critério de impugnação sob Family Procedure Rules, FPR 30.12(3)(a) – que possibilita impugnar decisões judiciais sob o fundamento de que elas estariam simplesmente injustas ou erradas – deveria ser aplicado também para decisões de família obtidas por meio do processo de arbitragem.

Em *Haley v. Haley* [2000], após análise compreensiva e histórica da jurisprudência de família e do MCA 1973, entendeu-se que seria dever estatutário das cortes dar à parte de uma disputa de família (ainda que sob arbitragem) a oportunidade de demostrar para as cortes, sob o MCA 1976, os motivos pelo qual acredita não ter obtido um resultado justo no seu julgamento[90].

No sistema inglês, a questão de "justiça" no direito de família emerge da sessão 25 do MCA 1973, que determina detalhadamente como deve ser feita a divisão de bens e o pagamento de pensão na ocasião do fim do matrimônio, isso porque, sob a lei inglesa, não há escolha de regime de bens entre os cônjuges na oportunidade do casamento, e os acordos entre cônjuges ou ex-cônjuges devem seguir as regras estabelecidas na sessão 25 do MCA 1973, como parâmetro de *fairness*.

A *House of Lords*, quando ainda era a mais alta instância do Poder Judiciário inglês, estabeleceu em *White v. White* [2001] que o resultado da aplicação da sessão 25 do MCA 1973 seria a regra angular no direito de família inglês e que as cortes deveriam chegar a decisões consistentes, considerando as particularidades dos casos[91].

A investigação posta pela *House of Lords* buscou responder à seguinte pergunta: "Qual o melhor método para se buscar atingir um nível aceitável de justiça em geral?"[92]. Em linhas gerais, a *ratio* posta em *White v. White* [2001] tem como base a não discriminação entre os papéis que cada um dos cônjuges assume no casamento quando se analisam todas as circunstâncias envolvendo o matrimônio para decidir sob a sessão 25 do MCA 1973[93]. Isso porque o elemento de "justiça" no direito de família parte do princípio de que a relação matrimonial institui uma relação de interdependência entre as partes.

A interdependência das partes decorre do fato de que elas compartilham os papéis de provedor financeiro, provedor das atividades do lar e dos cuidados com os filhos. A divisão desses papéis – em maior ou menor grau – faz com que as partes se tornem interdependentes umas das outras, o que resulta, consequentemente, na

---

89 *Op. cit.*, *Haley v. Haley* [2020] EWCA Civ 1369. Julgamento por Lady Justice King, Lord Justice Moylan e Lord Justice Popplewell.

90 "*In my judgment, for the statutory duty found in s25 MCA 1973 to operate effectively, a person has to be able to put before the court the reason(s) why they believe the order is unjust.*" (*Ibidem*, para. 94)

91 *White v. White* [2000] UKHL54. *Op. cit.*, para. 03.

92 Tradução livre: "*So what is the best method of seeking to achieve a generally accepted standard of fairness?*" (*Ibidem*, para. 2).

93 *Ibidem*, para. 24.

obrigação mútua de suporte. Quando o casamento acaba, o elemento de "justiça" emerge na prática e a divisão dos bens deve ser alocada para atender, primeiramente, as necessidades financeiras e de moradia das partes. Para tanto, o juiz (ou o árbitro) deve levar em consideração uma gama de fatores estabelecidos na sessão 25 do MCA 1973, incluindo a idade delas, a capacidade financeira presente e futura, o tempo de casado, o padrão de vida da família e as necessidades especiais decorrentes de problemas de saúde. Entende-se que a maioria dessas necessidades foi gerada em decorrência do casamento, mas talvez não todas. Necessidades inerentes da idade ou certas incapacidades podem ser exemplos da última[94].

Sob essa descrição, fica evidente que a diferença entre o conceito de *fairness* no direito de família[95] e a questão de "justiça" no direito comercial ou contratual civil atribui pesos diferentes na decisão do árbitro e/ou do juiz, bem como na análise da impugnação da sentença arbitral. Ainda que o vocábulo seja o mesmo, o conceito legal e as aplicações diferem fundamentalmente[96].

Partindo dessa premissa, em *Haley v. Haley* [2010] King LJ expressou discordância com os julgamentos anteriores que limitavam a base para impugnação da sentença arbitral ao AA 1996, acrescido de eventos supervenientes e erros[97]. Em *S v. S* [2014] e *DB v. DJL* [2016], os juízes estabeleceram a premissa de que os acordos para arbitrar carregavam peso maior do que um acordo feito pelas partes com relação à própria divisão de bens. *Lady Justice King*, no entanto, entendeu que há relevante diferença entre as partes acordarem com os termos do final do matrimônio (isto é, a própria distribuição dos bens) e as partes acordarem em remeter a disputa de divisão dos bens para arbitragem. O racional por traz de King LJ era o de que as partes no direito de família não poderiam ficar subordinadas a termos que elas não saberiam

94 O parágrafo consiste na tradução livre: "*This element of fairness reflects the fact that to greater or lesser extent every relationship of marriage gives rise to a relationship of interdependence. The parties share the roles of money-earner, home-maker and child-carer. Mutual dependence begets mutual obligations of support. When the marriage ends fairness requires that the assets of the parties should be divided primarily so as to make provision for the parties' housing and financial needs, taking into account a wide range of matters such as the parties' ages, their future earning capacity, the family's standard of living, and any disability of either party. Most of these needs will have been generated by the marriage, but not all of them. Needs arising from age or disability are instances of the latter*" (*Miller v. Miller and McFarlane v. McFarlane* [2006] UKHL 24. *Op. cit.*, para. 11).

95 Para recente e compreensiva aplicação pelas cortes de família do conceito de *fairness* sob a sessão 25 do Matrimonial Causes Act 1976 pelas cortes, *vide* ENGLAND AND WALES CENTRAL FAMILY COURT. ***SC v. TC* [2022] EWFC 67**, J. 20.05.2022.

96 Lady Justice destaca a diferença citada entre o direito comercial e de família: "*Fairness as a concept has no place in a challenge to an arbitral award; arbitration being a procedure designed to provide certainty across the international commercial world*" (*Haley v. Haley* [2020] EWCA Civ 1369. *Op. cit.*, para. 14).

97 "*In my judgment, such an approach cuts across the fundamental tenet of 'fairness', which has informed every decision made by the courts since the landmark case of White v. White [2000] UKHL 54.*" (*Ibidem*, para. 73)

quais eram (isto é, o julgamento final de um árbitro), sem poder recorrer nos termos estabelecidos no MCA 1976[98].

King LJ continuou expressando que a autoridade da resolução de conflitos no direito de família deriva da permissão das cortes, e não da cláusula arbitral *per se*, tal como o último o é no direito civil[99]. Se a arbitragem de direito de família navegava em águas calmas, *Haley v. Haley* chegou para tirar todos do conforto e repensar o instituto[100].

Uma das definições mais aceitas da arbitragem – e premissa para este artigo – é a de que o conceito de arbitragem decorre de dois elementos que lhe dão características próprias – os elementos judicial e contratual –, sendo, respectivamente, a tarefa do árbitro de solucionar a disputa e o contrato como fonte do caráter jurisdicional da arbitragem[101]. Para King LJ, a arbitragem de direito de família sob o sistema inglês nasceria diretamente do poder discricionário das cortes, e não do termo de arbitragem assinado pelas partes, e, com isso, a sentença arbitral poderia ser revista no mérito e nos fatos na primeira instância do Judiciário, possuindo menor força vinculativa do que um acordo extrajudicial firmado entre as partes. Não obstante, em um "morde e assopra" jurídico, King LJ reforçou expressamente no julgamento a importância da cena arbitral instituída pela IFLA, ressaltando o trabalho junto à sociedade inglesa:

> *There is a common misconception that the use of arbitration, as an alternative to the court process in financial remedy cases, is the purview only of the rich who seek privacy away from the courts and the eyes of the media. If that was ever the position, it is no more. The court was told during the course of argument, that it is widely anticipated that parties in modest asset cases (including litigants in person) will increasingly use the arbitration process in the aftermath of the Covid-19 crisis as the courts cope with the backlog of cases, which is the inevitable consequence of "lockdown".*[102]

---

98 Este mesmo ponto foi levantado por estudiosos da área há época do julgamento em *S v. S* [2014], *vide*: "*In relation to nuptial agreements, the parties thus understand the nature of any proposed final outcome before they agree to restrict their future choices, whereas parties agreeing to arbitration do not*" (Ferguson, Lucinda. *Arbitral* Awards: A Magnetic factor of Determinative Importance – Yet Not To Be Rubber- Stamped? *Op. cit.*, p. 100).

99 *Haley v. Haley* [2020] EWCA Civ 1369. *Op. cit.*, para. 43. *Vide* Heenan, Anna. *Haley v. Haley*: Family Law Arbitration and the New Frontier of Private Ordering. **The Modern Law Review**, v. 84, Issue 6, p. 1385-1398, 2021, p. 1392.

100 "*Be that as it may, with the approach to marital agreements set out in Radmacher the emphasis shift back to what alter all is the overarching principal of ancillary relief: fairness.*" (Scherpe, Jens M. Marital Agreements, Private Autonomy and Fairness. **The Cambridge Law Journal**, v. 70, n. 1, p. 29-31, 2011, p. 31)

101 Gailllard, Emmanuel; Savage, John (eds.). **Fouchard Gaillard Goldman on International Commercial Arbitration**. *Op. cit.*, p. 11.

102 *Haley v. Haley* [2020] EWCA Civ 1369. *Op. cit.*, para. 5.

> *It goes without saying that it is of the utmost importance that potential users of the arbitration process are not deterred from using this valuable service; either, on the one hand, because the outcome is not seen as sufficiently certain or, on the other, because arbitration is regarded as providing no adequate remedy in circumstances where one of the parties believes there to have been an unjust outcome.*[103]

Do cenário desenhado em *Haley v. Haley* emergiram comentários polarizados dos agentes praticantes do direito de família e/ou da arbitragem sobre o resultado do julgamento: alguns declararam a morte da arbitragem do direito de família sob o sistema inglês, outros entenderam que a decisão de King LJ seria um remédio amargo, mas necessário, para garantir o futuro da arbitragem de direito de família na Inglaterra.

A IFLA recepcionou o julgamento sob uma visão positiva, dando ênfase à parte do julgamento em que King LJ ressalta a importância do instituto da arbitragem de direito de família, entendendo que a definição do critério recursal – ainda que para o MAC 1976 – traria maior segurança jurídica ao instituto, pois a IFLA e os advogados poderiam orientar os seus clientes com maior clareza, bem como expor aos árbitros o alto nível da tarefa que lhes estaria sendo confiada[104].

Entre os fundamentos por trás da recepção positiva de *Haley v. Haley* estão os de que as partes que desejam levar o conflito para resolução arbitral almejam, de fato, ter o conflito resolvido de forma definitiva, sem interesse em despender mais tempo e dinheiro em um novo litígio judicial, e que os árbitros da IFLA são profissionais de altíssimo padrão, em sua maioria juízes e advogados de família aposentados, experientes na aplicação e argumentação da lei material. Portanto, com tal combinação, a decisão de King LJ não representaria uma ameaça à arbitragem; mas, ao contrário, contribuiria para que as partes tivessem mais confiança para aderir à arbitragem[105].

Entre os que proclamam o fim da arbitragem de direito de família, o enfoco se dá em relação à descaracterização do instituto da arbitragem com relação à força vinculativa da sentença arbitral entre as partes, adicionando-se que o

---

103 *Ibidem*, para. 6.

104 No guia de arbitragem da IFLA, o julgamento de *Haley v. Haley* é citado como aprovação do instituto: "*The scheme has been approved as a means of dispute resolution in a number of judicial and extra judicial pronouncements, most recently in the Court of Appeal in the case of Haley v. Haley [2020] EWCA Civ 1369*" (IFLA. **A Guide to the Family Law Arbitration**. *Op. cit.*, p. 3). *Vide* **The Court of Appeal fully endorses IFLA Arbitrations**. His Honour Donald Cryan, chair of the IFLA Advisory Committee, CIArb News, 12 nov. 2020. Disponível em: https://www.ciarb.org/news/the-court-of--appeal-fully-endorses-ifla-arbitrations/. Acesso em: 10 out. 2023.

105 *Vide* Kignston, Suzanne. Arbitration – A fairer process? **Lexis Nexis Family Blog**, 11 nov. 2011. Disponível em: https://www.lexisnexis.co.uk/blog/family-law/arbitration-a-fairer-process. Acesso em: 10 out. 2023.

julgamento afrontaria o artigo V da Convenção de Nova York de 1958, da qual a Inglaterra é signatária, e que uma lei puramente doméstica como o MCA 1976 não deveria prevalecer sob o AA 1996, do qual emergem obrigações de natureza internacional[106].

Argumenta-se, também, que *Haley v. Haley* afronta a decisão em *Prest v. Petrodel* [2013], oportunidade em que a Suprema Corte do Reino Unido pronunciou expressamente que as Cortes de Família não poderiam atribuir definições e aplicações diferentes a conceitos legais gerais, devendo aplicar a lei como se aplica nas demais cortes[107]. Nesse sentido, se a arbitragem de direito de família tem o AA 1996 como lei aplicável, pode-se argumentar que, sob a *ratio* da Suprema Corte, qualquer impugnação à sentença arbitral deveria ser feita sob a legislação arbitral.

Enquanto não se estabelece palavra final sobre o assunto, o parâmetro de LJ King está sendo aplicado. Em *A v. A* [2021], Justice Mostyn (o mesmo de *DB v. DLJ* [2016]), frente à impugnação do ex-marido com relação a uma *consent order* apresentada pela ex-esposa para reconhecimento dos termos da sentença arbitral proferida sob a *IFLA Financial Scheme*, entendeu que o critério sob o qual deveria decidir aquele julgamento seria o estabelecido em *Haley v. Haley* [2020], pelo qual ele – o juiz – deveria verificar se a decisão do árbitro havia simplesmente sido errada ou injusta, afastando a régua do AA 1996, que determina como parâmetro que o erro deve ser latente e pular a tela do computador[108].

Após longas considerações sobre o caso, Justice Mostyn não deu procedência à impugnação feita pelo ex-marido, e a *consent order* manteve-se nos termos da sentença arbitral proferida pela IFLA. À época do julgamento de *Haley v. Haley* [2020] o Parlamento inglês aprovou reforma legislativa na área de família, o Divorce, Dissolution and Separation Act 2020. Ainda que não tenha impacto direto na sessão 25 do MCA 1973, o objetivo da alteração é o de retirar de casais entraves legislativos que não servem para o interesse do Estado e que contribui para aumentar o conflito

---

106 *Vide*: "*[...] what Haley has done is to end arbitration in the Family Courts. [...] the Court took the view that an arbitral award, freely entered into as a process and properly conducted, should not be enforced and was thus void. The analysis of the Court for why is relatively scan*" (Barret, Steven. Whatever the Family Division is now doing is not arbitration. **Family Arbitrator Blog**, 3 nov. 2020. Disponível em: https://www.familyarbitrator.com/whatever-the-family-division-is-now-doing-is-not-arbitration. Acesso em: 10 out. 2023).

107 "*Courts exercising Family jurisdiction do not occupy a desert island in which general legal concepts are suspended or mean something different*" (UNITED KINGDOM SUPREME COURT. ***Prest v. Petrodel* [2013] UKSC 34**, J. 12.06.2013, on appeal from: [2012] EWCA Civ 1395, para. 37). *Vide* Heenan, Anna. *Haley v. Haley*: Family Law Arbitration and the New Frontier of Private Ordering. **The Modern Law Review**, v. 84, Issue 6, p. 1385-1398, 2021, p. 1392.

108 ENGLAND AND WALES HIGH COURT OF JUSTICE. Family Division. ***A v. A* (Arbitration: Guidance) [2021] EWHC 1889 (Fam)**, J. 09.07.2021, para. 16.

entre as partes[109]. Tudo indica que *Haley v. Haley* [2020] não deverá ser a última palavra sobre o assunto[110].

CONCLUSÕES

O direito de família é uma área que se distingue fundamentalmente das atuais áreas do direito em que a arbitragem se faz popular. Primeiro, porque adentra – em maior ou menor grau – na esfera da vida privada das partes[111]. Segundo, porque a resolução de conflitos no direito de família é tarefa árdua, pois a demanda emocional decorrente da quebra de um relacionamento matrimonial pouco pode ser comparada com a da quebra de um contrato cujos sujeitos estão investidos sob uma personalidade jurídica[112].

O direito de família sob o sistema inglês, conforme analisado, tem alto grau de interferência na vida privada na oportunidade da dissolução matrimonial – o bem-estar financeiro das partes e dos filhos com o fim do casamento é para o Direito inglês uma questão de ordem pública, portanto, é dever estatutário das cortes definir e/ou supervisionar que a divisão de bens seja realizada visando tal objetivo. A consequência de tal dever estatutário é a alta discricionariedade das cortes (já amplamente discutida), que chegou à arbitragem de família (de forma questionável) em *Haley v. Haley* [2020][113].

---

109 "*Separating couples should not be put through legal requirements which do not serve their or the state's interests and which can lead to ongoing conflict and poorer outcomes for children.*" (**Dissolution and Separation Act 2020 – Explanatory Notes** (25 june 2020), p. 12. Disponível em: https://www.legislation.gov.uk/ukpga/2020/11/pdfs/ukpgaen_20200011_en.pdf. Acesso em: 10 out. 2023)

110 "*Haley v. Haley is very unlikely to be the last word on the issue of financial remedy arbitration and the role of the courts. This is a new and developing area of jurisprudence, so watch this space.*" (John, Charlotte. Letting the cat out of the bag? What are the implication of *Haley v. Haley* fot the arbitration of TOLATA disputes, 1976 Act claims and Schedule 1 matters? **Family Arbitrator Blog**, 2 nov. 2023. Disponível em: https://abrir.link/DySEb. Acesso em: 10 out. 2023)

111 "*Family law is about determining what it means, both privately and publicly, to be a mother, father, son, daughter, partner, husband or wife.*" (*Vide* Diduck, Alison. Autonomy and family justice. **Child and Family Law Quarterly**, v. 28, n. 2, p. 133-149, 2016, p. 134)

112 Como testemunhado por um advogado arbitralista da área comercial: "*I have intervened in the Family Division. [...] and I have a deep respect for Family practitioners who it seems to me suffer a level of emotional demand from clients which it is all too easy for those of us outside, to fantasise that we would be able to cope with*" (Barret, Steven. Whatever the Family Division is now doing is not arbitration. *Op. cit.*).

113 Para comentário entre a decisão de *Haley v.* Haley [2014] e a decisão da Suprema Corte do Reino Unido em *Prest v. Petrodel* [2013]: "*We are many years from the, itself impassioned, outburst of the Court of Appeal in Petrodel v. Prest [2012] EWCA Civ 1395, where Lords Justices Patten and Rimer actively criticised the division. In the end the Supreme Court used a handy resulting trust ladder that had been lying unused in Lord Sumption's shed, to pull us all out of that particular hole – so the lesson itself was perhaps forgotten*" (*Ibidem*).

É nessa seara que a comunidade arbitral – tal como a conhecemos hoje[114] – adentrou com o objetivo de solucionar conflitos. A tarefa não se mostra fácil, mas, como bem colocado por Lord Saville, a "arbitragem não existe para o simples propósito de se ter uma lei, mas como um meio de resolver disputas entre partes"[115].

O direito de família é novato na cena de esforços da comunidade jurídica para unificação. Ao contrário do direito comercial, no direito de família não há qualquer uniformidade legislativa e/ou prática entre países, os conceitos são vistos e definidos sob prismas culturais e religiosos, com pouca unicidade, e ainda há quem defenda que tal unicidade não é crível para área jurídica: "*The study of comparative Family law would allow race, religion and politics to enter into the study of law; therefore, Family law had limited appeal except for the purpose of propaganda with which lawyers are not concerned*"[116].

No entanto, o desafio para dar à sociedade a opção de procedimentos menos custosos e penosos, alternativos ao Judiciário abarrotado de casos, é real e deve ser preocupação dos operadores do Direito em seus países. O alto custo de litigância no direito de família sob o sistema inglês, conforme analisado, é uma preocupação demonstrada nos julgamentos em geral pelas cortes[117], e, nesse sentido, a arbitragem de família deve ser pensada e construída como um mecanismo de resolução de disputas com custo mais acessível[118] – preocupação que, por claro, não existe na arbitragem comercial.

Como bem apontado em *Miller v. Miller* e *McFarlane v. McFarlane* [2006], o casamento gera uma relação de interdependência entre as partes, tanto financeira quanto emocional[119], e, com a quebra da união matrimonial, as partes demoram para se recuperar financeiramente, gerando consequências diretas para a sociedade e para a economia[120].

---

114 Comunidade arbitral como conhecemos hoje faz referência ao Chatered Institute of Arbitration (CIArb), visto que os árbitros de família sob a IFLA são treinados e aderem o código de conduta da CIArb, e ao Arbitration Act 1996, como lei de arbitragem de ampla aplicação nos casos comerciais internacionais.

115 *Vide* nota 12.

116 Nicola, Fernanda G. Family Law Exceptionalism in Comparative Law. **The American Journal of Comparative Law**, v. 58, n. 4, p. 777-810, 2010, p. 778.

117 "*The magnitude of the costs reported in this case (evidently counsel's fees were not the major items) is a very bad advertisement for the legal system.*" (***White v. White* [2000] UKHL54**. *Op. cit.*, para. 60)

118 A IFLA é uma instituição sem fins lucrativos e a preocupação em oferecer um serviço de custo acessível é parte dos objetivos principais do Instituto, *vide* IFLA. **Family Arbitration**: An Introdutory Guide. 4th ed. Disponível em: https://ifla.org.uk/wp-content/uploads/Public.pdf. Acesso em: 10 out. 2023.

119 *Vide* nota 94.

120 Fischer, Hayley; Low, Hamish. Recovery from divorce: comparing high and low income couples. **International Journal of Law, Policy and the Family**, v. 30, Issue 3, p. 338-371, 2016, p. 343.

Conforme exposto, a arbitragem de família sob o sistema inglês enfrentou (e continua enfrentando) barreiras significativas no direito material. A argumentação e a retórica jurídica por meio das quais se estabeleceu a arbitrabilidade subjetiva talvez tenham sido o principal exemplo analisado neste artigo – sob a utilização da *ratio* em *Radmacher v. Granatino* [2010] –, quando o direito de família inglês começou desbravar a nova seara processual.

O Arbitration Act 1996, por sua vez, cumpriu o papel para o qual foi instituído – o de ser uma lei geral para abranger o maior número de espécies de disputas –, não limitando textualmente o que pode ou não pode ser resolvido por arbitragem, menos ainda distinguindo-as em direitos patrimoniais, disponíveis ou não disponíveis. As cortes de família recepcionaram o Arbitration Act 1996 dentro do desenho estabelecido pela IFLA, reconhecendo a sofisticação do instituto, e a comunidade jurídica também abraçou a causa[121]. Como ressaltou Lord Falconer, *chair* da IFLA, na oportunidade do lançamento:

> *Arbitration has a long history in certain areas. For example, many commercial and construction contracts provide for dispute resolution in this way. Arbitration in family law will be another tool in the box of methods of alternative dispute resolution. At a time when there is a need to find solutions in family disputes outside the courtroom, it is a logical next step to offer arbitration as another means of doing so.*[122]

Por fim, conclui-se que disputas de família são arbitráveis – ao menos sob o sistema inglês. No entanto, a questão de ordem pública que paira sob o MCA 1973 coloca em xeque a analogia direta e indiscriminada à arbitragem comercial – em especial com relação ao reconhecimento da sentença arbitral de família sob a jurisprudência arbitral consolidada no campo comercial –, levantando-se o questionamento se esse seria o melhor caminho para a arbitragem de família[123].

---

121 Para trabalho extensivo sobre a prática do direito de família na Inglaterra, no qual a autora formulou questionário com cinquenta e uma indagações aos advogados, árbitros e juízes sobre a prática da arbitragem de família na Inglaterra, *vide* Zellerhoff, Saskia. Die Familienschiedsrichtbarkeit in Recht und Praxis: Eine Rechtsvergleichende Untersuchung des Deutschen und Englischen Rechts. *Op. cit.*, p. 337-363. *Vide* nota 11.

122 Lord Falconer of Thoroton, citado em: Launch of Family Law arbitration scheme marked by IFLA event. **Family Law Week News**. Disponível em: https://www.familylawweek.co.uk/launch-of--family-law-arbitration-scheme-marked-by-ifla-event/. Acesso em: 8 out. 2023.

123 Para opinião com relação ao tema, *vide*: "*But family law might not be suitable for arbitration, at least not as an analogue to the commercial form. There are distinct public policy issues at stake in the financial provision context, which mean that it may not be possible to simply adapt the commercial approach*" (Ferguson, Lucinda. Arbitration in Financial Dispute Resolution: The Final Step to Reconstructing the Default(s) and Exception(s)? *Op cit.*, p. 127 e 128).

Dessa forma, a análise da experiência da arbitragem do sistema inglês, na teoria e na prática das cortes, demonstra que a arbitragem na seara de direito de família pode funcionar quando pensada e estruturada tendo em mente as particularidades da seara e do sistema jurídico no qual pretende ser instituída[124]. No caso do Direito inglês, isso significou confiar a tarefa do julgamento arbitral para profissionais altamente qualificados e experientes no direito material, submetidos a treinamento do direito arbitral sob instituição especializada e renomada mundialmente, e planejar o termo de arbitragem cuja executividade garantisse um processo arbitral endossado pelo Judiciário.

A Inglaterra é o país com o maior número de sede de arbitragens, portanto, ganhando popularidade, a arbitragem de família com sede naquele país não deverá ficar restrita a uma só instituição[125] ou ao entrave de *Haley v. Haley*. De qualquer forma, a experiência mostra que a arbitragem de família pode funcionar, ser viável e manter as características que lhe são próprias, se não tentarmos que ela use uma armadura já pronta, emprestada de outras searas do direito.

REFERÊNCIAS

Baptista, Luiz Olavo. **Arbitragem comercial e internacional**. São Paulo: Lex Editora, 2011.

Barret, Steven. Whatever the Family Division is now doing is not arbitration. **Family Arbitrator Blog**, 3 nov. 2020. Disponível em: https://www.familyarbitrator.com/whatever-the-family-division-is-now-doing-is-not-arbitration. Acesso em: 10 out. 2023.

Blackaby, Nigel; Partasides, Constantine, Redfern, Alan, Hunter, Martin. **Redfern and Hunter on International Arbitration**. 5. ed. Oxford/New York: Oxford University Press, 2009.

Born, Gary. **International Commercial Arbitration**. Kluwer Law International, 2009.

Carmona, Carlos Alberto. **Arbitragem e processo**: um comentário à Lei nº 9.307/1996. 3. ed. rev., atual e ampl. São Paulo: Atlas, 2009.

CIArb News. **The Court of Appeal fully endorses IFLA Arbitrations**. His Honour Donald Cryan, 12 nov. 2020. Disponível em: https://abrir.link/oiLkV. Acesso em: 10 out. 2023.

124 Zellerhoff, Saskia. Family Law Arbitration: A Comparative Analysis of German and English Law and Practice. *Op. cit.*, p. 339.

125 Barret, Steven. Whatever the Family Division is now doing is not arbitration. *Op. cit.*

Cooke, Elizabeth; Spencer, Clarke. The Law Commission's Report on Matrimonial Property, Needs and Agreements. **Family Law Quarterly**, v. 48, n. 2, p. 359-372, 2014.

Cowie, Graeme. The UK Supreme Court. **Commons Library Research Briefing**, 27 jun. 2022. Disponível em: https://abrir.link/hcsxD. Acesso em: 10 out. 2023.

Diduck, Alison. Autonomy and family justice. **Child and Family Law Quarterly**, v. 28, n. 2, p. 133-149, 2016.

Dorczak, Anita. Beyond Judicial Intervention: Collaborative Law as a Novel Approach to Conflict Resolution. **European Scientific Journal**, ESJ, v. 1, p. 275-279, 2015. Disponível em: https://eujournal.org/index.php/esj/article/view/5563. Acesso em: 12 out. 2023.

Duxbury, N. **The Nature and Authority of Precedent**. CUP, Cambridge, 2008.

England and Wales Central Family Court. ***SC v. TC* [2022] EWFC 67**, J. 20.05.2022.

England and Wales Court of Appeal. Civil Division. ***Haley v. Haley* [2020] EWCA Civ 1369**, J. 23.20.2020, on Appeal from High Court of Justice Family Division, Deputy High Court Judge Ambrose.

England and Wales Family Court. High Court Judges. ***BC v. BG* [2019] EWFC 7**, J. 28.01.2019.

England and Wales High Court of Justice. Family Division. ***AI v. MT* [2013] EWHC 100 (Fam)**, J. 30.01.2013.

England and Wales High Court of Justice. Family Division. ***S v. S* [2014] EWHC 7 (Fam)**, J. 14.01.2014.

England and Wales High Court of Justice. Family Division. ***DB v. DLJ* [2016] EWHC 324 (Fam)**, J. 24.02.2016.

England and Wales High Court of Justice. Family Division. ***R v. K* [2020] EWHC 841 (Fam)**, J. 28.01.2020.

England and Wales High Court of Justice. Family Division. ***A v. A (Arbitration: Guidance)* [2021] EWHC 1889 (Fam)**, J. 09.07.2021.

Ferguson, Lucinda. Arbitration in Financial Dispute Resolution: The Final Step to Reconstructing the Default(s) and Exception(s)? **Journal of Social Welfare and Family Law**, n. 35, Issue 1, p. 115-138, 2013.

Ferguson, Lucinda. Arbitral Awards: A Magnetic factor of Determinative Importance – Yet Not To Be Rubber- Stamped? **Journal of Social Welfare and Family Law**, n. 37, Issue 1, p. 99-101, 2015.

Fischer, Hayley; Low, Hamish. Recovery from divorce: comparing high and low income couples. **International Journal of Law, Policy and the Family**, v. 30, Issue 3, p. 338-371, 2016.

Gaillard, Emmanuel; Savage, John (ed.). **Fouchard Gaillard Goldman on International Commercial Arbitration**. 1. ed. Kluwer Law International, 1999.

Harris, Bruce. Report on the Arbitration Act 1996. Arbitration International. **Kluwer Law International**, v. 23, Issue 3, p. 437-460, 2007.

Heenan, Anna. *Haley v. Haley*: Family Law Arbitration and the New Frontier of Private Ordering. **The Modern Law Review**, v. 84, Issue 6, p. 1385-1398, 2021.

IFLA. **A Guide to the Family Law Arbitration Scheme**. 4th ed. Disponível em: https://ifla.org.uk/wp-content/uploads/Arbitrators.pdf. Acesso em: 10 out. 2023.

IFLA. **Family Arbitration**: An introductory guide. 4th ed. Disponível em: https://ifla.org.uk/wp-content/uploads/Public.pdf. Acesso em: 10 out. 2023.

Jacob, Herbet *et al.* **Courts, law, and politics in comparative perspective**. New Haven and London: Yale University Press, 1996.

John, Charlotte. Letting the cat out of the bag? What are the implication of *Haley v. Haley* fot the arbitration of TOLATA disputes, 1976 Act claims and Schedule 1 matters? **Family Arbitrator Blog**, 2 nov. 2023. Disponível em: https://abrir.link/GQXyO. Acesso em: 10 out. 2023.

Kennett, Wendy. It's Arbitration, But Not As We Know it: Reflections on family Law Dispute Resolution. **International Journal of Law, Policy and The Family**, Oxford University Press, v. 30, Issue 1, p. 1-31, 2016.

Kignston, Suzanne. Arbitration – a fairer process? **Lexis Nexis Family Blog**, 11 nov. 2011. Disponível em: https://www.lexisnexis.co.uk/blog/family-law/arbitration-a-fairer-process. Acesso em: 10 out. 2023.

Kleinheisterkamp, Jan. **International Commercial Arbitration in Latin America**. Dobbs Ferry/New York: Oceana Publications, 2005.

Lemes, Selma Maria Ferreira. Princípios e origens da Lei de Arbitragem. **Revista do Advogado**, Associação dos Advogados de São Paulo, n. 51, p. 32-35, out. 1997.

Lord Saville of Newdigate. The 1996 English Arbitration Act: A Ten Year Retrospective – Preface, **Arbitration International**, Kluwer Law International, v. 23, Issue 3, p. 431-432, 2007.

Miles, Joanna. Marriage and Divorce in the Supreme Court and the Law Commission: For Love or Money? **The Modern Law Review**, v. 74, n. 3, p. 430-44, 2011.

Mosten, Forrest. Building a Successful Law Practice Without Even Going to Court. **Family Law Quarterly**, American Bar Association, v. 43, n. 3, p. 489-518, 2009.

Nicola, Fernanda G. Family Law Exceptionalism in Comparative Law. **The American Journal of Comparative Law**, v. 58, n. 4, p. 777-810, 2010.

Oliveira, Leonardo. The English Law Aprroach to arbitrability of Disputes. **International Arbitration Law Review**, v. 19, Issue 6, p. 155-167, 2016.

Park, W. William. The Lex Loci Arbitri and International Commercial Arbitration. **International and Comparative Law Quarterly**, v. 32, p. 21-51, 1983.

Queen Mary University of London and White & Case. **2018 International Arbitration Survey**: The Evolution of International Arbitration. Disponível em: https://abrir.link/FUUVe. Acesso em: 7 out. 2023.

Queen Mary University of London and White & Case. **2021 International Arbitration Survey**: Adapting arbitration to a changing world. Disponível em: https://abrir.link/PHoaK. Acesso em: 7 out. 2023.

Scherpe, Jens M. Pre-nups, Private Autonomy and Paternalism. **The Cambridge Law Journal**, v. 69, n. 1, p. 35-37, 2010.

Scherpe, Jens M. Marital Agreements, Private Autonomy and Fairness. **The Cambridge Law Journal**, v. 70, n. 1, p. 29-31, 2011.

Singer, Peter. Arbitration in Family financial proceedings: the IFLA Scheme. Part I. **Family Law**, Jordan Publishing, p. 1353-1360, november 2012.

Singer, Peter. Arbitration in Family financial proceedings: the IFLA Scheme: Part II. **Family Law**, Jordan Publishing, p. 1596-1504, december 2012.

Stather, Julie. *BC v. BG* – Cementing the future of arbitration. **Family Law Week**, 2019. Disponível em: https://www.familylawweek.co.uk/articles/bc-v-bg-cementing-the-future-of-arbitration/. Acesso em: 9 jul. 2023.

The Law Commission. Report no 343, 2014. **Matrimonial Property, Needs and Agreements**. Disponível em: https://www.lawcom.gov.uk/app/uploads/2015/03/lc343_matrimonial_property.pdf. Acesso em: 4 out. 2023.

The Law Commission. Report no 413, 2023. **Review of the Arbitration Act 1996**: Final report and Bill. Disponível em: https://abrir.link/xGneq. Acesso em: 10 out. 2023.

United Kingdom House of Lords. Appellate Committee. ***White v. White* [2000] UKHL54**; 3 WLR 1571.

United Kingdom House of Lords. Appellate Committee. ***Miller v. Miller and McFarlane v. McFarlane* [2006] UKHL 24**, J. 24.05.2006. On appeal from: [2005] EWCA Civ 984 and [2004] EWCA Civ 872.

United Kingdom House of Lords. Appellate Committee. ***Hyman v. Hyman* [1929] UKHL J0430-1**, J. 30.04.2023.

United Kingdom Supreme Court. ***Radmacher v. Granatino* [2010] UKSC 247**, J. 20.10.2010. On appeal from [2009] EWCA Civ 649.

United Kingdom Supreme Court. ***Prest v. Petrodel* [2013] UKSC 34**, J. 12.06.2013, on appeal from: [2012] EWCA Civ 1395.

Veeder, V. V. The 1996 English Arbitration Act: A Ten Year Retrospective. **Arbitration International**, Kluwer Law International, v. 23, Issue 3, p. 433-436, 2007.

Wetter, J. Willis. **The International arbitral Process IV**. Dobbs Ferry/N.Y.: Oceana, 1979.

Zellerhoff, Saskia. Family Law Arbitration: A Comparative Analysis of German and English Law and Practice. *In*: BOELE-WOELKI, K.; MARTINY, D. (ed.). **Plurality and Diversity of Family Relations in Europe**. European Family Law: Intersentia, 2019. p. 313-340.

Zellerhoff, Saskia. **Die Familienschiedsrichtbarkeit in Recht und Praxis**: Eine Rechtsvergleichende Untersuchung des Deutschen und Englischen Rechts. Stämpfli Verlag. Intersentia, 2020.

9. A VONTADE NA SUCESSÃO HEREDITÁRIA E A ARBITRAGEM

Oswaldo Peregrina Rodrigues
Doutor e Mestre em Direito Civil pela PUC/SP.
Professor Universitário na PUC/SP – Graduação e Pós-Graduação "stricto sensu".
Promotor de Justiça no Estado de São Paulo [jun./1988 a ago./2019].
Advogado, Consultor Jurídico e Parecerista em São Paulo.

INTRODUÇÃO

Ao nascer com vida, a pessoa natural adquire personalidade civil, o que lhe garante a titularidade de direitos e a assunção de deveres jurídicos, conquanto, ainda em gestação, como nascituro, assegurados e protegidos estejam os seus interesses legítimos, consoante disciplina a lei de regência, o Código Civil, título posto à Lei federal nº 10.406, de 10.01.2002 [CC/2002], em seus artigos 1º e 2º; destarte, a partir desse marco legal – nascimento com vida –, a pessoa é sujeito de direitos, apta a participar de relações jurídicas, ou seja, de relacionamentos que resultem em efeitos jurídicos: direitos e deveres para os respectivos sujeitos. Essa personalidade jurídica permanece íntegra até a morte, real ou presumida, da pessoa humana (artigo 6º do CC/2002).

Garantida e protegida a titularidade, o efetivo exercício dos direitos e deveres está condicionado à capacidade civil da pessoa natural, de sorte que, por si só, manifestará seus interesses, suas intenções, sua vontade, em sendo pessoa plenamente capaz, cuja maioridade civil é alcançada aos 18 anos (artigo 5º, *caput*, do CC/2002); contudo, em caso de incapacidade relativa ou absoluta, será necessária a participação de uma terceira pessoa: o representante legal.

O direito civil é o ramo da ciência do direito que cuida dos interesses da pessoa natural desde a sua concepção, o seu nascimento, a sua vida pessoal e patrimonial, protegendo os direitos de sua personalidade, como seus relacionamentos: como membro de uma família; contratante; proprietário, incluindo os efeitos jurídicos de sua morte – natural ou presumida –, com a sua sucessão hereditária; também, as consequências por eventuais comportamentos ilegais, com a responsabilidade civil pelos atos ilícitos.

Para essa fase, com plena capacidade civil, a pessoa humana tem liberdade para manifestar a sua vontade sobre os desígnios que pretende implementar a seu patrimônio depois de sua morte – etapa natural, futura e certa da vida humana –; inolvidável, ainda que tem ela autonomia para estatuir e delimitar a proteção a sua própria pessoa, consoante as diretivas antecipadas de vontade, o conhecido testamento vital, conquanto deixe de ser objeto de análise neste texto.

Aqui, o que se fará é analisar a vontade da pessoa natural manifestada quanto a seus direitos patrimoniais para depois de sua morte, e a eficácia jurídica dessa vontade declarada, em caso de conflito de interesses entre os sucessores, legítimos e testamentários, a ser dirimida em arbitragem.

Para esse desiderato, há que se explanar pelo ato jurídico, a vontade a ser manifestada pela pessoa humana para dar vida a esse fato dentro do mundo do direito, averiguar a forma de sua sucessão hereditária, e, antes da chegada à arbitragem, perpassar pela Lei federal nº 11.441/2007, instituidora da via extrajudicial para inventário, partilha, separação e divórcio consensuais.

Outros pontos de fato e de direito poder-se-iam analisar para a finalidade proposta; todavia, neste texto primário, inicial e inaugural, manter-se-á o sobredito caminho para sufragar a resposta almejada: a arbitragem efetivando a solução de conflito de interesses entre os sucessores hereditários – quando e como isso é e será possível no sistema jurídico brasileiro.

1. O ATO JURÍDICO

Para o Direito, interessa ou é-lhe peculiar os acontecimentos do mundo de fato que tenham repercussão jurídica, ou seja, que gere direitos e deveres aos sujeitos de um relacionamento, que são as pessoas participantes dessa relação, como o sujeito ativo – titular de um direito – e o sujeito passivo – que assume um dever jurídico –; destarte, o fato jurídico.

Nesse momento, é de interesse focar no fato jurídico constituído pela vontade da pessoa humana, denominado de ato jurídico, donde há o negócio jurídico e o ato jurídico em sentido estrito, estes como atos lícitos, porquanto, há os ilícitos, que repercutem no Direito, mormente, pela responsabilidade civil[1].

O revogado Código Civil de 1916[2] estatuía em seu artigo 81: "Todo o ato lícito, que tenha por fim imediato adquirir, resguardar, transferir, modificar ou extinguir direitos, se denomina ato jurídico" (o dispositivo análogo não foi reprisado no Código de 2002). "Na verdade, hoje denomina-se 'negócio jurídico', por haver o intuito negocial"[3].

Depois de transcrever esse mesmo artigo, Antônio Junqueira de Azevedo dita, em nota de rodapé: "O novo Código Civil adotou a categoria 'negócio jurídico', distinguindo-a do que denominou 'atos jurídicos lícitos'; assumiu, pois, posição dicotômica na classificação dos atos humanos. Não definiu, porém, os dois tipos de atos"[4].

Com efeito, os atos jurídicos lícitos perpetrados pela pessoa natural será um ato jurídico meramente lícito [ato jurídico em sentido estrito] ou negócio jurídico, haja vista que, em seu artigo 185, o Código Civil de 2002 determina: "Aos atos jurídicos lícitos, que não sejam negócios jurídicos, aplicam-se, no que couber, as disposições do Título anterior" (esse título anterior é o Título I do Livro III – "Dos Fatos Jurídicos" – da Parte Geral do Código Civil, denominado "Do Negócio Jurídico", no qual estão inclusos os artigos 104 a 184)[5].

Francisco Amaral sedimenta:

> Em uma classificação sistemática e conclusiva, podemos então distinguir os fatos jurídicos em *fatos naturais* e *fatos humanos* ou *voluntários*. Os voluntários subdividem-se em *fatos lícitos* e *fatos ilícitos*. Os fatos lícitos subdividem-se em *negócios jurídicos* e *atos jurídicos lícitos*. Os ilícitos referem-se no Código como atos ilícitos (CC, artigo 186).[6]

---

1 "Artigo 186. Aquele que, por ação ou omissão voluntária, negligência ou imprudência, violar direito e causar dano a outrem, ainda que exclusivamente moral, comete ato ilícito. Artigo 187. Também comete ato ilícito o titular de um direito que, ao exercê-lo, excede manifestamente os limites impostos pelo seu fim econômico ou social, pela boa-fé ou pelos bons costumes". Estes textos legais, junto com o artigo 188, integram o Título III – "Dos Atos Ilícitos" – do Livro III [Dos Fatos Jurídicos] da Parte Geral do Código Civil de 2002.

2 Lei federal nº 3.071, de 01.01.1916 – Código Civil dos Estados Unidos do Brasil.

3 GONÇALVES, Carlos Roberto. **Direito civil brasileiro**: parte geral. 14. ed. São Paulo: Saraiva, v. I, 2016. p. 330.

4 **Negócio jurídico**: existência, validade e eficácia. 4. ed. atual. de acordo com o novo Código Civil (Lei nº 10.406, de 10.01.2002). São Paulo: Saraiva, 2002. p. 4, nota 3.

5 Lembra Carlos Roberto Gonçalves que Pontes de Miranda divulgara a doutrina do ato-fato jurídico, "[...] Muitas vezes o efeito do ato não é buscado nem imaginado pelo agente, mas decorre de uma conduta e é sancionado pela lei, como no caso da pessoa que acha, casualmente, um tesouro" (*Op. cit.*, p. 327).

6 **Direito civil**: introdução. 10. ed. rev. e modif. São Paulo: Saraiva Educação, 2018. p. 462. E mais: "Tais acontecimentos podem constituir-se em simples manifestação da natureza, sem qualquer

Pois bem, para esse momento, neste texto, merece ser identificado o ato jurídico lícito e o negócio jurídico, os quais são atos humanos voluntários, decorrentes da manifestação de vontade, que se "[...] diferem quanto à estrutura, à função e aos respectivos efeitos"[7], e explica Francisco Amaral:

> Quanto aos efeitos, no ato jurídico em senso estrito é a própria lei a determiná-los, enquanto no negócio jurídico é a vontade dos particulares. A eficácia do primeiro está prevista em lei, não tendo especial importância a intenção do agente. Já o negócio, ao contrário, não produz efeitos que o agente não tenha querido.[8]

Destarte, o ato jurídico em sentido estrito e o negócio jurídico são fatos jurídicos formados pela manifestação de vontade da pessoa natural, cujos efeitos jurídicos – direitos e deveres – dela diferem-se, pois no ato jurídico eles são determinados pela norma legal, e, no negócio jurídico, convencionados pelos sujeitos da relação jurídica. Merece atenção, agora, a questão jurídica relacionada à manifestação da vontade.

2. A MANIFESTAÇÃO DA VONTADE

A vontade é a base fundamental do ato jurídico em sentido amplo, do fato jurídico constituído pela pessoa natural, é ela pressuposto de existência jurídica do ato humano. Como posto, o acontecimento da própria natureza pode tipificar um fato jurídico, como o nascimento com vida e a morte da pessoa humana, esta consequência natural, futura e certa daquele; no entanto, um acontecimento perpetrado pela pessoa física, para ter repercussão jurídica, há de nascer de sua vontade manifestada.

Francisco Amaral esclarece:

> A vontade aparece, assim, como um motor, impulsionando e dirigindo o movimento em todo o reino das faculdades. Em razão do fim proposto, a vontade move-se por si mesma.
>
> Para o direito, a vontade tem especial importância porque é um dos elementos fundamentais do ato jurídico. Manifestando-se de acordo com os preceitos legais,

---

participação da vontade humana. São acontecimentos naturais e chamam-se **fatos jurídicos em sentido estrito**. Podem ser **ordinários**, os mais comuns e de maior importância, por exemplo, o nascimento, a morte, o decurso de tempo, a doença; e **extraordinários**, como o acaso, nas suas espécies de caso fortuito ou força maior" (*Op. cit.*, p. 461). Antes, ensinara: "Além da personalidade, da família, da propriedade, do contrato e da empresa, a responsabilidade civil é, também, instituto fundamental do direito privado" (*Ibidem*, p. 246).

7 *Ibidem*, p. 467.

8 *Op. cit.*, p. 467. "Conclui-se, portanto, que no ato jurídico em senso estrito os efeitos são *ex lege*, enquanto no negócio jurídico são *ex voluntate*" (*Ibidem*, p. 468).

a vontade produz determinados efeitos, criando, modificando ou extinguindo relações jurídicas.[9]

Álvaro Villaça Azevedo, para concluir sobre a vontade, explica:

> Para a existência do ato jurídico, em sentido estrito, é necessário que o agente queira o ato, como tal, mas não se requer que seja querido também o efeito. Por outro lado, para que exista negócio jurídico, é necessário que não somente seja ele querido como tal, mas, ainda, que seja querido o efeito consequente.
> Fazendo a distinção entre ato e fato, este deriva do particípio passado do verbo latino *facio, is, feci, factum, ere*, que significa fazer. Fato é feito, o acontecido, o acontecimento. Veja-se, assim, que fato jurídico é o acontecimento, que não resulta da vontade humana, ao passo que ato jurídico sempre depende desta para que venha a existir, ambos produzindo efeitos de direito.
> Fato jurídico é, então, essencialmente, o próprio fato natural, que interfere na órbita do Direito, porque ocasiona consequências jurídicas, nele não existindo vontade.
> O ato jurídico é todo vontade, é volitivo. [...].[10]

Ao delimitar os requisitos de validade do negócio jurídico, o Código Civil de 2002 determina que o agente tem que ser capaz (artigo 104, I). O agente tem que ter capacidade civil para quê? Capacidade para manifestar a sua vontade, e que essa vontade possa ter repercussão jurídica, possa produzir validamente efeitos jurídicos, ou seja, gerar direitos e deveres aos sujeitos da relação jurídica de direito material.

Como transcrito, ao nascer com vida a pessoa natural adquire personalidade jurídica, pressuposto para ser titular de direitos e assumir deveres no mundo do Direito; todavia, antes mesmo desse nascimento, protegidos e garantidos estarão os interesses jurídicos do nascituro (artigos 1º e 2º do CC/2002).

A personalidade civil não garante o exercício, por si só, dos atos da vida civil à pessoa humana, haja vista que, para gerir esses direitos – pessoais e patrimoniais –, ela haverá de ter plena capacidade civil. O Código Civil relaciona as pessoas naturais com ausência de plena capacidade civil em seus artigos 3º[11] e 4º[12], lem-

---

9 *Op. cit.*, p. 464.

10 **Curso de direito civil**: teoria geral do direito civil: parte geral. 2. ed. São Paulo: Saraiva Educação, 2019. p. 175.

11 "São absolutamente incapazes de exercer pessoalmente os atos da vida civil os menores de 16 (dezesseis) anos."

12 "São incapazes, relativamente a certos atos ou à maneira de os exercer: I – os maiores de dezesseis e menores de dezoito anos; II – os ébrios habituais e os viciados em tóxico; III – aqueles que, por causa transitória ou permanente, não puderem exprimir sua vontade; IV – os pródigos. Parágrafo único. A capacidade dos indígenas será regulada por legislação especial."

brando que esses dispositivos legais têm suas atuais redações postas pela Lei federal nº 13.146/2015 – Lei Brasileira de Inclusão da Pessoa com Deficiência (Estatuto da Pessoa com Deficiência – EPD) –, que trouxe nova roupagem à doutrina da capacidade civil da pessoa natural ao sistema jurídico brasileiro[13].

A pessoa absolutamente incapaz (artigo 3º do CC/2002) será representada por seu representante legal[14]: os pais – pai e mãe – no exercício do poder familiar; pelo tutor, estando aqueles suspensos ou destituídos do poder familiar; e, às vezes, pelo próprio guardião, nos ditames do artigo 33, § 2º, parte final, do Estatuto da Criança e do Adolescente [ECA, Lei federal nº 8.069/1990].

Para a pessoa relativamente incapaz (artigo 4º do CC/2002), cuja relativa incapacidade civil haverá de ser aferida em processo para nomeação de curador, ela será assistida por quem estiver no exercício da curatela; todavia, apenas para os atos da vida negocial (artigo 85 do EPD).

Pois bem, a pessoa natural, sujeito de direitos, para que a sua vontade possa produzir efeitos jurídicos – gerar direitos e deveres –, ela haverá de ser plenamente capaz; caso não o seja, deverá ser representada pelo representante legal – este é que, em nome daquela, manifestará a vontade, quando de absoluta incapacidade civil; em relativa incapacidade, nos atos negociais, será assistida pelo assistente legal em sua manifestação de vontade. Francisco Amaral caracteriza o objeto ou a matéria de direito civil

> como aquele conjunto de relações ou setor da experiência jurídica em que desempenha papel proeminente "a autonomia" reconhecida aos indivíduos e que se traduz na "liberdade", como valor individual, na "propriedade", como senhoria dos bens, e na "autonomia privada", como poder de autorregulamentação jurídica dos próprios interesses por meio do negócio jurídico, de que são mais importantes espécies o contrato e o testamento.[15]

Arremata Álvaro Villaça Azevedo:

> Tanto o fato quanto o ato jurídico ocasionam o nascimento, a modificação e a extinção da relação jurídica, que é um complexo de direitos e de obrigações.
> O ato jurídico é, portanto, a manifestação de vontade, pela qual se constitui, se modifica e se extingue um complexo de direitos e de obrigações, que é a relação

---

13 Por deixar de ter interesse direto ao tema aqui em análise, por cautela, para um estudo sobre o temário fica esta sugestão: RODRIGUES, Oswaldo Peregrina; NANNI, Giovanni Ettore (coord.). **A capacidade civil da pessoa natural**. São Paulo: Iasp, 2020.

14 Entre seus artigos 115 e 120, o Código Civil de 2002 relaciona o instituto da representação, que será legal [poder familiar, tutela, curatela, guarda] ou convencional – contrato de mandato.

15 *Op. cit.*, p. 243-244.

> jurídica. Digo manifestação de vontade e não declaração de vontade, porque esta nem sempre é declarada. Sim, porque a vontade, além de ser declarada, expressamente, de modo verbal ou por escrito, pode, também, manifestar-se tacitamente ou pelo gesto, como, ainda, pelo silêncio.[16]

Com efeito, a capacidade civil do agente, posta no artigo 104, I, do Código Civil de 2002, é pressuposto para se aferir a validade jurídica da vontade manifestada, ou seja, se essa vontade é válida, apta a produzir efeitos jurídicos, gerar direitos e deveres; lembrar, contudo, que, para aferir se tem validade jurídica a vontade, pressuposto básico e elementar é saber se houve manifestação de vontade; se essa não fora manifestada, razões jurídicas inexistem para averiguar a sua validade jurídica, uma vez que não houve vontade manifestada, repita-se.

Em sequência, faz-se mister avaliar a manifestação da vontade no direito da sucessão hereditária, mormente, para, ao final, aferir essa questão junto à arbitragem.

3. SUCESSÃO HEREDITÁRIA

Ao tratar do Direito das Sucessões [Livro V da Parte Especial – artigos 1.784 a 2.027 do CC/2002], em verdade, o legislador trata de normas jurídicas relativas ao direito da sucessão hereditária, porque o termo "sucessão" possui sentido amplo, que alcança outros ramos do Direito.

A sucessão hereditária decorre de ato *mortis causa*, donde, ao morrer – sequência natural, futura e certa do nascimento com vida –, os direitos patrimoniais do falecido são imediatamente transmitidos a seus sucessores por causa da morte.

Há sucessão, outrossim, por ato *inter vivos*, em que o comprador será sucessor do vendedor no direito de propriedade, com a celebração do contrato de compra e venda, e a tradição a tipificar a transmissão daquele direito; igual transmissibilidade dar-se-á pela doação, sendo o donatário sucessor do doador como proprietário do bem objeto do contrato; a diferença é que, por esse contrato, a sucessão será a título gratuito, e, na venda e compra, com onerosidade, por serem características elementares desses respectivos contratos. Luiz Paulo Vieira de Carvalho elucida:

> Destarte, o direito das sucessões é o ramo do Direito Civil, obviamente permeado por valores e princípios constitucionais, que tem por objetivo primordial estudar e regulamentar a destinação do patrimônio da pessoa física ou natural em

16 *Op. cit.*, p. 176. Há que se observar os artigo. 107 e 111 do CC/2002 sobre a disciplina da manifestação da vontade; quanto à sua interpretação: artigos 112/114 e 1.899, todos do mesmo Código.

> decorrência de sua morte, momento em que se indaga qual o patrimônio transferível e quem serão as pessoas que o recolherão.[17]

Pois bem, as pessoas que recolherão o patrimônio do direito à herança serão os sucessores do falecido, pessoas que, por sucessão hereditária, serão os titulares do direito de propriedade[18] sobre esse patrimônio; essa sucessão será a título universal ou singular.

Euclides de Oliveira e Sebastião Amorim definem:

> Diz-se sucessor a título universal o herdeiro com direito à totalidade da herança ou uma parte ideal que permanece indivisa até a partilha. É o que se dá na sucessão legítima e também na testamentária, quando haja simples instituição de herdeiro. Sucessor a título singular é o que tem direito, por testamento, a parte certa dos bens, individualizada como legado; daí sua denominação de legatário.[19]

E sintetizam: há herdeiro legítimo, herdeiro testamentário e legatário[20]; todavia, anotaram: "Em determinadas situações, a lei estabelece uma forma diferenciada de transmissão dos bens do falecido, dependendo da natureza dos bens e das pessoas habilitadas ao seu recebimento. Tem-se, então, uma forma irregular de sucessão, por isso chamada anômala"[21].

Há que ser lembrada a herança jacente (artigos 1.819/1.823 do CC/2002[22]), aquela sucessão em que os herdeiros são desconhecidos ou, se conhecidos, renunciaram à herança, é a herança que jaz, ou seja, há patrimônio sem que haja herdeiro; no caso, "[...] os bens arrecadados passarão ao domínio do Município ou do Distrito Federal, se localizados nas respectivas circunscrições, [...]" (artigo 1.822 do CC/2002).

A sucessão da herança será legítima, em que os herdeiros estão relacionados na Lei Civil (artigo 1.829 do CC/2002), em ordem preferencial e prejudicial, ou testamentária, na qual a vontade do autor da herança, manifestada em vida e com plena capacidade civil, delimita quem e quais serão seus herdeiros e legatários.

---

17 **Direito das sucessões**. 2. ed. São Paulo: Atlas, 2015. p. 18. Adiante, complementa: "Impende ratificar que, em nosso atual ordenamento, o Direito de Herança situa-se no patamar de direito fundamental, prescrevendo o artigo 5º, inciso XXX, da Constituição da República, *verbis*: 'É garantido o direito à herança'" (*Ibidem*, p. 24).

18 Inolvidáveis, para tanto, de igual modo, o direito fundamental à propriedade, como o de que esta "atenderá a sua função social" (artigo 5º, XXII e XXIII, da CR/1988).

19 **Inventário e partilha**: teoria e prática. 27. ed. São Paulo: Saraiva Educação, 2021. p. 43.

20 *Op. cit.*, p. 43/44.

21 *Ibidem*, p. 43. Como se infere da Lei federal nº 6.858/1980, expressamente, ditada no artigo 666 do CPC/2015 (Lei federal nº 13.105/2015).

22 O procedimento judicial está previsto entre os artigos 738 e 743 do CPC/2015.

Duas ressalvadas: primeira, tendo herdeiros necessários (artigo 1.845 do CC/2002[23]), há que ser preservada a cota hereditária deles, a conhecida cota parte reservada, reservatária, ou sua legítima: "Pertence aos herdeiros necessários, de pleno direito, a metade da herança, constituindo a legítima" (artigo 1.846 do CC/2002); a outra metade ideal é a parte disponível do autor da herança, donde, "havendo herdeiros necessários, o testador só poderá dispor da metade da herança" (artigo 1.789 do CC/2002).

A outra: conquanto a pessoa com idade entre 16 e 18 anos seja relativamente incapaz (artigo 4º, I, do CC/2002), expressamente, a norma legal confere-lhe capacidade testamentária ativa: artigo 1.860, parágrafo único, do Código Civil de 2002. Antes de se adentrar à arbitragem, há que se enunciar alguns pontos de interesse direto postos ao Direito brasileiro com a edição da Lei federal nº 11.441/2007, que trouxe a faculdade de realizar atos jurídicos extrajudicialmente.

4. A LEI FEDERAL Nº 11.441/2007

Essa norma legal, de 04.01.2007, com vigência em sua publicação, alterou dispositivos do Código de Processo Civil de 1973 (Lei federal nº 5.869/1973) para possibilitar "a realização de inventário, partilha, separação consensual e divórcio consensual por via administrativa".

Em sua redação dela decorrente, o artigo 982, *caput*, do CPC/1973 passou a ter esta: "Havendo testamento ou interessado incapaz, proceder-se-á ao inventário judicial; se todos forem capazes e concordes, poderá fazer-se o inventário e a partilha por escritura pública[24], a qual constituirá título hábil para o registro imobiliário".

---

23 "São herdeiros necessários os descendentes, os ascendentes e o cônjuge". O Supremo Tribunal Federal reconhecera a inconstitucionalidade do artigo 1.790 do CC/2002: "[...] 4. Provimento do recurso extraordinário. Afirmação, em repercussão geral, da seguinte tese: 'No sistema constitucional vigente, é inconstitucional a distinção de regimes sucessórios entre cônjuges e companheiros, devendo ser aplicado, em ambos os casos, o regime estabelecido no artigo 1.829 do CC/2002'" (RE 646721/RS | Sem Número Único) – teor análogo o item "5" da Ementa ao RE 878694/MG [Número único: 1037481-72.2009.8.13.0439] –, ambos sob a relatoria do Ministro Roberto Barroso, e julgados em 10.05.2017; no entanto, deixou de decidir se o companheiro e a companheira figurariam como herdeiro necessário: "[...] 3. Não há que se falar em omissão do acórdão embargado por ausência de manifestação com relação ao artigo 1.845 do Código Civil, pois esse dispositivo não foi objeto da repercussão geral reconhecida pelo Plenário do STF. Não houve discussão a respeito da integração do companheiro ao rol de herdeiros necessários, de forma que inexiste omissão a ser sanada. [...]" (Segundos Embargos de Declaração no Recurso Extraordinário nº 646.721/Rio Grande do Sul – rejeitados em votação unânime, em Sessão Virtual: 19 a 25.10.2018).

24 "O novo modo de inventário, qualificado como extrajudicial, notarial ou administrativo, tem o propósito de facilitar a prática do ato de transmissão dos bens, porque permite modo mais simples e célere para resolver a partilha." (OLIVEIRA, Euclides de; AMORIM, Sebastião. *Op. cit.*, p. 441).

Com efeito, "o inventário por via administrativa não pode ser realizado se houver interessado incapaz", esclarecem Francisco José Cahali e Karin Regina Rick Rosa[25], e completam:

> [...] Existindo testamento, a escritura de partilha, como mencionado anteriormente, deverá ser levada à homologação judicial, pois a via extrajudicial contemplada na nova redação do artigo 982 do Código de Processo Civil, com a modificação introduzida pela Lei nº 11.441/2007, pressupõe a inexistência de disposições de última vontade.[26]

Em 24.04.2007, o Conselho Nacional de Justiça editou a Resolução nº 35[27], com o fito de disciplinar "a aplicação da Lei nº 11.441/2007 pelos serviços notariais e de registro", haja vista as divergências que estavam resultando na aplicação prática dessa novel norma legal.

O Código de Processo Civil vigente (Lei federal nº 13.105/2015), seguindo igual tom, dita:

> Artigo 610. Havendo testamento ou interessado incapaz, proceder-se-á ao inventário judicial.
>
> § 1º Se todos forem capazes e concordes, o inventário e a partilha poderão ser feitos por escritura pública, a qual constituirá documento hábil para qualquer ato de registro, bem como para levantamento de importância depositada em instituições financeiras[28].
>
> § 2º O tabelião somente lavrará a escritura pública se todas as partes interessadas estiverem assistidas por advogado ou por defensor público, cuja qualificação e assinatura constarão do ato notarial.

Deveras, os pressupostos permaneceram inalterados, ou seja, havendo interessado incapaz, o inventário haverá de ser judicial; se houver testamento, também será judicial; será facultado o extrajudicial, por escritura pública, quando todos os interessados forem maiores e capazes, estiverem de acordo com relação à partilha, e mais, se

---

25 **Escrituras públicas**: separação, divórcio, inventário e partilha consensuais: análise civil, processual civil, tributária e notarial. São Paulo: Revista dos Tribunais, 2007. p. 72.

26 *Op. cit.*, p. 76.

27 Algumas alterações sofreu essa Resolução, sendo certo que, com a vigência do CPC/2015, citem-se as Resoluções nºs 220/2016, 326/2020 e 452/2022.

28 Alertam Euclides de Oliveira e Sebastião Amorim: "A previsão de inventário por escritura pública abarca tão somente uma espécie de inventário, que seria a de arrolamento sumário (artigo 659 do CPC), ante a exigência de que todas as partes estejam de acordo e sejam maiores e capazes. Não se preenchendo tais pressupostos, será de rigor a instauração de inventário judicial, ou do arrolamento comum para as heranças de reduzido valor (artigos 610 e 664 do CPC)" (*Op. cit.*, p. 444).

inexistir testamento, ou seja, se a sucessão for pela ordem legítima. Ocorre que essa disposição tem sido arrefecida, como ensinam Euclides de Oliveira e Sebastião Amorim:

> A questão da possibilidade de inventário extrajudicial com testamento tem sido resolvida por provimentos das corregedorias estaduais da Justiça, como sucedeu em São Paulo com o Provimento CGJ nº 37/2016[29], que alterou o artigo 129 das Normas de Serviço, dispondo que, na sentença de registro do testamento, o juiz pode autorizar a realização do inventário por escritura pública, desde que todos os interessados sejam maiores e capazes.[30]

Conrado Paulino da Rosa e Marco Antonio Rodrigues corroboram:

> Ademais, mesmo que haja disposições patrimoniais no testamento, há entendimento de que, como forma de conferir mais celeridade e efetividade à partilha, é possível a celebração do inventário extrajudicial, o que se extrai do Enunciado nº 600 da Jornada de Direito Civil do CJF, e do Enunciado nº 16 do IBDFam. Na mesma linha do que defendemos, também se manifestou o STJ no julgamento do REsp 1808767. A Corte entendeu, no caso, haver a necessidade de que o testamento tenha sido previamente registrado judicial ou se tenha a expressa autorização do juízo competente.[31]

---

29 "O DESEMBARGADOR MANOEL DE QUEIROZ PEREIRA CALÇAS, CORREGEDOR GERAL DA JUSTIÇA, NO USO DE SUAS ATRIBUIÇÕES LEGAIS, CONSIDERANDO a necessidade de aperfeiçoamento do texto da normatização administrativa; CONSIDERANDO o exposto, sugerido e decidido nos autos do Processo nº 2016/00052695; RESOLVE: Artigo 1º Dar nova redação ao item 129 e subitens, do Capítulo XIV, das NSCGJ, nos termos que seguem: '129. Diante da expressa autorização do juízo sucessório competente, nos autos do procedimento de abertura e cumprimento de testamento, sendo todos os interessados capazes e concordes, poderão ser feitos o inventário e a partilha por escritura pública, que constituirá título hábil para o registro imobiliário. 129.1 Poderão ser feitos o inventário e a partilha por escritura pública, também, nos casos de testamento revogado ou caduco, ou quando houver decisão judicial, com trânsito em julgado, declarando a invalidade do testamento, observadas a capacidade e a concordância dos herdeiros. 129.2. Nas hipóteses do subitem 129.1, o Tabelião de Notas solicitará, previamente, a certidão do testamento e, constatada a existência de disposição reconhecendo filho ou qualquer outra declaração irrevogável, a lavratura de escritura pública de inventário e partilha ficará vedada, e o inventário far-se-á judicialmente'. Artigo 2º Este provimento entra em vigor na data de sua publicação, revogadas as disposições contrárias. São Paulo, 17 de junho de 2016."

30 *Op. cit.*, p. 445.

31 **Inventário e partilha**. 2. ed. rev., atual. e ampl. Salvador: JusPodivm, 2020. p. 370-371. Em notas de rodapé: "17. ENUNCIADO Nº 600 Jornadas de Direito Civil: 'Após registrado judicialmente o testamento e sendo todos os interessados capazes e concordes com os seus termos, não havendo conflito de interesses, é possível que se faça o inventário extrajudicial'. Enunciado nº 16 do IBDFam: 'Mesmo quando houver testamento, sendo todos os interessados capazes e concordes com os seus termos, não havendo conflito de interesses, é possível que se faça o inventário extrajudicial'". Na nota 18, está a ementa completa do Recurso Especial nº 1808767/RJ [Número único: 0041546-06.2018.8.19.0000], sendo Relator o Ministro Luis Felipe Salomão, julgado em 15.10.2019, por unanimidade de votos, pela 4ª Turma do Superior Tribunal de Justiça (*Ibidem*, p. 370-371).

Na sobredita decisão judicial – Recurso Especial nº 1808767/RJ –, o Superior Tribunal de Justiça reconheceu a possibilidade jurídica da efetivação do inventário por procedimento extrajudicial, mesmo com a existência de testamento, desde que os interessados sejam maiores e capazes, estejam concordes com a partilha e o registro do testamento realizado em juízo, cuja ementa do acórdão, em seu item "3", delineia:

> 3. Assim, de uma leitura sistemática do *caput* e do § 1º do artigo 610 do CPC/2015, c/c os artigos 2.015 e 2.016 do CC/2002[32], mostra-se possível o inventário extrajudicial, ainda que exista testamento, se os interessados forem capazes e concordes e estiverem assistidos por advogado, desde que o testamento tenha sido previamente registrado judicialmente ou haja a expressa autorização do juízo competente. [...].

Pois bem, agora, para este estudo inaugural e inicial, apresenta-se a arbitragem como método adequado para a solução de conflito de interesses em sucessão hereditária, pontuadas as situações fáticas passíveis dessa eleição.

5. ARBITRAGEM NA SUCESSÃO HEREDITÁRIA

É legítimo direito de toda pessoa natural pleitear os seus interesses fático-jurídicos perante o Poder Judiciário, como expressa a Constituição da República em seu artigo 5º, inciso XXXV: "A lei não excluirá da apreciação do Poder Judiciário lesão ou ameaça de direito". Isso não obsta, contudo, que a pessoa interessada possa buscar a solução de eventual conflito de interesses por outros métodos legais e juridicamente cabíveis, como a negociação, conciliação[33] e mediação[34], que são meios principais e triviais de autocomposição de conflitos. Para esse desiderato no âmbito do Poder Judiciário brasileiro, o Conselho Nacional de Justiça editou a Resolução nº 125/2010.

---

32 "Artigo 2.015. Se os herdeiros forem capazes, poderão fazer partilha amigável, por escritura pública, termo nos autos do inventário, ou escrito particular, homologado pelo juiz. Artigo 2.016. Será sempre judicial a partilha, se os herdeiros divergirem, assim como se algum deles for incapaz."

33 A Constituição da República de 1988 determina, em seu art. 98, inciso II, que haverá de ser criada a "justiça de paz, remunerada, composta de cidadãos eleitos pelo voto direto, universal e secreto, com mandato de quatro anos e competência para, na forma da lei, celebrar casamentos, verificar, de ofício ou em face de impugnação apresentada, o processo de habilitação e exercer atribuições conciliatórias, sem caráter jurisdicional, além de outras previstas na legislação"; contudo, não se tem notícias de sua efetivação.

34 Lei federal nº 13.140/2015: "Dispõe sobre a mediação entre particulares como meio de solução de controvérsias e sobre a autocomposição de conflitos no âmbito da administração pública; altera a Lei nº 9.469, de 10 de julho de 1997, e o Decreto nº 70.235, de 6 de março de 1972; e revoga o § 2º do art. 6º da Lei nº 9.469, de 10 de julho de 1997".

Como forma de heterocomposição de eventuais conflitos, ao lado do Poder Judiciário, há a arbitragem, cuja Lei federal nº 9.307/1996[35] – Lei da Arbitragem [LArb] – sobre ela dispõe, e seu artigo 1º, *caput*, delineia: "As pessoas capazes de contratar poderão valer-se da arbitragem para dirimir litígios relativos a direitos patrimoniais disponíveis".

Ada Pellegrini Grinover ensina que a arbitragem é instrumento de heterecomposição e que,

> embora apresente altos méritos, sendo mais adequada do que o processo para um determinado grupo de controvérsias, ainda é um método adversarial, em que a decisão é imposta às partes, não pelo juiz, mas pelo árbitro. Já a autocomposição, que abrange uma multiplicidade de instrumentos, constitui técnica que leva os detentores de conflitos buscarem a solução conciliativa do litígio, funcionando o terceiro apenas como intermediário que ajuda as partes a se comporem. Por isso, os instrumentos que buscam a autocomposição não seguem a técnica adversarial.[36]

Em igual seguimento, há tempos Kazuo Watanabe leciona sobre a necessidade de serem implementadas práticas não contenciosas para a solução de conflitos:

> [...] Após a Lei nº 9.307/1996, houve algum avanço na área de arbitragem, com recrutamento, treinamento e especialização de profissionais voltados a essa modalidade de solução de conflitos. Todavia, ainda não se nota um investimento maior na formação e treinamento de profissionais voltados à solução não-contenciosa de conflitos, isto é, à negociação, conciliação e mediação.[37]

E conclui, depois de noticiar projeto de lei visando implementar a mediação no sistema jurídico brasileiro:

> 17. Temos fundadas esperanças de que essa inovação legislativa propiciará o surgimento de nova cultura, nas academias, nos tribunais, na advocacia, enfim, em todos os segmentos de atuação prática dos profissionais do direito.

35 A Lei federal nº 13.129/2015 implementou diversas alterações na Lei da Arbitragem, com o fito de ampliar a arbitragem para a Administração Pública direta, entre outras alterações.

36 Os fundamentos da justiça conciliativa. *In*: GRINOVER, Ada Pellegrini; WATANABE, Kazuo; LAGRASTA NETO, Caetano. **Mediação e gerenciamento do processo**: revolução na prestação jurisdicional: guia prático para a instalação do setor de conciliação e mediação. 2. reimp. São Paulo: Atlas, 2008. p. 1.

37 Cultura da sentença e cultura da pacificação. *In*: YARSHELL, Flávio; MORAES, Maurício Zanoide de. **Estudos em homenagem à Professora Ada Pellegrini Grinover**. São Paulo: DPJ, 2005. p. 685.

> A atual "cultura da sentença" será, com toda a certeza, paulatinamente substituída pela "cultura da pacificação.[38]

Em verdade, os mencionados métodos para solução adequada dos conflitos de interesses, seja pela hetero ou autocomposição, visam à resolução efetiva do conflito de interesses, não a mera extinção do processo, haja vista que, mormente pelo assoberbado volume de processos que tramitam perante o Poder Judiciário, nem sempre há condições reais e efetivas de se alcançar a resolução dos conflitos postos sob a sua apreciação concreta.

Inolvidável que o estudante de direito é instruído a buscar o litígio, instrução essa que se pretende desfocar, sobretudo com o ensino efetivo e concreto, ao lado das matérias processuais, das formas extrajudiciais, como arbitragem, negociação, conciliação e mediação, estas, como postas, as principais e triviais.

O profissional do direito também será compelido a litigar, mormente, em situações fático-jurídicas cuja solução consensual ou extrajudicial não se concretizou ou é inadequada; todavia, há que se deixar ao crivo do Poder Judiciário o julgamento de casos concretos cuja intervenção é-lhe imprescindível, donde o volume de processos poderá ser arrefecido, visando à possibilidade da resolução dos conflitos entre os litigantes, por decisão judicial equânime.

Por isso, o advogado, como primeiro profissional do direito a tomar conhecimento do conflito de interesses, há de ser o primeiro profissional a indicar a busca por uma solução extrajudicial, antes de demandar em juízo, porquanto, a cada conflito resolvido, decerto, será um processo judicial a menos a abarrotar os juízos de direito brasileiros.

Ao retomar o foco, como posto, a Lei da Arbitragem determina: "As pessoas capazes de contratar poderão valer-se da arbitragem para dirimir litígios relativos a direitos patrimoniais disponíveis" (artigo 1º, *caput*). Francisco José Cahali explica que esse dispositivo legal estatui a arbitrabilidade, que

> é a condição essencial para que um determinado conflito seja submetido à arbitragem. [...] Existe, pois, um filtro dos litígios que poderão ser encaminhados ao juízo arbitral.
>
> A arbitrabilidade será "subjetiva" ou "objetiva", conforme se refira aos sujeitos ou ao objeto do conflito, ambas as situações tratadas no artigo citado.
>
> A capacidade das partes ao firmarem a convenção é *conditio sine qua non* para a utilização da arbitragem – "arbitrabilidade subjetiva".
>
> [...]

38 *Ibidem*, p. 690.

> Para atender à "arbitrabilidade objetiva", exige-se que o objeto do litígio diga respeito a um direito patrimonial disponível, como diz a literalidade da norma.[39]

Em eventual conflito de interesses, a sua resolução pela arbitragem terá possibilidade jurídica quando os interessados forem pessoas plenamente capazes para celebrar negócio jurídico, desde que o objeto da divergência seja direito patrimonial disponível, ou seja, direito passível de negociação. Pois bem, como posto, a sucessão hereditária será por vocação legítima (artigo 1.829 do, CC/2002) ou testamentária, nada obsta que por ambas seja partilhada a herança, sendo aquela de natureza residual em face desta, sempre aplicável com a existência de herdeiros legítimos que sejam necessários.

Há que se indagar: O que será objeto da sucessão hereditária? A herança[40], pois, com a morte do seu autor, ela será transmitida, "desde logo, aos herdeiros legítimos e testamentários" (artigo 1.784 do CC/2002). Completa a legislação civil no artigo 1.791 do CC/2002:

> Artigo 1.791. A herança defere-se como um todo unitário, ainda que vários sejam os herdeiros.
> Parágrafo único. Até a partilha, o direito dos co-herdeiros, quanto à propriedade e posse da herança, será indivisível, e regular-se-á pelas normas relativas ao condomínio. (artigo 1.791, CC/2002).

Trata-se, pois, de uma universalidade de bens – direitos e deveres – transmitidos da pessoa do autor da herança, que, com sua morte, extinta estará a sua personalidade jurídica, e seu patrimônio transferido em bloco aos sucessores[41]. Com efeito, os direitos e deveres de natureza patrimonial e disponível tipifica a arbitrabilidade objetiva, satisfazendo a parte final do artigo 1º da Lei da Arbitragem.

Em sequência, se todos os interessados na sucessão hereditária forem maiores e capazes, em caso de divergência com relação aos aspectos patrimoniais disponíveis da herança, poderão convencionar que a resolução desse conflito será realizada por arbitragem, tipificada a arbitrabilidade subjetiva, com o compromisso de arbitragem[42].

---

39 **Curso de arbitragem**: mediação: conciliação: tribunal multiportas. 9. ed. rev., ampl. e atual. São Paulo: Thomson Reuters Brasil, 2022. p. 141-142.

40 "O fenômeno sucessório, disciplinado no direito das sucessões, consiste na substituição da pessoa, por sua morte, na titularidade de seu patrimônio, que é a herança, pelas pessoas que o falecido indicar no ato de última vontade, chamado de testamento (sucessão testamentária), ou, na ausência dessa disposição, na forma disposta em lei (sucessão legítima)." (AMARAL, Francisco. *Op. cit.*, p. 247)

41 Para efeitos legais, o direito à sucessão aberta é considerado bem imóvel (art. 80, II, do CC/2002).

42 "Artigo 9º O compromisso arbitral é a convenção através da qual as partes submetem um litígio à arbitragem de uma ou mais pessoas, podendo ser judicial ou extrajudicial. § 1º O compromisso arbitral judicial celebrar-se-á por termo nos autos, perante o juízo ou tribunal, onde tem curso a demanda. § 2º O compromisso arbitral extrajudicial será celebrado por escrito particular, assinado por duas testemunhas, ou por instrumento público." (Lei federal nº 9.307/1996)

Seja na sucessão legítima, seja com a testamentária, afirma-se a possibilidade jurídica da convenção de arbitragem entre os interessados plenamente capazes para a solução do conflito de interesses sobre a herança, mormente com relação aos direitos e deveres de natureza patrimonial e disponíveis, ou seja, quanto ao patrimônio negociável da herança.

Ao menos em tese, não se vislumbra razões jurídicas impeditivas dessa eleição. Ponto que merece enfoque está atrelado à sucessão testamentária; no entanto, situação fático-jurídica em que o autor da herança, em testamento, estabelece cláusula compromissória[43] determinando que eventual litígio entre os interessados em sua herança haverá de encaminhar a solução à arbitragem. Reitere-se: satisfeitos os pressupostos subjetivo e objetivo do artigo 1º da Lei da Arbitragem.

Aqui, outra indagação é cabível: Conflito decorrente de sucessão legítima e sucessão testamentária? O sistema jurídico brasileiro não tem disciplina legislativa específica.

Em texto sobre "Ensaio sobre arbitragem testamentária no Brasil com paradigma no direito espanhol", Francisco José Cahali assevera:

> Pelo direito sucessório, respeitada a legítima, é facultado ao testador impor condições ou encargos a serem cumpridos pelos herdeiros instituídos e legatários (artigos 1.897 e 1.938 do CC/2002). Ao beneficiário, resta submeter-se à restrição ou renunciar à herança.[44]

Esse o pensar de Mário Luiz Delgado, que também sufraga o seu fundamento no sobredito trabalho, em que conclui:

> Não mais se justificam as restrições ao uso da arbitragem como opção à solução de todo e qualquer conflito patrimonial emergente das relações fundadas no Direito das Sucessões. A possibilidade de inserção de cláusula compromissória em testamento, como instrumento apto a vincular herdeiros e legatários, não pode ser negada.[45]

Deveras, para as questões conflituosas advindas da sucessão testamentária, o testador tem a faculdade de determinar que, para a sua solução, os herdeiros testamentários, legatários e outros interessados, haverão de endereçá-la à arbitragem,

---

43 "A cláusula compromissória é a convenção através da qual as partes em um contrato comprometem-se a submeter à arbitragem os litígios que possam vir a surgir, relativamente a tal contrato. § 1º A cláusula compromissória deve ser estipulada por escrito, podendo estar inserta no próprio contrato ou em documento apartado que a ele se refira. [...]" (Artigo 4º da LArb)

44 **Revista de Arbitragem e Mediação**, São Paulo, v. 17, p. 54-70, abr./jun. 2008, p. 63.

45 A arbitragem testamentária: notas sobre o uso da arbitragem no direito das sucessões. **Revista Nacional de Direito de Família e Sucessões**, São Paulo, v. 33, p. 27-34, nov./dez. 2019, p. 34.

sempre com a lembrança das arbitrabilidades – subjetiva e objetiva – contidas no artigo 1º da Lei da Arbitragem; tal cláusula testamentária deixará de produzir efeitos jurídicos com relação à sucessão legítima, cujo compromisso arbitral, como analisado, é de exclusiva responsabilidade dos interessados.

A matéria decerto gera debate, haja vista a existência de doutrina em posição distinta, donde merece citação a inicial conclusão de Flávio Tartuce: "De toda sorte, não se pode negar que o tema é polêmico e que existem vozes e argumentos fortes para se efetivar a 'arbitrabilidade' familiar. O mesmo debate – até com maiores dificuldades, diante da intangibilidade da legítima – atinge o direito das sucessões", e completa: "Pretendo desenvolver melhor essas minhas objeções em artigo científico a ser escrito no futuro"[46].

De toda sorte, Arnoldo Wald lembra:

> 13. O saudoso Professor Bruno Oppetit sintetizou as diferenças entre a Justiça estatal e arbitral nos seguintes termos: a) A arbitragem é voluntária, decorrendo da autonomia da vontade, enquanto todos estão sujeitos à justiça estatal; [...].
> [...]
> 19. Ao recorrerem à arbitragem, as partes buscam flexibilidade, isto é, a possibilidade de criarem um procedimento "sob medida", no pleno exercício das "consequências da autonomia da vontade", ou do que Miguel Reale denominou "o poder de negociar". [...].[47]

A manifestação da vontade das pessoas naturais: herdeiros, legatários, interessados, sendo eles maiores e capazes, e a divergência versando sobre direitos patrimoniais indisponíveis, seja em sucessão legítima ou testamentária, por compromisso arbitral, delineará a remessa da solução do conflito de interesse ao juízo arbitral. Essa possibilidade é juridicamente possível.

Com relação ao autor da herança – que em vida delineia os caminhos para solução de eventuais controvérsias –, a denominada arbitragem testamentária poderá produzir efeitos jurídicos em relação a conflitos inerentes à própria sucessão testamentária, satisfeitos os requisitos do artigo 1º da Lei da Arbitragem.

Nesse ponto, indagar-se-ia sobre as sobreditas diretrizes da arbitragem: a liberdade, voluntariedade, autonomia da vontade, dos herdeiros testamentário, legatários, demais interessados, cuja resposta está na própria liberdade, voluntária e autônoma manifestação de vontade deles mesmos, em aceitar a herança testamentária ou o legado, ou a eles renunciar, caso não haja intenção e interesse em optar

---

46 Arbitragem e direito de família. Disponível em: https://www.migalhas.com.br/coluna/familia-e-sucessoes/360224/arbitragem-e-direito-de-familia. Acesso em: 13 out. 2023.

47 O espírito da arbitragem. **Doutrinas Essenciais Arbitragem e Mediação**, São Paulo, v. 1, p. 743-756, set. 2014, p. 745-746.

pela solução extrajudicial do conflito imposta pela vontade expressamente declarada do autor da herança.

CONCLUSÃO

O ponto central, inicial e inaugural, como posto na introdução, é a arbitragem efetivando a solução de conflito de interesses entre os sucessores hereditários – quando e como isso é e será possível no sistema jurídico brasileiro. Para tanto, este texto trouxe, ainda que em sobrevoos a institutos jurídicos, alguns básicos ao estudo do direito, mas de fundamental importância a todos os ramos do Direito, com peculiar atenção ao direito civil, como ato jurídico e vontade; outros, de igual importe e fundamento, com necessária atenção mais centrada, como a sucessão hereditária e a arbitragem; todos eles, concentrados e concatenados, repercutem no sistema jurídico brasileiro com o propósito de alcançar a pacificação social, a solução de conflitos hereditários, para uma adequada convivência familiar e social.

Em face disso, conclui-se que, satisfeitos os pressupostos fundamentais contidos no artigo 1º, *caput*, da Lei da Arbitragem, quais sejam: pessoas capazes de contratar – arbitrabilidade subjetiva – e direitos patrimoniais disponíveis – arbitrabilidade objetiva –, ao menos em tese, e, a princípio, há possibilidade jurídica da arbitragem na solução de conflitos de interesses relacionado ao direito à herança.

Os próprios herdeiros, legítimos ou testamentários, legatários e interessados, maiores e capazes, poderão assumir compromisso arbitral para esse escopo; o autor da herança, em testamento, poderá clausulá-lo – cláusula compromissória – com exclusiva aplicação à sucessão testamentária.

Essa direta conclusão tem como base fundamental a declaração expressa da vontade das pessoas naturais envolvidas, direta ou indiretamente, na transmissão do patrimônio pela sucessão hereditária, à qual, manifestada por pessoa plenamente capaz, dará existência e validade ao negócio jurídico, donde a sua eficácia tem como fundamento a morte do autor da herança.

Decerto, outros pontos e pormenores ainda deverão ser analisados para sedimentar as arbitrabilidades subjetiva e objetiva, àquela para assegurar plena existência à manifestação da vontade, a objetiva, com peculiar atenção à matéria que será ou poderá ser objeto de solução em juízo arbitral, o que ficará para momento posterior.

Afirma-se, por ora, ainda que genérica, a possibilidade jurídica da arbitragem para solução extrajudicial de conflitos de interesses em sucessão hereditária – legítima e testamentária –, satisfeitos os requisitos legais pertinentes, ante os fundamentos legais e doutrinários expostos.

Essas linhas primárias, iniciais e inaugurais ao estudo do tema central – a sucessão hereditária na arbitragem ou a arbitragem na sucessão hereditária –, refletem o pensamento fático-jurídico-social que se implementa no exercício das atividades no direito – acadêmicas e profissionais –, qual seja: a pacificação nas relações sociais e familiares.

Esse o escopo primordial!

REFERÊNCIAS

AMARAL, Francisco. **Direito civil**: introdução. 10. ed. rev. e modif. São Paulo: Saraiva Educação, 2018.

AZEVEDO, Álvaro Villaça. **Curso de direito civil**: teoria geral do direito civil: parte geral. 2. ed. São Paulo: Saraiva Educação, 2019.

AZEVEDO, Antônio Junqueira de. **Negócio jurídico**: existência, validade e eficácia. 4. ed. atual. de acordo com o novo Código Civil (Lei nº 10.406, de 10.01.2002). São Paulo: Saraiva, 2002.

CAHALI, Francisco José *et al.* **Escrituras públicas**: separação, divórcio, inventário e partilha consensuais: análise civil, processual civil, tributária e notarial. São Paulo: Revista dos Tribunais, 2007.

CAHALI, Francisco José. Ensaio sobre arbitragem testamentária no Brasil com paradigma no direito espanhol. **Revista de Arbitragem e Mediação**, São Paulo, v. 17, p. 54-70, abr./jun. 2008.

CAHALI, Francisco José. **Curso de arbitragem**: mediação: conciliação: tribunal multiportas. 9. ed. rev., ampl. e atual. São Paulo: Thomson Reuters Brasil, 2022.

CARVALHO, Luiz Paulo Vieira de. **Direito das sucessões**. 2. ed. São Paulo: Atlas, 2015.

DELGADO, Mário Luiz. A arbitragem testamentária: notas sobre o uso da arbitragem no direito das sucessões. **Revista Nacional de Direito de Família e Sucessões**, São Paulo, v. 33, p. 27-34, nov./dez. 2019.

GONÇALVES, Carlos Roberto. **Direito civil brasileiro**: parte geral. 14. ed. São Paulo: Saraiva, v. I, 2016.

GRINOVER, Ada Pellegrini; WATANABE, Kazuo; LAGRASTA NETO, Caetano. **Mediação e gerenciamento do processo**: revolução na prestação jurisdicional: guia prático para a instalação do setor de conciliação e mediação. 2. reimp. São Paulo: Atlas, 2008.

OLIVEIRA, Euclides de; AMORIM, Sebastião. **Inventário e partilha**: teoria e prática. 27. ed. São Paulo: Saraiva Educação, 2021.

RODRIGUES, Oswaldo Peregrina; NANNI, Giovanni Ettore (coord.). **A capacidade civil da pessoa natural**. São Paulo: Iasp, 2020.

ROSA, Conrado Paulino da; RODRIGUES, Marco Antonio. **Inventário e partilha**. 2. ed. rev., atual. e ampl. Salvador: JusPodivm, 2020.

TARTUCE, Flávio. Arbitragem e direito de família. **Migalhas**. Disponível em: https://abrir.link/KZqqg. Acesso em: 13 out. 2023.

WALD, Arnoldo. O espírito da arbitragem. **Doutrinas Essenciais Arbitragem e Mediação**, São Paulo, v. 1, p. 743-756, set. 2014.

YARSHELL, Flávio; MORAES, Maurício Zanoide de. **Estudos em homenagem à Professora Ada Pellegrini Grinover**. São Paulo: DPJ, 2005.

10. CLÁUSULA COMPROMISSÓRIA NAS SOCIEDADES LIMITADAS E SEUS EFEITOS EM RELAÇÃO AOS HERDEIROS DOS SÓCIOS

Fernando René Graeff
Doutor e Mestre em Direito pela Universidade Federal do Rio Grande do Sul (UFRGS).
Advogado e Coordenador da área da Família e Sucessões de Silveiro Advogados.

Rafael Bitencourt
Doutorando e Mestre em Direito pela Universidade Federal do Rio Grande do Sul (UFRGS).
Advogado na área de Planejamento Patrimonial e Sucessório, Família e Sucessões de Cescon, Barrieu, Flesch & Barreto Advogados.

INTRODUÇÃO

Não há nada de novidade em afirmar que a arbitragem apresenta uma série de vantagens na esfera empresarial[1]. Além de ser uma prática de governança corporativa recomendada pela Comissão de Valores Mobiliários (CVM) e pelo Instituto

1 REDECKER, Ana Claudia. Arbitragem nas sociedades limitadas. **Direito & Justiça**, Porto Alegre, v. 41, n. 2, p. 107-113, 2015.

Brasileiro de Governança Corporativa (IBGC)[2], fato é que a celeridade[3], o sigilo, a especialidade dos árbitros[4] e a segurança jurídica[5] assegurada no procedimento arbitral são características muito valorizadas no âmbito societário. Somado a isso, o direito empresarial é campo fértil de sua aplicação em decorrência, sobretudo, de que grande parte das questões envolvidas guardam conteúdo patrimonial e disponível[6].

Com efeito, o emprego da arbitragem como meio de resolução dos litígios societários no Brasil teve como um dos seus marcos a inclusão, em 2001, do § 3º no artigo 109 na Lei nº 6.404/1976[7], que tornou explícita a possibilidade de o estatuto social conter cláusula compromissória apta a instituir procedimento arbitral para dirimir divergências entre os acionistas e a companhia ou entre acionistas os controladores e os minoritários[8]. Já, nas sociedades limitadas, o artigo 997 do Código Civil prevê as cláusulas obrigatórias que devem constar no contrato social, referindo que outras disposições podem ser estipuladas pelas partes. Assim, embora a cláusula compromissória não esteja expressamente contida no artigo 997, é indubitável a possibilidade de sua celebração pelos sócios.

A uma, porque não há qualquer previsão legal que vede a sua utilização[9]. A duas, porque a instituição de cláusula compromissória no contrato social não contraria qualquer prescrição legal[10]. A três, porque a natureza contratual das sociedades limitadas, cujas matérias tendem a ser patrimoniais e disponíveis, é um campo propício para a arbitragem. A quatro, porque, como já referido, o artigo 109, § 3º, da Lei das S/A estipula expressamente que o estatuto da sociedade pode estabelecer que as divergências entre acionistas ou destes com a companhia poderão ser solucionadas mediante arbitragem (e, como ressabido, o artigo 1.053, parágrafo único, do Código Civil estabelece que o contrato social poderá prever a regência supletiva

---

2 APRIGLIANO, Ricardo de Carvalho. Extensão da cláusula compromissória a partes não signatárias no direito societário. **Revista do Advogado**, São Paulo, n. 119, p. 140-152, abr. 2013.

3 LONGA, Daniel Pinheiro. Vinculação das partes não signatárias à cláusula arbitral constante nos acordos de acionistas. **Revista de Arbitragem e Mediação**, São Paulo, v. 62, p. 131-156, 2019.

4 FIGUEIRA, Fábio A.; THEILKUHL, Daniel Ugo Rivera. Panorama sobre a previsão de cláusula compromissória e de mediação nas sociedades limitadas. **Revista de Arbitragem e Mediação**, São Paulo, v. 67, p. 215-240, 2020.

5 APRIGLIANO, *op. cit.*

6 FIGUEIRA; THEILKUHL, *op. cit.*

7 CAVALCANTE, Andressa M. R. Arbitragem societária no direito brasileiro: questões práticas sob perspectiva comparada. **Revista de Arbitragem e Mediação**, São Paulo, v. 64, p. 102-142, 2020.

8 EIZIRIK, Nelson. A constitucionalidade do artigo 136-A da Lei das S.A. **Revista de Arbitragem e Mediação**, São Paulo, v. 58, p. 131-145, 2018.

9 A lógica que o artigo 997 do Código Civil apresenta é exatamente a inversa, visto que o dispositivo confere liberdade às partes para estipulação das cláusulas do contrato (FIGUEIRA; THEILKUHL, *op. cit.*).

10 O artigo 1º da Lei nº 9.307/1996 assegura às pessoas capazes de contratar elegerem a arbitragem para dirimir litígios relativos a direitos patrimoniais disponíveis.

da sociedade limitada pelas normas da sociedade anônima, sendo que tal previsão expressa vem sendo, inclusive, mitigada[11]-[12]).

Além disso, em que pese a discussão que se travou quanto à aplicação da cláusula compromissória inserta em contrato social anterior à Lei nº 9.307/1996[13], o Superior Tribunal de Justiça deu fim ao debate com a edição em 2012 da Súmula nº 485, segundo a qual "a Lei de Arbitragem aplica-se aos contratos que contenham cláusula compromissória, ainda que celebrados antes da sua edição"[14].

Nada obstante, a despeito das vantagens da utilização da arbitragem no meio empresarial e da reconhecida validade das cláusulas compromissórias nos contratos sociais, subsiste ainda uma série de discussões jurídicas acerca da aplicação de tal método de resolução de conflitos, as quais são amplamente discutidas pela doutrina e, também, nos Tribunais. As principais delas são (a) o conteúdo e a forma como a cláusula compromissória é estabelecida no contrato social, e (b) quem são os sujeitos vinculados à referida cláusula (especialmente seus não signatários).

Neste contexto, o presente trabalho tem como objetivo analisar hipótese específica que acaba por englobar os dois aludidos aspectos controvertidos, qual seja, a do falecimento de sócio de sociedade limitada e os efeitos da cláusula compromissória instituída no contrato social em relação aos seus herdeiros. Pretende-se analisar, de um lado, quais as matérias englobadas na cláusula compromissória que podem

---

11 FIGUEIRA; THEILKUHL, *op. cit.*

12 Além disso, embora não seja o enfoque principal do presente estudo, é importante mencionar que a cláusula compromissória também pode ser inserida nos acordos de quotistas (modalidade de pacto parassocial), os quais podem vincular todos ou apenas alguns dos sócios (PASCOALI, Marco Antônio Ferreira. **A extensão e os limites de aplicabilidade da cláusula compromissória arbitral nos contratos sociais de sociedades limitadas.** Orientador: Eduardo de Avelar Lamy. 2019. 78 f. Trabalho de Conclusão de Curso (Bacharelado em Direito) – Centro de Ciências Jurídicas, Universidade Federal de Santa Catarina. Florianópolis, 2019. p. 29). Cumpre destacar, ainda, que tais acordos podem estabelecer diversos regramentos e obrigações entre os sócios, sendo muitas as possibilidades em face da autonomia privada (as limitações estão apenas naquilo que a legislação proibir, bem como nas regras do próprio contrato social) (MAMEDE, Eduarda Cotta; MAMEDE, Gladston. **Holding familiar e suas vantagens**: planejamento jurídico e econômico do patrimônio e da sucessão familiar. 11. ed. São Paulo: Atlas, 2019. p. 155). No caso de haver cláusula compromissória no acordo de quotistas e não no contrato social, o Tribunal de Justiça do Rio Grande do Sul já decidiu que prevalece as disposições constantes do acordo de quotistas, aplicando-se a cláusula compromissória de arbitragem nele contida (TJRS, Apelação Cível nº 50266922020228210001, 6ª Câmara Cível, J. 01.06.2023).

13 Em decisão datada de 2002, o Tribunal de Justiça do Estado do Rio Grande do Sul entendeu que a arbitragem somente passou a ter cunho forçado com a Lei nº 9.307/1996, descabendo sua aplicação a compromissos firmados anteriormente à sua vigência (TJRS, Apelação Cível nº 70002561538, 6ª Câmara Cível, J. 07.08.2002).

14 Ressalta-se que, consoante o entendimento dos Tribunais, a cláusula de eleição de Foro Judicial no mesmo instrumento em que é instituída a cláusula compromissória não se sobrepõe a esta, sendo aquela restrita apenas a eventuais situações não abrangidas pela arbitragem (TJSP, Apelação Cível nº 0014672-05.2009.8.26.0032, 4ª Câmara Cível, J. 18.12.2012).

atingir os herdeiros do sócio e, de outro, qual a vinculação de tais herdeiros a uma cláusula da qual não foram signatários.

1. CONFLITOS OBJETO DE CLÁUSULA COMPROMISSÓRIA NAS SOCIEDADES LIMITADAS

Antes de se adentrar ao debate acerca da amplitude da vinculação de terceiros não signatários à cláusula compromissória, faz-se imprescindível, para o escopo da pesquisa, analisar os conflitos que podem ser objeto da referida disposição contratual. No que tange à sua inserção no contrato social (ou, mesmo, em um acordo de quotistas), é fundamental, preliminarmente, que ela seja mais clara e completa possível não só quanto à eleição das partes pela arbitragem, como em relação aos conflitos que estão abrangidos pela cláusula. A relevância desse aspecto é corroborada pelo fato de que as imprecisões ou incertezas acerca da cláusula compromissória consistem em uma das principais causas de discussão envolvendo arbitragem e direito empresarial nos Tribunais[15].

Quanto à existência da cláusula compromissória, há, por exemplo, decisão do Tribunal de Justiça de São Paulo, que considerou inexistente cláusula que estava contida em um documento antigo que se alegava ser da fundação da sociedade, sendo que, após seguidas alterações contratuais, não restou fixada a competência dos árbitros. Entendeu o Tribunal haver dúvida da "interação do teor das cláusulas nesse documento" aos novos sócios. Em outro caso, o mesmo Tribunal entendeu que o termo "arbitramento" contido em contrato social não significava a inclusão de cláusula compromissória, inexistindo menção à arbitragem, ao árbitro, aos árbitros ou ao tribunal arbitral[16].

No que se refere aos conflitos abrangidos na cláusula, a especificação clara evita possíveis discussões ou interpretações, sendo ainda mais importante quando se deseja excluir algum conflito da esfera arbitral. Isso porque, como regra, se a cláusula é redigida de maneira ampla, sem especificar a natureza da divergência entre as partes[17], ou sem alguma restrição expressa[18], todos os conflitos envolvendo o contrato

---

15 REDECKER, *op. cit.*

16 TJSP, Apelação Cível nº 1002199-13.2021.8.26.0011, 2ª Câmara Reservada de Direito Empresarial, J. 24.05.2023.

17 TJSP, Apelação Cível nº 9241147-93.2005.8.26.0000, 7ª Câmara de Direito Privado, J. 21.09.2011.

18 REDECKER, *op. cit.*

social estarão abarcados[19], excluindo-se apenas as questões alheias a tal contrato[20]. Assim, para que haja exclusão de determinado conflito da arbitragem, a cláusula compromissória deve especificar aqueles que estão incluídos (de modo que todos os outros estarão excluídos do procedimento arbitral[21]-[22]-[23], não se admitindo intepretação extensiva[24]), ou, então, elencar expressamente os que não estão abrangidos pela cláusula[25].

---

19 Cita-se, como exemplo, caso julgado pelo Tribunal de Justiça do Rio Grande do Sul em que o contrato social estipulava que "a sociedade, seus sócios e administradores obrigam-se a resolver, por meio de arbitragem, de acordo com o Regulamento de Arbitragem da Câmara de Arbitragem do Mercado, toda e qualquer disputa ou controvérsia que possa surgir entre eles, relacionada ou oriunda, em especial, da aplicação, validade, eficácia, interpretação, violação e seus efeitos, das disposições contidas no Contrato Social da sociedade e nas normas aplicáveis às sociedades". Entendeu o Tribunal que se qualifica como decorrente do contrato social a contenda na qual se analisam atos, ao fim e ao cabo, de suposta má gestão dos sócios, pelo simples fato de que tal se dá em função e nos moldes do contrato social (TJRS, Agravo de Instrumento nº 50130019320198217000, 12ª Câmara Cível, J. 30.04.2020).
20 Nesse sentido, o Tribunal de Justiça de São Paulo já reconheceu que a cláusula compromissória inserida no contrato social que não submete, necessariamente, todos os litígios entre os sócios ao juízo arbitral. Se a discussão for alheia ao contrato social, a competência será da do Judiciário (TJSP, Agravo de Instrumento nº 2103139-41.2017.8.26.0000, 2ª Câmara Reservada de Direito Empresarial, J. 28.05.2018).
21 Em caso no qual a cláusula arbitral previa que eventual desavença entre sócios, quanto à interpretação ou aplicação do contrato, seria resolvida por junta arbitral não oficial, o Tribunal de Justiça de São Paulo entendeu que a discussão envolvendo a exclusão de sócio por cometimento de falta grave não estaria abarcada (TJSP, Agravo de Instrumento nº 0277052-11.2011.8.26.0000, 10ª Câmara de Direito Privado, J. 14.02.2012).
22 Em caso envolvendo dissolução de sociedade, o Superior Tribunal de Justiça entendeu que, tendo o acórdão recorrido considerado que o compromisso arbitral se refere aos casos de recesso, exclusão ou morte do sócio, a sua aplicação não pode ser estendida à ação de dissolução de sociedade comercial (STJ, Recurso Especial nº 867.101/DF, 3ª Turma, J. 20.05.2010).
23 Em caso envolvendo cláusula compromissória contida no contrato social, com alcance subjetivo restrito à controvérsia que surgir entre os sócios e administradores, o Tribunal de Justiça de São Paulo entendeu pela **inaplicabilidade da cláusula à relação jurídica discutida no feito, que consistia na suposta simulação do contrato de cessão de direitos, em que um dos participantes não integra o quadro societário** (TJSP, Agravo de Instrumento nº 2018269-87.2022.8.26.0000, 1ª Câmara Reservada de Direito Empresarial, J. 03.06.2022).
24 O Tribunal de Justiça de São Paulo já entendeu, por exemplo, que convenção de arbitragem contratada para dirimir eventuais litígios relativos à administração da sociedade não pode ser interpretada de forma extensiva, para abranger a divergência acerca do valor das quotas do sócio que exerceu o direito de retirada (TJSP, Agravo de Instrumento nº 9046704-74.2007.8.26.0000, 5ª Câmara de Direito Privado, J. 03.10.2007).
25 Em caso envolvendo ação de cobrança fundada em contrato de cessão de quotas, ajuizada pelos cedentes contra cessionários, em que havia expressa disposição pela inaplicabilidade da resolução arbitral em caso de cobrança de preço de aquisição das quotas sociais, que era exatamente o objeto da demanda, o Tribunal de Justiça de São Paulo entendeu pela inaplicabilidade da cláusula arbitral (TJSP, Apelação Cível nº 1136292-10.2016.8.26.0100, 1ª Câmara Reservada de Direito Empresarial, J. 18.06.2019).

Adentrando nas espécies de conflitos que podem estar abrangidos na cláusula compromissória inserida no contrato social, há que ser observada, essencialmente, a regra geral de que somente podem estar envolvidos direitos patrimoniais disponíveis – reiterando-se que, no âmbito do direito empresarial, a presença de direitos não patrimoniais ou indisponíveis é a exceção[26]. Além disso, não poderá abranger conflitos que transcendam ou, ainda, que não possuam relação direta com o contrato social[27]-[28].

Observadas tais premissas, a arbitragem não só poderá ser empregada em diversos momentos da vida societária (como em operações de *joint venture*, aquisição ou venda de participações sociais, incorporações)[29], como também poderá abranger uma variada gama de conflitos[30]. Pode-se citar, a título de exemplo, conflitos envolvendo: (i) dissolução de sociedade[31]-[32]-[33], incluindo a liquidação e a partilha de seu acervo[34]; (ii) apuração de haveres; (iii) exclusão de sócio[35]-[36]-[37]; (iv) distribuição de lucros[38];

---

26 ALVES, Giovani Ribeiro Rodrigues. A reforma legislativa e a convenção de arbitragem nas sociedades anônimas: reflexos e expectativas. *In*: TEIXEIRA, Tarcisio; LIGMANOVSKI, Patricia Ayub da C. (coord.) **Arbitragem em evolução**: aspectos relevantes após a reforma da Lei Arbitral. 1. ed. Barueri: Manole, 2018. *E-book*.

27 Nesse sentido, em ação de indenização por danos morais em que antiga sócia de sociedade veiculou pretensão ressarcitória relacionada a ato ilícito perpetrado pelos demais sócios, entendeu o Tribunal de Justiça de São Paulo pela inaplicabilidade de cláusula arbitral inserta em contrato social, uma vez que o conflito que não se afiguraria como de ordem societária (TJSP, Apelação Cível nº 1056164-95.2019.8.26.0100, 1ª Câmara Reservada de Direito Empresarial, J. 25.11.2020).

28 Em caso que envolvia ação indenizatória movida contra ex-sócia de sociedade por quotas e contra terceiro, em face de prejuízo sofrido pela empresa (que suportou o pagamento de dívida trabalhista de outra empresa na Justiça do Trabalho), entendeu o Tribunal de Justiça do Rio Grande do Sul que a cláusula compromissória foi instituída para a solução de conflitos entre as partes contratantes, para dirimir conflitos do contrato social, ao passo que o pedido indenizatório envolveria terceiros e situação externa ao contrato social (TJRS, Apelação Cível nº 70067514927, 6ª Câmara Cível, J. 28.04.2016).

29 STEIN, Raquel. **Arbitrabilidade no direito societário**. Orientador: Dr. Carlos Klein Zanini. 2011. 178 f. Dissertação (Mestrado em Direito) – Faculdade de Direito, Universidade Federal do Rio Grande do Sul. Porto Alegre, 2011. p. 22.

30 PASCOALI, *op. cit.*, p. 11.

31 STEIN, *op. cit.*, p. 140.

32 TJRS, Apelação Cível nº 70066865858, 6ª Câmara Cível, J. 27.10.2016.

33 TJSP, Apelação Cível nº 1013626-65.2020.8.26.0100, 1ª Câmara Reservada de Direito Empresarial, J. 01.12.2021.

34 REDECKER, *op. cit.*

35 TJSP, Apelação Cível nº 0014672-05.2009.8.26.0032, 2ª Câmara Reservada de Direito Empresarial, J. 18.12.2012.

36 TJSP, Agravo de Instrumento nº 2215582-32.2017.8.26.0000, 2ª Câmara Reservada de Direito Empresarial, J. 22.11.2017.

37 TJSP, Apelação Cível nº 1006418-22.2017.8.26.0266, 2ª Câmara Reservada de Direito Empresarial, J. 04.11.2019.

38 TJSP, Apelação Cível nº 1007937-03.2022.8.26.0510, 2ª Câmara Reservada de Direito Empresarial, J. 23.05.2023.

(v) administração da sociedade[39]; (vi) impasse acerca da implementação de órgãos da sociedade (como conselho deliberativo)[40]; (vii) responsabilidade civil por perdas e danos e de indenização por danos morais fundada em relação societária existente entre as partes[41]; (viii) mútuo inadimplido por sócia em relação à sociedade[42]; (ix) o exercício, por parte de sócio, do direito de conversão em quotas de crédito dele em face da sociedade[43].

Há que se destacar que, em alguns casos específicos, os Tribunais entenderam que o conflito não estaria ligado diretamente às cláusulas do contrato social. Em um dos casos, o Tribunal de Justiça de São Paulo entendeu que ação de exibição de documentos promovida por sócio minoritário não envolveria matéria submetida à arbitragem instituída em acordo de quotistas, por não haver questionamentos acerca das cláusulas contratuais, resumindo-se ao direito do acionista de fiscalizar a contabilidade das empresas[44]. Em outro interessante caso, o mesmo Tribunal entendeu que a cláusula de arbitragem estatuída no contrato social não guardava relação com a demanda, pois esta não envolvia litígio oriundo do contrato, mas, sim, versava sobre a conduta pessoal do réu de impedir o ingresso dos sócios nas dependências da sociedade[45]. Por fim, ainda o mesmo Tribunal, em caso no qual o autor da ação pleiteava o direito de se retirar da sociedade, renunciando expressamente ao direito de apuração de haveres, entendeu que a controvérsia dos autos não recairia sobre direito patrimonial disponível, mas garantia constitucional de não ser obrigado a permanecer associado contra a vontade, de modo que não seria aplicável a cláusula compromissória[46].

2. VINCULAÇÃO DA CLÁUSULA COMPROMISSÓRIA NAS SOCIEDADES LIMITADAS

Um dos principais embates envolvendo a cláusula compromissória no direito empresarial está centrado nos sujeitos que estão a ela vinculados. Tal decorre, primeiro, do fato de que, embora a Lei nº 9.307/1996 preceitue que a validade da

---

39 TJSP, Apelação Cível nº 0036097-68.2009.8.26.0071, 6ª Câmara de Direito Privado, J. 02.02.2012.

40 TJSP, Apelação Cível nº 0084897-88.2005.8.26.0000, 2ª Câmara de Direito Privado, J. 03.05.2011.

41 STJ, Recurso Especial nº 1.678.667/RJ, 4ª Turma, J. 6.11.2018.

42 TJSP, Apelação Cível nº 1101838-96.2019.8.26.0100, 31ª Câmara de Direito Privado, J. 11.05.2021.

43 TJSP, Agravo de Instrumento nº 2075333-21.2023.8.26.0000, 2ª Câmara Reservada de Direito Empresarial, J. 26.06.2023.

44 TJSP, Apelação Cível nº 0020852-59.2011.8.26.0002, 1ª Câmara Reservada de Direito Empresarial, J. 04.11.2014.

45 TJSP, Embargos de Declaração nº 0018314-87.2006.8.26.0000, 9ª Câmara (Extinto 1º TAC), J. 26.04.2007.

46 TJSP, Apelação Cível nº 1002039-44.2019.8.26.0597, 1ª Câmara Reservada de Direito Empresarial, J. 04.09.2019.

cláusula compromissória esteja atrelada à adesão voluntária das partes, a prática empresarial demonstra que a concordância com dita cláusula pode ocorrer de diferentes formas, havendo dúvida se tais formas atendem ao preceito da legislação arbitral. Segundo, da circunstância de que, em determinadas ocasiões, os efeitos da cláusula compromissória podem atingir sujeitos que não ocupam a condição nem de sócio nem de signatário da cláusula, o que torna a questão ainda mais complexa.

Sem a pretensão de esgotar todas as hipóteses existentes (o que nem seria possível), passa-se a analisar algumas das principais situações de vinculação da cláusula compromissória abordadas pela doutrina e pela jurisprudência, sendo que em uma delas – envolvendo a eventual vinculação de herdeiros de sócio – reside o objeto do presente estudo, motivo pelo qual será pormenorizadamente abordada em capítulo próprio.

A inserção da cláusula compromissória especificamente no contrato social pode ocorrer em dois momentos distintos: na própria constituição da sociedade ou, posteriormente, em alteração do contrato social mediante aprovação de mais da metade do capital social[47] (art. 1.076, II, do Código Civil).

Quando a cláusula compromissória é instituída na própria constituição da sociedade, é indubitável que todos os sócios signatários do contrato estão naturalmente vinculados à referida cláusula[48], a ela se submetendo em relação aos conflitos que estiverem abrangidos pela cláusula, independentemente de estarem na condição de minoritário ou de majoritário[49]. A dúvida, aqui, se afigura saber se apenas os sócios estariam vinculados à cláusula ou se também o estaria a própria sociedade (especialmente nos casos em que a cláusula não é clara nesse sentido).

Quanto ao ponto, em caso no qual se discutia exatamente tal vinculação de cláusula compromissória que abrangia quaisquer "controvérsias, disputas, diferenças ou reivindicações que surgirem entre as partes" em relação ao contrato ou "forem deste decorrentes e não puderem ser dirimidas por acordo mútuo", o Tribunal de Justiça do Rio Grande do Sul entendeu que não haveria como se extrair que a referida disposição não vincularia a própria sociedade constituída[50]. No mesmo sentido, em caso no qual a cláusula compromissória estabelecia que "as divergências surgidas entre os sócios, serão resolvidas por um conselho arbitral" e no qual se discutia os atos de gestão da empresa, o Tribunal de Justiça de São Paulo decidiu que os interesses dos sócios e da empresa se encontram de tal modo amalgamado e que não há como excluir a pessoa jurídica do debate entre os seus sócios-diretores afeitos à sua gestão[51].

---

47 Dito *quorum* foi alterado pela Lei nº 14.451/2022.

48 APRIGLIANO, *op. cit.*

49 TJSP, Apelação Cível nº 0029502-72.2012.8.26.0451, 2ª Câmara Reservada de Direito Empresarial, J. 19.05.2014.

50 TJRS, Apelação Cível nº 70070008388, 5ª Câmara Cível, J. 31.08.2016.

51 TJSP, Apelação Cível nº 1006315-57.2016.8.26.0037, 2ª Câmara Reservada de Direito Empresarial, J. 27.08.2018.

Já, em relação aos sócios que ingressarem posteriormente na sociedade, entende-se que igualmente estão vinculados à arbitragem, eis que, apesar de não serem signatários do contrato social, ao assumirem a posição contratual do antigo sócio[52], consentiram e anuíram com todos os termos e as condições daquele contrato social ao aceitarem a condição de sócio[53], o que inclui o método eleito para a solução de controvérsias decorrentes daquelas mesmas relações[54], como é o caso da cláusula compromissória[55]. Trata-se, em outras palavras, de um ato de ratificação dos termos do contrato social[56], já que quem adquire uma participação societária e ingressa no corpo de sócios de uma sociedade se sujeita a todo o conteúdo de seu contrato social (assim como ocorre nas sociedades anônimas em relação ao estatuto social), não podendo alegar desconhecimento.

Segundo a doutrina, tal circunstância envolve a transmissão do compromisso arbitral, a qual ocorre quando "uma pessoa recebe direitos já nascidos (adquiridos) que lhe são transmitidos em estado natural"[57]. Ou seja, o adquirente/cessionário recebe o contrato original na forma e no conteúdo como foi firmado pelas partes originárias[58], tornando-se titulares da posição jurídica de uma das partes[59].

Deve ser afastado, aqui, o argumento de que a anuência à cláusula compromissória deva ocorrer por escrito[60], já que tal exigência se limita à forma como a cláusula deve ser instituída[61]. Com efeito, a forma como se dará a escolha pela via arbitral comporta relativização, devendo ser prestigiadas a boa-fé e a vedação de comportamentos contraditórios[62], elementos importantes para a aferição de tal esco-

---

52 PINTO, Paulo Mota. Transmissão da convenção de arbitragem. **Revista de Arbitragem e Mediação**, São Paulo, v. 78, p. 273-305, 2023.

53 FIGUEIRA; THEILKUHL, *op. cit.*

54 APRIGLIANO, *op. cit.*

55 "Em relação ao primeiro ponto, conclui-se que a partir do momento em que o ingressante na sociedade concorda em fazer parte do corpo de sócios, ele também estará dando do seu consentimento em relação à eventual previsão de arbitragem." (STEIN, *op. cit.*, p. 140)

56 EIZIRIK, *op. cit.*

57 CLAY, Thomas. A extensão da cláusula compromissória às partes não contratantes (fora grupos de contratos e grupos de sociedades/empresas). **Revista Brasileira de Arbitragem**, São Paulo, v. 2, n. 8, p. 74-82, 2005.

58 FERNANDES, Nathalia Weddigen Cid. **A (im)possibilidade da extensão da cláusula arbitral às partes não contratantes**. Orientadora: Me. Tatiana de Almeida Freitas Rodrigues Cardoso Squeff. 2015. 102 f. Trabalho de Conclusão de Curso (Especialização em Direito) – Faculdade de Direito, Universidade Federal do Rio Grande do Sul. Porto Alegre, 2015.

59 OLIVEIRA, Inaê Siqueira. **Transmissão da cláusula compromissória**. Orientador: Francisco Paulo de Crescenzo Marino. 2021. 143 f. Dissertação (Mestrado em Direito) – Faculdade de Direito, Universidade de São Paulo. São Paulo, 2021.

60 LONGA, *op. cit.*

61 STEIN, *op. cit.*, p. 68.

62 APRIGLIANO, *op. cit.*

lha. Atitudes que manifestam o inequívoco consentimento ao contrato e à cláusula compromissória devem ser consideradas[63].

Sobre a vinculação do sócio que adquire as quotas após a inserção da cláusula, o Enunciado nº 16 na I Jornada de Direito Comercial do Conselho Federal de Justiça é no sentido de que o adquirente adere ao contrato social em relação à cláusula compromissória, de modo que "estará vinculado à previsão da opção da jurisdição arbitral, independentemente de assinatura e/ou manifestação específica a esse respeito". Tal posição foi ratificada pela 4ª Turma do Superior Tribunal de Justiça em recente julgado datado de 11.09.2023, no qual foi ressaltado que "o consentimento à arbitragem pode ocorrer não apenas de modo expresso, mas também de forma tácita"[64].

Embora se trate de situação fática distinta, é também de se destacar interessante caso julgado pelo Tribunal de Justiça de São Paulo. Nele, algumas das sócias eram incapazes quando da celebração do contrato em que prevista a cláusula arbitral, o que impediria que validamente consentissem com a arbitragem (nos termos do art. 1º, *caput*, da Lei nº 9.307/1996). A outra sócia sustentou que, ao terem se beneficiado e permanecerem se beneficiando dos efeitos da avença depois de atingida a maioridade, ditas sócias teriam consentido, diretamente e quando já plenamente capazes, à cláusula compromissória nela contida. Entendeu o Tribunal ser admissível, em tese, anuência tácita à cláusula arbitral, determinando que a questão fosse dirimida, com prioridade cronológica, pelo árbitro[65].

Já, quando a cláusula compromissória é instituída no contrato social por meio de alteração contratual, a situação é bem mais embaraçosa. Isso porque, como a modificação do contrato pode ocorrer por maioria dos votos (conforme estabelecido pelo artigo 1.076, II, do Código Civil), há que se analisar o que ocorre em relação aos sócios que não votaram ou que restaram vencidos na deliberação. Há, quanto ao ponto, duas grandes correntes doutrinárias e jurisprudenciais.

A primeira delas é no sentido de que a cláusula compromissória não pode ser imposta a quem com ela não concordou expressamente, de modo que cada acionista deveria aderir individual e expressamente à arbitragem (os principais argumentos são de que a inclusão da cláusula compromissória dependeria de uma declaração personalíssima de vontade[66] e de que não poderia se falar em renúncia implícita[67]

---

63 AZEVEDO, Ciro Rangel. **Vinculação da parte não signatária à cláusula compromissória**: o caso dos grupos societários à luz do ordenamento jurídico brasileiro. Orientador: Dr. Giovanni Ettore Nanni. 2017. 153 f. Dissertação (Mestrado em Direito) – Pontifícia Universidade Católica de São Paulo. São Paulo, 2017.

64 STJ, Agravo Interno no Recurso Especial nº 2.047.764/SP, 4ª Turma, J. 11.09.2023.

65 TJSP, Agravo de Instrumento nº 2097931-71.2020.8.26.0000, 2ª Câmara Reservada de Direito Empresarial, J. 29.09.2020.

66 REDECKER, Ana Cláudia. Arbitragem nas sociedades limitadas. **Direito & Justiça**, v. 41, n. 2, p. 107-113, jul./dez. 2015, p. 109-110.

67 STEIN, *op. cit.*, p. 91-93.

ou tácita[68] dos sócios dissidentes ou em imposição da cláusula a estes, porquanto o acesso ao Poder Judiciário se trataria de um direito fundamental dos sócios – artigo 5º, XXXV, da CF).

A segunda delas é no sentido de que deve prevalecer a vontade da maioria, de forma que mesmo os não votantes ou os vencidos na votação estariam submetidos à cláusula compromissória. Além disso, argumenta-se que não haveria violação ao direito de ação e de acesso à justiça, sobretudo porque a arbitragem tem natureza jurisdicional (assegurado o contraditório e a ampla defesa)[69] e se afigura plenamente compatível com os aludidos princípios, como já reconhecido em nosso sistema jurídico[70]. Da mesma forma, é possível fazer constar no contrato social disposições acerca de critério de apuração e do modo de pagamento de haveres, as quais não vinculam apenas os sócios concordantes, mas toda a sociedade[71]. Somado a isso, defende-se que a permanência dos quotistas discordantes no quadro societário representa a sua aceitação[72], devendo pressupor que consentiram com a deliberação pela inclusão da cláusula arbitral no contrato social[73].

Sem se ignorar a dificuldade do tema, mostra-se mais acertado o entendimento de que a cláusula arbitral vincula os sócios não votantes ou dissidentes. Vejamos.

Em relação aos não votantes, ao assim procederem, acabaram por abrir mão do seu poder de decisão sobre a matéria, aceitando qualquer que fosse o resultado da deliberação. Nesse sentido, registra-se que, para a votação ser válida, a matéria deve estar incluída na ordem do dia e os sócios devem ter sido regularmente convocados para o conclave (artigo 1.072 do Código Civil), de tal sorte que todos os membros com direito a voto tenham conhecimento prévio sobre a possibilidade de modificação do contrato social.

Quanto aos sócios vencidos, há um aparente conflito[74]-[75] entre a regra da maioria, que é basilar no direito societário[76], e o princípio adotado pela Lei nº 9.307/1996, de que a cláusula compromissória é válida desde que voluntariamente

---

68 BENETI, Ana Carolina; BARALDI, Eliana; CUNHA, Eliana. Extensão dos efeitos da cláusula compromissória a partes não signatárias. *In*: SOARES, Fabiane Vercosa *et al.* (coord.). **Arbitragem e mediação**: temas controvertidos. 1. ed. Rio de Janeiro: Forense, 2014. *E-book*.

69 EIZIRIK, Nelson. A constitucionalidade do artigo 136-A da Lei das S.A. **Revista de Arbitragem e Mediação**, São Paulo, v. 58, p. 131-145, jul./set. 2018, p. 134.

70 STEIN, *op. cit.*, p. 93.

71 APRIGLIANO, Ricardo de Carvalho. Extensão da cláusula compromissória a partes não signatárias no direito societário. **Revista do Advogado**, São Paulo, n. 119, p. 146-147, abr. 2023.

72 REDECKER, *op. cit.*, p. 111.

73 FIGUEIRA; THEILKUHL, *op. cit.*

74 PELA, Juliana Krueger. Notas sobre a eficácia da cláusula compromissória estatutária. **Revista de Direito Mercantil, Industrial, Econômico e Financeiro**, São Paulo, n. 126, p. 129-140, 2002.

75 EIZIRIK, *op. cit.*

76 APRIGLIANO, *op. cit.*

aceito pelas partes. Todavia, o artigo 1.077 do Código Civil prevê que, quando houver modificação do contrato social, terá o sócio dissidente o direito de se retirar da sociedade, nos trinta dias subsequentes à reunião de sócios que aprovou a alteração. Tem-se, assim, que, se o sócio dissidente não exercer o direito de retirada, acaba por aceitar a sua permanência na sociedade, mesmo com a modificação do contrato social aprovada por maioria, consentindo tacitamente com os novos termos do contrato social, ou, em outras palavras, com as regras do jogo[77].

Nesse exato sentido foi o recente entendimento do Tribunal de Justiça de São Paulo envolvendo cláusula compromissória inserida em contrato social da requerida por maioria de votos (79,5%). Entendeu o Tribunal pela validade da cláusula compromissória de juízo arbitral para solução de conflitos, em observância do princípio majoritário[78].

Vale menção que essa mesma discussão é travada em relação ao artigo 136-A da Lei das S/A, segundo o qual a aprovação da inserção de convenção de arbitragem no estatuto social obriga a todos os acionistas, assegurado ao dissidente o direito de se retirar da companhia mediante o reembolso do valor de suas ações. Para uma corrente, dita alteração foi acertada, conferindo às sociedades anônimas solução que já existia para as sociedades limitadas quanto aos sócios dissidentes da inclusão da cláusula arbitral[79]. Para outra corrente, no embate entre o princípio constitucional da universalidade da jurisdição consagrado no artigo 5º, XXXV, e o princípio infraconstitucional da maioria acionária do artigo 136-A da Lei das S/A, predominaria o princípio constitucional, razão pela qual a regra do artigo 136-A seria considerada inconstitucional[80].

Certo é que, seja em relação aos sócios não votantes, seja em relação aos sócios dissidentes na deliberação sobre a adoção da arbitragem, o princípio majoritário oferece o suporte necessário para a determinação da vinculação dos sócios[81], de modo que a submissão dos conflitos à jurisdição arbitral se traduz em deliberação social comum, para a qual o legislador não exige unanimidade[82]. Em verdade, a necessi-

---

77 STEIN, *op. cit.*, p. 99.

78 TJSP, Apelação Cível nº 1124004-88.2020.8.26.0100, 2ª Câmara Reservada de Direito Empresarial, Foro Central Cível – 1ª Vara Empresarial e Conflitos de Arbitragem, Rel. Ricardo Negrão, Data do Julgamento: 28.03.2023, Data de Registro: 30.03.2023.

79 EIZIRIK, *op. cit.*

80 LOBO, Jorge. Inconstitucionalidade do artigo 136-A da LSA. **Revista de Arbitragem e Mediação**, São Paulo, v. 58, p. 147-170, 2018.

81 "Em relação aos sócios dissidentes ou ausentes na deliberação sobre a adoção da arbitragem, o princípio majoritário oferece o suporte necessário para a determinação da vinculação ou não dos sócios." (STEIN, *op. cit.*, p. 140)

82 APRIGLIANO, *op. cit.*, p. 146-147.

dade de tal unanimidade para a inclusão da cláusula compromissória representaria, na prática, uma subversão à regra da maioria[83].

Tal posicionamento, que já havia sido adotado pela 3ª Turma do Superior Tribunal de Justiça[84], foi recentemente ratificado na análise de caso no qual a cláusula compromissória foi instituída por usufrutuária que possuía direito exclusivo de voto à época da instituição da cláusula, tendo sido regularmente alterado o contrato social da sociedade limitada (as quotas haviam sido doadas em igual proporção aos seis filhos, sendo resguardado o usufruto político e econômico, de forma vitalícia). De acordo com a Corte Superior, no caso analisado, embora o nu-proprietário de quotas sociais não tenha participado da tomada de decisão social, ela o vincula em decorrência do mecanismo societário de formação da vontade, do qual o nu-proprietário previamente aceitou participar quando recebeu em doação as quotas sociais. Destacou, ainda, que tal situação se assemelharia às hipóteses do sócio ausente em deliberação ou de sócio dissidente que dela participa, mas resta vencido[85].

Tem-se, portanto, como regra (ressalvados posicionamentos contrários) que a cláusula compromissória instituída no contrato social vincula os sócios signatários do contrato, os novos sócios, a sociedade, os sócios que votaram a favor de modificar o contrato social para incluir a cláusula (no caso de ela não constar no contrato de constituição da sociedade), os sócios que não votaram em tal deliberação e, até mesmo, os sócios que votaram contrariamente à modificação do contrato social e não exerceram posteriormente o direito de retirada.

No entanto, nem sempre a discussão atinente à vinculação da cláusula compromissória instituída no contrato social envolve os próprios sócios, visto que, por vezes, abrange também terceiros não sócios e não signatários (os quais não detêm conhecimento da existência da cláusula[86]), o que torna ainda mais complexa a questão. Trata-se, aqui, não de hipótese de transmissão[87], mas, sim, de extensão dos efeitos da cláusula compromissória[88].

---

83 FIGUEIRA; THEILKUHL, *op. cit.*

84 Em julgado datado de 2018, a 3ª Turma havia se pronunciado no sentido de que "a cláusula compromissória arbitral, inserta no contrato social por ocasião da constituição da sociedade, como in casu, ou posteriormente, respeitado o quórum legal para tanto, sujeita a sociedade e a todos os sócios, atuais e futuros, tenham estes concordado ou não com tal disposição, na medida em que a vinculação dos sócios ao conjunto de normas societárias (em especial, do contrato social) dá-se de modo unitário e preponderante sobre a vontade individual eventualmente dissonante" (STJ, Recurso Especial nº 1727979/MG, 3ª Turma, J. 12.06.2018).

85 STJ, Agravo Interno no Agravo Interno no Agravo em Recurso Especial nº 1.800.832/MG, 3ª Turma, J. 6.03.2023.

86 FERNANDES, *op. cit.*

87 [89] GONÇALVES, *op. cit.*

88 De acordo com Thomas Clay, "a extensão é a operação pela qual se acrescenta uma pessoa a uma relação de obrigação. É o caso, por exemplo, de uma empresa matriz que se vê obrigada pelo contrato de uma de suas filiais" (CLAY, *op. cit.*).

A possibilidade ou não da extensão dos efeitos da convenção de arbitragem a terceiros que não tenham integrado a relação contratual é uma questão discutida inclusive no âmbito da arbitragem internacional, havendo diversas teorias que se desenvolveram ao longo do tempo e inúmeros precedentes[89] a respeito do tema. Como as possibilidades se apresentam vastas, são as peculiaridades dos casos concretos (especialmente quanto ao comportamento das partes que não participam do contrato em que foi instituído o compromisso arbitral) é que acabam por definir a vinculação ou não à cláusula compromissória[90].

No Brasil, além de uma série de precedentes, há uma considerável quantidade de trabalhos acadêmicos (tanto dissertações de mestrado quanto teses de doutorado) que aborda a questão, o que, por si só, ressalta a complexidade do tema. Vejamos algumas hipóteses comumente discutidas.

Como regra geral, a cláusula compromissória no Direito brasileiro somente surte efeitos em relação aos que com ela consentiram, não atingindo terceiros[91]. Todavia, em algumas hipóteses, os termos de contratos firmados por certas partes no âmbito societário acabam, na prática, provocando obrigações a terceiros[92].

Um dos casos típicos em que se discute a extensão da cláusula compromissória é a sub-rogação da seguradora em relação ao segurado[93], já que a seguradora não é signatária da cláusula compromissória nem com ela consentiu. Quanto ao tema envolvendo a vinculação de seguradora à cláusula compromissória, não se pode deixar de mencionar recente decisão do Superior Tribunal de Justiça na qual se entendeu que a seguradora se sub-rogou nos direitos do segurado, o qual firmou contrato de transporte de mercadorias com cláusula compromissória[94].

Também é bastante debatida a questão da vinculação dos administradores não sócios à cláusula compromissória constante de contrato ou estatuto social. Há entendimento de que os administradores não sócios somente estariam vinculados à arbitragem se a redação da cláusula mencionar explicitamente que os administradores estão nela englobados (entende-se, nesse caso, que o conhecimento acerca das

---

89 "Nesse contexto, existem na arbitragem internacional diversos precedentes que admitiram a extensão dos efeitos da convenção de arbitragem a terceiros não signatários. Esses precedentes tem por fundamento: (i) fraude ou (ii) evidências de que o terceiro, apesar de não signatário, teria participado quer das etapas da formação, quer da execução do contrato ao qual a convenção se arbitragem se aplica e, portanto, anuído com as condições do negócio, inclusive com a intenção de se submete as controvérsias daí existentes à solução por intermédio da arbitragem [...]" (BENETI; BARALDI; CUNHA, *op. cit.*, p. 4)

90 *Ibid.*, p. 1.

91 LONGA, *op. cit.*, p. 27-28.

92 *Ibid.*, p. 37-39.

93 FERNANDES, *op. cit.*, p. 36.

94 STJ, Recurso Especial nº 2.074.780/PR, 3ª Turma, J. 22.08.2023.

disposições do contrato social é algo inerente à função do administrador[95]); caso contrário, se a cláusula mencionar apenas que os conflitos entre os sócios e a sociedade serão remetidos à via arbitral, os administradores não sócios não estariam a ela vinculados[96], apesar da presunção de conhecimento em relação à cláusula compromissória[97]. Ou seja, a questão terá que ser definida caso a caso[98].

A vinculação do administrador à arbitragem prevista em contrato social já foi reconhecida pelo Tribunal de Justiça de São Paulo em caso no qual existia cláusula compromissória no contrato social da ré que vinculava expressamente os administradores. Entendeu o Tribunal que, ao aceitar a nomeação no contrato social e assiná-lo, o administrador anuiu com todos os seus termos, inclusive a cláusula compromissória[99].

Outra situação interessante envolveu caso de desconsideração da personalidade jurídica julgado pelo Superior Tribunal de Justiça. De acordo com a decisão proferida, o consentimento tácito ao estabelecimento da arbitragem é verificado na hipótese em que um terceiro, utilizando-se de seu poder de controle para a realização de contrato (no qual há a estipulação de compromisso arbitral) e em abuso da personalidade da pessoa jurídica interposta, determina tal ajuste, sem dele figurar formalmente, com o manifesto propósito de prejudicar o outro contratante. Segundo o Tribunal, o consentimento formal exigido na arbitragem, que tem por propósito justamente preservar a autonomia dos contratantes, não pode ser utilizado para camuflar a real vontade da parte, por ela própria dissimulada deliberadamente[100].

Merece também menção, quanto ao tema, o caso paradigma conhecido como "caso Trelleborg"[101], no qual o Tribunal de Justiça de São Paulo, adotando entendimento mais flexível da doutrina internacional[102], entendeu que a cláusula compromissória surtiria efeitos em relação a uma sociedade não signatária, sob os fundamentos de haver prova acerca de sua participação nas negociações do contrato em que foi instituída a cláusula e de comportamento que evidenciou a sua anuência quanto ao conteúdo do contrato, além da vantagem econômica que obteve com o negócio jurídico.

---

95 APRIGLIANO, *op. cit.*, p. 149.

96 FICHTNER, José A.; MANNHEIMER, Sergio N.; MONTEIRO, André L. **Teoria geral da arbitragem**. 1. ed. Rio de Janeiro: Forense, 2018. *E-book*. p. 374.

97 APRIGLIANO, *op. cit.*, p. 150.

98 PASCOALI, *op. cit.*

99 TJSP, Apelação Cível nº 1081830-64.2020.8.26.0100, 2ª Câmara Reservada de Direito Empresarial, J. 03.07.2023.

100 STJ, Recurso Especial nº 1.698.730/SP, 3ª Turma, J. 08.05.2018.

101 TJSP, Apelação com Revisão nº 9193203-03.2002.8.26.0000, 7ª Câmara de Direito Privado, J. 31.05.2006.

102 BENETI; BARALDI; CUNHA, *op. cit.*, p. 5-6.

Registre-se, ainda, apenas a título de menção, que há uma gama de outras circunstâncias que ensejam o debate, tais como a questão da sujeição de terceiro à arbitragem nos casos em que (i) se impõe a formação de litisconsórcio[103]; (ii) há a possibilidade de intervenção de terceiros[104]; (iii) há controvérsia envolvendo ex-sócios (havendo decisões, em casos similares, tanto que afastam[105] quanto que reconhecem[106] a vinculação de ex-sócios); (iv) há o envolvimento de sociedade controladora e sociedade controlada, tendo apenas uma delas sido signatária da cláusula[107].

3. EFEITOS DA CLÁUSULA COMPROMISSÓRIA NAS SOCIEDADES LIMITADAS EM RELAÇÃO AOS HERDEIROS DOS SÓCIOS

A análise realizada até aqui foi fundamental para o enfrentamento da problemática referente à vinculação ou não dos herdeiros dos sócios à cláusula arbitral

---

103 *Ibid.*, p. 10.

104 O Tribunal de Justiça de São Paulo afastou a aplicação da cláusula compromissória em caso no qual os "contornos de ajuizamento da demanda" estenderiam a discussão "a outros sujeitos não integrantes do contrato social no qual foi prevista a cláusula arbitral" (TJSP, Agravo de Instrumento nº 2023343-64.2018.8.26.0000, 2ª Câmara Reservada de Direito Empresarial, J. 30.10.2018).

105 Em ação declaratória de dissolução de sociedade cumulada com apuração de haveres, entendeu o Tribunal de Justiça de São Paulo que a cláusula compromissória dizia respeito apenas a divergências entre os sócios. Como o autor da ação já havia se retirado da sociedade, remanesceria apenas a questão envolvendo a apuração de haveres e a consequente constituição de crédito a ser satisfeito pela sociedade, o que superaria os limites estabelecidos para o juízo arbitral. Entendeu o Tribunal que a sociedade não poderia participar da arbitragem, exceto se houvesse cláusula específica ou superveniente avença que sujeitasse todos os envolvidos, de modo que eventual decisão proferida no juízo arbitral não seria capaz de impor à empresa uma obrigação de pagar (TJSP, Apelação Cível nº 0040815-93.2011.8.26.0506, 5ª Câmara de Direito Privado, J. 24.06.2014).

106 Em ação de retirada de sociedade, em que se discutia, em que o ex-sócio retirante discutia que o valor apurado relativamente à sua quota-social foi inferior ao valor de mercado, entendeu o Tribunal de Justiça de São Paulo pela prevalência da expressa estipulação entre as partes de compromisso arbitral para dirimir questões relativas ao contrato social da empresa e compra e venda de ações e quotas (TJSP, Apelação Cível nº 0164935-05.2010.8.26.0100, 1ª Câmara de Direito Privado, J. 03.03.2015).

107 Em caso julgado pelo Tribunal de Justiça de São Paulo, as quotas de uma sociedade controladora haviam sido alienadas a terceiro, constando no contrato que em caso de inviabilidade do regular desenvolvimento das sociedades do grupo, o terceiro adquirente poderia rescindir o negócio. Restou estabelecido, ainda, que todas as controvérsias relativas ao negócio seriam dirimidas pelo Tribunal Arbitral. Posteriormente à aquisição das quotas, o terceiro adquirente constatou irregularidades contábeis tanto na sociedade controladora quanto na controlada. Entendeu o Tribunal que mesmo a sociedade controlada não tendo participado do contrato de compra e venda, a cláusula compromissória alcançaria também a sociedade controlada, já que, entre outros argumentos, a eficácia do negócio jurídico de compra e venda foi condicionada à participação da autora também na empresa controlada (as partes haviam ajustado que o terceiro adquirente deveria anuir com o acordo de acionistas da sociedade controlada, o que efetivamente ocorreu) (TJSP, Agravo de Instrumento nº 2150696-58.2016.8.26.0000, 2ª Câmara Reservada de Direito Empresarial, J. 19.02.2018).

inserida no contrato social. Isso porque, para que se tenha uma resposta afirmativa ou negativa quanto a tal vinculação, é necessário examinar se: (a) os conflitos objeto da cláusula arbitral englobam ou não direitos patrimoniais disponíveis; e (b) qual a condição dos herdeiros em relação à cláusula compromissória da qual não foram signatários.

No que tange à averiguação se os conflitos objeto da cláusula compromissória englobam ou não direitos patrimoniais disponíveis, é preciso averiguar, caso a caso, qual o conteúdo englobado pela cláusula instituída no contrato social.

Se a cláusula inserida no contrato englobar matéria de direito sucessório, tal consistirá, por si só, um óbice à vinculação dos herdeiros, seja pela indisponibilidade de grande parte das matérias do direito das sucessões (embora não haja posicionamento pacífico, há quem entenda que o direito sucessório, em razão da natureza de ordem pública, não pode ser objeto de convenção arbitral[108], havendo precedente judicial no sentido de afastar a aplicabilidade de cláusula compromissória prevista em testamento, por exemplo[109]), seja por transcenderem o conteúdo do contrato social. Assim, uma cláusula que estabeleça, por exemplo, que os conflitos envolvendo a partilha das quotas do sócio falecido entre os herdeiros serão dirimidos pelo juízo arbitral, não poderá prevalecer, pelas duas razões *supra* já apontadas.

Todavia, tal vedação não ocorre em outras situações que envolvem direitos patrimoniais disponíveis[110], sem envolver direito sucessório. Importante, nesse sentido, relembrar o que ocorre com as quotas de sócio que vem a falecer.

Quando ocorre o falecimento de sócio de uma sociedade limitada, o seu direito à participação societária – assim como todo o seu patrimônio –, por força do princípio da *saisine*, é transmitido imediatamente aos herdeiros[111]. Todavia, tal transmissão não atribui aos sucessores necessariamente a condição de sócio[112], os quais somente adquirirão tal condição se o contrato social ou se os demais sócios assim permitirem (como se verá adiante), e, ainda, se os herdeiros receberem as quotas

---

108 MATTOS NETO, Antonio José de. Direitos patrimoniais disponíveis e indisponíveis à luz da lei da arbitragem. *In*: FRANCO FILHO, Georgenor de Sousa (coord.). **Temas atuais de direito**. Rio de Janeiro: LMJ Mundo Jurídico, 2013. p. 49-62.

109 No caso analisado, o Tribunal de Justiça de São Paulo entendeu que "é nula a cláusula do testamento que obriga os sucessores a se valerem de juízo arbitral" (TJSP, Apelação Cível nº 9281671-30.2008.8.26.0000, 10ª Câmara de Direito Privado, J. 11.03.2014).

110 FARIA, Marcela Kohlbach. **Participação de terceiros na arbitragem**. Orientador: Dr. Paulo Cezar Pinheiro Carneiro. 2019. 215 f. Tese (Doutorado em Direito) – Faculdade de Direito, Universidade do Estado do Rio de Janeiro. Rio de Janeiro, 2019. p. 52.

111 LÔBO, Paulo. Direito constitucional à herança, saisine e liberdade de testar. *In*: PEREIRA, Rodrigo da Cunha; DIAS, Maria Berenice (coord.). **Famílias**: pluralidade e felicidade: Anais do IX Congresso Brasileiro de Direito de Família. Belo Horizonte: IBDFam, 2014. p. 38-39.

112 "[...] A transmissão da herança não implica a transmissão do estado de sócio. [...]." (STJ, Recurso Especial nº 537.611/MA, 3ª Turma, J. 05.08.2004, p. 230)

por força da partilha[113]. Ou seja, o que é transmitido aos herdeiros é tão somente o direito ao conteúdo da participação societária, podendo ou não haver o ingresso no quadro social.

Essa relevante distinção decorre do fato de que, enquanto a transmissão do direito às participações societárias aos herdeiros é regulada pelo direito sucessório (artigos 1.784 e seguintes do Código Civil), o direito a eventual ingresso na sociedade é regulado pelas regras do direito empresarial (artigos 966 e seguintes do Código Civil).

Quanto à possibilidade ou não do ingresso dos herdeiros na sociedade limitada, o Código Civil estabeleceu, em seu artigo 1.208 (disciplinado no Título de Direito Empresarial do Código Civil), que, como regra, no caso de morte de sócio, as suas quotas serão liquidadas, com o pagamento dos respectivos haveres aos herdeiros. Ou seja, a regra é que os herdeiros não ingressem na sociedade, recebendo apenas o valor econômico correspondente às quotas do sócio falecido.

Todavia, há três exceções a essa regra geral: a primeira é se o contrato social dispuser de forma distinta (permitindo expressamente o ingresso dos herdeiros, por exemplo); a segunda é se os sócios remanescentes optarem pela dissolução total da sociedade (hipótese em que haverá o encerramento das atividades, não havendo que se falar em pagamento de haveres); e a terceira é se, por acordo com os herdeiros, os sócios remanescentes concordarem com a substituição do sócio falecido (ainda que não haja previsão expressa no contrato social nesse sentido).

Em síntese: em sendo possível o ingresso dos herdeiros, não haverá que se falar em apuração de haveres, mas, sim, em partilha das próprias quotas entre os sucessores[114]; em contrapartida, não sendo possível o ingresso dos herdeiros na sociedade, ocorrerá a liquidação de toda a sociedade (no caso de sua dissolução total) ou a liquidação apenas da quota do sócio falecido (no caso de continuidade da sociedade), hipótese na qual serão apurados os respectivos haveres.

Para a apuração dos haveres, o Código de Processo Civil dispõe, em seu artigo 604, que o juiz fixará a data da resolução da sociedade (que será a data do óbito) e definirá o critério de apuração dos haveres à vista do disposto no contrato social, nomeando perito para tal apuração. Quanto ao critério a ser observado na apuração dos haveres, valerá o que estipular o contrato, sendo que, em caso de omissão deste, o juiz definirá, como critério de apuração de haveres, o valor patrimonial apurado em balanço de determinação, tomando-se por referência a data da resolução e avaliando-se bens e direitos do ativo, tangíveis e intangíveis, a preço de saída, além do

---

113 ONÓFRIO, Bianca de Quadros. **Apuração de haveres**: entre a liberdade contratual e os limites à aplicação das regras contratuais. Orientador: Dr. Luís Renato Ferreira da Silva. 2018. 196 f. Dissertação (Mestrado em Direito) – Faculdade de Direito, Universidade Federal do Rio Grande do Sul. Porto Alegre, 2018. p. 93.

114 TJRS, Agravo de Instrumento nº 70024174385, 8ª Câmara Cível, J. 02.10.2008.

passivo, a ser apurado de igual forma (busca-se, portanto, auferir o valor real de mercado das quotas).

Observa-se, do analisado *supra*, que o contrato social exerce papel fundamental na questão envolvendo a transmissão da participação societária aos herdeiros, podendo regular tanto o ingresso ou não dos herdeiros na sociedade quanto os critérios a serem observados para a apuração de haveres dos herdeiros (no caso de não ingresso destes na sociedade). Tais questões, importante frisar, são matéria eminentemente de direito empresarial e societário, não possuindo qualquer relação com o direito sucessório (que regula apenas a condição ou não de sucessor em relação à participação societária do sócio falecido).

Assim, no caso de existir cláusula compromissória no contrato social estabelecendo que os conflitos decorrentes do falecimento do sócio que versarem sobre o ingresso ou não dos herdeiros na sociedade e/ou o critério de apuração dos haveres aos herdeiros, não há, a toda evidência (ao menos no que diz respeito à matéria nela englobada), óbice para a sua aplicação. E, ressalte-se, tal ocorrerá tanto na hipótese de ingresso quanto na hipótese de não ingresso dos herdeiros no quadro social.

Na hipótese de ocorrer o ingresso dos herdeiros na sociedade (se assim se tornar possível), não resta dúvida de que a cláusula compromissória está a eles vinculada, já que, como qualquer outro sócio que ingressa na sociedade (adquirindo determinadas quotas, por exemplo), concordam com todas as regras do contrato social (incluindo a cláusula compromissória) no momento do seu ingresso[115]. Já, na hipótese de não ingresso dos herdeiros na sociedade, a questão relativa ao valor dos haveres igualmente deverá ser submetida à arbitragem, seja por se tratar de direito patrimonial e disponível[116] (que possuem natureza de crédito[117]), seja por ser questão diretamente vinculada ao conteúdo do contrato social.

Realizada tal delimitação no tocante às matérias objeto de cláusula compromissória em contrato social que podem surtir efeitos em face dos herdeiros dos sócios, cumpre ser analisado se, mesmo não tendo os herdeiros anuído com a cláusula compromissória nem quando de sua instituição (eis que não eram sócios), nem quando do falecimento do sócio (ocasião em que não adquirem automaticamente a condição de sócios), a cláusula compromissória se aplicaria a eles.

Para tanto, imprescindível identificar em qual hipótese se enquadra a situação dos herdeiros do sócio no que diz respeito a terceiros não signatários: se é caso de transmissão ou de extensão da cláusula compromissória. A resposta a essa indagação é de que a situação dos herdeiros do sócio envolve transmissão da cláusula arbitral,

---

115 TJSP, Apelação Cível nº 1005959-77.2015.8.26.0011, 1ª Câmara Reservada de Direito Empresarial, J. 29.11.2017.

116 TJSP, Apelação com Revisão nº 9066300-15.2005.8.26.0000, 9ª Câmara de Direito Privado, J. 10.07.2006.

117 ONÓFRIO, *op. cit.*, p. 106-107.

já que, assim como no caso de compra/venda de ações, ocorre a transmissão da posição jurídica[118]-[119].

A questão do ingresso ou não dos herdeiros na sociedade envolve matéria puramente de direito empresarial. As sociedades limitadas são, em regra, sociedades de pessoas, em que os atributos dos sócios detêm importância fundamental (prova do que se afirma é a possibilidade de dissolução da sociedade pela simples quebra da *affectio societatis*). Nesse sentido, a legislação societária confere aos sócios das sociedades limitadas a prerrogativa de estabelecer regras obstaculizando ou impedindo o ingresso de terceiros na sociedade. E isso vale para todos os terceiros, sejam eles herdeiros ou não. O que se transfere aos herdeiros é o aspecto patrimonial das quotas, e não o direito pessoal de pertencer à sociedade[120].

Já, no que se refere à apuração de haveres, a transmissão dos direitos sobre o conteúdo da participação do sócio falecido (por força do mencionado princípio da *saisine*) faz com que os herdeiros adquiram os mesmos direitos que o sócio falecido detinha em caso de dissolução de sociedade, qual seja, o de receber os respectivos haveres. Nesse sentido, tratando-se a sucessão *causa mortis* de sucessão *universal* do patrimônio do titular[121], o conteúdo das quotas da sociedade limitada é herdado nos exatos termos e nas características existentes quando do falecimento do sócio (incluindo as regras do contrato social) – mesmo porque, se assim não fosse, estar-se-ia admitindo aceitação parcial da herança, o que é vedado pela legislação[122].

Não se pode perder de vista que é a participação do sócio falecido que estará sendo liquidada, e não a participação societária dos herdeiros. Assim, se o autor da herança deveria se submeter à arbitragem em relação à apuração de haveres, igual conclusão se aplica ao seu herdeiro[123], devendo a cláusula permanecer intacta[124]. Isso porque o sucessor possui direito tão somente à porção exata, ou a menor, do que o

---

118 GONÇALVES, *op. cit.*, p. 3-4.

119 "É o caso, por exemplo, dos herdeiros, do cessionário de crédito ou de contrato e de certos casos de sub-rogação de direitos. A pessoa inicial é, então, desobrigada de sua obrigação." (CLAY, *op. cit.*, p. 74)

120 ONÓFRIO, *op. cit.*, p. 43.

121 COMPARATO, Fábio Konder. Sucessões empresariais. *In*: WALD, Arnoldo. **Doutrinas essenciais**. 1. ed. São Paulo: Revista dos Tribunais, v. 3, 2011. p. 1145-1146.

122 NALIN, Paulo Roberto Ribeiro. Jurisprudência estatal nacional comentada: dissolução parcial de sociedade empresária. Morte de sócio. Ausência de *affectio societatis* entre sócio remanescente e sucessor. Cláusula compromissória inserta na constituição da empresa. Extensão da cláusula compromissória aos sócios atuais e futuros, inclusos os advindos de sucessão hereditária. Direitos societários disponíveis. Competência da câmara arbitral eleita para processar o feito dissolutório. Superior Tribunal de Justiça. J. 12.06.2018. **Revista Brasileira de Arbitragem**, São Paulo, v. 75, p. 112-113, 2022.

123 NALIN, *ibid.*, p. 112.

124 FARIA, *op. cit.*, p. 51.

seu sucessor detinha[125], de modo que, se o sócio não possuía o direito de questionar a cláusula compromissória, não haveria como os seus herdeiros o fazerem.

Assim, verifica-se que os herdeiros do sócio falecido passam a ocupar a mesma posição que este detinha em suas relações jurídicas patrimoniais, somado ao fato de que a cláusula compromissória não tem natureza personalíssima e os sucessores recebem o bem da forma como ele se apresenta, com as suas eventuais restrições e os seus gravames. Desse modo, ainda que aos herdeiros não tenha sido concedido o direito de se manifestar quando da inclusão da cláusula, tampouco de retirar-se da sociedade por discordarem dela (como ocorre com os sócios), os sucessores não teriam direito a opor-se à cláusula arbitral.

Por fim, importante referir o posicionamento de parte da doutrina no sentido de que os herdeiros sequer poderiam ser classificados como terceiros em um pacto parassocial que verse sobre a sucessão *causa mortis* dos sócios[126]-[127]. Para essa corrente, ainda que não tenha evidentemente firmado o acordo de sócios, o espólio se apresenta como parte substancial do negócio jurídico por ser o verdadeiro titular do interesse negociado.

Caso se compreenda como verdadeira tal premissa, com mais razão ainda seria possível sustentar a vinculação dos herdeiros à cláusula compromissória. Ao contrário dos acordos de sócios – cuja eficácia perante terceiros depende do seu registro e da matéria negociada –, as disposições do contrato social, a partir de sua publicização na Junta Comercial, são oponíveis a toda e qualquer pessoa. Por fim, como ressalta Inaê Siqueira Oliveira, "o estado de sujeição à jurisdição arbitral está no complexo de relações jurídicas com valor econômico (patrimônio) do sucedido e vincula o sucessor, salvo excepcional natureza personalíssima"[128]. E tal natureza personalíssima, por ser exceção, não pode ser presumida.

Tem-se, assim, por todos os ângulos que se examina a questão, que, a partir do falecimento do sócio, não se está mais em debate o direito de herança (que seria indisponível), mas, sim, a pretensão do herdeiro frente à sociedade na condição de sócio (se ingressar na sociedade) ou credor dos haveres (que é direito patrimonial disponível)[129]. Não há, portanto, qualquer restrição ao direito hereditário em si.

Dessa forma, a cláusula compromissória disposta no contrato social que englobar direitos patrimoniais e disponíveis, e que forem atinentes ao direito societário (e

---

125 PONTES DE MIRANDA, Francisco Cavalcanti. **Tratado de direito privado**: parte geral. 1. ed. São Paulo: Revista dos Tribunais, t. 5, 2013. p. 88.

126 OLIVEIRA, *op. cit.*

127 POTTER, Nelly. O pacto parassocial como instrumento de planejamento sucessório. *In*: TEIXEIRA, Daniele Chaves (coord.). **Arquitetura do planejamento sucessório**. 2. ed. Belo Horizonte: Fórum, 2019. p. 390-391.

128 OLIVEIRA, *op. cit.*

129 NALIN, *op. cit.*, p. 95-113.

não ao direito sucessório), vinculará também os herdeiros dos sócios. Ressalva-se a situação de haver herdeiros incapazes, hipótese na qual se torna bastante discutível e complexa a possibilidade de utilização do procedimento arbitral.

4. POSICIONAMENTO DOS TRIBUNAIS NO QUE DIZ RESPEITO À VINCULAÇÃO DOS HERDEIROS DO SÓCIO À CLÁUSULA COMPROMISSÓRIA

A discussão envolvendo a vinculação ou não de herdeiros do sócio falecido à cláusula compromissória instituída em contrato social de sociedade limitada há muito tem sido discutida nos Tribunais. O elevado número de julgados existentes que tratam de uma questão tão específica apenas evidencia a dificuldade no enfrentamento do tema e a necessidade de um maior aprofundamento por parte da doutrina.

De modo a demonstrar os posicionamentos dos Tribunais e a evolução da jurisprudência sobre a matéria, a apresentação das decisões se dará, primeiramente, pela distinção entre os julgados que foram contrários e os que se apresentaram favoráveis à vinculação dos herdeiros à cláusula arbitral, e, após, pela ordem cronológica das decisões.

Em relação às decisões contrárias à aplicação da cláusula compromissória aos herdeiros do sócio, destacam-se dois julgados cujas peculiaridades conferiram maior relevância ao entendimento adotado. Na primeira decisão, exarada pelo Tribunal de Justiça de São Paulo no ano de 2007, o caso envolvia sociedade cujo contrato social objeto da discussão continha cláusula compromissória que, no entendimento do Tribunal, não teria aplicação à lide existente entre os herdeiros dos sócios falecidos, que dizia respeito às condições para integrarem o contrato social. Restou consignado que a questão não consistiria em divergência entre sócios, mas, sim, entre sujeitos interessados (herdeiros) em figurar como sócios da empresa. Afastou-se, assim, a aplicação da cláusula compromissória no caso em tela[130].

A segunda decisão foi proferida, também, pelo Tribunal de Justiça paulista, mas em 2022. No caso, a controvérsia surgiu no âmbito do inventário, acerca da expressão financeira da participação da autora da herança em sociedade de advogados. Entenderam os Desembargadores que o fato de haver cláusula compromissória arbitral no contrato social não repercutiria na apuração de haveres, uma vez que o processo de inventário seria a sede exclusiva para se apurar, liquidar e partilhar os bens deixados por pessoa morta, mediante apuração de haveres de eventual participação societária, situação essa que não se enquadraria na cláusula em que as sócias

130 TJSP, Apelação Cível com Revisão nº 0111773-12.2007.8.26.0000, 2ª Câmara de Direito Privado, J. 07.08.2007.

elegeram o juízo arbitral para a solução de controvérsias oriundas do contrato. Ressalva-se a peculiaridade de que, conforme a decisão proferida, os herdeiros teriam comparecido ao juízo arbitral para informar que a questão ligada à apuração dos haveres estaria sendo tratada no processo de inventário e que, por esse motivo, o assunto não deveria ser discutido naquele juízo[131].

Já, no que tange às decisões favoráveis à aplicação da cláusula compromissória aos herdeiros de sócio, a quantidade é expressivamente maior, demonstrando a solidificação de entendimento nesse sentido, especialmente após o pronunciamento do Superior Tribunal de Justiça a respeito.

A primeira decisão que merece destaque é a proferida pelo Tribunal de Justiça de São Paulo em 2002. Na ocasião, foi analisado caso envolvendo sociedade cujo contrato social previa que "as divergências dos sócios ou de seus herdeiros serão resolvidas por dois árbitros escolhidos pelos mesmos". Discutia-se, no processo, se a cláusula seria aplicável ao conflito acerca da apuração e do pagamento de haveres à herdeira de sócio falecido. Entendeu-se pela aplicação da cláusula compromissória, sendo julgada procedente a ação para a instituição de compromisso arbitral[132].

A segunda decisão a ser referida é a exarada pelo Tribunal de Justiça paulista em 2017, no qual a ação estava fundamentada na violação do contrato social de sociedade e na série de ações imprudentes e temerárias vinculadas à gestão e administração do negócio. Como os herdeiros do sócio não figuraram no contrato social, suscitou-se que a cláusula arbitral não poderia ser oposta a eles, pois não houve manifestação de vontade nesse sentido e, assim, não estaria cumprindo um requisito de validade do negócio jurídico, conforme preconizaria o art. 4º da Lei de Arbitragem. Entenderam os Desembargadores, contudo, pelo desacolhimentos de tais razões, na medida em que os herdeiros do sócio falecido sucedem àquele, assumindo os mesmos direitos e obrigações[133].

A terceira decisão relevante, e a que merece maior destaque, haja vista ter sido prolatada pela 3ª Turma do Superior Tribunal de Justiça, remonta a junho de 2018[134]. A ação tinha como objeto a dissolução parcial da sociedade e a apuração de haveres, em virtude do falecimento de um dos sócios. A parte autora sustentava que a competência para o julgamento da ação seria da Justiça estadual, por se tratar de uma questão de direito sucessório, a qual seria indisponível. Entendeu o Tribunal Superior estarem obrigados também os herdeiros dos sócios à cláusula

---

131 TJSP, Agravo de Instrumento nº 2293905-12.2021.8.26.0000, 8ª Câmara de Direito Privado, J. 04.03.2022.

132 TJSP, Apelação Sem Revisão nº 9070733-33.2003.8.26.0000, 8ª Câmara de Direito Privado, J. 22.02.2007.

133 TJSP, Apelação Cível nº 1005959-77.2015.8.26.0011, 1ª Câmara Reservada de Direito Empresarial, J. 29.11.2017.

134 STJ, Recurso Especial nº 1727979/MG, 3ª Turma, J. 12.06.2018.

compromissória constante do contrato social. Isso porque não constituiria objeto da ação o direito à sucessão da participação societária, de titularidade dos herdeiros, que se dá, naturalmente, no bojo de ação de inventário e partilha, mas, sim, a subsistência da sociedade em liquidação parcial, com a consequente alteração de seu quadro societário. Ou seja, a matéria societária atinente à dissolução parcial e aos haveres se relacionaria a direitos disponíveis (o que ficaria evidenciado pela possibilidade de os sucessores renunciarem à sucessão das quotas). Em relação ao fato de os herdeiros não serem signatários do acordo, entendeu o Tribunal que os efeitos dessa são estendidos à sociedade, aos sócios, atuais ou futuros, bem como aos sucessores da quota social do sócio falecido, até que ingressem na sociedade na qualidade de sócios ou até que efetivem a dissolução parcial de sociedade.

Posteriormente a tal entendimento firmado pela 3ª Turma do Superior Tribunal de Justiça, outras três decisões no mesmo sentido merecem menção. Destaca-se, inicialmente, a decisão proferida pelo Tribunal de Justiça de São Paulo poucos meses após a aludida decisão do Superior Tribunal de Justiça (em setembro de 2018). No caso em comento, após o falecimento de uma das sócias, e não havendo os seus herdeiros ingressados na sociedade, o ente empresário ingressou com ação para depositar os haveres aos sucessores da sócia falecida, sob o fundamento de que a cláusula arbitral existente se aplicaria apenas aos sócios, uma vez que o espólio seria terceiro na relação jurídica e, por esse motivo, não teria anuído à previsão. Todavia, no entendimento dos Desembargadores, os herdeiros sucederam a sócia nos mesmos direitos e obrigações a ela conferidos e, por consequência lógica, a cláusula compromissória também se estenderia a eles, enquanto não definitivamente dissolvida a sociedade[135].

Outra decisão de expressiva relevância foi a proferida pelo Tribunal de Justiça de Minas Gerais, em dezembro de 2018, em recurso no qual se discutia a validade de cláusula compromissória constante de estatuto social em relação à controvérsia que não guardava natureza sucessória, mas estritamente empresarial. O Tribunal expressou, então, o entendimento de que a cláusula de juízo arbitral, ainda que não consentida pelos sucessores do sócio falecido, os vinculava, na medida em que diz respeito ao ato constitutivo da sociedade[136].

Por fim, importa aludir julgado do Tribunal de Justiça de São Paulo, datado de junho de 2019, no qual o contrato social continha cláusula segundo a qual as divergências que surgissem entre os sócios (inclusive, no caso de falecimento de um deles) ou entre os seus herdeiros, e o remanescente seria resolvido perante o juízo arbitral. A sociedade e o sócio remanescente pretendiam a dissolução parcial com vistas à retirada do sócio falecido do quadro social, pendendo discussão sobre a

---

135 TJSP, Apelação Cível nº 1049317-82.2016.8.26.0100, 2ª Câmara Reservada de Direito Empresarial, J. 24.09.2018.

136 TJMG, Embargos de Declaração nº 1.0000.16.073163-4/002, 10ª Câmara Cível, J. 04.12.2018.

apuração dos haveres, matérias que estavam previstas no contrato social em que inserida a cláusula arbitral. Sustentaram os herdeiros que a referida disposição contratual vinculava apenas divergências sociais entre os sócios, não ostentando o espólio ou as suas herdeiras dita condição. Em sua decisão, os Desembargadores referiram que a estipulação contratual apresentava plena eficácia, pois firmada por pessoas capazes de contratar e dizia respeito a litígios relativos a direitos patrimoniais disponíveis, não havendo razão para ser afastada[137].

Com base na análise realizada antes, é possível constatar que, aos poucos, especialmente após a decisão paradigma do Superior Tribunal de Justiça sobre a matéria, vem se consolidando entendimento pela possibilidade de aplicação dos efeitos da cláusula compromissória constante em contato social de sociedade limitada aos herdeiros de sócio falecido, desde que a discussão envolva direitos patrimoniais e disponíveis.

Todavia, ainda é cedo para afirmar que se trata de discussão absolutamente superada, mormente considerando que o preenchimento dos requisitos para tal aplicação da cláusula aos herdeiros de sócio falecido dependerá, invariavelmente, da averiguação das circunstâncias fáticas de cada caso, em especial a redação e o conteúdo da cláusula compromissória, bem como a matéria envolvida em cada conflito.

CONCLUSÃO

No contexto da aplicação das cláusulas compromissórias nos contratos sociais e do impacto dessas disposições a terceiros não anuentes, o presente estudo se propôs a enfrentar hipótese ainda tormentosa na doutrina e na jurisprudência, que é a eficácia de tal cláusula contratual em face dos herdeiros de sócio falecido não signatários. Nessa conjectura, a investigação visou a esclarecer quais são as matérias mencionadas na cláusula compromissória que alcançam os herdeiros e qual a espécie de vinculação desses à disposição contratual à qual não anuíram.

De início, foi possível concluir que, para responder ao problema proposto, deve-se ter em mente sempre que as matérias que podem ser objeto da cláusula compromissória são aquelas que guardam natureza eminentemente patrimonial e disponível (elemento objetivo da arbitragem). Dentro desse leque, pode-se mencionar diversos conflitos envolvendo a sociedade limitada, a exemplo de controvérsias acerca da sua dissolução, apuração de haveres e distribuição de lucros.

Além da matéria, etapa a ser enfrentada disse respeito à vinculação de terceiros não anuentes da cláusula. No que tange aos sócios, foi possível concluir que a

137 TJSP, Apelação Cível nº 1003463-58.2018.8.26.0597, 2ª Câmara Reservada de Direito Empresarial, J. 11.06.2019.

cláusula compromissória inserida em contrato social vincula (i) os sócios anuentes, (ii) os membros futuros do quadro social, (iii) os que não integravam a sociedade quando da inclusão da disposição contratual; (iv) os que, ainda que já integrassem o quadro de sócios, não participaram da deliberação social que a incluiu no contrato; e, mesmo, (v) os que discordaram expressamente da sua inserção.

Em relação aos herdeiros do sócio falecido, embora se afigure questão mais complexa, chegar-se-á à mesma conclusão, desde que a cláusula compromissória abarque direitos patrimoniais, disponíveis e atinentes ao direito societário. E, nesse conceito, encontra-se justamente o caso dos conflitos que versam sobre o ingresso ou não dos herdeiros na sociedade e os critérios de apuração de seus haveres (matérias sobre as quais a legislação já confere aos sócios a possibilidade de disposição no contrato social).

Pôde-se verificar, assim, que, quando do falecimento do sócio, o que se discute não é o direito de herança (o qual se afigura indisponível), mas a pretensão do herdeiro em face do ente empresário de recebimento de eventuais haveres (enquanto credor) ou de ingressar na sociedade (na condição de sócio), em especial porque, nas sociedades limitadas, o que se transmite aos herdeiros não é, em regra, a condição de sócio, mas a dimensão patrimonial da participação social. Além disso, os sucessores hereditários passam a ocupar a mesma posição que o *de cujus* mantinha em suas relações jurídicas patrimoniais, de modo que, se este estava submetido à cláusula compromissória, os primeiros também devem a ela se submeter.

Nesse mesmo sentido, observou-se também que, na jurisprudência, é expressivo e crescente o movimento de reconhecer a validade e a eficácia da cláusula compromissória em contrato social em relação aos herdeiros. Contudo, não é razoável afirmar que a questão se encontra resolvida, tendo em vista as decisões judiciais em sentido contrário e a necessidade de análise do caso concreto, nomeadamente no que toca à matéria objeto da controvérsia entre as partes.

Importa referir, por fim, que o objetivo primordial do presente artigo consistiu em lançar luz a um tema ainda em debate expressivo na doutrina e na jurisprudência. Mais do que isso, a investigação ora proposta demonstrou a necessidade de se debruçar sobre a questão justamente devido à sua relevância prática e à frequência cada vez maior com que o tema será debatido nos conflitos em razão da recorrência da inserção da cláusula compromissória nos contratos das sociedades limitadas.

REFERÊNCIAS

ALVES, Giovani Ribeiro Rodrigues. A reforma legislativa e a convenção de arbitragem nas sociedades anônimas: reflexos e expectativas. *In*: TEIXEIRA, Tarcisio; LIGMANOVSKI, Patricia Ayub da C. (coord.). **Arbitragem em evolução:**

aspectos relevantes após a reforma da Lei Arbitral. Barueri: Manole, 2018. *E-book*.

APRIGLIANO, Ricardo de Carvalho. Extensão da cláusula compromissória a partes não signatárias no direito societário. **Revista do Advogado**, São Paulo, n. 119, p. 140-152, abr. 2013.

AZEVEDO, Ciro Rangel. **Vinculação da parte não signatária à cláusula compromissória**: o caso dos grupos societários à luz do ordenamento jurídico brasileiro. Orientador: Dr. Giovanni Ettore Nanni. 2017. 153 f. Dissertação (Mestrado em Direito) – Pontifícia Universidade Católica de São Paulo. São Paulo, 2017.

BENETI, Ana Carolina; BARALDI, Eliana; CUNHA, Eliana. Extensão dos efeitos da cláusula compromissória a partes não signatárias. *In*: SOARES, Fabiane Vercosa *et al.* (coord.) **Arbitragem e mediação**: temas controvertidos. Rio de Janeiro: Forense, 2014. *E-book*.

CAVALCANTE, Andressa M. R. Arbitragem societária no direito brasileiro: questões práticas sob perspectiva comparada. **Revista de Arbitragem e Mediação**, São Paulo, v. 64, p. 102-142, 2020.

CLAY, Thomas. A extensão da cláusula compromissória às partes não contratantes (fora grupos de contratos e grupos de sociedades/empresas). **Revista Brasileira de Arbitragem**, São Paulo, v. 2, n. 8, p. 74-82, 2005.

COMPARATO, Fábio Konder. Sucessões empresariais. *In*: WALD, Arnoldo. **Doutrinas essenciais**: direito empresarial: sociedades anônimas. São Paulo: Revista dos Tribunais, v. 3, 2011. p. 1145-1152.

EIZIRIK, Nelson. A constitucionalidade do artigo 136-A da Lei das S.A. **Revista de Arbitragem e Mediação**, São Paulo, v. 58, p. 131-145, 2018.

FARIA, Marcela Kohlbach. **Participação de terceiros na arbitragem**. Orientador: Dr. Paulo Cezar Pinheiro Carneiro. 2019. 215 f. Tese (Doutorado em Direito) – Faculdade de Direito, Universidade do Estado do Rio de Janeiro. Rio de Janeiro, 2019.

FERNANDES, Nathalia Weddigen Cid. **A (im)possibilidade da extensão da cláusula arbitral às partes não contratantes**. Orientadora: Me. Tatiana de Almeida Freitas Rodrigues Cardoso Squeff. 2015. 102 f. Trabalho de Conclusão de Curso (Especialização em Direito) – Faculdade de Direito, Universidade Federal do Rio Grande do Sul. Porto Alegre, 2015.

FICHTNER, José A.; MANNHEIMER, Sergio N.; MONTEIRO, André L. **Teoria geral da arbitragem**. 1. ed. Rio de Janeiro: Forense, 2018. *E-book*.

FIGUEIRA, Fábio A.; THEILKUHL, Daniel Ugo Rivera. Panorama sobre a previsão de cláusula compromissória e de mediação nas sociedades limitadas. **Revista de Arbitragem e Mediação**, São Paulo, v. 67, p. 215-240, 2020.

GONÇALVES, Diogo Costa. A vinculação de terceiros à convenção de arbitragem: algumas reflexões. **Revista de Arbitragem e Mediação**, São Paulo, v. 24, p. 259-274, 2020.

LOBO, Jorge. Inconstitucionalidade do artigo 136-A da LSA. **Revista de Arbitragem e Mediação**, São Paulo, v. 58, p. 147-170, 2018.

LÔBO, Paulo. Direito constitucional à herança, saisine e liberdade de testar. *In*: PEREIRA, Rodrigo da Cunha; DIAS, Maria Berenice (coord.). **Famílias**: pluralidade e felicidade: Anais do IX Congresso Brasileiro de Direito de Família. Belo Horizonte: IBDFam, 2014.

LONGA, Daniel Pinheiro. Vinculação das partes não signatárias à cláusula arbitral constante nos acordos de acionistas. **Revista de Arbitragem e Mediação**, São Paulo, v. 62, p. 131-156, 2019.

MAMEDE, Eduarda Cotta; MAMEDE, Gladston. **Holding familiar e suas vantagens**: planejamento jurídico e econômico do patrimônio e da sucessão familiar. 11. ed. São Paulo: Atlas, 2019.

MATTOS NETO, Antonio José de. Direitos patrimoniais disponíveis e indisponíveis à luz da lei da arbitragem. *In*: FRANCO FILHO, Georgenor de Sousa (coord.). **Temas atuais de direito.** Rio de Janeiro: LMJ Mundo Jurídico, 2013.

NALIN, Paulo Roberto Ribeiro. Jurisprudência estatal nacional comentada: dissolução parcial de sociedade empresária. Morte de sócio. Ausência de *affectio societatis* entre sócio remanescente e sucessor. Cláusula compromissória inserta na constituição da empresa. Extensão da cláusula compromissória aos sócios atuais e futuros, inclusos os advindos de sucessão hereditária. Direitos societários disponíveis. Competência da câmara arbitral eleita para processar o feito dissolutório. Superior Tribunal de Justiça. J. 12.06.2018. **Revista Brasileira de Arbitragem**, São Paulo, v. 75, p. 112-113, 2022.

OLIVEIRA, Inaê Siqueira. **Transmissão da cláusula compromissória**. Orientador: Francisco Paulo de Crescenzo Marino. 2021. 143 f. Dissertação (Mestrado em Direito) – Faculdade de Direito, Universidade de São Paulo. São Paulo, 2021.

ONÓFRIO, Bianca de Quadros. **Apuração de haveres**: entre a liberdade contratual e os limites à aplicação das regras contratuais. Orientador: Dr. Luís Renato Ferreira da Silva. 2018. 196 f. Dissertação (Mestrado em Direito) – Faculdade de Direito, Universidade Federal do Rio Grande do Sul. Porto Alegre, 2018.

PASCOALI, Marco Antônio Ferreira. **A extensão e os limites de aplicabilidade da cláusula compromissória arbitral nos contratos sociais de sociedades limitadas**. Orientador: Eduardo de Avelar Lamy. 2019. 78 f. Trabalho de Conclusão de Curso (Bacharelado em Direito) – Centro de Ciências Jurídicas, Universidade Federal de Santa Catarina. Florianópolis, 2019.

PELA, Juliana Krueger. Notas sobre a eficácia da cláusula compromissória estatutária. **Revista de Direito Mercantil, Industrial, Econômico e Financeiro**, São Paulo, n. 126, p. 129-140, 2002.

PINTO, Paulo Mota. Transmissão da convenção de arbitragem. **Revista de Arbitragem e Mediação**, São Paulo, v. 78, p. 273-305, 2023.

PONTES DE MIRANDA, Francisco Cavalcanti. **Tratado de direito privado**: parte geral. 1. ed. São Paulo: Revista dos Tribunais, t. 5, 2013.

POTTER, Nelly. O pacto parassocial como instrumento de planejamento sucessório. *In*: TEIXEIRA, Daniele Chaves (coord.). **Arquitetura do planejamento sucessório**. 2. ed. Belo Horizonte: Fórum, 2019.

REDECKER, Ana Cláudia. Arbitragem nas sociedades limitadas. **Direito & Justiça**, v. 41, n. 2, p. 107-113, 2015.

STEIN, Raquel. **Arbitrabilidade no direito societário**. Orientador: Dr. Carlos Klein Zanini. 2011. 178 f. Dissertação (Mestrado em Direito) – Faculdade de Direito, Universidade Federal do Rio Grande do Sul. Porto Alegre, 2011.

PROPRIEDADE INTELECTUAL, ARBITRAGEM E MEDIAÇÃO

Coordenadores do grupo: Karin Klempp Franco e Manoel J. Pereira dos Santos.

Objeto: Desenvolvimento de estudos na área de métodos adequados de solução de disputas aplicada à propriedade intelectual. O grupo tem a função de juntar estes dois mundos – propriedade intelectual e ADRs –, fazendo a ponte entre os normativos aplicáveis e mostrando por meio de estudos como eles podem e devem caminhar juntos.

Descrição das atividades já desenvolvidas: O grupo se reúne periodicamente com eventos que envolvam ADRs e PI. O grupo administra pesquisa itinerante nas Câmaras de Arbitragem Nacionais sobre procedimentos arbitrais encerrados, cujo conteúdo envolva propriedade intelectual. Esta pesquisa já foi atualizada duas vezes (anos 2015-2016 e 2017-2018) e agora, em 2023, estamos na 3ª edição de atualização e compilação de resultados.

11. ARBITRABILIDADE OBJETIVA E LICENÇAS DE DIREITO AUTORAL: QUESTÕES CONTRATUAIS E EXTRACONTRATUAIS

Manoel J. Pereira dos Santos
Co-coordenador do Grupo de Estudos Propriedade Intelectual, Arbitragem e Mediação do CBAr.
Professor do Curso de Propriedade Intelectual e Novos Tecnologias do Programa de Pós-Graduação lato sensu da FGV Direito SP (FGVlaw) e do Curso de Especialização em Direito e Tecnologia da Informação da Escola Politécnica da USP.
Doutor e Mestre em Direito pela Faculdade de Direito do Largo de São Francisco da Universidade de São Paulo.
Mestre em Direito pela New York University School of Law.
Ex-Membro do Conselho Nacional de Direito Autoral.
Presidente do Centro de Solução de Disputas em Propriedade Intelectual da Associação Brasileira de Propriedade Intelectual (ABPI).

Karin Klempp Franco
Co-coordenadora do Grupo de Estudos Propriedade Intelectual, Arbitragem e Mediação do CBAr.
Professora dos Cursos de Graduação, Pós-Graduação Executiva e Mestrado stricto sensu da Faculdade de Campinas (Facamp).
Doutora em Direito Comercial pela Faculdade de Direito do Largo de São Francisco da Universidade de São Paulo.
Mestre em Direito Econômico Internacional (Magister Legum) pela Universität zu Köln, Alemanha.

Diretora da Câmara de Mediação do Centro de Solução de Disputas em Propriedade Intelectual da Associação Brasileira de Propriedade Intelectual (ABPI).
Árbitra, Mediadora e Especialista para Nomes de Domínio em Diversas Câmaras e Centros.
Sócia de Cascione Advogados.

INTRODUÇÃO

A "arbitrabilidade" refere-se à discussão sobre se uma determinada disputa pode ser resolvida por arbitragem ou se deve ser decidida pelo Poder Judiciário. A "arbitrabilidade objetiva" é a expressão empregada para descrever se um assunto é ou não arbitrável.

Geralmente, os institutos da propriedade intelectual, incluindo especificamente os direitos autorais, requerem a aplicação de normas de ordem pública, como, por exemplo, a eficácia do direito de propriedade intelectual ou a validade do registro concedido por um órgão público, o que pode afetar a arbitrabilidade em alguns casos de disputas. Com efeito, os princípios de ordem pública podem afetar tanto a arbitrabilidade subjetiva, em que se analisa se as partes no conflito podem se submeter à arbitragem, quanto a arbitrabilidade objetiva, que se relaciona especificamente com a questão a ser dirimida.

Na arbitragem, as partes podem escolher as regras de direito que serão aplicadas, desde que não haja violação aos bons costumes e à ordem pública. Além disso, os efeitos de uma sentença arbitral, quer sejam interpartes, quer sejam *erga omnes*, podem variar conforme a natureza da questão a ser dirimida.

O objetivo deste artigo é, a partir deste contexto, analisar que matérias podem ser resolvidas por arbitragem em disputas decorrentes de contratos de licenciamento de direitos autorais ou quando a infração for assemelhada a um descumprimento contratual, o que é distinto dos casos em que há infração de direitos autorais de natureza extracontratual.

1. A ARBITRABILIDADE OBJETIVA DE DISPUTAS DE DIREITOS AUTORAIS

Onde há propriedade intelectual há interesse público. O sistema de proteção de obras intelectuais (por meio da concessão de direitos de uso exclusivo) possui contrapartidas para a sociedade referentes aos desenvolvimentos cultural, científico e tecnológico, à liberdade de expressão, ao acesso à cultura e informação. É no interesse público que a propriedade intelectual encontra o seu limite – por exemplo, o licenciamento compulsório decorrente de emergência nacional, na permissão do uso de tecnologias protegidas para fins de pesquisa e desenvolvimento, na proibição da proteção de seres vivos e, na seara dos direitos autorais, na permissão de citação, na representação de obra teatral para fins didáticos e nas paráfrases e paródias. Porém, o interesse público relacionado à propriedade intelectual não é capaz de obstruir a sua arbitrabilidade, especialmente no caso dos direitos autorais.

Em praticamente todos os países, o sistema de proteção dos direitos autorais contempla um direito dúplice. Compõe-se de direitos morais e direitos patrimoniais do autor[1].

Os direitos morais são aqueles intimamente ligados à pessoa do autor, sendo um desdobramento ou reflexo de sua personalidade. Estes são irrenunciáveis e inalienáveis. Referem-se, por exemplo, à faculdade de ter o seu nome vinculado à obra, ao direito de mantê-la inédita, ao direito de opor-se a modificações. No regramento da Lei de *Software* (Lei nº 9.609/1998), subsidiário à Lei de Direitos Autorais (Lei nº 9.610/1998), os direitos morais são mitigados, mas ainda estão previstos no artigo 2º, § 1º[2].

Já os direitos patrimoniais referem-se às faculdades de uso e gozo, de exploração econômica da obra. Estes são transmissíveis, podem ser cedidos e licenciados. Como consequência do reconhecimento do direito autoral como um direito dúplice e o peso conferido aos direitos morais do autor, a atribuição da autoria originária à pessoa jurídica é vedada em nosso ordenamento jurídico[3]. Terreno fértil, portanto, para disputas empresariais.

Conclui-se, portanto, que, quanto à arbitrabilidade objetiva, os direitos patrimoniais do autor não reservam qualquer dificuldade. São direitos de exploração econômica da obra e, portanto, livremente disponíveis e com natureza patrimonial. Por outro lado, os direitos morais de autor trazem maior complexidade para a análise da arbitrabilidade. Sendo irrenunciáveis e inalienáveis e geralmente ligados à pessoa física do autor, como defender a sua negociabilidade?[4]

Partimos da faculdade do autor. Sendo o autor senhor dos seus direitos, cabe a ele deles dispor, se assim o desejar. Assim, a irrenunciabilidade e inalienabilidade

---

1 Os países da *common law*, tais como Canadá, Reino Unido e Australia, também reconhecem os direitos morais do autor, com a diferença de que não são tratados como direitos irrenunciáveis.

2 "Não se aplicam ao programa de computador as disposições relativas aos direitos morais, ressalvado, a qualquer tempo, o direito do autor de reivindicar a paternidade do programa de computador e o direito do autor de opor-se a alterações não-autorizadas, quando estas impliquem deformação, mutilação ou outra modificação do programa de computador, que prejudiquem a sua honra ou a sua reputação."

3 A Lei nº 9.610/1998 prevê, em seu artigo 11: "Autor é a pessoa física criadora de obra literária, artística ou científica. Parágrafo único. A proteção concedida ao autor poderá aplicar-se às pessoas jurídicas nos casos previstos nesta Lei".

4 Vale citar julgado que reconhece direitos morais de autor a pessoa jurídica: TJSP, Apelação nº 9182936-93.2007.8.26.0000, 9ª Câmara de Direito Privado, Rel. Des. Piva Rodrigues, J. 27.03.2012.

protegem o autor – no sentido de terceiros ou mesmo a lei –, não podem retirar esses direitos de sua esfera. Porém, em assim o desejando, poderá o autor dispor desses direitos, traduzindo-os em um valor patrimonial.

Essa interpretação condiz com o espírito delineador da legislação de direitos autorais que se preocupa em proteger o autor pessoa física, considerando-o como hipossuficiente e em menor posição de barganha. Veja-se, por exemplo, o artigo 4º da Lei nº 9.610/1998, que dispõe que "[i]nterpretam-se restritivamente os negócios jurídicos sobre os direitos autorais". Proteção semelhante se identifica no artigo 31 da Lei nº 9.610/1998, "[a]s diversas modalidades de utilização de obras literárias, artísticas ou científicas ou de fonogramas são independentes entre si, e a autorização concedida pelo autor, ou pelo produtor, respectivamente, não se estende a quaisquer das demais". Assim, na ausência de disposição de vontade do autor, a lei o protege.

E em havendo a manifestação de vontade do autor, o beneficiário do sistema de direito autoral? A sua vontade há de ser respeitada. Conceder efeitos econômicos aos direitos morais do autor é uma faculdade do autor e não está relacionada a qualquer interesse público. Possíveis de arbitramento, portanto, os reflexos financeiros dos direitos morais de autor, quando forem negociados por ele próprio.

Outro flanco a ser analisado é a questão da arbitrabilidade objetiva relacionada à constituição do direito de propriedade intelectual. Enquanto no caso da propriedade industrial o registro é atributivo, para os direitos autorais ele é declaratório. Em sendo o registro declaratório para os direitos autorais, não há que se falar em uma outorga do direito pelo Estado, após verificação da presença de suas condições e seus requisitos legais. O reconhecimento ou não da existência da proteção por direito autoral de uma obra baseia-se em situação fática, referente à sua originalidade. Defendemos que essa análise fática pode ser realizada por meio do procedimento arbitral. Desdobraremos esses posicionamentos em maior detalhe nos próximos itens.

2. AS CARACTERÍSTICAS DO CONTRATO DE LICENCIAMENTO DE DIREITOS AUTORAIS

A primeira observação que impende registrar é que os contratos de licenciamento de direitos autorais, posto que expressamente reconhecidos no artigo 49 da Lei nº 9.610/1998[5], carecem de uma disciplina jurídica própria, uma vez que não são objeto de regramento específico pela Lei de Direitos Autorais. Assim sendo,

5 "Os direitos de autor poderão ser total ou parcialmente transferidos a terceiros, por ele ou por seus sucessores, a título universal ou singular, pessoalmente ou por meio de representantes com poderes especiais, por meio de licenciamento, concessão, cessão ou por outros meios admitidos em Direito, obedecidas as seguintes limitações: (*omissis*)."

conclui-se pela atipicidade do contrato de licenciamento de direitos autorais, embora seja um contrato nominado.

Existe um aspecto importante a considerar, decorrente da regra geral do artigo 49, que é a distinção entre a licença e a concessão de direitos de autor. O legislador não distingue a licença da denominada concessão de direitos de autor. Na verdade, não há nem mesmo uma distinção clara entre o que se designa como licenciamento, concessão e cessão, apesar de a cessão ter um regime jurídico próprio na legislação autoral desde a Lei nº 5.988/1973[6].

Pode-se dizer que a licença e a concessão implicam a transferência parcial e temporária do mero exercício de uma parcela dos direitos patrimoniais de autor, sendo, portanto, contratos de uso e gozo, como a locação e o comodato, enquanto a cessão implica a transferência da titularidade dos direitos objeto da cessão, sendo, pois, um contrato de alienação, quer parcial, quer total.

Contudo, a falta de distinção entre licenciamento e concessão acarreta a utilização dessas categorias de forma indiscriminada, podendo-se, pois, dizer que o contrato de licenciamento muitas vezes é designado como concessão, uma vez que o conteúdo deste corresponde ao que seria o conteúdo da licença. Outras vezes há verdadeiramente uma licença ou concessão no que se apresenta como uma cessão, que assim poderia ser denominada de cessão imprópria em contraposição à cessão pura, ou seja, aquela em que se dá a alienação do direito patrimonial.

Embora haja grande variedade de negócios jurídicos envolvendo o licenciamento de direitos autorais, podemos classificar os contratos, de acordo com a natureza dos direitos, em dois tipos: de um lado, há os contratos de visam à exploração econômica dos bens intelectuais, tais como as licenças de reprodução, de representação ou execução, e de transformação; de outro lado, temos os contratos que visam à utilização do bem intelectual pelo usuário final, como ocorre com a modalidade de licença expressamente prevista no artigo 9º da Lei nº 9.609/1998 sob a denominação de licença de uso de programa de computador. Nesta hipótese, o licenciado não obtém o direito de exploração econômica do programa de computador, como a figura contratual da licença geralmente evoca, mas somente o direito de utilizar, a título pessoal, o programa de computador que é objeto de direito de autor[7].

No que se refere ao escopo, as licenças podem ser totais ou parciais, conforme compreendam todas ou apenas algumas modalidades de utilização. Conforme efeito, segundo o artigo 31 da Lei nº 9.610/1998, "[a]s diversas modalidades de utilização

6 Nesse sentido, a observação de Denis Borges Barbosa: "Assim é que, à falta de hábito – no âmbito autoral brasileiro do uso da expressão 'licença' –, a falta de critério científico leva ao emprego da palavra 'cessão' para descrever tanto transferência de direitos (*e.g.*, venda), quanto autorizações para exercício dos direitos (*e.g.* locação)" (**Tratado da propriedade intelectual**. 2. ed. Rio de Janeiro: Lumen Juris, t. IV, 2018. p. 532).

7 LUCAS, André. **Le Droit de l'Informatique**. Paris: PUF, 1987. p. 403.

de obras literárias, artísticas ou científicas ou de fonogramas são independentes entre si, e a autorização concedida pelo autor, ou pelo produtor, respectivamente, não se estende a quaisquer das demais". Além disso, como os bens intelectuais podem ser utilizados ou explorados economicamente por várias pessoas simultaneamente, a licença pode ser exclusiva ou não exclusiva. Geralmente, a licença de uso de programa de computador é sem exclusividade.

Questão relevante diz respeito aos direitos que são objeto dos contratos de licenciamento de direitos autorais. O legislador estabelece que os direitos de autor compreendem faculdades de ordem essencialmente patrimonial e faculdades de ordem essencialmente pessoal, que integram o denominado direito moral de autor. Enquanto os chamados direitos patrimoniais de autor são, em tese, livremente disponíveis, posto que alienáveis, transferíveis e renunciáveis, os direitos morais de autor são inalienáveis e irrenunciáveis por expressa disposição legal (artigo 27). No rol de direitos morais do autor estão os relativos à indicação de autoria, circulação da obra e alteração da obra[8].

Contudo, a Lei de Direitos Autorais não veda negócios jurídicos que tenham por objeto direitos morais de autor. Pelo contrário, a Lei expressamente os admite como se constata pelo disposto no artigo 49 e no § 2º do artigo 79, segundo o qual "é vedada a reprodução de obra fotográfica que não esteja em absoluta consonância com o original, salvo prévia autorização do autor". Conforme bem esclarece Oliveira Ascensão, "a qualificação de um direito como pessoal não impede que seja passível de restrições voluntárias"[9]. É a mesma situação dos direitos de personalidade em que, a despeito do disposto no artigo 11 do Código Civil, admite-se que o exercício do direito de personalidade sofra uma limitação temporária, desde que não seja permanente e geral[10].

Pode-se, portanto, concluir que, em tese, qualquer direito de autor pode ser objeto de contrato de licenciamento, incluindo os direitos morais, desde que, nesta última hipótese, o ajuste não configure uma alienação ou renúncia dos direitos morais. Se a caracterização do ato de alienação é mais facilmente constatável, a renúncia nem sempre é evidente. A questão que se coloca consiste em determinar até que ponto uma autorização concedida pelo autor no escopo de um licenciamento pode ser considerada tão ampla a ponto de configurar verdadeira renúncia ao direito. Entendemos que o consentimento pelo qual o autor autoriza a utilização de sua obra em situações específicas é diferente do consentimento geral pelo qual o autor autoriza a utilização de sua obra sem quaisquer restrições. Uma autorização genérica e permanente pode ser entendida como equivalente a uma renúncia ao exercício do direito moral de autor.

---

8 Artigo 24 da Lei nº 9.610/1998.

9 ASCENSÃO, José de Oliveira. **Direito autoral**. 2. ed. Rio de Janeiro: Renovar, 1997. p. 288.

10 Enunciado nº 4 do Conselho de Justiça Federal da I Jornada de Direito Civil: "O exercício dos direitos da personalidade pode sofrer limitação voluntária, desde que não seja permanente nem geral".

As condições de exercício da licença configuram a parte central do contrato de licenciamento, como de resto de qualquer outro nesta área. Com efeito, embora o legislador tenha estabelecido os elementos essenciais apenas do contrato de cessão, segundo o disposto no § 2º do artigo 50 da Lei nº 9.610/1998[11], é certo que todo contrato de licenciamento deve definir o seu objeto e as condições de exercício do direito quanto a tempo, lugar e preço. Isso porque o artigo 4º da Lei estipula que "[i]nterpretam-se restritivamente os negócios jurídicos sobre os direitos autorais", enquanto o inciso VI do art. 49 dispõe que, "não havendo especificações quanto à modalidade de utilização, o contrato será interpretado restritivamente, entendendo-se como limitada apenas a uma que seja aquela indispensável ao cumprimento da finalidade do contrato". Além disso, o artigo 31 da Lei dispõe que as diversas modalidades de utilização de obras intelectuais são independentes entre si e a autorização concedida pelo autor não se estende a quaisquer das demais.

O fato é que o princípio da autonomia da vontade não se aplica integralmente aos contratos de direitos autorais, posto que o artigo 49 expressamente estabelece as "limitações" que se aplicam a esses negócios jurídicos. Essa circunstância revela que as normas de ordem pública governam os contratos de licenciamento de direitos autorais. Esse fato decorre da especificidade dos direitos autorais, assim como de toda a propriedade intelectual, em que questões de interesse público estão imbricadas com os direitos de cunho privado, tais como o direito de exploração econômica.

Por fim, cabe ressaltar que, embora os artigos 49 e 50 da Lei de Direitos Autorais refiram-se especificamente aos direitos de autor, ao contrário do artigo 4º, que menciona os "[n]egócios jurídicos sobre os direitos autorais", o legislador deixou claro no artigo 89 que as normas relativas aos direitos de autor aplicam-se, no que couber, aos direitos dos artistas intérpretes ou executantes, dos produtores fonográficos e das empresas de radiodifusão. Portanto, todas as regras relativas a contratos serão aplicáveis aos direitos conexos, com as limitações adicionais estabelecidas na Lei nº 6.533/1978 (que regulamenta as profissões de artistas e técnicos em espetáculos de diversões) e na Lei nº 6.615/1978 (que regulamenta a profissão de radialista).

3. TIPOS DE DISPUTAS DECORRENTES DE CONTRATOS DE LICENCIAMENTO

Os contratos de licenciamento de direitos autorais podem ensejar disputas de duas naturezas distintas. Questões contratuais e questões extracontratuais. As questões contratuais são aquelas derivadas do próprio liame obrigacional. Tem como

---

11 "§ 2º Constarão do instrumento de cessão como elementos essenciais seu objeto e as condições de exercício do direito quanto a tempo, lugar e preço."

fundamento a existência do vínculo contratual e das obrigações por meio deste assumidas, ou, justamente, o questionamento do próprio vínculo obrigacional.

Já as questões extracontratuais são aquelas derivadas do próprio direito autoral objeto do contrato de licença. Referem-se a questionamentos sobre a existência, validade e eficácia do direito autoral. Um procedimento arbitral pode referir-se a somente uma das categorias de disputas, ou a ambas. Na seara da propriedade intelectual, é comum que a disputa verse sobre ambas, desdobrando-se a partir das discussões contratuais no questionamento da existência do próprio direito que o embasa, geralmente como matéria de defesa.

4. QUESTÕES CONTRATUAIS

Conforme analisamos antes, não sendo um contrato típico, cabe às partes, dentro dos limites das normas de ordem pública que regem a matéria, estabelecer as condições de exercício da licença. Trata-se de parte central do contrato de licenciamento: a definição de seu objeto e as condições de exercício do direito quanto a tempo, lugar e preço. Estes quatro pilares do licenciamento – qual parte do direito, o tempo, o local e o preço – podem variar em uma infinidade de combinações.

Aqui reside a beleza dos direitos de propriedade intelectual, a sua ubiquidade. Por serem intangíveis, existe a possibilidade de serem utilizados por incontáveis agentes, de forma concomitante e em diferentes locais. A maximização de seu uso e gozo por meio de múltiplos contratos de licenciamento tornam a propriedade intelectual extremamente rentável. E preparam o terreno para a proliferação de disputas[12].

Não respeitados os termos e as condições de licenciamento, há o descumprimento contratual.

Uma disputa pode ter por objeto questões inerentes ao contrato de licenciamento, como, por exemplo, o cumprimento ou descumprimento de obrigações de fazer ou não fazer, a interpretação de cláusulas do contrato ou o exercício de direitos obrigacionais em matéria de direito autoral. A maior parte dos casos de arbitragem em direitos autorais envolve discussão de contratos, incluindo disputas sobre a validade, interpretação, execução ou rescisão dos contratos de licenciamento.

É evidente que toda controvérsia de natureza tipicamente contratual pode ser resolvida por arbitragem, quer envolva o cumprimento das obrigações decorrentes de contratos de licenciamento, como o pagamento dos valores devidos e a realização

---

12 *Vide* ROSA, Marília Bittencourt; SILVA, Vinícius Pavan. Arbitrabilidade dos direitos autorais – A questão dos direitos morais. **Revista Brasileira de Arbitragem**, São Paulo: CBAr-Síntese, edição especial, p. 97, [s.d.]: "[...] Por carecerem dos atributos das coisas tangíveis, esses bens imateriais podem ser reproduzidos ou recriados por pessoa diversa do criador original, sendo mais difícil resguardar uma propriedade imaterial do que uma propriedade material. [...]".

das prestações avençadas em geral, quer digam respeito às indenizações devidas pelo inadimplemento de obrigações contratuais.

Da mesma forma, quando a infração for assemelhada a um descumprimento contratual, o que ocorre quando a ofensa ao direito autoral decorre do inadimplemento de uma obrigação decorrente do relacionamento preexistente entre as partes, trata-se de responsabilidade contratual, e não de responsabilidade decorrente da mera infração do direito autoral caso em que a infração se configura automaticamente com a simples ofensa ao direito tutelado pela Lei de Direitos Autorais, e não com a desconformidade ao ajuste pactuado pelas partes.

Portanto, as questões que envolvem contratos de licenciamento, por serem geralmente relacionadas a direitos patrimoniais disponíveis e transacionáveis, podem ser dirimidas por meio de arbitragem. Essas questões podem estar relacionadas com o exercício do direito moral de autor, como, por exemplo, uma cláusula contratual autorizando a modificação de uma obra intelectual para finalidades específicas, uma vez que, conforme discutido anteriormente, a Lei não veda negócios jurídicos sobre os chamados direitos morais de autor, desde que os direitos morais não sofram uma restrição permanente e geral.

Embora os direitos autorais envolvam questões de interesse público e algumas de suas normas sejam de ordem pública, a mera existência de uma questão de ordem pública não afasta a sujeição à arbitragem, apenas delimita a competência do árbitro ou determina a observância das normas cogentes[13]. Nesse caso, o árbitro deverá analisar a validade ou eficácia da obrigação contratual em face de normas impositivas da legislação aplicável.

5. QUESTÕES EXTRACONTRATUAIS

Disputas decorrentes de contratos de licenciamento de direitos autorais podem enveredar também para o âmbito extracontratual. Assim ocorre quando a parte licenciada ou sublicenciada questiona a própria existência do direito autoral. Aqui tem-se o questionamento da titularidade, escopo e validade do direito, envolvendo interpretação de disposições legais sobre a constituição do direito autoral.

Há uma diferenciação importante a fazer entre propriedade industrial e direito autoral. Na propriedade industrial, a proteção é vinculada ao registro em órgão governamental, que institui o direito de propriedade, no Brasil é o Instituto Nacional da Propriedade Industrial (INPI)[14]. O reconhecimento de um determinado feixe

---

13 *Vide* MAZZONETTO, Nathalia. **Arbitragem e propriedade intelectual**. São Paulo: Saraiva, 2017. p. 111.

14 Lei nº 9.279/1996, artigo 2º.

de informações como um direito de propriedade que cumpre todos os requisitos da lei é, portanto, uma atividade estatal. O registro pelo INPI é o que atribui o direito de propriedade, com efeitos *erga omnes*. Apesar de haver tratados internacionais dispondo sobre o conteúdo dos direitos, o fato é que a autoridade de cada país possui espaço para considerar a concessão ou não da proteção, por exemplo, no caso de patentes exigindo nível maior ou menor de atividade inventiva.

Já, no direito autoral, a proteção nasce com a criação da obra. O direito é reconhecido e as obras estão protegidas como de uso exclusivo daquele que as criou desde a sua exteriorização no mundo fático (ideias não são protegíveis, mas sim sua expressão).

Prescindindo de um registro, o que ocorre é que a confirmação da proteção ocorrerá em juízo, quando de uma suposta alegação de violação. E o juízo analisará a originalidade, fulcro central e pilar da proteção autoralista. Concordando as partes em submeter o litígio e a questão à arbitragem, poderia a originalidade de uma obra ser objeto de análise por um tribunal arbitral? Entendemos que sim. A decisão pela arbitragem certamente passa pela análise de vantagens, tais como celeridade, *expertise*, internacionalidade do litígio (e capacidade de execução de sentença arbitral em múltiplas jurisdições), por exemplo. Especialmente em questões relacionadas à propriedade intelectual e aos direitos autorais, a *expertise* do árbitro é relevante e vantajosa.

A arbitragem é acordada por compromisso ou cláusula compromissória, é um vínculo contratual entre as partes, que cristaliza as suas manifestações de vontade. A análise da proteção da obra constará expressamente do termo de arbitragem assinado pelas partes e pelos árbitros, e as partes delegaram a este terceiro, *expert* de sua confiança, a determinação sobre a existência ou não de originalidade na obra[15]. Enquanto em um procedimento judicial a decisão sobre a originalidade seria tomada pelo juiz certamente com base em uma perícia[16], na arbitragem haveria a vantagem de poder contar com a *expertise* do árbitro, de confiança das partes, prescindindo ou não de uma perícia.

Ressalte-se que a análise de originalidade em direito autoral é fática. Em ambas as vias, judicial e arbitral, a análise baseia-se na situação que se apresenta, que é

---

15 Raramente a análise desta questão extracontratual pelo árbitro ocorrerá fora do escopo de um procedimento que também envolva questões contratuais. Os litígios extracontratuais envolvendo direitos de propriedade intelectual referem-se majoritariamente à violação dos direitos (exceção a alegações de desenvolvimento conjunto/coautoria). E parte significativa das violações são perpetradas por partes absolutamente conscientes da contrafação, em verdadeira conduta de *free riding*. As partes acordarem uma convenção de arbitragem para a solução do litígio parece-nos uma hipótese muito remota para esses casos.

16 Não chegamos a vivenciar a hipótese de um juiz considerar-se apto a analisar a questão da originalidade no direito autoral sem o auxílio de uma perícia, ainda que dentro de uma câmara especializada.

demonstrada pelas partes. A decisão não determinará a validade ou invalidade de um registro estatal de propriedade.

A desvantagem que essa decisão traria se tomada no âmbito do procedimento arbitral seria a ausência do efeito *erga omnes*. A sentença arbitral analisará a situação fática, decidirá e produzirá efeitos *inter partes*. O que, na maioria dos casos, é suficiente e cumpre a finalidade pretendida (principalmente se subsidiariamente a uma demanda contratual).

CONCLUSÕES

A arbitrabilidade objetiva dos direitos autorais tem sido, em geral, reconhecida exclusivamente às questões envolvendo os direitos patrimoniais, considerados como disponíveis, uma vez que o caráter de inalienabilidade e irrenunciabilidade associado aos direitos morais parece afastar a possibilidade da resolução dos conflitos que envolvam tais faculdades pela arbitragem.

Evidentemente, o interesse público que determina a indisponibilidade e a irrenunciabilidade deve ser respeitado, o que na arbitragem será preservado mediante a observância das normas de ordem pública. Em outras palavras, a existência de normas de ordem pública não exclui a arbitrabilidade, apenas determina a observância das normas cogentes.

À guisa de conclusão, cumpre-nos ressaltar o papel fundamental dos árbitros para que a arbitrabilidade objetiva dos direitos de autor seja progressivamente aceita no meio jurídico[17]. Despontando o litígio, mister se faz submetê-lo ao árbitro, para que este, nos moldes do princípio da *competence-competence*[18], analise as suas arbitrabilidades objetiva e subjetiva. Por meio de sua atuação, o árbitro tem condições de reduzir os riscos de que a sentença arbitral seja ineficaz, seja analisando os contornos da arbitrabilidade objetiva na legislação do país de origem da sentença, seja no cuidado de não ofensa à ordem pública do país de execução.

---

17 *Vide* MILANI, Naíma Perrella. Arbitrabilidad Objetiva de los Derechos de Autor y Derechos Conexos, p. 91. **Revista Brasileira de Arbitragem**, São Paulo: CBAr-Síntese, edição especial, [s.d.].
18 Lei nº 9.307/1996, artigo 8º, parágrafo único.

ARBITRAGEM E SETOR ELÉTRICO

Grupo de Estudos de Arbitragem e Setor Elétrico

Coordenadores: André Edelstein e Rômulo Mariani.

Objeto/escopo: O grupo foi criado com a intenção de estudar o uso da arbitragem como mecanismo de resolução das disputas relativas ao setor elétrico, particularmente no que tange aos contratos que envolvem fluxos econômicos ligados à energia elétrica em seus diferentes segmentos. Nosso primeiro plano de trabalho, ainda em execução, se dedica a analisar os principais aspectos da nova Convenção Arbitral integrante da nova Convenção de Comercialização da CCEE, mediante a realização de encontros bimestrais, cada qual dedicado a um aspecto em específico da referida Convenção Arbitral. Em cada um desses encontros, um ou mais participantes ficam responsáveis por analisar o(s) dispositivo(s) selecionado(s) de modo mais aprofundado e trazer provocações a seu respeito, incentivando os demais a também compartilharem as suas percepções e experiências.

Atividades já desenvolvidas: Desde a criação do grupo, em 2023, já foram realizados 8 encontros, e mais 2 estão previstos. Foi realizado um encontro introdutório com noções gerais sobre o setor elétrico e as suas relações contratuais, e um segundo com o tema "Convenção de Comercialização de Energia: Arbitragem Obrigatória?". Eles foram seguidos de encontros que analisaram ou ainda analisarão os seguintes itens da nova Convenção Arbitral integrante da nova Convenção de Comercialização da CCEE: conflitos arbitráveis; pluralidade de câmaras; impacto a terceiros/mercado e possibilidade de exigência de garantia; requisitos para atuação como árbitro; casos de impedimento/suspeição; intervenção de terceiros; divulgação da jurisprudência arbitral; multa pelo não cumprimento da sentença arbitral.

12. OS IMPACTOS A TERCEIROS E AS ARBITRAGENS COMERCIAIS: AS LIÇÕES DA CONVENÇÃO DE ARBITRAGEM DA CCEE

Bernard Potsch M.
Doutor em Direito Internacional.
Sócio de Batista Martins Advogados, atuante como advogado, árbitro e secretário em processos arbitrais domésticos e estrangeiros.
Autor de livros e artigos sobre arbitragem comercial e trabalhista, direito civil, direito do comércio internacional e direito internacional.

INTRODUÇÃO

O presente artigo propõe-se a, por meio de análise da atuação e das Convenções de Arbitragem da Câmara de Comercialização de Energia Elétrica ("CCEE") de 2007 e 2023 ("Convenções" ou, individualmente, "Convenção"), extrair lições que possibilitem melhor endereçar nas arbitragens comerciais em geral os potenciais impactos a terceiros que delas derivem.

A relevância do estudo deriva do fato de que, se é certo que arbitragens comerciais tocam temas essencialmente privados, não se pode negar que há situações em que os seus efeitos atingem coletividades alheias ao processo de maneira notadamente gravosa.

Essa é justamente a situação dos contratos de compra e venda de energia elétrica, que se operam no ambiente do Sistema Interligado Nacional. Instituída de modo a viabilizar esse sistema, a CCEE tem como uma de suas atribuições mensurar os montantes de energia comprados e vendidos, entregues e retirados, e, havendo déficit ou superávit de determinado operador, efetuar a liquidação de suas obrigações, mediante pagamento ou recebimento de valores[1]. Tratando-se de liquidação multilateral, os prejuízos decorrentes de aportes financeiros não realizados e não garantidos acabam sendo suportados de maneira difusa pelo mercado, afetando todos os seus operadores[2]. E é certo que decisões arbitrais

---

1 Em estudo fundamental à consolidação do uso da arbitragem no âmbito da CCEE, José Emilio Nunes Pinto explica com clareza essa hipótese: "Do ponto de vista operacional, muito embora as obrigações assumidas contratualmente sejam liquidadas bilateralmente pelas partes, o que vale dizer que, mensalmente, nas datas ajustadas, o comprador deverá pagar ao vendedor o montante devido contratual, a liquidação total das operações, ou seja, os ajustes finais que se façam necessários, se processa no âmbito da CCEE, entidade responsável pela contabilização e liquidação de todas as operações do setor elétrico, a quem cabe promover o registro dos contratos e contabilizar as transações que tenham por objeto a negociação de energia elétrica. [...] Existirá débito sempre que o gerador deixe de entregar qualquer parcela do volume previsto contratualmente e que seja retirado pelo comprador ou, ainda, caso o comprador retire um volume superior àquele contratualmente estabelecido. Por outro lado, caso o comprador retire um volume menor que o que for entregue pelo gerador, surgirá para ele um crédito. Cria-se, nestes casos, uma exposição positiva ou negativa no mercado, onde as diferenças serão liquidadas pelo preço de curto prazo vigente no mercado no momento em que materializou a respectiva exposição" (NUNES PINTO, José Emilio. A arbitragem na comercialização de energia elétrica. **Revista de Arbitragem e Mediação**, 9, p.177-178, 2006).

2 É o que estipula o artigo 83, § 1º, da Convenção de Comercialização de Energia Elétrica, *verbis*: "Artigo 83. Serão executadas as garantias financeiras dos agentes da CCEE inadimplentes no processo de Liquidação Financeira do MCP, incluindo penalidades. § 1º Caso as Garantias Financeiras executadas não sejam suficientes para a cobertura dos compromissos financeiros dos agentes inadimplentes, os demais Agentes da CCEE responderão pelos efeitos de tal inadimplência, na proporção de seus créditos líquidos de operações efetuadas no MCP no mesmo período de Contabilização".

Diga-se que, à época da edição da Convenção Arbitral de 2007, o risco era particularmente acentuado: "Antes do mecanismo atual de Garantias Financeiras – cujo modelo atual teve sua origem com a Resolução Normativa Aneel nº 531/2012 –, eventual exposição negativa de um agente não coberta por garantias financeiras e não quitada na respectiva liquidação implicava rateio da inadimplência com todos os credores do mercado, com o já conhecido mecanismo de loss sharing. O não aporte de garantia financeira levava à instauração de procedimento de desligamento, processo demorado e com pouca – ou nenhuma – efetividade para mitigar o prejuízo financeiro dos agentes credores. [...] Mas com o advento da nova metodologia hoje em vigor, ocorreu o que se chamou de 'bilateralização do risco', uma vez que a CCEE agora possui a prerrogativa de não efetivar o registro dos contratos quando um agente vendedor não possui lastro para suas operações e não aporta a respectiva Garantia Financeira, que é calculada conforme a exposição financeira de cada agente. Em outras palavras, o agente vendedor que não possui lastro físico ou em contratos, bem como não possui recursos financeiros para aportar, tem o registro de seu contrato de venda de energia não efetivado pela CCEE, transferindo a exposição financeira para sua contraparte" (GOMES, Raphael; GAGLIARDI, Rafael; DANTE, Pedro; CRISPIM, Bruno. As recentes "quebras" de comercializadoras: problema de mercado ou uma questão puramente bilateral? Como resolver o impasse?", 2019. Disponível em: https://www.canalenergia.com.br/artigos/53090504/as-recentes-quebras-de-comercializadoras-problema-de-mercado-ou-uma-questao-puramente-bilateral-como-resolver-o-impasse. Acesso em: 31 ago. 2023).

podem conduzir a essa situação, como é exemplo aquela que determine o registro de um contrato sem que haja lastro, pagamento ou apresentação de garantias para tanto.

Enfrentando esse fato desde a sua criação, e tendo optado por conduzir os seus agentes à arbitragem para a resolução das disputas que a tocassem[3], a CCEE cuidou de endereçá-lo ao longo das décadas, tanto por meio da redação de suas Convenções de Arbitragem quanto de mecanismos educacionais[4] e de intervenção ativa[5].

Nos últimos anos, impactos a terceiros derivados de processos arbitrais vêm se apresentando de forma cada vez mais frequente. A título exemplificativo, é o que se

---

3 Já a Convenção anterior pretendia se aplicar apenas àquelas disputas entre agentes que potencialmente impactassem as operações da CCEE e, portanto, pudessem causar repercussões a terceiros, ao estipular em sua cláusula 1ª que, nos conflitos entre agentes da CCEE decorrentes de contratos bilaterais, a Convenção se aplicaria "desde que o fato gerador da divergência decorra dos respectivos contratos ou de Regras e Procedimentos de Comercialização e repercuta sobre as obrigações dos agentes contratantes no âmbito da CCEE".
A redação atual da Convenção buscou deixar esse fato mais claro, ao dispor em sua cláusula 1ª que "não se aplica a conflitos entre Agentes da CCEE, decorrentes de contratos bilaterais, que não afetem direitos de terceiros estranhos ao negócio jurídico objeto do conflito e, por consequência, não repercutem nas operações da CCEE".
Mas a redação ainda desperta problemas, que já eram indicados por Gustavo Fernandes de Andrade em 2013 e que permanecem atuais: "A redação é manifestamente defeituosa e tem gerado conflitos de interpretação acerca dos limites da jurisdição dos tribunais arbitrais constituídos segundo as regras da Convenção Arbitral CCEE. [...] Fazendo-se abstração da imperfeição do texto da Convenção Arbitral, que é evidentíssima e exige pronta reformulação, o que se pretendeu instituir com as aludidas regras foi a possibilidade de escolha de outro modo de solução de controvérsias (judicial ou mesmo arbitragem por outras regras) quando a disputa não produzir qualquer efeito na implementação das regras de comercialização da CCEE e, portanto, não precisar ser levada em consideração pelo órgão para fins de contabilização e de liquidação das diferenças. Todavia, como diz o ditado, *easier said than done*. Primeiramente, perceba-se que a determinação do que pode ou não repercutir sobre as obrigações dos agentes contratantes no âmbito da CCEE é tarefa das mais difíceis, pois tal efeito pode não ser perceptível no início do procedimento, quando, necessariamente, a questão da falta de jurisdição (ainda que parcial) dos árbitros deverá ser suscitada. Ademais, pode ocorrer que uma mesma disputa contenha causas de pedir e pedidos diversos, com apenas parte deles preenchendo o requisito de repercussão exigido pela Convenção Arbitral CCEE" (ANDRADE, Gustavo Fernandes de. Algumas reflexões sobre as arbitragens e as regras da Câmara de Comercialização de Energia – CCEE. **Revista de Direito da Procuradoria Geral do Rio de Janeiro**, 67, p. 95-96, 2013).

4 A par de participar de palestras e congressos, a CCEE promove cursos voltados a árbitros e mantém uma plataforma virtual com aulas abertas a qualquer pessoa (CapacitaCCEE). Esse esforço é inclusive abordado nas Regras para a Homologação e Credenciamento de Câmaras Arbitrais, nas quais consta a possível "solicitação da Câmara Arbitral a CCEE [para] auxiliar na promoção de treinamento para os seus árbitros".

5 Essa situação será endereçada no capítulo 3 deste artigo.

observa tanto nos procedimentos envolvendo matérias societárias[6] quanto naqueles que tocam a Administração Pública[7].

Assim sendo, é por demais óbvio que o estudo da experiência da CCEE em muito pode contribuir para adequadamente resolver esse problema. Destarte, nos próximos capítulos, observar-se-á três instrumentos utilizados pela CCEE para prevenir e mitigar os impactos a terceiros, e como esses podem inspirar soluções nas arbitragens comerciais em geral.

1. CIÊNCIA E INFLUÊNCIA NOS IMPACTOS: LIÇÕES DA ATUAL CLÁUSULA 14 DA CONVENÇÃO

A primeira lição que a Convenção da CCEE guarda às demais arbitragens comerciais deriva do reconhecimento e enfrentamento do problema já na sua versão de 2007, quando, em sua cláusula 13, fez assim constar:

> CLÁUSULA 13 – Ao receber o requerimento de arbitragem, e mantendo a confidencialidade de informações, quando requerido expressamente pelo Agente, a Câmara enviará a todos os SIGNATÁRIOS cópia do requerimento de arbitragem, no prazo de 10 (dez) dias a contar de seu recebimento, para que os interessados, no prazo de 5 (cinco) dias a contar de seu recebimento, manifestem a intenção de integrar um dos pólos da relação arbitral.

---

6 "Os últimos anos testemunharam uma invasão do mercado de capitais do Brasil pelos investidores pessoas físicas. Segundo dados disponíveis no site da B3, já são mais de 4,5 milhões de investidores, tendo havido um aumento de 1,3 milhão de pessoas entre o terceiro trimestre de 2021 e o terceiro trimestre de 2022. [...] Foi nesse contexto que, em 2019, conforme indicado no relatório da CAM B3, surgiram as chamadas 'arbitragens coletivas', que são demandas propostas por múltiplas partes, titulares de direitos de caráter coletivo (individuais homogêneos, coletivos stricto sensu ou difusos), que derivam de um mesmo vínculo jurídico, e cujas questões muitas vezes afetam todo o conjunto de sócios e administradores da companhia e não apenas as partes da arbitragem." (CANTIDIANO, Isabel; VIEIRA, Juliana Botini Hargreaves. Artigo 1º – Arbitragem e direito societário. *In*: WEBER, Ana Carolina; LEITE, Fabiana de Cerqueira (coord.). **Lei de Arbitragem comentada**, 2023, p. 54).

7 Nesse sentido, já em 2018 este autor registrava o fato de, com base no artigo 5º, parágrafo único, da Lei nº 9.469/1997, o Estado do Espírito Santo ter pleiteado sua participação em arbitragem entre Petrobras e ANP em vista dos impactos que poderia ter no montante recebido a título de participação especial (POTSCH M., Bernard. Comentários ao julgado de 11 de outubro de 2017 do Conflito de Competência nº 139.519/RJ. **Revista Brasileira de Arbitragem**, 57, 2018). O caso findou por acordo entre as partes em 2019, constando do relatório da sentença arbitral homologatória – disponibilizada pela AGU em seu sítio eletrônico – que, antes disso, em 18.04.2018, o tribunal arbitral "resolveu os desacordos entre as Partes relativamente à participação de *amici curiae* na arbitragem" (Disponível em: https://www.gov.br/agu/pt-br/composicao/procuradoria-geral-federal-1/subprocuradoria-federal-de--consultoria-juridica/equipe-nacional-de-arbitragens-enarb/CCI20196PetrobrasvANPSentenaHomologatria.pdf. Acesso em: 29 ago. .2023, p. 20).

> Parágrafo 1º. Os SIGNATÁRIOS que não exercerem a prerrogativa prevista no *caput* desta CLÁUSULA não poderão se eximir dos eventuais efeitos da sentença arbitral que sobre eles vier a recair.
> Parágrafo 2º. A CCEE deverá manter junto à Câmara a relação atualizada dos SIGNATÁRIOS, com respectivos endereços e representante credenciado.

Conforme se observa, a Convenção possibilita aos demais associados da CCEE – hoje em número superior a 14 mil[8] – tomarem ciência da existência do conflito e, mais além, postular a sua participação em um dos polos da arbitragem. Na nova versão de 2023, a par de renumerado como cláusula 14 e excluído o parágrafo 1º[9], o dispositivo foi mantido, devendo ser operacionalizado por qualquer das câmaras de arbitragem que se credenciem junto à CCEE.

Em outros termos, ciente do alto nível de integração entre os seus associados e dos impactos que podem vir a sofrer em decorrência de decisão arbitral, a CCEE buscou mitigá-los ao instituir em sua Convenção mecanismo que garanta aos agentes ciência e eventual possibilidade de influência no resultado do processo, caso admitida a sua participação.

Década depois de instituída junto à CCEE, a solução voltou à voga com o crescimento vertiginoso do uso da arbitragem para a solução de conflitos societários, e por similares motivos[10].

---

8 Cf. números de julho de 2023, 14.682 agentes (Disponível em: https://www.ccee.org.br/web/guest/sobrenos. Acesso em: 31 ago. 2023).

9 Ao tratar da inclusão da possível exigência de garantias para a operacionalização de decisões arbitrais pela CCEE – tema que será objeto do capítulo 3 deste artigo –, a Aneel compreendeu que esta se deu em contrapartida à exclusão deste parágrafo 1º, *verbis*: "Com isso, a Convenção Arbitral aprovada na 68ª AGE/CCEE deixa de causar impactos financeiros em terceiros, em vez de permitir que tal impacto possa ocorrer no caso de o signatário não ter manifestado a intenção de integrar um dos polos da relação arbitral, como consta na Convenção Arbitral vigente" (Disponível em: https://www2.aneel.gov.br/cedoc/areh20233173_1.pdf. Acesso em: 29 ago. 2023, p. 15).

10 "A opção do legislador e dos reguladores estatal e privado, amparada pela doutrina dominante, de eleger a arbitragem como o melhor método de solução de disputas societárias, fez com que tais litígios sejam, por via de regra, julgados em processos sigilosos. A consequência disso é que o mercado e até mesmo sujeitos diretamente interessados em tais disputas (i) não sabem que elas existem ou o sabem de modo superficial, (ii) não conseguem intervir no processo e (iii) não têm conhecimento de como o direito vem sendo aplicado." (LEITE, Amanda Kalil Soares; PEREIRA, Guilherme Setoguti J. Confidencialidade e transparência nas arbitragens coletivas societárias. **Revista de Arbitragem e Mediação**, 69, p. 166, 2021).

Complementando: "As inovações trazidas pelo Regulamento de Arbitragem Societária [do CAM-CCBC] buscam sanar dúvidas identificadas pela prática arbitral quanto à administração e à regulação de questões observadas apenas em arbitragens societárias coletivas, tais como (i) a forma e modo de comunicação da existência do procedimento para terceiros afetados; (ii) as condições nas quais os terceiros interessados serão integrados ao procedimento; e (iii) a divulgação de informações pertinentes ao procedimento arbitral para os terceiros interessados" (Disponível em: https://

Em vista dos impactos que determinadas decisões arbitrais podem causar na coletividade de sócios, acionistas, administradores e outros, regulamentos voltados a essas disputas passaram a, de forma análoga, estipular a necessidade de notificação dessas pessoas para que, querendo, participem do processo arbitral[11], conforme se observa dos exemplos a seguir:

> *German Arbitration Institute – DIS:*
> *3.1. The DIS shall deliver the Request to the Respondent and the designated Concerned Others pursuant to Article 5.5 of the Rules. The DIS shall request the Concerned Others to inform the DIS in writing within one month following transmission of the Request whether they wish to join the arbitration on the Claimant's or on the Respondent's side, either as a party or as an Intervenor. The DIS shall inform the parties and all Concerned Others designated pursuant to Articles 2.2 or 9.4 of these DIS-CDR of any effected joinder.*[12]

> *CAM-CCBC:*
> *Artigo 4º No mesmo ato ou após solicitar informações sobre os Terceiros Afetados às partes, a Presidência do CAM-CCBC determinará a notificação de todos os Terceiros Afetados ("Notificação dos Terceiros Afetados"), para que participem da arbitragem,*

---

www.baptista.com.br/entra-em-vigor-o-regulamento-de-arbitragem-societaria-do-cam-ccbc/. Acesso em: 29 ago. 2023).

11 Já em 2018 Eleonora Coelho apontava o problema e propunha o seu enfrentamento, como, aliás, o fez ao editar o Regulamento de Arbitragem Societária do CAM-CCBC como último grande ato de sua gestão: "Como é sabido, os litígios relacionados a tais companhias [abertas] normalmente envolvem múltiplas partes e tratam de direitos de caráter coletivo, eis que derivam de um mesmo vínculo jurídico, cujas questões muitas vezes afetam todo o conjunto de sócios e administradores da companhia e não apenas e eventualmente as partes da arbitragem. Assim, questiona-se: é recomendável a criação de regras específicas para a arbitragem de conflitos societários coletivos? A resposta é positiva. A arbitragem tem caráter precipuamente privado e contratual e não foi originalmente estruturada, do ponto de vista procedimental, para demandas coletivas de grande magnitude e que envolvam interesses que extrapolam a esfera individual de um ou outro sócio. Desse modo, os regulamentos e legislações arbitrais no Brasil e no mundo – em geral – não dispõem de instrumentos aptos a solucionarem algumas peculiaridades da demanda coletiva que podem se revelar cruciais para o bom andamento desses procedimentos. Desse modo, é necessário que as deficiências encontradas na arbitragem coletiva no âmbito do mercado de capitais sejam pensadas, debatidas e superadas com o intuito de garantir a segurança jurídica aos players de tal mercado que se valem da arbitragem para a solução de seus conflitos" (COELHO, Eleonora. A necessidade de criação de regulamentos adaptados para arbitragens coletivas no mercado de capitais. *In*: **Processo societário**, v. III, 2018. p. 117-118).

12 Regulamento de 2018, Anexo V. Disponível em: https://www.disarb.org/fileadmin//user_upload/Werkzeuge_und_Tools/Approval_FTAPI_Submitbox_2018_DIS_Arbitration_Rules.pdf. Acesso em: 29 ago. 2023.

caso queiram, ficando todos os notificados submetidos aos efeitos das decisões arbitrais, independentemente da sua efetiva participação.[13]

Anteprojeto da Associação Portuguesa de Arbitragem:
Artigo 6(3) Quando esteja em causa a impugnação de deliberações de órgãos sociais ou qualquer outro litígio cuja decisão, nos termos da lei substantiva, deva vincular outros sujeitos além das partes iniciais do litígio, como os titulares dos órgãos sociais ou os demais sócios (as 'Pessoas Relevantes'), o Requerimento de Arbitragem deve ainda identificar as pessoas em causa que sejam conhecidas do requerente e requerer a respetiva citação ou a publicação referida no n.º 2 do artigo 3.º do Regime Jurídico da Arbitragem Societária.
[...]
Artigo 9 (Intervenção de Pessoas Relevantes) 1. São admitidas a intervir no processo arbitral quaisquer Pessoas Relevantes. 2. A publicação prevista no n.º 2 do artigo 3.º do Regime Jurídico da Arbitragem Societária é promovida pelo Secretariado dentro de 5 dias, disponibilizando-se às Pessoas Relevantes que assim o requeiram, no prazo de 15 dias a contar da referida publicação, a consulta do Requerimento de Arbitragem e dos documentos que o acompanham. 3. Até 5 dias após o decurso do prazo para a consulta prevista no número anterior, podem as Pessoas Relevantes requerer a respetiva citação.[14]

Swiss Arbitration Centre:
Article 2(1) Within 5 days of the commencement of any arbitration proceedings, the Company shall take appropriate steps to notify persons who may be directly affected by the legal effects of the arbitral award (the "Affected Persons") of the commencement of the arbitration proceedings. The Company shall notify the shareholders in particular, but without limitation, of the commencement of arbitration proceedings against the Company concerning the existence of the Company, the validity or legality of the resolutions of its bodies, the dissolution of the Company, or the determination of an appropriate compensation payment following a restructuring.
[...]
Article 4 Third persons may participate in the arbitration proceedings pursuant to Article 6(4) of the Swiss Rules. In deciding on whether to permit such participation, the arbitral tribunal shall in particular take into account the potential legal effects of the arbitral award on the respective third person. The arbitral tribunal shall ensure

13 Regulamento de Arbitragem Societária, de 2023. Disponível em: https://abrir.link/WAAav. Acesso em: 29 ago. 2023.

14 Anteprojeto de Regulamento específico de arbitragem societária para centros de arbitragem da Associação Portuguesa de Arbitragem, de 2016. Disponível em: https://abrir.link/aSXeg. Acesso em: 29 ago. 2023.

> *that Affected Persons are properly able to exercise their rights. The arbitral tribunal shall take appropriate measures to ensure the orderly and expeditious conduct of the proceedings.*[15]

Ao assim fazê-lo, possibilitam que a coletividade de potenciais impactados conheçam e possam influir nas decisões arbitrais que, direta ou indiretamente, lhes interessam, possivelmente melhorando a qualidade e a legitimidade dessas decisões e endereçando relevantes preocupações sobre a incidência de seus efeitos sobre não participantes no processo[16]. Contudo, e ao menos no âmbito da CCEE, o que se observou ao longo dos anos é que, via de regra, essa faculdade não era exercida por seus agentes, o que é de todo esperado em vista dos custos de participação em um processo arbitral e dos impactos usualmente indiretos e imprevisíveis das disputas de comercialização nos demais agentes.

Esse fato nos conduz à próxima contribuição que a Convenção Arbitral da CCEE – e sua atuação ao longo dos anos – traz à disciplina dos impactos a terceiros em arbitragens comerciais, que é a possibilidade de intervenção não diretamente como parte, mas na qualidade de *amicus curiae*.

2. ORIENTAÇÃO QUANTO AOS IMPACTOS: LIÇÕES DA ATUAÇÃO DA PRÓPRIA CCEE

Diz-se ser *amicus curiae* – ou "amigo da corte" – aquele que, não sendo parte do processo, é autorizado ou requisitado pelo julgador a prestar-lhe informações, as

---

15 Supplemental Swiss Rules for Corporate Law Disputes, de 2023. Disponível em: https://abrir.link/dONsF. Acesso em: 29 ago. 2023.

16 "A disposição [artigo 4º do Regulamento de Arbitragens Societárias do CAM-CCBC] é louvável, pois a garantia ao princípio do contraditório não admite que determinada pessoa tenha sua esfera de interesses afetada por decisão judicial ou arbitral sem ter tido a possibilidade de influir na sua formação. Com efeito, objetiva-se lidar com conhecido problema inerente aos litígios societários – sejam eles arbitrais ou judiciais –, cuja resolução inevitavelmente reverbera sobre terceiros que não sejam partes. [...] especificamente no contexto da arbitragem societária, pondera-se que, dentre os principais desafios dessa matéria, insere-se a extensão dos efeitos da sentença e da coisa julgada a terceiros, de modo que 'a possibilidade de intervenção de terceiros, com limites e balizas claras, é essencial para legitimar o efeito erga omnes da decisão, porque permite que os interessados se manifestem a respeito da questão e participem do processo em que será imposta uma decisão que também lhes dirá respeito'. Sendo assim, o regulamento de arbitragem societária revela importante passo na busca pela construção de soluções para conhecidos problemas da realidade prática da arbitragem societária no Brasil, contribuindo, consequentemente, para o aprimoramento do funcionamento do mercado de capitais." (GOMES, Jeniffer; WILLCOX, Victor. Breves notas sobre o Regulamento de Arbitragem Societária do CAM-CCBC, 2023. Disponível em: https://www.conjur.com.br/2023-mai-13/gomes-willcox-regulamento-arbitragem-societaria-cam-ccbc. Acesso em: 29 ago. 2023)

quais podem ser jurídicas, técnicas ou fáticas[17]. Amplamente utilizado e discutido no âmbito das arbitragens de investimento[18] e em cortes internacionais criminais e de direitos humanos[19], a atuação de *amici curiae* em arbitragens comerciais era – e ainda é – consideravelmente mais restrita. Isso deriva primordialmente de dois questionamentos: *(i)* a compatibilidade da vontade das partes como força motriz da arbitragem comercial e a atuação de *amici curiae*; e *(ii)* a potencial transgressão da confidencialidade. As lições trazidas pela atuação da CCEE ajudam a enfrentá-los.

Quanto ao primeiro questionamento, alguns autores já afirmaram a inadequação do instituto às arbitragens comerciais devido ao potencial de extrair das partes o controle sobre o processo arbitral, com incremento dos custos do litígio e perda de liberdade na fixação das fases procedimentais[20].

---

17 O Unidroit salienta essas características em seus Princípios do Processo Civil Transnacional, notando – no Princípio 13 – que "*the 'amicus curiae brief' is a useful means by which a nonparty may supply the court with information and legal analysis that may be helpful to achieve a just and informed disposition of the case.* [...] *It is in the court's discretion whether such a brief may be taken into account.* [...] *The court may invite a third party to present such a submission*" (Disponível em: https://www.unidroit.org/instruments/civil-procedure/ali-unidroit-principles/. Acesso em: 29 ago. 2023).
Note-se que o próprio Unidroit preceitua a aplicabilidade desses princípios às arbitragens internacionais nos pontos em que não forem incompatíveis: "*These Principles are equally applicable to international arbitration, except to the extent of being incompatible with arbitration proceedings, for example, the Principles related to jurisdiction, publicity of proceedings, and appeal*" (Disponível em: https://www.unidroit.org/instruments/civil-procedure/ali-unidroit-principles/. Acesso em: 29 ago. 2023).
Como se verá, não há incompatibilidade da arbitragem comercial com o instituto do *amicus curiae*.
18 A título de exemplo, ver BASTIN, Lucas. The amicus curiae in Investor-State Arbitration. **Cambridge Journal of International and Comparative Law**, 1(3), 2012; GÓMEZ, Katia Fach. Rethinking the role of amicus curiae in international investment arbitration: how to draw the line favorably for the public interest. **Fordham International Law Journal**, 35, 2012; TRIANTAFILOU, Epaminontas. A more expansive role for amici curiae in investment arbitration, 2009. Disponível em: https://abrir.link/SciIi. Acesso em: 31 ago. 2023; MCDOUGALL, Andrew de Lotbinière; SANTES, Ank. ICSID tribunals apply new rules on amicus curiae. **Mealey's International Arbitration Report**, 22, 2007.
19 Nesse sentido, Anna Dolidze pontua que a utilização de *amicus curiae* é ampla no nível das cortes internacionais: "*Currently, the amicus curiae participation procedure is accepted by most international tribunals, both inter-state and transnational. Although the procedures for participation within each tribunal is different, the amicus curiae participation instrument is endorsed by the ECtHR, the Inter-American Court of Human Rights (IACHR), the World Trade Organization's dispute resolution mechanism, the International Criminal Court and international investment treaty arbitration*" (DOLIDZE, Anna. Bridging comparative and international law: amicus curiae participation as a vertical legal transplant. **The European Journal of International Law**, 26(4), p. 862, 2015).
Ver, também, BENZING, Markus. Community interests in the procedure of International Courts and Tribunals. **The Law and Practice of International Courts and Tribunals**, 5(3), p. 401, 2006.
20 Ver, por todos, ISHIKAWA, Tomoko. Third party participation in investment treaty arbitration. **International and Comparative Law Quarterly**, 59, 2010.

O risco é real. Mas não possibilita atingir conclusão genérica de inadequação dos *amici curiae*. Até por, via de regra, caber ao próprio julgador negar a intervenção quando desnecessária[21], e traçar os seus limites do contrário.

Nessa toada, há mais de década que a CCEE busca auxiliar árbitros na tomada de decisões que afetam o mercado como um todo. No passado mais próximo, diante do número extraordinariamente alto de novas arbitragens iniciadas em 2020 como fruto da pandemia da Covid-19, chegou a endereçar carta aos painéis arbitrais, afirmando que, à luz das potenciais implicações multilaterais das futuras sentenças arbitrais, se colocava à disposição para, enquanto *amicus curiae*, prestar informações e esclarecimentos, sem prejuízo do sigilo de cada procedimento.

Anos antes disso, e conforme relatado em inúmeras atas de reunião de seu Conselho de Administração, instada por decisão cautelar arbitral a registrar contratos de compra e venda de energia elétrica, a CCEE – ainda que não fosse parte – buscou o tribunal arbitral para, arguindo a sua atribuição de garantir a segurança do mercado de energia elétrica brasileiro e de proteger os seus agentes associados, explicitar as minúcias do funcionamento do Sistema Interligado Nacional e solicitar que fosse reconsiderada a decisão para expressamente consignar a necessidade de prestação de garantia por uma das partes.

Esse pleito foi atendido pelos árbitros com fundamento – segundo reporta a CCEE – na proteção do mercado[22]. Ao considerar as informações prestadas pela CCEE para reformar a sua decisão, o tribunal arbitral o fez com esta na condição de *amicus curiae*, assim registrando:

> Com efeito, a "intervenção" da CCEE não faz-se na qualidade jurídico-processual sustentada pela requerida (*i.e.* intervenção de terceiro a demandar prévia autorização das partes), mas sim, no entendimento do tribunal arbitral, como *amicus curiae* em defesa dos interesses difusos que o setor elétrico encerra. Por sinal, assim como ocorre no âmbito Judiciário, ao tribunal arbitral não é vedado no exercício de suas funções ouvir, requisitar ou solicitar esclarecimento de órgão ou entidade que ostente legitimidade e competência na defesa maior de interesse social.[23]

---

21 Nesse sentido, os Princípios do Unidroit de Processo Civil Transnacional ressalvam que "[i]*t is in the court's discretion whether such a brief may be taken into account.* [...] *Principle 13 does not authorize third persons to present written submissions concerning the facts in dispute. It permits only presentation of data, background information, remarks, legal analysis, and other considerations that may be useful for a fair and just decision of the case*" (Disponível em: https://www.unidroit.org/instruments/civil-procedure/ali-unidroit-principles/. Acesso em: 29 ago. 2023).

22 As atas estão disponíveis no sítio da CCEE na internet por meio de sua biblioteca virtual em https://www.ccee.org.br/web/guest/acervo-ccee. Opto, contudo, por não listar suas datas, em respeito às partes envolvidas.

23 Conquanto conste de ata e decisão judicial públicas, opto, mais uma vez, por não fornecer os dados completos de localização, em respeito às partes litigantes.

Quanto a esta última afirmação transcrita, diga-se que o artigo 21 da Lei Brasileira de Arbitragem possibilita às partes convencionarem a forma como se dará o procedimento arbitral, cabendo ao árbitro discipliná-lo na ausência de estipulação específica. O mesmo ocorre tanto no âmbito regional – como se verifica, *e.g.*, das leis de arbitragem da Bolívia[24], do Chile[25] e do Equador[26] – quanto no internacional – conforme ilustra o artigo 19 da Lei Modelo da Uncitral[27].

Contudo, raros são os casos em que as partes o fazem diretamente, preferindo – no mais das vezes – referenciar regulamento de instituição arbitral. Análise de alguns dos regulamentos mais amplamente utilizados revela inexistir clara vedação à admissão de *amici curiae*. Ao reverso, ausente acordo em contrário, concedem aos árbitros amplos poderes instrutórios, sujeitos, apenas, à observância dos princípios do contraditório, da igualdade, da imparcialidade e do livre convencimento[28].

Apropriada, portanto, a conclusão atingida pelo tribunal arbitral. E o trato do tema segue evoluindo: em 2014, o CAM-CCBC emitiu a Resolução Administrativa nº 9/2014, permitindo a participação de *amici curiae* em procedimentos envolvendo a Administração Pública, nos quais interesses difusos são mais comumente atingidos, e estipulando parâmetros para tanto[29].

24 Artigo 47. Disponível em: https://www.lexivox.org/norms/BO-L-N708.html. Acesso em: 29 ago. 2023.

25 Artigo 19. Disponível em: https://www.bcn.cl/leychile/navegar?idNorma=230697. Acesso em: 29 ago. 2023.

26 Art. 38. Disponível em: https://www.funcionjudicial.gob.ec/www/pdf/mediacion/Ley%20de%20Arbitraje%20y%20Mediacion.pdf. Acesso em: 29 ago. 2023.

27 Disponível em: https://uncitral.un.org/sites/uncitral.un.org/files/media-documents/uncitral/en/19-09955_e_ebook.pdf. Acesso em: 29 ago. 2023.

Mas ver a Lei de Arbitragem Voluntária Portuguesa, que, em seu artigo 36, especificamente tratou das possibilidades de intervenção de terceiros e, para tanto, demandou o consentimento de todas as partes (Disponível em: https://dre.pt/dre/detalhe/lei/63-2011-145578. Acesso em: 29 ago. 2023). Esse fato levou autores a concluírem que, ausente esse consentimento, a atuação de *amicus curiae* é vedada pelo ordenamento português (BORGES, Carla Gonçalves; LELYVELD, Leonor van; ARAÚJO, António Pestana. Third parties, cross claims and consolidation. *In*: **International Arbitration in Portugal**, 2020. p.124; BARROCAS, Manuel Pereira. **Manual de arbitragem**, 1. ed., 2010, p. 213).

28 Ver, *e.g.*, o artigo 25.2 do Regulamento do CAM-CCBC de 2022, os artigos 10.2 e 20.1 do Regulamento da CCMA-Ciesp/Fiesp de 2013, o artigo 21(2) do Regulamento Internacional de 2006 do Centro de Arbitraje y Mediacion CAM Santiago, o artigo 22(1) do Regulamento do ICDR de 2021 e o artigo 19 do Regulamento da CCI de 2021.

29 "Enunciado nº 5. É permitida a participação de *amicus curiae* no procedimento arbitral, desde que previamente autorizado pelo tribunal arbitral, que deverá considerar, em seu juízo de conveniência a oportunidade, a relevância da matéria e a representatividade do postulante." (Disponível em: https://ccbc.org.br/cam-ccbc-centro-arbitragem-mediacao/resolucao-de-disputas/resolucoes-administrativas/ra-09-2014-arbitragens-com-a-adm-publica-brasileira/. Acesso em: 29 ago. 2023)

Em 2019, as notas às partes e aos tribunais arbitrais da CCI passaram a mencionar especificamente a possibilidade de o árbitro permitir manifestações de *amici curiae*[30].

Em 2021, o Swiss Arbitration Centre modificou o seu Regulamento para clarificar a possibilidade de tribunais arbitrais admitirem a participação de terceiros no processo em qualidade diversa daquela de parte[31].

E, em 2022, as regras de arbitragem da P.R.I.M.E. Finance – focadas em disputas no mercado financeiro – foram aditadas para, em aludida tentativa de ampliar a transparência[32], expressamente admitir a participação de *amici curiae*[33].

No âmbito da própria CCEE, a Convenção de Arbitragem de 2023 tornou ainda mais explícita a importância de sua atuação como *amicus curiae*, ao estipular não só a sua obrigação de operacionalizar as decisões e sentenças arbitrais, como,

---

30 "178. Consoante disposto no artigo 25(3) [que, a princípio, trata de nomeação e oitiva de experts], o tribunal arbitral poderá, após consultar as partes, adotar medidas que permitam manifestações orais ou escritas de *amici curiae* e de terceiros, externos ao conflito." (Disponível em: https://iccwbo.org/news-publications/arbitration-adr-rules-and-tools/note-parties-arbitral-tribunals-conduct-arbitration/. Acesso em: 29 ago. 2023)
Antes disso, no âmbito da arbitragem esportiva, a Court of Arbitration for Sport (CAS) menciona diretamente a possibilidade de petições de *amicus curiae* desde 2010: "*R41.4 Joint Provisions on Joinder and Intervention.* [...] *After consideration of submissions by all parties concerned, the Panel shall determine the status of the third party and its rights in the procedure. After consideration of submissions by all parties concerned, the Panel may allow the filing of amicus curiae briefs, on such terms and conditions as it may fix*" (Disponível em: https://www.tas-cas.org/en/arbitration/code-procedural-rules.html. Acesso em: 29 ago. 2023).

31 "*Article 6(4). Where a third person requests or is requested by a party to participate in the arbitration proceedings in a capacity other than an additional party, the arbitral tribunal, after consulting with all parties and the third person, shall decide on whether to permit such participation and on its modalities, taking into account all relevant circumstances.*" (Disponível em: https://www.swissarbitration.org/wp-content/uploads/2023/08/Swiss-Rules-2021-EN.pdf. Acesso em: 29 ago. 2023)
Antes disso, em 2012, o Regulamento já tinha sido alterado para mencionar "*third persons*", ao invés de "*third parties*", o que foi visto como uma primeira abertura à participação de não partes no processo (ver TORNESE, Eliana; LEOVEANU, Alina. Amicus curiae interventions: is international commercial arbitration exempt?, jul./sep. 2015. *Corporate Disputes*).

32 Disponível em: https://acc.primefinancedisputes.org/files/2021-11/211111-Prime-booklet-for-web.pdf. Acesso em: 29 ago. 2023.

33 "*Article 29. AMICUS CURIAE. 1. If it considers it necessary or appropriate for the proper determination of the case, the arbitral tribunal may, at the request of a party or on its own initiative, and in either case after consultation with the parties, invite or grant leave to a person or entity that is not a party to the proceedings to appear before it and make submissions on any issues relevant for the proceedings, in the manner and under the conditions set by the arbitral tribunal. 2. The arbitral tribunal shall ensure that any such appearance and submissions do not disrupt the proceedings or unduly burden or unfairly prejudice either party, and that both parties are given an opportunity to present their views on such submissions.*" (Disponível em: https://acc.primefinancedisputes.org/files/2021-11/211111-Prime-booklet-for-web.pdf. Acesso em: 29 ago. 2023)

também, a sua faculdade de requerer a prestação de garantia na hipótese de estas impactarem outros agentes, *verbis*:

> CLÁUSULA 3º. [...]
> Parágrafo 1º. É obrigação da CCEE, após oficiada pela autoridade competente, operacionalizar as decisões e/ou sentenças arbitrais, observados os limites definidos na presente CONVENÇÃO.
> Parágrafo 2º. Na hipótese de ser verificado que a operacionalização da decisão proferida pelo tribunal arbitral impactará outros agentes, a CCEE poderá informar tal situação ao tribunal arbitral requerendo efetiva prestação de garantia idônea no valor integral da exposição.

Ao assim fazê-lo, consolidou a prática até então adotada de interação constante como *amiga da corte* nas arbitragens comerciais sob a égide de sua Convenção. Aplicando-se a lição às arbitragens comerciais em geral, conclui-se que, em hipóteses excepcionais e justificadas, pode o julgador admitir a atuação de *amici curiae* com base nos seus poderes inerentes de condução adequada do procedimento, com a cautela de evitar – o quanto possível – prejuízo a qualquer das partes[34]-[35]. Entre outros, isso exige garantir às partes – sempre – a oportunidade de se manifestar sobre os esclarecimentos daí extraídos[36].

Passando ao segundo ponto – as possíveis consequências de *amici curiae* frente ao sigilo do procedimento –, permanece assunto polêmico mesmo no âmbito das arbitragens de investimento[37]. Contudo, razões diversas militam contra descartar por completo a sua atuação com base nesse preceito. A primeira – e mais óbvia – é

---

34 Similarmente, TORNESE, Eliana; LEOVEANU, Alina. *Op. cit.*, p. 44-45. Mas ver HANOTIAU, Bernard. **Complex arbitrations**: a comparative study, 2. ed., 2020, item 866.

35 Nesse sentido, é também essencial nas arbitragens comerciais a postura cautelosa recomendada pelo Singapore International Arbitration Centre em seu regulamento de arbitragens de investimento: "*29.9 The Tribunal shall take reasonable steps to ensure, with respect to all submissions under this Rule 29, that the submissions do not unreasonably disrupt the arbitration or unduly burden or unfairly prejudice any of the Parties*" (Disponível em: https://siac.org.sg/wp-content/uploads/2022/06/SIAC-Investment-Rules-2017.pdf. Acesso em: 29 ago. 2023).

36 GÓMEZ, Katia Fach. *Op. cit.* Em igual sentido, ver, também, os Princípios do Unidroit de Processo Civil Transnacional (Item 13. Disponível em: https://www.unidroit.org/instruments/civil-procedure/ali-unidroit-principles/. Acesso em: 29 ago. 2023) e os Regulamentos da P.R.I.M.E Finance (Artigo 29.2. Disponível em: https://acc.primefinancedisputes.org/files/2021-11/211111-Prime-booklet-for-web.pdf. Acesso em: 29 ago. 2023), do Singapore International Arbitration Centre (Artigo 29.5. Disponível em: https://siac.org.sg/wp-content/uploads/2022/06/SIAC-Investment-Rules-2017.pdf. Acesso em: 29 ago. 2023) e da Corte Interamericana de Direitos Humanos (Artigo 44(3), *in fine*. Disponível em: https://www.corteidh.or.cr/sitios/reglamento/nov_2009_por.pdf. Acesso em: 29 ago. 2023).

37 Ver LEVINE, Eugenia. Amicus curiae in international investment arbitration: the implications of an increase in third-party participation. **Berkeley Journal of International Law**, 29, 2011.

que, sendo ou não o sigilo inerente ao processo arbitral[38], fato é que, no mínimo, está sujeito à liberdade das partes e aos limites legais. Em outros termos, tanto as partes quanto a própria lei[39] podem afastar a completa confidencialidade do processo arbitral, quando, então, perde relevância dita preocupação.

É o que se vislumbra nas arbitragens comerciais havidas de acordo com a Convenção da CCEE, nas quais – conquanto admitida[40] – a confidencialidade é mitigada no que concerne *(i)* a existência do conflito[41]; *(ii)* a operacionalização das decisões; e *(iii)* a divulgação anonimizada das razões de decidir[42].

Mas a segunda – e mais importante – razão é que a atuação como *amicus curiae* certamente não se confunde com a atuação como parte[43]. Quer-se com isso dizer que, enquanto as partes terão acesso irrestrito ao procedimento, a atuação de eventuais *amici curiae* terá as suas balizas definidas pelo árbitro. Poderá este, assim,

---

38 No Brasil, importante salientar que a Lei de Arbitragem não impõe a confidencialidade ao procedimento, tendo o artigo 189, IV, do Código de Processo Civil previsto que a confidencialidade deve ser pelas partes estipulada. Contudo, os regulamentos de arbitragem mais utilizados traçam como confidencial a arbitragem com base neles conduzida.

39 A título de curiosidade, nas arbitragens "coletivas" – ou multitudinárias –, autores extraem do artigo 31 da Lei nº 6.385/1976 a necessidade de atuação da Comissão de Valores Mobiliários como *amicus curiae* nas demandas que envolvem investidores no mercado de ações, para "difundir a existência da discussão entre os interessados, auxiliando na diminuição da percepção de que o processo seria sigiloso, assim como auxiliar na busca de uma decisão meritória mais acertada" (MARIANI, Rômulo Greff. **Arbitragens coletivas no Brasil**, 2015. p. 178-179).

Ver, também, ZUFELATO, Camilo. Regras procedimentais da arbitragem coletiva no âmbito dos direitos dos investidores no mercado de ações: contexto, fundamentos e adaptações procedimentais. **Revista Brasileira de Arbitragem**, 71, p. 72, 2021.

40 "CLÁUSULA 18. As PARTES e quaisquer outros envolvidos em um determinado procedimento arbitral, inclusive os árbitros, testemunhas e membros da Câmara Arbitral, deverão abster-se de comunicar, revelar ou disponibilizar a terceiros, no todo ou em parte, os documentos, dados e informações a que tiverem acesso em razão de tal procedimento arbitral, salvo se houver autorização escrita, prévia e expressa de todas as PARTES envolvidas."

41 "CLÁUSULA 14. Ao receber o requerimento de arbitragem, e mantendo a confidencialidade de informações, quando requerido expressamente pelo Agente, a Câmara de Arbitragem enviará a todos os SIGNATÁRIOS cópia do requerimento de arbitragem, no prazo de 10 (dez) dias úteis a contar de seu recebimento, para que os interessados, no prazo de 5 (cinco) dias úteis a contar de seu recebimento, manifestem a intenção de integrar um dos polos da relação arbitral."

42 "CLÁUSULA 16. As Câmaras de Arbitragem homologadas deverão, no prazo de até 15 (quinze) dias após a data na qual forem disponibilizadas às PARTES a decisão arbitral definitiva, disponibilizar em seus respectivos sítios eletrônicos o ementário de todas as sentenças proferidas em decorrência desta CONVENÇÃO. Parágrafo único. O extrato deve conter entendimento sobre o tema litigioso, contendo elementos mínimos e sintéticos, omitindo dados pessoais e comerciais das respectivas partes, devendo ser considerado para fins meramente informativos."

43 Nesse sentido, o CAM/CCBC, nos *Consideranda* do Enunciado nº 5 antes referido: "Considerando que o *amicus curiae* tem por objetivo prestar assistência aos árbitros. Considerando ainda que o *amicus curiae* não é parte e, portanto, não possui os mesmos direitos e obrigações das partes e não está sujeito aos efeitos da sentença".

limitar a quais informações do processo terão estes acessos, de que forma poderão se manifestar e de que maneira interagirão com as partes[44].

No que concerne à CCEE, as informações mínimas a que sempre terá acesso são reguladas pelas Regras para a Homologação e o Credenciamento de Câmaras Arbitrais, que estipulam dever da instituição enviar ao menos trimestralmente à CCEE relatório gerencial contendo, entre outros, o objeto e o *status* dos procedimentos em curso, quaisquer decisões a operacionalizar e análise das garantias financeiras a viabilizar a operacionalização. Esses elementos são – a princípio – suficientes a eventual atuação enquanto *amicus curiae*, sem prejuízo de outros cujo tribunal arbitral possa considerar adequado facultar acesso.

Frente às considerações e lições *supra*, a conclusão é que a atuação de *amicus curiae* pode ser admitida em arbitragens comerciais, mas nos limites estritamente necessários ao atingimento de um bom julgado[45]. Conquanto trate-se de análise eminentemente casuística, propõe-se realizar as seguintes indagações para concluir pela sua admissibilidade ou não[46]: *(a)* Existem interesses difusos relevantes atingidos pela decisão que se almeja?; caso positivo, *(b)* A adequada tomada de decisão demanda conhecimentos que não possam ser apropriadamente explicitados pelas próprias partes, ou por *experts* por elas ou pelo julgador contratados?; e, se for o caso, *(c)* A pessoa ou entidade que se propõe a atuar como *amicus curiae* detém a *expertise* e é capaz de prestar os esclarecimentos necessários de maneira apropriada e independente?

Analisadas as circunstâncias específicas do caso, e respondidas afirmativamente as três perguntas, poder-se-ia admitir a participação de *amicus curiae* disposto a contribuir com o livre convencimento do julgador. Aliás, diga-se que, no caso antes

---

Similarmente, os Princípios do Unidroit de Processo Civil Transnacional: "[a]*n amicus curiae does not become a party to the case but is merely an active commentator*" **(Disponível em: https://www.unidroit.org/instruments/civil-procedure/ali-unidroit-principles/. Acesso em: 29 ago. 2023).**

44 Nesse sentido, o Regulamento do Singapore International Arbitration Centre para arbitragens de investimento: "*29.8 The Tribunal may order that a Non-disputing Contracting Party or Non-disputing Party be provided with access to documents related to the proceedings, including submissions, evidence, orders, decisions, Awards and any other documents produced by the Parties or any Non-disputing Contracting Party or Non-disputing Party as may be necessary for its participation in the arbitration. The Tribunal shall take appropriate measures to safeguard the confidentiality of information related to the proceedings as set out in Rule 37*" (Disponível em: https://siac.org.sg/wp-content/uploads/2022/06/SIAC-Investment-Rules-2017.pdf. Acesso em: 29 ago. 2023).

45 Similarmente, FAVRE-BULLE, Xavier. Are arbitration proceedings still exclusively reserved for parties? *In*: **Towards a Uniform International Arbitration Law?**, 2005.

46 Esses parâmetros se inspiraram nos critérios propostos por instituições (ver artigo 29.3 do Regulamento de Arbitragens de Investimento da Singapore International Arbitration Centre. Disponível em: https://siac.org.sg/wp-content/uploads/2022/06/SIAC-Investment-Rules-2017.pdf. Acesso em: 29 ago. 2023) e outros autores (bem sintetizados em CAMPELLO, Caio. O papel do *amicus curiae* nas arbitragens. **Revista de Arbitragem e Mediação**, 12, 2007).

trazido, o tribunal arbitral parece ter usado racional similar ao aqui proposto para admitir a participação da CCEE enquanto *amicus curiae*, eis que reconheceu a existência e a necessidade de salvaguardar direitos difusos, cuja proteção demandava informações sobre a operacionalização do mercado de energia não trazidas pelas próprias partes, as quais poderiam ser prestadas pela CCEE de forma independente, enquanto órgão que ostenta legitimidade e competência na defesa maior de interesse social.

3. PREVENÇÃO DOS IMPACTOS: LIÇÕES DA OBRIGAÇÃO DE PRESTAÇÃO DE GARANTIAS

A terceira e última contribuição da prática da CCEE ao trato dos impactos a terceiros nas arbitragens comerciais consta da cláusula 3ª da nova Convenção, *verbis*:

> CLÁUSULA 3º. Nos termos do art. 31 da Lei de Arbitragem, qualquer decisão e/ou a sentença arbitral a ser proferida durante o curso da arbitragem, somente obrigarão as respectivas partes e seus sucessores.
> Parágrafo 1º. É obrigação da CCEE, após oficiada pela autoridade competente, operacionalizar as decisões e/ou sentenças arbitrais, observados os limites definidos na presente CONVENÇÃO.
> Parágrafo 2º. Na hipótese de ser verificado que a operacionalização da decisão proferida pelo Tribunal Arbitral impactará outros agentes, a CCEE poderá informar tal situação ao Tribunal Arbitral requerendo efetiva prestação de garantia idônea no valor integral da exposição.

Consolidando a sua prática ao longo dos anos, a menção expressa à possibilidade de a CCEE requerer a prestação de garantias quando da operacionalização das decisões arbitrais se encaixa em movimento institucional para prevenir a antes mencionada socialização das perdas derivadas da liquidação[47]. A ata da assembleia

47 Renato Stephan Grion confirma esse movimento institucional ao registrar que "*the consequences of the failure to present collateral have changed over recent years. Originally, in case an agent failed to liquidate its exposure, the loss was shared by the whole sector (socialização dos inadimplementos). Subsequently, Aneel's regulations were updated and the failure to give a collateral by any party prevents the agreements from being registered at CCEE, and, as a consequence, forces the purchaser to individually deal with the losses*" (GRION, Renato Stephan. Disputes in the Brazilian electricity market. *In*: **International Arbitration in Latin America**: energy and natural resources disputes, 2021, p. 299).
A própria CCEE também assim destaca: "Como o processo de liquidação financeira resulta em quantias a pagar pelos agentes devedores e a receber pelos agentes credores, possíveis inadimplências por parte dos agentes devedores podem comprometer a segurança das operações de compra e venda de energia elétrica no MCP. Dessa forma, com objetivo de mitigar esses efeitos, foi criado o mecanismo

geral extraordinária que aprovou a nova Convenção antes de sua submissão à homologação da Aneel deixa muito claro esse propósito:

> [...] desde 2017 existe um grupo de trabalho formado pela CCEE e representantes de todas as associações, o qual definiu os seguintes pontos a serem tratados com a revisão [...] (ii) possível afetação do mercado decorrente de decisões arbitrais proferidas em processos com questões bilaterais; [...] e (iv) aprimoramentos decorrentes da própria evolução do mercado e da experiência alcançada desde a entrada em vigor da atual [2007] Convenção Arbitral. Postas tais questões, ressaltou que o objetivo dessa nova proposta é a modernização, maior segurança jurídica, e mais liberdade aos agentes para selecionar o melhor serviço considerando a possibilidade de competição entre Câmaras. Em seguida, foram apresentadas as principais alterações da proposta para o novo texto da Convenção Arbitral, quais sejam: [...] (e) Mecanismo de Proteção ao Mercado: com a finalidade de garantir que o tribunal arbitral exija garantias das partes em relação aos efeitos financeiros das decisões arbitrais que afetem terceiros. Em outras palavras, a proposta permite à CCEE requerer ao tribunal arbitral a prestação de garantias idôneas nos casos em que a operacionalização da decisão venha a impactar outros agentes que não estejam envolvidos no conflito.[48]

O voto da Aneel – que, em larga escala, seguiu a anterior nota técnica de suas Superintendências de Regulação Econômica e Estudos do Mercado e de Mediação Administrativa, Ouvidoria Setorial e Participação Pública – confirma a intenção de, no possível, evitar por completo os impactos a terceiros:

> 57. No que tange ao eventual impacto das sentenças arbitrais em terceiros, a Convenção Arbitral aprovada na 68ª AGE/CCEE estabelece que, caso seja identificado impacto em terceiros, será requerido das partes envolvidas no processo de arbitragem a prestação de garantias financeiras no valor integral da exposição.
> 58. Segundo a CCEE, tal inclusão tem como objetivo "garantir que os efeitos

de cálculo de Garantias Financeiras (GFIN), a serem aportadas pelos agentes com operações realizadas na CCEE, que pudesse ser utilizado para cobrir eventuais inadimplências no processo de liquidação financeira" (Disponível em: https://acesse.one/HjCQd . Acesso em: 29 ago. 2023).

Por sinal, o parecer preparado por Pinheiro Neto Advogados a pedido da CCEE e submetido à análise da Aneel quando da apreciação da nova Convenção bem destaca que "[o] escopo da garantia é bilateralizar os efeitos da decisão arbitral, resguardando terceiros e o próprio mercado de qualquer efeito financeiro advindo de tal decisão. Esta é toda a lógica da atual regulação vigente, ao determinar que os próprios agentes apresentem garantias financeiras no sentido de proteger o mercado dos efeitos da sua própria operação, sob pena de não efetivação dos registros dos respectivos contratos no âmbito da CCEE".

48 Disponível em: https://www.ccee.org.br/documents/80415/919507/ATA%2068%C2%AA%20AGE_19_10_2021.pdf/995a9de2-5757-1afa-e32e-d8cf6a8b0e2d. Acesso em: 29 ago. 2023.

> financeiros das decisões oriundas de conflitos bilaterais fiquem adstritos às partes do referido procedimento arbitral". 59. Com isso, a Convenção Arbitral aprovada na 68ª AGE/CCEE deixa de causar impactos financeiros em terceiros, em vez de permitir que tal impacto possa ocorrer no caso de o signatário não ter manifestado a intenção de integrar um dos polos da relação arbitral, como consta na Convenção Arbitral vigente.[49]

Esse objetivo de bilaterização dos riscos é reforçado pelo *caput* da cláusula 3 da Convenção – prevendo que as decisões arbitrais "somente obrigarão as respectivas partes e seus sucessores" – e, também, pela exclusão de dispositivo segundo o qual os agentes não poderiam "se eximir dos eventuais efeitos da sentença arbitral que sobre eles vier a recair"[50].

Mas a CCEE ainda foi além e recrutou as instituições credenciadas como aliadas nessa prevenção dos impactos a terceiros, ao incluir entre os requisitos para a sua homologação a assunção da responsabilidade de "avaliar e receber as garantias financeiras eventualmente apresentadas pelas partes quando determinadas pelo tribunal arbitral no curso de cada procedimento decorrente da Convenção Arbitral", indicando à CCEE sua existência, sua espécie, sua vigência e seu valor[51]. Aliás, apesar de a redação não ser de todo clara[52], o processo que conduziu à sua introdução e às manifestações da própria CCEE parecem indicar que, ausente a prestação da

---

49 Disponível em: https://www2.aneel.gov.br/cedoc/areh20233173_1.pdf. Acesso em: 29 ago. 2023.

50 Em sua versão de 2007, a Convenção da CCEE assim dispunha no parágrafo 1º da cláusula 13, equivalente à atual cláusula 14: "Parágrafo 1º. Os SIGNATÁRIOS que não exercerem a prerrogativa prevista no caput desta CLÁUSULA [de manifestar a intenção de integrar um dos polos da arbitragem] não poderão se eximir dos eventuais efeitos da sentença arbitral que sobre eles vier a recair".

51 Disponível em: https://www.ccee.org.br/documents/80415/919498/Modulo_1_-_Homologacao_e_Credenciamento_de_Camaras_Arbitrais_v1.0.pdf/71be041b-2cff-dbbc-bb74-795031da1e7f. Acesso em: 29 ago. 2023.

52 Nesse sentido, a posição de André Edelstein: "A Nova Convenção Arbitral da CCEE atribuiu expressamente à CCEE a obrigação de operacionalizar as decisões e/ou sentenças arbitrais, bem como a prerrogativa de requerer ao tribunal arbitral a efetiva prestação de garantia idônea no valor integral da exposição caso identifique que seu cumprimento possa impactar outros agentes. A instituição do referido mecanismo é indiscutivelmente saudável para a proteção do mercado. Contudo, a interpretação e a aplicação dessa disposição podem suscitar polêmicas. Inicialmente, pois a exegese do texto em questão não parece obrigar o tribunal arbitral a atender essas solicitações da CCEE. Por outra ótica, admitindo-se, por hipótese, que a interpretação correta da norma seja no sentido de que sua observância seria mandatória pelo tribunal arbitral – como, aliás, parece ser o entendimento da CCEE –, é possível que sua legalidade seja posta em dúvida sob o argumento de que implicaria ofensa à jurisdição, entre outros argumentos. Em acréscimo, considerando que, em princípio, com a prolação da sentença arbitral final se exaure a jurisdição do tribunal arbitral, também é possível que se discuta se este teria competência para impor obrigação adicional às partes supervenientemente" (EDELSTEIN, André. Breves notas sobre as principais inovações da nova Convenção Arbitral da CCEE nas arbitragens de comercialização de energia. **Revista Brasileira de Arbitragem**, 77, p. 124, 2023).

garantia, a CCEE recusará – ou, ao menos, resistirá – a operacionalização da decisão[53]-[54]. A se verificar.

De todo modo, esse requerimento de prestação de garantias representa instrumento claro de prevenção dos potenciais impactos a terceiros, evitando a socialização dos prejuízos, quando possível, para privilegiar o caráter bilateral da disputa. Afinal, se possível e suficiente for executar as garantias na hipótese de a operacionalização causar prejuízos não adequadamente arcados pela parte, desnecessário será que os seus reflexos sejam resolvidos por meio do compartilhamento dos efeitos entre os demais agentes de mercado. Esse mecanismo serve de valiosa inspiração não só a outros setores da economia quanto aos meios de evitar impactos a terceiros, mas, também, aos árbitros. Afinal, e como bem ressaltaram Luciano Benetti Timm e Henrique Lenon Farias Guedes em carta submetida à Aneel em apoio à redação da nova Convenção, esse dispositivo:

> [...] incorpora o consequencialismo, ou seja, chama a atenção do julgador para as consequências práticas de sua decisão, ao gosto dos novos artigos 20 e 21 da Lei de Introdução às Normas do Direito brasileiro (LINDB), introduzidos pela Lei federal nº 13.655/2018.

Em outros termos, a disposição bem ilustra a necessidade de o árbitro considerar os impactos adversos de sua decisão para além das próprias partes em litígio e, dentro do possível, buscar evitá-los na formatação de seu julgado[55].

---

53 Nesse sentido, o Ofício CT-CCEE05644/2021 enviado pela CCEE à Aneel para submeter a nova Convenção à sua homologação diz que o dispositivo "permite exigir do tribunal arbitral garantias para tanto". Igual redação não constava da ata que aprovou a Convenção. Aliás, as Regras para a Homologação e Credenciamento de Câmaras Arbitrais estabelecem a seguinte indagação às instituições arbitrais credenciadas que parece também confirmar esse entendimento: "Há garantia financeira **para viabilizar** a operacionalização pela CCEE nos termos da Convenção Arbitral ('sim' ou 'não')" (Disponível em: https://www.ccee.org.br/documents/80415/919498/Modulo_1_-_Homologacao_e_Credenciamento_de_Camaras_Arbitrais_v1.0.pdf/71be041b-2cff-dbbc-bb74-795031da1e7f. Acesso em: 29 ago. 2023, *g.n.*).

54 A mencionada exclusão do parágrafo 1º da cláusula 14 somada ao *caput* da cláusula 3 ("[...] qualquer decisão e/ou a sentença arbitral a ser proferida durante o curso da arbitragem, somente obrigarão as respectivas partes e seus sucessores") e à ressalva contida ao fim de seu parágrafo 1º ("[...] observados os limites definidos na presente CONVENÇÃO") poderia permitir à CCEE argumentar que a sua obrigação de operacionalizar as decisões arbitrais está limitada pela não ocorrência de impactos a terceiros.

55 Para além do mais óbvio exemplo dos julgados societários, poder-se-ia – entre outros – cogitar desse cenário em arbitragens tocando temas de direito concorrencial (cf. NAZZINI, Renato. A principled approach to arbitration of competition law disputes: competition authorities as amici curiae and the status of their decisions in arbitral proceedings. **European Business Law Review**, 19(1), p. 114, 2008) e com impactos ambientais ou climáticos particularmente gravosos (cf. BÍZIKOVÁ, Lucia. On route to climate justice: the Greta effect on international commercial arbitration **Journal of International Arbitration**, 39(1), 2022).

CONCLUSÃO

Os impactos a terceiros derivados de decisões e sentenças em arbitragens comerciais são cada vez mais comuns e, particularmente no Brasil, ganharam acentuada relevância nos últimos anos. A CCEE precisou enfrentar essa problemática e, ao longo dos anos, assim o fez de diversas formas que podem servir de inspiração àqueles que atuam em arbitragens, tais como *(i)* possibilitando aos potenciais impactados conhecer e eventualmente influir nos rumos do processo arbitral; *(ii)* orientando os árbitros na tomada de decisões por meio da atuação enquanto *amicus curiae*; e, mais recentemente, *(iii)* prevenindo ao máximo a ocorrência dos impactos, através da requisição de prestação de garantias quando da operacionalização das decisões arbitrais.

É certo que a arbitragem de disputas do setor elétrico em geral, e do brasileiro em particular, guarda as suas particularidades, que não podem ser ignoradas. Mas, observadas essas nuances, as lições trazidas pela CCEE ao longo desses mais de quinze anos certamente podem contribuir para o aprimoramento da arbitragem comercial em geral e de outros setores de indústria na qual seja a arbitragem largamente utilizada.

REFERÊNCIAS

ANDRADE, Gustavo Fernandes de. Algumas reflexões sobre as arbitragens e as regras da Câmara de Comercialização de Energia – CCEE. **Revista de Direito da Procuradoria Geral do Rio de Janeiro**, 67, 2013.

BARROCAS, Manuel Pereira. **Manual de Arbitragem.** 2013.

BASTIN, Lucas. The amicus curiae in Investor-State Arbitration. **Cambridge Journal of International and Comparative Law**, 1(3), 2012.

BENZING, Markus. Community interests in the procedure of International Courts and Tribunals. **The Law and Practice of International Courts and Tribunals**, 5(3), 2006.

BÍZIKOVÁ, Lucia. On route to climate justice: the Greta effect on international commercial arbitration. **Journal of International Arbitration**, 39(1), 2022.

BORGES, Carla Gonçalves; LELYVELD, Leonor van; ARAÚJO, António Pestana. Third parties, cross claims and consolidation. **International Arbitration in Portugal**, 2020.

CAMPELLO, Caio. O papel do *amicus curiae* nas arbitragens. **Revista de Arbitragem e Mediação**, 12, 2007.

CANTIDIANO, Isabel; VIEIRA, Juliana Botini Hargreaves. Artigo 1º – Arbitragem e direito societário. *In*: WEBER, Ana Carolina; LEITE, Fabiana de Cerqueira (coord.). **Lei de Arbitragem Comentada**, 2023.

COELHO, Eleonora. A necessidade de criação de regulamentos adaptados para arbitragens coletivas no mercado de capitais. *In*: **Processo societário**, v. III, 2018.

DOLIDZE, Anna. Bridging comparative and international law: amicus curiae participation as a vertical legal transplant. **The European Journal of International Law**, 26(4), 2015.

EDELSTEIN, André. Breves notas sobre as principais inovações da nova Convenção Arbitral da CCEE nas arbitragens de comercialização de energia. **Revista Brasileira de Arbitragem**, 77, 2023.

FAVRE-BULLE, Xavier. Are arbitration proceedings still exclusively reserved for parties?" *In*: **Towards a Uniform International Arbitration Law?**, 2005.

GOMES, Jeniffer; WILLCOX, Victor. Breves notas sobre o Regulamento de Arbitragem societária do CAM-CCBC, 2023. Disponível em: https://www.conjur.com.br/2023-mai-13/gomes-willcox-regulamento-arbitragem-societaria-cam-ccbc. Acesso em: 29 ago. 2023.

GOMES, Raphael; GAGLIARDI, Rafael; DANTE, Pedro; CRISPIM, Bruno. As recentes "quebras" de comercializadoras: problema de mercado ou uma questão puramente bilateral? Como resolver o impasse?, 2019. Disponível em: https://www.canalenergia.com.br/artigos/53090504/as-recentes-quebras-de-comercializadoras-problema-de-mercado-ou-uma-questao-puramente-bilateral-como-resolver-o-impasse. Acesso em: 31 ago. 2023.

GÓMEZ, Katia Fach. Rethinking the role of amicus curiae in international investment arbitration: how to draw the line favorably for the public interest. **Fordham International Law Journal**, 35, 2012.

GRION, Renato Stephan. Disputes in the Brazilian electricity market. *In*: **International Arbitration in Latin America**: energy and natural resources disputes, 2021.

HANOTIAU, Bernard. **Complex arbitrations**: a comparative study. 2. ed. 2020.

ISHIKAWA, Tomoko. Third party participation in investment treaty arbitration. **International and Comparative Law Quarterly**, 59, 2010.

LEITE, Amanda Kalil Soares; PEREIRA, Guilherme Setoguti J. Confidencialidade e transparência nas arbitragens coletivas societárias. **Revista de Arbitragem e Mediação**, 69, 2021.

LEVINE, Eugenia. Amicus curiae in international investment arbitration: the implications of an increase in third-party participation. **Berkeley Journal of International Law**, 29, 2011.

MARIANI, Rômulo Greff. **Arbitragens coletivas no Brasil**, 2015.

MCDOUGALL, Andrew de Lotbinière; SANTES, Ank. ICSID tribunals apply new rules on amicus curiae. **Mealey's International Arbitration Report**, 22, 2007.

NAZZINI, Renato. A principled approach to arbitration of competition law disputes: competition authorities as amici curiae and the status of their decisions in arbitral proceedings. **European Business Law Review**, 19(1), 2008.

NUNES PINTO, José Emilio. A arbitragem na comercialização de energia elétrica. **Revista de Arbitragem e Mediação**, 9, 2006.

POTSCH M., Bernard. Comentários ao julgado de 11 de outubro de 2017 do Conflito de Competência nº 139.519/RJ. **Revista Brasileira de Arbitragem**, 57, 2018.

TORNESE, Eliana; LEOVEANU, Alina. Amicus curiae interventions: is international commercial arbitration exempt?, jul./sep. 2015. **Corporate Disputes.**

TRIANTAFILOU, Epaminontas. A more expansive role for amici curiae in investment arbitration, 2009. Disponível em: https://arbitrationblog.kluwerarbitration.com/2009/05/11/a-more-expansive-role-for-amici-curiae-in-investment-arbitration/. Acesso em: 31 ago. 2023.

ZUFELATO, Camilo. Regras procedimentais da arbitragem coletiva no âmbito dos direitos dos investidores no mercado de ações: contexto, fundamentos e adaptações procedimentais. **Revista Brasileira de Arbitragem**, 71, 2021.

ARBITRAGEM E AGRONEGÓCIO

I – COORDENAÇÃO ATUAL DO GEAG

Coordenadores: Marcos Hokumura Reis e Thiago Marinho Nunes. **Coordenadores na data de publicação desta obra:** Aline Dias e Maria Cristina Junqueira.

II – REUNIÕES REALIZADAS

O Grupo de Estudos em Arbitragem e Agronegócio do Comitê Brasileiro de Arbitragem ("**GEAG**"), criado em 2019, tem por objetivo promover o estudo da arbitragem no âmbito do agronegócio, difundindo o uso da arbitragem como meio adequado de resolução de controvérsias que surgem entre os diversos atores da agroindústria.

Relacionamos, a seguir, as reuniões que foram realizadas no âmbito do GEAG desde 2019 até o momento.

II.1 2019

1ª Reunião: 21.02.2019
Tema: Arbitragem no agronegócio: flexibilidade, tecnicidade de adequação
Palestrante: Thiago Marinho Nunes[1]
Formato: presencial (Sociedade Rural Brasileira)

---

1 Em caráter excepcional, e mediante autorização prévia do CBAr.

2ª Reunião: 03.04.2019
Tema: O uso da arbitragem no mercado de commodities agrícolas
Palestrantes: Renato Stephan Grion e Thiago Del Pozzo Zanelato
Formato: presencial
Host: Pinheiro Neto Advogados

3ª Reunião: 11.06.2019
Tema 1: Contratos de arrendamento rural: das novas interpretações à utilização da arbitragem na resolução de conflitos
Palestrantes: André Barabino e Vladimir Abreu
Tema 2: Arbitragem no agronegócio: a particularidade e importância das entidades especializadas
Palestrante: Maurício Gomm-Santos
Formato: presencial
Host: Tozzini Freire Advogados

4ª Reunião: 26.11.2019
Tema: Títulos de financiamento do agronegócio e cláusula arbitral
Palestrante: Marcos Hokumura Reis[2]
Formato: presencial
Host: Mattos Engelberg Echenique Advogados

5ª Reunião: 18.12.2019
Tema: A aplicação da CISG na compra e venda internacional de *commodities* agrícolas
Palestrante: Cláudio Finkelstein
Formato: presencial
Host: Vaz, Buranello, Shingaki & Oioli Advogados

II.2 2020

1ª Reunião: 24.06.2020
Tema: Arbitragem tributária no âmbito do agronegócio: um exemplo já vigente
Palestrante: Marcelo Ricardo Escobar
Formato: virtual

2ª Reunião: 23.09.2020
Tema: Agronegócio: arbitragem e tutelas de urgência
Palestrante: Luiz Virgilio Pimenta Manente
Formato: virtual

---

2 Em caráter excepcional, e mediante autorização prévia do CBAr.

3ª Reunião: 25.11.2020
Tema: A admissibilidade da recuperação judicial do produtor rural: a coexistência da arbitragem e da recuperação judicial
Palestrante: Maria Cristina Junqueira
Formato: virtual

II.3 2021

1ª Reunião: 06.05.2021
Tema: Arbitrabilidade dos litígios ambientais
Palestrante: Eduardo Damião Gonçalves
Formato: virtual

2ª Reunião: 09.09.2021
Tema: *Dispute boards* no agronegócio
Palestrante: Ana Paula Barbosa de Andrade
Formato: virtual

II.4 2022

1ª Reunião: 31.05.2022
Tema: Efeitos da guerra Rússia *v.* Ucrânia nos contratos internacionais firmados no âmbito do agronegócio e repercussão na resolução de disputas contratuais
Palestrante: Frederico Favacho
Formato: híbrido
Host: Santos Neto Advogados

II.5 2023

1ª Reunião: 12.05.2023
Tema: Contratos agrários e resolução de disputas
Palestrante: Francisco de Godoy Bueno
Formato: híbrido
Host: Tozzini Freire Advogados

13. ARBITRAGEM NO AGRONEGÓCIO: A REALIDADE, AS TENDÊNCIAS E OS DESAFIOS ATUAIS

Marcos Hokumura Reis

Advogado e Administrador de Empresa.

Especialista em Direito do Agronegócio e Arbitragem.

Professor em Cursos de Graduação e Pós-Graduação em Direito do Agronegócio.

Coordenador do Grupo de Estudos Arbitragem no Agronegócio do Comitê Brasileiro de Arbitragem.

Coordenador dos Livros "Arbitragem no Agronegócio" e "Gestão de Conflitos no Agronegócios".

Sócio Fundador do Reis, Souza, Takeishi & Arsuffi Advocacia Empresarial.

Thiago Marinho Nunes

Doutor em Direito Internacional e Comparado pela Faculdade de Direito da Universidade de São Paulo.

Mestre em Contencioso, Arbitragem e Modos Alternativos de Resolução de Conflitos pela Universidade de Paris II.

Vice-Presidente da Camarb.

Professor Titular de Arbitragem e Mediação do IBMEC/SP.

Árbitro independente.

INTRODUÇÃO[1]

O presente estudo tem como objetivo traçar uma visão concisa sobre as tendências e os desafios na resolução de disputas atuais no agronegócio, tendo em vista a sua importância para a economia nacional e com base no atual arcabouço jurídico, sempre com vistas a fortalecer a segurança jurídica no setor para atrair investimentos duradouros. Com a inevitável globalização dos mercados, novos desafios emergem a cada momento, que precisam ser compreendidos e solucionados com a melhor técnica e forma possíveis, a fim de que se possa perpetuar o crescimento e o fortalecimento das empresas brasileiras no comércio mundial.

O agronegócio é uma verdadeira força motriz para a economia brasileira. É o que impulsiona a economia brasileira, representando quase a metade de todas as nossas exportações. O Brasil é líder mundial na produção de café, cana-de-açúcar, laranja e carne bovina, além de ocupar posições de destaque na produção global de soja, carne de frango e algodão. Nos últimos anos, além do setor ter se profissionalizado sobremaneira, ele tem passado por uma importante revolução tecnológica, que o moderniza e possibilita integrá-lo a toda cadeia produtiva, desde o plantio até a comercialização final do produto.

É um sistema complexo que abrange diversas atividades biológicas, agrícolas, comerciais e financeiras, que vai desde o investimento em biotecnologia de sementes, preparo do solo, sempre buscando o melhor plantio, a utilização de máquinas modernas e tecnologias de ponta para o cultivo e desenvolvimento da lavoura, sua colheita, até o seu armazenamento, a sua distribuição e a sua comercialização. Com a importância do agronegócio para a nossa economia, era necessário criar uma base jurídica sólida para atrair investimentos financeiros para o setor, razão pela qual foram promulgadas diversas leis relacionadas diretamente ao agronegócio (tais como: Lei nº 8.929/1994, Lei nº 9.496/1997, Lei nº 11.076/2004, Lei nº 13.288/2016, Lei nº 13.986/2020, Lei nº 14.110/2021 e todas as suas alterações e atualizações).

Diante dessa complexidade, torna-se imprescindível que as disputas relacionadas ao setor sejam resolvidas do modo mais técnico possível, com julgadores que possuam não apenas conhecimento da legislação vigente, mas também possuam experiência prática no agronegócio. É neste contexto que a arbitragem se torna uma ferramenta essencial para o desenvolvimento e o crescimento do agronegócio brasileiro, proporcionando maior segurança jurídica, com decisões mais embasadas e técnicas, sempre levando em conta a realidade do agronegócio, em especial seus usos e costumes.

---

1 Colaborou com o artigo o Dr. Gilberto Azevedo Netto, graduado em direito pela Faculdade Baiana de Direito. Advogado atuante nas áreas de direito societário, agronegócio e empresarial. Advogado Reis, Souza, Takeishi & Arsuffi Advocacia Empresarial.

Portanto, a inclusão de cláusulas compromissórias nos contratos, títulos de crédito e fundos de investimento relacionados ao agronegócio é fundamental para se atingir esse mister, permitindo que as partes possam optar por utilizar esse método para a resolução de conflitos. Na prática, a arbitragem pode ser aplicada em diversas situações, como disputas em contratos agrários típicos (arrendamento e parceria rural) e atípicos, financiamentos rurais, contratos de fornecimento de insumos, contratos de exportação, condomínios rurais, empresas rurais e suas relações societárias, contratos de integração vertical, contrato de tecnologias com as *agritechs*, cultivares e biotecnologia, entre outros.

No presente estudo, longe de se esgotar os assuntos propostos, tratar-se-á basicamente sobre cinco tópicos: (1) arbitragem no agronegócio: uma perspectiva abrangente e abordagem multifacetada; (2) arbitragem nos contratos agrários típicos e atípicos do agronegócio; (3) títulos de crédito do agronegócio e arbitragem; (4) Fundo de Investimento nas Cadeias Produtivas Agroindustriais (Fiagro), seus potenciais conflitos e sua arbitragem; e (5) conclusões e desafios para o desenvolvimento da arbitragem no agronegócio.

Dessa forma, o objetivo do presente estudo é evidenciar as peculiaridades dessas transações e operações do agronegócio, bem como demonstrar como o uso da arbitragem pode se revelar solução eficaz para a resolução de todos os seus conflitos. Afinal, como é notório, esse setor é essencial para o Brasil e merece uma abordagem jurídica adequada e especializada, para que, ao fim e ao cabo, a cadeia produtiva agroindustrial permaneça estável.

1. ARBITRAGEM NO AGRONEGÓCIO: UMA VISÃO AMPLA E ABORDAGEM MULTIFACETADA

Com a economia nacional estagnada na era da pós-pandemia e com os atuais problemas econômicos estruturais, o agronegócio brasileiro assumiu um papel crucial na recuperação do produto interno bruto, na manutenção da estabilidade da moeda e no crescimento do País. De acordo com dados do Ministério da Agricultura, as exportações relacionadas ao agronegócio representaram quase a metade de toda exportação total do País, totalizando o impressionante volume de, aproximadamente, US$100 bilhões. No atual cenário econômico, que ainda é incerto, é inegável que as incertezas e instabilidades políticas, econômicas e jurídicas podem desacelerar os investimentos em vários setores produtivos do Brasil, com exceção do agronegócio que, a cada ano, tem mantido o seu crescimento e desenvolvimento.

Portanto, é de extrema importância que o Brasil mantenha as bases da segurança jurídica e a eficiência e eficácia de métodos de resolução de conflitos, o que pode ser alcançado por meio da utilização adequada da arbitragem. Tem-se visto, pelo menos para o agronegócio, uma evolução contínua do Poder Legislativo, por meio das frentes parlamentares do agronegócio, nas revisões e no aperfeiçoamento das leis atuais do setor, como também se percebe uma criação legislativa para incluir novos instrumentos jurídicos que possibilite a aproximação dos produtores e das empresas agroindustriais ao mercado financeiro e de capitais (por exemplo, Fiagro, que adiante será adiante abordado).

No aspecto jurídico, é amplamente conhecido que o Poder Judiciário está sobrecarregado e enfrenta enormes dificuldades. Seguindo uma tendência internacional dos países desenvolvidos, a consolidação da arbitragem no Brasil trouxe a possibilidade de os empresários e produtores terem o direito de optar pela utilização da arbitragem como ferramenta para se obter uma solução definitiva de litígios complexos, de forma ágil, técnica e com a mesma força de uma decisão judicial. Desde 2001, o Supremo Tribunal Federal decidiu sobre a constitucionalidade da arbitragem no Brasil, e, no ano seguinte (2002), o Brasil aderiu e ratificou a Convenção de Nova Iorque sobre o reconhecimento e a execução de sentenças arbitrais estrangeiras, o que o inseriu, completamente, no ambiente arbitral internacional, ao lado dos principais países desenvolvidos. Por isso, é relevante batalhar pelo crescimento da utilização da arbitragem no âmbito do agronegócio[2], na medida em que o Poder Judiciário também tem defendido a consolidação da arbitragem, no âmbito nacional e internacional, atuando em extrema cooperação e respeito ao instituto.

Vale ressaltar que a arbitragem é um método privado e adequado de resolução de conflitos em que as partes concordam em resolver as suas controvérsias, decorrentes de suas relações jurídicas de direitos patrimoniais disponíveis, por meio de árbitro(s) e de acordo com as regras regulamentares por elas escolhidos.

Com relação ao dia a dia do agronegócio, cujas relações jurídicas são baseadas muitas vezes nos usos e costumes, com as mudanças contínuas e a necessidade de tomada rápida de decisões, a arbitragem, com as suas características de celeridade, especialidade e profundidade da análise dos casos, se encaixa perfeitamente como o melhor método para solucionar os conflitos do agronegócio. Além disso, é crucial destacar a experiência e capacidade técnica dos profissionais que exercem a função de árbitro para dirimir as matérias em disputa. A arbitragem tende a possuir clara vantagem para os empresário e produtores rurais, na medida em que eles sabem que os seus litígios serão julgados por especialistas na área, eis que, na maioria dos casos, cabe às partes escolherem os árbitros.

O sistema judiciário tradicional, com seu volume e sua lentidão, não consegue seguir a velocidade dos negócios atinentes ao agronegócio e, obviamente, tem causado prejuízos sistêmicos e significativos a todos os seus *players*. Diante dessa realidade, tanto o credor quanto o devedor são vítimas de uma espera prolongada, sendo

2 BRASIL. **Tribunal de Justiça**. Ministro Francisco Falcão. 1º de setembro de 2023.

privados de uma resolução rápida e eficiente para as suas pendências contratuais, comerciais e financeiras. Enquanto o credor sofre com a demora em recuperar o seu esperado crédito, o devedor pode até se iludir e antecipar comemorações prematuras. No entanto, ambos são ludibriados por uma máquina judiciária que deveria ser ágil e justa, mas que se arrasta em uma letargia desanimadora e infindável, não por culpa dos magistrados, mas pela morosidade, deficiência técnica e engessamento da máquina estatal, sendo que, no final, se houver, ambas as partes sairão perdedoras e o mercado agroindustrial desestabilizado[3].

Do outro lado, a arbitragem, se bem compreendida, trabalhada e utilizada por todos os seus participantes – partes, advogados, assistentes técnicos e árbitros –, pode servir como o método ideal para se buscar um julgamento técnico, célere e mais próximo da realidade do agronegócio, minimizando, dessa forma, as agruras inerentes ao Poder Judiciário.

2. ARBITRAGEM NOS CONTRATOS AGRÁRIOS TÍPICOS E ATÍPICOS DO AGRONEGÓCIO

A longa duração dos processos judiciais e as mudanças de decisões nas várias instâncias e recursos existentes trazem situação de insegurança jurídica incompatível com a dinâmica do agronegócio, que está inserido no mercado globalizado. Por essa razão, podemos hoje relatar que se tornou praxe negocial a inclusão de cláusulas compromissórias em contratos empresariais. No setor do agronegócio, ante a sua cultura mais tradicional, regional e familiar, atualmente os produtores e empresários rurais, juntamente com os seus advogados e assessores, começaram a entender os reais benefícios da arbitragem, razão pela qual começaram a optar pela inclusão da cláusula compromissória não só nos contratos agrários típicos (contratos de arrendamento rural e parceria rural), mas também em contratos complexos (desenvolvimento de biotecnologia e cultivares, *joint ventures* para exploração de plantas industriais, contratos de modernização de plantas industriais, etc.) e, ainda, nos títulos de crédito relacionados ao agronegócio.

É importante consignar que, para as partes, uma vez pactuada a inclusão da cláusula compromissória, é fundamental que ela tenha o condão de obrigar a instituição da arbitragem, sendo, portanto, plenamente apta a impedir ação judicial acerca da matéria que a convenção arbitral tratar. Em outros termos, tanto a cláusula compromissória quanto o compromisso arbitral, desde que válidas e eficazes, são

3 BRASIL. Supremo Tribunal de Justiça. **Recurso Especial nº 1465535**. Rel. Luís Felipe Salomão. J. 21.06.2023. DJE 22.08.2023.

prejudiciais ao mérito da causa[4]. Essa força vinculante da cláusula arbitral é fundamental para dar segurança às partes de que o método por elas escolhido será de utilização obrigatória em caso de conflito.

Com relação aos contratos típicos de parceria e arrendamento rural, que foram disciplinados pelo Estatuto da Terra (Lei nº 4.504/1966, regulamentado pelo Decreto nº 59.566/1966 e alterações), existem certas limitações negociais incompatíveis com a realidade atual do agronegócio, que, a nosso ver, não foram recepcionadas pela atual Constituição Federal.

Quando o Estatuto da Terra foi promulgado, em 1966, o agronegócio brasileiro ainda não contava com a modernização e sofisticação atual, o que fez com que o legislador estabelecesse um arcaico sistema rígido, com regras nada flexíveis e com limitações incompatíveis com a dinâmica moderna desenvolvida nos últimos anos pelo setor – como, por exemplo, o tema que diz respeito à remuneração do arrendamento, que deveria ser pago em dinheiro e, em regra, não poderia exceder 15% do valor do imóvel[5].

No entanto, o agronegócio se modernizou, se profissionalizou e não pode ficar arraigado em situações não mais condizentes com o mercado global. Nos dias de hoje, as lavouras e os seus produtos se tornaram as principais moedas de troca e medidas de valor do setor. Isso significa dizer que a realidade avançou além das regras estabelecidas pela arcaica legislação de 1966. É cada vez mais comum encontrar cláusulas comerciais mais flexíveis e adaptadas à realidade do mercado. Afinal, a agricultura (em especial, o ciclo biológico) não pode ser limitada e estagnada por falta de atualização legislativa e/ou decisões emanadas por quem desconhece o setor. Por isso, a arbitragem pode ser utilizada para solucionar diversas situações do setor, desde disputas em contratos agrários, financiamentos rurais, contratos de fornecimento, relações societárias, entre outras.

Em complemento, os usos e costumes aplicados às atividades do agronegócio são determinantes e fundamentais para o seu desenvolvimento. Compreendendo essa dinâmica, o Superior Tribunal de Justiça reconheceu, somente em 2016, que os contratos agrários podem conter disposições contrárias ao Estatuto da Terra, desde que sejam pactuados livremente por partes experimentadas e em igualdade de condições negociais. Portanto, os árbitros, ou tribunais arbitrais, conhecedores da realizada do setor, já decidiam pela flexibilização das regras contidas no Estatuto da Terra, sempre

4 NUNES, Thiago Marinho. **Arbitragem no agronegócio**: flexibilidade, tecnicidade e adequação. Arbitragem no agronegócio. São Paulo: Verbatim, 2018.

5 BARROS, Guilherme F. M. **Análise econômica da Convenção das Nações Unidas sobre Contratos de Compra e Venda Internacional de Mercadoria** – CISG à luz do direito contratual brasileiro. Dissertação (Mestrado) Pontifícia Universidade Católica do Paraná. Curitiba, 2015. Disponível em: http://www.biblioteca.pucpr.br/tede/tde_busca/arquivo.php?codArquivo=3080. Acesso em: 20 out. 2023.

com a tendência de manter estáveis e eficazes as regras pactuadas entre as partes, com vista a garantir a eficácia do princípio fundamental de que o contrato faz lei entre as partes, e no intuito de proporcionar maior segurança jurídica para todo o setor.

Ademais, não se pode perder de vista que os contratos firmados no âmbito do agronegócio também se sofisticaram com a necessidade, cada vez mais, de haver previsão de situações que envolvam tecnologias atuais para o uso e a prevenção do solo, práticas relacionadas ao meio ambiente, ESG, com importantes repercussões para as empresas que operam com os contratos de desenvolvimento de cultivares e biotecnologia, contratos de integração vertical, contrato de emissão de crédito de carbono, contrato de confinamento de animais, operações de *barter*[6], contratos de pré-pagamento de exportação, entre outros.

No mundo moderno e sofisticado, as partes cada vez mais têm contratado assessores especializados que possuem um papel fundamental para planejar, disciplinar e regrar as principais questões comerciais, financeiras e jurídicas nos contratos complexos do agronegócio. A utilização de tais profissionais privilegia e engrandece a autonomia e liberdade negocial e contratual das partes, cujos princípios são muito prestigiados pelos árbitros.

Nesse sentido, é de se notar o aumento da complexidade das situações negociais e empresariais inerentes do setor, razão pela qual a utilização da arbitragem como método de resolução de disputas, sem dúvida alguma, trará mais tecnicidade, celeridade e melhor possibilidade de apresentação do caso para os árbitros. Por fim, a flexibilização das normas contratuais contribui para a evolução e modernização do agronegócio brasileiro, garantindo seu contínuo desenvolvimento e sua sustentabilidade. Neste contexto, a arbitragem surge como uma ferramenta adicional para a resolução jurídica adequada dessas questões[7].

3. TÍTULOS DE FINANCIAMENTO DO AGRONEGÓCIO E ARBITRAGEM

As relações contratuais do agronegócio são extremamente ágeis e dinâmicas, porém sempre baseadas em planejamento em longo prazo que, invariavelmente, necessitam de capital financeiro abundante e intensivo. A circulação e captação de

---

6 O *Barter* é uma operação estruturada muito utilizada no agronegócio brasileiro. O objetivo principal dessa operação é conectar as partes interessadas, a fim de que elas possam trocar os seus produtos, utilizando o que cada parte tem de melhor a fornecer, em "troca" (daí a utilização do termo *Barter*, em inglês). A operação de troca no Brasil existe há anos (pode-se dizer que desde a década de 90), e representa uma valiosa e muito utilizada operação para o incremento do volume de negócios entre todos os *players* da cadeia de produção e comercialização do agronegócio.

7 SLAV, Heloísa. A arbitragem nas operações de financiamento à exportação. *In*: REIS, Marcos Hokumura (coord.). **Arbitragem no agronegócio**. São Paulo: Verbatim, 2018.

recursos financeiros garante o contínuo progresso e a modernização do agronegócio, cujos sistemas agroindustriais são complexos e vastos de interações multidisciplinares, que envolve atividades agrícolas e comerciais desde o preparo do plantio, desenvolvimento e monitoramento da lavoura, a realização da colheita, até a produção, o processamento, o armazenamento, a distribuição e a logística, e, incluídas, ainda, todas as relações de financiamento e comercialização (nacional e/ou internacional), além da preservação ambiental.

Nesse cenário, os títulos de crédito do agronegócio são os instrumentos viabilizadores da conexão entre os produtores rurais e o mercado financeiro e de capitais. Os principais títulos de crédito do agronegócio são: a Cédula de Produto Rural de Produto (CPF física e financeira), o Certificado de Direitos Creditórios do Agronegócio (CDCA), o Certificado de Recebíveis do Agronegócio (CRA), o Certificado de Depósito Agropecuário e *Warrant* Agropecuário (CDA/WA), a Letra de Crédito do Agronegócio (LCA) e a Cédula Imobiliária Rural (CIR).

Vale notar que todos os instrumentos *supra* são considerados e classificados com títulos de crédito, de natureza extrajudicial e, desde que emitidos na forma de lei, são dotados de liquidez, certeza e exigibilidade, conferindo ao seu titular o direito de ajuizar diretamente ação de execução judicial.

Portanto, primeiramente, importante frisar que as partes podem incluir nesses títulos de crédito cláusula de eleição de foro judicial, que será o competente para ajuizamento da ação de execução judicial. Por outro lado, as partes podem, concomitantemente, pactuar a inclusão de cláusula arbitral para que as matérias substanciais inerentes ao título sejam disputadas pelas partes, normalmente em sede de defesa, pela sede arbitral[8].

Entende-se que existem grandes vantagens na utilização de cláusula arbitral nos títulos de crédito do agronegócio, na medida em que as matérias de mérito de defesa judicial a serem apresentadas pelo executado tratarão, na sua grande maioria, de questões jurídicas passíveis de serem arbitradas e julgadas em sede arbitral. Sabe-se que os embargos

---

8 Carlos Alberto Carmona leciona: “Não há, porém, incongruência alguma entre a existência de um título executivo e a possibilidade de arbitragem, mas a correlação entre os temas deve ser bem compreendida: se houver alguma dúvida sobre o título (ou sobre as obrigações ali consignadas), tal crise de certeza deve ser dirimida pela via arbitral; mas se houver inadimplemento, o credor socorrer-se-á desde logo da via judicial, propondo demanda de execução, sem que haja espaço para a arbitragem”. “Mas, proposta a demanda executiva, o que fazer com os embargos à execução que o devedor poderá manejar? Parece razoável deduzir que, havendo cláusula compromissória – e tratando os embargos de matéria de fundo (validade, eficácia e extensão do título executivo) –, caberá levar tais questões aos árbitros, tocando ao juiz togado apenas o julgamento de embargos que tratem de questões processuais” (CARMONA, Carlos Alberto. Considerações sobre a cláusula compromissória e a cláusula de eleição de foro. *In*: CARMONA, Carlos Alberto; LEMES, Selma Ferreira; MARTINS, Pedro Batista (coord.). **Arbitragem**: estudos em homenagem ao Professor Guido Fernando da Silva Soares, *in memoriam*. São Paulo: Atlas, 2007. p. 43).

do devedor têm natureza de ação de conhecimento[9], portanto, as partes podem optar por excluir do Poder Judiciário a competência para julgar as matérias de mérito do litígio. Nesse sentido, uma vez instituída a arbitragem para julgar as questões de mérito, normalmente trazidas nos embargos do devedor, as partes poderão livremente escolher os árbitros especializados para julgar o caso, com maior celeridade e de forma definitiva via sentença arbitral, sem a possibilidade de interposição dos infindáveis recursos existentes na via judicial, que apenas servem para não deixar o caso transitar em julgado.

Por esse motivo, tem-se visto o crescimento de casos de ações de execução judicial de título extrajudicial em que o Poder Judiciário tem decidido no sentido de que os embargos do devedor, quando ajuizados, e, se originários de título de crédito com cláusula arbitral, devem ser julgados por meio da arbitragem, na forma pactuada pelas partes. Eis aqui mais uma situação em que o Poder Judiciário tem prestigiado o princípio da autonomia vontade das partes, corroborando para o fortalecimento e desenvolvimento da arbitragem.

4. FUNDO DE INVESTIMENTO NAS CADEIAS PRODUTIVAS AGROINDUSTRIAIS (FIAGRO), SEUS POTENCIAIS CONFLITOS E ARBITRAGEM

Na esteira de aperfeiçoamento do arcabouço jurídico para o desenvolvimento do agronegócio, com o objetivo de aproximá-lo, cada vez mais, do mercado financeiro e de capitais, em 29 de março de 2021, foi promulgada a Lei nº 14.130, de 29 de março de 2021, que instituiu os Fundos de Investimento nas Cadeias Produtivas Agroindustriais (Fiagros).

Em linhas gerais, o Fiagro deve ser constituído sob a forma de condomínio, aberto ou fechado, destinado à aplicação, isolada ou conjuntamente, em (i) imóveis rurais, participação em sociedades que explorem atividades integrantes da cadeia produtiva agroindustrial; (ii) ativos financeiros, títulos de crédito ou valores mobiliários emitidos por pessoas físicas e jurídicas que integrem a cadeia produtiva agroindustrial; (iii) direitos creditórios do agronegócio e títulos de securitização emitidos com lastro em direitos creditórios do agronegócio; (iv) direitos creditórios imobiliários relativos a imóveis rurais e títulos de securitização emitidos com lastro nesses direitos creditórios; (v) cotas de fundos de investimento que apliquem mais de 50% de seu patrimônio nos ativos referidos nos itens *supra*.

---

9 THEODORO JR., Humberto. **Processo de execução**. 22. ed. São Paulo: Leud, 2004, p. 426: "Os embargos do executado são, pois, processo autônomo, incidente à execução, de natureza cognitiva, dentro do qual se poderá apreciar a pretensão manifestada pelo exeqüente, para o fim de verificar se a mesma é procedente ou improcedente".

Além dos investimentos antes autorizados, o Fiagro poderá, de acordo com expressa disposição legal, celebrar contratos de arrendamento rural e/ou alienar os imóveis rurais que ele tenha adquirido. É permitido aos investidores integralizar as cotas dos Fiagros com bens e direitos, inclusive imóveis rurais, que para tanto deverão ser previamente avaliados por avaliador profissional.

No final de 2022, já existiam mais de trinta Fiagros constituídos e em plena operação e funcionamento, que totalizavam o valor aproximado de 7,5 bilhões de reais, com estimativa de mercado para se alcançar 500 bilhões nos próximos anos. Trata-se, sem dúvida, de um novo e importante instrumento de acesso ao mercado de capitais para viabilizar o ingresso de capitais no agronegócio brasileiro[10].

Como visto antes, as relações jurídicas atreladas ao Fiagro são inúmeras, sendo todas ligadas a direitos patrimoniais disponíveis, o que significa dizer que os cotistas dos fundos podem optar pela inserção de cláusula compromissória não somente nos regulamentos e estatutos dos fundos, mas também em todas as diversas relações contratuais em que o fundo assumirá posição, tais como contratos de gestão e administração do fundo, contrato de custódia, contratos de compromisso de venda e compra de imóvel rural, contratos de arrendamento e parceria rural, contratos com administradores e gestores dos imóveis rurais e/ou recursos financeiros deles provenientes, etc.

Como o Fiagro também é um instrumento de captação voltado para o investidor estrangeiro, que há muito conhece, recomenda e utiliza a arbitragem no âmbito mundial, não há dúvida de que com a sofisticação e especificação do Fiagro e das suas relações contratuais, a arbitragem passará a ser o método escolhido e adotado pelos cotistas, nacionais e internacionais, bem como para as demais partes envolvidas na sua estruturação, como o método adequado e importante para resolução dos seus conflitos.

5. ARBITRAGEM INTERNACIONAL DE COMMODITIES NAS CÂMARAS ESPECIALIZADAS

Outra seara, bastante peculiar no meio agroindustrial, diz respeito à arbitragem internacional de *commodities* agrícolas. A arbitragem de *commodities* no âmbito internacional já existe desde o século XIX, quando a *Liverpool Cotton Association* criou estrutura e regulamento para dirimir conflitos relacionados aos contratos de algodão

10 BRASIL. Ministério da Economia. Fiagro: País tem hoje 31 fundos registrados, com valores de emissão que atingem R$ 7,5 bilhões. Notícias, 20 jan. 2022. Disponível em: https://www.gov.br/pt-br/noticias/financas-impostos-e-gestao-publica/2022/01/fiagro-pais-tem-hoje-31-fundos-registrados-com-valores-de-emissao-que-atingem-r-7-5-bilhoes. Acesso em: 20 out. 2023.

por meio da arbitragem. Após, dado ao enorme sucesso do instituto, outras entidades ligadas às outras *commodities* seguiram a mesma tendência (Gafta, Fosfa, etc.).

Referidas arbitragens são conduzidas na forma dos regulamentos das câmaras especializadas e possuem características próprias e bem específicas, contendo importantes detalhes que podem passar despercebidos pelos operadores do Direito acostumados a atuar em câmaras arbitrais com foco em matérias comerciais.

Como exemplo, podem-se citar as arbitragens previstas no regulamento da International Cotton Association (ICA), quais sejam, a arbitragem de qualidade e a arbitragem técnica, sendo interessante notar que o regulamento da ICA, para essas arbitragens, determina que os árbitros sejam pessoas técnicas da área de algodão (não advogados), e normalmente são nomeados apenas dois árbitros (o terceiro árbitro, chamado de *umpair*, será nomeado somente em caso de impasse entre os dois árbitros).

Alguns outros aspectos importantes para se atentar com relação às arbitragens de *commodities* são: (i) normalmente as sentenças arbitrais não precisam ser fundamentadas; (ii) ao inserir que a arbitragem será conduzida pelas regras das câmaras setoriais especializadas, as suas regras não podem ser alteradas e algumas das principais são: (a) que a lei obrigatória a ser aplicada ao caso é a lei inglesa; (b) a sede da arbitragem será na Inglaterra; (c) as partes devem indicar apenas os árbitros constante das listas divulgadas pela câmara arbitral; (d) em certos casos há possibilidade de interposição de recurso da sentença arbitral; e) os prazos para o ingresso da arbitragem em caso de questões de qualidade e vício do produto são bastante exíguos.

Portanto, é possível concluir que a arbitragem internacional no campo das *commodities* agrícolas há muito tempo é utilizada, recomendada e aprovada no mercado internacional como o método mais adequado para solução de conflitos. O grau de confiança das empresas, dos produtores e dos agentes internacionais depositados nessas câmaras setoriais internacionais é muito elevado, uma vez que as decisões são baseadas na experiência, tradição e confiança dos agentes do mercado, e, portanto, normalmente são mais adequadas às práticas do setor. Por fim, não se olvida que, por se tratar de uma arbitragem com sede no exterior, haverá a necessidade de homologação da sentença arbitral perante o Superior Tribunal de Justiça, que, recorrentemente, tem homologado e mantido as sentenças arbitrais cujos procedimentos foram administrados pelas câmaras setoriais, tanto nos conteúdos de mérito (com aplicação da lei estrangeira) quanto nas questões das formas nela contidas (na maioria das vezes com pouca fundamentação[11] e julgadas em poucos meses).

11 BRASIL. Superior Tribunal de Justiça. **SEC 5692/EX**. Rel. Min. Ari Pargendler. J. 20.08.2014, DJe 01.09.2014: "A motivação adotada pela sentença arbitral e seus aspectos formais seguem os padrões do País em que foi proferida, não podendo sua concisão servir de pretexto para inibir a homologação do *decisum*".

6. CONCLUSÕES E OS DESAFIOS PARA A ARBITRAGEM NO AGRONEGÓCIO

Não há dúvida de que o agronegócio brasileiro se encontra em posição de destaque na economia mundial, sendo um dos principais responsáveis pela estabilidade e manutenção da cadeia alimentar mundial, além de proporcionar a garantia da segurança alimentar. Não é à toa que todas as maiores empresas do ramo alimentício mundial investem no Brasil, seja por meio de efetivos investimentos locais e industriais, seja através de compra de *commodities* nacionais ou, ainda, via financiamentos de empresas brasileiras e/ou de suas exportações comerciais.

Portanto, as relações negociais, empresariais e jurídicas do agronegócio estão mais complexas e contam com a participação e a inter-relação de vários agentes de diferentes expertises, os quais invariavelmente também se preocupam com os mercados internacionais. Neste contexto, a arbitragem passou a ser vista como um dos principais pilares para solução dos conflitos empresariais, que busca garantir maior segurança jurídica para os empresários. Para o agronegócio, sem dúvida alguma, daqui a poucos anos, a arbitragem também será considerada um dos pilares para o desenvolvimento e crescimento das relações empresariais de todos os *players* do agronegócio.

É possível, ainda, afirmar que, especificamente para o agronegócio, as principais vantagens da arbitragem são (i) a possibilidade de indicar árbitros especializados no setor, inclusive árbitros com diferentes expertises, tais como agrônomos, engenheiros de alimentos, veterinários, economistas, *traders*, etc.; (ii) a celeridade do processamento dos casos, com sentenças definitivas e que mais se aproximam à realidade e dinâmica do setor; (iii) a eleição de arbitragem institucional a ser conduzidas por uma das câmaras setoriais com especialização em determinadas *commodities*; (iv) a confidencialidade para proteção das relações estratégicas das partes e do setor em que atua; e (v) a flexibilização das regras do procedimento arbitral para adequar e respeitar as fases dos ciclos biológicos e naturais dos produtos agropecuários e suas diferentes formas de produção e modelos de comercialização[12].

Por outro lado, não se pode olvidar do fato de que ainda há inúmeros desafios para a evolução da arbitragem no agronegócio. Como o Brasil é um País continental e o agronegócio alcança todo o território nacional, é preciso que haja sempre um investimento para maior divulgação dos benefícios da arbitragem para o setor. Tal divulgação consiste na (i) implantação de grades curriculares sobre arbitragem no agronegócio nos cursos acadêmicos; (ii) realização de cursos intensivos de especialização em direito do agronegócio e arbitragem, de modo a viabilizar ampla explicação,

---

12 NUNES, Thiago Marinho. **Arbitragem no agronegócio**: flexibilidade, tecnicidade e adequação. São Paulo: Verbatim, 2018.

demonstração e aplicação prática da arbitragem aos casos ligados ao agronegócio; bem como (iii) ampla e adequada explicação a ser fornecida para os produtores e empresários rurais, das vantagens da utilização da arbitragem no agronegócio, cotejando com as situações problemáticas enfrentadas perante o Poder Judiciário.

No entanto, tendo em vista todos os aspectos analisados neste estudo, percebe-se claramente, em todo território nacional, um maior interesse dos empresários e produtores rurais, seus advogados e assessores econômicos, produtivos e financeiros, na busca de mais conhecimento sobre o funcionamento e a utilização efetiva da arbitragem no agronegócio.

Evidentemente que ainda existe uma barreira cultural de alguns produtores rurais regionais que se acostumaram a utilizar apenas do Poder Judiciário local para a defesa de seus interesses. Contudo, esses mesmos produtores também têm sofrido há anos com a insegurança jurídica e lentidão dos seus casos judiciais, o que os têm encorajado a buscar uma quebra do paradigma de que o sistema judicial é a única porta de acesso à justiça, possibilitando-os, por outro lado, a se enveredarem na arbitragem. Muitos que tiveram a coragem de testar e atuar efetivamente na arbitragem hoje passaram a recomendá-la para os seus pares e agente locais, fato esse que fica muito evidente pelo aumento expressivo do número das arbitragens no âmbito do agronegócio e também pela existência de câmaras arbitrais especializadas no agronegócio.

Outro importante desafio que pode ser almejado pela comunidade arbitral brasileira é a possibilidade de criação, no Brasil, do modelo de arbitragem internacional setorial de *commodities*, ou, ao menos, a tentativa de instituir subsidiárias no Brasil dessas câmaras tradicionais, a fim de que as suas arbitragens também possam ser realizadas no Brasil. É preciso democratizar o acesso ao conhecimento das vantagens da arbitragem de *commodities*, para que pequenos, médios e grandes produtores rurais passem a inserir cláusulas compromissórias em seus contratos internacionais de comercialização.

Por fim, com a importância do agronegócio para a economia nacional e mundial, é esperado o momento da efetiva consolidação da arbitragem como o principal método para solução de disputas do agronegócio, sempre na busca de decisões mais justas, técnicas, com qualidade, celeridade e eficiência exigidas pelo agronegócio brasileiro.

REFERÊNCIAS

ABDALLA, Letícia Barbosa e Silva. Execução de título extrajudicial. existência de cláusula compromissória. Exceção de pré-executividade. **Revista de Arbitragem e Mediação**, n. 15, p. 224, out./dez. 2007.

BARROS, Guilherme F. M. **Análise econômica da Convenção das Nações Unidas sobre Contratos de Compra e Venda Internacional de Mercadoria** – CISG à luz do direito contratual brasileiro. Dissertação (Mestrado) Pontifícia Universidade Católica do Paraná. Curitiba, 2015. Disponível em: http://www.biblioteca.pucpr.br/tede/tde_busca/arquivo.php?codArquivo=3080. Acesso em: 20 out. 2023.

BRASIL. Ministério da Economia. Fiagro: País tem hoje 31 fundos registrados, com valores de emissão que atingem R$ 7,5 bilhões. **Notícias**, 20 jan. 2022. Disponível em: https://www.gov.br/pt-br/noticias/financas-impostos-e-gestao-publica/2022/01/fiagro-pais-tem-hoje-31-fundos-registrados-com-valores-de-emissao-que-atingem-r-7-5-bilhoes. Acesso em: 20 out. 2023.

BRASIL. Superior Tribunal de Justiça. **SEC 5692/EX**. Rel. Min. Ari Pargendler. J. 20.08.2014, DJe 01.09.2014.

BRASIL. Supremo Tribunal de Justiça. **Recurso Especial nº 1.447.082/TO**. 3ª Turma. Min. Paulo de Tarso Sanseverino. J. 13.05.2016.

BRASIL. Supremo Tribunal de Justiça. **Recurso Especial nº 1465535**. Rel. Luís Felipe Salomão. J. 21.06.2023, DJE 22.08.2023.

BRASIL. Tribunal de Justiça. **Ministro Francisco Falcão**. 1º de setembro de 2014.

BREITENBACH, Raquel. Gestão rural no contexto do agronegócio: desafios e limitações. **Desafio Online**, Campo Grande, v. 2, n. 2, p. 2. Acesso em: 08/2023.

CALCINI, Fábio Pallarett. Fiagro: Relevância e necessidade de tratamento fiscal específico. **Revista Consultor Jurídico**, 2021.

CARMONA, Carlos Alberto. Considerações sobre a cláusula compromissória e a cláusula de eleição de foro. *In*: CARMONA, Carlos Alberto; LEMES, Selma Ferreira; MARTINS, Pedro Batista (coord.). **Arbitragem**: Estudos em homenagem ao Professor Guido Fernando da Silva Soares, *in memoriam*. São Paulo: Atlas, 2007. p. 43.

CAVALCANTI, Fabiano Robalinho (coord.). **Apostila do Curso de Arbitragem**. Rio de Janeiro: Faculdade Getúlio Vargas, 2014.

MANIGLIA, E. **As interfaces do direito agrário e dos direitos humanos e a segurança alimentar**. São Paulo: Cultura Acadêmica, 2009. Disponível em: https://static.scielo.org/scielobooks/s3vn9/pdf/maniglia-9788579830143.pdf. Acesso em: 12 ago. 2023.

NUNES, Thiago Marinho. **Arbitragem no agronegócio**: flexibilidade, tecnicidade e adequação. Arbitragem no agronegócio. São Paulo: Verbatim, 2018.

QUINTEIRO, Wilson. Arbitragem e mediação dão segurança jurídica e desenvolvimento ao agronegócio. **Revista Consultor Jurídico**, 2022.

REIS, Marcos Hokumura. A arbitragem como método de adequado de solução de conflitos no agronegócio; arbitragem: atualidades e tendências. **Migalhas**, p. 393-406, 2019.

REIS, Marcos Hokumura. **A arbitragem nas operações de financiamento à exportação**. Arbitragem no Agronegócio. São Paulo: Verbatim, 2018.

REIS, Marcos Hokumura. **Breves notas sobre a cédula imobiliária rural (CIR) e o patrimônio rural em afetação**. O novo agronegócio e a resolução de conflitos. São Paulo: Almedina, 2022.

REIS, Marcos Hokumura. **Certificados de recebíveis do agronegócio (CRA), mercado de capitais e a arbitragem**. Gestão de conflitos do agronegócio. São Paulo: Troth, 2021.

SANTOS, Mauricio Gomm. Arbitragem no agronegócio: a particularidade e importância das entidades especializadas. *In*: REIS, Marcos Hokumura (coord.). **Arbitragem no agronegócio**. São Paulo: Verbatim, 2018.

SLAV, Heloísa. A arbitragem nas operações de financiamento à exportação. *In*: REIS, Marcos Hokumura (coord.). **Arbitragem no agronegócio**. São Paulo: Verbatim, 2018.

STRICKLAND, Fernanda Bernardo Lima. Agronegócio sob pressão. **Revista Correio Brasiliense**, p. 12, 2021.

THEODORO JR., Humberto. **Processo de execução**. 22. ed. São Paulo: Leud, 2004.

THEODORO JR., Humberto. **Processo de execução e cumprimento da sentença**. São Paulo: Universitária de Direito, 2014.

TIMM, Benetti Luciano; NUNES, Caio de Faro. Por que arbitragem no agronegócio? *In*: REIS, Marcos Hokumura (coord.). **Arbitragem no agronegócio**. São Paulo: Verbatim, 2018.

ARBITRAGEM E DIVERSIDADE

Coordenadores: Ana Carolina Weber e Flavio Spaccaquerche. **Coordenadores na data de publicação desta obra:** Isabelle Oglouyan e Bernard Potsch.

Proposta do grupo: O Grupo de Estudos de Arbitragem e Diversidade foi criado com o objetivo de fomentar estudos e debates sobre a promoção e o compromisso com a diversidade no âmbito de tribunais arbitrais, centros e câmaras de arbitragem, e escritórios de advocacia. As atividades do grupo são voltadas a advogados(as), árbitros(as), acadêmicos(as), instituições, universidades, câmaras e associações que administrem arbitragens ou promovam outras formas de solução de controvérsias.

Atividades já desenvolvidas: Os trabalhos do Grupo de Estudos de Arbitragem e Diversidade se voltam para estudos dirigidos e divulgação de informações sobre a diversidade ao público-alvo. De 2020 a 2022, sob a coordenação de Ana Carolina Weber e Fabiana Cerqueira Leite, o grupo conduziu "Pesquisa sobre Diversidade em Tribunais Arbitrais e em Centros e Câmaras de Arbitragem". Com base em dados fornecidos por onze instituições arbitrais diferentes, a pesquisa identificou aspectos relativos à diversidade de gênero, raça, idade e origem regional dos(as) árbitros(as), bem como se as instituições arbitrais estão comprometidas com a promoção da diversidade e se possuem políticas e/ou atuam em prol da promoção da diversidade.

Atualmente, o grupo conduz pesquisa sobre diversidade em escritórios de advocacia.

14. PESQUISA DE DIVERSIDADE NAS CÂMARAS ARBITRAIS

Grupo de Estudos de Arbitragem e Diversidade
Subgrupo Destinado à Pesquisa sobre Diversidade em Tribunais Arbitrais e em Centros e Câmaras de Arbitragem

Coordenação dos Trabalhos da Pesquisa
Ana Carolina Weber
Fabiana de Cerqueira Leite

Integrantes
Alessandra Ribas Secco
Ana Cândida Menezes Marcato
Ana Carolina Weber
Fabiana de Cerqueira Leite
Fernanda Dias de Almeida
Flávia Bittar
Katherine Spyrides
Letícia Baddauy
Luis Fernando Freitas
Marcela Tarré Bernini
Maria Amélia C. Alves Araújo

Este Relatório é o resultado de esforços conjuntos de todos os integrantes do Subgrupo. As conclusões a seguir apresentadas, salvo indicação em sentido contrário, não refletem a opinião individual de quaisquer dos integrantes ou dos escritórios de advocacia e/ou perícia que integram.

INTRODUÇÃO

1. No ano de 2018, o Comitê Brasileiro de Arbitragem instituiu o Grupo de Estudos sobre Arbitragem e Diversidade ("Grupo de Diversidade"). Em 2020, os Coordenadores do Grupo de Diversidade propuseram a seus integrantes a criação de dois subgrupos com o intuito de conduzir pesquisas a respeito da promoção e do compromisso com a diversidade no âmbito de tribunais arbitrais, centros e câmaras de arbitragem, e escritórios de advocacia.
2. Nesse sentido, foi constituído, em maio de 2020, o subgrupo para examinar a diversidade em tribunais arbitrais e centros e câmaras de arbitragem (estes dois últimos serão, doravante, conjuntamente designados "instituições arbitrais") ("Subgrupo 1"). Ainda, no referido mês, integrantes do Grupo de Diversidade, como listados na capa deste Relatório, manifestaram o seu interesse em integrar o Subgrupo 1, tendo sido realizada reunião inicial para definição do tipo de pesquisa, metodologia e objetivos macro que se pretenderia atingir.
3. Fixadas as bases iniciais, o Subgrupo 1 iniciou a elaboração de questionário com vistas a obter informações das instituições arbitrais acerca da formação dos tribunais arbitrais que exerceram jurisdição em procedimentos por elas administrados, e da promoção da diversidade pelas e no âmbito das próprias instituições arbitrais.
4. A minuta do questionário teve por objetivo identificar aspectos relativos não só à diversidade de gênero, mas também à raça, à idade e à origem regional dos(as) árbitros(as). Ademais, foi adotada a premissa de que seria necessário obter informações acerca da estrutura interna das instituições arbitrais, visando a verificar **(i)** se, também internamente, as instituições arbitrais estão comprometidas com a promoção da diversidade e **(ii)** se o grau de diversidade presente na estrutura interna das instituições arbitrais poderia produzir reflexos em suas políticas e em sua atuação em prol da promoção da diversidade em tribunais arbitrais.
5. A minuta inicial do questionário foi revisada por todos os integrantes do Subgrupo 1, tendo sido promovidos ajustes em algumas questões, bem como a redução da quantidade de perguntas, por se tratar da primeira pesquisa mais ampla sobre a diversidade na arbitragem no Brasil. Assim, o Subgrupo 1 entendeu haver outros questionamentos que poderão, no futuro, ser formulados às instituições arbitrais com o intuito de apurar, com ainda mais profundidade, se a diversidade, em suas diversas formas, está sendo efetivamente promovida no âmbito da arbitragem no País.
6. Além disso, por se tratar da primeira pesquisa da espécie no Brasil, algumas questões demandaram a disponibilização pelas instituições arbitrais de informações sobre anos anteriores ao recebimento do questionário. Buscando

examinar o cenário da promoção da diversidade ao longo dos anos, incluíram-se questões que permitiriam, por exemplo, examinar a composição de tribunais arbitrais desde o ano de 2016.

7. Em vista da complexidade das questões e do volume de informações que viriam a ser solicitadas, o Subgrupo 1 reuniu-se com alguns representantes de instituições arbitrais para **(i)** confirmar se a resposta ao questionário seria, de fato, viável e **(ii)** verificar se as questões estavam suficientemente claras ou se poderia ser feito algum aprimoramento à redação.
8. Após essas conversas, o Subgrupo 1 concluiu o questionário e ficou acordado que seriam convidadas a respondê-lo as 20 (vinte) instituições arbitrais que eram associadas ao CBAr em março de 2021, já que um dos objetivos do Subgrupo 1 é examinar a diversidade em face da arbitragem no Brasil.
9. Em maio de 2021, as primeiras respostas ao questionário foram recebidas. A partir de então, o Subgrupo 1 realizou interações diretas com as instituições arbitrais, a fim de solicitar esclarecimentos sobre algumas respostas e a revisão de alguns números apresentados.
10. Concluídas as conversas e as rodadas de esclarecimentos, são consideradas na elaboração deste Relatório as respostas ao questionário apresentadas pelas seguintes 11 (onze) instituições arbitrais: (i) Câmara de Arbitragem Empresarial – Brasil ("Camarb"); (ii) Câmara do Mercado; (iii) Câmara de Arbitragem e Mediação da Câmara Americana de Comércio ("CAM AMCHAM"); (iv) Secretaria da Corte Internacional de Arbitragem Brasil ("Corte CCI SP")[1]; (v) Centro de Arbitragem e Mediação da Câmara de Comércio Brasil-Canadá ("CAM-CCBC"); (vi) Câmara de Mediação e Arbitragem da Fundação Getulio Vargas ("FGV"); (vii) Câmara de Arbitragem e Mediação de Santa Catarina ("Camesc"); (viii) Câmara de Mediação e Arbitragem da Associação Comercial do Paraná ("Arbitac"); (ix) Conselho Arbitral do Estado de São Paulo ("Caesp"); (x) Câmara de Conciliação, Mediação e Arbitragem Ciesp/Fiesp ("CMA Ciesp/Fiesp"); e (xi) Centro Brasileiro de Mediação e Arbitragem ("CBMA").
11. Cabe destacar que, embora tenham sido consideradas 11 respostas ao questionário, em algumas questões haverá um número menor de respostas, seja porque a instituição arbitral deixou de responder à pergunta em análise, seja porque não tinha as informações relativas à data-base ou ao tema em questão. Em algumas oportunidades, o Subgrupo 1 ainda teve que desconsiderar as respostas de algumas instituições arbitrais, uma vez que os dados fornecidos

1 Considerando que o objeto da pesquisa foi examinar a promoção da diversidade no Brasil, a Corte Internacional de Arbitragem da Câmara de Comércio Internacional apresentou suas respostas com base, exclusivamente, nos casos administrados pelo escritório de São Paulo, o ICA10.

apresentavam incongruências, as quais, após solicitação do Subgrupo 1, não foram esclarecidas pela instituição até a conclusão deste Relatório.

12. As análises e conclusões a seguir expostas refletem o exame conjunto das respostas das instituições arbitrais, sendo necessário ressaltar que:

    a. Todos os números foram fornecidos pelas instituições arbitrais, não tendo o Subgrupo 1 como auditar a veracidade e a exatidão das respostas apresentadas. Na medida em que foi possível realizar alguma forma de verificação (por exemplo, certificar se o número total de integrantes de tribunais arbitrais correspondia à somatória de cada um de seus integrantes, divididos por gênero), o Subgrupo 1 efetuou tal análise e solicitou às instituições arbitrais os ajustes e as correções pertinentes. Adicionalmente, após a finalização do Relatório, foi dada a oportunidade a todas as instituições arbitrais para efetuarem a análise das informações incluídas neste Relatório e das conclusões alcançadas pelo Subgrupo 1 a partir dos dados fornecidos, tendo os comentários recebidos das instituições arbitrais sido, na medida do possível, incorporados na versão publicada deste Relatório;

    b. Os resultados refletem as respostas das instituições arbitrais associadas ao CBAr, que decidiram, voluntariamente, participar da pesquisa. Não é possível afirmar, contudo, que os resultados a seguir expostos refletem a realidade de todas as instituições arbitrais atualmente em operação no Brasil;

    c. Os resultados referem-se aos números e às informações fornecidos pelas instituições arbitrais, relativos aos anos de 2016 a 2020. A necessidade de uma análise aprofundada, de solicitação de esclarecimentos e correções às instituições arbitrais e de coordenação dos esforços de todos os integrantes do Subgrupo 1 não permitiu o levantamento pelas instituições arbitrais e a extensão deste Relatório à análise dos dados referentes ao ano de 2021. Exceção é feita apenas no caso das **Questões 10** e **12**, a qual engloba respostas das instituições arbitrais que retratam dados pertinentes ao primeiro semestre de 2021. No entanto, as atualizações periódicas junto às instituições arbitrais e a formulação de questões adicionais são recomendações do Subgrupo 1 para futuras pesquisas;

    d. No Relatório, os termos "indicado" e "nomeado" (e as suas variações), quando utilizados para se referirem à designação de árbitros(as) para tribunais arbitrais, referem-se àqueles(as) árbitros(as) que efetivamente integraram o tribunal arbitral. Nas questões, a preocupação e o direcionamento do Subgrupo 1 foi no sentido de que as instituições arbitrais somente apresentassem informações relativas a procedimentos arbitrais que foram conduzidos após a assinatura do termo de arbitragem. Assim, buscou-se assegurar que os números refletissem, ao menos, dados relativos a árbitros(as) que efetivamente participaram de tribunais arbitrais, independentemente de como o procedimento arbitral tenha, posteriormente, se encerrado;

e. Visando a contribuir para o melhor entendimento deste Relatório, o questionário que foi submetido às instituições arbitrais é disponibilizado como Anexo 1 a este Relatório; e

f. O Relatório tem por função primordial consolidar as informações fornecidas pelas instituições arbitrais e, portanto, não tem por objetivo efetuar proposições acerca da promoção da diversidade por aqueles que atuam no segmento da arbitragem.

13. O primeiro grupo de questões – **Questões 1 a 3** – trata da composição dos tribunais arbitrais voltada à diversidade de gênero e parte de um panorama global, refinando, a cada questão, os resultados encontrados.

14. Além do corte temporal, que considera desde o ano de 2016 até o ano de 2020, os dados sobre os procedimentos arbitrais foram alocados pelas instituições arbitrais com base no ano de assinatura do termo de arbitragem correspondente. Os procedimentos arbitrais encerrados antes da assinatura do termo de arbitragem foram desconsiderados para efeitos da pesquisa.

15. A **Questão 1** trata do número de procedimentos arbitrais e do número de homens e mulheres que atuaram como árbitros(as) nesses procedimentos. A **Questão 2** aprofunda um pouco mais o tema, no sentido de verificar a composição dos tribunais arbitrais nos procedimentos pesquisados, identificando a posição que homens e mulheres exerceram, seja como coárbitros(as), árbitros(as) presidentes ou árbitros(as) únicos(as) – sendo que as verificações de árbitros(as) únicos(as) serão feitas no âmbito da análise dos resultados da **Questão 1**. A **Questão 3** buscou ir além e identificar a quantidade de indivíduos por gênero, homens e mulheres, que atuaram como árbitros(as), afastando as indicações repetidas de um mesmo indivíduo. No entanto, conforme será esclarecido a seguir, as informações que foram solicitadas às instituições arbitrais na Questão 3 não permitiram alcançar o resultado almejado, gerando conclusões que (i) não refletiriam a realidade e (ii) não atenderiam o propósito de identificar se haveria ou não repetição dos indivíduos nomeados em tribunais arbitrais. Assim, mais adiante, será explicitada a opção adotada pelo Subgrupo 1.

Questão 1. Resultados Obtidos

16. Com base nos números fornecidos pelas instituições arbitrais, foi realizada uma **análise estática ampla**, mediante a soma de todos os procedimentos arbitrais desde 2016 até 2020 que foram administrados pelas instituições

arbitrais (total de 1.287). Foram, então, separados os tribunais arbitrais compostos por 3 árbitros(as) – que correspondem a 71,4% do total de procedimentos arbitrais no período indicado – e os procedimentos em que atuou um(a) árbitro(a) único(a) – correspondentes a 28,6% do total de procedimentos arbitrais pesquisados.

Gráfico 1. Composição dos tribunais arbitrais, por gênero, considerando o total absoluto de tribunais arbitrais, consolidando todas as instituições arbitrais ao longo do período pesquisado (2016-2020)

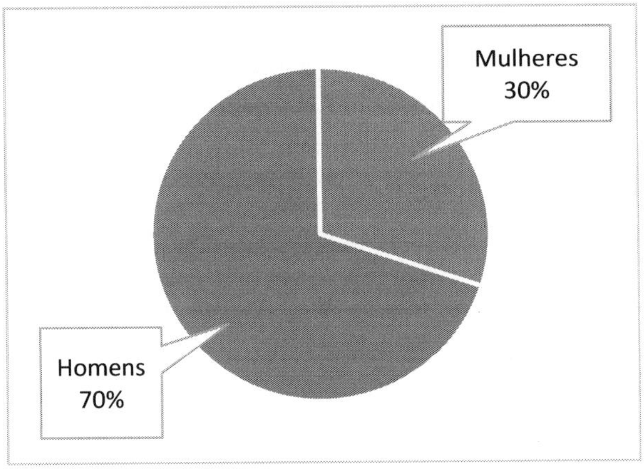

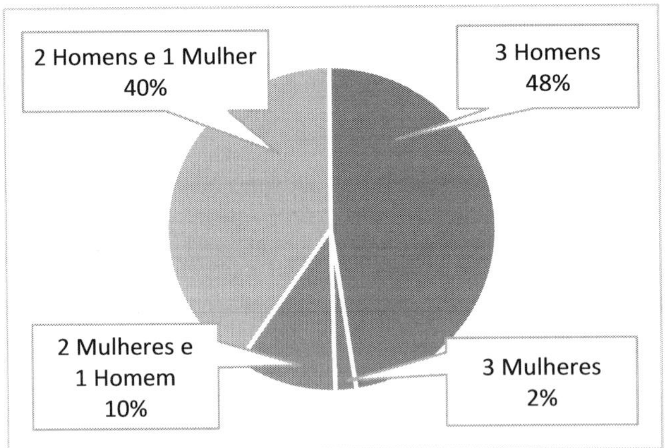

17. Nos **tribunais arbitrais compostos por 3 árbitros(as)**, os resultados mostraram que, do total de procedimentos arbitrais no período pesquisado, cerca de 48% de tais tribunais são compostos exclusivamente por homens, enquanto cerca de 2% deles são integrados exclusivamente por mulheres. Os tribunais compostos por homens e mulheres – na composição 2 homens e 1 mulher ou 2 mulheres e 1 homem – correspondem, respectivamente, a aproximadamente 40% e 10% do total dos procedimentos arbitrais. Considerando-se isoladamente os tribunais compostos por homens e mulheres – na composição 2 homens e 1 mulher ou 2 mulheres e 1 homem –, em percentuais aproximados, a maioria é masculina (em 80% deles), enquanto a maioria é feminina em 20%.
18. Mesclando esses dados, nota-se que o percentual de procedimentos arbitrais com tribunais compostos exclusivamente por árbitros homens, cerca de 48%, corresponde praticamente à soma de todos os procedimentos arbitrais com qualquer participação feminina – isto é, quando o tribunal arbitral é integrado por 1 (40%), por 2 (10%) ou por 3 (2%) mulheres.
19. Essa mesma informação refletida pelos percentuais do Gráfico anterior, observada sob outro ponto de vista, revela haver alguma presença masculina em 98% dos procedimentos arbitrais com tribunais compostos por 3 árbitros(as), e alguma participação feminina em 52% deles. Ainda que os dados, em termos comparativos, indiquem desproporção – quase o dobro de procedimentos arbitrais com tribunais com alguma participação masculina *vis-à-vis* tribunais com alguma participação feminina –, em termos absolutos, um pouco mais da metade dos procedimentos arbitrais em questão conta com a presença feminina em seus tribunais arbitrais.
20. Nos procedimentos arbitrais com **árbitro(a) único(a)**, os dados indicam que em cerca de 70% deles houve nomeação de homens, e em cerca de 30% mulheres, de forma que o número de procedimentos arbitrais com árbitro único homem corresponde a mais do que o dobro dos procedimentos com árbitra única mulher.
21. Em seguida, abrimos os dados acima em uma **análise no tempo** dos procedimentos arbitrais com **tribunais arbitrais compostos por 3 árbitros(as) de gênero exclusivo**.

Gráfico 2. Tribunais arbitrais compostos por 3 árbitros(as) de gênero exclusivo, considerando o total absoluto de tribunais arbitrais, consolidando todas as instituições arbitrais por ano ao longo do período pesquisado (2016-2020)

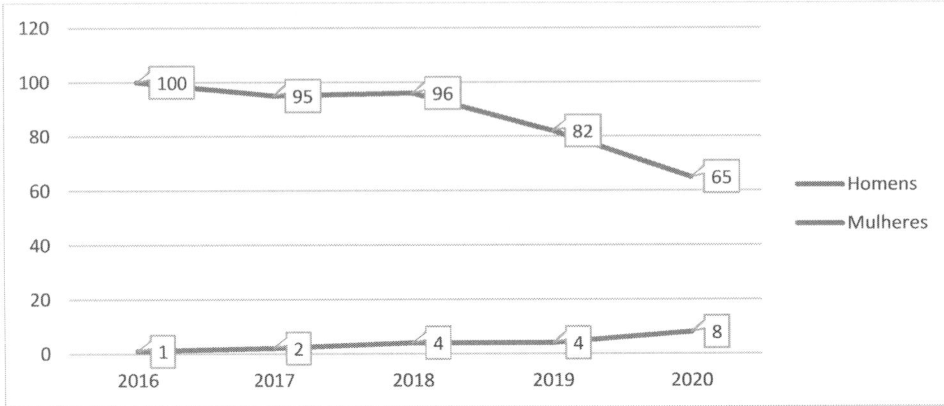

22. Um aumento contínuo foi percebido nos procedimentos com tribunais arbitrais exclusivamente femininos que, de 2016 a 2020, subiram de 1 para 8, sendo que, no último ano da pesquisa, entre 2019 e 2020, o número de tribunais exclusivamente femininos dobrou, passando de 4 para 8.
23. Enquanto isso, no mesmo período, houve uma redução de 35% dos procedimentos arbitrais com tribunais exclusivamente masculinos (3 homens), com pouca variação para mais (verificada somente em 2018), e maior variação para menos, com diminuição significativa do ano de 2019 para o ano de 2020, passando de 82 para 65 casos.
24. Ainda que os números de 2020 apresentem uma diferença importante entre o número de tribunais arbitrais compostos exclusivamente por homens (65 casos) e por mulheres (8 casos), nota-se uma evolução expressiva em comparação com o ano de 2016, quando havia 100 casos com tribunais exclusivamente masculinos e apenas um caso de tribunal exclusivamente feminino. Trazendo esses dados para percentuais, trata-se de uma diferença que, em 2016, era da ordem de 99%, e reduziu para 78,1% em 2020.
25. A mesma análise no tempo foi feita com os procedimentos em que atuaram **árbitros(as) únicos(as)**.

Gráfico 3. Árbitros(as) únicos(as), por gênero, dentro do total absoluto de árbitros(as) únicos(as), consolidando todas as instituições arbitrais, por ano, ao longo do período pesquisado (2016-2020)

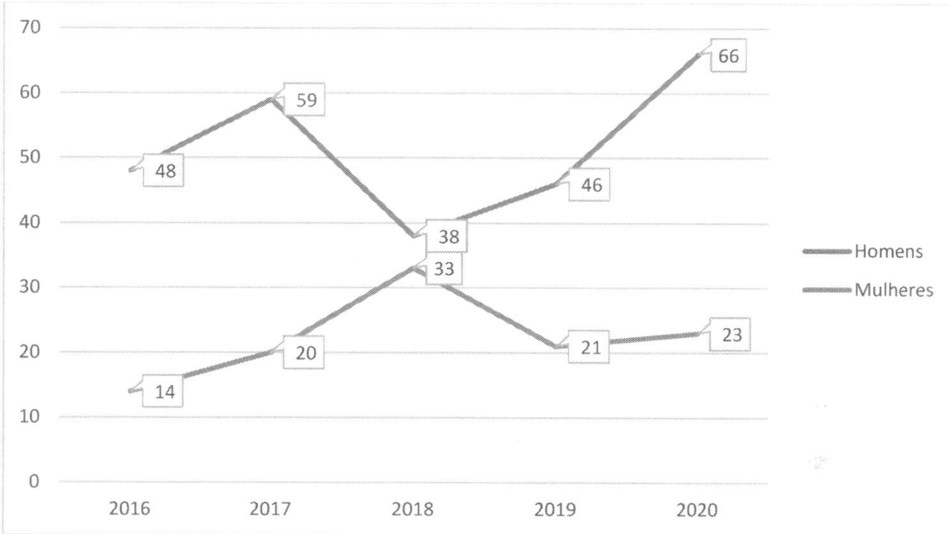

26. Entre os anos de 2016 e 2020, o número de árbitros(as) únicos(as) por gênero, mulheres e homens, variou bastante, tanto para cima quanto para baixo, ainda que o total de casos com árbitro(a) único(a) por ano, nesse período, tenha se mantido relativamente estável na mesma faixa (2016, 62 casos; 2017, 79 casos; 2018, 71 casos; 2019, 67 casos), salvo em 2020, quando o número de casos chegou a 89.
27. Comparando o ano inicial e o ano final do período da pesquisa, o número de árbitros únicos homens aumentou em 37,5% e de árbitras únicas mulheres aumentou em 64,2%.
28. Interessante notar que, no ano de 2018, houve uma aproximação importante dos números de árbitros(as) únicos(as) mulheres (33 casos) e homens (38 casos), quase alcançando um ponto de equilíbrio.

Questão 2. Resultados Obtidos

29. Por meio das respostas à **Questão 2**, buscou-se identificar, sob a perspectiva de gênero, como se deu a composição de tribunais arbitrais, identificando-se as posições exercidas por homens e mulheres nos tribunais das arbitragens efetivamente instauradas, mediante assinatura do correspondente termo de arbitragem, no período pesquisado (entre 2016 e 2020).
30. Para tanto, além do número total de árbitros homens e mulheres nomeados, foi feita uma análise das indicações de cada gênero, apurando-se a quantidade

de homens e mulheres que atuaram na qualidade de árbitros(as) únicos(as), árbitros(as) presidente do tribunal arbitral e coárbitros(as) entre 2016 e 2020.

31. Inicialmente, foi feita uma **análise comparativa das indicações por gênero**, sem distinção em relação à função exercida de coárbitro(a), árbitro(a) presidente ou árbitro(a) único(a).

Gráfico 4. Composição das indicações de árbitros(as), por gênero, sem distinção da função exercida, considerando o total absoluto de indicações realizadas, consolidando todas as instituições arbitrais ao longo do período pesquisado (2016-2020)

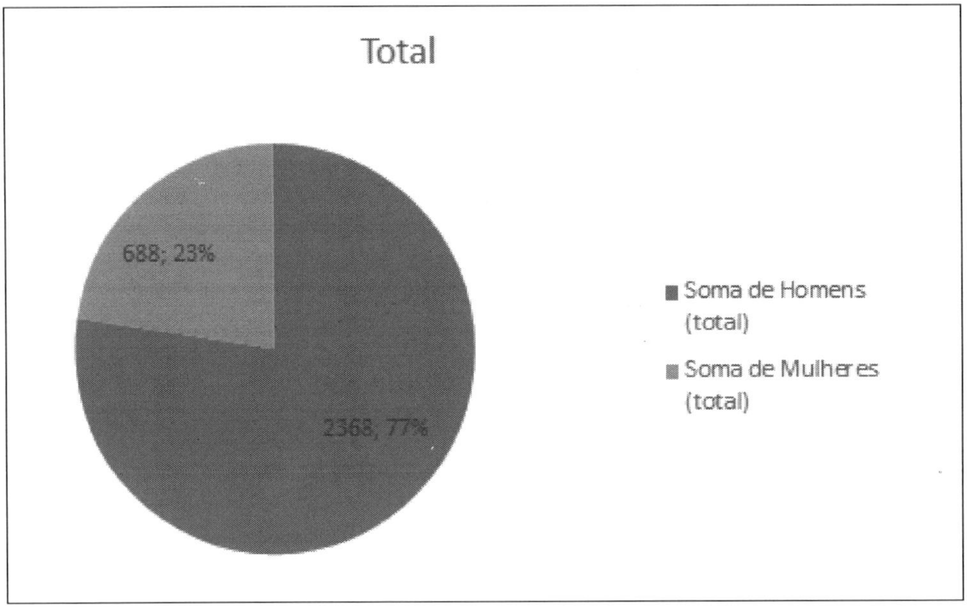

32. Os resultados dessa apuração revelaram que, das 3.056 nomeações de árbitros(as) realizadas nos procedimentos arbitrais administrados pelas 11 instituições arbitrais, aproximadamente 77,5% das nomeações foram de homens (2.368), ao passo que cerca de 22,5% foram de mulheres (688). Isso significa que, entre 2016 e 2020, houve mais do que o triplo de nomeações de profissionais do gênero masculino para atuarem como árbitros, em comparação com as nomeações de mulheres.

33. Em seguida, foram feitas as **análises comparativas das nomeações por gênero e por função**: coárbitros(as), árbitros(as) presidente e árbitros(as) únicos(as). Com relação às verificações de árbitros(as) únicos(as), faz-se referência à análise já apresentada na **Questão 1**, *supra*.

Gráfico 5. Composição das indicações de coárbitros(as), por gênero, considerando o total absoluto de indicações de coárbitros(as), consolidando todas as instituições arbitrais ao longo do período pesquisado (2016-2020), sem distinção da origem da indicação

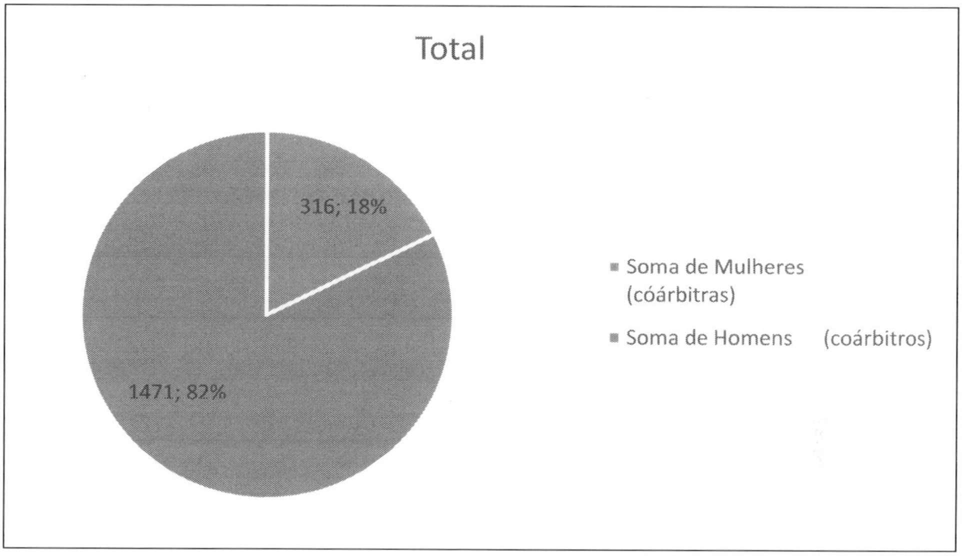

34. Como se percebe do Gráfico anterior, quanto às **nomeações de coárbitros(as)**, a pesquisa revelou que, no período de 2016 a 2020, essa função foi exercida por 1.471 homens e por 316 mulheres. Ou seja, houve cerca de 82,3% de nomeações masculinas e de, aproximadamente, 17,7% de nomeações femininas.

35. No Gráfico a seguir, são analisadas as **indicações de presidentes de tribunais arbitrais**[2], sendo ali demonstrado que, do total das 892 indicações de presidentes de tribunais arbitrais, 627 foram de homens, enquanto 265 mulheres foram indicadas para exercer essa função. Tal apuração revela que os homens ocuparam 70,3% das presidências dos tribunais arbitrais dos procedimentos instaurados no período de 5 anos objeto da pesquisa, enquanto mulheres presidiram tribunais arbitrais em 29,7% dos procedimentos arbitrais instaurados no mesmo período.

---

2 Trata-se, nesta questão, de todas as indicações para presidência de tribunais arbitrais, independentemente de sua origem ser mediante indicação realizada pelos(as) coárbitros(as), diretamente pelas partes ou pela respectiva instituição arbitral. A **Questão 6** analisa o total de indicações para presidência de tribunais arbitrais realizadas específica e exclusivamente por coárbitros(as) e a **Questão 8** analisa as indicações tanto de árbitros(as) presidentes quanto de coárbitros realizadas exclusivamente pelas instituições arbitrais.

Gráfico 6. Composição das indicações de árbitro(a) presidente, por gênero, considerando o total absoluto de indicações de árbitro(a) presidente, consolidando todas as instituições arbitrais ao longo do período pesquisado (2016-2020), sem distinção da origem da indicação

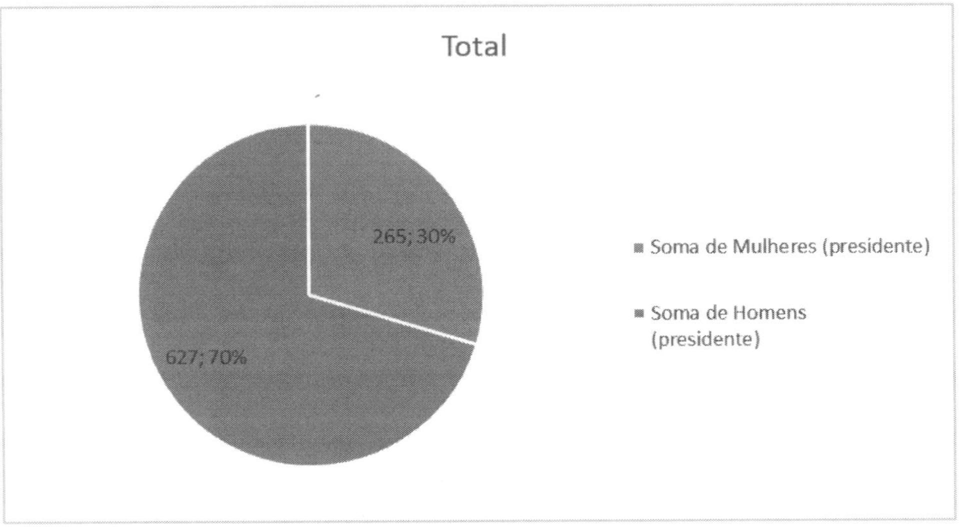

36. A partir dos resultados dessas primeiras análises, passou-se à apuração evolutiva das indicações de árbitros(as) ao longo dos 5 anos pesquisados.
37. Em primeiro lugar, tem-se o comparativo do **total de indicações, por gênero, ano a ano, independentemente da função exercida pelo(a) árbitro(a).**

Gráfico 7. Composição das indicações de árbitros(as), por gênero, sem distinção da função exercida, dentro do total absoluto de indicações realizadas, consolidando todas as instituições arbitrais por ano, ao longo do período pesquisado (2016-2020)

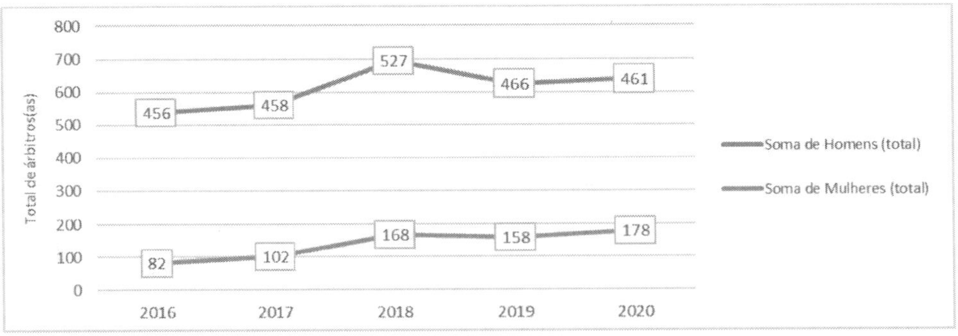

38. No ano de 2016, houve 456 indicações de homens e 82 de mulheres, o que significa que foram indicados quase 6 vezes mais homens do que mulheres nas arbitragens administradas pelas 11 instituições arbitrais. Ou seja, naquele ano, houve 15,2% de indicações de árbitras.

39. Em 2017, o número de indicações de mulheres aumentou em 24,4% em relação ao ano anterior, passando de 82 para 102. O aumento também ocorreu nas indicações de árbitros homens, porém em escala bem menor: crescimento de 0,4%, representado por 2 indicações a mais entre 2016 e 2017. Neste último ano, contudo, houve 458 nomeações masculinas, mais do que o quádruplo das femininas.
40. Mesmo com a diminuição da disparidade nas indicações de árbitros homens e de árbitras mulheres, verificou-se uma diferença considerável, a ponto de, em 2018, terem sido nomeados aproximadamente 3 vezes mais homens do que mulheres para comporem os tribunais arbitrais.
41. No ano de 2019, verificou-se uma diminuição na quantidade de indicações de homens, em comparação a 2018, da ordem de 11,6%, com uma redução de 527 para 466 homens indicados. Contudo, nesse mesmo ano, também houve uma diminuição na nomeação de mulheres, equivalente a 6,0%, de 168 para 158 indicadas. Em 2019, as indicações de árbitros homens representaram 74,7% das indicações realizadas a integrantes de tribunais arbitrais.
42. O cenário muda em 2020, quando o número de indicações de árbitros homens tem uma pequena diminuição, cerca de 1,1% em relação a 2019, ao passo que houve um crescimento de 12,7% nas nomeações femininas. Naquele ano, enquanto foram indicados 461 homens, 178 mulheres foram nomeadas. Apesar do aumento das nomeações de mulheres, verifica-se que, naquele ano, do total de indicações, aproximadamente 27,9% foram de mulheres.
43. Outra análise que revelou dados importantes foi a **apuração da quantidade de indicações de profissionais homens e mulheres especificamente para presidir os tribunais arbitrais**.

Gráfico 8. Composição das indicações de árbitros(as) presidente, por gênero, dentro do total absoluto de indicações de árbitros(as) presidente, consolidando todas as instituições arbitrais por ano ao longo do período pesquisado (2016-2020)

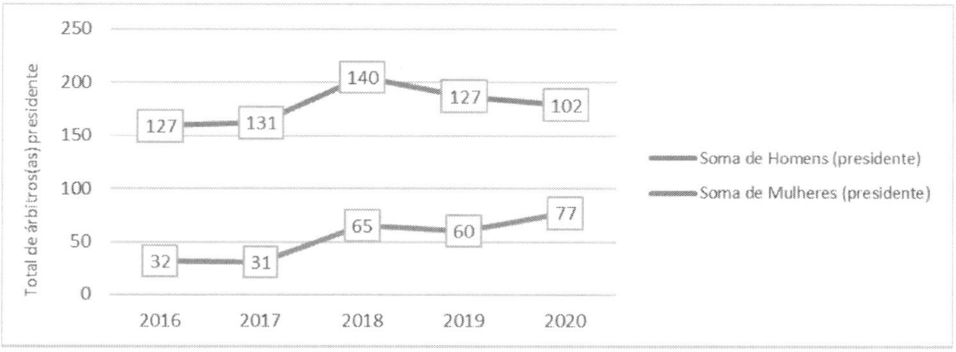

44. No ano de 2016, havia uma diferença significativa do número de homens indicados[3] para presidência dos tribunais arbitrais em comparação com o de mulheres: 79,9% dos indicados para essa função eram homens. Naquele ano, enquanto 127 homens foram nomeados presidentes de tribunais, 32 mulheres receberam tal indicação. De 2016 para 2017, os números se mantiveram praticamente inalterados.

45. De 2017 a 2018, as indicações de árbitros (independentemente do gênero) cresceram em 6,9% no geral, verificando-se um expressivo aumento de nomeações femininas, que passou de 31 para 65 indicações, equivalente a um aumento de 109,7%, enquanto o crescimento das nomeações masculinas foi mais discreto (cerca de 6,9%). Apesar disso, o total de mulheres que atuaram como presidentes de tribunais, em 2018, representou 31,7% do total de presidentes indicados(as) naquele ano (65 nomeações) em comparação aos 68,3% composto por homens (140 nomeações).

46. Em 2019, o cenário manteve-se estável, com cerca de 32,1% de indicações de mulheres como presidentes de tribunais arbitrais em relação ao total dessas nomeações: foram 60 mulheres e 127 homens indicados para exercer essa função.

47. Já, em 2020, houve uma queda nas indicações de homens e um aumento nas nomeações femininas para o exercício da presidência dos tribunais arbitrais, tendo as nomeações femininas representado 43,0% das indicações daquele ano. Isso significa que, naquele ano, enquanto 102 tribunais arbitrais foram presididos por árbitros homens, 77 tiveram mulheres na presidência. Naquele momento, verificou-se uma situação bem mais próxima da paridade nas indicações de profissionais homens e mulheres como presidentes de tribunais arbitrais.

48. De maneira geral, se comparados os anos de 2016 a 2020, mesmo com a assimetria visível de indicações de homens e mulheres para função de presidência, é clara a tendência de crescimento de indicações de árbitras, com um aumento de 45 indicações entre esses dois anos, equivalente a 140,6%.

49. Por fim, a **análise comparativa das indicações de coárbitros(as)** revelou que o número de homens nomeados para essa função manteve-se, no período pesquisado, expressiva e consistentemente maior do que o de mulheres.

---

3 Trata-se, nesta questão, de todas as indicações para presidência de tribunais arbitrais, independentemente de sua origem ser mediante indicação realizada pelos(as) coárbitros(as), diretamente pelas partes ou pela respectiva instituição arbitral.

Gráfico 9. Composição das indicações de coárbitros(as), por gênero, dentro do total absoluto de indicações de coárbitros(as), consolidando todas as instituições arbitrais por ano ao longo do período pesquisado (2016-2020)

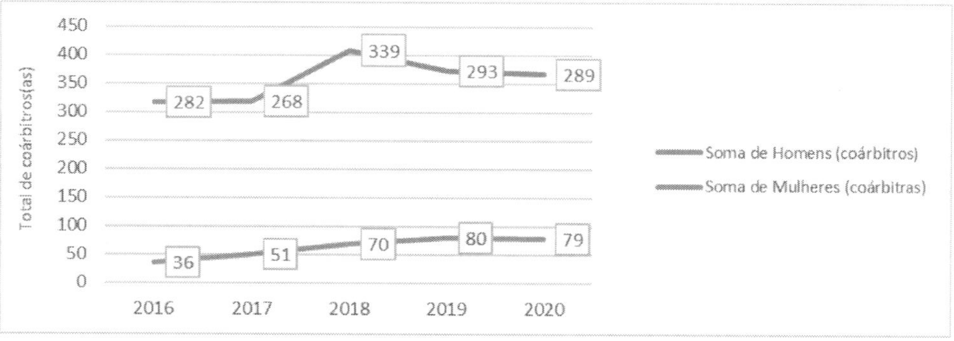

50. Embora seja perceptível a disparidade de indicações de gênero para essa função, verificou-se uma singela – mas constante – evolução na quantidade de mulheres indicadas para a função de coárbitra, no período de 2016 a 2020, apurando-se um aumento de 43 indicações femininas, equivalente a 119,4%.
51. De 2016 para 2017, houve 15 nomeações a mais de coárbitras (um crescimento de 41,7%, passando de 36 para 51). Por outro lado, os números relativos às nomeações masculinas em tais anos – ainda que tenha havido um decréscimo de 5% no total das nomeações, passando de 282 para 268 – revelam uma disparidade no exercício dessa função: 36 mulheres *vis-à-vis* 282 homens em 2016 – representando uma diferença de 77,3% pontos percentuais – e 51 mulheres *vis-à-vis* 268 homens em 2017 – representando uma diferença de 68%.
52. Em 2018, o número de mulheres indicadas cresceu 37,2%, com uma adição de 19 nomeações de coárbitras, totalizando 70 nomeações naquele ano. Da mesma forma, houve uma alta no número de coárbitros indicados, correspondente a 26,5%, se comparado ao ano de 2017, passando de 268 indicações para 339. Com esse crescimento mútuo, nomeações masculinas permaneceram representando a maioria das nomeações daquele ano: 82,9% das indicações para coárbitros(as).
53. No ano de 2019, as indicações de coárbitras seguiram a tendência de crescimento dos anos anteriores: foram 10 nomeações a mais que em 2018, um aumento de 14,3%. De outro lado, houve queda no número de nomeações de profissionais masculinos, da ordem de 13,6% (foram 46 nomeações a menos do que em 2018). Ainda assim, as nomeações de homens corresponderam a 78,5% do total.

54. Já, em 2020, houve uma pequena queda das nomeações femininas, de aproximadamente 1,3% em relação a 2019. Naquele ano, as nomeações de mulheres representaram, novamente, em torno de 21,5% do total dos profissionais indicados para exercer a função de coárbitro(a).

Questão 3. Resultados Obtidos

55. O objetivo da Questão 3 era obter uma contabilização individual, dos homens e das mulheres que atuaram como árbitros(as), excluindo as indicações repetidas de um mesmo indivíduo, com dados mais apurados sobre a diversidade, tanto sobre o gênero quanto sobre o indivíduo. Foram encontradas, contudo, três dificuldades que nos levaram a refletir sobre a utilização desses dados.

56. A primeira delas é que a individualização foi realizada nos procedimentos arbitrais de um ano determinado, quer dizer, nos procedimentos arbitrais cujos termos de arbitragem foram assinados em um mesmo ano. Caso o mesmo indivíduo tenha sido indicado(a) como árbitro(a) dois anos seguidos, por exemplo, no resultado total de vários anos, seu nome será contado mais de uma vez.

57. A segunda delas é que o mesmo indivíduo pode ser sido indicado(a) como árbitro(a) em um mesmo ano em casos administrados por diferentes instituições arbitrais. Ocorrendo isso, ao somar os indivíduos indicados como árbitro(a) em procedimentos de diferentes instituições arbitrais em um mesmo ano, é possível haver pessoas que tenham sido contabilizadas mais de uma vez.

58. A terceira é que a individualização foi feita pela posição exercida pelo indivíduo, de forma que se determinado indivíduo, no mesmo ano, foi indicado presidente do tribunal arbitral em duas ocasiões, será contabilizada apenas uma delas. Entretanto, se esse indivíduo, no mesmo ano, foi indicado presidente do tribunal de um caso e, em outro, coárbitro, ele será contabilizado duas vezes.

59. Em função da impossibilidade de eliminar tais dificuldades, à vista das informações que foram solicitadas na Questão 3, o Subgrupo 1 decidiu desconsiderar os dados fornecidos pelas instituições arbitrais para a Questão 3, pois a apresentação de conclusões que não refletissem a realidade não seria justificável. Assim, o Subgrupo 1 proporá ajustes nos questionamentos e nas informações adicionais a serem solicitados às instituições arbitrais nas futuras atualizações deste Relatório, a fim de que se tenha parâmetros mais seguros e fidedignos acerca da eventual repetição de indicações de um mesmo indivíduo.

60. As **Questões 4** e **5** buscaram ir além do tema da diversidade de gênero para abranger questões de diversidade regional e etária dos(as) árbitros(as). Em conversas entre as instituições arbitrais e o Subgrupo 1, verificou-se que as **Questões 4** e **5**, com escopo para além da diversidade de gênero, foram muito bem recepcionadas e espera-se que constituam base para a ampliação dos debates acerca de tais temas.

Questão 4. Resultados Obtidos

61. Tal Questão considerou os indivíduos que atuam como árbitros e árbitras em sua contabilização individual, conforme originalmente solicitado na **Questão 3**. Nas respostas às Questões 4 e 5, essa contabilização individual também não exclui o risco de haver contabilização de indivíduos que foram indicados para árbitros(as) em anos seguidos e também em instituições arbitrais distintas. De todo modo, considerando que o objetivo da Questão 4 era – diferentemente da Questão 3 – apresentar um panorama geral dos estados onde os(as) árbitros(as) têm seus endereços profissionais, entendeu-se que eventuais repetições não prejudicariam os resultados obtidos. Destaca-se que, na medida em que forem mais bem apuradas as formas de mensuração das indicações por indivíduos (e exclusões de repetições), os resultados das Questões 4 e 5 também poderão ser refinados.

62. **Na Questão 4, os(as) árbitros(as) foram divididos entre homens e mulheres dos Estados de São Paulo ("SP"), Rio de Janeiro ("RJ"), Minas Gerais ("MG"), Paraná ("PR"), Rio Grande do Sul ("RS") ou "outros Estados".** A localidade dos(as) árbitros(as) foi definida conforme o endereço indicado por eles/elas às respectivas instituições arbitrais, ou seja, conforme a sua localização no momento do recebimento da indicação. Por conta disso, não é possível afirmar que a localização informada pelo(a) árbitro(a) corresponda ao local onde ele/ela nasceu, ou seja, à sua naturalidade. No entanto, é possível, com base em tais informações, identificar os Estados onde os(as) árbitros(as) indicaram os seus endereços profissionais. Foram obtidas as seguintes informações:

Gráfico 10. Estados onde os(as) árbitros(as) nomeados(as) indicaram os seus endereços profissionais, identificados por gênero, sem distinção da função exercida, considerando o total absoluto de indicações realizadas, individualizado por instituição arbitral e por cada ano do período pesquisado (2016-2020)

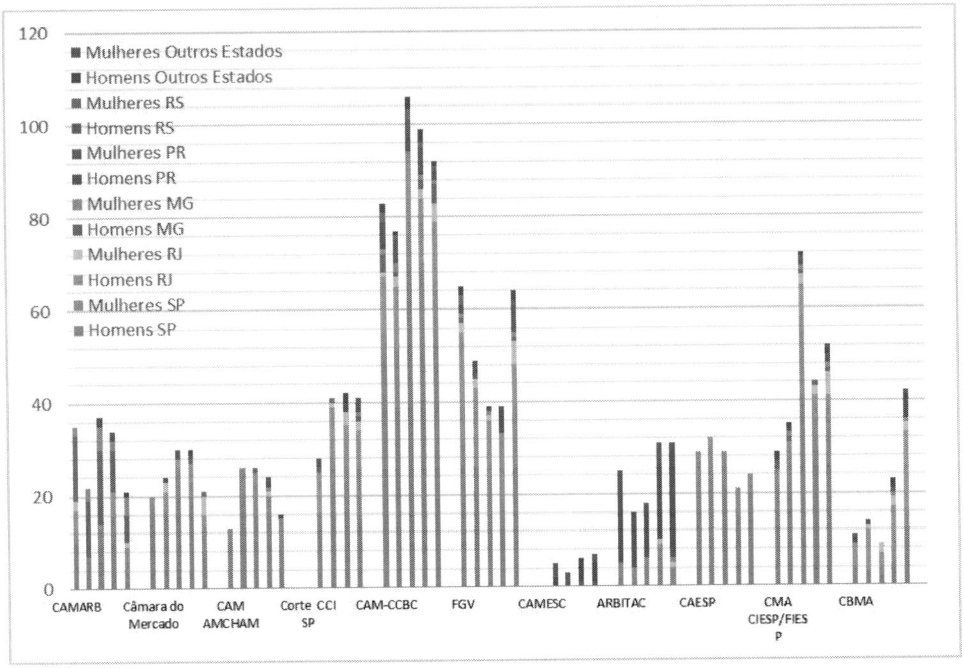

63. Da análise dos dados levantados, observa-se que o Estado onde os(as) árbitros(as) indicaram os seus endereços profissionais tende a refletir a localidade da sede principal da instituição arbitral. A única exceção observada foi na FGV, cuja principal sede encontra-se no RJ, mas que registrou que a maior parte de nomeações de árbitros(as) indicou ter endereço profissional em SP.

64. Com base nas informações fornecidas pelas instituições arbitrais, refletidas nos gráficos a seguir, observou-se uma coincidência entre a sede principal da instituição ser SP e o Estado onde os(as) árbitros(as) nomeados indicaram os seus endereços profissionais ser SP: **(i)** a CAM AMCHAM teve, em média, entre 2016-2020, 64% de árbitros homens e 28% de mulheres árbitras que indicaram SP como o Estado de seu endereço profissional; **(ii)** seguindo essa tendência, a Câmara do Mercado teve 62% de árbitros homens e 15% de mulheres

árbitras que indicaram SP como o Estado de seu endereço profissional; **(iii)** no CAM-CCBC, a média foi de, aproximadamente, 53% de árbitros homens e 14% de mulheres árbitras indicando SP como o Estado de seu endereço profissional; **(iv)** a Corte CCI SP teve média de 45% de homens árbitros e 16% de mulheres árbitras que fizeram referência a SP como o Estado de seu endereço profissional; **(v)** a CMA Ciesp/Fiesp teve, em média, 59% de homens árbitros e 20% de mulheres árbitras que indicaram SP como o Estado de seu endereço profissional; e **(vi)** o Caesp teve, em média, 77% de homens árbitros e 22% de mulheres árbitras que fizeram referência a SP como o Estado de seu endereço profissional.

65. A seu turno, as instituições arbitrais com sede principal no RJ demonstraram os seguintes resultados: **(i)** o CBMA teve 48% de homens árbitros e 7% de mulheres árbitras que fizeram referência a RJ como o Estado de seu endereço profissional; e **(ii)** a FGV teve 39% de homens árbitros e 14% de mulheres árbitras que indicaram SP como o Estado de seu endereço profissional, seguida por 31% de homens árbitros e 4% de mulheres árbitras que fizeram referência a RJ como o Estado de seu endereço profissional.

66. A Camarb, em MG, teve 38% de homens árbitros e 11% de mulheres árbitras que referiram MG como o Estado de seu endereço profissional, contra um total de 36% de indicações de árbitros e árbitras que informaram SP como o Estado de seu endereço profissional. Já a Camesc teve 52% de homens árbitros e 38% de mulheres árbitras que informaram outros Estados como o Estado de seu endereço profissional (todos de Santa Catarina). A Arbitac, cuja sede é localizada em Curitiba, PR, teve 67% de homens árbitros e 7% de mulheres árbitras informando PR como o Estado de seu endereço profissional.

67. Tais percentuais podem indicar o papel das instituições arbitrais cujas sedes principais não estão localizadas em SP e RJ para a promoção de diversidade regional na atuação de árbitros(as).

68. Os dois gráficos a seguir procuram auxiliar a análise, apresentando o consolidado pelo período da pesquisa, segregado, por gênero masculino e feminino, da presença por Estados dos(as) árbitros(os) indicados em cada uma das instituições arbitrais.

Gráfico 11. Diversidade Regional – Homens (média 2016-2020)

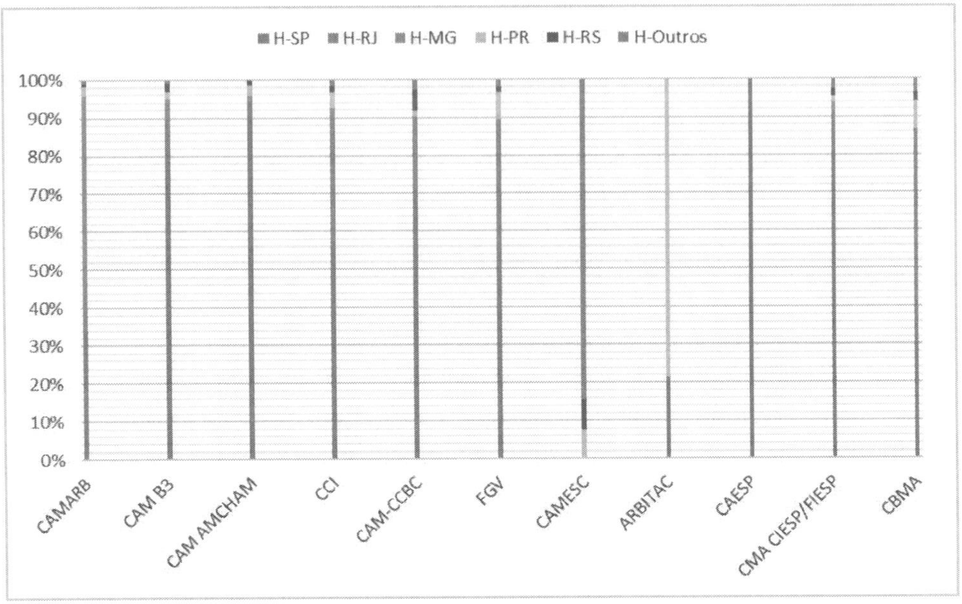

Gráfico 12. Diversidade Regional – Mulheres (média 2016-2020)

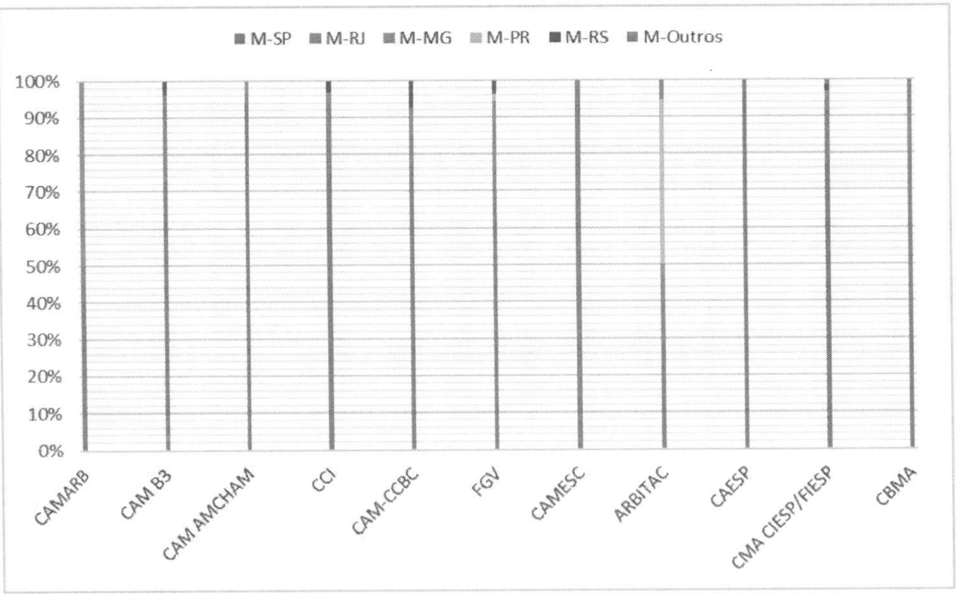

Questão 5. Resultados Obtidos

69. Nesta questão, também foi utilizada a contabilização individual de homens e mulheres identificados na **Questão 3**, ou seja, **por indivíduo (homem ou mulher) indicado independentemente de ter sido nomeado para dois ou mais procedimentos arbitrais, por ano e em cada instituição arbitral**. Assim como na Questão 4, essa contabilização individual também não exclui o risco de haver inclusão de indivíduos que foram indicados para árbitros(as) em anos seguidos e também em instituições arbitrais distintas. De todo modo, considerando o objetivo da Questão 5 que era – diferentemente da Questão 3 – apresentar um panorama geral das faixas etárias daqueles(as) que desempenharam a função de árbitro(a), entendeu-se que eventuais repetições não prejudicariam os resultados obtidos.

70. Os indivíduos árbitros(as) identificados na Questão 5 foram **divididos(as) entre homens e mulheres nas seguintes faixas de idade: 30-40 anos, 40-50 anos, 50-60 anos e acima de 60 anos.**

71. É importante destacar que **(i)** as informações foram fornecidas pelas instituições arbitrais; e **(ii)** algumas instituições arbitrais não tinham dados sobre idade dos(as) árbitros(as). Assim, apenas 7[4] instituições arbitrais responderam à **Questão 5**, quais sejam: Arbitac, Caesp, CAM AMCHAM, Camarb, Câmara do Mercado, Corte CCI SP e Camesc.

72. Os resultados obtidos foram os seguintes:

4 O CAM-CCBC informou que, na elaboração de suas estatísticas internas, realiza análises acerca da composição etária de tribunais arbitrais. No entanto, as métricas utilizadas pelo CAM-CCBC são distintas daquelas que foram solicitadas na Questão 5. Em que pese o CAM-CCBC ter respondido à Questão 5 utilizando os dados que tem, por se tratar de métricas diferentes do objeto da Questão 5, a sua utilização levaria a resultados não fidedignos, razão pela qual se optou por não utilizar tais dados.

Gráfico 13. Diversidade etária dos(as) árbitros(as) indicados(as), por gênero, sem distinção da função exercida, considerando o total absoluto de indicações realizadas, individualizado por instituição arbitral e por cada ano do período pesquisado (2016-2020)

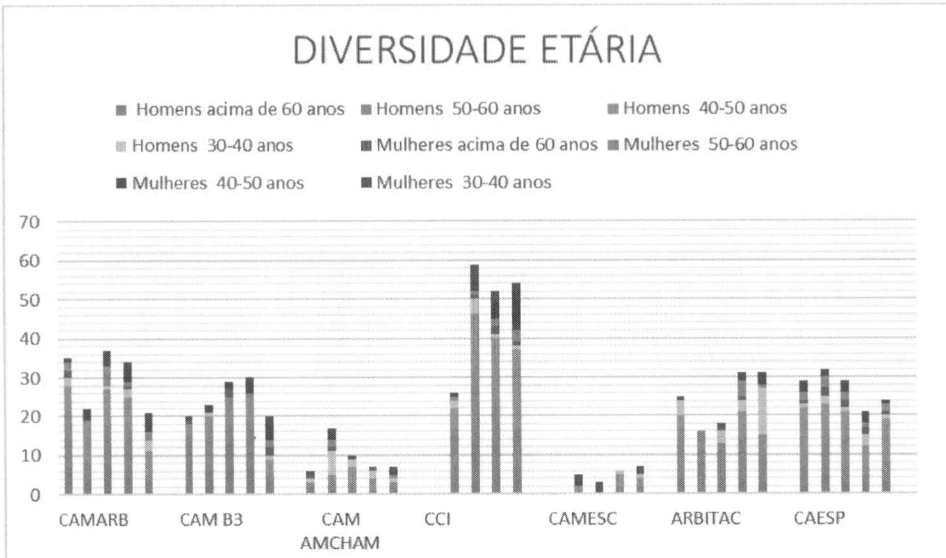

73. Da análise dos dados recebidos das instituições arbitrais, com relação aos árbitros homens nomeados, houve uma maior quantidade de instituições arbitrais que informaram a atuação de árbitros homens na faixa de 40-50 anos. É o que se observa da análise de todos os dados obtidos, conforme Gráfico a seguir: **(i)** 3 das 7 instituições arbitrais que responderam a **Questão 5** tiveram, em média, entre 2016-2020, maior parte de nomeações de árbitros homens com idade entre 40-50 anos, quais sejam, Caesp (51%), Camesc (46%) e Corte CCI SP (40%); **(ii)** na Camarb, majoritariamente, houve um equilíbrio entre nomeações de árbitros homens entre 40-50 anos e 50-60 anos, contando com uma média de 34% de nomeados para cada uma das faixas etárias mencionadas no período de 2016 a 2020; **(iii)** a Câmara do Mercado teve, em média, maior parte de nomeações de árbitros homens na faixa etária acima de 60 anos (47%); **(iv)** a Arbitac teve, em média, maior parte de nomeações de árbitros homens na faixa etária entre 50-60 anos (49%); e, finalmente, **(iv)** a CAM AMCHAM teve, em média, maior parte de nomeações de árbitros homens na faixa etária entre 30-40 anos (35%).

74. O Gráfico a seguir procura auxiliar a visualização dessas constatações, apresentando o consolidado pelo período da pesquisa, segregado por gênero masculino, da presença por faixa etária dos árbitros nomeados em cada uma das instituições arbitrais que responderam à presente questão.

Gráfico 14. Diversidade etária – Homens (média 2016-2020)

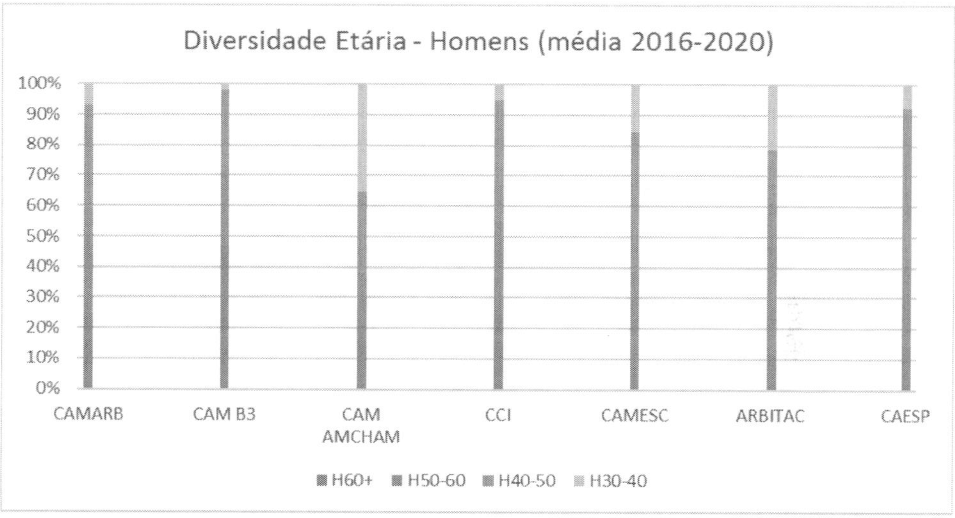

75. Quanto às árbitras mulheres, as instituições arbitrais que responderam à **Questão 5** também informaram a nomeação majoritária de mulheres na faixa de 40-50 anos: **(i)** 3 das 7 instituições cujos dados foram examinados nessa Questão tiveram, em média, no período de 2016 a 2020, maior parte de nomeações de árbitras mulheres na faixa entre 40-50 anos, quais sejam, Camarb (47%), Câmara do Mercado (52%), e Corte CCI SP (45%); **(ii)** 2 das 7 instituições respondentes tiveram, em média, maior parte de nomeações de árbitras mulheres na faixa entre 50-60 anos, quais sejam, Arbitac (47%) e Caesp (33%); e **(iii)** outras 2 das 7 instituições que responderam à Questão em apreço tiveram, em média, maior parte de nomeações de mulheres árbitras na faixa entre 30-40 anos, quais sejam, CAM AMCHAM (31%) e Camesc (75%). Veja-se o Gráfico a seguir:

Gráfico 15. Diversidade etária – Mulheres (média 2016-2020)

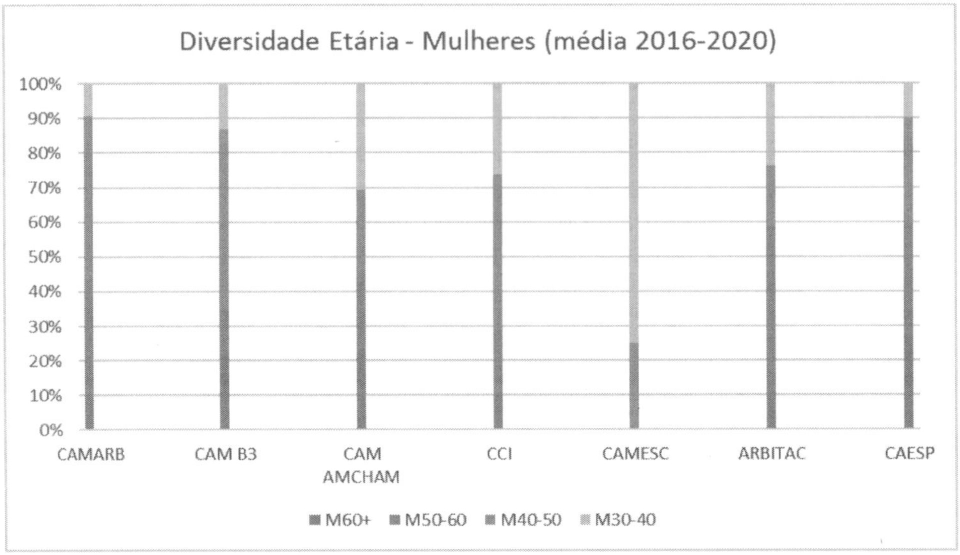

76. O grupo de **Questões 6** a **9** compreende a análise dos(as) árbitros(as) indicados(as) para comporem tribunais arbitrais, no que diz respeito à diversidade de gênero, considerando a sua indicação ter sido feita pelos(as) coárbitros(as) ou pela respectiva instituição arbitral.

77. A **Questão 6** trata dos dados referentes ao(à) árbitro(a) presidente, indicado(a) pelos(as) coárbitros(as), buscando identificar a quantidade de homens e mulheres que atuaram nessa função de presidência do tribunal arbitral. A **Questão 7**, como continuidade do questionamento anterior, analisa e detalha a composição dos tribunais arbitrais em que houve indicação, pelos(as) coárbitros(as), de mulheres para presidir tribunais arbitrais. A **Questão 8** aprofunda a análise, abordando o número de árbitros(as) indicados(as) pelas instituições arbitrais, de modo a identificar o percentual de representatividade feminina nas referidas indicações e a atuação das instituições arbitrais na promoção da diversidade de gênero na composição de tribunais arbitrais. A **Questão 9**, por sua vez, procurou verificar, com base no número de impugnações dos(as) árbitros(as) formuladas pelas partes, se haveria alguma predisposição à apresentação de impugnações com base no gênero do(a) árbitro(a). A investigação na **Questão 9** abrange as impugnações formais que tenham gerado renúncia do(a) árbitro(a) impugnado(a) ou a formação de Comitês para decidir sobre a impugnação apresentada.

78. Passa-se, assim, para as análises pormenorizadas de cada uma das questões.

Questão 6. Resultados Obtidos

79. O objetivo geral da **Questão 6** foi investigar o índice de representatividade feminina na presidência de tribunais arbitrais, especificamente quando a respectiva indicação foi realizada pelos(as) coárbitros(as).

80. Para tanto, em primeiro lugar foi realizada uma análise ampla, **somando-se o número de árbitros presidentes e árbitras presidentes indicados ao longo do período pesquisado (2016-2020) em todos os procedimentos arbitrais administrados pelas instituições arbitrais**[5]. O resultado foi o seguinte:

Gráfico 16. Composição das indicações a árbitros(as) presidente, por gênero, considerando o total absoluto de indicações a árbitros(as) presidente, consolidando todas as instituições arbitrais ao longo do período pesquisado (2016-2020)

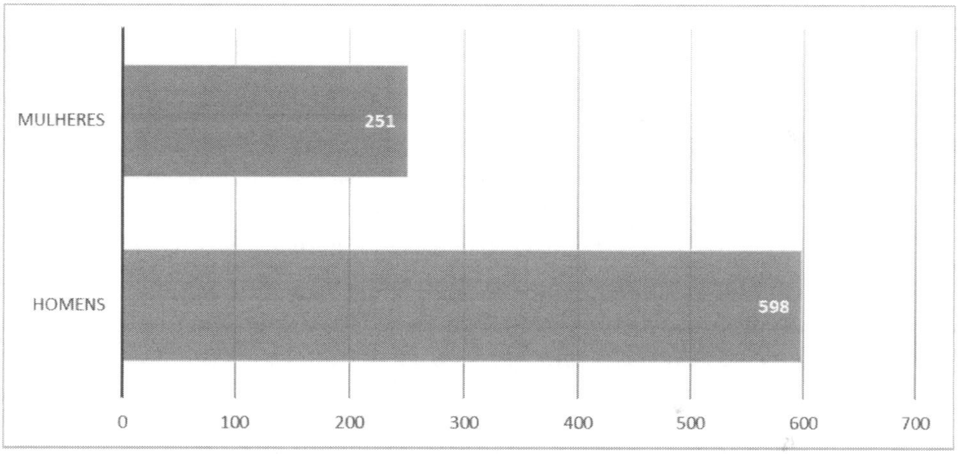

81. Como se verifica do Gráfico *supra*, no consolidado de indicações para presidente de tribunais arbitrais no período de 2016 e 2020, o número de homens indicados pelos(as) coárbitros(as) para presidirem tribunais arbitrais é mais do que o dobro do número de mulheres indicadas para a mesma função.

82. Os tribunais arbitrais presididos por mulheres correspondem a aproximadamente 29,6% do total dos procedimentos arbitrais, enquanto os presididos por homens chegam ao patamar dos 70,4%, conforme análise a seguir:

---

5 Considerando que o Subgrupo 1 apurou inconsistências nos dados apresentados pela Camesc e, até a publicação deste Relatório, não foram apresentadas informações substitutivas, os números da Camesc não foram levados em conta na análise da **Questão 6**.

Gráfico 17. Composição das indicações a árbitros(as) presidente, por gênero, considerando o total absoluto de tribunais arbitrais, consolidando todas as instituições arbitrais ao longo do período pesquisado (2016-2020)

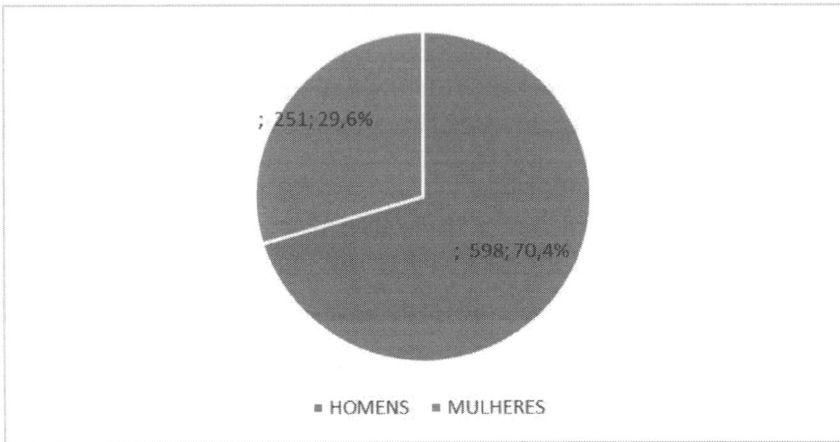

83. Embora o consolidado indique uma desproporção das indicações de homens e mulheres por coárbitros(as) para presidir tribunais arbitrais, aprofundou-se o exame dos dados e se investigou a evolução desses números ao longo dos anos do período pesquisado. Nesse sentido, a análise a seguir apresenta, **por ano, o total de indicações de homens e mulheres para a presidência de tribunais arbitrais efetuadas por coárbitros(as)**, somando-se os dados de todas as instituições arbitrais.

Gráfico 18. Composição das indicações a árbitros(as) presidente, por gênero, considerando o total absoluto de indicações realizadas especificamente por coárbitros(as), consolidando todas as instituições arbitrais por ano ao longo do período pesquisado (2016-2020)

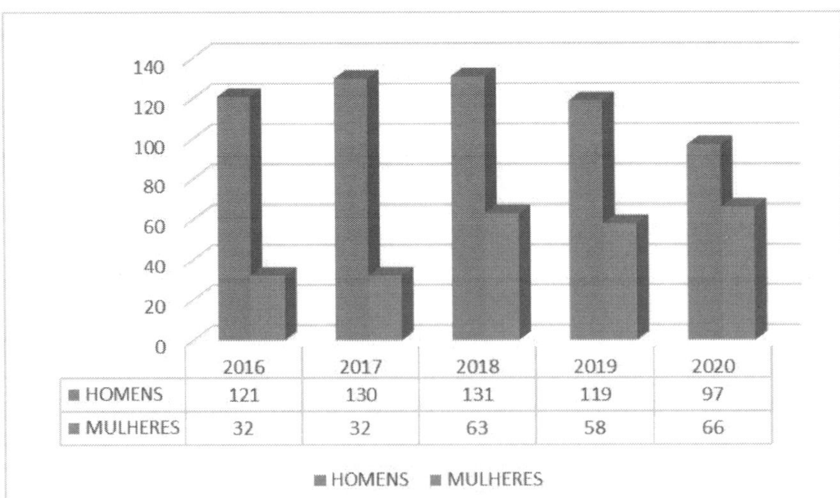

84. Da análise *supra*, é possível perceber que, embora os homens sejam mais indicados pelos coárbitros(as) para a presidência dos tribunais arbitrais em cada ano, entre 2016 e 2020, o número de mulheres indicadas para o exercício de tal função apresentou um aumento, com pontual exceção no ano de 2019. Os anos de 2018 e 2020, por outro lado, apresentam aumento do número de mulheres indicadas pelos(as) coárbitros(as) para a presidência de tribunais arbitrais em comparação ao ano inicial de 2016.

85. Se consideradas individualmente as instituições arbitrais, mas com a somatória dos dados gerados na totalidade do período pesquisado (2016-2020), também se constata que em todas as instituições arbitrais, sem exceção, a porcentagem de homens indicados pelos coárbitros(as) para a presidência dos tribunais arbitrais é maior do que a porcentagem das mulheres indicadas para a mesma função.

Gráfico 19. Composição das indicações a árbitros(as) presidente, por gênero, considerando o total absoluto de indicações realizadas especificamente por coárbitros(as), individualizado por instituição arbitral e consolidado por todo período pesquisado (2016-2020)

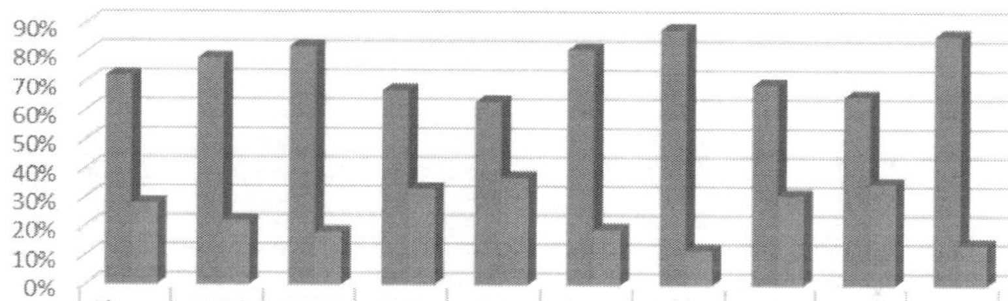

	Câmara do Mercado	CAESP	CAMARB	CAM-CCBC	CAM CIESP/FIESP	Corte CCI SP	CBMA	FGV	CAM AMCHAM	ARBITAC
HOMENS	72%	78%	82%	67%	63%	81%	88%	69%	65%	86%
MULHERES	28%	22%	18%	33%	37%	19%	12%	31%	35%	14%

86. Por outro lado, os gráficos a seguir analisam **individualmente as indicações de homens e mulheres para a presidência de tribunais arbitrais efetuadas pelos(as) coárbitros(as) por cada instituição arbitral** e **por ano:**

Gráfico 20. Composição das indicações de árbitros(as) presidente, por gênero, considerando o total absoluto de indicações realizadas especificamente por coárbitros(as), individualizado por instituição arbitral e por cada ano do período pesquisado (2016-2020)

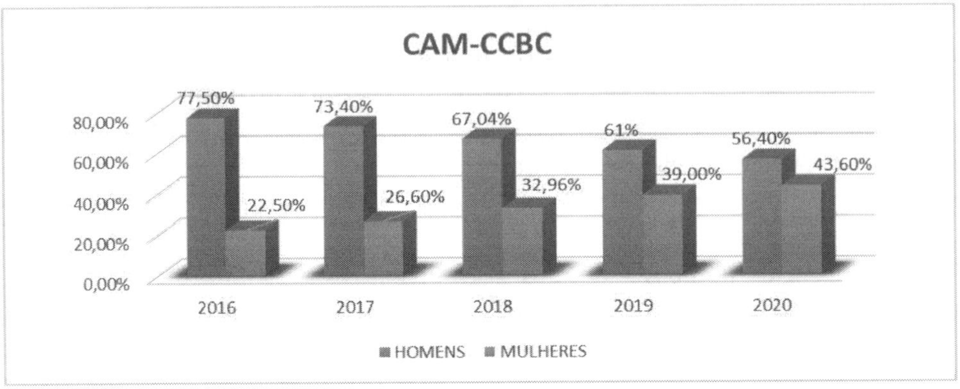

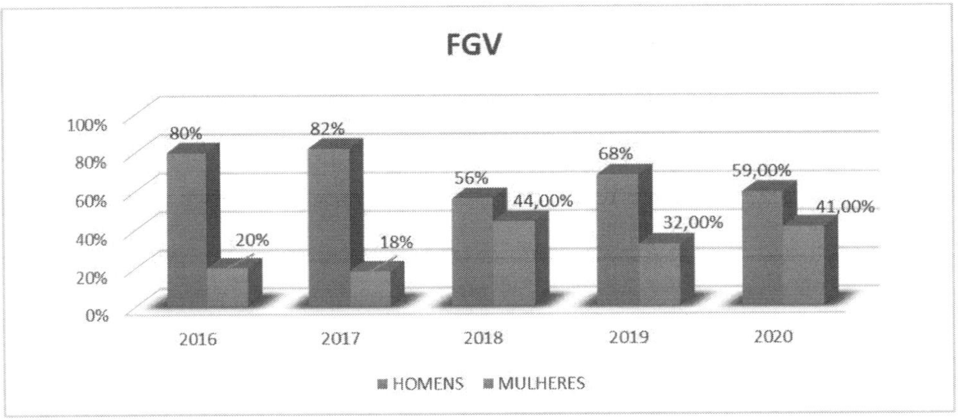

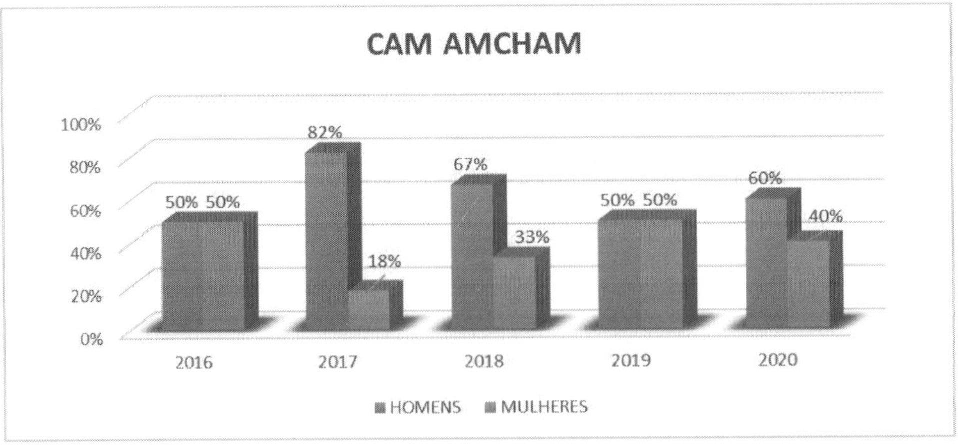

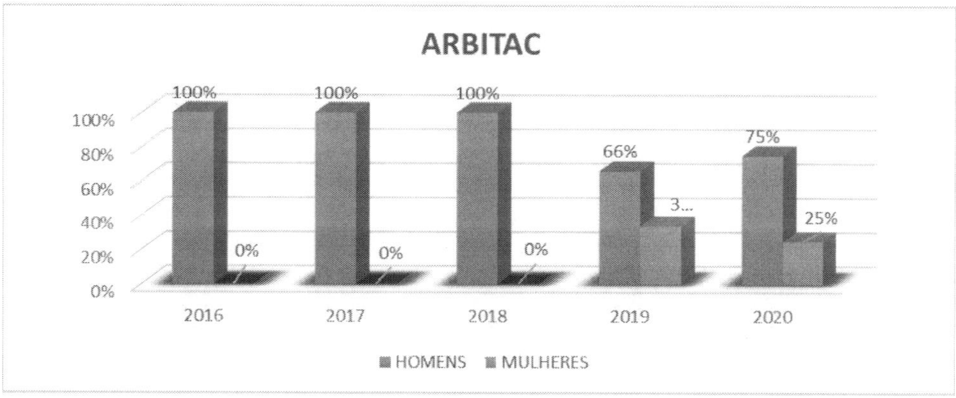
ARBITAC
100%
80%
60%
40%
20%
0%
100%
0%
100%
0%
100%
0%
66%
3...
75%
25%
2016
2017
2018
2019
2020
HOMENS
MULHERES

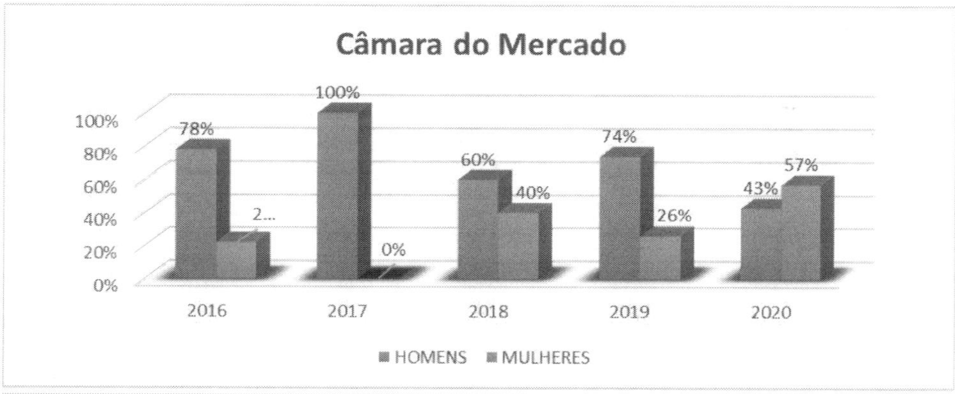
Câmara do Mercado
100%
80%
60%
40%
20%
0%
78%
2...
100%
0%
60%
40%
74%
26%
43%
57%
2016
2017
2018
2019
2020
HOMENS
MULHERES

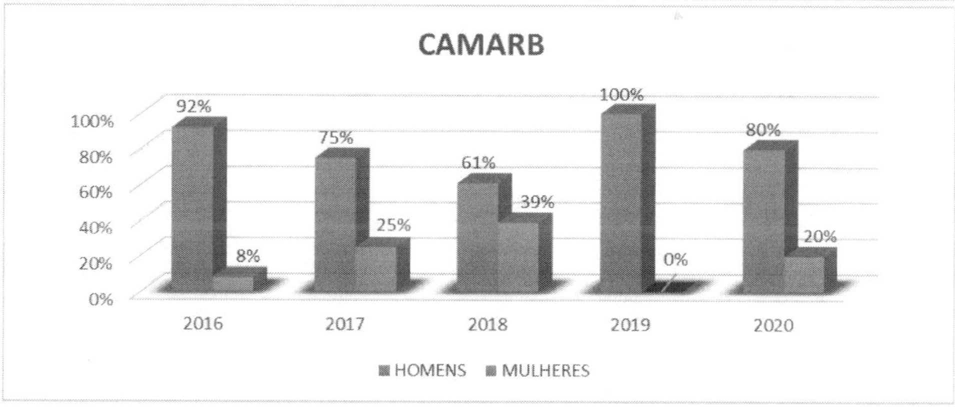
CAMARB
100%
80%
60%
40%
20%
0%
92%
8%
75%
25%
61%
39%
100%
0%
80%
20%
2016
2017
2018
2019
2020
HOMENS
MULHERES

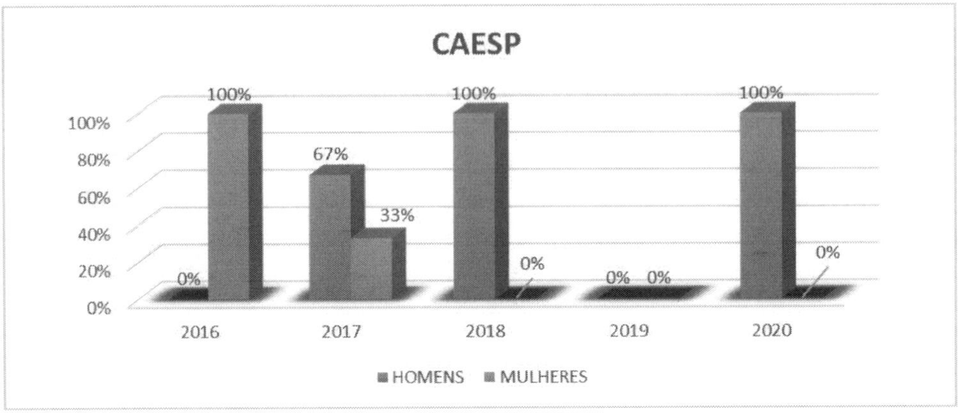
CAESP
100%
80%
60%
40%
20%
0%
0%
100%
67%
33%
100%
0%
0% 0%
100%
0%
2016
2017
2018
2019
2020
HOMENS
MULHERES

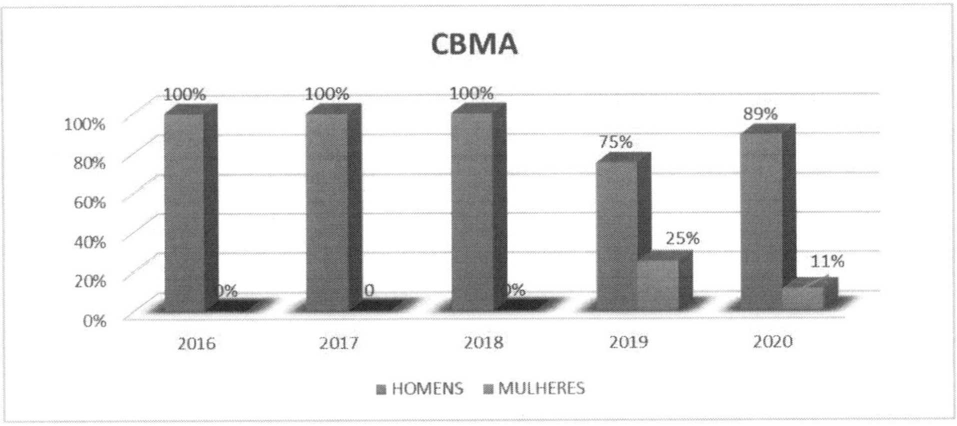
CBMA
100%
80%
60%
40%
20%
0%
100%
100%
100%
75%
25%
89%
11%
2016
2017
2018
2019
2020
HOMENS
MULHERES

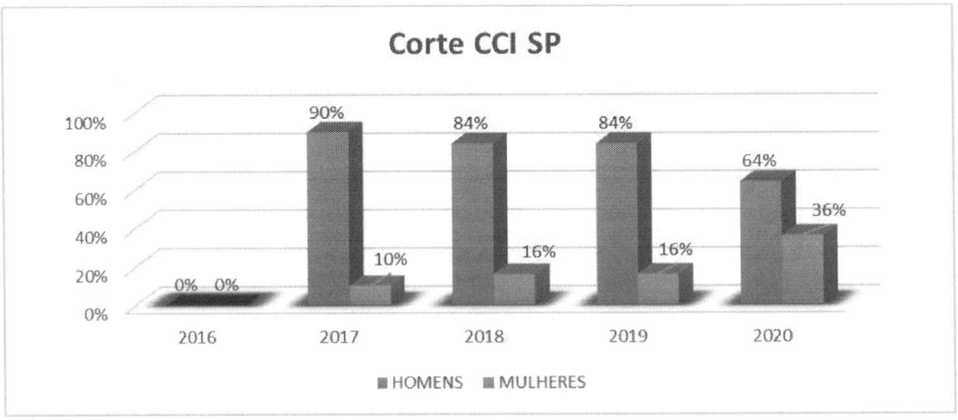
Corte CCI SP
100%
80%
60%
40%
20%
0%
0% 0%
90%
10%
84%
16%
84%
16%
64%
36%
2016
2017
2018
2019
2020
HOMENS
MULHERES

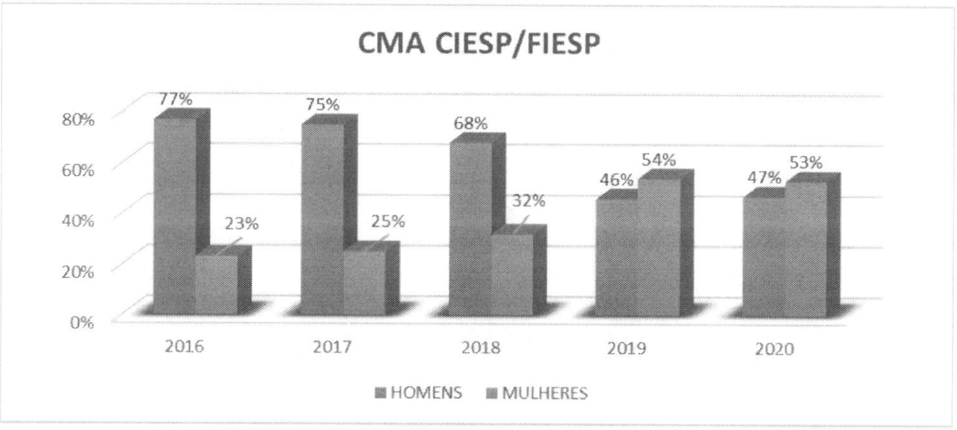

87. Conforme os gráficos anteriores, considerando individualmente as instituições arbitrais, verifica-se uma oscilação em termos de representatividade feminina nas nomeações para presidentes de tribunais arbitrais feitas pelos(as) coárbitros(as).

Questão 7. Resultados Obtidos

88. O objetivo da **Questão 7** foi identificar a composição dos tribunais arbitrais em que as mulheres foram indicadas para a presidência. Ou seja, perguntou-se às instituições arbitrais, na hipótese em que houve indicação de mulher para a presidência do tribunal arbitral pelos(as) coárbitros(as), se estes eram **(i)** 2 coárbitros homens, **(ii)** 1 coárbitro homem e 1 coárbitra mulher, ou **(iii)** 2 coárbitras mulheres.

89. Para a elaboração da análise, foram computados os dados de 2016 a 2020 das seguintes instituições arbitrais: Camarb, CAM-CCBC, Corte CCI SP, CBMA, CMA Ciesp/Fiesp, CAM AMCHAM, Arbitrac, Câmara do Mercado e Caesp[6].

90. O Gráfico a seguir aponta que a indicação de mulheres para a presidência de tribunais arbitrais foi majoritariamente (64%) realizada por coárbitros homens (isto é, até a indicação da presidente, o tribunal arbitral era composto por 2 homens coárbitros).

6 Os dados apresentados pela Camesc e pela FGV, nesta questão, restaram controversos e, para não comprometer os resultados, foram excluídos da análise.

Gráfico 21. Composição da dupla de coárbitro(as) quando da indicação de árbitra presidente, por gênero, considerando o total absoluto de indicações realizadas especificamente por coárbitros(as), consolidando todas as instituições arbitrais ao longo do período pesquisado (2016-2020)

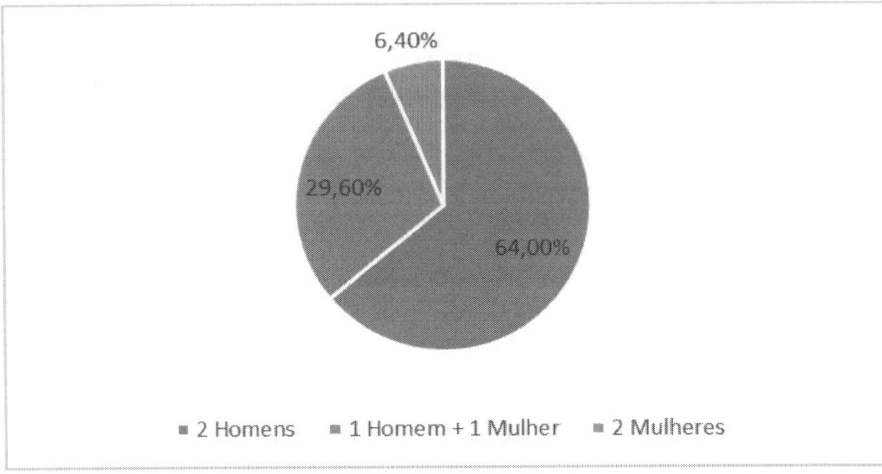

91. Em uma análise mais detalhada, **considerando individualmente cada instituição arbitral, mas com a somatória dos dados gerados na totalidade do período pesquisado (2016-2020)**, obteve-se o seguinte resultado:

Gráfico 22. Composição da dupla de coárbitro(as) quando da indicação de árbitra presidente, por gênero, considerando o total absoluto de indicações realizadas especificamente por coárbitros(as), individualizado por instituição arbitral e consolidado por todo o período pesquisado (2016-2020)

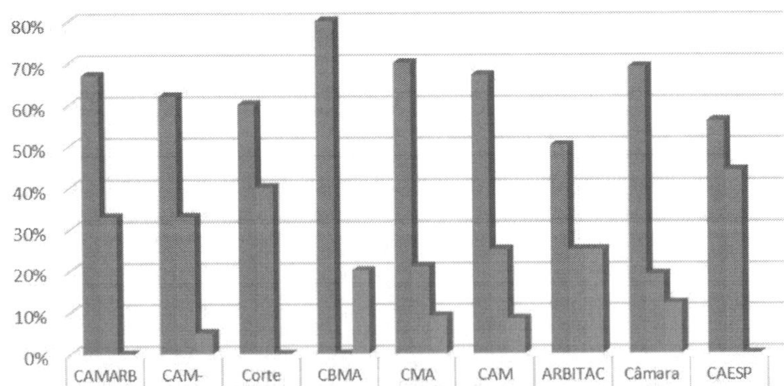

	CAMARB	CAM-CCBC	Corte CCI SP	CBMA	CMA CIESP/FIESP	CAM AMCHAM	ARBITAC	Câmara do Mercado	CAESP
2 Homens	67%	62%	60,00%	80%	70%	67%	50%	69,00%	56%
1 Homem + 1 Mulher	33%	33%	40,00%	0%	21%	25%	25%	19,00%	44%
2 Mulheres	0%	5%	0	20%	9%	8%	25%	12,00%	0%

Questão 8. Resultados Obtidos

92. A **Questão 8** pediu que as instituições arbitrais identificassem **a quantidade de árbitros(as) que exerceram a função de coárbitros(as) e presidentes de tribunais arbitrais que tenham sido indicados pela própria instituição arbitral**. O seu objetivo foi o de verificar se as instituições arbitrais têm contribuído, na prática, para a promoção da diversidade de gênero na composição de tribunais arbitrais. Uma primeira análise dos dados recebidos consistiu em consolidar as informações recebidas da todas as instituições arbitrais e projetá-las durante o período objeto deste Relatório.

Gráfico 23. Composição das indicações de coárbitros(as) e árbitros(as) presidente, por gênero, considerando o total absoluto de indicações realizadas especificamente pelas instituições arbitrais, consolidando todas as instituições arbitrais por cada um dos anos do período pesquisado (2016-2020)

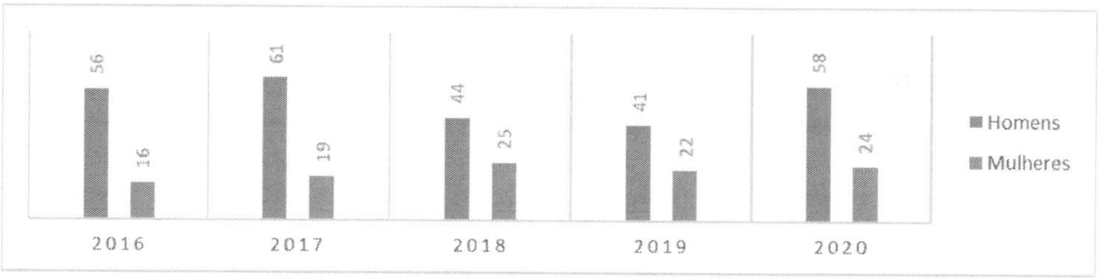

93. O Gráfico anterior contempla **o total de indicações feitas por todas as instituições arbitrais pesquisadas, com exceção da CMA Ciesp-Fiesp**, que não disponibilizou números em resposta à **Questão 8**. Além disso, é preciso pontuar que a Corte CCI SP não tinha os dados relativos ao ano de 2016, já que o seu escritório, no País, ainda não tinha sido constituído.

94. Os números apontam um aumento do número de mulheres indicadas pelas instituições arbitrais, entre os anos de 2016-2020, para desempenharem as funções de coárbitras ou árbitras presidentes de tribunais arbitrais. Além disso, pode-se notar uma diminuição da diferença entre as indicações de homens e mulheres para tais funções efetuadas pelas instituições arbitrais, em termos proporcionais, entre os anos 2017-2019.

95. Em 2020, a desproporção entre as indicações de homens e mulheres pelas instituições arbitrais para as funções nos tribunais arbitrais também deve ser pontuada: nesse ano, do total de nomeações para coárbitros(as) e presidentes de tribunais arbitrais pelas instituições arbitrais, aproximadamente 70% foram homens e 30% foram mulheres.

96. Na sequência, identifica-se a somatória das indicações efetuadas por cada uma das instituições arbitrais para as funções de coárbitros(as) e presidentes de

tribunais arbitrais ao longo do período pesquisado, revelando, no total, proporções desiguais em algumas das instituições arbitrais.

Gráfico 24. Composição das indicações de coárbitros(as) e árbitros(as) presidente, por gênero, considerando o total absoluto de indicações realizadas especificamente pelas instituições arbitrais, individualizado por instituição arbitral e consolidado por todo o período pesquisado (2016-2020)

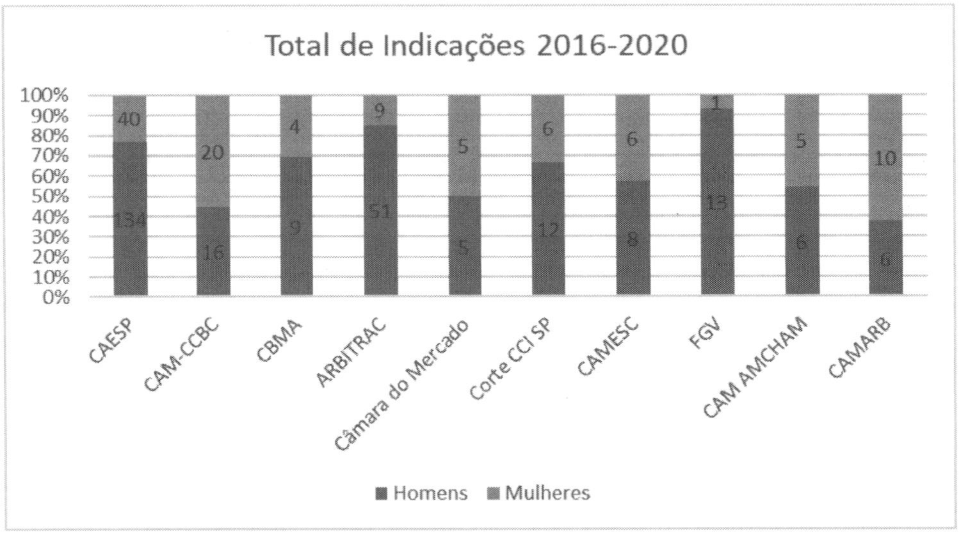

97. A análise **por instituição arbitral também foi feita para cada ano objeto do Relatório**, tendo-se apurado o seguinte:

Gráfico 25. Composição das indicações de coárbitros(as) e árbitros(as) presidente, por gênero, considerando o total absoluto de indicações realizadas especificamente pelas instituições arbitrais, individualizado por instituição arbitral e por cada ano do período pesquisado (2016-2020)

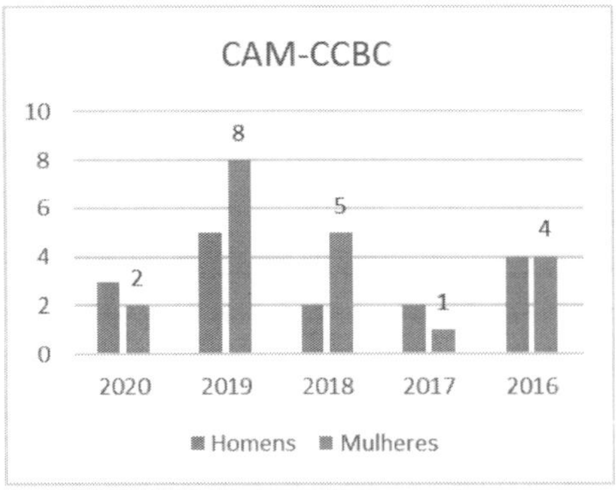

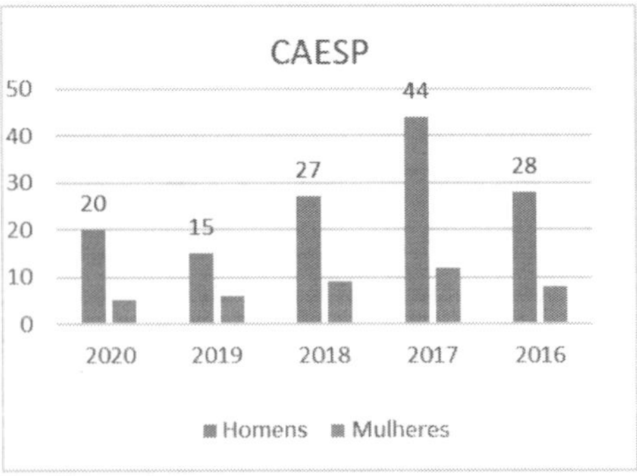

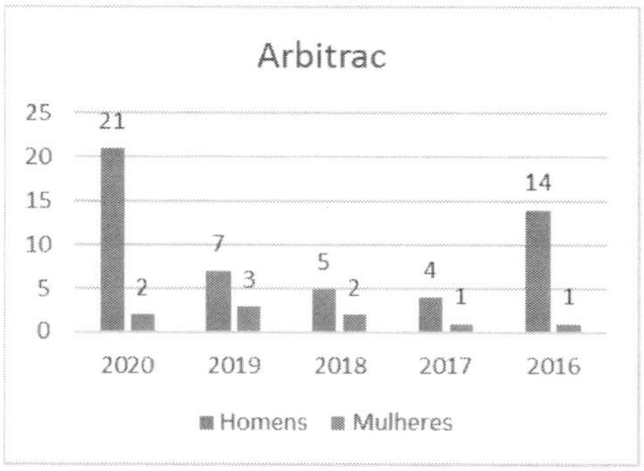
Arbitrac
25
20
15
10
5
0
21 2
7 3
5 2
4 1
14 1
2020 2019 2018 2017 2016
Homens Mulheres

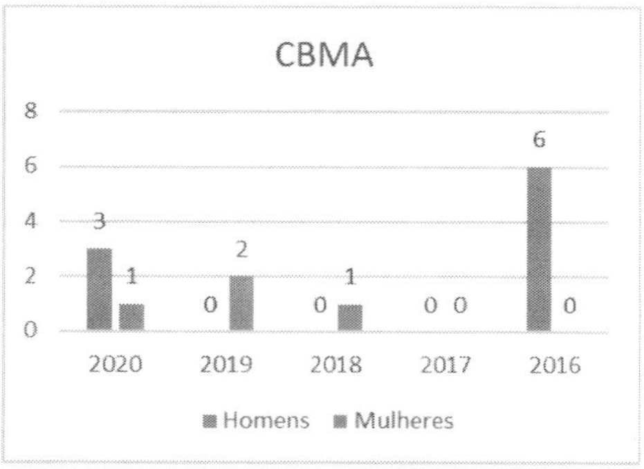
CBMA
8
6
4
2
0
3 1
0 2
0 1
0 0
6 0
2020 2019 2018 2017 2016
Homens Mulheres

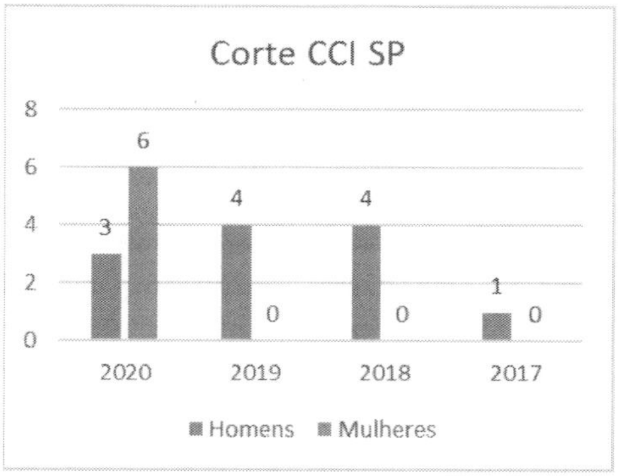
Corte CCI SP
8
6
4
2
0
3 6
4 0
4 0
1 0
2020 2019 2018 2017
Homens Mulheres

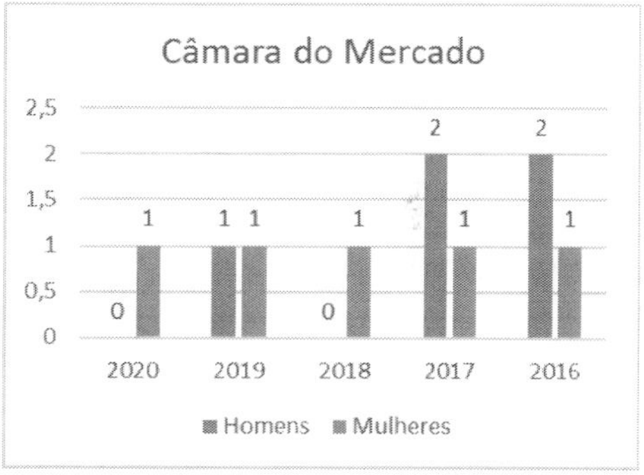
Câmara do Mercado
2,5
2
1,5
1
0,5
0
0 1
1 1
0 1
2 1
2 1
2020 2019 2018 2017 2016
Homens Mulheres

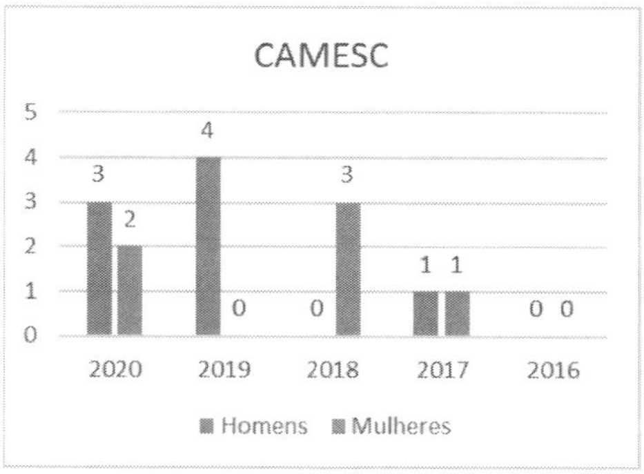
CAMESC
5
4
3
2
1
0
3 2
4 0
0 3
1 1
0 0
2020 2019 2018 2017 2016
Homens Mulheres

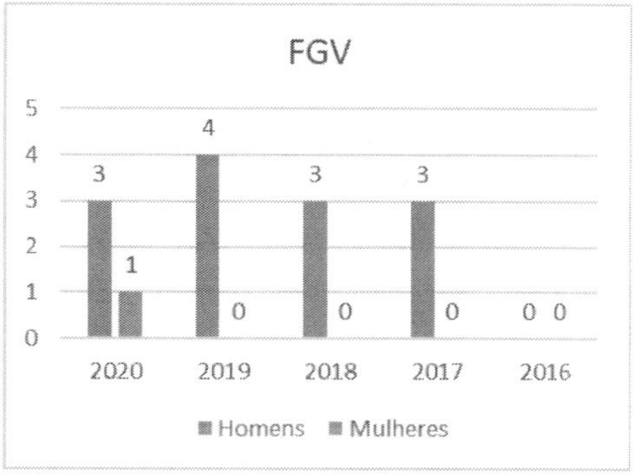
FGV
5
4
3
2
1
0
3 1
4 0
3 0
3 0
0 0
2020 2019 2018 2017 2016
Homens Mulheres

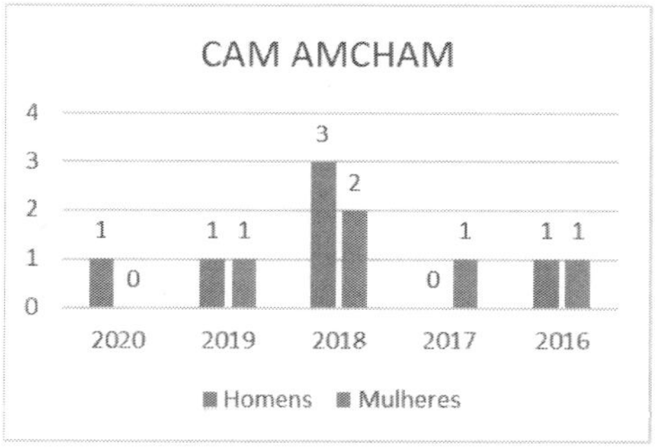
CAM AMCHAM
4
3
2
1
0
1 0
1 1
3 2
0 1
1 1
2020 2019 2018 2017 2016
Homens Mulheres

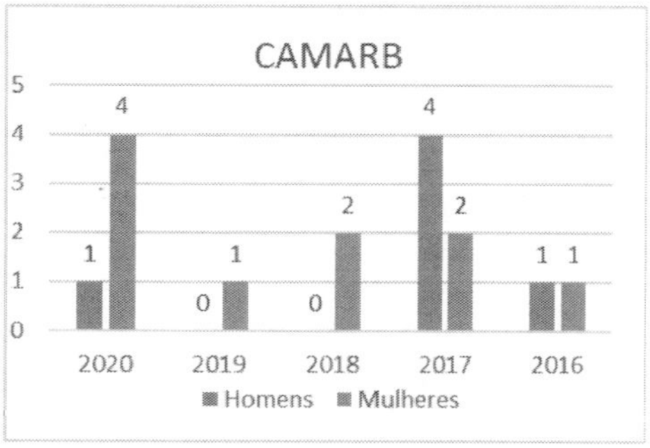
CAMARB
5
4
3
2
1
0
1 4
0 1
0 2
4 2
1 1
2020 2019 2018 2017 2016
Homens Mulheres

98. A análise individualizada por instituição arbitral e por ano das indicações de mulheres para as funções de coárbitros(as) e presidentes de tribunais arbitrais efetuadas pelas referidas instituições revela oscilação dos números em termos de representatividade feminina, não sendo, portanto, possível mensurar um crescimento consistente em cada uma delas.

Questão 9. Resultados Obtidos

99. A **Questão 9** tratou do tema das impugnações de árbitros(as), pedindo que as instituições arbitrais identificassem a quantidade de homens e mulheres que tiveram a sua indicação impugnada ao longo do período objeto deste Relatório. Em complementação à pergunta, as instituições arbitrais foram orientadas a somente informarem as impugnações que tenham gerado renúncia do(a) árbitro(a) ou a constituição de comitê específico para análise e prolação da decisão da impugnação.

Gráfico 26. Impugnações apresentadas a árbitros(as), por gênero do(a) árbitro(a) impugnado(a), sem distinção da função exercida, consolidando todas as instituições arbitrais e identificando cada ano do período de 2017-2020 *v.* renúncias, por gênero do(a) árbitro(a) impugnado(a)

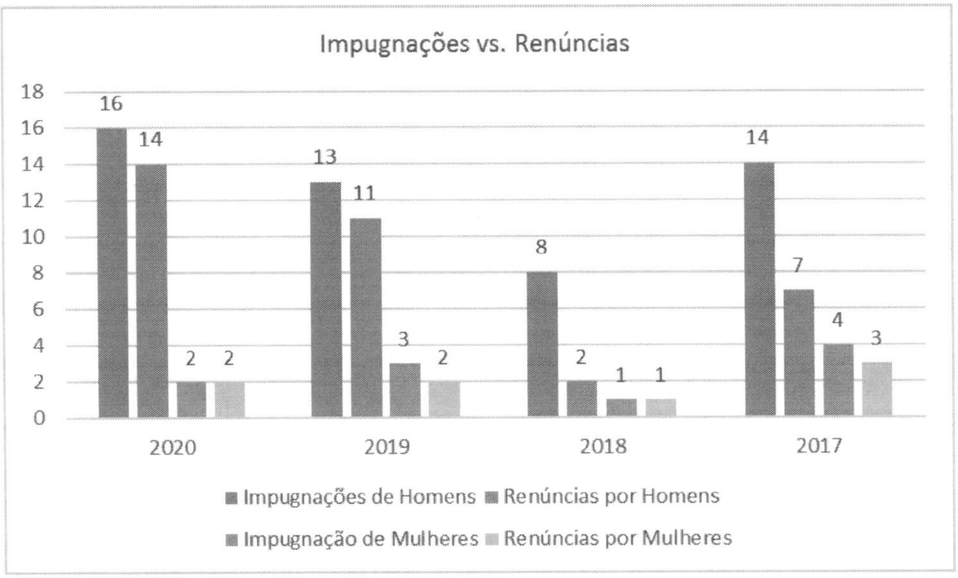

100. O Gráfico anterior apresenta os resultados obtidos a partir da consolidação das informações fornecidas pelas instituições arbitrais, mas segregadas por ano. No entanto, é preciso pontuar que a CAM AMCHAM e o CBMA não enviaram dados sobre impugnações. A Corte CCI SP não tinha dados relativos ao ano de 2016, já que o seu escritório, no País, ainda não tinha sido constituído,

de modo que, para não prejudicar a análise comparativa, optamos por excluir o ano de 2016 dessa análise. O CAM-CCBC indicou que **(i)** os dados tiveram por base a data de protocolo da impugnação, e não a data de assinatura do Termo de Arbitragem; e **(ii)** não foi possível identificar os casos de impugnação que resultaram em renúncia antes do estabelecimento de Comitê Especial.

101. No entanto, os dados fornecidos pelas instituições arbitrais não permitiram que o Subgrupo 1 pudesse fazer uma relação direta entre as impugnações e o gênero do(a) árbitro(a), razão pela qual **nenhuma** conclusão pode ser apresentada sobre que influência o gênero do árbitro(a) poderia ter na formulação de eventuais impugnações.

102. O grupo das **Questões 10** a **14** teve por objetivo coletar dados atinentes às listas de árbitros[7], com as quais a maioria das instituições arbitrais trabalham e cujo uso é comumente estipulado nos regulamentos de arbitragem de tais instituições, ainda que, muitas vezes, de modo apenas preferencial/sugestivo.

103. Considerando as 11 instituições arbitrais participantes, 9 delas mantêm, atualmente, lista de árbitros: Arbitac, Câmara do Mercado, Caesp, Camarb, CAM-CCBC, Camesc, CBMA, CMA Ciesp/Fiesp e FGV[8].

104. Com base nos dados informados por essas 9 instituições arbitrais, foram feitas análises do grupo de **Questões 10**, **11** e **12**, que envolveram a identificação: **(i)** do grau de representatividade feminina na composição das listas de árbitros das instituições arbitrais; **(ii)** a eventual de relevância e influência das listas de árbitros sobre a prática da comunidade arbitral quando da indicação de árbitros (tanto árbitros homens quanto árbitras mulheres); e **(iii)** eventuais impactos da inclusão de novos nomes nas listas de árbitros e a sua consequente nomeação para o exercício da função de árbitro(a).

105. Nesse grupo de questões, o Subgrupo 1 também esclarece que não é possível assegurar, precisamente, que a indicação do árbitro(a) decorreu de seu nome constar da lista de árbitros. Buscou-se, por meio dos questionamentos formulados, apurar informações o mais fidedignas possíveis, não sendo possível excluir, na prática, o risco de, embora o nome do árbitro(a) constar da lista, a sua indicação ter sido realizada com fundamento em outras circunstâncias que não especificamente essa.

106. De todo modo, o Subgrupo 1 considerou que os dados apurados permitem uma análise da composição das listas de árbitros e uma análise geral sobre a

7 As nomenclaturas variam entre cada uma das instituições. Nesta seção, será utilizado o termo "lista(s) de árbitros" para referência a toda e qualquer relação ou listagem de nomes de árbitros mantida pelas instituições arbitrais, independentemente da nomenclatura utilizada por cada instituição específica (*i.e.*, "lista de árbitros", "quadro de árbitros", "corpo de árbitros").

8 Excluem-se somente a AMCHAM e a Corte CCI SP, que não adotam o sistema de lista de árbitros.

eventual utilização de tais listas como referência para o processo de indicação de árbitros(as).

Questão 10. Resultados Obtidos

107. Considerando que diversas instituições arbitrais mantêm lista de árbitros com a relação de nomes de candidatos(as) a serem potencialmente indicados(as) como árbitro(a) pelas partes, pelos(as) coárbitros(as) ou pela própria instituição arbitral (quando instada a realizar a indicação de árbitro(a) em determinado procedimento arbitral), o objetivo da **Questão 10** foi identificar o grau de representatividade feminina entre os nomes incluídos nas listas de árbitros das 9 instituições arbitrais.

108. Primeiramente, ressalta-se que a análise isolada dos nomes constantes das listas de árbitros pode levar a conclusões parciais acerca da diversidade em tribunais arbitrais. Afinal, ainda que uma lista de árbitros seja composta de 50% de nomes de homens e 50% de nomes de mulheres, na prática, a instituição arbitral pode administrar procedimentos que não reflitam essa paridade.

109. De toda forma, uma análise da **composição das listas de árbitros** evidencia, primeiramente, qual o grau de representatividade assegurado às mulheres nessas listas[9]:

Tabela 1. Composição das listas de árbitros, por gênero, individualizado por instituição arbitral (conforme data-base de junho/2021)

Instituição	Total de Nomes	Homens	Mulheres	% Homens	% Mulheres
Arbitac	301	259	42	86,0	14,0
Câmara do Mercado	82	59	23	72,0	28,0
Caesp	100	85	15	85,1	14,9
Camarb	228	174	54	76,3	23,7
CAM-CCBC	169	114	55	67,5	32,5
Camesc	178	141	37	79,2	20,8
CBMA	430	319	111	74,2	25,8
CMA Ciesp/Fiesp	147	116	31	78,9	21,1
FGV	182	147	35	80,8	19,2

110. Os dados *supra* indicam que nenhuma das 9 instituições arbitrais que responderam à **Questão 10** apresenta uma composição paritária de nomes de árbitros homens e de árbitras mulheres.

111. Conforme indicado na tabela anterior, verifica-se que não existe correlação entre um maior número total de nomes na lista de árbitros e um maior grau de representatividade feminina na respectiva lista. Também foi identificado que o

9 Considerando que as instituições arbitrais periodicamente realizam a atualização de suas respectivas listas de árbitros, seja para a inclusão ou exclusão de nomes de candidatos(as) a árbitro(a), a presente análise considera os dados informados enviados pelas instituições arbitrais em 8 de junho de 2021 em resposta à **Questão 10**. Dessa forma, a presente análise reflete os dados verificados quando da resposta das instituições arbitrais à **Questão 10**, cenário que pode ter se alterado desde então em caso de atualizações das listas de árbitros.

maior grau de representatividade feminina na comparação da composição das listas de árbitros foi de 32,5%, sendo que, no geral, a quantidade de nomes de mulheres representa de 14,0% a 32,5% das listas.

112. Na sequência, efetuou-se uma análise com base no **percentual de representatividade feminina das listas de árbitros**, agrupando-se por faixa de representatividade e por instituição arbitral[10]:

Gráfico 27. Percentual de representatividade feminina nas listas de árbitros, individualizado por instituição arbitral (conforme data-base de junho/2021)

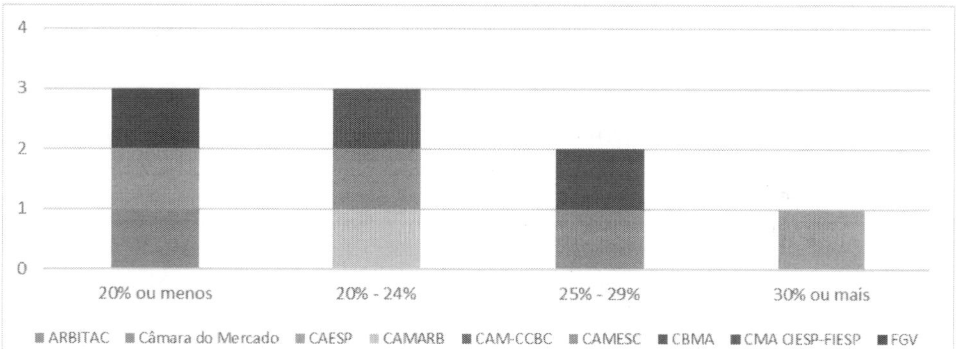

113. Como evidenciado no Gráfico anterior, identificou-se também que a representatividade feminina na maioria das listas de árbitros das instituições arbitrais pesquisadas encontra-se abaixo de 30% (percentual identificado nas listas de 8 das 9 instituições arbitrais). A representatividade feminina na faixa de 20% a 29% é a mais comum, identificada nas listas de árbitros de 5 das 9 instituições arbitrais que responderam à **Questão 10**.

114. Considerando essas 9 instituições arbitrais de forma consolidada, verificou-se que as mulheres compõem, em média, 22,2% das listas de árbitros. Contudo, a Pesquisa não apresentou métricas suficientes e conclusivas capazes de permitir a identificação, entre os números absolutos (1.414 nomes de homens e 403 nomes de mulheres), de potenciais repetições de nomes de homens e mulheres presentes nas listas de árbitros de cada uma das instituições arbitrais.

Questão 11. Resultados Obtidos

10 Este Gráfico agrupa as instituições arbitrais pesquisadas de acordo com o nível de representatividade feminina presente em suas respectivas listas de árbitros: **(i)** 20% ou menos de representatividade feminina; **(ii)** representatividade feminina na faixa entre 20% e 24%; **(iii)** representatividade feminina na faixa entre 25% e 29%; e **(iv)** com 30% ou mais de representatividade feminina.

115. A **Questão 11** teve por objetivo identificar quanto(a)s árbitro(a)s nomeado(a)s nos procedimentos arbitrais administrados pelas instituições arbitrais (independente de quem indicou) eram da lista de árbitros[11]. Nesse sentido, perguntou-se às instituições arbitrais "quantos árbitros nomeados nos procedimentos arbitrais administrados pela instituição (independente de quem indicou) eram da lista de árbitros". Como já esclarecido, não é possível assegurar que, ainda que o nome do árbitro constasse da lista de árbitros, a sua indicação decorreu efetivamente de ele(a) integrar essa lista de referência. De todo modo, considerou-se que a coincidência entre a indicação e a presença na lista de árbitros poderia permitir algumas conclusões acerca da importância ou não de tal sistema de listas.

116. Em um primeiro momento, são apresentadas as respostas por instituição arbitral, nas quais foram identificados o total de árbitros(as) indicados(as) cujos nomes constavam das listas de árbitros e a segregação de tais nomes pelo sexo masculino e feminino:

Arbitac	Total de indivíduos nomeados e que eram, quando nomeados, da lista de árbitros	Homens	Mulheres
2020	28	25	3
2019	31	24	7
2018	15	13	2
2017	14	12	2
2016	17	16	1

11 Para fins de garantir a integridade da comparação de dados fornecidos entre as instituições arbitrais e, consequentemente, do exame analítico realizado neste Relatório, a análise pertinente à **Questão 11** baseia-se em um universo de dados fornecidos por 8 instituições arbitrais: Arbitac, Câmara do Mercado, Caesp, Camarb, CAM-CCBC, Camesc, CMA Ciesp/Fiesp e FGV. A Corte CCI SP e a AMCHAM, como referido, não adotam o sistema de lista de árbitros e os dados fornecidos pelo CBMA apresentaram incongruências.

Câmara do Mercado	Total de indivíduos nomeados e que eram, quando nomeados, da lista de árbitros	Homens	Mulheres
2020	18	10	8
2019	36	27	9
2018	38	29	9
2017	28	26	2
2016	19	16	3

Caesp	Total de indivíduos nomeados e que eram, quando nomeados, da lista de árbitros	Homens	Mulheres
2020	18 20	10 16	8 4
2019	36 15	27 11	9 4
2018	38 28	29 23	9 5
2017	28 29	26 22	2 7
2016	19 22	16 17	3 5

Camarb	Total de indivíduos nomeados e que eram, quando nomeados, da lista de árbitros	Homens	Mulheres
2020	22	15	7
2019	37	31	6
2018	36	23	13
2017	27	23	4
2016	36	32	4

CAM-CCBC	Total de indivíduos nomeados e que eram, quando nomeados, da lista de árbitros	Homens	Mulheres
2020	184	122	62
2019	181	117	64
2018	211	150	61
2017	161	126	35
2016	202	165	37

Camesc	Total de indivíduos nomeados e que eram, quando nomeados, da lista de árbitros	Homens	Mulheres
2020	6	4	2
2019	6	6	0
2018	3	0	3
2017	5	2	3
2016	0	0	0

CMA Ciesp-Fiesp	Total de indivíduos nomeados e que eram, quando nomeados, da lista de árbitros	Homens	Mulheres
2020	35	22	13
2019	40	24	16
2018	77	52	25
2017	44	33	11
2016	37	30	7

FGV	Total de indivíduos nomeados e que eram, quando nomeados, da lista de árbitros	Homens	Mulheres
2020	26	15	11
2019	17	13	4
2018	17	11	6
2017	30	22	8
2016	32	23	9

117. As tabelas a seguir mostram, com base nos números fornecidos pelas instituições arbitrais, o **percentual de indicações realizadas mediante o uso das listas de árbitros, individualizado por instituição arbitral**, sem identificar se a indicação do(a) árbitro(a) foi feita pelas partes, por coárbitro(as) ou pela instituição arbitral.

Tabela 2. Percentual de indicações de árbitros(as) realizadas com base nas listas de árbitros, sem distinção de gênero do(a) árbitro(a) ou da função exercida, individualizado por instituição arbitral e por cada ano do período pesquisado (2016-2020)

Instituição	2016	2017	2018	2019	2020	Média
Arbitac	61%	70%	71%	84%	80%	73%
Câmara do Mercado	73%	74%	83%	77%	72%	76%
Caesp	54%	44%	58%	60%	65%	56%

Camarb	84%	93%	82%	90%	88%	87%
CAM-CCBC	81%	82%	78%	82%	83%	81%
Camesc	-	100%	100%	100%	75%	94%
CMA Ciesp/Fiesp	84%	86%	73%	70%	56%	74%
FGV	40%	39%	35%	25%	26%	33%

118. A tabela *supra* consiste em um indicativo da frequência do uso das listas de árbitros para a escolha de nomes no momento da indicação de árbitro(a).

119. Assim, como base nas informações fornecidas pelas instituições arbitrais, a comparação das indicações de indivíduos e a sua presença nas listas de árbitros parece indicar que tais listas exercem um papel relevante no total de indicações efetivas de árbitros(as) e, consequentemente, na composição de tribunais arbitrais constituídos.

120. Os dados demonstram que, ao longo do período de 2016 a 2020:

    a. Os nomes constantes das listas de árbitros são indicados com frequência para árbitros homens e árbitras mulheres, representando 73% ou mais do total de indicações de árbitros(as) em procedimentos administrados por 6 das 8 instituições arbitrais cujas respostas à **Questão 11** foram utilizadas;

    b. Considerando o total de indicações de árbitros(as) registradas por essas 6 instituições arbitrais, verifica-se que a média da indicação de nomes constantes das listas de árbitros ao longo dos anos tem se mantido estável, variando entre 73% e 94%;

    c. 3 entre as 8 instituições arbitrais, cujos dados foram considerados na Questão 11, registraram que os nomes constavam da lista de árbitros em mais de 80% do total de indicações de árbitros(as) efetivamente realizadas; e

    d. Em média, entre as 8 instituições arbitrais cujas respostas à **Questão 11** foram consideradas, verifica-se que os nomes constantes da lista de árbitros corresponderam a **(i)** 64% do total de indicações de árbitros(as) em 2016, **(ii)** 76% nos anos de 2017, 2018 e 2019, e **(iii)** 72% em 2020.

121. Os dados também permitem verificar a existência de uma tendência de aumento do uso da lista de árbitros pela comunidade arbitral ao longo dos anos, o que poderia atenuar o argumento por vezes suscitado de que as listas de árbitros são ferramentas formais e dispensáveis no dia a dia da prática arbitral brasileira.

122. A esse respeito, apresenta-se a seguir um comparativo entre o **número de indicações de nomes constantes das listas de árbitros em 2016 e entre 2016-2020, individualizado por instituição arbitral**:

Gráfico 28. Percentual de indicações de árbitros(as) cujos nomes constam das listas de árbitros, sem distinção de gênero do(a) árbitro(a) ou da função exercida, individualizado por instituição arbitral, comparando o ano de 2016 e a média ao longo de todo o período pesquisado (2016-2020)

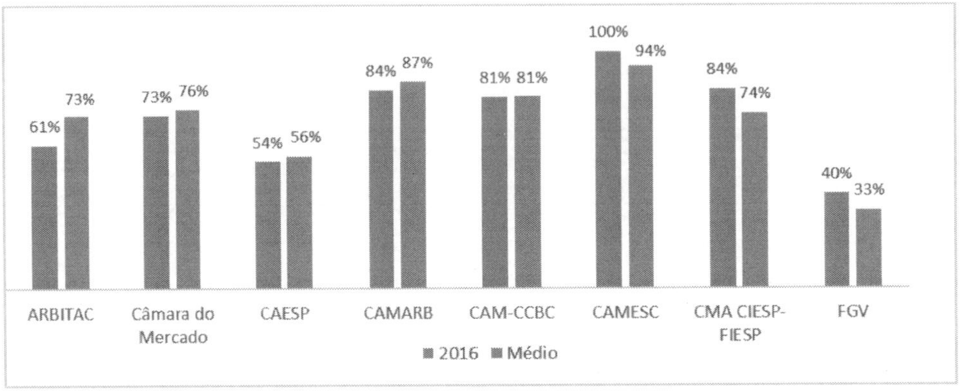

123. Ao se comparar as indicações de nomes constantes das listas de árbitros registradas no ano de 2016 por cada uma das instituições arbitrais com as apurações no período de 2016 a 2020, nota-se que, na média, em 4 das 8 instituições arbitrais houve um aumento da indicação de nomes constantes das listas de árbitros para atuação em casos administrados por tais instituições.

124. A seguir, é apresentado o **total absoluto de indicações de nomes das listas de árbitros, consolidado pelo período de 2016-2020 e individualizado por instituição arbitral**:

Gráfico 29. Percentual de indicações de árbitros(as) com nomes constantes das listas de árbitros, sem distinção de gênero do(a) árbitro(a) ou da função exercida, individualizado por instituição arbitral e consolidado por todo o período pesquisado (2016-2020)

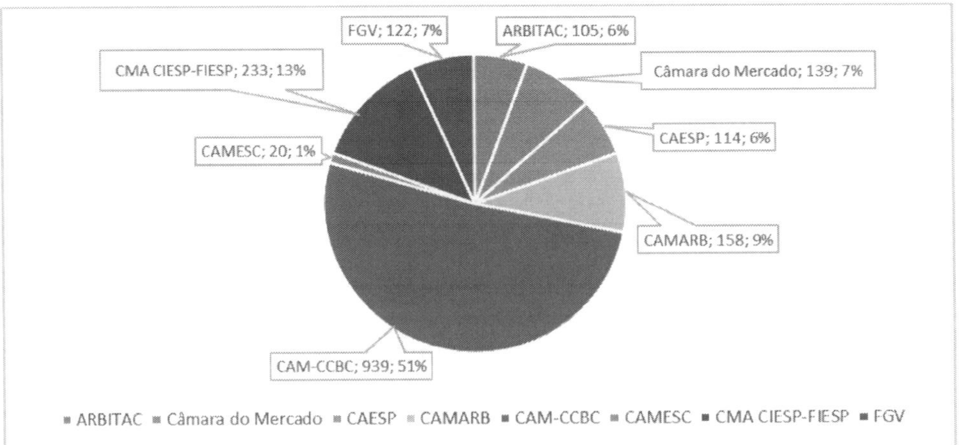

125. Os dados consolidados nos gráficos anteriores evidenciam que, se comparando (i) o total de indicações baseadas nas listas de árbitros (1.830) ao longo de todo o período de 2016 a 2020, com (ii) as instituições arbitrais que registraram estabilidade (CAM-CCBC) ou aumento na composição de suas respectivas listas de árbitros (Arbitac, Câmara do Mercado, Caesp e Camarb), chega-se a um resultado que representa 1.455 das indicações de nomes de homens e mulheres constantes das listas de árbitros no período.

126. Assim, em termos globais, é possível reconhecer uma tendência no aumento das indicações de nomes constantes das listas de árbitros nas indicações realizadas entre 2016-2020.

Questão 12. Resultados Obtidos

127. O objeto da **Questão 12** foi identificar quando foi a última atualização das listas de árbitros das instituições arbitrais, assim como trazer luz sobre alguns questionamentos relativos a esses processos de atualização. A seguir, consolidam-se as **respostas à Questão 12, por instituição arbitral**:

Tabela 3. Atualização das listas de árbitros pelas instituições arbitrais

Instituição	Última atualização da lista	Atualização incluiu nomes de mulheres?	Novas mulheres foram indicadas desde então?	Se sim, foram indicações realizadas pela instituição arbitral?
Arbitac	09/2020	23	1 (4,3%)	0
Câmara do Mercado	12/2018	13	6 (46,1%)	5
Caesp	03/2021	0	-	0
Camarb	07/2020	5	0	0
CAM-CCBC	09/2020	11	2 (18,2%)	0
Camesc	03/2021	0	-	0
CBMA	05/2021	2	0	0
CMA Ciesp/Fiesp	02/2020	4	0	0
FGV	02/2021	3	3 (100%)	0

128. A tabela anterior identifica que 8 das 9 instituições arbitrais que mantêm listas de árbitros realizaram atualizações em seus quadros nos anos de 2020 e 2021. Em 6 delas, foram incluídos novos nomes de mulheres em suas respectivas listas de árbitros no período examinado.

129. Nota-se que, entre as 8 instituições arbitrais que atualizaram as suas listas de árbitros nos anos de 2020 e 2021, 4 delas registraram que houve indicação como árbitras de mulheres cujos nomes foram incluídos na última atualização da lista.

130. A tabela seguinte compara o número total de mulheres constantes das listas de árbitro, conforme indicado pelas instituições arbitrais na Questão 10, com a quantidade de mulheres incluídas na lista de árbitro na última atualização realizada por cada uma das instituições, apontada na Questão 12[12]:

Tabela 4. Número total de mulheres constante das listas de árbitros *v.* quantidade de mulheres incluídas na atualização das listas de árbitros

Instituição	Total de mulheres nas listas de árbitros antes da última atualização (Questão 10)	Quantidade de nomes incluídos (Questão 12)	Aumento (%)
Arbitac	42	23	121,1%
Câmara do Mercado	23	13	130%
Caesp	15	0	0%
Camarb	54	5	10,2%
CAM-CCBC	44	11	25%
Camesc	37	0	0%
CBMA	111	2	1,8%
CMA Ciesp/Fiesp	31	4	14,8%
FGV	35	3	9,4%

Questões 13 e 14. Resultados Obtidos

131. A **Questão 13** teve por objetivo identificar os procedimentos internos adotados por cada instituição arbitral para a realização de atualizações de suas respectivas listas de árbitros. Nesse sentido, a tabela a seguir reproduz, fidedignamente, as respostas das instituições arbitrais acerca de tais procedimentos.

---

12 A análise da tabela parte da premissa de que, na atualização mais recente de cada lista de árbitros, foram incluídos novos nomes de candidatas mulheres, sem a exclusão de nomes de outras mulheres que já constavam da lista. Ainda, assim como considerado na análise da **Questão 10**, também se adota como premissa os dados informados pelas instituições arbitrais em 8 de junho de 2021, independentemente de terem sido ou não realizadas novas atualizações nas listas de árbitros por alguma das instituições arbitrais posteriormente a essa data.

Tabela 5. Descrição do processo para inclusão de novos nomes para listas de árbitros

Instituição	Resposta
Arbitac	A admissão de novos e novas integrantes fica a critério do Conselho Administrativo, sendo exigidas especialidade/comprovado conhecimento na matéria e em arbitragem.
Câmara do Mercado	Caberá ao Presidente e ao Secretário-Geral receber indicações de candidatos a membros do Corpo de Árbitros da Câmara de Arbitragem. O Secretário-Geral será responsável por concentrar as indicações e encaminhá-las ao Conselho de Administração da B3.
Caesp	Indicação, apresentação de currículo, entrevista e apreciação pela Diretoria Executiva.
Camarb	Estatuto Social Camarb: Artigo 38. A Camarb terá uma Lista de Árbitros e uma Lista de Mediadores, cujos integrantes poderão ser indicados para exercer as respectivas funções nos processos que forem conduzidos de acordo com os seus Regulamentos de Arbitragem e Mediação. Artigo 39. Os árbitros e mediadores integrantes das respectivas listas serão selecionados pela Diretoria, entre pessoas de reputação ilibada e de notório saber em suas respectivas áreas de atuação profissional. Parágrafo único. A composição das Listas de Árbitros e de Mediadores vigorará durante o mandato da Diretoria que houver selecionado seus integrantes. Artigo 40. As partes envolvidas em litígio a ser submetido à administração da Camarb poderão indicar árbitros ou mediadores de sua confiança, integrantes ou não das respectivas listas, conforme disposto nos Regulamentos de Arbitragem ou de Mediação da Camarb.
CAM-CCBC	Regulamento de Arbitragem: 3.1. O Corpo de Árbitros é integrado por profissionais domiciliados no país ou no exterior, de ilibada reputação e de notável saber jurídico, nomeados pelo Presidente do CAM-CCBC, ouvido o Conselho Consultivo, para um período de 5 (cinco) anos, permitida recondução. Estatuto da CCBC: Artigo 45º Para funcionar como Árbitros, nos termos da lei especial, o CAM-CCBC contará com um Corpo de Árbitros, composto por profissionais independentes nomeados pelo Presidente do CAM-CCBC, para um período de 5 (cinco) anos, permitida recondução. Antes de efetivar a nomeação, o Presidente do CAM-CCBC encaminhará a indicação ao Conselho Consultivo que deverá exarar parecer circunstanciado, recomendando ou não a nomeação, em 30 dias. § 1º Os membros do Corpo de Árbitros devem ser profissionais de ilibada reputação, de notável saber jurídico e de reconhecida capacitação técnica.

Camesc	A Camesc trabalha com lista de árbitros que são previamente aprovados pelo Conselho Diretor, com a análise da seguinte documentação: a) Declaração de capacidade; b) Currículo atualizado, para comprovação da capacidade técnica; c) Histórico de atuações em arbitragem/mediação; d) Certificado ou declaração de atuação em outras instituições arbitrais; e) Certidão de antecedentes criminais; f) Preencher e assinar declaração relacionando sua capacidade técnica para atuar em área específica; g) O Conselho Diretivo poderá dispensar algum dos documentos requisitados na aceitação de um novo arbitro, se o mesmo já for árbitro/mediador ativo de uma Câmara de renome no Brasil ou Exterior.
CBMA	O interessado ou interessada encaminha seu currículo para a diretoria executiva do CBMA (composta por três homens e uma mulher), e tais membros avaliam o referido currículo e idoneidade do interessado para ingressá-lo ou ingressá-la na lista, informando a pessoa na sequência.
CMA Ciesp/Fiesp	Os candidatos enviam os currículos por e-mail a secretaria da Câmara (secgeral.cmasp@ciesp.com.br) e anualmente o Conselho Superior delibera pela inclusão de novos membros.
FGV	O Diretor Executivo analisa o recebimento do pedido para a inserção ao corpo de árbitros da Câmara FGV e sendo deferido, expede uma carta convite assinada antes pela Presidência da FGV, solicitando a manifestação do aceite a carta.

132. Das instituições arbitrais que participaram da Pesquisa, 3 delas estabelecem ou fazem menção ao seu processo de constituição de lista de árbitros em seus Regulamentos de Arbitragem, Regimentos Internos ou Estatutos Sociais.

133. Além disso, 4 instituições arbitrais indicaram critérios como "reputação ilibada", "idoneidade" ou "reconhecida capacitação técnica" como requisitos para seleção de um novo nome a ser incluído nas listas de árbitros.

134. Ainda, 4 delas estipularam que o recebimento do currículo do(a) candidato(a) à lista de árbitros é requisito para a sua participação no processo seletivo.

135. A **Questão 14**, em análise com os demais dados atinentes à composição e utilização das listas de árbitros, buscou verificar se seria possível fazer uma correlação entre a composição do órgão de cada instituição arbitral responsável por deliberar sobre os nomes que constam das listas de árbitros e a efetiva composição das respectivas listas de árbitros[13].

---

13 Cada instituição arbitral mantém nomenclaturas diferentes para os seus órgãos responsáveis pela análise de novo(as) candidatos(as) e seleção de novos nomes para inclusão em suas respectivas listas de árbitros. De modo a evitar referências imprecisas à estrutura organizacional de cada instituição arbitral, para fins deste Relatório não serão usados os termos "Diretoria", "Diretoria Executiva", "Conselho de Administração", "Conselho Administrativo", "Conselho Diretivo" ou "Conselho Consultivo".

Tabela 6. Presença de mulheres nas listas de árbitros *v.* presença de mulheres nos órgãos das instituições arbitrais responsáveis pela definição da composição das listas de árbitros

Instituição	Mulheres na lista de árbitros (%)	Mulheres no órgão responsável pela definição da composição das listas de árbitros (%)
Arbitac	42 (13,9%)	3 (38%)
Câmara do Mercado	23 (28%)	3 (27%)
Caesp	15 (15%)	3 (75%)
Camarb	54 (23,7%)	5 (38%)
CAM-CCBC	55 (32,5%)	4 (27%)
Camesc	37 (20,8%)	2 (40%)
CBMA	111 (25,8%)	1 (25%)
CMA Ciesp/Fiesp	31 (21,1%)	6 (33%)
FGV	35 (19,2%)	0 (0%)

136. Nota-se que as instituições arbitrais apresentam, em regra, menor nível de representatividade feminina em suas listas de árbitros do que em seus respectivos órgãos administrativos responsáveis pela deliberação e inclusão de nomes a tais listas.

137. Com base nos dados fornecidos, não é possível estabelecer relação direta entre os cargos ocupados por mulheres nos órgãos das instituições arbitrais responsáveis pela deliberação e inclusão de nomes nas listas, e uma maior participação de mulheres em tribunais arbitrais. Assim, nesse momento, não é possível afirmar, com a fidedignidade necessária, que, quanto mais diversa a composição dos órgãos administrativos das instituições arbitrais, mais diversa a composição das listas de árbitros.

138. O conjunto de **Questões 15** a **19** teve por objetivo melhor entender quais os instrumentos adotados pelas instituições arbitrais para a promoção da diversidade e se tais instituições estão implementando mecanismos de verificação dos efeitos e resultados dos referidos instrumentos, assim como visou a examinar a promoção da diversidade nas esferas internas das instituições arbitrais, analisando a composição de seus órgãos de direção e de administração dos procedimentos arbitrais.

Questão 15. Resultados Obtidos

139. A **Questão 15** buscou saber se a instituição arbitral "assinou o Equal Representation in Arbitration Pledge" ("ERA Pledge")[14], tentando identificar o ano em que a instituição o fez (caso a sua resposta tenha sido "sim"). Na hipótese

14 O ERA Pledge é um "compromisso" que foi lançado no ano de 2015 por diversos agentes da arbitragem internacional, tendo dois objetivos mais genéricos: (i) aumentar o perfil e a representação de mulheres no âmbito da arbitragem e (ii) permitir a indicação de mulheres para tribunais arbitrais em bases equânimes.

de a instituição arbitral não ter assinado o ERA Pledge, foi questionado se a haveria a pretensão de assumir o compromisso.

140. Antes de passar aos números obtidos, vale destacar que o objetivo da **Questão 15** foi verificar como tem sido recebido pelas instituições arbitrais participantes o compromisso consubstanciado no ERA Pledge. Considerando as finalidades do compromisso consubstanciado no ERA Pledge e o propósito do Subgrupo 1, entendeu-se necessário verificar se as instituições arbitrais **(i)** tinham conhecimento do ERA Pledge, **(ii)** se procuraram assumir o compromisso ou **(iii)** se teriam a intenção de o fazer no futuro.

141. Nesse sentido, das 11 instituições arbitrais, 10 responderam à **Questão 15**, tendo sido obtidas as seguintes informações:

Gráfico 30. Comprometimento institucional com o ERA Pledge, consolidado de todas as instituições arbitrais

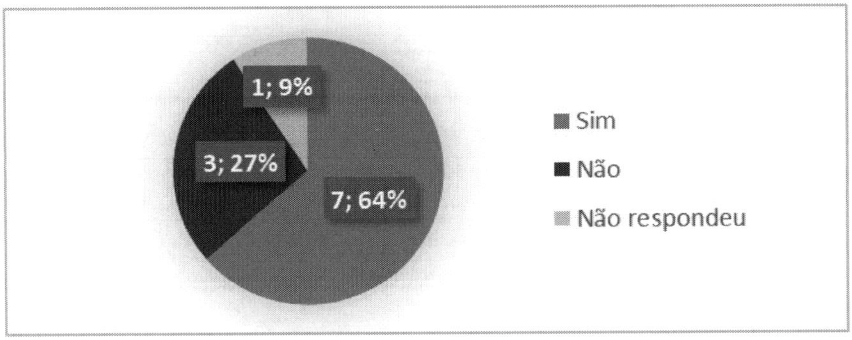

142. Em relação às instituições arbitrais que não assinaram o ERA Pledge, uma delas indicou ter interesse em assumir o compromisso e as demais não informaram se estariam dispostas a firmar formalmente o ERA Pledge.

143. Os referidos dados indicam que as instituições arbitrais estão cientes das iniciativas conduzidas internacionalmente, sendo possível concluir que a maioria delas [7 instituições arbitrais (64% do total)] já assumiu o compromisso formal de promoção da diversidade, nos termos do ERA Pledge.

144. No âmbito da **Questão 15**, ainda se questionou, em relação às instituições arbitrais que já assinaram o ERA Pledge, **em qual ano o compromisso foi firmado**. Os dados a seguir **indicam por ano quantas instituições arbitrais firmaram o ERA Pledge**:

Gráfico 31. Ano de assinatura do ERA Pledge, com a contabilização individualizada das instituições arbitrais

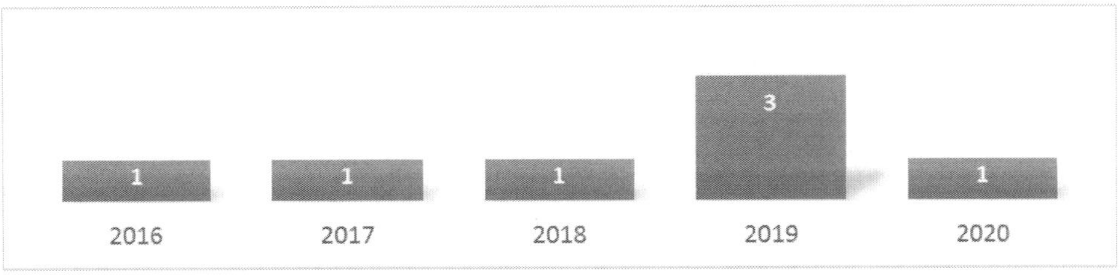

145. Como se percebe, o interesse das instituições arbitrais em firmar o ERA Pledge não foi contemporâneo a seu lançamento em 2015. Isso, no entanto, não compromete o processo de conscientização da importância de assumir compromissos para a promoção da diversidade. Na verdade, a evolução dos números das instituições arbitrais que passaram a se vincular aos objetivos e às medidas propostos pelo ERA Pledge revela que as referidas instituições foram, ao longo do tempo, identificando a importância do tema e a necessidade de adotar medidas com o intuito de promover a diversidade.

Questão 16. Resultados Obtidos

146. A **Questão 16** decorreu, em certa medida, da **Questão 15**. Considerando o cenário em que as instituições arbitrais vêm firmando o ERA Pledge, buscou-se verificar se as **instituições possuiriam políticas ou iniciativas próprias relacionadas à diversidade** (não exclusivamente a que se refere à participação mais equânime de homens e mulheres no cenário da arbitragem). **Das 11 instituições arbitrais, 7 responderam favoravelmente e 4 indicaram não ter qualquer política ou iniciativas próprias.**

Gráfico 32. Existência de políticas ou iniciativas institucionais próprias destinadas a promover a diversidade, consolidando todas as instituições arbitrais

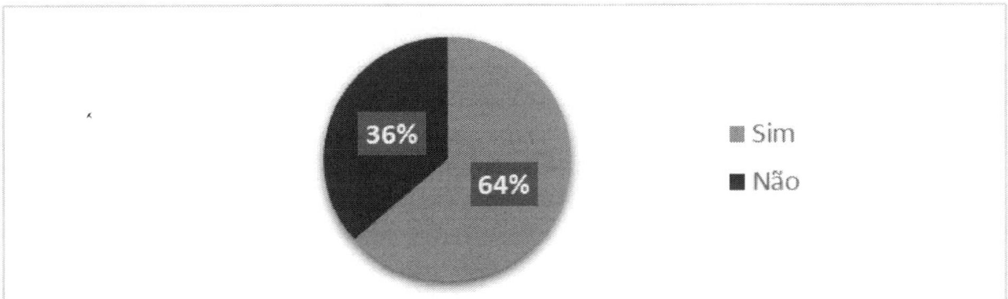

147. Com o intuito de melhor compreender o conteúdo das políticas e inciativas internas adotadas pelas instituições arbitrais, **pediu-se um detalhamento dos instrumentos por elas empregados**. As seguintes respostas relativas aos **instrumentos/políticas de diversidade** foram apresentadas:

Gráfico 33. Detalhamento das políticas ou iniciativas institucionais próprias destinadas a promover a diversidade, individualizado por instituição arbitral

148. Como se percebe, as instituições arbitrais indicaram que têm se preocupado em apoiar, participar ou realizar eventos cujo tema da diversidade seja discutido. No entanto, somente 2 das instituições arbitrais indicaram ter uma orientação mais precisa acerca da utilização da diversidade como fator para apoiarem quaisquer tipos de evento. A título de exemplo, vale citar a Resolução Administrativa nº 30/2018 do CAM-CCBC, que estabelece uma meta de representatividade de gênero em painéis de evento que venham a contar

com apoio do Centro e disciplina procedimentos de eleições apartadas entre mulheres e homens para o conselho consultivo e para a direção do centro[15].

149. A **Questão 16** procurou, ainda, **identificar se as políticas e iniciativas de diversidade estariam focadas exclusivamente na promoção da diversidade de gênero ou se outros grupos também estariam sendo alcançados**. Nesse sentido, as instituições arbitrais responderam:

Gráfico 34. Detalhamento dos grupos que as políticas ou iniciativas institucionais próprias destinam-se a promover, individualizado por instituição arbitral

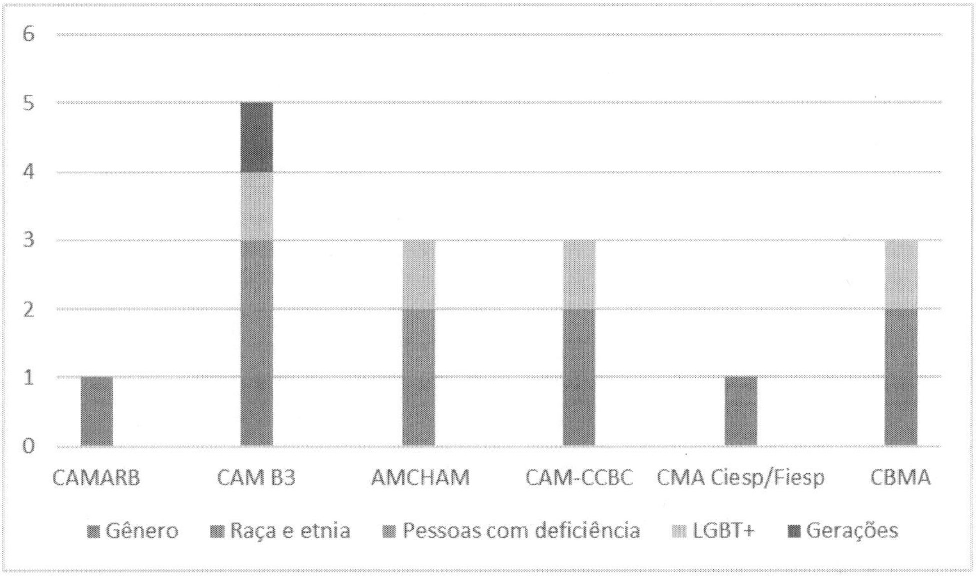

150. Como se verifica, o gênero constitui o objeto mais recorrente das preocupações das instituições arbitrais. No entanto, já se percebe que algumas instituições têm em vista a promoção da diversidade com o intuito de alcançar integrantes de diferentes raças, assim como grupos LGBT+. Cabe destacar, conforme informado na introdução ao presente Relatório, que os dados e as respostas apresentados tiveram o ano de 2020 como data de corte. Por conta disso, é possível que, ao longo dos anos de 2021 e 2022 (momento da publicação

15 Em complementação, o CAM-CCBC indicou, nas respostas ao Questionário, que "[d]esde 2020, o CAM-CCBC passou a contar com o seu Comitê Diversidade em Ação, destinado a promover sensibilização sobre os mais diversos temas da diversidade e inclusão. Sob a égide do Comitê, a instituição possibilitou diversas palestras sobre racismo, visibilidade trans, comunidade LGBTQIA+, dentre outras. Foi inserido também um treinamento antirracista para todos os novos colaboradores. Além disso, foi contratada uma consultoria para realização de diagnóstico interno de diversidade, criação de políticas para contratação de grupos minoritários subrepresentados, além de incentivos para o aperfeiçoamento e inclusão adequada destes novos colaboradores".

desta análise), as instituições arbitrais tenham revisto as suas práticas e iniciativas e as fronteiras de promoção da diversidade tenham sido ampliadas. Por conta disso, em próximas pesquisas a serem coordenadas pelo Subgrupo 1, novas questões acerca das diferentes expressões da diversidade serão incluídas.

Questão 17. Resultados Obtidos

151. Após questionar sobre a assunção de compromissos para a promoção da diversidade e buscar identificar o conteúdo das políticas e iniciativas em linha com tais compromissos, a **Questão 17** procurou verificar se as instituições arbitrais adotam mecanismos para examinar, na prática, se os compromissos são satisfeitos e se a diversidade é efetivamente promovida. Assim, **perguntou-se às instituições arbitrais se elas possuem ou mantêm relatórios sobre diversidade:**

Gráfico 35. Compromisso institucional na coleta e manutenção de relatórios próprios sobre diversidade, consolidando todas as instituições arbitrais

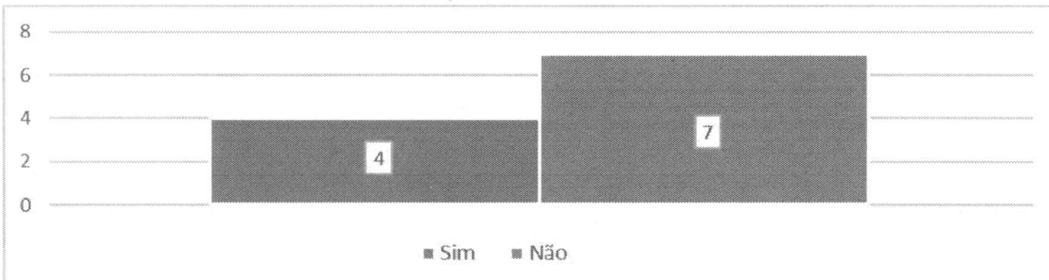

152. O resultado obtido revela que a maioria das instituições arbitrais não faz uma verificação mais ativa ou elabora relatórios com o intuito de verificar se os compromissos assumidos e as políticas e iniciativas adotadas produzem efetivamente resultados favoráveis à promoção da diversidade.
153. Trata-se de um dado relevante no presente Relatório, pois constitui um indicativo de falta de instrumentos para a verificação prática da promoção da diversidade pelas instituições arbitrais.
154. Cabe, contudo, destacar que as 4 instituições arbitrais que coletam dados a respeito da promoção da diversidade e elaboram relatórios a respeito (Câmara do Mercado, Corte CCI SP, CAM-CCBC e CMA Ciesp/Fiesp) informaram que dão publicidade a tais informações, seja divulgando-as em seus *websites*, em relatórios específicos ou, em conjunto, com as estatísticas anuais das instituições arbitrais[16].

16 Visando a facilitar o acesso do leitor aos referidos dados, eles podem ser acessados em: **(i)** Câmara do Mercado: https://www.camaradomercado.com.br/assets/pt-BR/2020-estatisticas-camara-do-mercado-versao-final.pdf; **(ii)** Corte CCI SP: https://iccwbo.org/publication/icc-dispute-

Questão 18. Resultados Obtidos

155. Em linha com as **Questões 16** e **17**, a **Questão 18** procurou identificar se as instituições arbitrais coletam dados a respeito dos(as) árbitros(as) que possam servir de base para a apuração concreta e promoção da diversidade, identificando se os tribunais arbitrais refletem, ou não, pessoas de diferentes gêneros e raças. A propósito, **foi perguntado se, nos questionários enviados aos árbitros(as) para inclusão nas listas de árbitros ou para a aceitação da função em determinado tribunal arbitral, haveria alguma pergunta relacionada à identificação de gênero e raça:**

Gráfico 36. Indicação de interesse institucional em questionar sobre gênero e raça de candidatos(as) interessados(as) em ingressar nas listas de árbitros ou indicados à função de árbitro(a), consolidando todas as instituições arbitrais

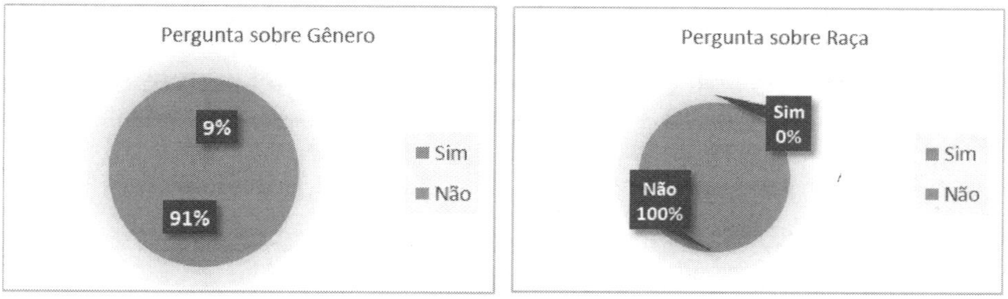

156. Como se percebe, somente 1 instituição arbitral – Corte CCI SP – informou que, nos questionários enviados aos(às) árbitros(as), há questionamento que, em certa medida, refere-se à diversidade, e informou tratar-se de pergunta a respeito do gênero da pessoa indicada para funcionar como árbitro(a) em determinado procedimento arbitral.

157. Embora a coleta de dados das pessoas que venham a integrar listas de árbitros ou funcionar como árbitro(a) em um painel arbitral deva ser conduzida com cautela, trata-se de um elemento que pode ser estudado pelas instituições arbitrais a fim de verificar se poderiam ser utilizados como um elemento adicional para promover a diversidade.

---

resolution-statistics-2020/; **(iii)** CAM-CCBC: https://ccbc.org.br/cam-ccbc-centro-arbitragem-mediacao/resolucao-de-disputas/arbitragem/estatisticas-mulheres-da-arbitragem/diversidade-de-genero/; e **(iv)** CMA Ciesp/Fiesp: http://www.camaradearbitragemsp.com.br/pt/res/docs/camara-numeros--ano-2020_26_fev.pdf.

Questão 19. Resultados Obtidos

158. A **Questão 19** procurou examinar a estrutura administrativa das instituições arbitrais, tendo sido pedido que fosse identificada a quantidade de homens e mulheres que ocupa determinada função em tal estrutura. Nesse sentido, foram identificados órgãos e funções de diferentes estaturas hierárquicas. Embora cada instituição arbitral tenha a sua estrutura interna e cada uma delas designe de forma diferenciada seus órgãos, procurou-se identificar a formação dos órgãos que costumam ser adotados por instituições arbitrais.

159. Nesse sentido, foram solicitados os números a respeito dos seguintes órgãos/funções: **(i)** Presidência; **(ii)** Vice-Presidência e/ou Diretoria; **(iii)** Conselho de Administração ou outros órgãos diretivos; **(iv)** Secretário Geral; e **(v)** secretarias que administram os procedimentos arbitrais.

160. Em relação à Presidência das instituições arbitrais, tomando por base a data de corte do ano de 2020: **(i)** somente a de 1 instituição era ocupada por mulher; **(ii)** 8 instituições arbitrais indicaram que a posição de maior hierarquia, em sua estrutura interna, era ocupada por homens; e **(iii)** 2 instituições não indicaram o gênero da pessoa que ocupava a função (é possível que tal informação não tenha sido apresentada em razão de o cargo de "presidente" não existir na estrutura das referidas instituições).

161. Quanto aos demais órgãos/funções, obteve-se os seguintes dados:

Gráfico 37. Composição de órgãos administrativos, por gênero, individualizada por instituição arbitral

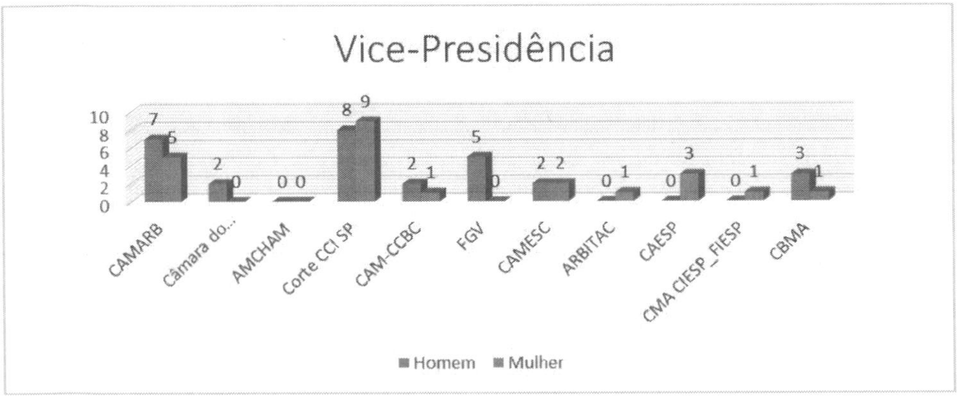

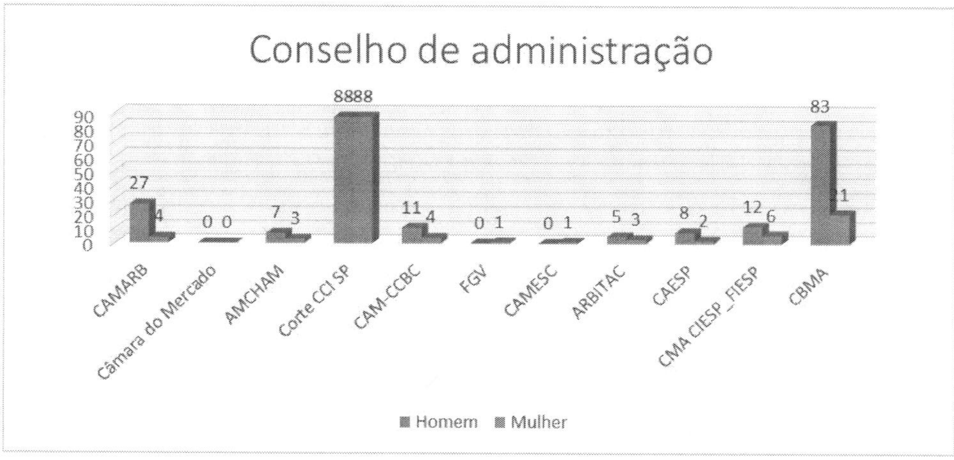
Conselho de administração
90
80
70
60
50
40
30
20
10
0
27 4
0 0
7 3
8888
11 4
0 1
0 1
5 3
8 2
12 6
83 21
CAMARB
Câmara do Mercado
AMCHAM
Corte CCI SP
CAM-CCBC
FGV
CAMESC
ARBITAC
CAESP
CMA CIESP_FIESP
CBMA
Homem
Mulher

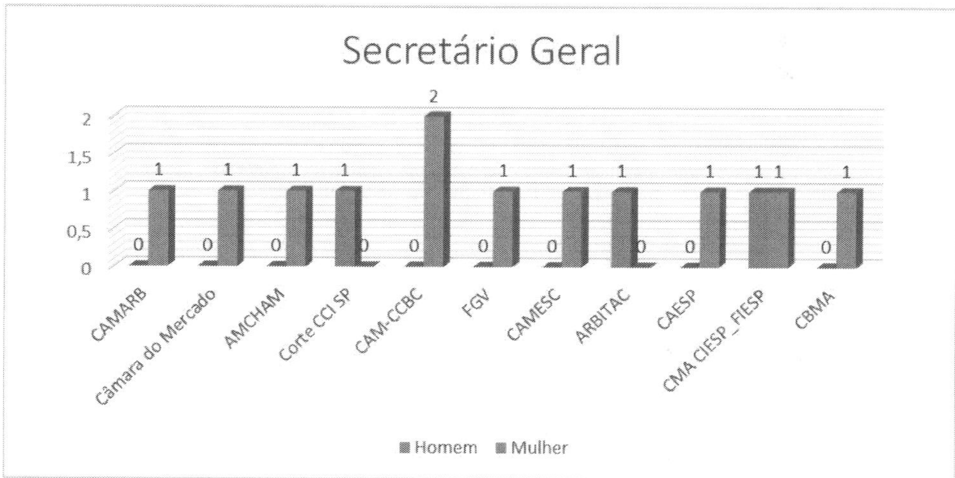
Secretário Geral
2
1,5
1
0,5
0
0 1
0 1
0 1
1 0
0 2
0 1
0 1
1 0
0 1
1 1
0 1
CAMARB
Câmara do Mercado
AMCHAM
Corte CCI SP
CAM-CCBC
FGV
CAMESC
ARBITAC
CAESP
CMA CIESP_FIESP
CBMA
Homem
Mulher

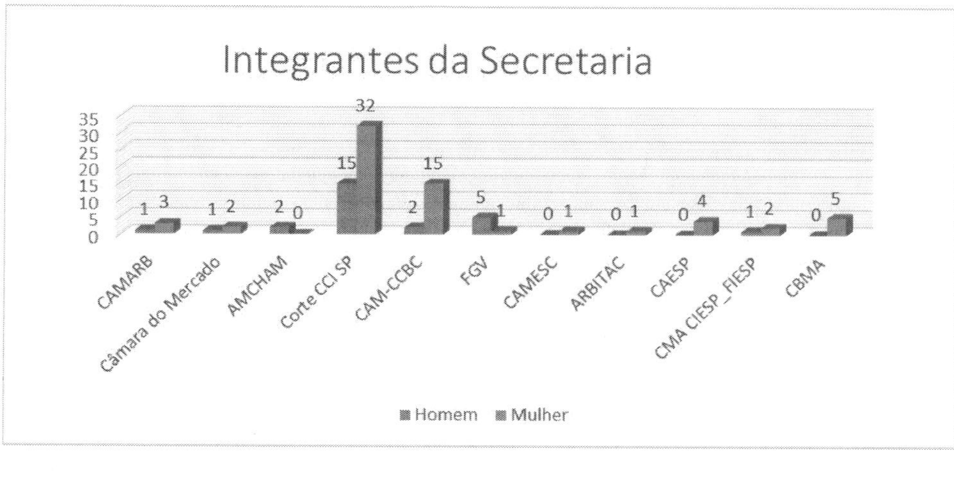
Integrantes da Secretaria
35
30
25
20
15
10
5
0
1 3
1 2
2 0
15 32
2 15
5 1
0 1
0 1
0 4
1 2
0 5
CAMARB
Câmara do Mercado
AMCHAM
Corte CCI SP
CAM-CCBC
FGV
CAMESC
ARBITAC
CAESP
CMA CIESP_FIESP
CBMA
Homem
Mulher

162. A análise comparativa dos resultados reproduzidos nos gráficos revela que, tal como se verificou com relação ao cargo de presidência, a função de vice-presidência constuma ser desempenhada por homens. Por outro lado, os cargos na secretaria geral são, fundamentalmente, desempenhados por mulheres.

163. Esses resultados não devem ser considerados de forma isolada, pois muitas instituições arbitrais procuram estabelecer uma composição de gênero paritária nas posições de maior hierarquia em suas estruturas internas. Por exemplo, identificou-se que, em algumas instituições que tinham como presidente homem, a vice-presidência e a secretaria geral eram exercidas por mulheres. Da mesma forma, na instituição em que a presidência é desempenhada por uma mulher, ainda que haja dois vice-presidentes homens, há também uma vice-presidente mulher e a secretaria geral é ocupada por mulheres.

164. Em relação às secretarias responsáveis pela administração dos procedimentos arbitrais, ainda que haja uma diferença significativa no número de seus integrantes, as cores dos gráficos mostram que em 9 instituições arbitrais há mais presença de mulheres do que de homens. Somente em 2 instituições arbitrais, dos 8 funcionários de suas secretarias, 6 eram homens. Por outro lado, se considerado o universo de 93 funcionários das 11 instituições, 66 são mulheres, o que representa aproximadamente 63% do total de funcionários.